KB112434

부동산
중개
경영의 길

부동산중개 경영의 길

발행일   2023년 2월 24일

편저자   공재옥
펴낸이   손형국
펴낸곳   (주)북랩
편집인   선일영   편집   정두철, 배진용, 윤용민, 김가람, 김부경
디자인   이현수, 김민하, 김영주, 안유경   제작   박기성, 황동현, 구성우, 배상진
마케팅   김회란, 박진관
출판등록   2004. 12. 1(제2012-000051호)
주소   서울특별시 금천구 가산디지털 1로 168, 우림라이온스밸리 B동 B113~114호, C동 B101호
홈페이지   www.book.co.kr
전화번호   (02)2026-5777   팩스   (02)3159-9637

ISBN   979-11-6836-738-8 13320   979-11-6836-739-5 15320 (전자책)

잘못된 책은 구입한 곳에서 교환해드립니다.
이 책은 저작권법에 따라 보호받는 저작물이므로 무단 전재와 복제를 금합니다.
이 책은 (주)북랩이 보유한 리코 장비로 인쇄되었습니다.

(주)북랩 성공출판의 파트너

북랩 홈페이지와 패밀리 사이트에서 다양한 출판 솔루션을 만나 보세요!

홈페이지 book.co.kr   •   **블로그** blog.naver.com/essaybook   •   **출판문의** book@book.co.kr

작가 연락처 문의 ▸ ask.book.co.kr

작가 연락처는 개인정보이므로 북랩에서 알려드릴 수 없습니다.

공인중개사라면 다 한 권씩 가지고 싶은 책

부동산 중개 경영의 길

공재옥 지음

개업 공인중개사들의 필수 코스!
사무실 입지 결정부터 개업 공인중개사 실무까지 총망라!

머리말

이 책은 개업 공인중개사로서 사업에 성공하기 위해서 필수적으로 거치게 되는 모든 과정을 담고자 하였다. 사무실 입지를 결정하는 것에서부터 인테리어, 책상배치, 직원채용, 직원교육, 물건작업 방법, 광고방법, 고객과의 협상방법, 계약서 해설과 계약 종류별 특약, 개업 공인중개사의 재테크 파트너인 경매(공매)실무, 부동산중개 세무와 재무관리부터 기업으로 성장하는 방법까지 필자가 배우고 경험한 모든 디테일한 이론과 실무를 다루었다. 이러한 모든 내용은 필자의 경험과 학습 성과를 응축한 직원들 교육용 자료를 바탕으로 이론을 보완하고 다른 저자들의 생각과 지식을 참고하여 책의 형태가 되게 한 것이다. 이러한 모든 과정에는 바로 실행이 가능한 내용이어야 하고 방법이어야 한다는 전제를 두었다.

그러나 필자가 생각하는 어느 것 하나도 무(無)에서 나온 것이 없다는 것을 안다. 누구에겐가 들었고 어떤 책에서 읽었던 내용들을 통하여 현실속의 경험을 해석하고 또한 다른 전문가들의 경험과 버무려지면서 나온 것이다. 이러한 성찰은 참고문헌의 내용을 원저자의 진의에 맞게 해석하려 많은 시간을 생각하고 음미하여 원고에 올려놓고 또다시 생각하는 과정을 반복하게 했다.

다양한 참고문헌인 단행본과 논문들을 그대로 인용하거나 잘못 배치하다 보면 이 부품 저 부품을 하나로 조립한 조잡한 기계가 될 가능성이 있어 보였다. 이러한 이유로 인간의 정신을 통하여 정제하고, 그 의식체계에 따라 정화된 채 탄생한 내용이 더 생동감 있는 책이 되리라 생각하여 될 수 있으면 인용은 정확하게 하되 필자의 언어로, 중개현장에 맞게, 많은 시간을 들여 더 강도 높은 노력을 기울였다.

사회과학에서의 학문은 추상적인 하나하나의 개념을 구성인자들의 최소 개념단위까지 분해하여 인자 간의 상관관계, 인과관계, 영향관계 등을 검증해보고 잘라낼 것은 잘라내고 연결할 것은 연결하여 다시 정제된 체계로 정립하여 기능하도록 하는 것이다. 이러한 체계의 개념 중 개념의 조작적 정의는 정량적인 분석이 가능하고 인간의 의식으로 측정이 가능하여 인간사회를 움직이는 기제의 발견을 가능하게 해주고 통제 가능성을 열어준다. 본 책에는 이러한 논문에 사용된 용어도 많이 사용되었고 그들 중에는 사전적인 것과 다른 개념들이 있기도 하다.

단편적인 지식들은 인터넷을 검색해 보면 대부분 다 찾을 수 있다. 그러나 사업을 하다 보면 내가 알고 있다고 생각하는 사항의 이면에 빈 공간이 숨어있고 그것으로 인해 실수하게 되어 사업이 비틀거리게 되는 경우가 비일비재하다. 공부도 그렇지만 사업 또한 전체적인 숲을 먼저 보고 그 뒤에 나무를 하나하나씩 들여다봐야 하는 것이다. 그런 의미에서 공인중개사가 사업을 처음 시작해서 대형법인이나 프랜차이즈화하는 단계까지 전체를 볼 수 있도록 모든 과정을 디테일하게 담으려 노력했다.

구체적인 과정과 내용들은 목차를 통해 전체적인 숲을 보기 바라며 나무를 하나씩 들여다볼 때는 각 장의 내용을 분석해보고 음미하기 바란다. 그리고 독자의 환경과 목적에 맞게 수정하여 적용하여야 한다. 더불어 어떤 지식을 아는 것도 쉽지 않지만 그것을 실천하는 것은 또 다른 문제라는 것을 독자들도 잘 알 것이다. 지식을 습득하고 그것을 실천하기 위해서는 많은 시간의 확보, 검소함, 성실함, 구성원들과의 인화 단결, 인내, 결단 그리고 용기가 필요한 것이다. 여러분이 한 명을 여러분의 편으로 만들 수 있으면 10명을 이끌 수 있고 10명을 이끌 수 있으면 100명과 싸워도 이길 수 있다. 지금 이 순간에도 필자는 계속 공인중개사의 길을 가고 있다. 독자들과 이 길의 끝에서 만나 같이 또 길을 가고 다음 세대로 이어가 더 크고 단단하며 위대한 기업이 되게 하는 모습을 소망한다.

마지막으로 본서의 내용 중 법률과 관련된 내용은 법령, 시행령, 조례의 변경에 의하여 수시로 바뀔 가능성이 있기 때문에 필요로 하는 시점에 관련 전문가의 자문을 받기 바란다. 기타의 내용 또한 운용하는 주체에 따라 상황에 따라 적절하게 변용하기 바란다. 세상에 변하지 않는 것은 모든 것이 변한다는 사실뿐이라는 이야기가 있다. 항상 변하는 세상의 조류을 잘 타기 바라며 능력이 된다면 조류를 거슬러 새로운 목표로 가보기 바란다. 에너지가 크고 끈질긴 사람이 원칙을 지키고 절제하면 반드시 큰 사업을 성공시킬 수 있다. 여러분이 그런 사람이길 바란다.

항상 따스한 숨결을 불어 넣어 주시는 존경하는 스승이신 김재태 교수님의 은혜는 마음속에 간직하고 때가 되면 싹이 움터 좋은 결실로 세상에 돌려줄 수 있을 것이라 믿는다. 필자의 가족에게는 항상 고마움과 미안함이 마음에 맺혀있다. 나의 시간을 나누어주는 것이 가족들에게 가장 큰 선물이라는 것을 알면서도 그렇게 못하고 있기 때문이다. 이 원고를 붙들고 있었던 몇 년간이 그런 마음 상태였다. 원고 교정에 시간을 할애해준 이하정 공인중개사님께 이 면을 빌려 감사드린다. 출판사 관계자님들께도 깊이 감사드린다. 독자들의 건승을 빈다.

2023년 2월

공재옥 씀

차 례

제2장 중개사무소 표준모델(눈에 띄고 편한 사무실)

제3장 개설 등록(척척 완벽하게)

제4장 협상학 개론(협상은 체계적으로)

제7장   부동산 세일즈(계약 잘하는 방법)

제8장   부동산 중개계약(전속과 공동중개로 가는 길)

제11장   거래계약서 해설(계약서를 알고 쓰자)

제12장   특약사항 해설(계약서의 핵심)

제13장　 중개경영의 세무와 재무관리(부의 축적과정)

제1장

부동산중개 종목선택
(시장은 넓고 할 일은 많다)

나에게 맞는 업종은 무엇인가

부동산의 중개종목은 그 수행업무의 특성 및 난이도와 고객과의 관계에서 금액 조정의 폭이 어느 정도인지에 따라 개업 공인중개사 개인의 성격에 맞는 업종이 있다. 실제 중개 업무를 수행하다 보면 금액조정의 제안을 하지 못해 머뭇거리는 것이 습관이 된 중개사가 있고 당연히 좋은 실적을 내기 어렵게 된다. 또는 당사자가 결정을 내리지 못하는 성격이어서 개업 공인중개사가 "이걸로 하세요. 요 근래 이런 물건 보기 어렵습니다."에서 한 걸음 더 나아가 당연하게 이 물건으로 하는 것이 맞고 당사자가 동의했다는 전제에서 "신분증 주시고 인적사항 적어 주세요. 계약금을 5% 내지는 10%는 걸어야 합니다." 이렇게 계약을 주도적으로 끌고 나가야 하는 상황을 연출하지 못하는 개업 공인중개사도 많다.

이러한 성격적인 부분이 부적합한 중개사는 협상기술이나 영업비법 등을 학습이나 독서를 통하여 어느 정도 보완할 수 있지만 그 분야에서 잘 해내고 10% 내에 들기는 쉽지 않을 것이다. 그렇기 때문에 어느 분야에서건 영업이라는 것을 해보지 않은 개업 공인중개사는 자신의 성격에 적합한 부동산 업무 분야를 빨리 파악하여 그 분야에서 일을 시작하고 실적을 올리면서 다양한 분야를 소화해 내는 중개사로 성장해 나가야 하는 것이다.

필자는 2001년 말 직원이 70~80명 정도 근무하는 여의도의 ○○○컨설팅이라는 빌딩매매와 점포컨설팅 전문회사에서 일을 배웠다. 이 회사는 전국에 70~150명 정도 근무하는 지사(분사무소)를 9개 거느리고 있었으니 직원이 1,000명 가까이 되는 국내 최대의 부동산회사였다. 이 회사에 입사하여 처음 배정된 업무는 점포 물건을 작업해 와서 팀장에게 내용을 제공하는 것이었고, 팀장은 우량물건을 선별하여 벼룩시장, 가로수, 교차로, 매일경제 등에 광고하였다. 예비창업자와 매수의향자로부터 연락이 오면 팀장은 고객을 회사에 내방하도록 안내하고 내방 시 물건에 대한 브리핑이 이루어지고 현장답사로 이어지는 일련의 과정을 통하여 매매가 이루어지는 구조였다.

점포의 경우 대부분 권리금이 있었고 우량입지의 점포는 권리금이 1억 원 이상씩 호가하고 있는 시장상황이었다. 점포권리금은 부동산 중개대상물이 아니고 매도자와 합의만 되면 인정작업[1])을 할 수 있는 거래시장이다. 당시 중개 현장에서는 브리핑이 이루어지면 매수의향자의 경우 당연히 네고(가격 인하)요구가 있기 마련이기 때문에 이를 감안해 입금가격(매도자가 원하는 금액) 이상을 브리핑하였다. 당연히 입금가격 이상의 브리핑 가격에는 권리양도에 따른 보수가 포함된 것이다. 이렇게 부풀려진 가격은 받아들이기에 따라 불편한 진실일 수 있다.

필자가 소속된 팀의 팀장은 은행원 출신이고 다른 개업 공인중개사 사무소에서 경력이 있다고 하여 팀을 꾸린 것이었는데, 팀장이 브리핑을 할 때 권리금 입금가가 3,000만 원인데 5,000만 원으로 브리핑하면서 얼굴이 심하게 붉어지고 말을 더듬었다. 고객은 '컨설턴트라는 사람이 나를 속이고 있구나' 하면서 금세 상황을 알아차리게 되고 현장에서 벗어난 후 연락을 받지 않는 상황이 반복되었다. 필자를 포함한 팀원들은 '이렇게 해서는 1년이 되어도 계약 한 건 하기 어렵겠구나!' 하는 절망의 분위기에 휩싸이게 되었다. 실제로 많은 직원이 일하는 사무실의 경우 1년 동안 1건의 계약도 못 하는 직원들이 종종 있다. 이러한 상황이 회사 대표에게 전해지고 그 팀은 해체되어 각자도생하자는 의미로 각자 '나 홀로 팀장'이 되었다.

이후 필자는 점포 쪽이 아닌 빌딩매매 쪽에서 1주일 간격으로 빌딩 매매계약을 2건을 하였고 입사 45일 만에 그달 매출 1위를 하였다. 이 일련의 과정을 통하여 필자 또한 부풀려진 설명이나 사실과 다른 이야기를 할 때 얼굴에 바로 표시가 난다는 것을 알게 되었고, 우연과 필연이 겹쳐 빌딩매매를 접하게 되면서 이 문제가 해결되었다. 빌딩매매는 금액이 크고 매도의향자가 원하는 금액을 그대로 브리핑해도 금액 조정을 충분히 논리와 감성을 섞어 할 수 있었기 때문이다. 또한 빌딩매매에 따른 법률과 세금 문제, 임대차 관계 정리 문제는 필자가 오랜 기간 공인중개사가 아닌 다른 법학 분야의 시험공부를 하면서 필요한 지식을 가지고 있었기 때문에 필자에게 딱 떨어지는 종목이었다.

---

[1]) 매도자와 중개사의 합의하에 매도자에게 입금해야 할 금액을 정하고 그 금액 이상으로 계약이 이루어진 경우 그 이상의 금액을 컨설팅보수라는 명목으로 지급하는 중개계약방식.

이처럼 자기에게 딱 떨어지는 중개분야가 있게 마련인데 우선 예비 개업 공인중개사는 나의 성격이 어떤 분야에 적합한지 생각해 볼 필요가 있다. 이를 위해 분야별 업무의 특성을 정리해 보면 다음과 같다. 다음의 표를 따라가며 자신의 성격과 비교해 보기 바란다. 각자에게 적합한 종목이 무엇인지 드러날 것이다.

1. 가격의 조정 폭에 따른 업종의 분류

〈표 1-1〉 가격 조정 폭에 따른 업종 분류

가격 조정 폭[2]	업종
상	매매(유흥, 단란주점, 노래방, 토지, 임야)
중	매매(주택, 상가건물, 빌딩, 건축부지/식당, 제과점, 기타 일반점포)
하	임대차(원룸, 오피스텔, 다가구, 아파트 등 공동주택)

주점이나 노래방 등은 권리금 금액이 큰 편이고 업종의 특성상 인정작업도 쉽게 이루어지는 분야이다. 이런 현상은 유흥 쪽에서 이루어지는 매출이 큰 단위[3]고 관행상 그 분야의 사장들이 시원시원하지 않으면 영업하기 어렵기 때문으로 보인다.

토지나 임야 매매의 경우 평당 금액으로 가격이 정해지고 인정작업도 평당 몇 만원에서 몇십 만 원을 인정해 주기 때문에 가격 조정의 폭이 큰 업종이다. 이 토지시장은 이렇게 인정해 주지 않으면 업무를 볼 수 없을 정도로 비용이 많이 들어가기 때문에 땅 몇백 평을 팔고 0.9%를 받아서는 토지를 팔기 위해 사용한 비용도 안 된다. 예를 들어 전원주택부지 200평을 팔았는데 평당 100만 원이면 매매가가 2억 원이고 중개수수료는 180만 원이다. 그런데 고객에게 맞는 부지를 구해주기 위해 차에 태우고 경기도를 다 뒤지고 다니며 식사 대접을 하고 차량 기름값을 지불하게 되면 하루에 기본 20~30만 원을 지출하면서 다른 업무는 볼 수 없게 된다. 이런 일을 짧게는 1주일에서 길게는 몇 달을 하는데 누가 180만 원 받겠다고 이 일을 하겠는가?

---

[2] "가격 조정의 폭"이라는 개념은 학술적으로 정립된 개념은 아니고 필자가 분석기준으로 사용하기 위한 임의적인 개념이다. 시장에서 자연스럽게 긴 시간을 통해 조정된 금액이 아닌 정해진 시장가격이 없기 때문에 계약 시점에 급격하게 변동될 수 있는 금액의 크기를 지칭하는 개념이다.

[3] 고객 1팀이 들어오면 적게는 몇 십만 원에서 많게는 몇 백만 원의 매출이 오르기 때문에 돈에 대한 개념단위가 크다.

일반점포의 권리금 계약이나 건물매매의 경우 일반적으로 매수자 쪽에서 금액을 깎아줄 것을 요구하는 경우가 대부분이다. 그러나 그 범위가 크지 않고 매도자 쪽에서는 처음 매매금액 제시를 할 때 금액조정을 염두에 두고 금액을 이야기하기 때문에 중개사가 부탁하고 매수자가 같이 요청하면 무난하게 원하는 금액으로 조정되는 경우가 많다.

원룸·오피스텔, 공동주택 전·월세는 원룸·오피스텔이 밀집되어 있는 지역이나 역세권, 아파트 단지를 중심으로 다량의 물건을 확보하여 광고를 하거나 지역정보망을 통하여 다른 개업 공인중개사가 가지고 있는 물건을 찾아 공동중개하는 방식으로 업무가 이루어진다. 전·월세의 경우 가격조정을 원하는 경우가 드물고 특히 보증금은 임대인입장에서는 빚이고 임차인 입장에서는 계약 만기 시 반환 받는 금액이기 때문에 굳이 깎아달라고 하거나 더 받아달라는 이야기를 하지 않는다.

2. 업무의 난이도에 따른 업종의 분류

〈표 1-2〉 업무의 난이도에 따른 업종의 분류

업무의 난이도	업 종
상	개발목적 토지, 공장 매매
중	빌딩매매, 건축부지 매매, 상가점포 권리양도
하	주택매매, 주택(원룸, 오피스텔, 공동주택 등)임대차, 업무시설 임대차

개발을 목적으로 토지를 취득하는 경우 기본적으로 토지이용계획확인원상 관련 법상 지역, 지구, 구역에 따른 규제사항을 이해하고 있어야 한다. 그런데 이렇게 토지이용과 건축물의 이용을 규제하는 관련 공법이 200여 가지가 넘는다는 것이 문제다. 물론 토지를 개발하려는 매수자가 건축사를 통하여 검토하고 알아서 해야지 하고 생각할 수 있지만 공인중개사법과 판례는 개업 공인중개사에게 선관주의 의무를 부과하고 있기 때문에 당사자에게 중요한 사항이면 어떻게 해서든 내용을 알아보고 확인·설명해줘야 한다. 또한 인접토지와의 협력관계, 경계측량에 의한 점유면적 조정관계 등 한 건의 계약을 문제없이 처리하기 위해서 해야 할 일이 너무 어렵고 많은 분야가 토지분야다.

공장매매는 법인소유의 공장인 경우 법인을 인수해야 하는 경우도 있고, 산업폐기물이 어떻게 처리되었는지, 공장 내의 기계는 할부로 구매한 기계의 경우 대금이 완불되었는지, 공장재단으로 저당권이 설정되어 있는지, 사용하려는 용도에 맞는 구조인지, 전력량, 출입차량의 폭 등 알아야 할 것이 많기 때문에, 전문으로 하지 않는 개업 공인중개사가 중개하기에 적합하지 않은 분야다.

빌딩매매나 건축부지 매매, 상가점포 매매는 그 일만 하는 전문 개업 공인중개사들이 있다. 물론 다양한 업무를 취급하는 개업 공인중개사도 할 수 있다. 이 분야는 업무의 난이도에서 중급으로 평가했지만 이러한 분야를 하기 위해서는 많은 물건을 확보하고 있어야 하는데 중개사 한 명이 할 수 있는 일은 아니다. 이러한 문제를 해결하기 위해 그 업무를 하는 개업 공인중개사들이 유통망을 형성하는 것이다. 같은 매물이어도 내 손님에게는 부적합하지만 다른 개업 공인중개사의 손님에게는 적합한 경우가 있다. 내 손님이 찾는 물건이 나에게는 없지만 다른 개업 공인중개사에게는 있을 수 있다.

이러한 유형의 물건은 작업하는 데 많은 시간이 필요하고 물건 자체가 많지 않거나 숨어 있기 때문에 이 업무만 오랜 기간 해온 개업 공인중개사에게 손님이 넘쳐나도 물건이 없어서 하기 어려운 것이다.

원룸·오피스텔, 주택의 전월세를 전문으로 하는 개업 공인중개사의 경우 사무소 대표와 직원이 분업하면 1개월에 100건을 넘게 하는 사무소도 있다. 그 인근지역 원룸·오피스텔의 소유주를 대부분 다 알고 있고, 명절마다 선물을 돌리며 전구 교체나 수도밸브 고장 등 임차인의 불편사항까지 다 해결해주며 임대인과 임차인을 같이 관리한다. 이 분야는 중개업을 처음 시작하는 개업 공인중개사에게 적합하다고 본다. 업무량이 많지만 반복적이고 한 번 보여줄 때 3건 정도를 보여주면 그중에서 선택하여 바로 계약하는 경우가 많아 단기간에 성과를 낼 수 있는 분야이다. 단점으로는 업무량이 너무 많고 쉴 시간이 없을 정도로 바쁘고 수입에 일정한 한계가 있다는 것이다.

3. 활동범위에 따른 업종의 분류

〈표 1-3〉 활동범위에 따른 업종의 분류

활동범위의 크기	업 종
대	매매(토지, 전원주택, 임야) 전문
중	매매(빌딩, 건축부지, 점포) 전문
소	아파트 단지 전문, 역세권주변 원룸·오피스텔 전월세 전문

사람에 따라 돌아다니기를 좋아하는 성격이 분명히 있고, 사람들하고 어울리기를 좋아하는 성격이 있다. 반면 사무실에서 실내업무 보는 것을 편안해하는 성격이 있고 사람들 만나는 것을 불편해하는 성격도 있다. 토지나 빌딩매매를 전문으로 하고자 하는 경우 고객과 긴 시간을 같이해야 하고 많이 돌아다녀야 한다. 물론 그 과정에서 중개사에 대한 신뢰가 형성되어야 한다. 반면 전월세의 경우 금액이 소액인 경우가 많고 중개사에 대한 신뢰보다는 물건의 적합성이 더 중요하기 때문에 물건만 좋으면 계약한다. 또한 단기간에 결정이 난다. 물론 이 경우에도 중개사에게 클로징하는 기술은 필요하다.

이렇게 하여 창업희망자에게 적합하게 보이는 업종이 눈에 들어 왔다면 그 분야에서 일하는 개업 공인중개사를 한두 명 소개받아 식사를 대접하고 조언을 듣기 바란다. 이후에 그분들과 공동중개하게 될 것이다. 지금까지 업종도 선택하고 그 분야의 전문가에게 필요한 조언도 들었다. 이제 개업해야 할까? 필자는 바로 개업하는 것보다 영업실적이 좋고 직원이 많은 개업 공인중개사사무소에서 계약을 몇 건 해 볼 때까지 일을 몸으로 배우기를 추천 드린다. 무슨 일이건 사수[4] 없이 처음 시작하면 시행착오를 겪기 마련이며 많은 자금을 투자하는 사업의 경우 한 번의 실패가 긴 시간의 고통을 가져오는 경우가 종종 있기 때문이다. 개업하는 것은 어려운 것이 아니다. 잘하는 것이 어려운 것이다.

---

4) 업무를 가르쳐주고 배분해주고 일을 같이 하는 전문가를 칭한다.

업종에 맞는 입지의 조건

사무실 입지는 우선 개인의 성격과 업무의 특성이 맞아야 하겠지만 그렇다고 전혀 모르는 지역에서 개업하는 것은 실패 가능성이 높다고 봐야 한다. 입지를 광역범위와 주된 영업범위인 활동시장으로 나누어 볼 때 광역범위는 자신이 오랜 기간 성장하고 활동해 왔던 지역이 가장 좋다. 지인이 많기 때문에 기본적인 지인 네트워크도 이미 형성되어 있고 필요할 경우 소개를 통하여 동종업종의 지역 네트워크도 쉽게 형성하거나 가입할 수 있다. 지역을 잘 알기 때문에 고객에게 지역 브리핑 시 전문가적 지위를 선점하고 갈 수 있고 심리적으로도 안정된 업무수행이 가능하기 때문이다.

부동산중개업은 물건작업의 경우 (미술)조각 작업에 비유되고 매수자 작업은 낚시에 비유된다. 작품을 만들려면 작품 소재가 되는 물건이 많이 있어야 한다. 물건이 없으면 중개가 아닌 정보 교통[5]을 하거나 다른 부동산의 물건만을 브리핑해야 하는 상황에 처할 수밖에 없다. 또한 매수자가 없는 시장의 경우 많은 비용을 들여 광고해도 연락이 오지 않는다. 이처럼 부동산중개는 물건과 고객이 있는 포인트에서 낚시질을 해야 하는 것이다.

그렇다면 물고기가 많이 모여 있는 곳은 어디일까? 자신이 나고 자란 지역의 바로 옆에 신도시가 들어서거나 재건축, 재개발이 된다면 그 지역은 전국적인 관심을 끌게 되고 많은 투자자가 모여들 것이다. 아파트 단지에는 기본 세대수가 있고 물건의 회전율이 있기 때문에 적당한 수의 부동산사무실[6]이 영업을 한다면 안정적으로 수입을 올릴 수 있다. 역세권에는 젊은 세대가 원룸·오피스텔에 많이 거주하고 있고 회

---

5) 공동중개를 3명의 개업 공인중개사가 할 때 물건지 부동산과 매수자 측 부동산을 정보전달을 통하여 연결해 주면서 중개에 참여하는 역할.

6) 일반적으로 아파트 단지에서 적정규모의 공인중개사 사무실 수는 300:1로 보고 있다. 900세대의 아파트 단지 내 상가라면 3개의 사무실을 적정수로 보는 것이다. 이는 임대차 이동수요가 평균 2년 단위로 발생한다는 것과 매매가 평균 6년 단위로 일어난다는 과거의 통계에 근거한 것이다.

전속도가 빠르다. 배후지가 넓고 깊은 주택가 입구에는 많은 물건이 나오고 매수·임차고객들의 방문도 많다. 강남의 사무실 빌딩이 밀집된 지역의 역세권이나 법원 인근에는 사무실 수요도 많고 물건도 많아 사무실전문으로 하기에 적합한 입지이다. 경기도로 빠져나가는 IC근처나 전원주택들이 밀집되어 있는 지역의 초입에는 토지를 전문으로 취급하기에 적합한 입지다. 아파트형 공장이나 산업단지가 밀집되어 있는 지역이나 소규모 공장이 많이 밀집되어 있는 지역은 공장 중개를 전문으로 하기에 적합한 지역이다. 기타 특수한 업종들(모텔전문, 제과점전문, 약국전문, 주유소전문, 마트전문, 프랜차이즈전문 등)의 경우는 일정 지역만을 기반으로 영업하기에 적합하지 않아 전국적인 네트워크를 가지고 광고를 통하여 영업하지만, 기본적으로 부동산은 부동성7)과 임장활동의 필요성이 있기 때문에 고객이 찾아오기 쉬운 곳에 사무실이 입지해야 한다.

이렇게 업종과 지역이 정해졌다면 사무실이 들어설 장소를 정해야 한다. 물론 적당한 물건이 없는데 만들어 낼 수는 없다. 그렇지만 원하는 물건과 유사한 후보 물건 중에 고려해야 할 다음의 요소를 중심으로 물건을 분석해 봐야 한다.

1. 주차장(차량의 흐름)

사무실 앞이나 옆에 주차장이 있어도 차량이 지나가는 속도가 너무 빨라 서서히 진입하여 들어오기 어려운 위치가 있다. 속도를 늦추게 되면 추돌 위험이 있거나 뒤에서 계속 경적을 울리기 때문에 들어오려다 밀려서 그냥 지나가게 된다. 이런 흐름이 형성된 위치의 사무실은 주차장이 있어도 쉽게 접근하기 어렵다. 물이 흐를 때 속도가 느리고 완만하게 고이듯이 휘도는 위치가 풍수지리적으로도 좋은 입지로 본다. 주차장 또한 같다. 유념해야 할 사항이다.

---

7) 부동산은 위치가 고정되어 있다. 일반 상품처럼 고객이 있는 곳으로 이동할 수 없다. 그렇기 때문에 고객은 부동산이 있는 곳으로 이동해 물건을 선택하는 활동이 필요하다.

2. 유동인구

지하철 출구나 버스정류장 앞이면서 항상 사람의 유동이 많은 곳이 있다. 이런 곳은 그냥 지나가는 사람이 대부분이고 다른 곳으로 이동하기 위한 중간지점일 뿐인 곳이 많다. 이런 곳은 단순 방문객을 포함하여 문을 열고 들어오는 사람이 많아 방문고객이 차분하게 앉아 상담하기 어렵고 사람이 계속 들락거리게 되면 집중도 되지 않는 곳이다. 이런 곳에서 부동산을 해 본 중개사들이 공통적으로 하는 이야기는 한 사람이라도 확실히 잡고 클로징을 해야 하는데 계속 물어보러 오는 손님 때문에 집중이 안 된다는 것이다. 마무리도 못 한 채 계속 뒤에서 밀려오는 손님 때문에 떠밀려 가는 것이다. 그렇다고 비싼 위치에서 많은 직원을 거느린 대형사무실을 운영하는 것도 어렵다. 이런 위치의 사무실은 대부분 10평 내외의 사무실로 직원대비 방문객이 너무 많은 것이 장애요인으로 작용하는 것이다. 부동산 사무실은 상담 분위기가 잡히고 업무를 하나씩 클로징할 수 있으며 주변에 작업할 물건이 많은 곳이 좋은 곳이다. 즉 수요와 공급이 조화를 이루고 그 업무를 처리할 수 있는 적절한 인원과 업무시설이 있어야 하는 것이다.

3. 기존 사무소 인수와 신규창업

한 곳에서 부동산 사무실을 운영하다 사무실 이전을 하게 되면 이전된 곳으로 찾아오는 단골 고객이 있다. 원룸·오피스텔을 임대하거나 다가구주택을 임대하는 임대인은 임대건수가 많기 때문에 부동산 사무실의 주요 단골이 된다. 임차인 역시 집을 구할 때 친절하고 깔끔하게 일처리를 해줬던 공인중개사 사무실을 잊지 않고 다시 찾는다. 그러나 단골이 찾아와서 하는 첫 마디는 "○○실장님 어디 갔어요?"다. 즉 특정한 사람이 먼저지 그 부동산사무실이 먼저인 것은 아니다. 고객의 업무를 잘 처리해줬던 직원이 다른 사무실로 옮기게 되면 고객도 그 사무실을 찾아가게 된다. 물론 물건을 내놓으러 온 경우 이왕에 왔으니 물건을 내놓기는 하지만 계약이 이루어지지 않은 이상 그리고 자신이 찾는 중개사가 이 사무실로 돌아오지 않는 이상 다시 오지 않을 가능성이 높다.

그렇다면 기존 사무실을 인수할 것인지 신규 창업을 할 것인지의 질문에서 답은 다음과 같다.

▷ 기존 사무실을 인수 할 때 오랜 기간 그 사무실에서 근무했던 직원들의 고용승계를 할 수 있어야 한다.
▷ 그 사무실의 지명도가 높고 살아있는 우량매물을 많이 보유하고 있는 사무실은 양도자가 인근에서 사무실을 운영하지 않는다는 조건으로 인수 협상을 해야 한다.

이런 조건이 아니라면 비싼 권리금을 주고 기존 사무실을 인수하는 것은 추천할 만한 일이 아닌 것 같다.

신규 사무실을 창업하는 경우에는 3개월 정도 영업범위 내의 가능성 있는 물건을 전수 조사하고 접촉해야 한다. 이것이 데이터베이스 작업으로 신규 창업계획에 포함되어있어야 한다. 이런 작업만 충실히 한다면 굳이 기존 사무실을 인수하지 않아도 지역거래정보망[8]의 가입과 광고를 통하여 대등한 매출을 창출할 수 있는 것이다.

---

8) 지역 사설거래정보망은 지역 친목회에 따라 가입 전 그 위치에서의 영업기간을 3개월~12개월 정도 요구하는 경우가 있다. 사전에 알아보고 계획을 세우기 바란다.

상권조사 방법

과거에는 상권조사를 할 때 발로 뛰어 궁금한 모든 것을 해결 했다. 인근지역을 도보로 다 걸어보고, 예정 위치의 물건지 근처에서 자동차를 주차해놓고 형사들이 잠복근무 하듯이 하루 종일 유동인구를 관찰하면서, 문을 열고 들어가는 사람 수를 하나씩 세면서 짧게는 2~3일에서 길게는 일주일씩 관찰하는 경우가 있었다. 그러나 이러한 방식도 배후지 잠재고객수를 계산하거나 그 지역에 인구 유입이 늘어가고 있는지 줄어들고 있는지, 도시는 성장기에 있는지 쇠퇴기에 있는지 등을 알기는 어려운 방식이다.

우리가 숨을 쉬고 있는 이 시점의 세계는 정보가 넘쳐나고 필요한 정보는 인터넷을 찾아보면 거의 다 있다고 해도 과언이 아닌 시대다. 정부에서도 중소상공인을 위해 다양한 데이터를 가공해 정보를 제공하고 있으며 어떤 경우에는 로데이터[9]를 그대로 제공해 필요한 정보를 창출할 수 있게 하기도 한다.

일반적으로 상권분석은 그 업종에 맞는 방식을 찾아야 하는데 부동산중개업 같은 경우 부동산 물건의 분포와 경쟁업소의 위치 및 그 부동산을 가진 소유주 및 임차인들의 동선과 접근성을 중요하게 고려해야 한다. 개별 입지에서는 해당 물건의 지반 고저, 경사를 보며 향과 사무실 동선의 배치까지 봐야 한다.

먼저 광역 분석은 다음 지도나 네이버 지도, 구글 어스 등[10]을 통해 도로망, 부동산의 전체적인 분포를 볼 수 있으며 항공사진과 로드뷰, 상권정보시스템을 통하여 더 많은 정보를 얻을 수 있다. 이러한 방식으로 개략적인 정보를 얻은 후에는 그 정보를 바탕으로 현장을 직접 답사해 봐야 한다. 로드뷰 등으로는 도로의 경사나 해당

---

9) Raw data는 최초의 측정 자료로 미가공 상태의 원시자료를 의미한다. 설문지의 경우 표본의 인구사회학적 특성과 각 변수에 대한 질문과 그에 대한 답을 5점 척도나 7점 척도로 측정하게 되는데 이러한 하나하나의 데이터를 로데이터라 한다.

10) 이러한 지도는 항공촬영이나 로드뷰 촬영시점이 보통 수개월 경과 시점인 경우가 대부분이다. 기간의 차이는 있지만 현시점이 아니라는 것은 분명하다.

물건지의 고저를 정확히 가늠하기가 어렵기 때문이다. 계단[11]이 하나 늘어날 때마다 평지의 점포에 비해 워킹손님이 몇%씩 줄어든다는 설(說)도 있다. 또한 오르막길에 있는 점포는 안 좋고 평지가 아니라면 고객의 동선으로 봤을 때 내리막길에 있는 점포가 더 낫다는 이야기도 있다. 이러한 이야기는 과학적인 증거를 찾으려 하기보다는 입장을 바꾸어 나의 무의식적 행동을 돌이켜 보면 알 수 있을 것이다.

1. 각 동별 인구와 주택유형 및 주택 수, 가구 수 통계자료

    ○ 지자체 홈페이지

       (강서구의 예: https://www.gangseo.seoul.kr/gs030016)

    ○ 국토교통부 통계누리

       (https://stat.molit.go.kr/portal/main/portalMain.do)

    ○ 통계청(https://www.kostat.go.kr/portal/korea/index.action)

2. 소상공인시장진흥공단 상권분석 프로그램

    소상공인시장진흥공단의 상권분석 프로그램은 '상권정보시스템'을 검색하여 접속 및 회원가입 후 이용 가능하다.

    ○ (인터넷) 상권정보시스템 홈페이지(http://sg.sbiz.or.kr) 회원가입 후 이용
    ○ (모바일) 안드로이드마켓·앱스도이에서 '소상공인마당' 앱 설치 후 이용
      https://sg.sbiz.or.kr/godo/index.sg

---

11) 불가피하게 계단이 있는 사무실을 임차하는 경우 임대인의 동의를 얻어 계단을 없애고 최대한 완만하게 경사로를 만들어 장애인이나 유아용 휠체어도 들어 올 수 있도록 만들어야 한다.

[그림 1-1] 소상공인 입지분석

[그림 1-2] 소상공인 상권분석

4절

사무실 계약전략

1. 등록 가능성 검토

부동산 중개업은 등록업종이다. 만일 임차하려는 건물에 위반건축물이 있는 경우 시·군·구청에서 등록거절사유가 될 수 있다. 분양상가의 경우 해당 호수에 문제가 없으면 다른 층이나 호수에 위반건축물이 있어도 등록이 가능하다. 그러나 단독소유주의 통 건물인 경우 다른 층의 위반건축물의 원인이 등록거절 사유가 될 수 있다. 이 것은 건물주에게 위반을 시정하도록 하는 조치이지만 신규로 사무실을 창업하는 경우 주의해야 하는 사항이다.

또 하나 검토해야 할 사항은 건축물의 용도[12]다. 2종 근린생활시설이나 1종 근린생활시설에 부동산중개사무소를 많이 개설하지만 구청 부동산정보과에 문의 후 문제가 없을 경우나 용도변경으로 가능할 경우에 권리계약 협의에 들어가는 것이 순서다.

2. 권리 양도·양수 계약

사무실이 비어있는 점포이거나 권리금이 없는 점포의 경우 임대인과 바로 임대차 계약을 할 수 있지만 일반적으로는 소액일지라도 권리금이 있기 때문에 양도하려는

---

12) 「건축법」상 사무실로 사용하기에 적합한 건물 중 제1종 근린생활시설(같은 건축물에 해당 용도로 쓰는 바닥면적의 합계가 30제곱미터 미만인 것), 제2종 근린생활시설(같은 건축물에 해당 용도로 쓰는 바닥면적의 합계가 500제곱미터 미만인 것), 상점 또는 일반업무시설(같은 건축물에 해당 용도로 쓰는 바닥면적의 합계가 500제곱미터 이상인 것).

임차인과 권리금계약을 먼저 하게 된다.

권리금 계약을 할 때에는 그 권리금이 적당한지 판단해 봐야 한다. 예상 월 순수익 1년분을 넘게 되면 권리금이 과도하다고 판단하고 권리금의 조정을 시도해 봐야 한다.

또한 기존 사무실을 인수하는 경우 매물장과 매수장을 확인해 보고, 어느 정도의 가치가 있는지, 지역거래정보망[13]에는 가입되어 있는지를 확인하여 가치를 평가하여야 한다. 부동산 고객은 사무실이 아닌 고객이 신뢰하는 특정 공인중개사나 중개보조원을 따라 움직이는 경향이 있기 때문에 사무실을 양도하는 양도인이 해당 지역이나 일정범위의 인근 지역에서 영업하지 못하도록 하는 경업금지조항과 그 위반 시 손해배상조항이 들어가야 한다.

권리계약이 이루어지게 되면 임대인과 임대차계약이 이루어지도록 하는 의무를 양도인에게 부과하고 임대차계약 체결일정을 계약서상 잡는다. 이 경우 임대차계약이 성사되지 않았을 때에는 권리계약금을 조건 없이 반환하도록 하는 특약이 필요하다.

3. 임대차계약

임차인의 입장에서 임대인을 잘못 만나면 망한다는 이야기가 있다. 그 원인은 주로 임차인이 어려움에 처했을 때 임차인이 적정한 권리금을 받고 나갈 수 있도록 임대인이 배려해주어야 하는데 임대인이 임차인의 사정은 아랑곳하지 않고 임대료를 과도하게 올려버리게 되면 과도한 월세에 권리금까지 주고 들어오려는 양수자가 없기 때문이다. 결국 임차인은 권리금도 받지 못하고 원상회복이라는 명분하에 보증금의 일부도 돌려받지 못하는 상황으로 가게 되는 것이다. 그렇기 때문에 권리계약을 할 때에는 가능하다면 주변에 임대인이 어떤 사람인지 알아봐야 한다. 악명 높은 임대인이라면 계약을 다시 한번 더 생각해야 하고 부득이 계약하게 된다면 우려되는 사항에 대한 회피 방법을 임대차계약서상 명시하는 것이 좋다.

---

13) 한국공인중개사협회의 한방은 회원가입을 하고 매월 회비를 납부하게 되면 자유롭게 이용할 수 있지만, 지역을 기반으로 영업하는 사설거래정보망은 그 지역 친목회에서 허락하지 않으면 가입을 받아주지 않는 경우가 많다. 현실적으로 그 지역의 사설거래정보망은 영업실적에 핵심적인 역할을 하기 때문에 반드시 가입되어 있는지 확인하고 권리금을 지급하여야 한다.

손익분기점의 계산

손익분기점은 다음의 공식이나 프로그램을 이용하여 계산해 볼 수 있지만 목표 매출액을 매달 달성한다는 보장이 없기 때문에 나의 능력을 그 지역 평균으로 보고 영업권역 내 부동산 중개사무소의 평균 매출을 기준으로 계약하려는 사무실에서 손익분기점을 맞출 수 있는지 파악해 봐야 한다.

손익분기점을 쉽게 계산해 볼 수 있는 계산프로그램으로는 「서울특별시 자영업 지원센터 손익분기점 체험」[14]이 있다.

[그림 1-3] 손익분기점 체험

---

14) https://www.seoulsbdc.or.kr/bs/info/expBreakeven.do

손익분기점은 손해와 이익의 경계점으로 이익이 0원이 되는 매출액이다. 즉 매출금으로 이것저것 지출한 후 남은 것이 하나도 없는 상태인 것이다.

손익분기점 계산공식은 다음과 같다.

$$손익분기점 = \frac{고정비}{1 - \dfrac{변동비}{매출액}}$$

- 고정비: 월차임, 관리비, 공과금, 고정급여, 감가상각비, 총 투자금(권리금, 보증금, 인테리어 비용, 사무용 장비 등)의 이자, 고정광고료
- 변동비: 서비스업의 경우 영업활동비용(차량 운용비용, 고객접대비, 경조사비 등)
- 변동비/매출액의 의미: 매출상품, 서비스의 원가비율
- 1-(변동비/매출액): 매출 이익률(마진율)
- 고정비/1-(변동비/매출액): 마진율이 100%인 경우 고정비를 마진율로 나누면 고정비와 같은 금액이 나온다. 즉 마진율이 100%인 경우 고정비만큼 매출을 올리면 이익이 0원이 되는 것이다.
- 실질적인 이익은 손익분기점 이상의 매출을 냈을 때부터 발생한다.
- 직접적인 이익을 내는 것은 판매하는 서비스와 상품으로, 서비스와 상품은 완성 단계까지의 원가가 출렁이는 변동비에 속한다. 변동비에는 들어간 비용(원가)을 입력하면 된다.

변동비와 고정비가 명확하게 구분되지 않는 비용들이 있지만 대체적으로 위와 같다. 부동산중개업의 경우 서비스업으로 변동비율이 적다. 그러나 영업을 해보지 않은 상태에서 변동비가 얼마나 들어갈지 알 수 없어 사전에 계산하기는 어렵다. 그렇기 때문에 부동산중개업의 개략적인 최소 매출액을 계산하려면 사무실고정비의 110%를 손익분기점으로 보고 고정비 항목 중 고정급여에 운영자의 매월 가정(家庭)의 기본생계유지비가 들어가 있어야 한다.

서울특별시 강서구의 역세권 사무실(보증금: 30,000,000원 / 월차임: 1,200,000원 / 권리금 및 간판, 인테리어, 장비 등 교체비: 110,000,000원)의 손익분기점을 보면 다음과 같다.

▷ 고정급여(3인 가족 2021년 최저생계비): 3,983,950

▷ 사무실 월세: 1,200,000

▷ 공과금(수도, 전기, 가스, 인터넷, 통신, 관리비): 280,000

▷ 감가상각비(인테리어, 간판 수명10년 계산[15]): 250,000

▷ 총 투자금(140,000,000)의 이자(12% 적용[16]): 1,400,000

▷ 고정 광고료: 1,000,000

　　총액 = 8,113,950원

　　손익분기점 = 8,230,617 × 110% = 8,925,345원

　여러분은 매월 위 금액을 벌어들일 수 있겠는가? 아니면 1년에 1건의 계약을 해도 그 중개보수를 12개월로 나누었을 때 위 금액이 나오는가? 여러분이 평균 이상의 시간과 에너지를 투입하고 지속적으로 학습과 독서를 하며 지역에서 좋은 평판을 유지하며 인정받는 중개사가 된다면 충분히 가능한 금액이다. 이미 지역의 평균매출로 손익분기점을 잡았고 여러분은 분명히 평균 이상을 충분히 할 수 있는 인재이기 때문이다.

---

15) 일반적으로 인테리어의 수명은 3년으로 계산하지만 인테리어를 한 번 하게 되면 장소를 이전하지 않는 이상 5년에서 10년 정도는 그대로 사용한다.

16) 물론 순수 자기 자금으로 창업한 경우 이자를 계산하지 않을 수도 있지만 들어간 금액은 수익을 창출할 수 있는 곳에 투자될 수 있는 기회비용이고 은행에서 담보대출처럼 저리에 받을 수 있는 것이 아니기 때문에 법정지연이자(12%)로 계산한다.

제2장

중개사무소 표준모델
(눈에 띄고 편한 사무실)

개설 및 운전자금과 리스크

새로운 사업을 시작할 때는 대출부터 생활자금까지 닥닥 긁어모아 창업하는 경우가 대부분이다. 물론 그 사업이 순항하고 시작부터 필요한 매출을 올려준다면 더할 나위 없이 좋겠지만 새로운 일은 항상 숨어있는 함정이 있다. 그러한 어려움을 무사히 건너서 안정적인 운영단계에 이르기 위해서는 일정한 기간 동안 버틸 수 있는 자금이 준비되어 있어야 한다. 그 기간을 필자는 6개월간의 사무실 운영비와 가정의 생활비 정도로 본다. 여기에서 함정이란 경험이 없기 때문에 겪는 어려움으로 다음과 같은 것이 있다.

1. 무경험 리스크

부동산중개업에서는 계약이 나오지 않는 이유가 무엇인지 모르는 상태에서 충분한 매출을 올리지 못한 채 계속 적자가 누적되어 중개업을 포기하는 경우가 있다. 물건이 몇 건이 들어오면 계약 성사율이 몇 %가 된다든지, 광고를 몇 건을 하고 광고비를 얼마만큼 지출하면 어느 정도의 계약을 할 수 있는지 감이 없기 때문에 성과가 없으면 광고를 끊어버리게 된다. 계속해서 사업이 위축되고 결국 사업을 접게 되는 것이다.

2. 직원 리스크

중개업계에서 지켜보면 일을 잘하는 중개보조원(실장)이나 개업 공인중개사가 있다. 특이하게 이분 중 일부는 한곳에 오래 있지 않고 개업 공인중개사와 다툼이 있거나 마음에 들지 않는 일이 발생하면 사무실을 옮겨버린다. 개업 공인중개사의 입장에서 일 잘하는 실장님을 만나는 것도 복이지만 일 잘 하던 분이 갑자기 그만두겠다고 하면 당황스러울 수밖에 없다. 직원을 채용하기 위해 면접을 보고 신규 직원을 데리고 일을 해보면, 일 잘하고 대표와 성격이 맞는 실장님을 만난다는 것이 얼마나 어려운 일인지 느끼게 된다. 이렇게 직원 관계에서 어려움이 발생하면 대표는 정신적으로 지치게 되고 결국 사업을 포기하게 되는 것이다.

3. 중개사고 리스크

개업 공인중개사가 사무실을 접게 되는 원인 중 가장 많을 것으로 추정되는 사유가 중개사고다. 어떤 중개사는 중개사고 자체가 심각한데도 일반적으로 생길 수 있는 일로 일반화시켜서 무마시키기도 하고, 해결하기 위해 최선을 다하는 모습을 보이고 인정에 호소해 무마시키는 경우도 있다. 그런데 어떤 중개사는 문제 자체가 사소한 데도 감정적으로 고객과 싸우면서 일을 키우는 경우도 있다. 결국 고객은 극도로 흥분해 구청에 민원을 제기하고 심한 경우 경찰서까지 찾아가게 된다. 중개사고에 의해 영업정지를 당하거나 소송으로 진행되는 경우 경제적 기반이 튼튼하거나 정신적으로 강한 사람이 아닌 한 버티는 것이 쉽지 않을 수 있다.

권리계약[17]과 임대차계약[18]

계약할 물건이 정해지고 계약을 하는 경우 대부분은 개업 공인중개사가 알선을 하기 때문에 개업 공인중개사가 권리분석을 하고 문제가 없거나 그 문제가 해결 가능할 경우에 한하여 거래계약을 해준다. 그러나 창업하려는 개업 공인중개사의 입장에서는 당사자로서의 문제이기 때문에 중개하는 개업 공인중개사가 빠트리는 부분이 없는지 잘 살펴야 한다. 공인중개사사무소는 등록업종이기 때문에 등록거절 사유가 있는지 확인하고 등록거절 사유가 있다 해도 치유가 가능하고 계약서상 약정사항으로 들어간다면 위반건축물도 문제가 되지 않을 수 있다.

항상 권리상 하자나 물리적 하자의 경우 해결을 조건으로 계약할 수 있지만 그 해결을 담보할 만한 가치여력이 남아 있는 물건인지, 임대인이 그 해결을 책임지거나 해결하지 못할 경우 경제적 책임능력이 있는지 살펴야 한다. 당사자가 책임질 능력이 안 되는 계약을 하고 그 불이행이 개업 공인중개사의 고의나 과실이 아니라 해도 피해를 보게 된 당사자는 개업 공인중개사에게 계속 매달리게 되고 개업 공인중개사는 극심한 스트레스에 시달리게 된다. 이러한 문제가 없이 권리계약과 임대차계약을 잘 마무리하게 되면 다음으로 사무실 인테리어와 집기 배치를 계획해야 한다.

---

17) 제11장 거래계약서 해설 참조
18) 제11장 거래계약서 해설 참조

3절

사무실 배치

1. 사무실 집기

　개업 공인중개사 사무실을 운영하는 데에는 다음의 표와 같은 일반적인 사무용 기계와 책상 등 집기가 필요하다.

〈표 2-1〉 집기목록 등(10평 규모의 사무실 기준, 2023년 기준)

분 류	규 격(mm)	수 량	단가(원)	기 타
책상(사무용)	1400×750	3	80,000	
의자(사무용)	500×450	9	50,000	
원탁	900×1000	1	80,000	
책꽂이(수납장)	1500×30	1	300,000	주문제작(싱크대공장)
컴퓨터(+모니터)	옥션 등	3	500,000	
매물정보 게시판	옥션 등	2	260,000	천장형 모니터
복합기(프린터, 팩스)	650×600	1	200,000	보증금+렌탈(월 5만 원)
냉난방기	시스템	1	2,500,000	설치비 포함
전화기(사무용)	옥션 등	3	40,000	2LINE이상
소파(고객용)	3000×600	1	300,000	주문제작(쇼파 전살이)
이동서랍(사무용)	600×450	3	40,000	
냉온수기	300×300	1	300,000	종이컵, 홀더
탕비실(테이블 등)	600×500	1	200,000	종류별 티백 별도
지도(지역, 전국)	한일지도	2	70,000	부동산용(주문제작)

냉장고	650×550	1	500,000	
씽크대	900×550	1	70,000	
액자(자격증 등 게시)	300×210	5	10,000	중개보수 요율표용 별도
공용 매물장 등	문방구	2	10,000	매물장, 매수장
문구류	문방구	-	50,000	A4용지, 필기구 등
거래정보망가입 등	협회 등	2	5,000,000	한방, 텐 외 60여개

2. 사무실 배치 기준

사무실의 배치는 중요한 사항이다. 사무실 배치가 잘못된 경우 고객의 입장에서도 사무실이 어수선해 보이고 개업 공인중개사의 입장에서도 일의 효율이 떨어지며 사무실 내 위계질서가 서지 않게 된다.

1) 소비자 행동 기준의 배치

(1) 고객은 낯선 사무실의 문을 열기 두려워한다.

동물을 포함한 모든 생물은 새로운 환경을 접할 경우 적응하는 데 스트레스를 겪으며 본능적인 자기보호용 회피 반응을 보이게 된다. 일반적인 상황에서 겉모습만 보면 고객들이 쉽게 사무실 문을 열고 들어오는 것 같지만 단골고객이 아닌 이상 그 짧은 순간에 고객은 망설임과 경계의 심리를 뚫고 들어온 것이다. 이렇게 들어온 사무실이 편안한 분위기의 인테리어와 동선 배치, 그리고 친절한 공인중개사가 있다면 일단 긴장을 풀게 되는 것이다. 고객이 경계를 풀어야 고객정보를 알 수 있고 고객정보를 알아야 중개로 연결시킬 수 있는 것이다.

고객의 긴장을 풀어 줄 수 있는 방법은 여러 가지가 있지만 사무실 집기의 배치도 그중 하나다. 책상 배치가 입구에서부터 층층이 되어 있고 제일 뒤에 대표가 앉아 있다면 고객은 위압감을 느끼게 되며 직원들이 전부 자신을 쳐다보고 있는 듯한 느낌을 받기 때문에 불편하게 된다. 고객이 처음 문을 열고 들어왔을 때에는 시중 은행의 업무 공간 배치처럼 측면(90°)으로 앉아 있거나, 문을 바라보고 있더라도 정면보다는 약간 우측이나 좌측으로 치우치는 것이 고객이 편하게 문을 열고 들어올 수 있는 책상 배치이다. 그것도 어렵다면 컴퓨터 모니터나 책상용 파티션을 책상 전면에 놓아 직접적으로 눈이 정면으로 부딪치는 것은 피하는 것이 좋다.

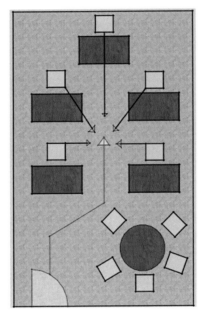

[그림 2-1] 잘못된 책상 배치

(2) 고객의 눈과 몸은 좁은 곳에서 넓은 곳으로 움직인다.

고객이 일단 문을 열고 들어오면 직원들이 밀집하여 앉아 있는 좁은 공간보다는 넓고 개방된 공간으로 몸이 이동하게 되어 있다. 이것은 본능적이고 방어적인 동작으로 등을 벽으로 향하여 뒤를 보호하고 앞이 트여 있어 전체를 관찰할 수 있는 곳으로 몸이 향하는 것이다. 이렇게 볼 때 고객이 이동해야 할 공간(상담실이나 대기 공간)은 넓게 할 필요성이 있다.

(3) 처음 대면하는 고객과는 테이블에 앉을 때에 90도 각도로 대면하는 것이 긴장감을 낮출 수 있는 좌석 배치다.

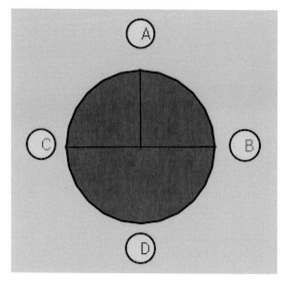

[그림 2-2] 고객의 좌석배치

위 [그림 2-2]에서 A가 처음 대하는 고객이라면 개업 공인중개사는 C나 B의 위치에 앉고 D에 앉는 것은 피하는 것이 좋다. 특히 A가 남성 고객일 경우 남성인 개업 공인중개사는 D 자리에 앉는 것을 피하는 것이 좋고, 성(性)이 다른 경우에는 다소 긴장감의 정도가 덜하기 때문에 D의 위치에 앉는 것도 무난하다고 봐야 한다.

⑷ 중요한 이야기는 마주보고 이야기해야 한다.

중개사가 고객을 처음 상담한 후 현장답사를 하는 시간동안 고객과 많은 대화를 해야 하고 대화를 통하여 서로의 공통점을 찾으면서 어느 정도의 정서적 공감대를 형성했다면 이제는 서서히 앉아서 이야기하는 위치를 정면 쪽으로 이동해도 된다. 최종적으로 계약의 단계에 이르게 되면 고객의 정면에 앉아서 대화를 하되 고객의 눈을 정면으로 10초 이상 응시하는 것은 공격으로 받아들일 수 있기 때문에 고객의 눈과 입을 번갈아 보면서 대화하는 것이 좋다. 눈에 힘을 주면 안 되고 자연스럽게 하고 중간중간 메모지를 보거나 커피 잔을 보며 불편하지 않게 하되 상대의 의중은 눈과 보디랭귀지를 통해 표현되기 때문에 잘 살피며 대화해야 한다.

(5) 사무실 대표가 누구인지 파악할 수 있도록 책상을 배치한다.

　사무실에 따라 매출이 제일 높은 직원을 좋은 자리에 앉히는 경우도 있기는 하지만 일반적으로는 고객이 사무실을 방문했을 때 위계질서를 볼 수 있게 배치하는 것이 좋다. 직원이 아무리 일을 잘해도 대표가 어려워 사무실을 접게 되면 사무실은 끝난다고 봐야 한다. 그렇기 때문에 대표의 자리는 좋은 곳에 배치하고 대표를 중심으로 사무실이 돌아가는 느낌을 주어야 한다. 그렇다면 좋은 자리는 어떤 자리이고 어떻게 책상과 집기를 배치하는 것이 좋은지 다음에서 살펴보기로 한다.

2) 풍수지리학 기준의 배치(동서사택론)

　아래 표(그림)의 배치는 풍수지리학의 동서사택론에 근거한 배치로 채광이나 통풍 고객과 직원의 동선을 보더라도 공감이 가는 이론으로 평가된다.

〈표 2-2〉 동서사택론에 따른 사무실 책상의 배치

사무실 책상의 배치								
구분	동사택				서사택			
팔괘	진방 (동)	손방 (남동)	이방 (남)	감방 (북)	곤방 (남서)	태방 (서)	건방 (북서)	간방 (북동)
음양	양	양	양	음	음양 반반	음	음	음양 반반
오행	목	목	화	수	토	금	금	토

1. 사무실의 중심점(정침 위치)을 찾는다.
2. 정침 위치에서 입구 출입문의 중심 방위를 본다.
3. 정침 위치에서 책상이나 방의 위치를 본다.
　가. 문과 책상이 같은 농사택이나 같은 시시택이 되도록 한다(사택론).
　나. 문과 책상이 음과 양의 결합이 되도록 한다(음양론).
　다. 문과 책상이 상생이 되도록 한다.

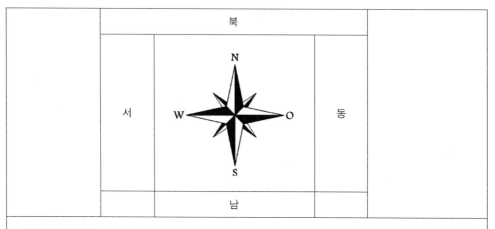

※ 예) 남문의 경우

1) 동, 남동, 북이 같은 동사택
2) 남방이 양이므로 음인 북, 서, 북서방이 음양 조화
3) 남방은 화(火)이므로 화생토(火生土)인 남서, 북동방이 상생방

일반적으로 사무실은 대부분 직사각형 형태다. 직사각형의 네 모서리에서 반대편 모서리로 선을 그으면 중심점이 잡힌다. 이 부분이 패철이나 나침판을 놓는 중심위치고 패철을 놓는 것을 정침이라 한다.

패철은 나침판을 이용한 것으로 나침판으로 봐도 된다. 패철을 놓으면 자침이 움직여 남과 북으로 정렬되게 되는데 나침판의 남과 북에 맞춰 패철의 남과 북을 일치시켜 준다.

패철이 놓인 위치에서 고객이 들어오게 되는 문의 중심점 방위를 본다. 출입문의 방위가 동, 남동, 남, 북이면 동사택이라 하고 남서, 서, 북서, 북동이면 서사택이라 한다. 풍수지리학에서는 집에서 가장 중요하다고 보는 대문과 안방, 부엌을 양택삼요라 하여 양택삼요가 동사택이면 동사택의 길방에 놓여 일관성이 있어야 하고 서사택이면 서사택의 길방에 놓여있어야 한다고 보는 것이다. 사무실에서 중요한 위치는 출입문의 위치와 사무실 대표의 위치이다. 굳이 바꾸겠다고 하면 출입문의 위치를 바꿀 수도 있지만 출입문은 고객의 입장에서 접근하기 쉬운 위치에 배치하기 때문에 바꾸기가 쉽지 않은 경우가 많다.

출입문의 중심점으로 동사택과 서사택이 파악되었다면 다음으로 대표의 책상 자리를 정해야 한다. 만약 출입문의 위치가 동사택이라면 동, 남동, 남, 북이 길방이기 때문에 이 위치에 대표의 책상이 놓여야 한다. 남방은 출입문이 있기 때문에 출입문

앞에 책상을 놓을 수는 없을 것이다. 그러므로 남은 방위가 동, 남동, 북이 남아 있다. 이제 세 방위 중 선택해야 하는데 선택을 위한 다음 기준으로 등장하는 것이 음양의 조화다. 양의 방위는 동, 동남, 남이고 음양 반반인 방위는 북동과 남서다. 음의 방위는 서, 북서, 북이므로 동사택인 위 사례의 경우 출입문이 양방이므로 음방인 서, 북서, 북 중에서 찾아야 한다. 동사택의 길방이면서 양과 조화되는 방위는 북방이다.

음양 조화 이외에 또 하나의 선택방법이 있는데 그것은 오행의 기운이 순행하는 방향으로 상생 방향을 찾는 것이다. 오행은 목 → 화 → 토 → 금 → 수 → 목의 방향으로 상생이고 한 자리씩을 건너뛰면 상극(목↔토, 화↔금, 토↔수, 금↔목, 수↔화)이 된다. 오행의 방위는 동·동남은 목, 남은 화, 북동·남서는 토, 서·북서는 금, 북은 수이므로 출입문의 방위인 남쪽은 화가 된다. 화와 상생인 오행은 토로 토인 방위는 북동과 남서다. 이중 동사택의 길방과 같은 방위는 북동이다.

음양 조화방과 상생방으로 방위를 정했을 때 북방과 북동방의 두 방위가 나왔다. 이 때 마지막으로 두 방위 중 선택하기 위해 전체적인 사무실 구조(남북으로 길게 놓인 사무실이면 북, 옆으로 넓은 사무실이면 북동)와 도로가 어느 쪽에 위치해 있는지(도로에 접해 있는 쪽은 피한다), 출입문과 정면으로 마주치는 방위는 눈이 부딪치는 것을 피할 수 있는 비보를 설치(방이나 칸막이)하여 기운의 흐름을 자연스럽게 하고 마지막으로 가까운 지인들에게 사무실을 들어왔을 때 편하게 느껴지는 대표 위치가 어디인지 자문을 구해 최종 낙점을 한다.

3) 사무실 배치 사례

일반적인 개업 공인중개사 1층 사무실은 3~12평 정도의 규모다. 면적 규모로 가장 많은 비율은 10평 내외의 사무실이다. 10평을 기준으로 사무실 배치를 보면 다음과 같은 구조가 대부분이다.

(1) 10평 가로형

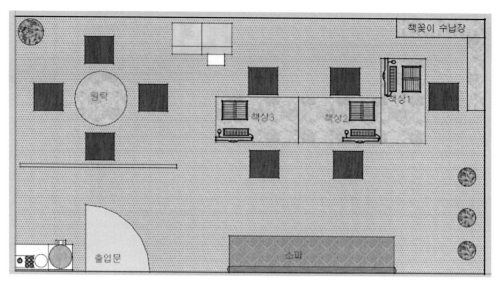

[그림 2-3] 가로 10평형

특별하게 다른 구조와 배치를 취해야 할 이유가 있지 않은 이상 가장 안정적인 구조인 만큼 본 배치를 참조하기 바라며 여기에 더해 출입문의 방위에 기초한 동서사택론을 반영하기 바란다.

1층 점포의 경우 전면이 긴(넓은) 점포와 전면은 좁고 뒤로 긴 점포가 있다. 일반적으로는 전면이 넓은 점포를 선호하지만 근래 고층으로 지어진 빌딩이나 주상복합상가의 경우 1층은 점포 배치의 효율성을 위하여 전면을 좁게하고 뒤로 길게 배치하는 대신 뒤쪽으로도 통로를 내는 방식을 취하고 있다. 부동산중개 사무소의 경우 전면이 넓은 사무실이 시각적인 노출성과 공간 효율성이 높다고 평가된다. 가능하다면 전면이 넓은 사무실을 선택하기 바란다.

(2) 10평 세로형

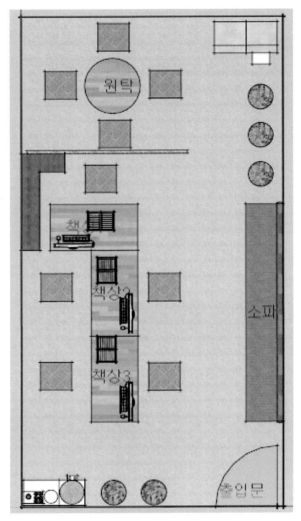

[그림 2-4] 세로 10평형

　세로형은 출입구가 위치한 전면이 좁고 뒤로 길게 배치된 사무실로 위와 같은 배치가 가장 무난하다. 상담실에 가기 위해 직원 공간을 지나가야 하는 불편함이 있지만 직원들의 사무용 책상 앞을 파티션으로 가려준다면 고객의 불편을 최소화시킬 수 있다.

(3) 대형 법인사무실(130평 이상)

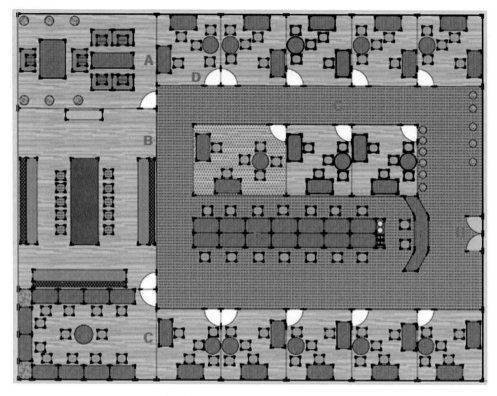

[그림 2-5] 대형 법인사무실 130평 이상

- A: 대표이사 접견실
- C: 공용 사무실
- E: 업무지원 및 직원 업무 공간
- G: 통로
- B: 상담실(계약실)
- D: 1~2인 사무실
- F: 인포메이션
- H: 입구

대형사무실은 공간이 넓기 때문에 공간분할을 다양하게 할 수 있다. 가장 중요한 위치는 대표이사의 접견실이다. 접견실은 동시에 계약실로 이용할 수 있다. 대표이사의 공간을 배치할 때 직원들이 일에 집중할 수 있도록 충돌되지 않게 배치하는 것이 중요하다.

3. 인테리어

1) 사무실 벽

사무실 내부의 벽과 칸막이를 보면 바닥에서 90㎝ 높이에 허리몰딩을 해놓은 사무실이 있고, 아무런 장식 없이 페인트나 벽지를 붙여놓은 사무실이 있다. 사무실 벽의 하부에 걸레받이 몰딩을 하였다면 중간 허리몰딩과 천정몰딩을 하는 것이 이용의 편리성과 미관 및 구조상의 안정감을 준다.

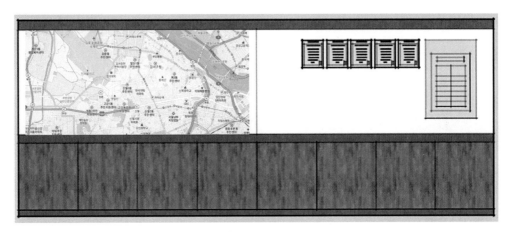

[그림 2-6] 사무실 벽

2) 시스템에어컨과 공기정화기

사무실에 필요한 전자제품 중 시스템에어컨과 공기정화기는 쾌적함을 높여주고 고객의 불인감을 덜어준다. 대로변 사무실의 경우 이러한 시설이 되어있는 사무실과 되어 있지 않은 사무실은 방문 시 쾌적함에 큰 차이를 준다. 쾌적한 사무실은 오래 앉아 있고 싶은 마음이 들지만 소음과 분진으로 시끄럽고 답답한 사무실은 불쾌감 때문에 중개사의 브리핑이 귀에 들어오지 않게 된다. 자금의 여력이 있다면 고려해봐야 한다.

3) 사무실 내부 색깔 배치

사무실 내부의 색깔 배치는 환한 느낌을 주는 것이 좋다. 지나치게 무거운 느낌의 짙은 나무색깔이나 대기업 중역사무실에 사용하는 고급스럽고 무거운 느낌의 소파는 일반사무실에 어울리지 않는다.

4) 사무실 외부의 전체적인 분위기

개업 공인중개사 사무실은 밖에서 봤을 때 주변 상가들과 비교해 눈에 확 들어와야 한다. 간판이나 선팅으로 사무실의 색깔을 표현하게 되는데 '어떤 색이 최상이다'라는 답은 없다. 그러나 주변과 같은 색을 사용하면 안 된다. 주변 간판의 배경색이 대부분 흰색이나 초록색을 사용한다면 노란색이나 붉은색을 고려해 볼 수 있다. 이때 포토샵이나 파워포인트를 사용할 줄 안다면 사무실을 포함한 주변 사진을 찍어 파워포인트에서 그림 불러들이기를 하고 현재 간판 자리에 색깔을 바꿔가면서 가장 눈에 띄는 색깔을 찾아내야 한다. 정면간판이나 돌출간판, 세우는 간판까지 디자인을 결정할 때에는 직접 디자인을 해서 파워포인트에 넣어 실제 어떻게 보이는지 확인하고 간판공장에 주문을 넣는 것이 최상의 방법이 될 것이다.

5) 사무실 내부 등과 외부 등(LED)

사무실 내부의 등과 외부의 간판 및 LED는 일단 밝은 것이 좋다. 지나치게 밝아 눈이 부실 정도만 아니면 밝게 해야 한다. 어떤 사무실을 들어가 보면 전등이 깜빡거리거나 너무 어두워 뭔가 '이건 아닌데' 하는 느낌을 주는 곳이 있다.

6) 점두광고와 매물게시용 모니터

점두광고는 사무실 외부에서 물건 내역을 볼 수 있도록 A4용지를 프린트해 안쪽에서 10~30건 정도 통유리에 붙여서 하는 광고방법이다. 10여 년 전부터 구청에서 금지한 이후로 사라졌지만, 구청에 따라 단속대상이 아닌 곳이 있어 유용하게 이용하는 곳도 있다. 광고효과도 상당하기 때문에 구청에 확인해보고 가능하다면 하는 것이 좋다. 점두광고가 여의치 않다면 매물게시용 모니터를 생각해 볼 수 있다. 사무실 이미지 광고로도 이용할 수 있고 부동산정보도 제공할 수 있어 유용하며 중요한 매물이 있다면 매물광고용으로도 사용할 수 있다. 탈부착이 가능하게 벽에 앙카를 박고 거는 형태이기 때문에 문제가 된다면 띠었다가 다시 걸면 된다.

7) 사무실 앞 주차

　사무실 앞은 길 건너에서 봐도 보여야 하고 앞을 지나가는 잠재고객들에게 항상 안쪽에서 일하고 있는 모습이 앉은 자세에서 머리 윗부분 정도는 보여야 한다. 그렇기 때문에 선팅할 때에는 한 사람은 안쪽에 앉아 있고 한 사람은 밖에서 봤을 때 머리 위쪽이 살짝 보이는 정도면 가장 좋은 선팅 높이가 된다. 선팅이 너무 낮으면 지나가는 사람들과 자주 눈이 마주치게 되고 사무실 내에서 일하는 직원들도 불편해진다. 밖을 보기 위해 허리를 세우면 밖이 보이고 업무를 보는 자세에서는 행인들의 위 머리 부분만 보이는 높이인 것이다.

4. 간판 / 선팅

　간판과 선팅의 가장 일반적인 배치이다. 중요한 것은 외부에서 봤을 때 밝아야 하고 자극적인 색깔이 아니어야 하며, 좌우 대칭이 되어야 하고 글자가 쉽게 눈에 들어와야 한다는 것이다.

[그림 2-7] 간판 / 선팅

5. 명함

[그림 2-8] 명함 앞면 예시

많은 사람을 만나보면 성공한 사람들의 명함은 일반 명함과 다르다는 것을 느끼게 된다. 명함의 중요성을 간접적으로 보여주는 것이라 할 수 있는데 일반 개업 공인중개사사무실에서는 명함에 크게 신경 쓰지 않는 경향이 있다.

일반 개업 공인중개사 사무실에서는 사무실용 명함과 개인 명함으로 두 종류를 사용한다. 사무실용은 물건작업을 위해 가가호호 방문해 문에 붙이거나 우체통에 넣는 용도로 사용하는데 스마트폰 번호를 빼고 사무실번호만 넣은 명함이다. 이런 명함은 이삿짐센터에서 이삿짐센터의 전화번호를 뒷면에 넣어 이삿짐센터 광고 용도로 무상으로 만들어 주기도 한다.

이런 사무실 명함과 별도로 만들게 되는 개인 명함은 고급지를 사용하고 디자인에 신경을 써서 만들기 바란다. 고급지나 플라스틱, 실크를 사용한다 해도 300장에서 1000장정도 만드는 데 큰 비용이 들어가는 것이 아니다. 고급스러운 명함은 그 사람의 품격을 대변하기도 한다.

개인명함을 만드는 데 있어 명함 앞면에 중개사의 반명함 사진이나 캐리커쳐를 넣게 되면 중개사의 신뢰도를 높일 수 있다. 직접 만나보지 않은 잠재고객들도 사진을 통하여 친근감을 느낄 수 있고 처음 직접 대면하는 입장에서도 경계심이 줄어들게 된다. 명함 이면은 비워 놓을 수도 있지만 우리는 영업을 하는 영업맨이라는 프로정신을 가지고 유용한 정보를 넣거나(전철노선도 등), 좋은 명언 등 문구를 넣어 잠재고객에게 조금이라도 도움이 되게 하는 방법도 생각해 보기 바란다.

6. 사무실 입지별 유의점

1) 남향 사무실

사무실의 출입구와 전면유리가 남향이나 남서향일 때 여름에는 블라인드로 가려야 할 만큼 햇빛이 강하다. 손님이 앉아 있을 때에도 너무 강한 빛은 집중을 방해한다. 적절한 커튼이나 블라인드가 필요하다.

2) 북향 사무실

북향이나 북서향의 사무실은 사무실 내부의 전등을 조도가 높은 것으로 많이 달아야 한다. 전체적으로 그늘지고 어두워 보이기 때문에 밝게 하는 것이다. 또한 겨울에는 특히 햇빛이 들어오지 않기 때문에 난방비를 많이 쓴다고 생각해야 한다.

3) 사무실 앞 우수 맨홀

사무실 바로 앞에 우수(雨水)맨홀이 있으면 여름철에는 맨홀에서 나온 벌레들이 사무실에 유입되거나 악취에 노출될 수 있다. 또한 지나가는 행인들이 쓰레기를 버리거나 담배꽁초를 버리는 장소가 될 수 있다. 될 수 있으면 문 앞에 맨홀 구멍이 있는 곳은 피하는 것이 좋다.

제3장

개설 등록
(척척 완벽하게)

1절 실무교육에서 사업자등록까지

실무교육에서 사업자등록까지

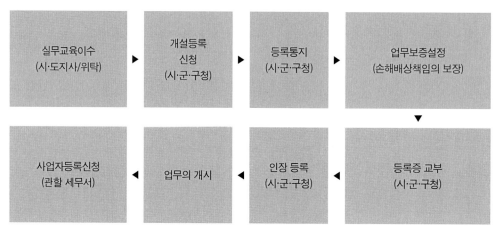

* 시·도지사가 위탁한 기관: 한국공인중개사협회, 위탁 지정된 교육기관
* 손해배상책임의 보장: 한국공인중개사협회(공제증서) 서울보증보험(인허가보증보험증권)

[그림 3-1] 중개업 개설등록 절차도

1. 개설등록 과정

1) 실무교육 이수

(1) 공인중개사 자격증 소지자로서 중개사무소 개설등록을 하고자 하는 자
(2) 실무교육 수료일이 1년 이내인 자, 폐업신고 후 1년 이내에 중개사무소 개설등록자는 교육 불필요.

(3) 교육비는 교육기관에 따라 8만 원~13만 원

2) 개설등록 신청

(1) 준비서류

① 부동산 중개사무소 개설 등록신청서
② 사무실 확보를 증명하는 서류(임대차 계약서, 사용대차 계약서, 자가의 경우 등기사항전부증명서 등)
③ 실무교육 이수확인증 사본(1년 이내의 것)
④ 공인중개사자격증 사본
⑤ 여권용 사진 2매
⑥ 법인의 경우 법인등기부 등본

(2) 주의사항

① 신청서류는 대부분 시·군·구청의 부동산 정보과에 제출한다.
② 수수료가 있다(약 2만 원 전후).
③ 등록신청서 작성 시 상호가 들어가야 하기 때문에 미리 생각해둔다.
④ 상호에는 '공인중개사사무소'나 '부동산중개'가 들어가야 한다.
⑤ 사무실 사용 인장등록을 같이 하는 것이 편하다.
⑥ 소속공인중개사가 실무교육을 받은 경우나 중개보조원이 직무교육을 받은 경우 직원등록도 같이 할 수 있다.

3) 등록통지

등록신청을 받은 등록관청은 7일 이내에 등록신청인에게 개설등록을 개별 통지하여야 한다. 보통 등록된 스마트폰 문자로 통지된다.

4) 업무보증 설정

(1) 한국공인중개사협회 공제는 최초 회원가입자의 경우 가입비(약 50만 원)가 있으며, 1년 공제료(개인 2억/법인 4억×0.22%=기본공제료×가입 기간별 할인율 적용), 월 회비(6,000원, 한방프로그램 이용)가 있다.
(2) 서울보증보험은 개인 101,000원 / 법인 202,000을 연 보증료로 받고 있다.
(3) 업무보증서류를 수령하게 되면 시·군·구청에 제출해야 한다(협회의 경우 협회 직원이 시·군·구청으로 직접 보내주기도 함).
(4) 업무보증 설정서도 사무실내 게시 대상이다.

5) 등록증교부

(1) 등록관청은 업무보증 설정 여부를 확인 후 등록증을 교부하도록 되어있다.
(2) 신청서에 스마트폰 번호가 기재되었다면 등록이 완료되었다는 문자가 온다. 신분증을 지참하고 인지세(약2~3만 원)를 준비해 수령하면 된다.
(3) 개설등록증은 의무적으로 사무실에 게시하여야 하기 때문에 몇 부를 복사해놓고 원본은 사무실 내 잘 보이는 곳에 게시한다.

6) 인장 등록

(1) 중개업무 개시 전에 개업 공인중개사의 주민등록표상 개인 이름이 새겨진 인장을 등록관청에 등록하여야 한다(가로·세로 7㎜~30㎜ 이내 인장).
(2) 등록증을 교부받을 때 등록인장이 등록증에 찍혀 있어야 하기 때문에 등록인장을 가지고 가 등록·날인 후 교부받아 온다.
(3) 법인의 경우 상업등기 처리규칙에 의하여 신고한 법인의 인장을 등록한다.

7) 업무의 개시

(1) 사업자등록이 되어 있지 않아도 업무는 개시할 수 있다. 즉, 거래계약서를 작

성해도 불법이 아니다. 단, 사업자등록이 늦어지게 되면 세무서에서 등록하도록 통지가 오거나 직권등록하게 된다.

(2) 개업식을 하고자 하는 경우 첫 계약이 이루어지고 난 후에 하는 것이 좋다. 시스템상 어떤 문제가 있는지 점검을 마친 상태에서 하자는 취지다.

2. 사업자등록 신청

1) 사업자등록 신청 시 필요서류

① 사업자등록 신청서
② 사무실 확보를 증명하는 서류
③ 중개사무소 개설등록증 사본
④ 법인의 경우 법인등기부등본
⑤ 세무서에 방문하기 전 민원실에 전화해 필요한 사항을 다시 확인한다.

2) 사업자등록신청은 업무 개시일로부터 20일 이내에 관할 세무서에 신청한다.

3) 처음 부동산 중개업을 시작하는 경우 간이과세자로 하는 것이 좋다. 물론 부가가치세 등 세금계산서를 발행할 필요성이 많을 것으로 예상된다면 일반과세자로 신청할 수도 있다.

4) 업태는 '부동산', 종목은 '부동산 중개, 자문(컨설팅)'을 넣는 것이 좋다. 실제 컨설팅을 해야 하는 경우 용역계약서를 작성하고 컨설팅보고서를 제출한 후 자문료나 컨설팅용역비 명목으로 비용을 받고 세금계산서를 발행하면 수령한 금액이 초과 중개수수료의 문제로 번지는 것을 피할 수 있다.

제4장

협상학 개론
(협상은 체계적으로)

협상의 개념과 이론

1. 협상의 개념

　본격적인 협상이론이나 실무학습에 앞서 우리가 생각해 봐야 할 것이 있다. 그것은 좋은 협상이란 어떤 협상일까 하는 것이다. 여기에 대한 답으로 Fisher & Ury의 「Getting To Yes Negotiating Agreement Without Giving in」에 나오는 문장으로 대신하고 그 근거를 이야기해보자. Fisher & Ury는 이 저서에서 "현명한 합의란 가능한 한 양측의 합법적 이해관계를 최대한 충족시키며, 상충되는 이해관계는 공정하게 해결해주고, 오랫동안 지속되며, 공동체의 이해관계도 고려한 것"이라고 서술하고 있다.

　이러한 주장의 배경에는 '대부분의 협상이 협상 당사자 간 이해관계 때문에 하는 것이지만, 각 측의 사람이나 집단이 그들의 입장과 이해관계를 분리시키지 못하는 문제'를 지적하고 있는 것이다.

　또한 협상에서 이해관계의 해결을 위한 협상안에 다양한 요소가 포함되어 있기 때문에 한쪽에 필요성이 낮은 요소는 상대에게 양보하고 꼭 필요하지만 상대에게 필요성이 낮은 요소는 가져오는 그림퍼즐 맞추기가 가능하게 된다.

　위와 같은 과정에도 불구하고 정면으로 상충하는 이해관계는 공정하고 객관적인 기준을 정해서 그 기준에 합당하게 합의하면 되는 것이다. 이러한 합의는 당연히 다음의 거래를 기약할 수 있고 공존의 기반이 되는 것이다. 이러한 큰 틀 안에서 하나씩 살펴보기로 한다.

　국내에 출판되어 베스트셀러가 된 협상관련 책들은 대부분은 외국에서 쓰여진 책의 번역서들이다. 또한 하나의 독립된 학문으로 인정받지 못하고 있고 그 결과 각 대학의 정치외교학과, 경영학과 등에서 특강의 소재로 취급되고 있는 정도이다. 이에 연구실적도 미미하고 사용할 만한 표준적인 교재 또한 찾기 힘든 상황이다. 그 원인은 우리가 숨 쉬고 살아가는 거의 모든 일이 협상의 산물이라 할 수 있고, 그 범위가 너무 방대하고 다양해 공통된 하나의 원리를 찾기가 어렵기 때문일 것이다. 이에 본서에서는 협상학의 기본적이고 공통적인 내용을 개론으로 소개하고 실무적인 부분은 부동산중개 협상 사례를 중심으로 살펴보기로 한다.

아리스토텔레스가 살던 고대 그리스에서는 '소피스트'들이 지금의 변호사 역할을 했다. 소피스트들은 의뢰인의 의뢰를 받고 '아고라'라는 광장에서 배심원들 앞에서 변론을 펼쳤던 것이다. 더 설득력 있는 변론을 한 소피스트 앞에 배심원들이 작은 돌멩이를 놓아 더 많은 돌멩이가 쌓인 쪽이 이기는 것이다. 소피스트들은 더 논리적인 변론을 하였음에도 변론에서 지는 상황들을 목도하면서 말을 논리적으로 하는 것을 넘어 배심원들을 설득하는 요인이 무엇인지에 관심을 가졌고 그 방법을 교육하는 '수사학'이 중요한 학문으로 자리 잡게 되었다.

아리스토텔레스는 수사학에서 청중을 사로잡는 3가지 방법으로 로고스와 파토스 그리고 에토스를 제시하였다. 로고스는 "말"을 뜻하는 어원을 가졌고 말해질 수 있는 것, 즉 이성의 원리인 진리를 의미한다. 파토스는 "감성"을 의미하는 그리스어로 영어로는 "페이소스"로 발음한다. 에토스는 "화자(話者) 고유의 성품"을 뜻하는 것으로 기본적으로는 특정한 공동체가 중시하는 가치, 믿음, 정신 따위를 교육과 학습을 통해 개인이 내면화한 것을 말한다. 즉 그 사람의 "신뢰성"으로 볼 수 있다.[19] 아리스토텔레스는 청중을 설득시키는 데 있어 로고스, 파토스, 에토스 중에서 에토스를 가장 중요한 것으로 보았다. 논리적이거나 상대의 감정을 헤아리는 것 보다 공동체적 공감과 신뢰를 더 중시한 것이다.

우리가 논의하고 있는 협상의 상황에서 상대를 설득시키기 위해서는 서로간의 신뢰가 바탕이 되었을 때 논리에 대한 수용도가 높아질 것이라는 것은 자명한 것이다. 그러나 이 또한 상대의 감정을 배려하지 못하고 상대가 받아들일 수 있는 심리상태가 아닌 경우에는 설득이 받아들여질 확률이 떨어진다는 것이다. 그렇기 때문에 아리스토텔레스의 "청중을 사로잡는 3가지 방법"은 현대의 협상학에서 로고스는 명확한 논리와 증거, 파토스는 상대의 감성을 헤아리는 공감력과 듣는 사람의 심리상태, 에토스는 설득하는 사람의 신뢰도와 호감도의 의미로 해석하여 협상자는 화자에 대

---

19) 나무위키(2022)

한 신뢰를 기반으로 상대방의 주변환경과 상황이 수용성이 높을 때 명확한 논리와 객관적인 증거를 통하여 설득해야 한다는 의미로 해석하고 있다.

〈표 4-1〉 아리스토텔레스 설득의 3요소

로고스(Logos)	• 논리, 글, 증거
파토스(Pathos)	• 상대방의 상황, 심리상태, 감정상태, 감성, 공감력
에토스(Ethos)	• 나에 대한 신뢰, 호감도

아리스토텔레스는 에토스를 가장 중시하였는데 설득에 영향력이 큰 순서를 에토스 〉파토스 〉로고스의 순으로 보았다. 협상학적인 해석에서 에토스를 "신뢰"로 봤을 때 신뢰는 추상적인 개념이기 때문에 우리는 신뢰에 대해 조금 더 깊이 살펴볼 필요가 있다. 다음에서 신뢰의 개념과 기반체계 또는 구성요인을 살펴보자.

1) 신뢰

(1) 신뢰의 개념

신뢰의 개념은 기본적으로 피해를 입을 가능성을 전제로 하고 있다. 거래관계나 경쟁관계의 가능성이 없는 우호적인 상황에서는 신뢰에 대한 인식의 필요성이나 상황성이 없게 된다. 이처럼 피해를 입을 가능성에도 불구하고 신뢰대상이 신뢰자에게 피해를 주는 선택을 하지 않을 것이라는 주관적 기대를 포함하는 의지라고 할 수 있다. 현대의 상거래에서는 상대를 검증하고 증거제출을 요구하며 보증보험 등으로 보완장치를 하게 되지만 신뢰할 수 없는 상대와의 거래는 항상 불안을 동반하게 된다. 그런 의미에서 신뢰는 고금을 불문하고 거래의 기본 전제조건이자 기반이라 할 것이다.

(2) 신뢰의 구성요인

모든 개념이 그러하지만 추상적인 개념의 경우에는 더욱이 다양한 요소들을 범주화하여 그 구성체를 하나의 단어로 표현하여 쓰고 있다. 이러한 측면에서 경영학 분야에서 논해지는 신뢰의 구성요인을 분석해 보면 수평적 분할개념들과 수직적 계층성이 얽혀 있음을 알 수 있다. 수평적으로는 역량(능력), 선의 ,정직, 예측가능성 등이 있고, 수직적으로는 제재기반, 제도기반, 지식기반, 동일시기반 등으로 계층을 이루어 하나의 개념을 구성하고 있음을 알 수 있다.

동일시기반	신뢰			
지식기반				
제도기반				
제재기반				
	역량(능력)	선의	정직	예측가능성

[그림 4-1] 신뢰의 구성요인 구조

이러한 다양한 연구결과들은 연구대상에 따라 달리 나타날 수 있고 연구시기에 따라 달리 나타날 수 있기 때문에 무엇이 옳고 무엇이 틀리다고 단정하는 것 보다는 공통적인 요인들을 찾아 우리가 관심을 가지는 분야에 맞는지 보는 것이 더 현실적인 답이 될 것이다. 다음의 표는 경영 현장에서의 경험적, 직관적인 인식을 통하여 다음과 같이 신뢰가 계층을 이루며 심화되는 원인을 제시한 것이다.

〈표 4-2〉 신뢰의 계층적 형성 원인

동일시기반 신뢰	• 서로에 대한 지식과 이해가 발전하여 상대방과 신뢰를 상호 유지하는 것을 중요시 하고 강력하게 가치·규범을 공유하는 동일시기반이 형성되어 있음 • 가족내의 거래나 종교인 사이의 거래
지식기반 신뢰	• 상대방과의 정기적인 접촉·의사소통 및 반복되는 상호작용이 있어왔기 때문에 상대방에 대한 지식이 있고, 그에 기반 한 예측가능성에 토대 • 장기적인 비즈니스 관계상 거래

제도기반 신뢰	• 제도기반 절차에 의해 책임능력의 검증이 이루어짐 • 상대방의 경제적, 법적, 사회적 책임능력을 확인할 수 있는 경우에 진행되며 능력기반 신뢰라고도 할 수 있음 • 능력자는 처벌을 감수하면서 불이익을 선택할 이유가 없기 때문에 형성되는 신뢰 • 비즈니스 초기의 거래
제재기반 신뢰	• 신뢰가 깨졌을 때의 제재(법적·사회적·물리적 제재)에 기반 • 처음보는 사람과 계약을 할 수 있는 이유

민사상 거래나 상거래에서 계약위반의 경우 손해배상이나 위약금 조항을 통하여 재산적 제재가 가해진다. 이러한 제재의 힘을 믿고 거래하는 경우 제재기반 신뢰에 기반한 거래다.

그러나 일반적인 경우에는 계약위반을 선택하지 않지만 궁박한 상황이나 불성실, 고의에 의하여 계약을 위반하고 책임을 지지 않는 경우가 종종 발생한다. 이런 경우는 대부분 위반자에게 재산적 책임능력이 없어 민사소송에서 승소해도 집행할 재산이 없는 경우가 많다. 그렇기 때문에 계약단계에서 이중계약의 가능성, 거래물건의 잔여가치, 다른 부동산이나 재산의 보유여부, 이행보증 등을 통하여 불이행의 가능성을 차단하고 불이행의 가능성을 가늠해 보게 된다. 재산가치가 충분한 재산의 거래이거나 다른 재산능력이 있는 상대방은 계약위반 시 손해가 크기 때문에 불이행을 선택하지 않는다. 이러한 거래는 제도(책임능력)기반 신뢰를 바탕으로 한 거래다.

협상의 과정에서는 당사자가 협조하지 않거나 원하지 않는 검증을 요구하게 되면 협상결렬의 위험성이 있기 때문에 미흡한 확인 상태에서 계약하는 경우가 많게 된다. 이러한 초기 거래가 무사히 이행되면 계속적인 거래로 이행해 가게 된다. 계속적인 거래는 상대방에 대한 더 많은 정보가 축적되고 그러한 지식에 기반하여 상대방을 예측할 수 있기 때문에 거래 시마다 깊이 있는 확인을 생략하게 된다. 이 단계가 지식기반 신뢰다.

지식기반 신뢰가 더 발전한 경우이거나 상대방과 신뢰자를 동일시하는 가족이나 종교단체 구성원의 경우 상대방을 신뢰하지 않는 것은 자기 자신에 대한 부정이고 공동체의 파괴이기 때문에 상호간의 무조건적인 신뢰가 전제되는 관계가 된다. 이런 경우의 신뢰를 동일시기반 신뢰라 한다.

2) 협상의 개념

협상은 상호 서로 다른 욕구·견해·이해타산의 기준을 가진 둘 이상의 당사자 사이에 갈등이 존재할 때 상호 타결의사를 가지고 의사소통을 통하여 합의에 이르는 과정이라 정의할 수 있다.

모든 개인과 집단은 서로 다른 욕구·견해·이해타산의 기준을 가지고 있다. 이렇게 서로 다른 존재들이 같은 합의안에 동의하기 위해서는 서로에 대한 정보가 필요하고 이해가 필요하다. 협상은 이렇게 서로 다른 존재들이 서로의 조건·정보·제안을 분석하여 협력관계로 갈 수 있는지, 경쟁관계로 가야 할지 결정하게 된다.

협상은 둘 이상의 당사자가 관여한다. 협상 그 자체만을 놓고 보면 두 당사자 간의 협상으로 보일 수 있지만, 일방 당사자의 측면에서 보면 다양한 거래대상을 두고 상대방이 모르는 또 다른 협상 테이블을 여러 개 준비하고 적합한 거래조건 대상자를 물색하고 있는 경우가 더 많다. 경우에 따라서는 다자간 협상이 한 개의 테이블에서 이루어 질 수도 있다.

협상은 협상 시작 전에 갈등이 존재하여 그것을 해결하기 위해서 시작하거나, 협상이 시작되어 정보교환을 하는 과정에서 이견이 드러나면서 갈등이 표면화되기도 한다. 노사분쟁은 갈등이 표면화된 상황에서 협상을 시작하는 가장 대표적인 경우이고, 가장 단순한 거래과정이라 할 수 있는 시장에서의 고등어 구매의 경우[20]에는 부르는 값대로 지불할 수도 있지만 그 고등어에 대한 가치를 달리 평가하기 때문에 더 낮은 가격을 제시할 수 있다. 옆 가게에서 더 싸게 팔기 때문일 수도 있고, 대체재라 할 수 있는 생태의 가격과 비교하여 구매결정에 고민이 들기 때문일 수도 있다. 이렇게 갈등은 논의의 시작 전에 발생했거나 논의 후에 발생할 수도 있는 것이다.

협상은 상호 타결의사를 전제로 한다. 합의 의사가 없는 경우 거래를 안 하거나 불법적으로 장애물을 제거해 버릴 수도 있다. 협상을 한다는 자체는 합의의사나 상호 타결의사가 있다는 전제에서 출발하는 것이다.

협상은 의사소통을 통하여 정보교환을 하는 것이다. 협상의 핵심은 상호 갈등중인

---

20) 이 경우는 협상과 구분하여 "흥정"으로 분류하기도 한다. 그러나 광의의 협상개념에 포함시킬 수도 있다.

문제와 관련된 정보교환이지만, 의사소통 과정에서 분위기 완화를 위하여 협상 내용과 관련 없는 소소한 각자의 개인 이야기를 하거나 물어보기도 한다. 하지만 그러한 내용조차도 협상타결이라는 최종 목표를 위한 조미료이고 그 자체도 상대방의 심리 상태를 추측해 볼 수 있는 정보중 하나인 것이다.

협상의 결과는 합의다. 이 합의에는 합의 이후의 이행여부도 고려되어 있어야 한다. 이행되지 못할 정도로 상대방을 일방적으로 끌고 가거나 힘과 상황으로 압박해 이루어낸 합의가 지나치게 가혹하여 상대방이 도산하거나 불이행 선언을 하는 경우 이것은 합의의 실패라고 봐야 한다. 합의에는 합의내용에 대한 이행가능성과 자발적인 의지가 담겨 있어야 한다.

협상은 과정이다. 협상은 단기적으로는 정보를 교환하여 평가하는 의사소통 과정이고 합의에 이르기 위한 과정이다. 장기적으로는 관계의 지속을 위한 시작과정이기도 하다. 세상의 모든 협상을 살펴볼 수 있다고 해도 단 한 차례만 협상하고 끝낼 것을 전제로 한 협상은 찾기 쉽지 않을 것이다. 협상은 물리적인 공간을 전제로 하여 물질적인 존재로 지속되기 위한 공존의 기술이기 때문에 지속성을 위한 한 과정인 것이다.

2. 협상이론

경험만을 앞세운 협상가는 경험하지 않은 새로운 상황에 약하다. 교육과 책만으로 배운 협상가는 돌발 상황에 약하다. 많은 협상경험이 있어도 모든 상황은 새로운 상대와 새로운 환경이기 때문에 모든 협상을 다 경험해 볼 수는 없는 곳이 이 시장이기도 하다. 협상가의 숙명은 지속적인 학습을 기반으로 다양한 경험을 분석하고 보완해 실무라는 전쟁터에 적용해 보는 끝이 없는 길 위에 서 있는 자인 것이다. 진정한 프로는 그 길을 묵묵히 가고 있는 사람이라 할 것이다. 이제 협상의 기초 이론을 배워보자.

1) 협상의 기초 이론

(1) 협상의 주체

협상의 주체는 개인일 수도 있고 집단일 수도 있지만 그 최소단위는 인간이다. 집단을 대표하여 하는 협상의 경우에도 그 전달은 인간의 정신을 통하여 여과된 말과 글 그리고 보디랭귀지라는 매개체를 수단으로 하게 된다. 이러한 협상에서 다루는 내용은 주체의 성격에 따라 다양할 수밖에 없다. 다음은 그 분류를 표로 보여주고 있다.

〈표 4-3〉 협상의 주체와 내용

구분	내용
국가	• 정치적, 외교적, 경제적, 문화적, 역사적 협상
기업	• 합자, 라이선싱, 기술이전·협력, 프랜차이즈, 판매 또는 구매, 인수합병, 컨설팅 또는 경영자문, 지적재산권 매매·사용 등
개인	• 부모와 자식 간, 친구 간, 개인 간 물품구매와 판매 등
노사	• 노동조합과 사용자단체, 근로조건, 임금협상, 단체협약, 구조조정 등
정당	• 입법, 청문, 국정조사, 특별검사 등
대리	• 변호사의 대리행위, 소송과정, 법정 외에서의 협상, 세무대리 등
중개	• 부동산 중개 협상, 자동차 중개, 무역 중개 등

(2) 협상의 객체

협상의 객체는 협상에서 다루는 실체를 기준으로 한 분류와 시간의 흐름에 따라 다루는 내용을 기준으로 다음과 같이 정리할 수 있다.

〈표 4-4〉협상의 실체와 시간에 따른 객체의 분류

구분	세 분	내 용
실체	배분 협상	• 금전, 재산, 권력, 지위의 배분 등 • Zero Sum Game • 정보의 전략적 공개와 은폐
	문제 해결	• 어느 쪽도 손해를 보지 않고 양쪽 모두 만족 • 적절한 선의(善意), 열린 마음, 동기가 문제해결의 관건 • 광고방식의 결정
	태도 조정	• 상대방에 대한 관계와 태도에 관한 협상 • 선입견, 신념, 편견이 문제 • 스스로의 편견에 대한 내면적 이해가 중요 • 공격성의 조정, 상호 지원적 태도 조성, 공개적인 협력요구, 상대와의 직접적인 충돌 방지 • 인도와 파키스탄, 아랍과 유대인, 캐나다·호주와 미국 • 장기적인 관계에서 특히 중요한 과정
	내면적 협상	• 개인의 내면적 욕구와 협상의 목표 간의 조정 • 개인적 노력에 대한 최대의 만족을 주는 행동유형 선택 • 역할 갈등
	조직 내부 협상	• 협상자는 상대방과의 원만한 합의와 자신을 협상 대표로 내세운 사람들을 동시에 만족시켜야하는 딜레마가 존재 • 협상자는 자신의 조직과 상대 조직 사이의 경계 역할을 수행 • 상대방과 조직내의 다양한 목표, 요구, 가치, 기대까지 조정해야 하는 2단계 협상 과정 • 협상자의 적극적 대처를 위하여 협상자에게 충분한 특권과 개인적 안전을 제공해야 한다.
시간	3단계 과정	• 1단계: 웅변조의 공세는 상대와 내부집단에 협상의 시작신호 역할 • 2단계: 본격적인 협상. 협상범위 탐색, 타협과 양보의 징후 등장 • 3단계: 위기와 타결의 과정, 협상자와 상대의 연합이 형성, 대안의 제시, 합의, 합의서 작성
	단계적 협상	• 협상 이전 단계: 협상 일정 수립과 조직 구성, 현장조사, 분석 등 • 협상 단계: 의제와 순서 결정, 합의의 범위 및 문제와 쟁점 확인, 범위 수정과 문제 해결, 본격적인 협상, 종결과 합의 • 협상 이후 단계: 합의안 완성, 합의안 승인, 계약 이행, 최종적인 계약 종료

출처: Chester L. Karrass(2007) 협상의 본질을 표로 구성함.

또한 분쟁의 발생점을 기준으로 분쟁 이전에 경쟁업체나 시장내의 협력자들을 대상으로 분쟁발생의 방지나 시장조성을 위해 협상하는 경우와 분쟁 발생 이후에 분쟁의 해결을 위해 협상하는 경우로 나누어 볼 수 있다.

<표 4-5> 분쟁발생점을 기준으로 한 협상의 객체

분쟁발생점 기준	예	협상의 객체
사전협력에 관한 이론	경제학적 관점의 이론	• 시장력 이론 : 경쟁력, 권력 확보 목적
		• 거래비용 이론 : 거래구조 구축관련 비용절감 방법
		• 계약상의 역할의 배분
	전략적 관리론	• 시장 환경의 변화에 대비한 전략적 협력 모색
	자원의존 이론	• 자원과 능력이 부족할 때 다른 조직과 제휴할 시 분배에 대한 영향력
사후협력에 관한 이론	협상 이론	• 분쟁 발생 이후의 효과적인 방법과 전략 • 일반적인 협상이론은 쟁점 발생 이후의 협상을 논의의 대상으로 함. • 본서의 내용도 사후 협상이론에 해당함.

출처: 김용민(2018)의 협상력에 관한 이론적 시각 재구성

(3) 협상성과

협상에는 협상목표와 협상 당사자 그리고 이 둘을 둘러싼 협상환경이 존재한다. 이 세 가지 요인은 상호 작용을 하며 목표의 수와 기대치, 당사자의 수 및 개성, 협상에 영향을 미치는 수많은 환경변수와 복합적으로 작용하여 결과를 산출하게 된다.

다음 그림은 Pruitt & Carnevale(1993)의 상호 이익 공간(joint utility space)으로 가로와 세로의 두 축은 두 당사자의 이익 정도를 나타낸다. 1에서 5의 점들은 한정된 자원을 나눈 분배적 협상결과(distributive outcome)이다. 1은 B가 완승하고 A가 완패하는 일방적 승리를 나타낸다. 3은 양 당사자가 타협하여 절반씩의 이익을 취한 결과를 보여주는 절충타협이다. 6과 7의 결과는 한정된 자원을 넘어 양자가 모두 이익을 얻은 결과로 공동의 이익을 창출하거나 발견한 상생적 합의다. 이것을 통합적 결과(integrative outcome)라고 하며 협상당사자가 얻은 이익의 합으로서 측정된다. NA(no agreement)로 표시된 지점은 합의에 이르지 못한 경우로 어느 누구도 이익을 얻지 못하였지만 동등한 결과이기 때문에 협상실패를 반면교사 하여 새로운 시작에서 다시 시작될 수 있는 여지도 있는 지점이다.

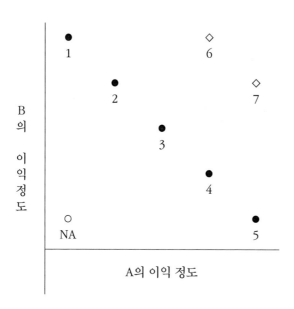

[그림 4-2] 협상상황에서의 상호 이익 공간과 가능한 협상 결과들

위 그림에서 보여주는 협상 성과는 협상자들이 얻은 이익의 합에 따라 분배적 합의와 통합적 합의로 나누기도 한다(Bazerman & Lewicki, 1990). 분배적 합의는 한정된 자원을 양 당사자의 합의하에 나누는 것으로 일방 당사자가 많이 가져가면 그만큼 타방 당사자는 적게 가져가는 제로섬(zero sum)게임이라 할 수 있다. 이러한 분배적 합의는 일방적 승리로 귀결되거나 최초 양 당사자의 제안점에서 반반씩 양보하여 합의하는 타협의 형태로 나타나기도 한다. 통합적 합의는 한정된 자원을 단순히 나누는 것이 아니라 자원의 크기를 더 크게 확장하여 나눔으로써 양 당사자의 이익을 모두 충족시키는 합의이다. 이를 위해서는 상호 열린 자세가 필요하고 각 당사자에게 가치가 낮지만 상대편에게는 가치가 높은 사항을 양보하고 교환하는 방식으로 이루어지게 된다.

협상은 사람이 하는 것이기 때문에 각 개인의 협상 성과에 대한 태도에 따라 협상의 진행이 달라지게 되는데 이와 관련하여 Thompson(2001)은 다음과 같이 분류하였다.

〈표 4-6〉 Thompson(2001)의 개인적 성향에 따른 협상의 진행

분류	내용
개인주의적 성향이 강한 협상자	• 자신의 성과를 최대화 하는 것에 중점을 두어 협상을 진행함. • 절대적 기준
경쟁적 성향이 강한 협상자	• 상대방보다 얼마나 더 많이 얻어내는가 하는 차이에 중점을 둠. • 상대적 기준
협력적 성향이 강한 협상자	• 상호 간 협상성과가 동등하도록 협상을 진행함. • 공정과 평등에 대한 신념이 강함.

각 개인의 협상 성과에 대한 태도가 갖는 의미는 협상 실무에서 협상의 상대방이 이해할 수 없는 방식으로 접근할 때 그 이면에 개인의 고착화된 협상에 대한 태도가 존재한다는 것을 추측할 수 있을 때 이에 적절하게 대응할 수 있다는 것에 있다.

(4) 협상의 특성

협상은 브레인스토밍처럼 제재를 가하지 않고 자유롭게 정보를 공개하고 의견을 제시하게 하여 통합적으로 보면 대부분 호혜적인 답이 나오게 되어 있다. 그러나 가져갈 수 있는 자원이 한정되어 있거나 협상 당사자가 상대방에 대한 편견이 있거나 자신의 고정관념, 신념 등에 사로잡혀 있을 때 협상은 결렬되거나 한쪽의 이익에 지나치게 치우치는 결과가 나오게 된다. 이렇게 윈윈협상이 되지 못한 협상 결과는 장기적인 관계에 부정적인 영향을 미치게 된다. 협상의 특성은 협상의 성격에 따라 다양하게 분류하여 그 특성을 이야기할 수도 있겠지만 너무 세세한 분류는 협상을 큰 틀에서 이해하는데 도움이 되지 않기 때문에 큰 줄기를 보는 의미에서 R. Lewicki et al(2008)의 연구에서 분류된 경쟁적 협상과 호혜적 협상을 중심으로 살펴보기로 한다.

① 경쟁적 협상은 기본적으로 협상대상인 자원이 한정되어 제로섬게임의 성격일 때 협상을 위해 자신에게 유리한 필요정보만을 제공하고 중요한 정보를 숨기거나 허위정보를 제공하는 경우이다. 이러한 경쟁적 협상은 단기적인 거래나 1회적인 거래에서 많이 나타난다. 장기적 거래인 경우에도 협상 안건 중 거래금액에 있어서는 경쟁적 성격으로 바뀌게 되며 거래금액에 있어 우위를 차지하기 위하여 다른 조건과 교환하기도 한다. 경쟁적 협상의 경우 주요한 특성이나 전략은 다음과 같이 표로 요약하고 상세한 내용은 협상전략, 협상전술, 협상기술에서 상술하기로 한다.

〈표 4-7〉 경쟁적 협상의 전략과 특성

방법	내용
긍정적인 협상범위(ZOPA)를 만들자	• 매수자의 저항가격이 매도자의 저항가격보다 높은 초기상황을 만들어야 한다.
최선의 BATNA를 준비하라	• 최선의 대안은 최고의 힘이 된다.
협상대상을 일괄적으로 묶어본다	• 거래가격이 합의되지 않을 경우 협상대상을 일괄로 묶어 협상을 재 시도해본다.
상대의 저항가격에 충격을 준다	• 전략적 협상지연이나 폐기 가능성을 흘린다.
상대의 인식을 바꾼다	• 정보차단이나 전략적 유출로 상대방의 인식에 영향을 미친다.
방해공작	• 1인 시위, 제품불매운동 등으로 협상에 응하도록 압박한다.
제3자와 연대	• 외부 시민단체나 전문가집단과 연대한다.
협상스케줄 조정하기	• 상대방에게서 준비할 시간을 제거한다.
양보를 잘 이용하자	• 전략적 양보는 상대방의 입장을 변화시킨다.
최종제안 이용하기	• 양보의 양을 확연하게 늘리며 "이번 제안이 마지막 입니다"는 최종제안으로 판을 흔든다.
구속력 이용	• 향후 돌이키기 어려운 스스로를 구속하는 어떤 행동을 하겠다는 입장 고지. 배수진 전략
여러 개의 안 제시	• 상대방의 의지로 최종 결정했다는 상황 조성
종결을 견인	• 상대방이 갈등하고 있는 상황을 긍정으로 끌고 가는 전략. 못이기는 척 하며 따라옴.
중간선 타협	• 가장 빈도가 높은 마무리 방법
폭발적 제안	• 제안과 함께 촉박한 마감기일을 제시하여 대안에 대해 생각할 시간을 안주는 방법.
마무리용 특별 양보	• 협상 계획을 짤 때부터 준비
무시하기	• 상대의 강경한 전술을 흘려버리는 기술
의논하기	• 실질적 안건에 대한 협상 전에 협상방법에 대한 협의를 먼저 하도록 유도
메아리치기	• 상대와 같은 방식으로 대응
친구 되기	• 친분을 먼저 쌓으면 공격적 전략이 쉽지 않기 때문
굿 캅 배드 캅	• 악역과 선한 역을 두 명이 나누어 하는 전략으로악역은 분위기 메이커 역할을 하고 최종 결정은 선한 역할자가 하기 때문에 대부분 선한 역할자의 직위가 높다.
하이볼 / 로볼	• 상대가 받아들이기 어려운 지나치게 높은 가격이나 낮은 가격으로 첫 제안을 하여 상대를 흔들어 놓는 전략.
보기(bogey) 전술	• 상대에게 중요한 쟁점을 나에게도 중요한 쟁점인 것처럼 가장하다가 마지막에 그 쟁점을 양보하고 나에게 진짜 중요한 쟁점을 얻어내는 기술

니블(nibble) 전술	• 마지막에 거래조건으로 작은 추가이익을 요구하는 방법 • 장기적인 거래관계에서는 부정적인 영향을 미칠 수 있음
치킨(겁쟁이) 게임	• 상대가 꼬리를 내리도록 엄포를 놓는 방법으로 주로 마주보고 달리는 두 자동차 운전자 중 먼저 충돌을 피하기 위해 핸들을 돌리는 사람이 지는 게임.
위협전술	• 분노 혹은 두려움이라는 수단을 통해 상대를 감정적인 이유로 동의하도록 하는 것.
호전적 전술	• 자신이 비타협적이라는 인상을 주기 위해 강요나 공격적인 요구로 상대가 더 많 이 양보하도록 압력을 가하는 방법.
감언이설 전술	• 지나치게 많은 정보제공으로 상대가 제대로 판단하기 어렵게 만드는 방법.

출처 : 로이 J. 레위키 外(2008) "협상의 즐거움" 경쟁적 협상 요약

② 호혜적 협상의 경우 서로의 조건·상황과 제공할 수 있는 옵션을 펼쳐놓고 퍼즐을 맞춰가듯 하면 되겠지만, 현실적으로 모든 것을 오픈하기 어려운 회사내부 사정이나 기밀이 있기 때문에 서로의 카드를 숨긴 채 내줄 것과 가져올 것을 게임하듯이 교환하며 협상하게 된다. 서로 win-win인 협상이 되기 위해서는 서로의 차이보다는 공통점에 초점을 맞춰 우호적인 분위기를 먼저 형성하여야 한다. 또한 서로의 필요와 관심사항에 관해 논의하고 그림퍼즐을 맞추듯 서로 교환할 수 있는 것은 교환하고 교환이 어려운 분배적 내용에 관해서는 객관적인 기준을 찾아 타협하며 장기적인 관계형성을 위하여 상호만족을 추구하여야 한다.

〈표 4-8〉 호혜적 협상의 방법과 내용

방 법	내 용
파이 키우기	• 파이를 키워(대안) 양쪽 모두 원하는 것을 얻기
통나무 굴리기(타기)[21]	• 통나무 굴리기는 보조를 맞춰 협력해야 굴릴 수 있다. • 상호 우선시 하는 쟁점이 다를 때 주고받기
포기에 대한 보상	• 중요한 문제를 한 쪽의 요구에 맞추고 포기에 대한 보상을 함.
손실 줄이기	• 한쪽이 자신의 목적을 이루고 상대가 이에 동의할 경우 상대의 비용을 최소화 해주 는 것
관심사항 접목하기	• 상호 요구사항의 구성요소를 세분하여 새로운 조합을 만들기

출처: 로이 J. 레위키 外(2008) "협상의 즐거움" 호혜적 협상 요약

---

21) 두 사람이 물 위에 떠 있는 통나무 위에서 균형을 유지하는 스포츠로 북아메리카 목재 벌채꾼들이 행하던 통나무 굴리기에서 유래하였다. 한 사람이 통나무를 굴리기 위해 움직이면 다른 사람도 보조를 맞추기 위해 움직여야 한다.

6) 협상력(좋은 협상을 위한 필요 요소)

협상 과정에는 자력이 다른 두 개의 자석을 가까이 접근시키는 것처럼 힘의 논리가 작용하게 되어있다. 완벽한 논리와 증거, 상대편 협상팀의 중량감(극단적으로 만약 상대편 협상대표로 대기업 회장이 왔고, 우리팀은 학력, 경력, 협상경험, 정보가 아주 빈약한 팀이라면 제안조차 제대로 하기 어려운 상태에서 일방적으로 끌려가는 상황이 될 것이다.), 대안의 존재 여부 등 눈에 보이지 않지만 협상장을 휘감는 힘이 존재하는 것이다. 그렇기 때문에 우리는 좋은 협상결과를 내기 위하여 필요한 요소들이 무엇인지 살펴보아야 한다. 또한 협상에 필요한 요소를 중요도 순으로 뽑는다면 어떤 것이 있을까도 생각해 봐야 한다. 본 편에서는 이에 대하여 다음의 표를 통하여 개요를 보여주고 상세한 내용을 살펴보기로 한다.

(1) 협상력의 개념

협상력은 자신이 가진 유한한 협상자원을 통하여 상대방의 행위에 변화를 일으켜 자신이 원하는 목표로 이끌어 가는 능력으로 정의할 수 있다. 누구나 무한한 협상력을 가진 존재는 없다. 한정된 자원을 잘 활용하여 상대방의 입장과 의지에 변화를 일으켜야 한다. 이러한 변화의 방향은 당연히 나의 주장과 우리가 원하는 목표점인 것이다. 이러한 면에서 분명히 협상력은 협상의 개념과 구분된다 할 것이다.

(2) 협상력의 구성요소

〈표 4-9〉 협상력의 구성요소

구 분	요 소
3요소	정보, 시간, 힘[22]
5요소	정보, 협상목표설정, 협상력, 관계, 대안(BATNA)[23]

---

22) Herb Cohen(2012)
23) Fisher & Ury(1981)

협상학의 베스트셀러인 허브코헨의 『협상의 법칙』에서는 협상력의 3요소로 정보, 시간, 힘을 들고 있다.

정보의 핵심적 함의는 인간의 목적 지향적 언행에 영향을 미치는 가공된 데이터이다. 협상력에서의 정보는 정보의 양과 질로 나누어 세분할 수 있겠지만 허브코헨이 말하는 정보는 상대편이 진정으로 원하는 것이 무엇인지, 그들을 제약하고 있는 요소나 약점은 무엇인지, 마감시효는 언제인지 등에 관한 것으로 협상 전 준비단계에서 이에 관한 많은 정보를 얻을 것을 강조한다. 정보의 수집은 협상당사자의 주변사람, 그와 협상경험이 있는 사람, 상대방의 성격, 협상스타일 등 정보가 많을수록 좋지만 가장 중요한 정보는 상대방의 진정한 한계를 아는 것이다. 즉, 그 단계를 넘어서면 더 이상 대화하지 않을 단계를 알아내는 것이라고 하고 있다.

시간과 관련하여서는 이번 협상테이블에서 반드시 결론을 얻어가야 하는지, 다음 기회에 결론을 얻어도 되는지에 대한 상대방이 처한 상황을 말한다. 당연히 마감시간이 다 되어가는 상대방은 압박을 받게 되고 반응이 없는 상대에게 양보라는 카드를 계속 내밀 수밖에 없게 된다는 것이다. 지금의 협상 상대방과 오늘까지 결론을 내지 않아도 되거나, 다른 협상대상이 대기하고 있다면 오늘까지 결론을 얻어가야 하는 상대방은 양보할 수 있는 최대 선까지 다 양보해서라도 결론을 내리려고 할 것이다. 이처럼 우리에게 시간이 얼마나 있는지를 정확히 아는 것도 중요하지만[24] 상대방의 마감시간이 언제인지를 아는 것은 상대방의 많은 양보를 얻어낼 수 있는 중요한 카드가 되는 것이다. 상대방의 마감시간을 우리가 알고 있다면 상대방이 언제까지 결정을 내려야 하는지를 알 수 있고 이것은 협상력에 큰 힘을 부여하게 될 것이다.

힘[25]의 사용에서 허브코헨은 힘은 나쁜 의미도 내포하고 있지만 힘 그 자체가 목적이 되어서는 안 되고 목적지로 갈 수 있도록 도와주는 수단이어야 함을 강조하며 14가지의 힘[26]에 대하여 이야기한다. 이러한 힘은 협상을 결론으로 밀어주거나 끌

---

[24] 허브코헨은 나의 마감시간이 신축적인지 절대적인지, 마감시간이 도과되었을 때 어떤 일이 벌어질 것인지에 대하여 사전분석 및 계산을 해 놓을 경우 협상력을 높일 수 있다고 한다.

[25] 허브코헨은 힘을 "사람, 사건, 상황 그리고 스스로를 제어할 수 있고 일을 끝낼 수 있는 재능이나 능력"으로 정의하고 있다.

[26] 1. 경쟁의 힘, 2. 합법성의 힘, 3. 위험을 감수해서 얻는 힘, 4. 동참에서 얻는 힘, 5. 전문지식의 힘, 6. 필요의 지식이 갖는 힘, 7. 투자의 힘, 8. 보상과 벌이 가져오는 힘, 9. 동일시의 힘, 10. 도덕성의 힘, 11. 선례의 힘, 12. 끈질김으로 인해 얻는 힘, 13. 설득력의 힘, 14. 일에 임하는 태도가 갖는 힘.

어가는 에너지로 작용한다. 이러한 에너지는 협상의 당사자 모두에게 압력으로 작용하기 때문에 당사자들을 움직이게 만드는 힘이 있는 것이다. 이러한 힘은 상대방을 수동적으로 끌려오게 하거나 적극적으로 동참하게 하여 우리가 원하는 결론으로 이끌게 하는 마법인 것이다. 힘과 관련하여서는 종류만 나열하는 것보다는 그 원천이 무엇인지 분류해 볼 필요가 있다. 이에 대하여는 로이 J. 레위기 외(2008)의 힘의 원천을 살펴보기로 한다.

〈표 4-10〉 힘의 원천

힘의 원천	내용
정보와 전문성	어떤 사안에 대한 상대의 관점이나 입장을 변화시키기 위한 자료수집 및 제시, 특정 문제나 사안에 대해 인정받을 만한 정보의 축적과 완전성.
자원에 대한 통제	동의를 유도할 수 있는 당근과 협력하지 않을 경우 채찍으로 사용할 수 있는 돈, 원료, 노동력, 시간, 시설 등의 축적.
조직구조 내의 위치	조직 혹은 의사소통 구조 내에서의 특정 위치에서 나오는 힘은 두 가지 지렛대 효과가 있다. 1. 위계조직 내 주요 위치를 차지하는 데서 오는 공식적 권력. 2. 네트워크상의 위치로부터 나오는 정보나 공급의 흐름에 대한 접근성 혹은 통제력.

출처: 로이 J. 레위기 외(2008), p.345.

(3) 협상의 5요소로 강학되고 있는 5가지 요소는 다음과 같이 재정리할 수 있다.

▷ 협상의 목표를 높게 설정하면 높은 성과를 낼 수 있다.
▷ 협상력이 강하면 높은 성과를 낼 수 있다.
▷ 협상 당사자들의 관계가 좋으면 높은 성과를 낼 수 있다.
▷ 협상 결렬의 상황에서 최선의 대안(BATNA)이 존재하게 되면 좋은 성과를 낼수 있다.
▷ 좋은 정보가 많으면 높은 성과를 낼 수 있다.

3. 협상의 윤리성

협상에 있어서 다양한 전략은 협상자에 따라 거부감을 주기도 하고 능력으로 비춰지기도 한다. 협상의 윤리성은 인간사회에서 법과 도덕이 공동체의 유지 발전을 위하여 필요하다는 명제와 달리 명확한 정언명령이 내려지지 않고 있다. 협상의 상황 중 가장 주요한 영역인 상거래의 경우 조그마한 시장모퉁이에서부터 국제적인 상거래까지 정확한 원가와 어느 정도의 마진을 붙였는지 공개하지 않는 것이 대부분이다. 비정상적으로 많은 마진을 붙였어도 수요자가 만족하면 아무도 문제 삼지 않는다. 이와 관련하여 다음과 같은 의문이 있을 수 있다.

공개하지 않은 지나친 마진은 비윤리적인 것이 아닐까?

시작은 비윤리적이었지만 합의에 의해 거래가 이루어졌고 수요자가 만족하기 때문에 비윤리성이 치유되는 것일까?

만약 거래에 만족했던 수요자가 어마어마한 폭리를 알고 분노했을 때에는 윤리성 문제를 어떻게 판단해야 할까?

협상을 하는 경우 서로가 모든 정보와 요구조건을 그대로 공개하도록 법으로 강제한다면 세상이 더 효율적이고 공정하게 돌아갈까?

위와 같이 정보공개가 강제된다면 이득을 얻는 협상가는 어떤 조건을 갖춘 협상가일까?

상대를 신뢰하거나 불신하는 것은 협상을 필요로 하는 양 당사자에게는 부수적인 문제이거나 협상전략상 참고할 정도의 문제일까?

인간이 사회적 동물임은 부정할 수 없는 실체다. 인간은 태어날 때부터 어미 혼자서 출산하기 어려워 누군가의 도움을 받아야 하는 골반구조를 가지고 있고, 사회적 동물은 분업과 계층적 명령체계를 가지지 않으면 유지되기 어렵다. 사회의 개체인 개인들은 분업을 통한 성과 배분을 통하여 화폐를 획득하고 필요한 수많은 상품과 서비스를 화폐와 거래한다. 이 거래 과정도 협상에 포함된다. 즉 인간의 생존자체가 협상의 산물임을 알 수 있다. 그러나 사회 전체적인 시스템 상부로의 부의 편중을 해소하고 최소한의 인간 존엄성을 지키기 위하여 인류역사는 끝없는 시행착오를 겪으며 현대의 법체계를 갖추게 되었다. 그러나 협상과정 자체를 규율하는 독립적인 법은 찾기 어렵다. 그렇다면 협상에서의 비윤리성은 법이 규제할 영역에서 벗어나 있는 것일까? 꼭 그런 것만은 아닌 것 같다. 불공정거래를 규제하는「독점규제 및 공정거래에 관한 법률」이 있고 이를 감독하는 공정거래위원회가 시장을 감시하고 있기 때문이다. 형법이나 민법, 상법도 사기, 기망행위, 경업금지 등 직·간접적으로 잘못된 협상의 결과에 대해서 제재를 가하고 있기 때문이다. 그렇다면 일반적인 협상의 과정과 목적은 법을 위반하지 않는 범위에 한정되고 그 범위 안에서의 윤리성 위반은 비난의 대상은 되어도 국가가 강제하거나 처벌할 수 있는 사항이 아니라는 결론에 이르게 된다. 즉 협상의 비윤리성은 근대민법의 3대원칙인 소유권절대의 원칙, 사적자치의 원칙, 과실책임의 원칙이라는 범위 내에 있는 것이라 할 수 있다. 결국 비난을 감수하고 법을 위반하지 않는 범위에서 비윤리적인 행위를 통하여 더 많은 협상성과물을 가져올 것인가, 장기적인 거래와 신뢰관계를 중시하여 협상윤리를 준수할 것인가는 협상의 성격에 따라 협상가가 선택할 전략적인 문제라 할 수 있는 것이다.

Carr. A(1968)는 협상은 어떤 게임이며, 이 게임은 보통 비윤리적인 행위를 정당화시켜주는 나름대로의 독특한 윤리적 특징이 있다고 하였다. 게임에는 규칙이 있게 마련이다. 그러나 게임에서도 상대의 눈을 다른 곳으로 쏠리게 하고 무신경했던 곳을 갑자기 치고 들어가기도 한다. 그렇다고 그런 행위를 게임규칙 위반으로 보지는 않는다.

협상에 있어 경쟁적 전략을 택한 협상가는 비윤리적 협상기술을 자주 사용하게 되고 호혜적 협상전략을 택한 협상가는 비윤리적 협상기술을 될 수 있으면 피하게 된다. 이런 경향은 상식적으로 당연하다고 생각할 수 있다. 그러나 윤리성은 주관적이며 협상가에 따라 판단하는 기준도 다양할 수 있기 때문에 협상의 윤리성 문제는 어떤 경우에 비윤리적 협상기술을 많이 사용하게 되는지를 그렇지 않은 경우와 분류하여 제시하는 것으로 마무리하기로 한다.

〈표 4-11〉 비윤리적 협상기술의 선호와 자제

비윤리적인 협상기술을 많이 사용하는 경우	비윤리적인 협상기술 사용을 자제하는 경우
경쟁적 협상	호혜적 협상
조직의 대표로 협상하는 경우	개인적 협상인 경우
강한 협상가	조화형 협상가
협상의 책임이 한 곳으로 쏠리는 경우	협상의 책임이 분산되는 경우

상대적 승리를 원하는 경우	정해진 목표의 성취만 중시하는 경우
협상자 주변의 기대가 큰 경우	협상 결과에 주변이 무관심한 경우

비윤리적 협상기술은 수없이 많을 수 있지만 유사한 성격의 기술들을 묶어보면 다음과 같은 유형으로 분류할 수 있다.

〈표 4-12〉 비윤리적 협상의 유형

유 형	내 용
과장된 제안	• 전통적인 경쟁협상에서 첫 제안을 과장하여 하는 경우
조작된 감정표현	• 실제의 감정과 달리 상대에게 자신의 감정을 들키지 않거나, 상대가 잘못 판단하도록 감정을 조작하여 표현 하는 경우
허위정보 유출	• 상대방에게 왜곡되거나 조작된 정보를 전달
속임수	• 상대방이 잘못된 결론에 이르도록 진실과 거짓을 섞어서 전달
허풍	• 거짓된 약속이나 위협
선별적 정보유출 공개	• 양면협상의 경우 내부 이해관계자들이나 상대방에게 선별적으로 정보 공개

출처 : 로이 J. 레위키外, 2008; Fulmer, Barry, & Long, 2009.

위의 비윤리적 협상기술을 보면 누구나 불쾌감이 들 것이다. 당연히 비윤리적 협상기술에 당했다고 느끼는 상대방은 더 큰 분노를 느끼게 된다. 그렇기 때문에 비윤리적 협상기술의 사용은 높은 리스크, 협상자 평판의 훼손, 상대의 보복, 협상결렬의 위험성을 수반하게 된다. 경우에 따라 쿨하게 "협상기술이 좋네요!"하고 넘어갈 수도 있지만 이러한 일이 반복된다면 본인의 신뢰에 큰 손상이 갈 수 있다는 점을 감안하고 사용하여야 한다. 특히 장기적인 거래를 원하거나 단골거래처인 경우 논리와 증거로써 상대방을 설득하는데 주력하고 비윤리적 협상기술의 사용은 자제하여야 한다.

협상의 과정·교착상태의 원인과 해법

협상의 과정과 각 과정별 특성은 협상의 주체, 객체, 전략, 전술에 따라 다양하게 전개될 수 있지만 협상의 과정은 대체적으로 유사한 절차를 거친다. 협상을 효율적으로 진행하고 원하는 성과를 얻기 위해서는 협상의 절차를 숙지하고 각 단계별로 핵심적인 준비사항 및 실체를 확인해야 하고 최종적인 목표와 비교해 가며 부분과 전체가 조화롭게 진행되도록 하여야 한다.

1. 갈등의 인식

우리는 협상력에 관한 이론적 시각에서 분쟁의 발생시점을 기준으로 분쟁발생 이전과 분쟁발생 이후로 나누어 개략적인 협상유형을 살펴보았다. 분쟁의 발생은 초기에 갈등의 인식으로 나타나게 된다. 갈등은 목표를 달성하는 데 서로 방해가 되거나 목표가 서로 일치하지 않는다고 인식하고 있는 상호의존적인 사람들 간의 상호작용(로이 J. 레위키 外,2008)이라고 말할 수 있다. 이러한 갈등은 일반적으로 부정적인 면만 보게 되지만 갈등은 협상을 통하여 생산적으로 관리할 수 있는 것이다. 갈등에 관하여는 다양한 시각들이 있지만 갈등의 문제점과 긍정적인 기능을 표로 정리하여 보면 다음과 같다.

〈표 4-13〉 갈등의 문제점과 긍정적 기능

갈등의 문제점	갈등의 긍정적 기능
• 경쟁과정으로 인식	• 문제점에 대한 인식이 분명해진다.

• 오인과 편견으로 발전	• 조직의 급변하는 환경에의 적응력 강화기능
• 감정이 이성을 지배하는 상황으로 발전	• 극복 시 사기를 높이고 상호 인간관계를 돈독히 해준다.
• 의사소통 폭을 감소시킴	• 서로를 더 잘 알 수 있는 기회가 된다.
• 애매한 쟁점들이 확산됨	• 갈등해결과정을 통해 인성이 계발된다.
• 경직된 입장을 강화시킴	• 사람들의 인성을 긍정적으로 발달시켜준다.
• 차이점이 극대화 되고, 공통점은 최소화되는 방향으로 인식이 왜곡됨	• 소속감과 생기를 준다.
• 의사소통이 줄어들고 감정이 강화되는 악순환으로 갈등의 악화됨	• 인간관계를 정교하게 해준다.

출처 : 로이 J. 레위키 外(2008), 협상의 법칙 pp.56-61. 재정리.

갈등은 개인이나 조직을 둘러싼 환경이 계속적으로 변하기 때문에 기존의 관점과 기존의 합의로 정착된 관계의 상태에 비틀림이 생기게 되고 이러한 비틀림은 새로운 조정을 필요로 하기 때문에 갈등은 불가피한 측면이 있는 것이다. 각 조직과 개인들은 갈등의 문제점과 긍정적 기능을 알고 갈등을 관리하여야 하지만 갈등관리를 어렵게 하는 요소들에 대한 진단 또한 다음 표처럼 분류해 볼 필요가 있다.

〈표 4-14〉 갈등의 차원

갈등의 차원	해결하기 어려운 갈등	해결하기 쉬운 갈등
문제의 쟁점	• 쟁점이 중요한 가치, 윤리, 선례인 경우	• 작은 부문이나 단위로 쪼갤 수 있는 쟁점
이해관계의 크기	• 크고 중대한 이해관계	• 작고 사소한 이해관계
당사자 간 상호의존성	• 배분적 제로섬 상태	• 호혜적 상태
상호작용의 연속성 여부	• 단기적 거래	• 장기적 거래
협상팀의 응집력과 조직력	• 비조직적	• 조직적
제3자의 개입가능성	• 중립적 제3자의 부재	• 신뢰받는 제3자가 존재
갈등상황의 힘의 균형에 대한 인식	• 불균형으로 인식	• 균형적인 상태로 인식

출처: 로이 J. 레위키 外(2008), 협상의 법칙 p. 62. 재작성.

갈등의 상황에 있는 개인은 가치관이나 자아상이 고착되어 있을 가능성이 높기 때문에 위 표와 같은 다양한 갈등의 차원에 탄력적으로 대응하기 쉽지 않다. 그러나 다수로 구성된 협상팀의 경우 역할이나 구성원을 달리함으로써 각 차원에 적합한 팀을 구성하여 대응할 수 있다는 차이가 있다.

갈등은 둘 이상의 주체를 전제로 한다. 물론 이번 여름에 휴가를 갈지 안 갈지에 대한 갈등도 현실적인 환경에 둘러 싸여있는 나와 개인적 욕구를 주체로 한 나와의 갈등이기 때문에 엄밀하게 따지면 이 상황도 두 주체간의 갈등으로 볼 수 있다. 이러한 갈등의 인식은 대부분 사전 징후가 있거나 경우에 따라 예측할 수 있다. 그렇기 때문에 현실적으로 사전징후도 없고 예측되지 않는 드러나지 않은 갈등을 대상으로 협상을 준비하는 경우는 드물다 할 것이다. 협상에는 많은 준비와 정보의 교환을 필요로 하기 때문에 드러나지 않은 상황을 전제로 이러한 시간과 비용을 지출할 수는 없기 때문이다. 갈등의 해결방법으로는 협상과 조정27), 중재28)가 있지만 당사자들이 직접 대화를 통해 해결하는 협상이 가장 일반적이고 1차적인 해결 방법이다.

2. 협상준비 단계

협상의 준비단계에서는 먼저 갈등을 분석하여 회피해도 되는지, 경쟁해야 하는지, 협동형 갈등인지를 판단하여야 한다. 경쟁형이나 협동형인 경우 협상을 해야 하는 상황이기 때문에 협상하기로 내부적으로 결정하게 된다. 협상을 하기로 결정하게 되면, 먼저 본인이 직접 할 것인지 협상 책임자를 별도로 지정할 것인지 결정하게 된다. 이러한 결정이 있게 되면 협상 책임자가 협상팀을 꾸리게 되며 최종 책임자(CEO나 조직의 대표 등)의 의견을 반영하여 협상팀에 자문역이나 특별 팀원을 포함하기도 한다. 일반적으로 기업간 협상에서는 사업 책임자, 비즈니스담당, 변호사, 회계사, 엔지니어, 변리사, 협상전문가 등이 팀원으로 참여하기도 한다.

협상 책임자에게는 지켜야 할 기본방침을 명확히 하고 그 외의 사항에 대하여는 자율적 판단에 의하여 대응할 수 있는 권한을 부여해 줘야 한다. 협상 회의 참석자 수는 사전에 조율하여 참석자의 수를 최소화 하되 쌍방이 같은 인원수로 하는 것이 좋다. 참석자 수가 서로 다르거나 지나치게 많은 관여자의 참석은 의사소통을 방해한다.

---

27) 협상에 실패하고 협상으로의 복귀가 어려울 때 중립적인 제3자를 통하여 갈등을 해결하는 것.
28) 제3자가 개입하여 당사자들 스스로 해결책을 찾을 수 있도록 돕는 것.

협상팀이 구성되면 상대방에 대한 정보, 우리의 상황에 대한 정보, 협상 환경에 대한 정보를 수집하고 평가하여야 한다. 정보의 수집과 평가는 협상의 첫걸음이자 중요한 지렛대 역할을 하게 된다. 정보의 수집과 평가가 이루어지고 나면 협상의제를 갈등요소와 그 구성요인별로 항목 분류하여 협상 방법과 전략을 수립하여야 한다.

〈표 4-15〉 협상의 기획

순서	점검 내용
1. 명확한 쟁점의 규정	• 갈등상황 분석 • 갈등에 대한 과거의 유사한 경험 복기 • 관련 정보에 대한 조사연구 자료 • 전문가와의 상담
2. 쟁점의 재구성과 일괄적 협상대상의 분류 정리	• 양쪽의 협상가들이 제시된 모든 쟁점의 목록을 조합해서 일괄적으로 합의할 협상의 대상을 분류하고 정리하는 것 • 쟁점의 순위를 결정한다. (쌍대비교법[29]) • 양쪽의 쟁점목록이 많을수록 협상이 성공적으로 타결될 가능성이 높다.
3. 이해관계의 명확한 규정	• 각각의 쟁점에 걸려있는 이해관계와 중요한 요구사항의 명확화 • 실질적 이해관계[30] • 절차적 이해관계[31] • 관계지향적 이해관계[32] • 무형적 요소에 대한 이해관계[33]
4. 다른 사람과의 협의	• 협상의제에 대해 만들어진 협상의 쟁점목록이나 핵심적인 이해관계에 대해 내부의 이해관계자와 상의하기 • 협상의 상대방과의 협상프로토콜(협상장소[34], 협상기간[35], 대동할 수 있는 사람들[36], 협상실패시의 예비조치[37])도 논의될 수 있다.

---

29) AHP(Analytic Hierarchy Process)쌍대비교는 Thomas L. Saaty 교수가 처음 고안한 방법으로 단계별로 나뉜 요소들의 가중치를 산정하도록 도움을 준다. 여러 개의 세부 요소 중에서 어느 것들이 더 중요한지를 구별하기 위하여 두 개씩 비교를 수행하는 쌍대비교를 통해 전체 요소의 가중치를 산정한다. 만약 n개의 쟁점이 있다면 n(n-1)개의 쌍이 나오게 된다.

30) 협상을 통해 실제로 얻고자 하는 것.

31) 협상가들이 분쟁을 타결해가는 방식과 관련된 것.

32) 협상가들 간에 현재 혹은 미래의 관계에 관련된 것.

33) 협상가들이 고수하는 원칙이나 기준, 또는 합의를 이끄는 데 사용할 비공식적 행동양식.

34) 대체적으로 협상장소는 친숙함의 이점과 비서, 연구정보, 전문가 집단의 조언 등 모든 사무시설과 필요한 사람들을 직접 활용할 수 있기 때문에 자신들이 익숙한 장소를 선호한다. 그러나 중요한 협상의 경우 제3의 중립적인 장소가 필요하고, 협상장소의 수준(회의실, 식당, 칵테일 라운지, 거실 등)도 고려하여야 한다.

35) 시작 시간, 협상 기간, 협상 마감시간, 티타임, 휴식시간, 내부회의 시간 등.

36) 대표들만 협상테이블에 앉을 것인가? 조력할 전문가 참석 여부, 조력자의 협상에서의 발언권 여부, 대리인을 통한 협상 여부, 대리협상의 경우 각 대표의 참석 여부, 언론의 취재 허용 여부 및 현장 보도 허용 여부.

37) 교착상태에 빠질 때 예상 가능한 일, 중립적인 제3자의 준비 여부, 다른 방법의 시도 여부, 협상을 재개할 수 있는 방법 등.

5. 한계 및 제한요인 식별	• 쟁점에 대해 상대가 거부하거나 경시할 경우 그 쟁점을 배제·포기·연기할 것인지 그 대응을 생각해 보는 단계이다.
6. 구체적인 목표 설정	• 각 쟁점들과 일괄적 협상대상으로 예상되는 안에 대하여 특정의 목표를 규정하는 것.
7. 설득력 있는 논리개발	• 구체적 사실을 바탕으로 설득력 있는 논점을 제시하며, 상대의 반박논리에 대해 재반론 할 수 있도록 준비.
8. 협상상대에 대한 분석	• 상대의 현재 역량, 요구사항[38) • 이해관계(내부, 외부, 우호적, 적대적, 의사결정권자, 주무관청, 소비자, 언론 등) • 상대의 목적 • 상대의 명성과 협상스타일 • 상대의 대안 • 상대의 권한범위 • 상대의 전략과 전술[39)

출처 : 로이 J. 레위키 外(2008) 협상의 기획을 정리하여 표로 구성

3. 예비 협상 단계에서 사전 협상을 위한 활동

1) 협상 장소는 협상에 있어서 중요한 요소 중의 하나이다. 협상당사자들은 자신의 영역 안에서 협상을 할 때 심리적 우위를 차지할 수 있고 상황에 쉽게 대처할 수 있기 때문에 자신의 사무실이나 영역 안에서 협상하기를 원한다. 이때 상호 공정한 협상이 되기를 원한다면 제3의 장소에서 협상하는 것이 공정한 것이다. 그러나 제3의 장소에서 협상을 할 때에는 양측이 우려하고 있는 요소(비밀보장 등)가 고려되어야 하고, 협상 브리핑에 필요한 장비의 유무, 정보검증을 위한 외부 연락이나 정보의 정확성 확인이 필요한 경우 인터넷 연결 등이 필요하다. 또한 협상 기간이 긴 협상의 경우 협상 참여자들의 숙식문제와 스트레스 해소를 위한 시설 등의 이용가능성도 확인해야 한다. 우리측이 움직여야 하는 열위의 상태이거나, 성의를 보여야 하거나, 상대편의 내부 상황을 눈으로 파악할 필요가 있어서 상대편 공간으로 들어갈 수밖에 없는 상황일 때에는 조금 일찍 도

---

38) 상대방의 과거(이전 사업경력, 이전의 협상사례, 재무상황, 신문보도, 상대회사 방문, 상대의 지인 접촉)와 현재의 이해관계와 요구사항에 대한 정보수집.

39) 수집된 데이터와 질문 답변을 정리해 둔 정보를 바탕으로 판단한다. 예를 들어 중요하지 않게 생각되는 정보까지 제공을 거부했다면 경쟁적 전략을 사용할 것으로 예측할 수 있다.

착해 공간에 친숙해질 시간을 가져야 한다.

2) 협상 형식은 아래 표의 분류와 같은 방식이 있으나 일반적으로 3가지 협상 형식
이 혼용되며 최종적으로는 대면협상을 통하여 합의에 이르게 된다.

〈표 4-16〉 협상의 형식

분류	장점	단점
대면 협상	• 감정이나 인간관계가 문제되는 어려운 협상 에 필요	• 많은 준비와 시간을 요함.
문서 협상	• 많은 양의 내용이나 다자(多者)를 상대로 한 협상에 편리함. • 답변할 수 있는 준비시간이 있으므로 정보조 회와 숙고가 가능.	• 요약된 문서의 경우 잘못된 해석의 위험이 있음[40) • 상대방이 확인하기 어려운 거짓정보를 제시할 경우 눈치채기 어려움.
전화 협상	• 거절하기가 수월 • 면전에서 곤란한 질문도 전화상으로는 가능	• 상대의 의도를 파악하기 어려움. • 대화가 쉽게 중단됨

효율적이고 상호 만족하는 협상이 되기 위해서는 협상계획을 수립하면서 협상여
건과 상황(협상 참석자 수, 일정, 장소)을 분석하여 반영하여야 한다. 협상계획에는 수집
된 정보의 분석을 바탕으로 협상의 기본입장과 기본규칙을 설정하고 협상목표는 명
확한 수치로 측정 가능한 경우 수치로 나타내어야 한다. 이러한 협상목표를 성취하
기 위해서는 협상전략, 협상전술, 협상기술이 논의되어야 한다.

3) BATNA(Best Alternative To a Negotiated Agreement)[41)는 협상이 결렬될 경우 취할 수
있는 최선의 다른 대안이다.

---

40) 요약된 문서는 오해를 불러일으킬 수 있기 때문에 사전에 오해의 소지가 있을 수 있으니 상대에게 질의를 당부하고
성실하게 답변할 것을 유의사항으로 첨부한다.
41) Harvard Program on Negotiation(PON)의 Roger Fisher & William Ury에 의해 최초로 제시된 개념으로 Best
Alternative To Negotiated Agreement의 약자이다. 협상의 합의안이 아닌 협상결렬의 위기시를 대비한 최상의 대안
을 의미한다.

〈표 4-17〉 BATNA의 사례

협상 대상 업무	BATNA 1단계	BATNA 2단계	BATNA 3단계
X회사(서울)에 취직 (월말기한)	Y회사(서울) 구직	다른 도시(인천) 구직 알아보기	인천 Z사 잠정 합의
	다른 도시 구직		
	개인사업 시작		
노동조합 임금협상	파업결의	파업결의 선택	합의 불발 시 파업여부에 대한 조합원 투표
	동일조건 지속		
	60일 파업통고		
	중재요청		
	준법투쟁		

협상이 결렬되었을 때에 대비한 BATNA가 없다면 협상이 비관적으로 흘러갈수록 협상자는 지나치게 비관적인 태도에 빠져 협상을 더 어렵게 만들 수 있다. 이러한 BATNA는 본협상에 들어가기 전에 충분히 검토되고 준비되어야 한다. BATNA는 협상에서의 제안을 재조정하는 방법이 아니다. 본 협상이 결렬될 경우를 대비한 제3의 대안을 미리 가지거나 본협상을 지지할 강력한 제3의 압박수단을 가지고 있기 때문에 본 협상에서 제3의 대안보다 못한 제안을 거절할 수 있는 심리적 우위의 문제다. 이러한 BATNA에는 3가지 루트의 방법이 있다.

첫째는 목적을 이루지 못할 경우를 대비해 그것보다는 못하지만 최선의 다른 선택을 하는 것(다른 거래처, 다른 매물, 다른 매수자, 부동산이 원하는 조건대로 팔리지 않으면 직접 재건축을 하는 방안 등)이다.

둘째는 목적을 위하여 상대방에게 강력하게 영향을 미칠 다른 방안을 찾는 것(상대방에게 중요하면서 종류가 다른 거래의 차단[42], 협상의안에 상대방이 비협조적일 경우 상대방의 가장 주요한 생산품과 경쟁상품인 본사의 상품가격의 인하를 단행하여 상대방에게 치명상을 줄 수 있는 경우)이다.

---

[42]   2010년 중국과 일본의 센카쿠 열도 분쟁 시 의안은 나포한 중국인 선장을 석방하는 것이었으나 일본이 중국인 선장의 구류를 연장하자 중국이 '대일 희토류 수출 금지 조치'를 취하면서 일본은 나포한 중국인 선장을 조건 없이 석방함.

셋째는 조정, 중재, 소송 등 제3자를 개입시키는 방법이다. 위 둘의 방법이 불리한 협상에서 치명적인 협상조건 수락으로부터 협상자를 보호해 줄 수 있는 방법이 된다.

협상단이 꾸려져 협상을 준비하는 경우 협상 담당자간의 협상도 중요한 준비과정이다. 본협상장에서 협상 담당자간 이견이 있거나 불협화음이 있어서는 안 된다. 그러나 협상의 기획을 하는 과정과 기획안이 준비된 후에도 그 기획안에 대하여 담당자간 합의와 충분한 이해가 이루어지고 전략적으로 하나가 되어 행동하기 위해 대응 제안을 위한 내부결정이 필요하기 때문에 이러한 합의와 이해의 과정도 협상의 일부라 할 것이다.

협상계획이 수립된 경우 상대방에게 제시할 제안서 준비를 하여야 한다. 제안서는 상품이나 서비스의 공급자가 수요자에게 하는 경우(건설회사의 지명원등을 첨부한 수주 제안서)와 수요자가 공급자에게 하는 경우(투자 제안서 등)로 제안의 주체에 따라 나눌 수 있지만 갈등이 존재하고 쟁점이 있는 협상의 경우 정형화된 일반 제안서와는 달리 많은 정보수집 노력과 전문적인 분석 및 상당한 준비 시간을 필요로 한다. 제안서는 협상 쟁점과 관련하여 처음으로 정식 제안되는 첫 만남과 같은 것이기 때문에 내용, 형식, 문장의 난이도, 제안의 객관적인 근거, 종이의 품질, 칼라, 시각자료의 비율, 오탈자까지도 신경 써서 심혈을 기울여 준비하여야 한다. 특히 경쟁자가 있는 협상의 경우 제안서가 허접하면 이미 게임에서 졌다고 봐야 하기 때문에 경쟁자의 제안서를 구하는 노력을 통하여 마지막 순간에는 자사의 제안서가 최고의 제안서가 되게 하여야 한다.

국가간의 협상이나 규모가 큰 협상의 경우 협상분위기 향상을 위하여 협상 시작 전에 연회 영접, 골프 교제, 공연 관람 등을 하기도 한다. 이러한 과정은 긴장된 분위기를 완화하기 위한 목적도 있지만 자연스럽게 서로를 알아가면서 서로를 탐색해 가는 과정이다. 이러한 교제 기회는 친밀도를 향상시켜 풍요로운 협상결과를 가져오는 계기로 삼아야 하겠지만 지나치게 분위기에 취해 중요한 협상전략·전술을 노출하는 과오를 범해서는 안 될 것이다.

4. 본 협상 단계

본 협상에 들어가게 되면 각자의 제안서에 기하여 입장을 설명(브리핑)하고 제안을 하면서 공식적으로 정보를 교환하게 된다. 협상 중 호혜적 협상에서는 당연히 서로의 필요를 충족시키기 위하여 정보교환을 당연시 하겠지만, 협상 중 가장 많은 비율을 차지하는 경쟁적 협상에서는 정보의 교환에 대하여 부정적일 수 있다. 그러나 경쟁적 협상에서도 쟁점에 대해 상대방에게 호소나 위협, 설득을 하기 위하여 각자의 입장이나 객관적 상태, 힘에 대한 정보를 드러낸다. 차이점은 호혜적 협상의 경우 많은 정보를 교환하지만 경쟁적 협상에서는 전략적으로 제공할 정보와 숨겨야할 정보를 구분한다는 차이점이 있다.

정보는 정보의 성격에 따라 우선순위에 관한 정보교환과 입장에 관한 정보교환(Olekaln et al, 1996)[43]으로 구분할 수 있으며, 정보교환의 방식에 따라 직접적 정보교환과 간접적 정보교환(Adair, Okumura & Brett, 2001)[44]으로 구분할 수 있다. 우선순위에 관한 정보는 호혜적 협상결과를 도출하는데 주로 활용되며, 입장 정보는 분배적 협상결과를 도출하는데 활용된다. 정보교환 방식에 있어 직접적 정보교환은 우선순위와 선호정보를 교환하고자 할 때 사용하며 저맥락(low-context culture)문화권에 속하는 미국의 의사소통 방식이다. 간접적 정보교환은 휴리스틱(heuristic)[45]과 인지적 오류의 영향을 받는 의사소통 방식으로 고맥락 문화권에 속하는 일본의 협상가들에게서 보이는 경향이다.

---

43) Olekalns. M. Smith, P. L., & Walsh, T. 1996. The process of negotiation: Strategies, timing and outcomes. Organizational Behavior and Human Decision Processes. 68: 68-77.

44) Adair, Okumura & Brett, 2001. Negotiation behavior when cultures colide : The united states and Japan. Journal of Applied Psychology, 86, 3:371-385.

45) 휴리스틱(heuristics) 또는 발견법(發見法)이란 불충분한 시간이나 정보로 인하여 합리적인 판단을 할 수 없거나, 체계적이면서 합리적인 판단이 굳이 필요하지 않은 상황에서 사람들이 빠르게 사용할 수 있게 보다 용이하게 구성된 간편 추론의 방법이다. 휴리스틱을 이용하여 사물을 판단할 때에는 많은 오류들이 발생하는데 벡(Beck)은 인지적 오류(편향)를 10가지(이분법적 사고, 극대화와 극소화, 과도한 일반화, 임의적 추론, 개인화, 선택적 추상화, 파국화, 정서적 추론, 긍정 격하, 잘못된 명명)로 분류하였다.<위키백과>

정보의 성격과 정보교환의 방식에 따른 구분과 내용은 다음의 표와 같다.

〈표 4-18〉 정보의 성격과 정보교환 방식

구분		내용
정보의 성격	입장에 관한 정보	• 최초제안 제시 및 요구 • 자신의 입장 제시 및 지지 • 상대방의 입장을 바꾸기 위한 부정 및 제시
	우선순위에 관한 정보	• 자신에게 중요한 안건의 순위 제시 및 요구 • 양보할 수 있는 안건 제시 및 요구
정보 교환 방식	간접적 정보교환	• 제안과 대응제안 • 제안의 구체적인 근거제시가 없음
	직접적 정보교환	• 제안과 대응제안에 대한 구체적인 근거 제시 및 요구 • 상대방의 제안에 대한 직접적인 반응

출처: Brett & Okumura, 1998)의 재작성

협상에 있어서 협상가는 다양한 정보활동을 통하여 다음의 다이어그램과 같은 세 가지 가격에 대한 입장을 가지게 된다. 물론 이러한 가격들 중 목표가격과 저항가격은 오픈되지 않는 내면의 가격이다. 이러한 내면의 가격을 지키기 위하여 가장 중요한 것이 첫 제안 가격이다.

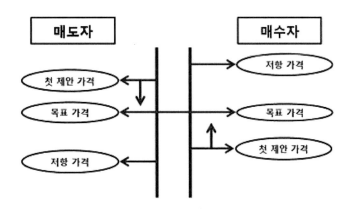

[그림 4-3] 협상에서의 세 가지 가격

첫 제안은 될 수 있으면 상대방이 먼저 하도록 유도하는 것이 좋다. 첫 제안에는 많은 정보가 담겨져 있기 때문에 상대방의 첫 제안을 기반으로 우리의 잘못된 정보를 수정할 수 있고 전략과 전술을 신속하게 전환할 수도 있다. 첫 제안을 먼저 한 측의 상대방은 첫 제안을 근거로 자신의 전략적 제안을 결정할 수 있다. 예를 들어 A가 주택의 매도가로 3억 원을 첫 제안했는데 B의 내면적인 목표가격이 2억8천만 원이었다면, B는 등거리 전략과 타협의 가능성을 염두에 두고 2억6천만 원을 제안할 것이다. 이렇게 되면 제안과 대응제안이 반복되는 과정을 거쳐 최종적으로 B의 목표가격인 2억8천만 원에 합의될 가능성이 높아진다.

첫 제안이 상대방으로부터 이루어졌다면 거절하는 것이 좋고 우리가 먼저 첫 제안을 했다면 거절당할 수도 있다는 것을 염두에 두어야 한다. 우리 측 입장에서 보면 첫 제안을 바로 받아들이는 경우 승자의 저주46)에 걸릴 수 있기 때문에 거절하는 측면도 있다. 반면에 상대방의 입장에서는 거절당할 경우 크게 위축되어 내면적인 목표가격이나 저항가격을 흔들어 놓을 수 있게 된다. 그러나 반대로 첫 제안은 거절되는 경우에도 부수적으로 닻내림 효과47)가 있게 된다. 이러한 다양한 측면을 알고 있게 되면 상황에 맞게 전략적으로 첫 제안을 유도할 수도 있고 먼저 할 수도 있게 된다. 일반적으로는 제안의 대상에 대해 그 가치나 평가를 정확히 할 수 있는 경우에는 상대방에게 첫 제안을 하도록 하는 것이 좋다. 만약 상대방이 그 가치를 모르고 첫 제안을 하는 경우 우리 측은 횡재를 할 수도 있고, 상대방이 지나치게 낮거나 높게 제안을 해도 객관적인 증거로써 정상화시킬 수 있기 때문이다.

첫 제안에 위와 같은 다양한 함의가 있고 전략적으로 선택여부를 결정하고 싶지만 막상 협상 현장에서 첫 제안에 대한 결정을 하다보면 다음과 같은 딜레마에 빠지게 된다.

정보 파악을 위해 상대방에게 첫 제안을 하게 할까? 아니면 닻내림 효과나 상대방을 흔들어 놓기 위해 우리가 먼저 첫 제안을 할까?
첫 제안을 데이터를 기초로 설득하는 방식으로 할까? 아니면 최후통첩 식으로 할까?
첫 제안가격이 너무 낮거나 높아서 진지하지 못하게 비춰지고 상대를 화나게 하여

---

46) 협상에서 이기고도 뭔가 잘못된 것 같은 찜찜한 상태가 되는 것.
47) 앵커링효과(Anchoring Effect) : 협상장에서 첫 제안 후 그 제안에 얽매여 크게 벗어나지 못하는 효과.

바로 거절당하는 것은 아닐까?

전략적 양보를 위하여 원하는 가격보다 더 높게 불러야 할까? 만약 더 부른다면 어느 정도나 더 불러야 할까?

첫 거래이지만 추후 장기적인 거래관계로 발전할 수도 있기 때문에 우리의 저항가격보다 조금만 더 부를까?

우리는 공정함을 추구하는데 지나치게 많이 불렀다가 상대방이 덥석 물어버리면 우리는 두고두고 공정함을 깨트렸다는 자아상의 훼손에 찜찜해 하지 않을까?

이러한 딜레마에 빠지지 않기 위해서는 협상을 객관화하는 사전작업이 필요하다. 혼자서 모든 것을 준비하고 결정하는 상황에서는 피할 수 없는 딜레마이지만 대부분의 협상은 관여자가 여러 명 존재하거나 팀으로 하기 때문에 내부협상 과정에서 이러한 딜레마를 과정상의 내부협상 쟁점으로 다루고 결정을 하게 되면 개인적인 문제를 떠나 객관적인 업무로 전환되면서 더 이상 딜레마가 아닌 전략으로 바뀌는 것이다.

첫 제안과 관련하여 하나 더 고려해 봐야 하는 상황이 있다. 그것은 우리가 첫 제안을 하였는데 상대방은 알겠다고만 하고 대응제안을 하지 않는 경우이다. 이 경우에는 어떻게 해야 할까? 이러한 상황에서는 다음과 같은 방법으로 그 원인을 파악하고 재접근을 시도해 보아야 한다.

주된 원인으로는 다음과 같은 것들이 있다.

감정적인 거부감에 빠져 있을 수 있다. 경험과 학습에 의한 트라우마나 경계심이 대응에 브레이크를 걸고 있는 경우다.

자신의 전략이 노출될 위험성 때문에 극도로 조심스럽게 접근하면서 상황을 관찰하고 있는 경우다.

손해배상금 협상이나 고소취하조건 합의금협상 등의 경우 협상의 시작부터 상호불신의 상태에서 협상을 하기 때문에 상대방의 첫 제안에 어떤 함정이 숨어있는 것이 아닌가 하는 불안감에 휩싸여 있는 경우.

대응제안 시 실수의 두려움 때문에 자신과 친분이 있는 제3의 전문가의 조언을 염두에 두고 시간을 끄는 경우.

제안의 진실성을 아직 믿지 못하는 경우 "그냥 떠보는 게 아닌가?"하는 의구심을 가지고 대응을 보류하게 된다.

사건 이전에는 상호 모르는 사이로 상대에 대한 정보가 없기 때문에 어떠한 대응 판단을 내리는 것에 대해 불확실성이 너무 크다고 판단함.

협상에 있어 당근은 있어도 채찍이 없는 경우 대책 없이 끌려가게 된다. 그렇기 때문에 지나친 요구가 첫 제안으로 들어오는 상황에서 상대방에 대한 단점이나 브레이크를 걸 수 있는 압박수단이 없으면 일단 침묵한 채 뒤로 물러서게 된다.

이러한 원인들로 상대의 대응제안이 없다면 어떻게 해야 할까? 다음중 하나의 대응방법을 사용해 보자.

보울워리즘[48]은 단일안으로 최후통첩을 하는 것이다. 다시 한번 제안을 하면서 단일안으로 최후통첩하여 보류할 여지를 주지 않는 것이다.

상대방의 입장이 되어 저항가격을 추정해 보고 협상의 성격이나 상황을 반영해 비율적으로 가감하여 조정된 제안을 다시 해 본다.

관심이 없는지 아니면 고도의 전략인지를 여러 가지 단서와 상황을 근거로 판단해 본다.

위협적이지 않은 소통방법(복장, 언어, 장소, 인원수, 접촉의 요일이나 시간대)으로 다시 한번 대화를 시도해 본다.

친분 있는 제3자간 소통(상대편이 지정한 제3자, 우리가 지정한 제3자)을 시도해 본다.

공동으로 인정하는 제3자에게 조정을 의뢰해 본다.

스스로에 대한 질문과 상대방에 대한 질문지를 작성해 보고 질문을 상대방의 입장에서 객관적으로 생각해 본다.

나의 신뢰성을 보여줄 수 있는 증거들은 지속적으로 노출시켜 경계심을 완화시킨다.

협상을 어떤 방식으로 수행할지에 대한 방식의 문제를 협의해 본다. (대리인 지정방식, 공동조정자 지정, 참가자 문제 등)

기준선택에 있어서 객관적 기준, 주관적 기준, 사회적 기준 중 선호 기준을 질문한다.

객관적인 기준을 선택한다면 어떤 기준을 선택할지 선택하도록 제안해 본다. (유사

---

48) 위키피디아 : Boulwarism은 더 이상 양보나 토론 없이 협상에서 "선택을 하든지 아니면 결렬이다"라고 제안하는 전술이다.

사례가격, 감정 가격, 원가 계산 가격 등)

상대방이 어떤 이유 때문에 대응제안을 꺼려하는 것 같으면 대화의 의제를 한정하여 그 안을 보류하거나 원칙만을 합의하는 것으로 제안해 본다. "금액과 잔금일만 이야기하면 어떻겠습니까?" "소송이 아닌 합의로 가는 원칙에는 동의하십니까?"

대응제안이 상대방에 대한 복합적인 불신 때문에 이루어지지 못하고 있다면 상대방이 신뢰하는 지인을 통하여 간접적으로 대화해 본다.

정보의 교환과 더불어 협상자는 제안과 대응제안, 설득과 대응설득을 반복하게 된다. 이 과정에서 협상자는 상대측의 언어와 비언어적 표현들을 관찰하고 평가하며 느낌을 하나씩 하나씩 확인하여 이해를 명확 화하는 과정을 거치게 된다.

협상의 진행 과정에서는 다양한 협상의 기술이 사용된다. 이러한 협상의 기술들은 경쟁적 협상이나 배분적 협상의 경우에 주로 사용하게 되고 호혜적 협상의 경우에는 협상의 기술을 사용하되 상호 이익이 되는 상황을 유도하기 위한 선의에 기하여 사용한다. 이러한 기술이 남용되면 장기적인 거래에서 독으로 돌아올 수 있다.

협상에 있어 양측의 요구사항이 정반대의 입장이어서 정면충돌하는 경우, 첫 제안간의 괴리가 너무 큰 경우, 경쟁적·배분적 협상의 경우 등에 협상은 제대로 시작도 못 해보거나 협상이 교착상태에 빠지게 된다. 이 경우 상대방의 요구사항, 우리 측의 요구사항, 소통방식, 절차 등을 만들어낸 근본적인 원인(사건의 시작점, 충족시키고자 하는 욕구, 요구의 성취로 얻고자 하는 상태)과 과정을 현미경으로 보듯 들여다보고 가능한 최소 단위로 분해해 본 후 유사한 범주끼리 재조합 해보아야 한다. 협상자는 "세상의 모든 길은 모든 길로 연결되어 있다"라는 믿음을 가지고 그 길을 지금 못 찾고 있을 뿐 반드시 찾을 수 있다는 마음가짐으로 협상에 임해야 한다. 물론 그 길이 너무 돌아가는 길이어서 협상을 포기하는 것보다도 손해가 더 크다면 당연히 포기할 수도 있어야 한다. 이처럼 창조적 전략대안의 선택은 상대방과 우리의 요구사항 이면에 숨어있는 욕구를 분명히 하여 조화시킬 수 있는 대안을 찾거나, 쟁점을 세분하여 서로의 욕구와 요구 중 매치가 가능한 경우를 찾아보는 방법이다. 이에 가장 이해하기 쉬운 사례는 자매간 오렌지의 배분에 관한 사례다.

엄마와 언니 동생 3자간 오렌지 하나를 놓고 다투는 상황이 발생했다. 언니와 동생 둘 다 오렌지 1개를 다 갖기(요구)를 원하는 상황에서 엄마는 언니와 동생이 공정하게 반반씩 갖도록 중재자 역할을 했다. 이 오렌지를 엄마가 중간으로 자르게 되면 제비뽑기를 하건 가위바위보로 정하건 어느 한쪽은 자신의 오렌지가 적게 보일 가능성이 높기 때문에 반반으로 나누는 과정에 대하여 고민하다 협상전문가인 아이들의 아빠에게 전화를 걸어 자문을 받았다. 돌아온 답변은 언니와 동생 중 한 사람은 중간으로 자르고 나머지 한 사람은 그중 커 보이는 부분을 선택하는 방법이었다. 이렇게 배분이 이루어진 후 동생은 밖으로 놀러 나가면서 껍질을 벗겨 오렌지를 먹고 껍질은 길바닥에 버렸으며, 언니는 오렌지의 껍질을 말려 자기 방에 방향제로 쓰기 위하여 오렌지 과육은 음식쓰레기통에 버리고 껍질을 모으고 있었던 것이었다. 만일 엄마가 오렌지 1개를 다 가지려는 이유(욕구)를 처음부터 물어봤다면 껍질은 언니에게 주고 오렌지 과육은 동생에게 주어 둘 다 원하는 것을 다 얻을 수 있었을 것이다. 이 사례처럼 요구의 충돌이 발생하게 되면 그러한 요구의 이면에 숨은 욕구를 탐색해 보아야 창조적인 대안을 찾을 수 있는 것이다.

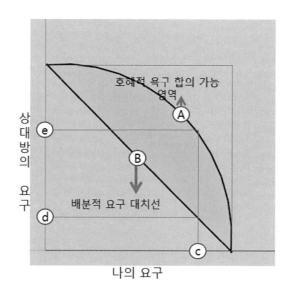

[그림 4-4] 요구와 욕구의 이해

위 다이어그램에서 배분적 요구 대치선인 B선을 따라 합의점을 찾게 되는 경우 제로섬게임에 처하게 된다. 한쪽이 많이 가져가면 다른 쪽은 그만큼 적게 가져가게 되는 것이다. 그러나 호혜적 욕구 합의 가능영역선인 A선의 범위 내에서 합의점을 찾을 수 있다면 나의 요구조건은 ⓒ의 만족으로 동일하지만 상대방은 배분적 요구대치선에서 결정되면 ⓓ의 만족밖에 얻을 수 없던 상황이 호혜적 욕구 합의 가능영역선의 범위 안에서 답을 찾을 수 있다면 상대방도 ⓔ에 해당하는 만족을 얻을 수 있는 것이다.

이러한 과정을 통하여 합의안이 마련되면 전문적 분석이 필요하게 된다. 변호사, 회계사, 변리사, 영업담당자 등은 합의안에 대한 분석을 통하여 추가적으로 조정이 필요한 부분이 없는지 확인하여야 한다. 최종적인 합의안이 나오게 되면 국제적 협상의 경우 국내에서의 추인이 필요할 수 있고, 기업의 경우 이사회의 최종 승인이 필요할 수 있다. 이러한 양면게임이론[49])이 적용되는 특수한 경우는 부동산협상에서도 발생할 수 있다.

5. 마무리 타결단계

협상의 마무리 타결단계에서는 다음과 같은 과정을 거치거나 필요한 사항들을 결정하여야 한다. 이 또한 어떠한 선택을 하느냐에 따라 추후의 계약서 해석이나 집행단계에서의 분쟁에서 유리한 입장에 설 수 있기 때문에 서로에게 유리한 합의에 이르기 위해 밀고 당기는 상황이 오갈 수 있다.

계약서의 작성 장소는 어느 곳으로 할 것인가?
누가 준비하고 작성할 것인가?
합의내용과 계약서의 내용의 불일치 여부 비교 검토
서명 날인은 누가 할 것인가?
계약 내용 집행, 평가
피드백

---

49) R. Putnam의 2단계 양면게임이론: 국제관계학에서 국가 간 협상을 쉽게 설명하기 위하여 퍼트남이 제안하였다.
  1단계: 국외의 부문에서 각 국가의 대표자, 정책결정자 간의 상호작용.
  2단계: 국내의 부문에서 대표자, 정책결정자와 이익집단이나 시민단체 등과 같은 단체들 간의 상호작용.
  퍼트남은 두 Level을 통해 협상이 이루어지는 과정을 설명하기 위하여 'Win-set' 개념을 사용하였다. 나무위키(2021)

6. 교착상태의 해법

교착상태(膠着狀態, Deadlock)는 그대로 고정되어 조금도 변동이나 진전이 없는 상태를 의미한다. Narlikar(2010)는 협상 과정에서 당사자들이 일관되지 않은 입장을 채택하고, 돌파구를 마련하기 위해 당사자들 간 충분한 양보 또는 협상에 활력을 주는 행동을 취하지 않을 때 교착상태가 발생한다고 보았다. 교착상태는 협상에 따라 과정별로 여러 번 발생 할 수도 있고 교착상태의 문제수준에 따라 심각도가 다르게 나타날 수 있다.

협상은 제안과 대응제안의 반복, 제안의 표현과 상대방 제안의 해석과정 등에서 상대방의 우려를 포착한 경우 그 우려를 제거하거나 일반화시켜 누르거나 보증을 통하여 해결하게 된다. 인식의 오류가 발생한 경우에는 그 오류의 유형[50]을 파악하여 인식의 오류를 인정하고 이해와 배려하는 조치를 취하면 대부분 해결이 가능하다.

그러나 교착상태는 이런저런 노력에도 불구하고 변화나 진전이 없는 상태다. 대부분 그 해법을 못 찾는 이유는 쟁점이나 상황, 상태, 그 상황을 만든 환경을 뭉뚱그려 보기 때문이다. 이러한 뭉뚱그림을 분해하거나 해체하고 움직일 수 있는 틈을 만들고 돌파구를 찾는 방법을 하나씩 살펴보도록 하자.

1) 3변전략(사람, 장소, 시간)

(1) 사람: 협상이 성공하는 데 최대의 걸림돌이 되는 유일한 것은 사람이다. (Ronald M. Shapiro et al. 2003). 사람이나 사람으로 구성된 조직은 협상의 주체이자 이해 당사자이면서 의사소통의 통로이고 수단[51]이다. 협상에서 의사소통은 문서나 전화, 대면으로 이루어지며 의사전달 수단인 언어와 문자, 보디랭귀지를 상대방에게 전달하고 받아들여서 해석한다. 그러나 이 의사전달 과정에 개인적인 감정·소망·경험·편견이나 조직의 입장이 반영되어 일방 주체가 주관적인 의미를 부여하면서도 최대한 객관적으로 전달한다. 이 전달된 입장을 또 다른 주체가 그것을 주관적으로 해석하면서 그 의미를 왜곡시키는 것이다. 그렇기 때문에 협상이 교착상태에 빠졌을 때 제일 먼저 사람을 바꿔봐야 한다. 각자의 입장을 가장 강하게 주장하는 사람을 빼고 서로

---

50) 해석과 표현의 갈등, 감정의 개입으로 인한 갈등, 정체성의 차이로 인한 갈등
51) 제안은 사람의 의식체계를 통하여 나오기 때문에 의사소통에서 사람은 통로이자 수단이라고 할 수 있다.

의 요구가 아닌 욕구를 들여다 볼 수 있는 사람, 욕구에 몰입되지 않고 상황을 객관적으로 보며 대안의 범위를 확장하여 볼 수 있는 사람, 남성에서 여성으로, 여성에서 남성으로, 연장자에서 젊은이로 젊은이에서 연장자로 다른 시각과 감정과 가치관을 가진 사람으로 바꾸어서 교착상태에 빠트린 쟁점을 다시 들여다보고 틀을 다시 짜야 한다.

경우에 따라서는 실질적 결정권자가 따로 있는데 결정권이 없는 사람과 긴 시간을 논쟁하며 같은 이야기만 반복하고 있을 수 있다. 이를 숨은 이해관계인이라 하자. 숨은 이해관계인은 협상장소에서 말없이 참관하고 있는 현장사람일 수도 있고, 집에 있는 배우자나 부모, 자녀일 수도 있다. 이 경우를 대비해 협상 시작 시 상대방에게 결정권의 범위를 질문하기도 한다. "사모님이나 자녀분들의 의견을 들어보지 않아도 매도자를 불러내면 금액 조정을 통해 바로 결정을 하실 수 있으신가요?" 만약 숨은 관계인을 파악하지 못하고 진행하다 교착상태에 빠졌다면 "오늘은 일단 휴식을 취하고 내일 오전 9시에 다시 새로운 기운으로 협의하시죠! 아! 그리고 본 협의안에 대해 의견을 주실 분이나 결정권자가 따로 있으시면 참석시켜서 마무리를 할 수 있도록 하시죠!" 상대방이 결정권자가 아닌 것 같다는 느낌을 협상 중반에 드러내면 상대방이 불쾌해 할 수 있기 때문에 의견 방식으로 제안하는 것이다. 그리고 저녁만찬이나 피로도 풀 겸 술이라도 한잔하자면서 실질적인 결정권자나 숨은 이해관계인이 있는지 파악해 봐야 한다.

협상에 있어서 조직을 대표한 협상가가 개인적 협상가보다 비윤리적 전략을 더 많이 사용하고 쟁점에 대한 주장도 더 강경하다는 점(백향기, 2021)에 착안하여 교착상태에 빠진 쟁점만을 따로 분리하여 협상팀을 뺀 양측의 최고결정권자가 개인적인 자격으로 합의하도록 하는 방법이 있다. 협상의 타결이 중요한 상황에서는 고려해 볼 가치가 있는 방법이다.

사람과 관련된 또 한 경우는 양쪽 다 알고 있으면서 신뢰받는 중재자를 불러들여 중재자를 통해 중재하는 방법이다. 중재자가 공정하고 사회적 존경을 받으며 신뢰성 있는 사람이라면 쟁점에 대한 협의는 중재자와 의논하여 중재자를 통하여 제안하는 방식을 택하기 때문에 본협상은 일단 보류하고 누구를 중재자로 선택할 것인지의 문제만 먼저 협의하게 된다. 이러한 방식은 결론에 다소 불만이 있어도 중재자가 공정한 사람이라는 신뢰가 있기 때문에 감수하고 갈 수 있게 된다.

(2) 장소: 장소는 사람이나 동물, 식물에게도 중요한 의미를 가진다. 자기에게 익숙한 장소는 심리적인 안정감을 부여하고 사리판단에 제약요소를 줄여준다. 극단적

으로 식물은 환경이 맞지 않는 장소에서는 오래지 않아 시들어 죽게 되고, 동물의 경우에도 활동범위 내에서는 지속적으로 영역표시를 하고 환경에 변화요인이 있는지 확인활동을 하며 이상이 없을 경우에 번식활동을 한다. 만일 환경에 변화가 생기거나 익숙하지 않은 환경에 던져졌을 때에는 심각한 스트레스와 활동위축으로 이상행동을 하기도 하는 것이다. 인간은 이성에 의하여 상황을 통제할 수 있지만 일정부분 동물적인 본능의 지배를 받는다. 이러한 본능은 무의식적인 영향을 사리판단과정에 미치게 되고 자유롭고 창의적인 사고활동에 제약을 가하는 동시에 상대방이 있는 경쟁상황에서는 더욱 치명적인 오류를 발생시킬 수 있다. 그렇기 때문에 협상에 있어서는 본인이 익숙한 장소를 택하거나 최소한 공정하게 양측이 다 생소한 제3의 장소를 선택하기도 하는 것이다. 만일 협상이 교착상태에 빠졌다면 장소를 바꾸어 보라. 상대방에게 문제가 있으면 상대방이 익숙한 장소로 양보하고 우리에게 문제가 있거든 우리의 뇌를 중압으로부터 해방할 수 있는 장소를 선택할 필요가 있는 것이다. 협상장소를 바꾸면 분위기가 바뀌고 새로운 아이디어도 튀어나온다. 극단적으로 조용한 술집으로 바꿔 술을 한 잔씩 하면서 협상을 이어갈 수도 있는 것이다. 좁은 공간을 빠져 나갈 때 몸을 이리저리 비틀며 빠져 나가듯 이런저런 시도를 해봐야 하는 것이다. 그중 하나가 장소를 바꾸어 보는 것이다.

(3) 시간: 사람은 시간속의 존재이고 시간의 리듬 속에서 살아간다. 아침은 상쾌하고 점심은 나른하며 저녁은 묵직하다. 저녁이 되면 회귀본능에 의해 가족과 휴식이 있는 집으로 가고 싶고, 휴식을 취하고 나면 기운찬 하루를 기대하며 아침을 맞는다. 봄은 만물에 생기를 부여하고 여름은 무럭무럭 자라게 하고 가을은 거두는 계절이고 겨울은 쉬게 한다. 월요일은 새로운 의지를 불태우게 하고 목요일에는 어떤 성과를 기대하고 금요일은 무엇인가 마감을 생각한다. 이처럼 시간과 요일과 계절은 인간에게 분위기를 환기시키는 힘이 있다. 협상이 교착상태에 빠졌다면 협상의 시간, 요일, 계절을 바꿔보는 것도 한 방법이다.

2) 쟁점의 해체

(1) 요구의 이면에 깔려있는 욕구를 충족시킬 대응방안으로 요구의 변화를 유도한다. 협상에는 어떤 입장에 처해 있는 당사자가 존재하기 때문에 그 입장에 대한 진술을 하면서 어떠한 요구를 하게 된다. 이러한 요구에는 욕구(이유, 사유)가 배경에 존재

한다. 그 욕구는 비도덕적일 수도 있고, 이기적으로 보일 수도 있다. 또는 표현력의 한계로 제대로 표현되지 못한 경우도 있다. 그렇기 때문에 대부분 그 불안한 입장을 안정시켜줄 방법으로서의 요구를 하게 되고, 욕구를 객관적으로 표상할 수 있는 요구를 반복할 뿐 그 욕구에 대해서는 명백하게 이야기하지 않는다. 단지 추정할 수 있을 뿐이다. 그러나 막연한 추정만으로 대응제안을 할 경우 헛다리짚는 제안이 될 수 있다. 그렇기 때문에 그 요구에 대한 이유를 질문해야 한다. "우리가 알고 있으면 문제해결에 도움이 될 만한 그렇게 요구하시는 이유를 알 수 있을까요?" 만약 답을 얻었다면 그 이유를 분해하여 그 저변에 깔린 욕구를 알아채야 한다. 이렇게 최대한 그 욕구의 본질에 접근한 실체를 확인하고 그에 맞는 답을 제시하다 보면 상대방의 요구사항과 다른 답을 제시해도 상대방은 욕구가 해결되기 때문에 흔쾌히 승낙할 수 있는 것이다.

(2) 사람과 쟁점을 분리하여 쟁점만 다룬다. 협상에는 쟁점이나 의제가 있다. 이 쟁점이나 의제는 어떤 주체가 처한 상황과 관련이 있고 그 주체의 존재를 전제로 그 주체의 의식체계를 통하여 전달된다. 그렇기 때문에 때로 협상의제와 그 인간자체를 동일시하는 오류를 범하기도 한다. 당사자의 입장과 해결해야 할 문제를 분리해 보면 쉽게 해결책이 보이는 문제도 동일시하다 보면 그 인간과 관련된 복잡한 문제까지 배려해야 하는 더 복잡한 수렁 속으로 빠지게 된다. 서로 다른 주체간의 협상에서는 갈등을 만든 문제만 따로 분리해서 해결하는 것이 가장 빠른 해결방법이다. 문제의 이면에 존재하는 인간관계는 각자가 풀어야 할 또 다른 그들만의 문제로 제외시키는 것이다. 실무에서는 이런 대화가 가능할 것이다. "그런 문제는 사장님께서 알아서 해결해야 할 문제가 아닐까요?"

(3) 쟁점을 작은 단위로 쪼개어 하나씩 해결한다. 교착상태를 푸는 또 다른 방법은 브레이크를 걸고 있는 쟁점을 두루뭉술하게 다루지 말고 더 작은 단위로 쪼갤 수 있는 만큼 쪼개 보는 것이다. 이렇게 작은 단위로 나뉜 문제를 쉬운 문제부터 하나씩 하나씩 해결해 나가는 것이다. 이렇게 해결해 나간 후 남아있는 미해결 작은 안건은 이전에 합의한 안건과 성격이 비슷한 안건과 함께 묶어 일괄합의로 처리한다.

협상가의 올바른 자질과 태도 및 오류

1. 협상가의 바람직한 자질

협상에 나서는 자는 항상 협상의 목적을 생각해야 한다. 협상가는 문제를 해결하기 위해 나온 것이지 상대방의 가치관이나 인성을 평가하기 위해 나온 것이 아닌 것이다. 그러나 안타깝게도 대부분의 사람은 상대편의 말 하나를 보고 열 가지를 판단하고 그 말이 그 사람의 가치관이나 인성을 나타낸다고 생각해 버린다. 이러한 판단은 상대편에게 색깔을 입히게 되고 협상가의 색깔과 다를 경우 상대방을 적대시하고 적대시하는 감정이 협상가를 감싸게 되면 분노가 자라고 상대편의 말은 더 이상 귀에 들어오지 않게 된다. 협상가는 문제를 해결하기 위해 온 것이지 협상상대의 인격을 판단하기 위해 온 것이 아니다.

이러한 문제가 생기는 근본원인은 상대편이 꺼낸 말의 문제가 아니라 협상가라는 한 인간이 가진 치명적이며 협상에 부적합한 시스템 때문이다. 그 시스템이라는 것은 인간의 안전욕구와 연상본능에 기인한 의식체계이다. 인간은 복잡한 상황과 사건 속에서 하나의 단서를 잡고 전체를 파악해 일관성 있게 대응하려고 한다. 그것이 대부분의 동물이 보이는 본능적인 반응인 것이다. 자라보고 놀란 사람은 그 비슷해 보이는 솥뚜껑을 보고도 놀란다. 비슷한 것은 본능적으로 비슷하게 판단해 버린다. 구체적으로 분석해 판단하기에는 위험이 다가오는 속도가 분석하는데 걸리는 시간보다 빠르기 때문에 본능적으로 반응하는 것이다. 이러한 반응과 유사한 것이 인간의 연상력이고 은유력이다. 연상력은 인간이 새로운 사물이나 상황에 접했을 때 그것과 가장 유사한 사물이나 상황에 대한 경험을 떠올리는 것이다. 이것을 역으로 이용하는 것이 은유력이다. 그리고 그 경험속의 감정이 그 사람을 압도해 버리는 것이다. 이것이 어떻게 상대편의 잘못이겠는가? 협상가는 항상 협상의 목적을 염두에 둬야 한다. 자기 스스로가 단서의 함정이나 연상의 함정에 빠지면 안 된다. 스스로를 이

함정에서 분리해 내고 협상의 목적에 집중하는 냉철한 분석가가 되어야 한다.

Chester[52]는 협상성과가 높은 협상가의 자질로 다음과 같은 자질들을 이야기하고 있다.

먼저 양보하지 않는다. 양보를 해도 전략적(간보기 위해 하는 경우, 절반의 법칙으로 하는 경우)으로 해야 한다.

일반적으로 기대치가 높다. 기대치가 높은 사람들은 미숙한 상대를 만났을 때 큰 성공을 거두는 경우가 많다. 그러나 교착상태에 빠질 가능성이 높은 경우 대안을 미리 준비하거나 기대치를 낮춘다.

기억력이 좋다. 상대방의 이름이나 이력, 이전에 논의되었던 사항 등은 협상 과정에서 정확하게 언급되어야 한다.

결단력이 있다.

학습능력이 뛰어나다.

리더십이 있다.

경청능력이 있으며 제대로 경청할 경우 상대방 제안의 이면까지 포착할 수 있다.

감정통제 능력이 있으며 스트레스를 적절하게 잘 관리한다.

사람과 문제를 분리해서 보는 냉철함을 지니고 있다.

말의 속도를 조절할 수 있다.

2. 협상가의 올바른 태도

침착하고 겸손하지만 에너지 넘치는 안정감이 있어야 한다.

부드럽고 균형 잡힌 긍정적인 언행을 해야 한다.

진솔한 태도를 가져야 한다.

협상에서의 대화는 문자, 말, 보디랭귀지를 사용한다는 점을 인식하고 적절한 보디랭귀지를 통하여 메시지를 강력하고 명확하게 전달할 수 있다.

옷차림은 눈에 거슬리지 않는 색상으로 단정하고 깔끔한 옷을 입는다.

목소리는 상대가 충분히 알아들을 수 있는 높이로 조정한다. 목소리가 너무 작은

---

52) Chester L. Karrass의 "협상게임" 요약.

경우 상대방이 제대로 듣지 못하거나 자신없어하는 것으로 비춰질 수 있으며, 너무 큰 경우 화가 난 것으로 오해를 불러일으킬 수 있다.

상대가 웃으면 같이 웃고 상대가 심각하면 같이 심각하게 들어주어 상대방 감정의 선에 보조를 맞춘다.

흥분하는 액션이 필요한 경우 외에는 흥분하지 않는다. 흥분은 이성을 마비시키고 실수를 유발하여 협상에서 불리한 상황으로 내몰리게 한다. 상대는 나의 적이 아니라 나의 파트너라는 생각으로 상대의 흥분에도 침착함을 유지하여 협상을 계속 이어나가야 한다.

3. 협상가의 대화기술

1) 말의 속도, 고저, 톤에 유의한다.

말이 너무 느리면 계속적으로 생각하며 지어낸 말을 하는 것으로 느껴진다. 그렇기 때문에 있는 그대로의 이야기가 아닐 가능성이 많아 신뢰성에 의심을 받기 쉽다. 친구나 가족에게 말하듯이 약간 빠른 속도로 이야기 하게 되면 말의 신뢰성에 의심을 덜 받는다. 그러나 실수할 가능성이 있기 때문에 생각이 정리된 부분은 약간 빠른 속도로 이야기하고 정리되지 않은 부분은 속도를 늦추면서 생각을 정리해야 한다. 김대중 前대통령의 말투가 대표적인 예가 될 것이다. 일반적인 이야기나 친분을 쌓기 위한 이야기는 낮게 하고 강조해야 할 부분은 높게 한다. 목소리 톤의 경우 가는 톤보다는 중저음에 신뢰가 간다. 이러한 내용은 음악을 연상시킨다. 훌륭한 말과 연설은 좋은 음악을 듣는 듯한 느낌을 준다.

2) 오해는 풀고 가라.

대화 중 오해는 당사자들이 잘못 표현 했거나, 당사자들이 상대방의 말을 잘못 해석하거나 알아들었을 때 생긴다. 이 경우 어떤 부분에서 서로 오해가 있었을 것으로 추정하고 차분하게 상대에게 다시 확인하거나 설명한다. 흥분하면 끝이다.

3) 약속된 협상장소에는 먼저 도착하여 공간친숙도를 높여 놓는다.

인간은 낯설은 새로운 장소에 들어가게 되면 본능적으로 긴장하게 된다. 스스로 긴장하는 것은 협상에 도움이 되지 않는다. 내가 우월한 입장에 서기 위해서는 공간친숙도를 높여놓아야 한다. "멍멍이도 자기 집 앞에서는 50점 먹고 들어간다."라는 이야기가 있다. 협상의 양 당사자가 모두 낯설은 장소에서 협상한다면 먼저 도착하여 공간에 대한 친숙도를 높여놓는 것이 50점은 아니더라도 10점이라도 더 먹고 들어가는 협상 비법이다.

4) 처음 겪는 상황이라면 상황친숙도를 높이는 연습을 미리 한다.

새로운 상황에서 겪는 인간의 긴장은 새로운 공간에서의 반응과 동일하다. 그렇기 때문에 예행연습이라는 것을 하고 시뮬레이션을 하는 것이다. 만약 모의연습을 할 수 없는 환경이라면 현장상황을 반복적으로 상상하는 방법이 있다. 협상장의 환경과 분위기, 협상참가자들을 상상하면서 성공적인 대화기술을 상상하고 협상성과를 상상하는 것이다. 모의연습이 여러 번 이루어지듯이 상상도 반복적으로 하다 보면 실제 협상장에서의 긴장이 완화되고 훌륭한 대화를 이끌어 갈 수 있게 된다.

5) 험악한 상대방의 태도에는 담담하게 들어주는 태도를 취한다.

흥분은 계속적으로 자극하지 않는 한 오래가지 못하는 성질이 있다. 흥분이 가라앉고 나면 상대방은 미안한 마음을 가지게 되며 나는 조금이라도 유리한 포지션에 서게 된다.

6) 말수가 적은 상대에게는 관심 있어 할 단어를 던져준다.

인간의 뇌는 외부 자극이나 내부 자극[53]으로 사고의 단서가 던져졌을 때 그에 반

---

53) 스스로에게 질문을 하거나 상황을 상상하며 단어를 떠올리는 것.

응하는 과정으로 기억을 언어로 편집하여 출력하게 된다. 그러므로 상대방의 말수가 너무 적을 때에는 적절한 언어단서를 던져줘야 한다. 단서가 던져지면 단서에 관련된 상대방 기억에 자극이 주어지고 할 말이 생기는 것이다.

7) 내가 말을 해야 할 적절한 타이밍, 대화의 연결점을 알아야 한다.

우리는 일상 대화 속에서 상대방의 말을 끊는 경우가 많다. 굳이 끊고자 하는 의도가 아닌데도 부적절한 타이밍에 말을 시작하기 때문이다. 이것은 상대방의 말 속에 포함된 단어나 내용에 자극받은 나의 뇌가 순간적으로 대응할 내용을 떠올린 것으로 그 타이밍이 지나가면 잊어버리는 경우가 많다. 상대방의 말을 끊지 않으면서도 생각난 말을 하는 방법은 메모를 하는 것이다. 메모를 해두고 상대방의 말이 끝나면 그에 대해 이야기 하는 방법이 있다. 대화의 연결점도 메모를 통하여 해결 할 수 있다.

8) 의사소통이 잘 되지 않을 경우의 원인

의사소통이 잘 되지 않는 경우의 원인으로는 상대방이 이해할 수 있는 방법으로 이야기하지 않는 경우, 상대방이 경청하지 않는 경우, 쌍방 간 오해가 발생한 경우 등이 있다.

4. 협상가의 오류

협상가의 오류는 다른 가치관, 경험, 학습, 문화 등을 가진 개인이나 집단이 공통적인 관심사를 해결하기 위하여 정보를 교환하고 의사를 전달하거나 주장할 때 전달의 오류와 전달받거나 해석할 때의 해석의 오류가 주된 것이다. 그 원인은 아래와 같이 나눌 수 있다.

- 인식의 오류
- 편향성

〈표 4-19〉 편향성의 분류

분류	내용
인지적 편향성	• 인간의 의사결정에는 체계적인 편차가 존재한다는 것을 가정 • 정보처리 과정의 휴리스틱스(heuristics)에 기인
사회적 지각 편향성	• 사회적 상황과 대상, 협상자간 지각의 차이로 인한 편향성.
동기적 편향성	• 동기에 영향을 주는 특정한 사회적 목적이 활성화되었을 때 나타나는 편향성.
감정적 편향성	• 협상자가 자신과 상대방의 감정이나 기분, 분위기 등을 잘못 인식하여 갖게 되는 편향성.

- 인내력 부족
- 문화적 무지
- 배의 닻을 내릴 경우 닻을 내린 위치에서 크게 벗어나지 못하는 것처럼 준거점 구속효과에 묶이는 오류
- 주관적 공정성인식
- 협상탈출실패는 추진력에 집착하여 부정적 정보를 무시하거나 매몰비용 때문에 포기해야 할 때를 놓쳐 발생한다.
- 자기중심적 환상, 상대방에 대한 분석의 소홀, 정보의 덫으로 인한 과신

　오류의 원인을 찾아보는 것은 진의가 왜곡되어 잘못 전달되었거나 해석되었을 수 있기 때문에 협상이 원활하지 못한 상황이라면 자신을 성찰해 보고 상대방을 분석해본다는 의미가 있다. 이러한 분석은 협상가의 오류를 벗어날 수 있는 단서를 줄 수 있다.

협상의 전략과 전술

1. 협상의 전략

전략(strategy)의 개념은 군대에서의 개념이나 게임이론에서의 개념 등 다양하게 정의할 수 있으나 일반적인 전략의 개념과 협상을 전제로 한 상황에서의 전략개념은 구분할 필요가 있다. 일반적으로 전략이란 "조직의 주요 표적, 정책, 행위 과정을 응집력이 있는 한 덩어리로 통합하는 계획"으로 정의할 수 있다(Mintzberg & Quinn, 1991). 그러나 협상은 불완전한 정보 상황에서 선택의 문제이고 협상당사자간에 상호의존성이 존재하며 상대와의 관계를 어떻게 할 것인가라는 근본 숙제를 포함하는 속성이 있다. 이에 협상전략은 "협상가가 자신의 협상목표를 달성하기 위해 설계하고 조직화한 전략"으로 정의한다(김상우, 2016). 대부분의 협상은 타결되거나 결렬될 때까지 자신의 정보를 바탕으로 상대방에게 제안을 전달하고 상대방의 대응제안을 전달 받아 양보하거나 일부 조건을 수정 제안하는 연쇄적인 제안의 교환방식으로 이루어진다. 이러한 불완전한 정보, 선택, 상호의존성, 상대와의 관계 속에서 어떠한 목표를 설정하여 제안을 전달할 것인가의 문제를 중심으로 전형적인 협상전략의 종류를 살펴보면 다음과 같다.

1) 협상전략의 종류

(1) Savage, Blair & Sorenson(1989)의 전략적 선택모형

협상전략의 종류는 연구자에 따라 다양하게 분류하고 있지만 가장 대표적인 학자이면서 이해하기 쉬운 기준으로 Savage, Blair & Sorenson(1989)의 전략적 선택모형

이 있다.

〈표 4-20〉 전략적 선택모형

구 분		실질적 결과를 중시	
		○	×
관계적 결과를 중시	○	협력	조화
	×	경쟁	회피

출처: R-O 모델, Savage, Blair, & Sorenson(1989), p.40.

Savage 등(1989)의 전략적 선택모형은 협상 당사자가 기대하는 합의도출을 위해 실질적인 성과라는 측면과 상대방과의 현재 및 미래의 관계라는 두 가지 차원의 질문에 대하여 상대적 중요성 및 우선순위를 어떻게 정하여 최초 접근하는지에 따라 네 가지 유형중 하나를 선택하게 된다는 것이다.

① 협력(원원)적 전략은 실질적 결과와 좋은 관계의 형성·유지라는 목표를 동시에 추구하고자 할 때 선택하게 된다. 이렇게 두 가지 목표를 동시에 추구할 수 있는 것은 두 당사자가 상호의존적이며 신뢰가 있거나 신뢰를 추구하기 때문에 가능할 수 있는 것이다. 이러한 상황에서는 신뢰 관계의 범위 내에서 상호 정보교환이 활발하게 되며 이러한 정보교환은 그림퍼즐처럼 서로 아귀를 맞출 수 있게 되고 정면으로 충돌하는 이해관계는 공정한 기준 하에 상호 수용을 추구하게 된다. 당연히 그 결과는 효율적인 문제해결과 Win-Win협상이 되는 것이다. 그러나 상호 Win-Win의 협력전략을 택한다 해도 협상은 조직이나 개인이 원하는 목표를 이루어야 하기 때문에 그에 필요한 협상요소들이 고려되어야 한다. 이러한 협상요소들은 모든 협상에 적용되지만 협력적 전략이 일반적으로 추구해야 할 우선적인 방향이기 때문에 협력적 전략의 하위 내용으로 서술한다.

㉠ 요구사항의 이면에 욕구가 있다.

인간은 욕구를 느끼게 되면 그 욕구를 충족시켜 줄 상품이나 서비스를 찾아 요구하게 된다. 이러한 욕구를 충족시키기 위한 상품이나 서비스는 다양하지만 각 개인은 경험이나 평판에 의해 특정한 상품이나 서비스를 요구하는 방식으로 욕구를 표출하는 것이다. 이것은 마케팅에서 니즈(Needs)[54]와 원츠(Wants)[55]를 구별하는 것과 같은 내용이다. 인간은 본인의 의사를 일반적으로 말과 글로서 표현하며 경우에 따라서는 몸짓으로도 표현한다. 그렇기 때문에 상대방은 의사나 요구가 가장 일반적인 방식인 말과 글로서 표현되었을 때 일단 표현된 그대로를 수용하게 된다. 말과 글을 그대로 수용하지 않고 확인되지 않은 이면의 욕구를 추정하여 대화한다는 것은 코미디를 보는 것과 같은 상황일 것이다.

그러나 협상의 상황에서 상대방의 요구를 수용하거나 해결해주기 어렵다면 요구자의 표현에 얽매이지 말고 그 이면에 있는 욕구에 대해 생각해 볼 필요가 있다. 요구 자체가 욕구에 따른 여러 가지 대안 중 하나이기 때문에 내가 다른 대안을 가지고 있다면 다른 대안을 선택하게 할 수도 있기 때문이다.

사막을 횡단하는 여행자가 심한 갈증(욕구, 니즈)에 지나가는 상인에게 물(요구, 원츠)을 요구하였다. 그러나 상인에게도 마침 물이 떨어졌기 때문에 물이 없다고 하였다. 그런데 사실 타고 있던 낙타는 출산한지 6개월 정도 되는 낙타였고 낙타젖(Camel Milk)을 생산하고 있었다. 낙타에게서 낙타젖을 받을 수 있다는 것을 알았다면 여행자는 당연히 낙타젖도 좋다고 했을 것이다. 그런데 상인이 물이라는 단어에만 초점을 맞춰 물이 없다고 하는 것으로 끝내버린 것이다. 이러한 유사 상황은 일상생활과 협상의 상황에서도 흔하게 일어난다.

이렇게 요구 이면에 있는 욕구에 초점을 맞춘다면 다양한 대안을 제시할 수 있고 욕구를 자극하고 환기시킨다면 충분히 다른 대안을 선택하게 할 수 있는 것이다. 갈증이라는 욕구가 발생했다면 물이 아니더라도 콜라, 사이다, 케토레이, 우유, 탄산수, 커피 등 수없이 많은 대안이 있고, 배가 고프다면 꼭 김밥이 아니더라도 라면, 국수, 볶음밥, 짜장면, 국밥 등 수많은 대안이 있는 것이다. 협상가는 말의 이면을 살펴야 하고 창조적인 사고를 가지고 있어야 한다.

---

[54] 인간은 끊임없이 생리적, 심리적 욕구를 느끼며 그것을 충족시키는 과정을 반복하며 살아간다. 이러한 필요를 느끼는 상태를 Needs라 한다.

[55] Wants는 Needs를 충족시켜줄 구체적인 제품이나 서비스에 대한 요구를 말하는 것으로 배고픈 것은 음식에 대한 Needs이고 김밥을 먹고 싶다는 것은 Wants이다.

ⓛ 가능하면 Win-Win 협상을 하라.

협상은 협상의 주제가 무엇이며 상대가 누구인가에 따라 어떤 협상전략을 선택할 것인가가 결정된다고 하였다. 실질적 성과와 장기적이고 좋은 관계적 결과를 다 얻을 수 있다면 당연히 협력적 Win-Win전략을 선택해야 한다. 그러나 불가피하게 조화·경쟁·회피전략을 택하는 경우에도 정보의 교환과정에서 요구사항의 이면에 자리한 욕구를 파악하게 되었고, 그 욕구를 충족시킬 창의적 대안이 있으며, 그렇게 하는 것이 상호 이익이라면 당연히 협력적 Win-Win 전략으로 전환을 시도해야 한다.

ⓒ 객관적이고 공정한 기준부터 합의하라.

동일한 문화권에는 대개 사회적으로 합의된 동일한 규범과 공교육을 통하여 받아들인 공통된 가치기준이 있다. "공정함"은 그중 핵심이며 전 세계적으로 인정되는 가치이다. 그렇기 때문에 공정함을 주장했을 때 정면으로 반박하는 사람은 드물다. 왜냐하면 상대편도 본인이 억압받거나 불공정한 대우를 받을 가능성이 배제되어 적어도 일방적으로 피해를 보는 상황은 피할 수 있기 때문이다. 협상에서 공정하고 객관적인 기준이 필요한 경우는 그림퍼즐의 아귀가 맞지 않고 정면으로 이권이 충돌하는 경우이다. 이 경우에는 우선 공정하고 객관적인 기준과 절차에 따르기로 하는 원칙에 합의하여야 한다. 일단 원칙에 합의하고 나면 기준이나 절차를 공정하게 선택하는 방법은 여러 가지가 있을 수 있기 때문에 좋은 출발이 되는 것이다. 가장 쉬운 방법은 함께 가능한 기준이나 절차를 찾아서 가능한 기준들을 확정하고 쌍방이 합의한 제3자가 그중 한 가지 기준을 고르는 것이다.

공정한 기준에는 시장가격, 선례, 과학적 판단, 전문적 기준, 효율성과 상호성, 법원이 정한 가격, 도덕적 기준, 동등한 대우, 관행적 기준 등이 있을 수 있다. 이러한 기준은 원칙에 입각한 협상을 가능하게 해준다. 기준에 의한 협상은 논리 싸움이 될 수 있지만, 결과에 승복하며 만족할 수 있는 공정한 협상결과를 가져온다.

객관적이고 공정한 기준을 찾기 어려운 협상의 경우에는 어떻게 해야 할까? 이러한 경우에는 절차가 공정하면 된다. 공정한 절차의 예로는 한 명은 자르고 한 명은 고르는 방식, 차례대로 하기, 제비뽑기, 동전던지기, 공정한 제3자에게 결정하도록 하기(양측이 최종 제안을 하도록 하고 중재자가 더 합리적인 제안을 선택하도록 하여 양측에게 자기 측 제안이 받아들여지도록 합리성의 압박을 가하는 방식)등의 방식이 있다.

ⓡ 논리와 데이터는 협상의 지렛대다.

협상에서 상호 우호적인 분위기이거나 객관적이고 공정한 기준을 정하였다면 논리와 데이터가 힘을 발휘하고 협상의 지렛대 역할을 하게 된다. 물론 논리에는 반박논리가 있을 수 있다. 그러나 논리의 아귀는 인간세계에서 합리적 이성을 바탕으로하는 한 보편적으로 수용이 가능하고 반박과 재반박이 반복되는 과정에서 틀을 맞추게 되어 있다. 이러한 과정에서 도출된 결과는 쌍방이 승복하는 것이 일반적이다.

ⓜ 협상 결렬 기준인 BATNA를 준비하라.

BATNA(Best Alternative to Negotiated Agreement)는 협상이 결렬되어도 선택할 수 있는대안이다. 당연히 배트나가 협상결과보다 낮다면 협상을 결렬시켜야 할 것이다. 그러나 배트나가 협상결과와 동급의 성과를 가져다주거나 그보다 낮은 성과를 가져다줄 경우 그 이하로는 합의할 필요가 없는 최저선의 기준 역할을 하게 되는 것이다.이러한 배트나는 협상에서 상대편의 지나친 요구를 저지할 수 있는 믿음직한 비밀병기이며 배트나를 노출 시킬 경우 상대편도 그 이하로는 요구할 수 없게 된다. 그러나일반적으로 배트나를 노출시키지 않는 것은 배트나보다 높은 성과를 얻고 싶기 때문에 암시만 주고 구체적인 것은 노출시키지 않는 것이다. 이러한 배트나는 협상의 준비단계 혹은 협상의 과정 중에도 지속적으로 개발하고 준비하여 구체적인 모습을 가져야 더 믿을만한 구석이 되고 확실한 지렛대 역할을 하는 것이다. 역으로 상대방의배트나를 알아내는 노력도 필요하다. 상대방의 배트나를 안다는 것은 상대방의 최저선을 아는 것이고 그 선까지는 압박을 가해도 된다는 것이기 때문이다.
예를 들어, 부동산 거래 시 매도자가 5억 원에 집을 내놓았고 집을 보고 간 사람이여러 명 이라고 하자. 이때 그중 한 명이 4억5천만 원까지 깎아주면 계약하겠다고 협상을 시도하는 상황에서 4억6천만 원에 계약하겠다는 배트나가 있다면 4억6천만 원이하로는 밀릴 필요가 없는 것이다. 오히려 4억7천만 원에 할 사람이 있는 것처럼 암시를 주어 4억7천만 원으로 유도할 수도 있다. 배트나는 이처럼 믿을 만한 구석이고최저선의 역할을 하는 것이다.

ⓗ 이슈와 인간관계를 분리하라.

사회에서 성공의 열쇠는 주변에 어떤 사람들이 있느냐에 달려 있다고 한다. 또한 인간사회에서 중요시하는 권력이나 재력 또는 명예의 경우에도 모든 것이 주변의 인간으로부터 오는 것이다. 인간뿐만 아니라 조직 또한 인간 속에서만이 그 존재가치를 인정받고 존립할 수 있기 때문에 인간관계는 인류가 존재하는 한 인간과 조직에게 핵심적인 영구불변의 가치인 것이다.

우리는 협상의 종류에서 실질적 결과와 관계적 결과를 두 축으로 하여 협상전략을 나누어 협상전략을 선택할 수 있다고 하였다. 또한 불가피한 경우가 아니면 조화·경쟁·회피전략으로 시작한 경우에도 가능하면 협력적 전략으로 전환하라고도 했다. 이것은 실질적 결과도 중요하지만 관계적 결과도 그에 버금가게 중요하기 때문이다.

〈표 4-21〉 이슈와 인간관계의 관련 문제

이슈(실질적 문제)	인간관계에 관련된 문제
• 기한	• 감정과 이성의 균형
• 조건	• 의사소통의 용이함
• 가격	• 신뢰와 책임감
• 날짜	• 수락(거절)하는 태도
• 수량	• 설득(강제)에 대한 상대적 강조
• 권리와 의무	• 상호 이해도

출처: Fisher & Ury(2022) p.251의 재 작성

Fisher & Ury(2022)도 「YES를 이끌어내는 협상법」에서 이슈와 인간관계에 관련된 문제를 위 표15와 같이 분류하면서 이슈에서 승리하기 위하여 일정 선을 넘는 인간관계의 파탄을 경계하고 있다. 만약 상대방과의 지속적 관계의 유지를 원하지 않는 경우, 극단적인 경우 범죄가 된다 하여도 이익과 그 대가를 비교하여 그 교차점까지 밀어붙일 수 있다. 그러나 그것은 협상의 여파가 스스로의 인간적 존엄성을 침해하고 영구적인 트라우마를 남길 수도 있기 때문에 인간관계에 관련된 문제는 상대방만의 문제가 아니라 인간사회의 문제가 될 수 있음을 간접적으로 이야기하고 있다. 물론 협상의 문제를 인간의 도덕성과 존엄성의 문제까지 무한 확장하여 고려할 경우 현실의 문제를 관념의 문제로 치환하는 논리적 본론의 변질이 발생하기 때문에 일정 선을 지켜야 하지만 말이다. 협상에서 이슈와 인간관계를 분리하고자 하는 것은 3가

지 측면의 의의가 있다.

첫째, 협상은 둘 이상의 당사자 사이에 이슈를 조정하거나 해결하기 위하여 입장을 주고받는 연속적 과정이다. 대부분의 이슈에는 이해관계가 얽혀있고 이해관계는 인간관계를 파괴하기도 한다. 그렇기 때문에 소중한 인간관계를 파탄내지 않으면서 이해관계를 해결하기 위하여 이슈와 인간관계를 분리하는 것이다. 이슈와 인간관계를 분리하기 위해서는 말이나 행동 하나로 그 사람의 인격이나 가치관 전체와 연결하는 오류를 피해야 한다.

둘째, 이슈와 인간관계를 분리하면 협상이 수월해진다. 이슈가 분리되었을 때 이슈의 주변을 감싸고 있던 복잡한 상황관계가 단순해지고 이면에 깔려있는 핵심 관심사항이 보이기도 한다. 또한 인간관계가 얽혀 있을 때 해결점이 보이지 않던 상호 입장의 접점도 이슈만을 떼어 놓고 보면 보일 수 있다.

셋째, 협상에 나오는 사람은 위임을 받아서 나왔건 본인의 일로 나왔건 이슈를 해결하기 위해 협상전략을 가지고 나와 있는 것이다. 이것을 일종의 두 협상전략간의 게임으로 봤을 때 협상 당사자끼리 감정을 가지거나 협상이 끝난 후까지 후유증이 지속되면 안 되는 것이다. 좋은 인간관계는 지금의 협상도 수월하게 만들지만 좋은 파트너를 잃지 않고 관계를 영속할 수 있는 비결이고 자산인 것이다.

이를 위하여 대부분의 협상에서 협상 시작 전에 식사도 하고 차도 마시고 협상이 끝나고 나면 술자리도 같이 하는 것이다.

◈ 질문하고 경청하라.

도로시 리즈(2002)는『질문의 7가지 힘』에서 질문이 가져오는 마법같은 힘 7가지를 다음과 같이 이야기하고 있다.

- 답이 나온다
- 아이디어를 자극한다
- 정보를 얻는다
- 상황통제가 된다

- 마음의 문을 연다
- 주변의 눈과 귀를 집중시킨다
- 답하는 사람 스스로 설득이 된다

얼마나 놀라운 마법인가? 이러한 질문은 상대방에 대한 질문의 효과를 분석한 것이지만 스스로에 대한 질문도 질문에 질문을 계속 더하면 사건과 사물의 본질에 닿을 수 있게 해준다. 우리가 앞에 놓인 사건의 본질을 안다면 자연스럽게 그 일을 해결할 수 있는 방법도 떠오를 것이다.

그렇다면 상대방에 대한 질문 후에는 어떻게 해야 하는가?

경청해야 한다. 한자의 청(聽)자는 듣는 방법을 알려주고 있다. 듣는다는 것은 왕처럼 큰 귀(耳+王)로 듣고 상대의 말이 어떤 의미를 갖는지를 파악하기 위해 그의 표정이나 눈빛, 태도 등의 보디랭귀지를 열 개의 눈(十+目)으로 파악하면서 들으라는 것이다. 또한 心은 듣는 것이 상대와 같은 마음이 되는 것이라는 것을 나타낸다고 볼 수 있다. 듣는 마음자세는 다음과 같다.

편견을 버리고 마음을 비워두어 공감할 준비가 되어 있어야 한다.
중요한 부분은 다시 묻는다.
최고의 경청은 상대를 인정하고 상대와 같은 마음이 되는 것이다.
상대가 말을 원할 때만이 들을 수 있는 때이기 때문에 기다려야 한다.
듣고 있으면 내가 이득을 얻고, 말하고 있으면 상대가 이득을 얻는다. 그러므로 말하기를 절제해야 한다.
어떤 사람의 마음을 얻고 싶으면 겸손하게 귀 기울여 들어야 한다.

협상에서 질문을 잘 하고 잘 듣는 것은 상대를 설득할 수 있는 논리의 바탕이 된다. 또한 좋은 경청자세는 상대의 마음을 얻어 좋은 관계를 형성해 준다. 상대방의 말을 막는 행위는 미숙한 협상 자세다. 중요한 정보는 상대방의 말로부터 나오기 때문이다.

② 조화(수용)적 전략은 협상 당사자가 지금의 실질적 결과보다는 장기적인 안목에서 상호 좋은 관계의 형성 및 유지가 더 중요할 때 선택하게 된다. 즉 상호 원만한 관계를 위하여 우리 측의 실직적인 이익을 양보하는 것이다. 이러한 선택은 장기적인 거래관계에 있는 당사자 간에 많이 발생하는데 이전 거래에서 양보

를 받았거나 상대방과 다양한 또 다른 거래가 있어 다른 거래가 중요하기 때문에 이번 거래에서는 양보가 필요하다는 판단이 깔려 있는 것이다. 또는 이번 거래가 상대방에게 중요하고 상대방의 존립이 우리 측의 장기적인 생존에 유리할 때에도 선택하게 된다.

③ 경쟁(거래)적 전략은 우리 측이 얻는 실질적인 결과만 중시하고 상대방과의 우호적인 관계에는 관심이 적거나 없는 경우이다. 이러한 선택을 하는 경우는 다음과 같은 경우일 것이다.

상대방과의 기존 거래에서 상대방에게 기만을 당한 경우
상대방과의 장기적인 거래에 관심이 없거나 적은 경우
상대방을 신뢰하고 정보를 교환 할 수 없는 경우

경쟁적 전략을 선택했을 때에는 실질적 성과를 달성하기 위하여 자신의 의도를 최대한 숨기게 된다. 승리를 위하여 거짓 정보를 흘리거나 사용할 수 있는 힘을 다 동원하여 상대방으로부터 협상이 결렬되지 않는 수준에서 얻을 것은 다 얻어내게 된다. 이러한 전략도 상대방이 경쟁적 전략을 선택하게 되어 상호 경쟁적인 게임이 되었을 때 패배의 결과에 대해 승복하고 상호 중립적인 관계가 지속 될 가능성도 있다. 상호 게임으로 인식했기 때문에 게임에서 질수도 있다고 생각하며 관계의 파탄까지 가지 않는 것이다. 그러나 한쪽은 경쟁적 전략을 선택하고 상대편은 협력적 전략으로 알고 대응 했을 때는 상대편은 깊은 배신감과 복수심에 사로잡히게 되어 적대적 관계로 진행될 가능성이 높아진다.

④ 회피(무관심)전략은 실질적인 회피와 형식적인 회피전략으로 나누어 볼 수 있다. 실질적인 회피는 상대편으로부터 얻고자 하는 이익이나 실적에 대하여 더 확실하고 좋은 제3경쟁자의 제안이 있고 상대와의 우호적인 관계형성에 관심이 없는 경우이다. 이 경우 불필요하게 협상에 나섰다가 더 나은 제3경쟁자에게 오해를 불러일으킬 우려가 있고 오히려 시간과 에너지의 낭비가 될 수 있기 때문이다. 형식적 회피전략은 우리 측에 강력한 힘이 있고 대안 또한 있는 상태에서 상대측은 우리 아니면 거래 상대가 없을 경우 상대가 조건 없는 항복을 해 오도록 관심 없는 척 하는 것이다. 이러한 회피전략은 상대편이 우리 아니면 방법이 없다는 것에 대한 확실한 정보를 필요로 하게 된다.

(2) Pruitt & Carnevale의 맞대응 전략

맞대응 전략(tit-for-tat strategy)은 Pruitt & Carnevale(1993)이 협상가들이 사용하는 기본적인 협상전략을 5가지 유형[56]으로 분류하고 「이 외의 전략」으로 제시한 것이다. 맞대응 전략은 협상의 상대방이 양보나 협력을 하면 같이 양보나 협력을 하고, 상대방이 비 양보나 적대감을 나타내면 똑같이 비 양보나 적대감으로 대응하는 것이다. 이러한 전략은 상대방이 자신의 전략 선택의 결과를 예측할 수 있게 하여 스스로 행동변화를 일으키게 하는 전략적 결과를 가져온다.

이러한 맞대응 전략은 많은 학자에 의해 그 효과성이 입증되면서 더 확실한 영향력을 위한 추가적 지침들이 제시되었다. 그 지침들을 살펴보면 보상이나 처벌은 상대방의 행동에 이어 즉시 이루어져야 하며, 보상이나 처벌이 일회성이어서는 효과가 없고 상대방의 행동이 있을 때 마다 규칙적이며 지속적으로 이루어 져야 한다는 것이다, 또한 보상의 크기가 클수록 협력적 행위를 강화시키는 데에 더 효과적이며, 상대방이 보상에 대한 선(先)경험이 있어 보상을 평가할 수 있을 때 그 보상이 더 효과적일 수 있다는 것이다.

맞대응 전략의 효과성과 함께 드러난 문제점은 상대가 맞대응 전략임을 모르거나 경험이 없을 때 실패하는 경우가 있으며 상대방이 맞대응 전략임을 알면서도 비협조적인 경우 보복적으로 대응하게 되면 보복의 악순환에 빠질 수 있다는 것이다. 이러한 문제점을 극복하기 위하여 상대에게 상대의 행동에는 그에 응하는 맞대응 전략을 사용할 것임을 사전에 고지하거나 상대방이 협조적으로 방향을 전환했을 때 보복을 뒤로 미루는 전략을 쓰는 방법 등이 고안되고 있다.

2. 협상의 전술

협상의 전술은 협상전략을 실행하는 과정에서 사용되는 구체적인 사안에 대한 대응방법을 의미하는 것으로 상황에 따라 그에 적합한 수많은 전술이 있게 된다. 협상

---

[56] 양보(concession making), 경쟁(contenting), 문제해결(problem solving), 무반응(inaction), 철회(withdrawal).

관련 각종 논문이나 저술에서는 전략과 전술을 혼용하여 사용하고 있다. 그러나 앞 장에서 전략을 이야기했기 때문에 본 편에서는 그때그때의 상황에 맞는 대응방법을 전술로 보고 협상전술로서 기술된 논문의 내용을 표로 구성하여 제시한다.

〈표 4-22〉 협상의 전술

구 분	내 용
압박	• 우리의 최저선을 숨긴다. • 상대에게 마감시간으로 압박을 가한다. • 지나치게 높은 가격이나 낮은 가격을 제시해 상대편의 기를 꺾으면서 입장을 가늠한다. • 규정이나 지침 등 임의대로 할 수 없는 근거를 제시해 상대편을 압박한다. • 상대편의 제안에 깜짝 놀라며 상대가 잘못 제시했다는 느낌을 받게 하여 입장에서 물러서게 하거나 관심 없는 척 하여 상대측 제안의 중요도를 낮춘다.
허위 진술	• 의도적으로 자신의 사실적 정보를 왜곡하여 전달한다.
허세	• 권력자나 유명인사와의 친분관계를 거론하여 상대의 기를 죽인다. • 경쟁업체에서 이미 제안이 들어와 있는 등 상대에게 다음기회는 없다는 메시지를 준다. • 이번에 상대편이 양보해 준다면 상대에게 좋은 일이 있을것이라는 지킬 의사 없는 허위약속을 한다. • 실행의사는 없지만 상대방이 두려워 할 만한 위협을 가한다.
논리와 증거	• 논리와 데이터를 바탕으로 설득적 논쟁을 통하여 우리 측 제안에 무게를 싣는다.

출처: 윤기선(2006), 이종건·박헌준(2004) 재 작성

3. 기타 협상용어와 전략

1) ZOPA

양쪽의 협상 당사자가 가지고 있는 저항가격 사이의 간격을 협상범위, 합의 가능 영역 또는 잠정적 합의지대(ZOPA)라 한다. 대부분의 협상은 이 범위 내에서 실질적인 합의가 이루어진다. 매수자의 저항가격이 매도자의 저항가격보다 높으면 긍정적인(+) 협상범위가 형성되고, 매도자의 저항가격이 매수자의 저항가격보다 높으면 부정적인(-) 협상범위가 형성되는 것이다. 상대방에 대한 충분한 정보를 가지고 첫 제안을 잘 했을 때 긍정적인 협상범위를 구성할 수 있으며 긍정적인 협상범위는 윈-윈 협상으로 연결될 가능성이 높다. 이것에 실패하여 부정적인 협상범위가 형성되게 되

면 협상은 교착상태에 빠질 가능성이 높게 된다. 이런 종류의 교착상태를 풀기 위해서는 기타의 협상 쟁점과의 교환이 필요하며 저항가격 조정에 따른 보상이 고려되어야 한다.

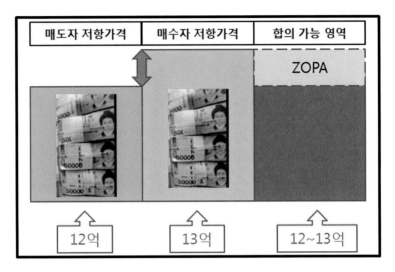

[그림 4-5] ZOPA영역

2) 딜브레이커(Deal breaker)

협상 시 양측의 입장 차이를 좁히기 어려워 협상을 결렬시키게 만들 수 있는 쟁점 사안이나 요인을 말한다. 딜브레이커는 사람이 될 수도 있고 쟁점의 구성요소 중 일부가 될 수도 있다. 청문회에서 후보자의 치명적인 범죄전력, 협상 참석자중 상대방 측에서 극도로 싫어하는 어떤 사람, 계약금 액수, 잔금일자, 인도일 등 그 요인을 맞추기 어렵지만 불가피한 요인들이다. 이 경우 협상을 순조롭게 진행하고 협상 시작 전 딜 브레이커를 선 공개하면서 "우리 측도 최선을 다했지만 이 요인은 제외시키기 어려워 협상 시작 전에 양해를 구합니다. 받아들일 수 없다면 어쩔 수 없지만 괜찮다면 그에 대한 보상은 협의할 용의가 있습니다. 어떻게 하실지 협상시작 하루 전까지는 답변을 주시면 감사하겠습니다." 하고 선 양해를 구하는 방법이 있다.

3) 기타 협상전략 및 금언

협상결과에 감정을 개입하게 되면, 뜻밖의 재난이 초래될 수 있다.[57]

상대에게 줄 수 있는 것이 나에게 없다는 것이 들통나는 순간 협상은 끝이다.

말은 끝을 한 톤 높여 분명하게 마무리한다.

상대방을 도와주기 위해 온 제3자는 무엇인가 역할을 하려고 한다. 대부분 상대방을 도와야 한다는 의무감이나 자존심 때문에 무리한 요구를 하게 된다. 그를 무시하면 계약은 물 건너간다. 그의 체면을 세워주면서 합리성과 상황을 강조하여 그 상황을 타개해 나가야 한다.

조리 있고 설득력 있는 말을 하기 위해 본인의 말을 녹음해서 들어보면 고쳐야 할 점이 무엇인지 알 수 있다.

설득의 기본은 논리적인 제안과 그것의 증거나 증명하는 데이터다.

상대방의 저항가격은 어떻게 알아낼 수 있는가? "내가 그의 입장이라면…."이라는 스스로에 대한 질문으로 시작해 본다.

모든 제안을 자신이 준비한 배트나에 비교해서 판단하라. 배트나가 좋으면 좋을수록 협상에서 합의의 조건을 개선할 수 있는 당신의 능력은 더욱 커질 것이다. 자신이 준비한 배트나보다 못한 합의는 과감하게 버릴 마음의 준비가 되어 있다면 배트나는 강력한 당신을 위한 지렛대가 될 것이다.

각자의 입장을 버리고 공통의 이점에 집중한다.

가르치려 하거나 단언하지 말고 사실에 대한 문제점을 질문하라. 상대방의 눈에 보이는 술수에도 상대방을 직설적으로 비난하지 말고 상대방의 사실에 대한 진술의 의문점만을 질문한다. 사실을 질문하지 않고 단언하여 대응한다면 상대방은 자기를 가르치려 들거나 위협하는 것으로 인식해 자존심에 상처를 입고 분노하며 대화를 감정적으로 몰고 가게 된다. 가르치기 위한 질문을 하지 말고 알기 위한 질문을 하라.

마지막 선택은 상대가 하도록 하여 상대가 졌다거나 굴복했다는 느낌을 지우고 상대의 결정에 따른 결과라는 점을 부각시킨다. 이것은 상대가 승리했다고 느낄 수 있게 하는 마지막 선물이 된다.

핑계대기(자식 핑계대기, 배우자 핑계대기, 상사 핑계대기 등)에 대한 대응

A. "사장님께서 오늘 협의에 대해 단독으로 결정하실 수 있으신가요? 아니면 다른 사람 승낙을 받아야 하나요?"

---

[57] 로이 J. 레위키 외, 협상의 즐거움(2008)

B. "동업자와 의논해 결정해야 합니다."

A. "그렇다면 오늘 협의된 사항은 서로 구속력이 없는 것으로 하고 오늘 협의된 사항에 대해 사장님은 동업자와 의논하시고 저는 원점에서 다시 계산해 보고 내일 마저 이야기 하시죠."

객관적 기준으로는 유사 사례에서 판례, 관례, 기준을 찾아내어 적용하도록 주장할 수 있다.

상대의 저항가격을 어떻게 알아낼 수 있을까?

내가 상대의 입장에 서서 "내 일이라면 이 건의 가치를 어떤 기준에 의해 판단하고 거기에 얼마의 마진을 붙일까?"

상대를 흔들어 무의식중에 실수를 하도록 유도하기

초기협상 자체를 조건부로(확정적인 것은 없는 조건의 협상)하기

기준을 제시하도록 요구(사례가격, 감정가격, 원가계산법)

상대가 먼저 첫 제안을 한 경우 깜짝 놀라는 액션을 하며 바로 역제안을 하지 않고 좀 더 합리적인 제안을 마련한 뒤 다시 만나자고 요청

바로 협상에 들어가지 말고 협상을 어떤 식으로 진행할 것인지에 대한 협상과정을 협의하며 상대방으로부터 최대한의 정보를 끌어내어 종합 판단한다.

글로벌 협상가의 7가지 실수(문화적 무지, 협상탈출실패, 제로섬편견, 준거점구속효과, 과신, 승자의 불안, 주관적 공정성인식)

유능한 협상가의 4대 자질(학습기술, 글로벌리더십, 듣는 기술, 감정통제기술)

문화색안경이론: 자신이 속하는 문화권의 고유한 색안경을 끼고 상황을 인지

에크먼의 몸짓이론: 비언어적 행위가 인간의 신체부위별로 다르게 나타남

으뜸 효과: 핵심의제가 상대에게 친숙하고 관심이 있을 때 메시지 앞부분에 넣음

최신효과: 상대가 관심이 없고 친숙하지 않을 때는 핵심의제를 뒷부분에 놓음

소극적 듣기: 상대의 말을 아무런 반응 없이 듣기만 하는 것

예의상 듣기: 발언자에게 결례가 되지 않을 정도로 듣는 흉내는 내나 속으로는 자신의 발언을 준비

적극적 경청: 잘 알아듣고 있다는 것을 상대에게 알림.

계약서에 직접 서명하게 하는 것은 비록 그것이 작은 행동에 불과할지라도 그것이 심리적으로 영향을 미쳐서 나중에 계약을 해제하려는 심리를 억누르게 한다.

협상정보의 출처: 인터넷, 도서관, 전화, 상대회사나 사무실의 사내 게시판, 인맥을 동원한 내부정보

벼랑끝 전략: 상대의 양보를 받아내기 위해 서로에게 나쁜 위기상황을 의도적으로

만드는 것

로비: 국제협상에서 상대가 어떤 일을 하거나 아니면 하지 않도록 설득하는 행위로 탑다운(고위층을 상대로 로비)방식과 보텀업(담당실무자에게 로비)방식이 있다.

히든메이커: 상대방의 의사결정에 영향을 미치는 제3자를 설득

황당한 상대 다루기: 즉각적인 반응을 피하기 위해 잠시 밖으로 나오거나 화장실에 들르거나 물을 마신다. / 질문을 통하여 상대방의 입장을 이해하라. / 예스 but전략을 구사하라 / 일방적 양보보다는 잠시 보류를 택하라.

원칙적 합의 전략: 협상이슈가 복잡하고 장시간이 소요될 대 원칙에 대한 합의를 유효한 것으로 하는 전략

Soft Signal: 자신이 우월한 협상력을 가지고 있으나 이를 행사하지 않겠다는 관대함을 상대에게 보여주는 전략

백지수표 Signal: 상대에 비해 협상력이 약할 때 이를 자인하고 상대의 동정심에 호소하는 전략

위협전략: 상대가 무엇을 하지 않으면 내가 무엇을 하겠다.

반간계: 절대 반간계임을 알아차리기 어려운 경우에 상대방에게 들어갈 수 있는 루트를 통해 은밀한 가짜정보를 흘린다. 들통 날 경우 관계파탄의 위험성이 있다.

지연전략: 불리한 협상력을 가졌을 때 의도적으로 지연시키는 전략

전략적 침묵: 상대방이 당황하여 본의 아니게 말을 많이 하게 유도한다.

Hard Signal: 강한 협상력을 과시하며 자신의 주장을 끝까지 밀고나감

Bluffing Signal: 협상력이 약한 것을 상대에게 숨기고 자신이 강한 것처럼 보이게 하는 허풍전략

협상의 기술

협상의 기술이란 협상의 과정에서 공동이익이나 개인성과를 극대화시킬 수 있는 능력을 의미하며 협상결과에 큰 영향을 미친다. 이는 협상 전반에 관한 인식과 상대방에게 주는 신뢰감 그리고 이것들을 협상의 구체적 전략에 이용하는 협상 진행의 기술 등을 포함하며 훈련을 통하여 향상 될 수 있다.[58]

협상의 기술은 협상전략, 협상전술, 협상의 법칙, 협상요령 등 다양한 용어로 혼용하여 사용되고 있다. 일반적으로 많이 알려져 있는 기술들의 경우 용어가 고착화되어 있어 협상의 기술이라는 용어로 바꾸는 것이 오히려 독자들에게 혼동을 줄 우려가 있다. 그러므로 고착화된 용어 등은 그대로 사용하기로 한다. 다음의 협상의 기술에 대한 분류는 사용되고 있는 기술들은 그 특성에 따라 범주화하여 그 범주를 표상할 수 있는 문장을 구성한 것으로 학문적으로 공인된 분류는 아니라는 점을 참고하기 바란다.

여기에서는 이러한 용어나 표현보다는 이러한 협상의 기술들이 먹히는 이유는 무엇일까 하는 의문이 논리적으로 해결되어야 그 기술을 더 효과적으로 사용할 수 있기 때문에 과학적인 근거를 찾는 것이 더 중요한 과제라 판단된다. 이와 관련된 근거는 다양할 수 있지만 여기에서는 인지심리학상 생존을 위한 인간의 "불확실성"회피에서 찾고자 한다.

인간의 뇌는 이미지의 연결을 통하여 연상하며 이는 생각으로 나타난다. 그러나 이 또한 확률적인 정보처리이기 때문에 결정적 행동으로 반응해야하는 물리적인 공간속에서 인간은 항상 불안을 느끼며 그 불확실성을 줄이기 위하여 자아를 만들어내게 된다. 이러한 자아나 이보다 한 단계 높은 인지작용인 의식은 사회의 가치체계와 물리적인 법칙에 대응하여 특정한 정체성을 형성하게 된다. 이 정체성이 불분명한 개인은 사회에서 생존하거나 신뢰받기에 위험한 존재로 인식되거나 거래 상대방으

---

58) 변종원(2012)

로서는 자격 미달로 배제된다. 그렇기 때문에 대부분의 사람은 사회가 요구하는 사회적인 관념체계와 같거나 유사한 정체성을 가지게 된다.

그러나 일부의 사람들은 사회의 평균적인 가치체계와는 동떨어진 정체성을 가지고 스스로를 악인·투사·선한 자·약자로 규정하고 그 자아상에 맞게 행동한다. 사회에서 성공한 사람들의 정체성을 보면 성공한 사업가들이나 정치인들이 보이는 냉정함, 성직자들이나 사회사업가들이 보이는 헌신, 공직자들이 보이는 객관적인 태도 등은 평균적이거나 일반적이지 않지만 그들은 자신의 확신에 따라 일관되게 행동한다. 이것은 그 사람이 어떠한 정체성을 가졌느냐도 중요하지만 그 정체성의 일관성만 지킨다면 그 사람들도 사회에서 일정한 역할을 하며 존경을 받기도 하고 리더가 되기도 한다는 것을 보여주는 것이다. 사람들이 더 중요하면서도 불안하게 생각하는 것은 정체성이 약한 사람들이다. 그들의 행동은 예측할 수 없기 때문에 나의 생존에 위협요인으로 인식하고 회피하거나 사회에서의 배제를 요구하게 되는 것이다. 이러한 자아상, 정체성, 일관성, 사회체계와의 공명 등은 모두 생존을 위한 인간 DNA의 선택인 것이며 이러한 본능은 무의식적으로 발현되는 것이다.

1. 상황의 힘에 의존하는 기술

어떤 상황이 제어하기에는 개인의 통제범위를 넘는 경우 사람들은 그 흐름을 따라간다. 혹은 그 상황이 너무나 거대하고 복잡한 경우 그 사건의 진행을 돌려 세우기 위해서는 그 상황에 투입된 것보다 더 많은 시간과 비용과 에너지를 요구하기 때문에 현실적으로 그리고 정신적으로 용인하고 갈 수밖에 없게 된다. 상황에는 이러한 힘이 있기 때문에 이러한 상황을 조성하거나 진행 중인 상황에 편승하여 원하는 것을 이룰 수도 있게 되는 것이다.

앞에 앉아 있는 협상의 상대방은 나를 도와 협상을 타결시키고자 하는데, 현장에는 없지만 상대방을 좌지우지 하는 그의 상급자는 협상의 결렬을 원하는 상황이라면 우리가 조금 양보하여 그 상사와 상대편이 체면을 지킬 수 있도록 해줘야 한다. 지금 계약하면 세금을 3억 원 절약할 수 있는데 1년 후에 계약하면 3억 원이 날아가는 상황이라면 지금 계약하는 것이 현명한 판단일 것이다. 이런 불가피한 상황은 수없이 많다. 그러나 명확한 상황도 있지만 현실인지 꾸민 것인지 알기 어려운 상황도 있다. 그렇다고 그 모든 상황을 수사기관이 수사하듯, 연구자가 현미경을 들여다보듯 다

확인하고 가기에는 시간도 없고 그런 요구가 상대편에 대한 불신으로 비춰져 협상을 파탄 낼 위험성이 있기 때문에 그냥 믿어주는 수밖에 없다. 그리고 만약 상황이 그렇다면 그 상황의 힘에 따르는 수밖에 없다. 이것이 상황의 힘이다. 협상에서는 이 상황이 현실로 존재할 수도 있고, 의도적으로 연출되는 경우도 있다. 여기에서는 주로 연출된 경우를 보기로 하자.

1) 핑계대기

대리인을 내세우거나 대리인처럼 행동해서 협상상황에 신축적으로 대응하는 것이다. 최종 결정권자끼리 직접 만나 합의를 보면 쉽지 않느냐 하고 생각할 수 있지만 중요한 합의의 경우 결정권자가 직접적으로 말을 잘못 하거나 정보를 노출할 경우 더 이상 변명의 여기가 없어지고 미룰 수도 없게 되어 치명적인 실패로 이어질 수 있다. 대리인을 내세우거나 대리인처럼 행동하게 되면 어려운 결정이나 잘못된 제안을 "이 안건은 본사와 의논해 봐야 하니 다음 미팅까지 보류했으면 합니다." "결정권자와 협의하여 최종 제안을 알려 드리겠습니다."하며 그 상황에서 빠져나올 수가 있다. 대리인의 입장에서는 중요한 결정을 당연히 결정권자나 본사와 협의하는 것이 맞기 때문에 그런 상황을 연출하는 것이다.

2) 당근과 채찍전략

당근과 채찍전략은 협상에서 가장 많이 이용되는 전략이다. 말을 듣지 않는 당나귀에게 눈앞의 당근은 앞으로 달려 나가게 하고, 뒤에서 때리는 채찍은 두려움 때문에 앞으로 나가게 하는 역할을 한다. 협상에서의 당근은 상대편에게 본 협상에서 오는 이익을 눈에 보이는 듯이 그려 보여주는 것이고, 채찍은 합의가 결렬되었을 때 상대편에게 닥칠 위험이나 불행을 고지하거나 암시하여 협상의 진행을 촉진하는 것이다. 부동산 협상에서는 주로 세금문제가 당근과 채찍으로 작용하는데 현재 주택의 매도 시 「다주택자 양도소득세 중과 1년간 한시적 배제」[59]가 되고 있어 2주택 이상

---

[59] 기획재정부 2022.5.9일 보도자료 : 주택의 양도소득세를 2주택은 20%중과, 3주택은 30% 중과하던 것을 2022.5.10. ~2023.5.9.까지 한시적으로 중과 배제함.

인 자가 주택을 매도하고자 하는 경우 이 기간 내에 하는 것이 양도소득세에 큰 혜택이 있는 상황이다. 그런 상황임에도 매도의뢰자가 더 높은 금액을 요구하며 계약서에 서명이나 날인을 하고 있지 않은 경우 "사모님! 지금 집값도 계속 떨어지고 있는데다 내년 5월 9일 지나면 지금보다 세금을 엄청나게 많이 내야 하는데 어떻게 하시려고 그러세요. 지금 금액도 잘 받는겁니다. 어서 도장 찍으세요!" "지금이 마지막 기회입니다. 정부에서 다주택자 양도소득세 중과 배제를 내년 5월 9일까지 해주는데 지금 팔면 세금을 3억은 줄일 수 있습니다. 매수자가 지금 기다리고 있으니 저희 사무실로 빨리 나오세요." 이처럼 당근과 채찍 전략으로 상황에 따라 효과적인 이슈나 법, 상황 등을 이용해 상대편을 움직이게 해야 한다. 단, 당근은 구체적으로 숫자로 알려주고 채찍은 추상적으로 고지해줘야 한다. 추상적인 공포가 구체적인 공포보다 훨씬 효과적이기 때문이다. 매매계약을 체결한 매도자가 계약서상 의무사항을 이 핑계 저 핑계 대면서 이행하고 있지 않을 경우 "사장님! 매수자가 이행청구소송 하겠답니다!"라고 하는 것보다 "사장님! 매수자가 소송하면 어떻게 감당하려고 그러세요!"가 어떤 소송을 당할지 모르기 때문에 더 큰 공포감으로 다가오게 된다.

당근과 채찍 전략은 2가지 방법이 있다. 하나는 강력하고 추상적인 제3자나 앞으로 닥쳐올 끔찍한 상황을 채찍으로 사용하고, 본인이나 지금의 상황을 당근으로 사용하는 것이다. 또 다른 하나는 두 명이 한 팀으로 한 사람은 채찍 역할을 하고 나머지 한 사람이 당근역할을 하는 것이다. 여기에서 채찍역할은 강한 사람이나 성질 급한 사람이 적합하고 당근역할을 하는 사람은 착해 보이거나 이 상황을 평화적으로 해결하기 위해 고군분투하는 역할로 보일 수 있는 사람이 하는 것이 좋다. 상대를 위로해주고 공감해주며 같은 편처럼 느끼게 해야 한다. 주의할 점은 한 사람이 당근이 되었다 채찍이 되었다 하면 안 된다는 것이다. 입장의 일관성이 없어 신뢰성이 떨어지고 심한 경우 정신병자 취급당할 수 있다.

3) 경쟁상황 만들기

경쟁상황 만들기의 기본 골격은 수요와 공급의 비대칭 상황을 연출하는 것이다. 부동산 매수의뢰자가 매도자 호가금액의 0.1%에 해당하는 금액을 깎아달라며 버티고 있을 때, 때마침 어제 그 집을 봤던 손님에게서 전화가 와 "어제 봤던 ○○○빌라 계약할 수 있어요?" 한다면 중개사는 이렇게 이야기할 것이다. "사모님! 안되겠네요. 어제 이 물건 봤던 손님이 지금 계약하자고 전화 왔습니다. 금액 깎는 것은 어차피 되지도 않고 마침 어제 봤던 손님도 계약하자고 하니 그대로 하든지 포기하든지 하세요!" 이런 상황이면 지금 앞에 앉아있는 손님은 계약을 포기하겠는가? 절대 아니다! "알았어요! 그대로 계약하시죠!" 이것은 경쟁자가 나타나면서 상황이 급반전하게 된 것이다. 한 개의 물건에 매수의향자가 여러 명 등장하게 되면 매수자들은 경쟁을 해야 하고 금액을 올리게 되어있다. 다행히 개업 공인중개사는 매도의뢰자에게 매수의향자 여러 명이 나타났으니 가격을 올리자고 부추기지는 않는다. 오히려 가격을 올릴까봐 그 사실을 숨긴다. 매수의향자는 1명인데 비슷한 물건이 여러 개 있고 매도의향자들이 그 사실을 알고 지금 꼭 팔아야 한다면 경쟁적으로 가격을 내려야 한다. 그러나 이 상황에서도 중간에 있는 개업 공인중개사는 매도자들에게만 이야기하고 매수자에게는 이 상황을 이야기하지 않는다. "사모님! 사모님이 제시한 금액에 하겠다는 손님이 나타났습니다. 빨리 나오세요. 사모님네 집보다 향도 좋고 로열층인 위층 1205호 내놓은 것 아시죠? 그 집 나온 것 알면 그 집으로 하지 사모님 집을 하겠어요. 같은 금액인데……. 신분증 가지고 빨리 나오세요!"

만약 위와 같은 상황을 연출한다면 어떨까? 그리고 그 연출이 리얼하다면 고객은 다른 생각을 할 틈도 없이 계약서에 날인할 것이다. 굳이 연출하지 않더라도 경쟁의식을 느끼게 할 적절한 상황과 현실을 고객에게 귀띔한다면 고객은 더 이상 고민하지 않고 결정할 것이다. 이것이 경쟁상황이 만드는 힘인 것이다.

4) Anchoring 효과

닻 내리기 효과다. 닻은 쇠로 만든 갈고리로 바닷속 밑바닥의 흙에 박혀 줄로 연결된 배가 파도에 밀려가지 않도록 하는 역할을 한다. 이 닻은 영어로 Anchor이고 Anchoring은 닻으로 배를 고정하는 것을 일컫는 단어다. 협상 시 첫 제안은 일반적으로 닻의 역할을 하게 된다. 즉, 먼저 가격제안을 하여 기준점을 말뚝박는 전략인 것이다. 그러나 가격을 제시하려는 대상의 가치를 모르는 경우 잘못된 가격제시를 할 수 있고 한 번 잘못된 제안은 돌이키는 것이 쉽지 않게 된다. 그렇기 때문에 〈표 4-23〉의 분류에 따라 대상에 대한 정보를 우리 측이 가지고 있는지 없는지에 따라 대응을 달리 해야 하고 누가 먼저 제안하는 것이 유리한지 판단해야 한다. 그러나 우리 측이 먼저 제안하는 경우에는 어떠한 경우에도 상대방의 기대치와 지나치게 차이가 나면 상대는 의욕을 잃거나 포기하게 된다는 점을 명심해야 한다. 즉 지나치게 높은 제안이나 지나치게 낮은 제안은 선을 넘은 것으로 상대편이 느끼게 되고 선을 넘은 제안은 상대방의 협상의욕을 잃게 하여 상대방은 협상자체를 포기할 수도 있다는 의미다.

〈표 4-23〉 Anchoring 전략

우리 측의 정보 유무	선(先) 제안자	우리 측 대응 및 효과
기준이 없거나 모르는 경우	우리 측	• 가장 유사한 물건이나 상황을 참고하여 목표가격 이상으로 단서를 달아 제시한다.
	상대측	• 일단 결정을 보류하고 추가정보를 수집한다.
객관적인 기준을 알고 있는 경우	우리 측	• 목표가격 이상에서 Anchoring 효과 추구
	상대측	• 상대측의 무지에 의하여 큰 이익을 보거나 우리 측의 정보를 바탕으로 객관적인 기준선까지 회귀시킬 수 있다.

5) 침묵전술

협상경험이 많은 사람이 공통적으로 잘 알고 있는 사실 하나를 협상에 이용하는 기술이다. 사람들은 2인 이상이 동석한 자리에서의 침묵에 익숙하지 않고 침묵이 길어질 때 아주 많이 곤욕스러워 하고 불편해 한다. 더욱이 질문을 받거나 제안을 받고 침묵하는 것은 더더욱 어렵다. 이런 상황에서는 누군가 침묵을 깨고 무슨 말이든 일단 하게 되어있다. 대부분 그러한 상황에서는 먼저 말하는 사람이 그 압박감에 약한 사람이고 상황에 끌려가는 사람이다. 이러한 상황을 의도적으로 연출하는 것이다.

그중 하나는 어떤 제안을 해놓고 답을 들을 때까지 침묵하는 방법이다. 이 방법은 아주 효과적인 방법이다. 이때 제안자는 상대가 긍정적인 답을 하도록 긍정적으로 제안하고 침묵으로 기다려야 한다. "잘 결정한 겁니다. 서명하시죠!" 하고는 침묵하는 것이다. 침묵이 길어지고 추가적인 설명을 하고 싶어 입이 근질근질해도 기다려야 한다. 참지 못하고 추가적인 설명을 이어가게 되면 제안과 침묵의 파워가 사라진다. 결정적인 제안 후에는 침묵전을 벌여보자.

또 하나는 상대의 제안에 자신의 입장을 단순히 반복하고 침묵하는 것이다. 적극적으로 자신의 입장을 다시 설명하는 것보다 효과적이다. 침묵이 길어지면 제안을 한 상대방은 답답한 마음에 기존 입장을 철회하거나 완화할 가능성이 높다. 침묵할 때는 곤란한 입장이라는 표정을 짓거나 무표정한 것이 좋다. 침묵을 하면서 웃는 듯한 표정은 상대방을 비웃는 것으로 비춰질 수 있어 조심해야 한다. 침묵이 시작되었으면 인내하고 기다려야 한다. 상대방의 입이 열릴 때까지.

6) 상실감 자극 전략

이 전략은 시간제한 전략, 희귀성의 법칙, 마감전략 등 다양한 용어와 측면을 포함하고 있다. 사람들은 언제든 살 수 있고 가격이 변하지 않는 물건은 지금 꼭 사야할 물건이 아닌 이상 지금 구매하지 않는 경향이 있다. 현금을 더 선호하기 때문이다. 그렇기 때문에 희소가치를 느끼게 해야 하고 시간이 지나면 더 비싸지거나 구하기 어렵다는 위기감을 주어야 지금 결정하게 된다. 다음 5장의 '시장잔치'라는 동요에서 맛있는 수박, 호박, 참외, 오이가 다 떨어져 가고 있고 내일이면 못 산다는 내용이 있다. 가슴이 두근거림을 느낀다. 빨리 사야 한다는 강박관념이 갑자기 생긴다. 왜 그럴까? 그 이유를 잘 설명하고 있는 이론이 브렘(Brehm)의 "심리적 저항이론", "반발이론"[60]이다. 사람들은 자신의 선택을 앗아가거나 대안의 범위를 제한 당하고 있다고 느낄 때 심리적 저항으로 그 이전보다 더 강렬한 소유욕이 발동된다는 것으로 이 이론은 선택의 자유를 제한 당했을 때 그 대상의 가치는 더 높아 보이고 그것을 획득하여 자유를 회복하고 싶은 욕구가 강렬한 소유욕으로 나타난다는 것이다.

부동산의 경우 집을 구하기 위해 부동산사무실에 들렀는데 "요즘 전세물건이 없어 난리네요. 매물이 다 말랐어요. 다행히 오늘 아침에 딱 하나 나온 게 있는데 안 나갔는지 모르겠네요. 나오는 대로 바로바로 나가버려서…… 전화해보고 그대로 있으면 빨리 가보시죠!" 이런 경우 고객의 마음은 어떻겠는가? 나갔을까봐 긴장되고 가슴이 두근두근 뛸 것이다. 이때 "아! 다행이네요. 몇 사람이 보고 갔는데 아직은 결정이 안 났다네요. 빨리 가보시죠!" 그 상황에서 고객의 얼굴을 보면 기쁨으로 환해져 있는 것을 보게 된다. 다음의 사례는 실제 사례다. 제과점을 구하는 점포고객이 여러 물건을 둘러봤는데 지하철역 출구의 마트 입구에 위치한 제과점 매물을 보고 딱 마음에 들어 해 바로 가격 절충에 들어갔다. 그런데 고객은 자금이 많지 않다며 권리금을 일부 깎고 나서도 다른 핑계를 대서 또 깎아 달라고 하였다. 이에 매도자는 신경질이 나서 "집사람하고 의논해 봤는데 그냥 하기로 했어요. 안 팔거니까 그만하세

---

60) Brehm, J. W. (1966). A theory of psychological reactance. New York: Academic press.

요!" 하자 매수자는 "죄송합니다. 어떻게든 돈을 마련해 볼 테니까 조금 전 조정된 금액으로 계약하시죠!" "안 팔기로 했다니까요!" 결국 어떻게 되었을까? 하나도 깎지 못하고 처음 매도자가 원했던 금액으로 계약하였다. 상실의 두려움, 지금 사지 않으면 나중에 살 수 없거나 똑같은 물건을 찾을 수 없을 때, 또는 더 비싼 가격으로 사야 하는 경우 사람들은 불안해지고 선택의 자유를 회복하기 위해 더 집착하여 매달리게 되는 것이다.

7) 균형의 압력

사람들은 복수를 왜 하는 걸까? 우리들은 무엇인가를 받고 사례하지 않으면 왜 마음이 불편할까? 이 두 질문은 사람들은 무엇인가를 당하거나 받게 되면 똑같이 돌려주어야 한다는 생각에 사로잡히게 되는 걸까? 하는 의문으로 연결된다. 이것은 인간이 사회적인 동물로서 대인관계에서 발생한 상처나 선물의 크기 및 인상에 따라 사회적 균형, 공평, 평화가 깨졌다고 느끼기 때문에 이 상태를 평화로운 생존의 위협요소로 인식하고 평화로웠던 이전의 상태로 회복하려는 본능으로 해석된다. 이와 관련된 연구들이 많지는 않지만 공통적인 연구결과는 필자의 견해와 유사하다. 복수와 관련하여서는 Ysseldyk et al(2007)의 논문에서 세 가지 부가적인 목적이 있다고 하였다. 그것은 균형을 맞추려는 욕구, 가해자에게 가르치려는 욕망, 체면을 세우려는 목적이다. 이 세 가지 중 뒤의 두 가지 목적도 달리 해석하면 가해자에게 똑같이 보복하여 그 고통을 느끼게 하려는 것이고, 체면을 세운다는 것도 피해자가 되어 그대로 있다는 것은 약자임을 인정하거나 당하고 사는 모습을 보이는 기울어진 것을 인정하는 것이기 때문에 이를 극복하여 피해 이전의 평등해 보이는 상황으로 돌아가게 하자는 것이다. 결국 균형의 상태, 공평의 상태가 마음을 편하게 하기 때문인 것으로 봐야 할 것이다. 이러한 균형의 본능이 인간사회를 지배하고 있다면 우리는 협상에서도 이 힘에 의존하는 기술을 생각해 볼 수 있을 것이다. 부동산에서는 고객에게 친절과 서비스를 베풀고 시간을 할애하며 명절 등에 인사와 선물을 하는 것이다. 고객은 중개사로부터 제공받은 유무형의 서비스와 시간투자에 대하여 마음의 짐을 부담하게 되고 균형의 압력에 의해 부동산에 대한 의뢰를 하게 되고 보수를 지급하게 되는 것이다.

8) 일관성 유전자의 힘

　우리는 사회적 동물로서 사회가 오늘 다르고 내일 다르게 돌아가는 것을 원치 않으며 순간순간 쉽게 변하는 사람들을 싫어한다. 그렇다면 인간이 사회생활, 무리생활을 하면서 일관된 것을 선호하고 또 스스로 그렇게 언행을 하려 하는 이유는 무엇일까? 또한 그것은 인간의 본능일까? 아니면 경험과 학습에 의한 의식적인 노력일까? 이런 현상에 대해 그 이유를 찾아보자. 그 이유에 대한 추론은 로버트 차알디니(2002)의 『설득의 심리학』에 나온 사례들과 필자의 경험에 근거하여 다음과 같이 제시한다.

　첫째는 자기 자신과 관련된 것으로 사람들은 어떤 선택의 순간에 마주하여 그 선택에 따른 많은 경우의 수를 직관적으로 비교할 수는 있지만 그것을 평가하여 결정하는 데에는 더 많은 객관적 지식과 유경험자의 의견을 필요로 하기 때문에 평가와 결정이 쉽지 않음을 느끼게 된다. 물건을 선택하는 일이나 서비스를 선택하는 일 등에 있어 대부분 직접적인 경험과 상세한 지식이 없으면 무엇이 확실히 맞다고 단정하기 어렵다. 실제 선택 후 실행과정에서도 다양한 변수가 그 주변의 환경적 압력으로 작용하여 영향을 미치기 때문에 알고 있거나 예상했던 대로 결과가 산출된다는 보장도 없다. 이러한 사유들이 결정이 어려운 주된 이유일 것이다. 그러나 시간은 한정되어 있고 세상은 빠른 선택을 못하는 자를 낙오자로 밀어내기 때문에 생존을 위하여 빠른 결정방법인 습관화된 결정방법을 사용하게 된다. 사람들이 자신의 기존 의사결정 기준과 다른 결정을 해야 할 경우 내면세계와 외부 사물세계를 일치시키기 위하여 합리화, 정당화, 긍정적인 면 과장하기 등을 통하여 그 의식체계의 조정과 재정렬을 하게 된다. 물론 그 재정렬이라는 것이 한순간에 이루어지는 것은 아니지만 도미노처럼 한쪽 모서리에서 수직으로 있던 것이 수평으로 바뀌면 서서히 전체가 수평으로 바뀌는 것과 같이 변화한다. 이 변화가 시작된 시점에는 변화에 맞추어 서서히 하나씩 결정을 바꾸어 가고, 변화가 완성된 시점부터는 사람들은 자신의 정신세계에 새롭게 재정렬된 의사결정체계에 따라 습관화된 패턴으로 결정을 내리게 된다. 그러한 결정 방식이 또 다른 새로운 의사결정체계가 다시 정립되기 전까지는 일관되게 작동하여 나타나게 되는 것이다.

　둘째는 타인의 인식과 관련된 것으로 사람들은 일관되게 언행 하는 사람을 신뢰하며 거래를 할 수 있다고 믿는다는 것이다. 이랬다저랬다 예측할 수 없는 사람은 신뢰할 수 없으며 그런 사람과는 누군가의 또 다른 보증이 없는 한 거래할 수 없는 것이다. 이것은 사회적 동물로서 다른 사람과의 거래 없이는 살아갈 수 없는 인간에게는 생존과 관련된 숙명적인 문제인 것이다.

셋째로는 개인 내면의 의사결정체계와 타인의 인식패턴이 결합하여 사소한 것이라도 한 번 결정된 일이 사회적 눈에 노출되었을 때에는 일관되게 언행 하도록 압력으로 작용한다는 것이다. 각 개인의 입장에서 일관되고 신뢰성 있는 사람으로 사회적 기대(사회적 눈)에 부응해야 하고 내면의 의사결정체계도 빠른 결정을 위하여 외부 사건의 흐름과 내면의 의사결정체계를 일치 시키는 것이고 이렇게 하는 것이 사회적 생존에 가장 적합하기 때문이다. 혹은 사회적 동물로서 인간의 유전자에 심어진 본능이라고도 볼 수 있다.

우리는 인간의 유전자와 사회 속에 내재된 일관성 유전자의 힘을 협상에서 이용할 수 있지 않을까? 상대방의 입장에서 일관성의 유전자가 작동하는 메카니즘을 다음과 같은 상황과 언어로 작동시킬 수 있다.

처음에는 가벼운 칭찬이나 작은 선물을 받는다.
작고 사소한 요청을 해 줄 수 있는지 질문 받는다.
스스로의 결정에 의하여 승낙하면서 개입이 시작된다.
자신의 생각과 입장을 승낙한 내용과 일치하도록 자의식과 타협하여 정렬한다.
개입된 분야에서 승낙한 내용과 일관성 있는 언행을 유지하게 된다.
큰 결정에서 조정된 의사결정시스템이 자동으로 반응한다.

2. 합리성과 논리의 힘에 의존하는 기술

우리나라 민법 제1조[61]는 민법의 법원으로 조리[62]를 규정하고 있다. 이것은 사회통념이나 이성 등에 맞게 사는 것이 구성원들의 공적이익에도 부합하고 평온한 사회

---

[61] 민법 제1조 (법원) 민사에 관하여 법률에 규정이 없으면 관습법에 의하고 관습법이 없으면 조리에 의한다.
[62] 다음백과: 민법의 법원으로서의 조리는 법질서 전체 또는 그 속에 흐르는 정신에 비추어 가장 적절하다고 생각되는 경우에 원용되며, 사회통념·사회질서·형평·정의·이성이나 법의 일반원칙, 근본이념 등의 표현으로 나타나기도 한다.

를 가능하게 하기 때문일 것이다. 조리를 민법의 법원으로 인정할 수 있느냐에 대하여는 학설이 나뉘지만 협상의 측면에서 이러한 사회통념이나 합리성이 일반적인 인간의 판단과 결정에 영향을 미치고 있다면 그 힘에 호소하는 것도 협상의 기술로 큰 의미가 있다고 할 수 있을 것이다.

토론이나 대화에서 다른 사람이 논리적인 이야기를 할 때 우리는 왜 그 논리적인 귀결과 반대되는 결정을 하는데 어려움을 겪을까? 그 논리의 귀결이 나의 이익에 부합하지 않으면 타인의 논리를 무시할 수도 있다. 그러나 나의 자아상이나 관념체계와 배치되는 결정을 할 경우 얻는 이익보다 자아상이나 관념체계에 미치는 대미지(damage)가 더 크기 때문에 그러한 결정을 하지 않는 것으로 보아야 할 것이다. 또한 그러한 결정을 아무도 눈치 채지 못하는 환경에서는 스스로를 합리화하면서 감행할 수 있겠지만 다수의 사람이 관찰하고 있는 상황에서는 나 자신의 신뢰성과 인격에 대한 평가에도 부정적인 영향을 미치기 때문에 그러한 결정을 하지 못하는 것으로 볼 수 있을 것이다.

또 다른 시각은 인간의 뇌 구조가 사회의 관념체계, 자연의 구조와 공명하기 위하여 같은 체계를 갖추고 있기 때문이라는 것이다. 이는 우리가 컴퓨터에서 다른 프로그램으로 만든 영상이나 문서·그림 등을 같은 프로그램이 깔려 있지 않으면 열어볼 수 없는 것으로 비유할 수 있을 것이다. 즉 인간은 사회 속에서 생존해야 하고 사회가 보내는 신호를 읽기 위해서는 사회의 통념이나 가치체계와 같은 프로그램을 가지고 있어야 생존에 문제가 없다는 것이다. 잠시의 이익을 위해 다른 악성코드를 집어넣은 것은 사회와의 커뮤니케이션에 심각한 오류를 만들 수 있기 때문에 본능적으로 회피한다고 볼 수 있는 것이다. 그 악성코드는 필요하면 넣고 불필요하면 뺄 수 있는 성질의 것이 아니고 한 번 들어가면 주변을 오염시키는 특성이 있기 때문에 다시 빼내도 해악은 남는 것이다. 즉, 사회의 관념체계와 같거나 유사한 본인의 자아상의 가치가 더 중요하기 때문에 그 자아상을 지키기 위해 타인이 제시한 논리에도 순응하는 것이다.

그 원인에 대하여는 이 외에도 다양한 분석이 있을 수 있지만 합리성이나 논리가 사람들의 결정에 영향을 미친다는 것은 일반적으로 관찰되는 사실이고 명확하기 때문에 우리는 협상에서 이러한 힘을 이용할 수 있고 당연히 이용하여야 할 것이다. 이러한 인지적 일관성은 Robinson(1996)[63]의 연구에서 인간의 특성으로 밝히고 있지만

---

63) "인간은 자신에게 이미 형성되어 있는 인식, 기억, 지식체계를 쉽게 변화시키지 않고 일관적인 행위를 하는 특성이 있다."

일관성을 지키려는 인간의 특성은 상호 불신의 상황이나 신뢰의 상황에서도 그 상황에 맞는 증거를 찾기 위한 시각과 해석의 왜곡으로 나타난다. 상호 불신이 형성된 상황에서는 상대방이 실제 약속위반행위를 하지 않은 경우에도 기존의 불신적 인식에 들어맞는 증거를 찾기 위하여 상대측의 행위를 부정적 측면에서 접근하게 된다는 것이다. 반대로 상호 신뢰가 구축되어 있는 상황에서는 상대방이 실제 약속위반 행위를 한 경우에도 무엇인가 그럴만한 이유가 있을 것이라고 이해하고 자신의 신뢰가 옳다는 것을 입증하기 위하여 사실을 왜곡하여 해석하게 되는 것이다. 이러한 인간의 행동 특성은 자신의 기존 인식체계를 지켜 일관성을 유지하려는 것으로 사회통념이나 일반적으로 받아들여지는 논리도 그 인식체계에 포함되어 있다고 봐야 하기 때문에 이러한 사회통념이나 논리가 사람을 움직이는 힘으로 작용하는 것이다.

1) 문서와 숫자의 힘

문서나 숫자에는 힘이 있다. 우리가 일상생활에서 접하는 중요한 결정이나 결과는 명확하게 하기 위해서 또는 많은 사람에게 전달하기 위해서 문서로 작성되고 그 근거는 숫자로 표시되는 경우가 대부분이다. 그리고 그 문서의 상단이나 하단에는 권위 있는 전문가나 기관의 이름이 들어가 있다. 여러분이 주택 임대차계약 시 특약에 「임대차 보증금에 대한 보증보험료는 임대인과 인차인이 75% : 25%로 부담한다.」고 기재하고 "보증보험료는 임대인이 75%, 임차인이 25% 내도록 되어 있습니다."라고 설명을 하는데 임차인이 "무슨 근거로 그런 이야기를 합니까? 저는 못 냅니다."한다면 아무리 말로 "법[64]이 그렇게 되어 있습니다." 하고 설명을 해도 임차인은 수긍하지 않을 것이다. 그러나 법조문을 찾아서 출력해 문자로 보여준다면 더 이상 이의제기가 없게 된다. 구두계약도 계약인데 왜 우리는 계약을 문서로 할까? 중요한 이야기는 왜 문서로 주고받을까? 같은 이야기도 문서로 제시하면 받아들이는데 구두로 설명하면 왜 받아들이려 하지 않을까?

문자로 표시된 것은 증거로 남는다. 문자로 표시된 것은 대부분 수정되거나 번복되지 않을 가능성이 높다. 사람들이 거짓은 문서로 남기려 하지 않는다. 문서로 된 것은 책임소재를 쉽게 찾을 수 있다. 그 외 수많은 이유로 문서에는 힘이 부여되어

---

64) 민간임대주택에 관한 특별법 시행령 제40조

있고 사회적으로 인정되어 있으며 인간들의 의식 속에 신뢰할 수 있는 것으로 각인되어 있다. 그렇기 때문에 구두로 설득이 되지 않는 사항이 있을 경우 각종 통계와 숫자데이터로 그 근거가 제시된 문서를 보여주어야 한다. 또한 협상의 준비단계에서 주장의 근거와 관련 데이터를 최대한 문서로 준비해야 하는 이유이기도 하다. 문자와 숫자에는 힘이 있다. 협상 시 그 힘을 최대한 이용해야 한다.

2) 중간합의 유도

중간합의를 먼저 제안하지 말아야 한다. 예를 들어 아파트를 매매하는데 매도자는 7억 원을 요구하고 매수자는 6억6천만 원에 계약하기를 원하는 경우 두 당사자는 서로 자신의 이야기를 하며 자기 입장을 고수할 것이다. 매도자는 "우리집은 향도 좋고 층도 로열층입니다. 그런데다 작년에 리모델링도 했어요. 7억 이하로는 어렵습니다." 그러나 매수자는 "이렇게 오래된 아파트를 어떻게 7억을 불러요. 저기 ○○역세권에 6억에 같은 평형대로 분양하는 아파트도 있지만 아이 학교 때문에 어쩔 수 없이 이 아파트를 사려는 거고 우리가 대출을 받아도 최대한 댈 수 있는 금액은 6억6천이 한계에요." 그런데 매도자는 이번에 꼭 팔아야 하는 속사정이 있다. 그래서 "그럼 반반씩 양보해서 6억8천에 합시다." 하고 먼저 중간합의를 제안했다. 매수자는 이에 "일단 은행하고도 이야기해보고 돈을 더 장만할 데가 있는지 알아본 후에 다시 이야기하시죠! 각자 점심식사를 하고 2시에 다시 만나죠!" 매수자는 2시에 다시 와 이렇게 이야기한다. "6억8천까지 양보해 주신 것은 고마운데, 은행에서 담보대출은 더 이상 어렵다네요. 지금 받으려는 데가 제2금융권이라 이자도 비싼데 걱정이에요. 다른 데는 더 알아볼 데가 없고 만약에 6억7천이 가능하다면 저희가 현금서비스를 1000만 원까지 가능하다고 하는데 그렇게는 해볼게요." 결국 둘 다 중간합의를 제안했지만 합의점은 나중에 제안하는 사람 쪽으로 기울게 되어 있다. 이러한 결과가 나오지 않고 처음 제안된 중간점인 6억8천만 원에 계약이 된다 하여도 매도자는 만족할 것이다. 왜냐하면 본인이 제안한 것이 받아들여졌기 때문에 본인이 이겼다고 생각하기 때문이다. 매수자는 속으로 웃을 것이다. 7억 원에 그냥 계약하려고 했는데 버티니까 상대편에서 2천만 원을 깎아줬기 때문이다. 매수자는 이 아파트가 꼭 사고 싶었고 7억 원에도 살 의사가 있었지만 엄살을 편 것이다. 그리고 중간합의 제안이 들어오기를 기다린 것이다. 사람들은 반반 양보가 공정하다고 생각한다. 그래서 쉽게 받아들인다. 그러나 누가 먼저 제안하는지에 따라 최종 결과의 추는 상대편에게 유리

한쪽으로 기울게 되어 있다.

3) 가계약 전략

가계약 전략은 부동산 고객이 큰 결정을 하기 전에 결정을 못하고 있을 때 결정을 유도하는 유용한 기술이다. 큰 결정에는 누구에게나 많은 고려사항이 뒤따르기 때문에 쉽게 결정하지 못하고 초조해 하게 된다. 사람들은 일단 작은 결정을 하고 나면 모든 기존 우려들이 작은 결정에 유리한쪽으로 기울게 됨을 보게 된다. 이것은 조그마한 결정을 해낸 후 일의 완수 후 느끼는 안도감과 기쁨이 일을 보는 색안경의 색을 밝게 만드는 효과이다. 부동산의 경우 가계약을 통하여 큰 결정의 성공 가능성을 몇 배는 확장 시켜 준다.

> A : "사장님! 조금 전 그 집을 보고 저도 깜짝 놀랐어요. 그 평수에 그렇게 위치가 좋은데 그 금액이라는 게 믿기지가 않아요. 언제 나갈지 모르니까 가계약을 조금 걸어놓는 조건으로 집주인한테 2일간만 기다려 달라고 부탁해 볼게요. 그 사이 사모님하고 의논해 보세요."
>
> B : "가계약금은 얼마면 되나요?"
>
> A : "한 50만 원정도만 거는 걸로 부탁해 보고, 사장님이 계약 못하시겠다면 조건 없이 반환하는 것으로 추진해 볼게요."

이렇게 일정액의 가계약금을 걸게 되면 가계약금을 돌려받을 수 있는데도 대부분 본계약을 하게 된다. 가계약은 금액의 다소가 문제일 수 있지만 중요한 것은 심리적으로 매수자가 계약하는 쪽으로 기울게 된다는 것이다. 그 이후는 모든 것이 순조로울 것이다. 당연히 가계약시 필요한 조건들(매매금액, 잔금기일, 기타 조건 등)을 정하고 돈을 보내야 한다.

4) 조건부 계약

조건부 계약 기술은 위 3)과 유사한 기술이다. 부동산 매도(임대)자의 경우 일단 계약을 하고 나면 해약사유가 없기를 바라겠지만 현실적으로 매수(임차)자가 부동산을 매입하기 위해서는 해결해야 할 여러 가지 일이 있기 때문에 조건 없이 계약하기는 어렵다는 것을 합리적으로 추론할 수 있다. 이러한 내용은 사전에 매도(임대)자에게 숙지시켜야 한다. 전세자금 대출을 받거나 점포의 인수자가 인·허가를 받을 수 있을지 없을지 확인이 안 되는 경우 등에는 일단 계약을 하고 특약에 기한을 정하여 그 기한 내에 대출신청이나 인허가 여부를 확인 후 계약의 유·무효를 결정할 수 있도록 하는 것이다. 이러한 조건부 계약의 경우에도 계약을 하지 않고 그 자리를 떠나게 되면 계약의 가능성이 50% 이상 줄어드는 반면 조건부 계약을 한 경우에는 그대로 진행될 가능성이 80~90%이상으로 높아진다. 당연히 중개사는 전세자금 대출을 알아봐 주거나 지원해 주고, 구청에 인허가여부도 확인해 주거나 같이 동행해 주어야 한다. 전문가가 나서서 도와주는데 고객은 얼마나 마음이 든든하고 기운이 나겠는가.

5) 만약에 화법

만약에 화법은 다양한 협상 상황에서 결정적인 기술로 사용할 수 있다. 대표적인 상황 두 가지를 보면 다음과 같다.

첫째, "만약"이라는 단서를 사용하여 거래를 깨지도 않고 자신의 포지션을 지키면서 상대의 양보를 얻거나 협상폭을 알아볼 수 있다. "만약 매수자가 계약금을 20%로 한다면 잔금기일을 한 달 앞당길 수 있으시겠어요?" "만약 제가 절반 양보한다면 사장님도 절반 양보하시겠어요?"

둘째, 만약이라는 단서를 사용하여 협상의 흐름을 긍정적인 쪽으로 유도할 수 있다. 이 화법은 긍정적인 방향으로 단서(만약~)를 달아 부담 없이 답할 수 있는 질문을 하는 것이다. "만약에 이 집을 계약하신다면 대출은 어디에서 받으실 건가요?" "만약 이 집으로 하신다면 침대는 어느 방에 놓으실 건가요? 침대 놓을 위치를 보셔야죠." 사람의 연상력과 상상력은 작은 단서를 하나 머릿속에 넣어놓으면 스스로 하나씩 하나씩 그 옆에 놓인 상상과 연상력의 줄을 잡고 중요한 결정까지 해내는 놀라운 마술을 부린다. 모든 거래는 가격(Price)보다 가치(Value)가 높기 때문에 이루어지는 것이다. 가격은 눈에 보이고 숫자로 표시할 수 있으나 가치는 심리적이거나 이면에 감추어져 있기 때문에 눈에 보이지 않고 본인만이 느낄 수 있다. 이 거래대상에 대해 상대가 어느 정도의 가치를 느끼고 있는지 알아볼 수 있는 방법이기도 하다.

6) 부풀리기

　가능한 한 최대로 부풀려 요구한다. 대부분의 수요·공급관련 협상에서 공급자는 최초 제안에서 공급조건을 완화시켜 가게 되고, 수요자는 최초 요구조건을 높여가면서 합의점에 접근하게 된다. 부동산의 경우 최초 요구 금액을 여러 가지 핑계로 계속 올리는 경우가 가끔 있기는 하지만 이 경우는 본인 물건의 최고 수요가를 확인하기 위한 과정일 뿐 진정한 협상테이블에서의 제안이라 하기 어려운 경우이다. 요구액을 계속 올려가거나 계속 내려가는 협상은 없다고 해도 과언이 아니다. 그러한 경우는 최초요구의 진정성이 없는 것이고 자신의 말에 대한 공개적인 배신이기 때문에 더 이상의 말이나 제안 및 이행에 대한 신뢰가 사라져 협상을 할 수 없는 경우가 되어버린 것이다. 그렇기 때문에 협상이라 불리는 대부분은 좁혀가는 협상이 되는 것이다. 이러한 접근법은 일반인들의 경우에도 대부분 상식으로 알고 있기 때문에 협상 시 상호간에 상대편이 원하는 조건을 높게 불렀거나 낮게 불렀을 것으로 추정하고 출발하게 된다. 이러한 협상상황에서 본인이 원하는 조건을 부풀리기 없이 처음부터 그대로 불렀다면 상대가 그 말을 믿어줄까? 믿지 않을 가능성이 높지만 믿건 믿지 않건 크게 달라지는 것은 없다. 협상 시에는 상호 간에 요구조건을 수정하거나 완화시켜 가면서 합의가능영역을 좁혀갈 것이기 때문이다. 그렇다면 당연히 우리가 협상에서 최초 제안을 할 때에는 목표점 이상을 요구해야 할 것이다. 상대가 우리의 최초제안을 도저히 감당할 수 없다고 판단하여 시작도 하기 전에 포기할 수준만 넘지 않는다면 가능한 한 최고점이나 최저점을 불러야 한다는 것이다. 대부분의 가격 협상은 중간점에서 타협이 많이 이루어지기 때문에 공급자나 수요자가 최초 제안을 어떻게 했느냐에 따라 최종 합의점이 어느 쪽에 기우는지가 결정되는 것이다. 예를 들어 예상 결정가가 1억 원이고 일반적으로 10% 정도의 상하 호가에서 시작한다고 생각해 매수자는 9천만 원을 불렀는데 매도자는 이와 달리 1억2천만 원을 불렀다면 최종합의는 1억5백만 원에 이루어질 것이다. 결과적으로 매도자는 예상 합의점보다 20%높게 불러서 최종적으로 예상 합의점보다 5백을 더 얻어간 것이다.

　중간타협점 외에 또 하나 더 생각해 봐야 할 것은 상대방이 거래대상에 대해 어느 정도의 가치를 두는지 모른다는 것이다. 개인이나 단체가 어떤 사물이나 사건에 두는 가치의 원인은 수없이 많고 상대가 그것을 공개하지 않는 이상 알기는 쉽지 않게 된다. 이런 상황에서 일단 최고점을 불러보는 것은 상대가 거래대상에 두는 가치의 무게를 가늠해 볼 수 있는 좋은 기회인 것이다.

예를 들어 A라는 회사가 B라는 망해가는 회사를 인수하는 협상에서 A는 B회사의 토지와 그 지상물의 감정가를 합한 100억 원의 가치가 그 회사의 부채액수와 같기 때문에 부채를 떠안고 인수해 주는 것만으로도 고마워해야 한다고 생각한다. 대신 A회사의 직원들이 올 예정이기 때문에 B회사의 직원들을 정리해 주는 대가로 10억 원을 제공하겠다고 한다. 어쩔 수 없이 협상이 타결되고 3개월이 지난 시점에 이 공장 부지에는 오피스텔이 올라가고 있음을 보게 된다. A회사는 최초 이 물건을 분석할 때 사업인수에는 관심이 없이 오피스텔을 올리려는 계획을 가지고 있었고 오피스텔을 지어 분양할 경우 그 사업마진이 부채 인수액(부동산가격) 100억 원과 직원 정리비용 10억 원, 건축비 및 사업비조로 50억 원을 제하고도 세전 수익으로 100억 원이 남는 사업이었던 것이다. 이것이 A회사가 평가한 B회사의 가치였지만 A회사는 끝까지 본래목적과 그 가치평가액을 밝히지 않았다. 단지 토지와 그 지상물의 감정가만 언급했을 뿐인 것이다. B회사가 최초제안을 150억 원으로 했으면 어떻게 결론이 났을까? 아마 125억 원에 합의했을 것이다.

여기에서 하나 더 의문점이 있을 것이다. 상대가 느끼는 가치가 어느 정도인지 모르는 상황에서 어떻게 상대방의 저항가격을 추정하여 제안할 수 있을까? 만약 상대가 포기해 버리면 어떻게 하지? 당연히 합리적인 의문이다. 이럴 경우에는 가능한 최대한 부풀려 제안하면서 단서를 달아 조정의 여지를 살짝 비춰주는 방법이 있다. "우리가 원하는 금액은 15억이지만 다른 조건이 서로 맞는다면 조정해 드릴 수도 있습니다." 상대방은 조정의 여지가 있다고 하기 때문에 결렬을 선언하지 않고 서로의 조건을 이야기해 가며 가격을 조정해 가려 할 것이다.

7) 등거리 제안

등거리 제안은 협상가가 원하는 목표를 이루기 위한 가장 가능성이 높은 제안 방법 중의 하나다. 등거리 제안은 우리가 원하는 목표가 있고 상대방의 선(先)제안이 있다면 그 차이만큼(등거리) 목표금액의 반대쪽으로 제안하는 것이다. 우리가 원하는 목표는 100인데 상대가 90을 제안한다면 우리는 110을 제안하는 것이다. 이것은 현실적으로 협상에서 가장 많이 채택되는 절충전략을 염두에 둔 것이다. 대부분의 협상은 최종적인 단계에 이르러 그 차이가 얼마 되지 않은 상태에서 서로 똑같이 양보하여 결정하는 것이 공정한 것이라는 공정의 논리에 타협하는 경향이 있기 때문이다. 이러한 공정의 논리는 어느 정도 상호 교환할 것이 교환되고 가격차이가 크지 않게 남아 있을 때에는 똑같이 양보하여 결정한다는 것이지만 큰 틀에서도 최초 제안과 최종 합의점을 보면 대부분 서로 양보하여 중간점에서 결정되는 빈도가 가장 높기 때문에 우리의 제안기준을 알려주는 지침이 되는 것이다. 우리는 사회 속에서 똑같이 양보하는 것을 공정한 것으로 여기며 정의롭고 평화로운 사회적 요구라고 느끼고 또 남들에게도 그것을 무의식중에 요구한다. 이것은 무언의 힘이다. 그 힘을 이용하여 우리의 목표를 이룰 수 있는 것이다. 우리는 앞에서 상대방의 선 제안이 있을 경우에 이 전략을 사용해야 한다고 했다. 그렇다면 상대방이 선 제안을 안 하면 어떻게 해야 할까? 어떻게든 하게 만드는 것이 먼저이고 목표점에서 최대한 부풀리되 단서를 달아서 제안하는 것이 두 번째다. 어떻게든 선 제안을 하게 만드는 방법에는 어떤 것이 있을까? 이렇게 이야기해보자. "대표님께서 전문가(주인, 소유주, 결정권자)이시니 대표님이 더 잘 아시죠! 먼저 요구조건을 말씀해 주시죠." 상대가 "어떻게 해주면 되겠어요?" 한다면 "어떻게 해주시기를 원하시는데요?"로 응수한다. "금액을 어느 정도 받으실 건데요?" 하면 "어느 정도나 주실 의향이 있으신데요?"로 응수한다. 그래도 조건을 이야기하지 않는다면 목표점보다 최대한 부풀리면서 단서를 달거나, "대표님께서 좀 더 알아보시고 조건을 제시해 주시면 감사하겠습니다." 하면서 보류한다. 마지막 두 가지 방법은 상황을 봐가며 선택을 해야 할 것이다.

8) 사회적 증거 전략

사회적 증거 전략(일반화 전략)은 사람들이 무엇이 옳은 것인지 판단하기 어려울 때 주변 사람들이 하는 것을 보고 그것을 사회적 증거로 믿고 따라하는 경향을 이용하는 것이다. 이러한 일반화 전략은 다양한 분야에서 의도적으로 일부 동조자를 사전 포섭하여 연출하거나 통계숫자, 사진, 글 등을 통하여 대중을 원하는 방향으로 움직이는 방법으로 사용한다.

단체 회합에서 어떤 민감한 사안을 안건으로 올려 의결할 때 운영진은 사전에 일부 협조자들과 "내가 이 안건을 올릴 테니까 김○○씨와 박○○씨는 아주 좋은 의견이라고 하면서 박수를 쳐라. 그러면 내가 거수로 결정하자고 유도 할 테니까." 안건이 민감한 경우 결정이 쉽지 않다. 이때 일부 사람들이 사전에 계획하여 유도한다면 '확실치는 않지만 다른 사람들이 좋다고 하니까 좋은 것이겠지'하면서 대부분 따라가게 되는 것이다.

코미디 프로그램에서 특별히 웃기지도 않는데 사람들의 웃음소리를 들려주는 경우가 있다. 이 소리는 언제 웃어야 할지 애매해하는 사람들에게 웃을 타이밍을 알려주고 웃게 만든다. 남들이 웃으니까 같이 웃는 것이다. 조금 황당하지만 사회적 증거를 들려주는 방법이다.

카톡의 경우 어떤 제안이나 알림글이 올라오게 되었을 때 그 내용을 어떻게 판단해야 할지 애매하면 아무도 대꾸하지 않고 조용한 경우가 많다. 이 때 2~3명 정도가 "축하합니다!" "참석하겠습니다." "삼가 고인의 명복을 빕니다." 등을 댓글로 올리면 나머지 사람들도 연달아 댓글을 남기게 된다. 처음 댓글을 올린 2~3명이 제안자의 부탁을 받아서 올린 것이라면 이것도 일반화 전략이 이용된 것이라 할 것이다.

정치인들이 대중 연설을 하는 경우나, 연예인들이 행사시 박수부대를 동원하는 경우가 있다. 박수부대는 박수를 쳐야 할 때를 알려주는 역할을 하거나 우호적인 분위기를 선동하기 위해 활동하게 된다. 이 경우에도 사람들이 박수를 쳐야 할 때를 정확히 판단하기 어렵거나 옳고 그름을 결정하기 어려울 때 박수를 치는 사람들이 주변에 있고, "옳소!" 하는 사람들이 많으면 주변 사람들의 반응을 판단기준으로 삼고 따라서 하는 것이다.

협상 과정에서는 상대방이 즉시 판단하기 어려운 안건의 경우 "다른 사람들도 다 그렇게 하고 지금까지 아무런 문제가 없었다." "이런 경우에는 다 이렇게 한다."라는 말이나 통계숫자, 신문기사 등을 사회적 증거로 제시하여 제안을 통과시키는 전략을 사용할 수 있다. 제안된 안건이 잘못된 것이라는 명확한 증거가 없고 또한 검증할 충분한 시간이 주어져 있지 않은 상태에서는 다른 사람들이 다 그렇게 한다는 사회적 증거를 증거로서 신뢰할 수밖에 없게 된다.

9) 미끼협상전략

미끼협상전략은 우리 측에는 사소하거나 필요치 않은 사항이지만 상대편에게는 중요한 사항을 미끼로 써서 우리에게 중요한 사항에 대한 양보를 받아내는 기술이다. 대부분의 미끼는 미끼를 무는 대상에게는 중요하지만 우리에게는 중요하지 않은 것이다. 예를 들어 물고기 낚시에 쓰이는 지렁이나 떡밥은 사람들에게 비싸거나 중요한 먹거리가 아니지만, 물고기의 입장에서는 먹이를 구하기 어려운 물속 환경에서 중요한 먹이인 것이다. 경우에 따라 비싼 미끼가 사용될 수도 있지만 얻으려는 것의 가치보다는 가치가 낮은 것을 사용하는 것이 미끼라는 것은 확실하다.

협상에 있어 교환될 수 있는 안건은 배송조건, 기간, 가격, 포장방법, 리콜조건 등 거래되는 내용에 따라 다양한 요소를 찾을 수 있다. 이 경우 상대방에게 중요한 것이 무엇인지에 대한 정보가 필요하다. 그러나 경쟁적인 협상의 경우 상대는 자신들에게 중요한 것이 무엇인지 노출시키지 않으려 한다. 자신들에게 중요한 것이 상대방에게 는 중요하지 않지만 중요하지 않은 것을 양보하면서 너무 많은 것을 요구할 수 있기 때문이다. 부동산 매매의 경우 매도자는 매매대금의 50% 이상 급전이 필요하고 매 수자는 매매대금 전체를 한 번에 다 줄 수도 있지만 매수자는 매도자가 급전이 필요 한 것을 알게 될 때 자신도 그렇게 큰돈을 한 번에 주기 어렵다고 난색을 표할 수 있 다. 단, 금액을 더 낮춰주면 어떻게든 돈을 빌려서라도 맞춰보겠다고 역 제안을 할 수 있는 것이다. 매수자 입장에서 잔금 시까지 3개월 동안 매매대금 10억 원을 은행 에 넣어 놓아도 이자라고 해봐야 월 2~3백만 원이지만 상대에게 급전이 필요하다는 정보를 가지고 5천만 원도 깎을 수 있는 것이다. 미끼전략은 미끼로 쓰이는 조건(위 예에서 계약금 50% 조건)이 나에게도 중요한 것이라는 인상을 줘야 하고 상대방으로부 터 받는 것에 큰 관심이 없는 것처럼 연출되어야 한다.

3. 감성의 힘에 의존하는 기술

감성[65]은 현실을 움직이게 하는 힘이 있을까? 분명히 있다고 할 수 있을 것이다. 대선이나 총선 등 선거에서 감성자극전략이 아주 잘 통하고 국민들이나 군중의 마음 이 움직이는 것을 우리는 수없이 봐왔기 때문이다. 우리나라에서나 외국에서 대통 령선거 유세에서 前대통령이었던 아버지 시대의 향수를 자극하기 위해 그 시대의 좋 은 기억을 소환하거나, 모성을 자극하거나, 출마자의 어려웠던 과거를 이야기 하는 것 등이 실질적으로 미래의 사회를 이끌고 갈 능력을 판단하는데 중요한 요소는 아 닐 것이다. 그러나 군중은 그 기억에 반응하고 표를 몰아주는 행동으로 답한다. 아이 들은 부모에게 무엇인가 필요할 때 합리적이고 논리적인 이유로 설득하지 않고 눈물 을 보여 설득시킨다. 감성은 본능이나 경험에 의존하며 직관적이다. 이성은 합리적

---

[65] 위키백과: 심리학적으로 감수성. 우리의 5관(五官)이 타인(다른 사람)의 감정 등 외계로부터 자극을 받고 그에 반응 하는 정도나 강도(强度).

이지만 미지의 것, 필요한 데이터가 없는 상황, 너무 복잡한 상황, 경험이 없는 분야에서는 잘못된 판단을 할 가능성이 높다. 이러한 분야에서는 오히려 감성적이고 직관적인 판단력이 나중에 옳았다는 평가를 듣는 경우가 많다. 감성은 현실을 움직이게 하는 막강한 힘이 있다. 협상에서도 이 힘을 이용해 보자.

1) 호감의 법칙

호감의 법칙은 외모, 공통점, 칭찬, 익숙함(얼굴, 이름, 색상 등), 같은 목표, 협력, 좋은 이미지를 통하여 호의적인 반응을 불러일으킬 수 있는 방법이다. 상대방의 말에 "좋네요." "대단하시네요." "저도 좋아합니다." 등의 멘트를 통하여 지속적으로 호감을 표현한다.

상대방의 취미(골프, 자전거, 등산, 낚시 등)나 배경(고향, 학교, 거주지 등) 등을 탐색하고 공통점을 주제로 이야기한다. 출생지의 경우 본인과 출생지가 다른 경우 "우리 와이프가 거기에서 태어났는데 어려서 서울을 올라와 자세히는 모르지만 고향이 같네요."로 다르거나 몰라도 일정부분 호감을 갖게 할 수 있다.

사람은 벗어나기 어려운 울타리가 있다. 동문, 종친, 고향친구, 친척 등은 안 좋은 소문이 났을 때 본인이 불리한 입장에 몰리기 때문에 그 울타리 내에 있는 사람이 부탁할 때 거절하기가 어렵다. 그렇기 때문에 연고를 찾아내서 과거의 추억을 소환하고 친근감과 의무감을 부여하는 것이다.

2) 권위의 법칙

권위의 법칙은 인간이 사회적 동물로서 무의식적, 본능적으로 명령체계를 따르고 있으며 그 명령체계는 명령을 내릴 수 있는 권위가 부여된 것처럼 보이면 순응하는 본능에 의존하는 방법이다.

사람들은 경험을 통하여 권위에 복종하는 것이 사회 전체와 본인을 위하여도 유익하고 효율적이라는 것을 확인하여 왔기 때문에 비록 그렇지 않을 수도 있지만 자동적으로 복종하는 것이 내재적으로 시스템화 되어 있다. 그러나 집단은 큰 분류와 작은 분류들이 체계적으로 계층을 형성하고 있기 때문에 자신이 소속되었다고 믿는 집단의 권위체계를 우선하여 복종(군대에서 계급체계가 병사, 부사관, 장교처럼 다른 경우 자신이 소속된 집단체계의 명령을 우선시하려는 경향이 있다.)한다는 점도 또한 고려하여 기술을 구사하여야 한다.

4. 글과 말의 힘에 의존하는 기술

글과 말의 힘은 이것이 언어이며 인간의 행동은 언어에 의한 의미에 구속[66]되어 있다는 측면과 언어가 즉흥적이며 기억을 기반으로 한 반응이기 때문에 언행에 대한 의식적인 조작이 어렵다는 두 가지 면을 생각해 봐야 한다. 우리의 뇌는 현실에 바탕하지 않는 단순한 타인의 말에도 화학적인 반응을 일으킨다. 예를 들어 누군가 시디신 포도나 귤에 대해 이야기 하거나 사진만 봐도 입 안에서는 침이 고이게 된다. 어린아이들은 할머니로부터 옛날 귀신이야기를 들으면서 현실이 아닌데도 긴장하고 소름이 돋기도 한다. 길모퉁이에 "쓰레기를 버리지 마시오." "금연장소"라는 푯말이 붙어 있으면 누군가 지켜보지 않아도 하려는 행동을 주춤하게 된다. 물론 경험에 의하여 그에 위반했을 때에는 추후 어떤 제재가 있을 것으로 예상해 행동을 중지하는 측면도 있지만 그 이면에 인간의 언어에 대한 본능적인 반응이 감추어져 있다고 봐야한다.

유체이탈 화법[67], 공허한 화법[68]은 일반인들에게 어려운 화법이다. 왜냐하면 말은 머릿속 의식을 대변하는 한편 즉흥적이고 반사적으로 그리고 외부의 5감에 반응하여 떠오른 기억을 개념화된 언어로 말하는 것이 일반인들의 반응방식이기 때문이다. 인간이 외부 자극을 받아들이는 속도는 말보다 빠르지만 대부분의 사람들은 그것을 계산하고 정밀하게 조정하여 입으로 말하는 것이 아니라 습관화된 단어가 먼저 떠오르고 그것을 즉흥적으로 말하여 대응하게 된다. 사람들이 즉흥적으로 말하지 않고 너무 느리게 계산하여 말하게 되면 정상적인 대화가 안 되고 상대편이 머리를 쓴다는 불신을 사기 때문에 일반인은 그런 화법을 쓰지 않는다.

---

66) 뇌과학에서 연구된 내용으로 인간이 언어에 의한 의미에 구속되어 행동하는 반면 동물은 감각에 구속되어 있음을 주장한다.

67) 다음백과 : 신체에서 정신이 분리되는 유체이탈 상태처럼 자신이 관련되었던 일을 남 이야기하듯 하거나 자신의 잘못을 뉘우치기는커녕 어처구니없는 자화자찬으로 일관하는 것을 비꼬는 말이다. 구경꾼처럼 제3자의 위치에서 말한다고 해서 구경꾼 화법이라고도 한다.

68) 말 따로 행동 따로 화법이라고도 한다. 말을 지킬 의사가 없으면서 말은 말대로 상황을 모면하기 위하여 하고 행동은 달리 하면서 변명으로 일관하는 습관이 된 사람의 화법이다. 신뢰성이 없는 사람 취급을 당하게 된다.

우리가 외국어를 어려워하는 것도 반사적으로 말을 해야 하는데 문법과 단어만 외우고 직접적으로 회화를 해보지 않고 습관화되어 있지 않은 상태에서 문법에 맞춰 계산하여 말하는 것이 어렵고 어색하며 편한 대화가 이루어지지 않기 때문인 것이다. 그렇기 때문에 보통 사람들은 사고를 2중으로 하는 것도 어렵고 말을 상황에 따라 다른 패턴으로 말하는 것에도 어려움을 느낀다. 유체이탈 화법을 쓰는 사람들은 일반인과의 편한 대화나 타인과의 접촉이 많지 않은 환경에서 성장했거나, 사회적으로 고위직이기 때문에 말을 선별적이고 계획적으로 해야 하는 필요성에 맞춰 하는 사람들이다. 말로는 공정과 정의 선함을 끊임없이 강조하고 반복하지만 속마음은 마키아벨리즘[69]을 신봉하는 경우가 그런 경우이다.

이와 달리 협상에서 상대하는 사람들은 사람을 많이 상대해 본 사람들이고 신뢰를 중시하는 사람들이기 때문에 1회성 협상이 아닌 한 신뢰를 정면으로 깨는 행위를 하지는 않는다. 일반인들은 어려서부터 언행일치 교육을 받았고 그렇게 해야 일반적인 사회생활이 가능하며 사회적으로 성공한다고 믿고 있다. 그들은 다른 사람들로부터 인정받으면서 신뢰를 얻기 위하여 언행일치를 중시하고 일관성을 지켜야 한다는 신념이 강하며 그것이 몸에 배어 있는 사람들이다. Robinson(1996)의 연구도 인간은 자신에게 이미 형성되어 있는 인식, 기억, 지식체계를 쉽게 변화시키지 않고 일관적 행위를 하는 특성이 있음을 밝히고 있다.

글과 말의 힘에 의존하는 기술은 사람들의 언어습관과 그에 따르는 사회적인 규범과 논리를 반영한 언어를 향한 무의식적 수용에 의존하는 기술이다. 상대편을 칭찬하고 논리로 상대편의 동의를 얻어내거나 물리적인 상황이 그러하게 되면 사람들은 거기에 맞춰 행동하도록 되어있다. 그것은 사람들의 의식에 내재된 언행일치 습관과 사회적 규범이 삶에 발현되어 세상에서 생존할 수 있도록 해주는 본능적 언어행동 동일시 때문이다.

1) Yes and 전략

Yes and 전략은 상대방이 자신의 입장만 이야기할 경우의 대처법이다. 이 때는 만약 우리가 상대방의 입장을 받아들였을 경우 서로의 이점이 무엇인지와 더 나은 대

---

[69] 옥스퍼드 영어사전에서는 "국가의 운영이나 일반적인 행위에서 속임수와 표리부동한 방법을 동원하는 것"으로 정의하고 있다. 마키아벨리의 「군주론」에서 주장하는 신생국의 이상적인 군주상이다.

안은 무엇인지에 대해 논의하는 방식으로 자연스럽게 대안을 밀어 넣어야 한다. "좋은 방법이네요. 그런데 다른 방법도 있는데 이것의 장점은 이러이러 합니다. 어떻게 생각하세요?" "그것도 좋은데 이렇게 하면 이런 이점이 있습니다. 저는 이 방법이 서로에게 더 낫지 않을까 하는 생각이 드네요. 어떠세요?" "만약 그렇게 한다면 어떤 결과가 나올까요?" Yes but을 사용하면 상대방의 입장을 부정하는 뉘앙스를 주기 때문에 상대방은 방어적으로 돌아서며 자신의 입장을 더욱 공고히 하려는 경향을 보인다. 이러한 상황이 더 진행되면 상대방은 고집불통이 되었다가 최종적으로는 협상을 깨버리며 그 상황에서 달아나 버린다.

2) 양자택일 전략

양자택일 전략은 사람들이 두 가지 중 하나를 선택하도록 하면 쉽게 결정하는 경향이 있기 때문에 대안들을 압축하여 두 가지로 만들어 제시하는 기술이다. 물론 두 가지 다 상대편이 받아들일 수 있는 것이어야 한다. 단, 두 가지 중 하나는 내가 권하고 싶은 안이고 다른 안에 비해 장점이 빛나야 한다는 것이다.

양자택일 전략이 먹히는 이유는 사람들이 3가지 이상의 안 중에 선택할 때에는 그 복잡도가 2개일 때보다 몇 배 이상 복잡하게 느낀다는 것이다. 부동산을 선택하건 다른 기계나 도구를 선택하건 그에 포함되는 요소는 다양하다. 예를 들어 선택하려는 물건에 포함된 요소가 5가지라면 3개의 물건을 두고 상호비교를 완전하게 하기 위해서는 125가지 경우의 수를 비교해야 한다. 그러나 주택의 경우라면 포함된 요소가 5가지만 되겠는가? 그렇다고 비교 대상이 없으면 대조효과를 볼 수 없고 장단점을 인식하기 어려워 결정을 보류해 버린다. 양자택일의 제안이 가장 편하게 받아들여지는 이유이다.

또한 양자택일의 제안을 할 때에는 질문하는 방식으로 해야 한다. 질문을 하게 되면 그 질문에 답해야 한다는 본능적인 반응기제가 작동해 질문 받은 선택안의 범위로 사고의 렌즈(포커스)가 줄어들게 되어 다른 생각은 잠시 가려지게 되는 것이다.

A: "사모님! 두 번째 본 집은 거실이 좁아 손자들이 놀기에 좁죠? 처음 본 집과 마지막에 본 집 중에 어떤 게 더 나으세요?"

B: "둘 다 거실 크기는 비슷한 것 같은데 처음 본 집이 남동향이어서 채광도 좋고 공원도 앞에 있어서 그게 더 나은 것 같아요!"

A: "그럼 일단 첫 번째 집 매도인과 협의를 한 번 볼게요! 괜찮죠?"

B: "그래요! 가격 좀 깎아줘봐요. 실장님 수수료 내가 잘 챙겨드릴게!"

이처럼 처음에는 3개의 매물을 브리핑했다 하더라도 최종적으로 선택할 때에는 양자택일 전략으로 가야 한다.

5. 끈기와 인내의 힘에 의존하는 기술

사람들은 타인의 끈기와 인내에 감동하여 이전에는 잘 모르던 상대를 높게 인정하거나, 그 정성에 공감하여 흔쾌히 요구조건을 들어주기도 한다. 그 원인을 더 깊게 살펴보면 그 정도의 끈기와 인내력을 가진 사람이면 성실성과 의지력이 강한 사람이고 쉽게 변하지 않을 사람으로 평가하고 상품이나 서비스만 문제없다면 거래할 만하다고 평가하는 것으로 볼 수 있다. 결국 얻는데 오랜 기간을 필요로 하는 신뢰성이라는 것을 짧은 기간에 얻어내는 기술로 볼 수 있는 것이다.

1) 포기액션

포기액션은 로저도슨(2003)이 협상의 비법에서 문고리전략, 마지막 장애물 전략으로 소개하고 있는 기술과 같은 맥락이다. 이 전략은 두 가지 목표로 나누어 살펴 볼 필요가 있다.

하나는 로저도슨의 설명처럼 협상을 포기하는 것처럼 하여 상대편의 경계를 풀게 하고 속마음을 알아본 후 다시 시도하기 위한 수단으로 쓰이는 경우이다.

식당을 운영하다보면 가끔 식품 제조공장에서 직접 진공 포장된 식품을 고정적으로 공급하기 위해 방문하는 판매원이 있다. 어느 날 냉면 완제품을 가져온 판매직원이 쑥 들어오더니 '기가 막힌 냉면이 나왔는데 영업장에서 직접 만드는 것보다 간편하고 맛있고 가격도 저렴' 하다며 이용해 볼 것을 권한다. 주인은 "우리는 직접 만든 것 아니면 안 써요! 지금 바쁘니까 나가주세요!" "사장님! 한 번이라도 써보시고 연락주세요!" "아니 됐어요. 가지고 가세요!" 이에 영업직원은 "알겠습니다. 사업 번창하세요!" 하고 나오려고 문을 열다가 다시 돌아서 "사장님! 죄송한데 명함 한 장만 부탁드립니다. 영업 다녔다는 것을 회사에 보고해야 해서요!" 사장은 명함을 내준다. 밖으로 나온 영업사원은 전화를 걸어 "사장님! 조금 전 냉면공장 직원인데요! 정말 좋은 제품인데 왜 시식도 안 해보고 안 쓰시는지 궁금해서 전화 드린 겁니다." "잠깐만요!" 하면서 식당 사장은 밖으로 나와 "식당에 손님들 앉아 있는데 다른 공장 완제품 냉면 쓴다고 하면 우리를 어떻게 보겠어요? 있다가 3시부터 쉬는 시간이니까 손님 없을 때 그때 오세요." 이렇게 쉬는 시간에 시식을 해보고 식당에서 만드는 것보다 맛도 좋고 원가도 저렴하고 조리시간도 짧아 결국 매일 50팩씩 공급하는 계약을 체결하게 되었다.

이처럼 상대방이 결정을 못하거나 구매를 거절하고 있는데 상대방이 명확한 이유를 설명하지 않는 경우 영업사원은 일단 포기하는 것처럼 보이게 하여 경계를 푼 상태에서 거래를 안 해도 좋으니 이유라도 들어봤으면 하고 부탁하는 것이다. 구매자의 입장에서 영업사원이 더 이상 구매를 권하지 않는다는데 인간적으로 그 이유까지 이야기 해주지 못할 것은 아니기 때문이다.

다른 하나는 상대편이 계약을 하고 싶은 것이 분명한데 양보를 안 하고 버티는 경우 이쪽에서 계약을 포기하는 액션을 한 후 이를 말리는 사람이 중재자 역할을 하여 양보하게 하는 것이다. 당근과 채찍 기술과 유사한 측면이 있다. 차이점은 상대편이 계약하려고 마음먹은 것이 확실한데 마지막 절충을 거부하고 있을 때, 강하게 압박하는 채찍의 역할로 이쪽에서 계약을 포기하려하는 모습을 보이는 것으로 등장한다는 것이다.

예를 들어 10억 원짜리 아파트를 매매하는데 매수자의 금액은 9억6천만 원에서 9억8천만 원까지 올라왔고 2천만 원 차이만 남아 있는 상태이다. 마지막이라며 매수자가 반반씩 양보해 9억9천만 원에 계약하자고 하는데 매도자는 이마저 침묵으로 버티고 있는 것이다. 이에 매수자는 "너무하시네요! 제가 이왕 계약하려고 마음먹어서 그런 것이지 아파트 매물이 없는 것도 아니고 싼 것도 아닌데 그 정도는 양보해줘야 하는 것 아닙니까?" 하고는 그냥 계약장에서 나가버린다. 이때 중개사는 매도자에게 "사장님! 9억9천만 원도 엄청 잘 받는 금액이라는거 아시잖아요. 못이기는 척 하고 계약하세요. 그게 맞는겁니다. 제가 매수자를 어떻게든 설득해서 데려올 테니까 계약하세요! 아셨죠?" 이에 매도자는 "알았습니다!" 이렇게 중개사가 매수자를 안 오겠다는 사람을 억지로 끌고 오는듯한 모습으로 데리고 온다. 결국 계약은 9억9천만 원에 체결되었다. 그런데 이 상황은 경험이 많은 중개사가 매수자에게 "제가 어떻게든 천만 원을 깎을 테니까 매도자가 응하지 않으면 그냥 나가버리세요. 그리고 집에는 가지 말고 요 옆 커피숍에 가 계세요."라는 스토리 하에 이루어진 액션이라면 어떨까? 부동산 실무에서는 의도하지 않은 채 그렇게 진행되는 경우도 있고, 사전에 기획된 액션인 경우도 있다.

2) 2차 시도전략

이 전략은 기본적이고 중요한 결정을 먼저 하도록 하고, 중요한 결정이 이루어지고 나면 추가적인 사항들의 구매를 돕는 방식으로 나누어서 접근하는 것이다. 방식으로만 보면 쉬워 보이지만 인내력과 끈기가 필요한 전략이다. 일부 컨설팅업체나 부동산 중개업자의 경우 보수와 관련하여 거꾸로 접근하는 경우가 있다. 고객이 구매여부를 결정하지 않은 상황에서 "이 물건은 용역비를 3% 지급하지 않으면 계약할 수 없습니다." 이런 조건을 먼저 제시한다. 고객 입장에서는 황당하다는 반응을 보인다. 더욱 황당한 것은 본인이 직접 작업한 물건도 아니고 다른 업자로부터 전달받은 물건인데다 그 물건을 직접 작업한 사람이 누구인지 모른다는 것이다. 그냥 전달만 하면서 이런 조건을 거는 것이다.

거래 금액이 큰 물건이나 컨설팅의 경우 물건에 대한 정확한 정보와 컨트롤 능력을 가진 상황에서 고객이 쉽게 구매를 결정하도록 일을 단순화시켜 나누어야 한다. 그리고 상대방이나 고객이 가장 중요한 결정을 하는 순간을 잘 포착하여 이후 부대적인 사항들을 추가해 나가야 한다. 자동차 판매에서 일명 깡통이라고 하는 기본형 모델이라도 일단은 구매하기로 결정한 후 옵션을 추가해 나가는 방식처럼 접근해야 하는 것이다. 처음부터 모든 사항을 다 나열해 놓고 결정하도록 하면 성과를 내기 어렵다. 일단 기본적인 것에 합의하고 나면 나머지는 동반자이자 협력자로서 구매를 돕는 역할로써 서비스하는 느낌을 주는 것이다.

3) 예인선전략

예인선전략은 10m도 안 되는 예인선이 100m가 넘게 줄로 묶인 목재들을 끌고 강을 이동하거나, 몇십만 톤의 바지선들을 끌고 가는 상황, 항공모함이 방향을 급하게 돌리지 못하고 큰 원을 그리며 서서히 방향을 바꾸는 것처럼 조금씩 조금씩 지속적으로 고객의 마음을 변화시켜 나가는 전략이다. 큰 물건이나 어려운 일에는 관성이 있기 때문에 조그마한 힘으로 큰 물건에 계속적인 힘을 주면 스스로 움직이게 되어 있다. 조금씩만 힘을 지속적으로 부여해 주는 것이다. 그렇게 큰일에 관성이 붙으면 불가능해 보였던 일들이 움직이기 시작한다. 더욱 재미있는 일은 오히려 큰일은 한 번 관성이 붙으면 스스로 바꾸지 못한다는 것이다. 관련된 이해관계 당사자들이 너무 많기 때문이다. 고집이 센 사람들, 자금규모가 큰 일, 매매금액이 큰 물건을 다룰 때에는 예인선전략을 구사해보기 바란다. 조금씩 조금씩 끈질기게 하다보면 서서히 움직이는 것이 보일 것이다.

국제협상 커뮤니케이션

오늘날은 국제협상을 해야 하는 경우가 국가 간, 국제기구 간, 국제 무역, 국제 M&A, 해외여행 등 비일비재한 시대가 되었다. 그러나 협상자체도 동일문화권의 타인을 상대할 경우만 해도 많은 어려움을 겪는데 타문화권의 사람들과 민감한 쟁점을 가지고 협상한다는 것이 얼마나 많은 쟁점을 왜곡하고 부수적인 문제를 발생시킬지 걱정부터 앞서게 한다. 중요한 것은 상대방의 문화를 이해하고 잘못된 신호를 보내거나 상대방의 언행이나 태도를 잘 못 해석하지 않는 것이다. 선제적으로 상대방의 문화에 바탕을 두고 접근하였는데 상대방도 우리의 협상문화 방식으로 접근한다면 또 다른 혼란을 겪을 수 있기 때문에 문화의 차이가 많은 경우 사전에 어떤 방식으로 협상을 할 것인지와 양쪽 문화에 익숙한 제3자를 배석할지에 대한 논의가 이루어져야 한다.

국제협상은 전 세계 237개국의 각기 다른 기후와 인종과 문화를 고려한 경우의 수를 다 다룰 수도 없을 뿐만 아니라 다 알고 있는 사람이 없다고 해도 과언이 아닐 것이다. 그렇기 때문에 국제협상과 관련해서는 국제협상에 영향을 주는 요인들과 문화를 중심으로 요약하기로 한다.

〈표 4-24〉 국제협상에 영향을 주는 요인

구분		내용
환경적 측면	정치적-법적 환경	• 세금, 노동법규, 구속력 기준이 국가마다 다른 점
	통화가치의 변화와 국제통화	• 상대방의 통화로 지불하는 쪽이 리스크가 더 크다. • 자국 통화의 국외유출을 통제하는 국가에 유의

환경적 측면	현지 정부와 관료체제 문제	• 비즈니스협상에 정부의 승인 불요 국가 - 미국 • 수입에 대한 국가 통제 - 개발도산국, 구공산권
	불안정성과 갑작스런 변화	• 쿠데타, 정부정책의 갑작스런 변경 • 통화의 평가절상 등 정치적 불안 • 계약을 쉽게 취소하거나 중립적인 중재를 허용하는 단서를 계약서에 포함시킨다. • 계약의 규정사항에 대한 구매보험에 가입한다.
	이데올로기의 차이	• 개인의 권리, 민간투자 우선, 비즈니스에서의 이윤 중시 문화 • 집단의 권리 중시, 공적 투자 강조, 이익의 배분에 대한 다른 시각을 가진 문화
	문화적 차이	• 연역적 접근방법의 협상문화 • 귀납적 접근방법의 협상문화 • 관계 중시 문화 • 쟁점 중시 문화
	외부의 이해관계자들	• 기업 협의체, 노동조합, 대사관, 산업 협의체 등 • 자국 대사관의 무역담당관이 중요한 역할을 할 수 있음
직접적 측면	상대적인 협상력	• 투자 지분에 따른 영향력을 가질 수도 있지만 많은 영향을 받을 것으로 보이는 요인들을 얼마나 잘 통제하는지에 따라 달라짐
	갈등의 수준	• 안보, 주권, 역사적 권리 등의 갈등수준과 상호의존의 유형이 협상 과정과 결과에 영향을 줄 수 있다.
	협상가들 사이의 관계	• 협상가들이 과거 어떤 관계를 갖고 있느냐는 현재의 협상을 진행하는 데 결정적인 영향을 미친다.
	기대하는 협상성과	• 각자 기대하는 협상성과에 따라 단기적인 목표나 장기적인 관계를 더 중시하게 된다.
	직접적 이해관계자들	• 협상가, 관리자, 고용자, 이사회 임원 등은 다양한 방식으로 협상에 영향을 미친다.

출처: 로이 J. 레위키 外 "협상의 즐거움" 국제협상에 영향을 주는 요인들. 표로 구성

〈표 4-25〉 국제협상에 영향을 주는 문화적 차원

문화적 차원	내용
권력거리[70]	• 권력거리가 큰 계층문화에서는 중앙집권적 통제가 강하고 같은 조직 내에서도 권한이 상부에 집중된다. • 권력거리가 작은 평등문화에서는 조직이 기능별 권력분산 구조의 모습을 보이고, 권한이 잘 위임되며, 토론 등을 통해 의사전달이 원활하게 이뤄지고 그 결정에 대해 쉽게 의문을 제기할 수 있다.

---

70) 권력거리란 "힘을 덜 가진 조직이나 가족 같은 단체의 구성원이 그 사회에 존재하는 불평등을 받아들이는 정도"를 의미한다. 로이 J, 레위키 外(2008).

계층문화	• 불평등을 당연한 것으로 받아들임. • 아랍권 국가, 말레이시아, 필리핀 등.
평등문화	• 평등이 자연스러움. • 노르웨이, 스웨덴, 영국 등
개인주의문화	• 아무리 단기적인 측면의 접근이라도 필요하다면 사용하며, 협상담당자를 쉽게 바꾸기도 함 • 미국, 영국, 오스트레일리아 등
집단주의문화	• 장기적인 측면에서 협상에 접근 • 인도, 파키스탄, 코스타리카 등
남성문화사회	• 강인함, 성취, 상대방을 고려하지 않음 • 일본, 오스트리아, 베네수엘라
여성문화사회	• 관계, 양육, 삶의 질에 대한 관심 • 코스타리카, 칠레, 핀란드
불확실성 수용성향 문화	• 위험 감수, 변화에 쉽게 적응, 자유로운 행동이 생산적 • 스웨덴, 홍콩, 아일랜드
불확실성 회피성향 문화	• 모호한 상황을 싫어하며, 확실한 규칙과 과정에 의존하는 성향 • 그리스, 포르투칼, 과테말라

출처: 로이 J. 레위키 外 "협상의 즐거움" 국제협상에 영향을 주는 문화적 차원을 표로 구성

　　국제협상에 있어서 인간관계를 중시하느냐 업무를 중시하느냐에 따라 인간관계를 중시하고 암시적 의사전달방식에 의존하는 동양의 고상황 문화와 업무를 중시하고 명시적으로 의사를 전달하는 서양의 저상황 문화로 나누기도 한다. 이러한 분류의 의미는 상대방의 협상절차나 쟁점을 다루는 방식 등 그들의 문화를 잘 이해하고 대처하는 것에 있다고 할 것이다.

제5장

부동산중개협상
(일 잘하는 중개사의 비법)

부동산중개협상 개론

1. 부동산중개협상의 개념과 특징

1) 부동산중개협상의 개념

협상은 상호 서로 다른 욕구·견해·이해관계의 기준을 가진 둘 이상의 당사자 사이에 갈등이 존재할 때 상호 타결의사를 가지고 의사소통을 통하여 합의에 이르는 과정이라 정의하였다. 그러나 부동산중개협상은 일반 협상과 다른 당사자 구조를 가지고 있다. 그것은 부동산중개가 중개업자, 의뢰인, 중개대상물건이라는 3요소의 상호작용에 의하여 이루어지기 때문이다.

부동산중개협상의 개념에 대하여 안정근(2006)은 "부동산중개협상은 중개업자가 매도의뢰자와 매수의뢰자 사이에 상충된 의견을 수락과 거절 또는 대응제안을 반복 수행하면서 매매계약을 체결하기까지의 과정을 의미한다."라고 하였고, 정용(2007)은 "부동산중개협상은 매도자의 중개대상 부동산을 중개업자가 매수자의 매수 승낙을 받아 서로 만족하는 협상 과정인 중개거래계약을 체결하는 것이다."라고 하였다.

부동산중개협상은 일반적인 협상과는 달리 협상자가 직접 협상에 참여하지 못하고, 중개협상자가 중개협상에 대신 참여하지만 상대방을 대신해 일방만을 상대하지 않으며 거래하려는 중개대상물을 두고 이해관계가 상충되는 상황을 협상력을 동원해 중재나 조정을 통해 중개의뢰 계약자들의 합의를 도출해 내는 과정이다. 매도의뢰자의 부동산물건정보와 매수의뢰자의 부동산거래 정보 사이에서 부동산중개 거래계약을 완성하려는 중개협상자에 의한 정보의 교환과정이라고도 할 수 있다(정용, p24-25).

부동산중개협상은 중개거래계약이라는 결과물을 통하여 중개보수, 고객의 재이용, 중개협상자의 직무만족이라는 성과를 창출하게 된다.

2) 부동산중개협상의 특징

〈표 5-1〉 일반협상과 부동산중개협상의 차이

일반협상	부동산중개협상
• 대리인이나 당사자가 직접 협상에 참여	• 거래계약 직전까지 당사자의 협상참여 배제
• 다양한 자원의 교환	• 물건금액의 일정한 범위와 부수조건의 협상에 한정
• 직접적 의사전달	• 중개협상자를 통한 의사전달
• 양자의 만족	• 중개협상자를 포함한 만족
• 협상 참여자의 능력에 의존	• 중개협상자의 능력에 의존
• 제3자의 참여는 예외적인 경우만	• 중개의뢰계약 과정 필요
• 협상의 주체와 객체에 따른 환경이 영향을 미침	• 부동산 관련 정책, 법률, 경제환경의 영향을 받음
• 협상의 내용에 따른 차이	• 부동산의 특성으로 인한 결과의 차이
• 정보를 주고받으면서 진행	• 정보의 폐쇄성
• 협상장소에서 당사자 간 이견조율	• 당사자의 이견이 사전 조율 됨.

출처: 정용(2007) pp. 25-27를 표로 재구성

부동산중개협상은 일반협상과는 달리 당사자가 거래계약을 위해 마지막 협상테이블에 앉을 때까지 협상참여에서 배제된다. 이러한 협상구조는 당사자들끼리 직접 정보교환을 위해 대면하게 될 때 발생할 수 있는 정제되지 않은 표현으로 인한 감정적 협상결렬을 방지 할 수 있는 장점이 있는 반면 다음과 같은 특징이 있다.

중개업자에 의하여 정보가 왜곡될 수 있는 단점도 있다.
거래되는 부동산의 일반적인 시세가 있기 때문에 가격의 조정 폭이 크지 않다.
중개협상자의 능력에 의존하는 정도가 크다.
협상의 시작이 당사자의 중개계약으로부터 시작된다.
정보가 정확하게 공개되지 않는다.

당사자가 가지고 있는 의견이 사전에 조율되어 의사합치에 이르렀거나 의사합치에 이를 가능성이 높은 상황에서 협상테이블에 앉게 된다.

3) 부동산중개협상의 흐름

부동산중개협상은 물건을 개업 공인중개사사무소에 내놓거나 찾는 물건의 조건을 이야기할 때 즉, 중개의뢰(리스팅)단계에서부터 시작된다. 고객은 크게 인식하지 못하지만 개업 공인중개사는 고객이 물건을 내놓거나 찾는 물건의 조건을 이야기할 때부터 밀고 당기기를 한다. 시세에 비해 물건이 비싸다고 한다거나 고객이 찾는 조건의 물건이 희소하니 조건을 변경해 보도록 권유하는 것이 그것이다. 좋은 조건으로 물건을 만들어 놓거나 매수의뢰 고객을 구하기 쉬운 물건 쪽으로 유도하는 것은 개업 공인중개사의 계약 성공률을 높여주기 때문이다. 이 단계를 지나면 마케팅이 시작된다. 개업 공인중개사의 마케팅은 기성물건을 매각하거나 임대차 하는 것에 집중되어 있기 때문에 매물광고가 주된 것이 된다. 마케팅 단계에서는 물건광고를 기획 할 때 매물주와 추가적인 조건 협의가 이루어진다. 건물의 노후도를 감안하여 도배와 장판을 교체하도록 한다거나 물건의 하자부분을 수리해 주는 조건에 매수(임차)인을 찾겠다는 협의가 들어오고 매수(임차)고객의 경우에도 매물을 답사한 후 요구조건들을 개업 공인중개사에게 제시하게 된다.

이러한 협상 과정을 거쳐 중요한 부분에 대한 의사합치가 이루어지면 부수적인 조건들은 종결 단계에서 관례에 따라 권리와 의무를 부여하고 최종적인 거래계약을 체결하게 된다. 이러한 협상 과정은 주로 주택이나 소규모 상가에서 이루어지는 협상 과정이고 규모가 큰 거래의 경우 사전에 상대방에 대한 정보교환과 거래계약서의 완성본까지 준비하고 조정된 상태에서 최종적으로 서명·날인 및 계약금의 지불만 하는 경우도 있다.

2. 부동산중개협상 성과의 결정요인

〈표 5-2〉 부동산중개협상 성과의 결정요인

중분류	소분류
개인적 결정요인	• 중개사의 전문성 • 중개사의 신뢰성 • 중개사의 화술 • 자격증의 유무 • 중개경력
환경적 결정요인	• 사무실 규모 • 직원의 수 • 공동중개시 협업정도 • 중개협상 장소
사회적 결정요인	• 당사자의 부동산거래 경험 유무 • 자산보유 정도 • 투자욕구 정도 • 거래금액의 크기
시장적 결정요인	• 매물의 마감시한 • 공급 매물량 • 투자수익률 전망 • 경쟁중개업소의 정도
정책·제도적 결정요인	• 투기 억제정책의 유무 • 금융 규제 여부 • 세금부담

출처: 정용 p40-51을 표로 재구성

부동산중개협상의 성과는 다양한 요인들에 의하여 결정된다. 그 원인은 거래단위가 크고, 당사자가 3명 이상[71]으로 각자 추구하는 목표가 다르고, 영향을 미치는 환경적 요인이 다양하며, 거래하는 물건의 종류가 다양하기 때문이다. 이렇게 다양한 요인 중 가장 중요한 요인은 개업 공인중개사의 개인적 요인이며 그 다음으로 시장적 결정요인과 정책·제도적 결정요인이다. 시장적 결정요인이나 정책·제도적 결정요인은 중개의뢰가 시작된 이후의 협상 과정이라기보다는 그 이전의 수요와 공급에 영향을 미쳐 거래량의 증감을 가져오는 요인으로서의 의미가 더 크다고 할 것이다.

---

[71] 개업 공인중개사, 매도인, 매수인, 공동중개 개업 공인중개사 등

3. 부동산중개협상 전략

〈표 5-3〉 부동산중개협상 전략

구분	연성협상	강성협상	원칙화된 협상
협상 참여자에 대한 인식	친구	적(敵)	문제 해결 자들
협상 목표에 대한 인식	합의	승리	우호적이며 효율적인 결과를 얻는 것
양보에 대한 인식	관계 증진을 위한 양보	관계 유지 조건 양보	문제와 사람을 분리
입장의 변화	쉽게 바꾼다	철저히 고수한다	입장이 아닌 이해관계에 초점
합의 방안	합의를 위해 손실도 감수	합의의 대가로 일방적 이득만 요구	상호 이익이 되는 옵션 개발
갈등해결 방안	의지의 대결 회피	의지의 대결에서 승리	의지와 무관하게 객관적 기준에 근거한 결과 얻기

출처: Fisher & Ury의 3가지 협상전략 유형

부동산중개협상 전략을 Fisher & Ury의 3가지 협상전략 유형에 투사하여 분류해 보면 위 〈표 5-3〉과 같다. 개업 공인중개사의 입장에서 고객의 목표 성취를 어떻게 지원하고 개업 공인중개사가 원하는 목표(거래계약의 성공, 중개보수의 수취)를 얻을 것인가에 대한 전략별 해석을 해보면 다음과 같다.

1) 강성협상(결과중심형)

이러한 전략 유형의 개업 공인중개사는 지금의 중개보수가 중요하며 중개보수를 절대 양보하지 않는다. 그러나 개업 공인중개사가 이러한 태도를 취할 때 고객에게 중개보수를 원하는 대로 받을 가능성이 높겠지만 추후 거래가 원활하지 않게 될 가능성이 많다. 물론 업무수행능력과 물건 및 매수(임차)고객을 조달하는 능력이 뛰어나다면 고객은 중개보수에 대한 만족감은 낮지만 계속적인 거래를 유지할 가능성도 있다.

2) 연성협상(관계중심형)

개업 공인중개사에게 고객과의 우호적인 관계를 장기간 유지하는 것이 중요한 협상전략이다. 고객과의 관계수립 및 유지를 중시하며 지속적인 거래관계 속에 형성된 신뢰로 인하여 상호간에 의사의 진위여부를 확인할 필요가 없고 고객의 결정도 빠르다. 이러한 접근방식은 신뢰를 가장 중시하기 때문에 개업 공인중개사의 정보력, 전문성, 진솔함이 계속 유지되어야 한다.

3) 원칙화된 협상(상호이익형)

원칙화된 협상전략은 문제와 사람을 분리하여 접근하는 것이다. 부동산중개협상은 당사자 간의 문제를 개업 공인중개사를 통하여 협상하는 매개구도이고 개업 공인중개사 또한 중개보수가 걸려 있는 이해관계 당사자이기 때문에 문제와 사람을 분리하여 접근하는 것이 이론처럼 쉽지만은 않게 된다. 각개 당사자를 대상으로 조정해야 할 문제가 있다면 이러한 접근방법이 효과적인 경우도 있겠지만 부동산고객은 개업 공인중개사가 정서적으로 본인의 편에 서주기를 기대하고 본인의 대리인적 입장에서 일해주기를 바란다. 그렇기 때문에 개업 공인중개사가 일과 인간적인 문제를 분리하거나 고객에게 그러한 요구를 한다는 것이 쉽지 않게 되는 것이다.

부동산중개협상 실무 과정

하기의 내용은 부동산중개시장에서 고객과의 초기 접촉에 서부터 평생고객이 되는 과정까지를 고객의 심리변화 과정에 따라 개업 공인중개사 가 어떻게 대응전략을 구사하는지 분석한 것이다. 이러한 고객의 심리변화 과정은 개업 공인중개사가 고객의 행동을 독려하거나 제지하는 것을 반복하며 Win-Win계 약이라는 최종 결과로 이끌어야 하기 때문에 실무경험을 바탕으로 부동산중개의 특 수성을 감안하여 부동산중개협상 실무 과정이라는 내용으로 구성하였다.

여기 물건을 아주 잘 팔 수 있는 비법이 있다. 그것도 아주 정석이며 표준이고 법칙 에 가까운 방법이 어린이들의 노래 가사 속에 녹아있는 것이다. 그저 놀라울 뿐이다.

"시장잔치"

수박 수박이 나왔어요
시원한 수박이 뚱뚱해요
참외 참외가 나왔어요
샛노란 참외가 꿀맛이에요
내일은 못 사요
빨리빨리 사가세요
내일은 못 사요
다 떨어집니다

호박 호박이 나왔어요
못생긴 호박이 더 맛있대요

오이 오이가 나왔어요
날씬한 오이가 멋쟁이에요
내일은 못 사요
빨리빨리 사가세요
내일은 못 사요
다 떨어집니다

▷ 수박 수박이 나왔어요 : 삼십육계화법이다. 도망갈 명분을 만들어주고 쉽게 접근할 수 있도록 해주어야 한다. "그냥 구경이나 한번 하세요." 하면서 부담 없이 오도록 만드는 화법이다. 또한 물건을 알리는 기능을 한다. 알리지 않으면 잠재고객들이 알 수 없다. 이것을 해주는 것이 마케팅이고 광고이다.

▷ 시원한 수박이 뚱뚱해요 : 물건에 대한 설명은 인간의 5감을 자극할 수 있도록 구성하여야 하고, 특히 눈에 보이듯 스케치법으로 브리핑해야 한다. 크고 맛있는 수박이 몸을 시원하게 해줄 것 같지 않은가?

▷ 샛노란 참외가 꿀맛이에요 : 영업화법이다. 물건의 장점을 알아야 하고 장점을 고객의 이점에 연결시킬 줄 알아야 한다.

▷ 내일은 못 사요. 다 떨어집니다 : 고자세 화법이다. "서두르세요! 사고 싶어도 내일이면 없어요!" 이런 화법은 매도자우위시장[72]의 경우에 등장한다. 여러분도 사고 싶지 않은가?

▷ 빨리빨리 사가세요 : 선동화법이다. 사람들이 줄 서 있으면 무슨 일인지 몰라도 다른 사람들도 일단 줄을 서고 본다. 사람들이 몰려있으면 무슨 일인지 궁금해 몰려간다. "지금 난리입니다." 하고 외치는 소리가 들리면 귀가 솔깃하고 눈이 간다. 관심을 확실히 끌 수 있는 것이다.

▷ 못생긴 호박이 더 맛있대요. 날씬한 오이가 멋쟁이에요 : 모든 사물은 양면이 있기 때문에 다른 측면에서 보면 단점이 아닌 장점이 보이기도 하는 것이다. 중

---

72) 매물은 적고 매수자가 더 많은 시장을 매도자우위시장이라 한다.

개사는 물건의 단점을 장점으로 치환시킬 줄 알아야 한다.

이런 노래가사의 기법들이 다음의 부동산 협상 과정에 핵심적으로 쓰이게 된다.

1. 부동산중개협상은 AIDA보다 더 전진된 과정

중개사 중에는 중개업을 잘하는 사람도 있지만 성격에 맞지 않아서 중도에 포기하려는 갈등 속에 있는 사람도 있다. 그 원인을 찾아보면 중개업에 대한 시각, 접근 방식, 취급 업종, 본인의 성격과의 일치여부와 관련이 있음을 알 수 있다.

우리는 부동산중개업을 어떠한 시각으로 봐야 할까.

세상이 이렇게 큰 경제규모로 돌아갈 수 있는 것은 마케팅하는 사람들이 잠재고객을 연구하여 내면의 바닥에 숨어있는 욕구를 끌어낼 상품을 기획하고, 공장과 사무실에서 그런 상품과 서비스를 만들어내고, 이내 세일즈맨들이 신발이 닳도록 뛰어서 판매를 이루어 냄으로써 경제라는 거대한 수레바퀴가 돌아가게 하기 때문이다. 이렇게 공장과 사무실이 돌아가고 그 직원들이 일을 하고 그 수입으로 가족들을 부양하는 과정이 이어지는 것이다. 한 집안에 경제적 잉여분이 축적되면 자녀의 교육에 더 많은 시간과 경제력을 투입할 수 있고 이내 집안에 과학자와 창조적인 일에 종사할 수 있는 가족이 생긴다. 한 국가에 부가 축적되면 생필품 생산에 종사하지 않아도 되는 학자 집단과 문화상품 생산 집단이 존재할 수 있게 되고 그들의 성과는 다시 생산성의 효율성을 높이는 선순환이 이어져 인간의 삶은 전체적으로 윤택해지는 것이다.

부동산도 또한 같다. 팔 의사가 없는 사람들에게 팔아야 하는 필요성, 긴급성을 부각시켜 팔게 하는 것이 잘못일까? 살 의사가 없는 사람에게 사놓을 만한 가치가 있다며 현재가치와 미래가치를 인식시켜 사게 하는 것이 잘못일까? 필자는 전혀 아니라고 본다.

경제는 화폐의 순환이 멈추는 순간 곳곳에서 괴사가 일어난다. 부동산은 소유자가 바뀌었다 해서 썩거나 없어지지 않는다. 소유주만 바뀌었을 뿐 세상에 그대로 존재하며, 제기능을 다하지 못하는 건축물들은 사라지고 신기술과 신소재로 무장한 멋진 건물들로 바뀌어 공급된다. 그것들이 순환되어야 세상이 돌아가지 않겠는가.

부동산을 팔지 않고 죽을 때까지 가지고 있다가 불로소득이 최고에 달했을 때 팔거나 상속하여 자식에게 넘겨주는 것이 사회전체적인 측면에서 최선의 선택일까. 독자들도 그것은 아니라고 생각할 것이다. 매매가 일어나면 그 세금으로 국가가 돌아가고 일자리가 생기고 그 일에 종사하는 사람들이 생계문제를 해결한다. 대한민국의 수도 서울만 봐도 도시 곳곳에 단층건물이나 나대지가 세금 때문에 팔지 못하고 있는 것을 볼 수 있을 것이다. 주택공급이 부족한 서울에서 그 땅이 개발되어 주택이 공급된다면 얼마나 좋겠는가. 그러나 소유주는 여러 가지 이유로 그렇게 하지 않는다. 그것은 소유주 개인과 가족의 이해관계 때문일 뿐 이 전체사회를 위해서는 바람직한 것이 아니다.

이때 공인중개사가 팔 마음이 없는 소유주를 설득해 소유주의 이익을 극대화 하면서 이 사회에서 필요로 하는 주택이나 근린시설을 지어 공급되도록 거래를 성사시킨다면 어떻겠는가.

필자는 불모지에서 수요를 창출하고 거래를 만들어내는 중개사들을 보면 존경심이 든다. 개개의 거래 건을 보면 매도자와 매수자의 제로섬게임으로 보일 수 있겠지만 더 크게 보면 이 행위는 세상에 경제의 순환이라는 물결을 일으켜 세상이 건강하게 살아 숨 쉬게 하는 세상에 대한 기여라 할 수 있는 것이다.

일부 언론이나 사람들이 부동산중개업자를 부정적으로 묘사하는 경우가 있다. 그러나 그것은 부동산문제가 유난히 심각한 우리나라의 제도나, 일부 중개사의 일탈로 피해를 본 사람들이 중개업자 집단 전체를 싸잡아 욕하는 것일 뿐이다. 어느 업종이나 문제가 있는 사람은 있을 수 있으며, 그 고객 중 피해자는 있게 마련이다. 부동산중개업 그 자체만으로 봤을 때는 세상에 꼭 필요한 직업이며 보람 있는 일이라고 단언한다. 결국은 내가 잘하면 되는 것이다.

부동산중개는 어떤 식으로 해야 할까? 부동산 중개를 협상의 과정으로 본다면 그 과정의 구간 구간은 어떤 식으로 채워나가야 할까?

부동산 협상경험이 많은 중개사는 기본적인 스킬과 오랜 노하우 그리고 직감으로 고객을 리드해 나간다. 기본적인 협상기술은 책이나 강의, 유튜브 등에서 접할 수 있다. 그러나 다음 경우의 수를 보면 알 수 있듯이 기본적인 변수만 잡아도 1728가지 경우가 있기 때문에 "부동산협상은 이렇게 해야 한다"라는 유일한 법칙은 존재할 수 없는 것이다.

- 고객유형(박사형, 기업가형, 공무원형, 건달형, 무지형, 집단형 등)
- 남녀(2)
- 노소(2)
- 시간대(오전, 오후, 저녁)
- 취득유형(거주목적, 투자)
- 물건유형(주택, 상가, 토지 등)
- 시간 상황(긴급, 여유)
- 고객의 심리적 상황(좋을 때, 안 좋을 때)
  = 6×2×2×3×2×3×2×2=1728가지 경우

물론 여기에 제시된 과정과 대응이 모든 상황에 다 맞는 유일한 답일 수는 없지만 21년간 부동산중개업을 하고 현재도 하고 있는 필자가 일반 개업 공인중개사사무실에서 가장 보편적으로 진행되는 프로세스에 따라 고객의 심리변화 과정을 절차에 따라 분석해 제시하는 것이다. 단, 하기의 고객 심리변화과정은 큰 과정을 분석하고 단계를 나누어 제시한 것이지만 각 과정 안에서도 동일한 과정이 진행되고 있다는 것을 알아야 한다. 즉 큰 리듬 속에 작은 리듬들이 계속 반복되고 있는 것이다. 더불어 이 과정은 가장 까다로운 고객의 심리과정을 처음 만났을 때부터 다룬 것이다. 쉬운 고객이나 성격이 심플한 경우의 고객은 물건 하나만을 보고도 "더 볼 필요 없이 그냥 이걸로 계약합시다."하는 경우도 있다. 이것은 물건에 따라, 고객의 유형에 따라 다르고 고객이 나와 만나기 전에 다른 중개사를 통해 많은 물건을 봤기 때문에 빠른 판단을 하는 것일 수도 있다.

이제부터 마케팅을 위하여 만난 것이든 우연히 만난 것이든 처음 새로운 잠재고객을 만났을 때부터 고객의 심리변화 과정과 중개사의 대응과정을 보도록 하자.

2. 부동산중개협상 과정

부동산 거래계약 중 가장 단순한 과정 하나를 보면 「어느 날 처음 보는 매물주가 물건을 내놓았는데 우연히 물건을 찾는 방문고객이 있어 보여줬더니 바로 계약이 되었다」는 스토리일 것이다. 그러나 우리가 논하고자 하는 부동산중개협상은 아무것도 없는 바닥에서부터 단골고객을 만들어가는 과정 전체를 조망하고자 하는 것이다. 부동산중개협상 과정은 다음과 같은 어프로치 → 주의 → 흥미 → 연상 → 욕망 → 선택 → 확신 → 결단 → 구매신호 → 클로징 → 애프터서비스 → 업그레이든어프로치의 과정을 거치는 것이 정석이라 할 수 있다.

〈표 5-4〉 고객의 심리 및 행동 변화과정

과정	목표
어프로치	• 호감 형성
주의	• 당근과 채찍으로 주의 끌기
흥미	• 흥미로운 제안으로 기대심 형성
연상	• 장점을 이점으로 연결
욕망	• 시각화와 숫자화
선택	• 비교법
확신	• 제거, 누르기, 보증으로 반대를 극복
결단	• 긴급 상황, 경쟁상황 조성
구매신호	• 입, 눈, 손, 발에서 구매신호 포착
클로징	• 차분하되 신속하고 자연스럽게 클로징
애프터서비스	• 단골고객 만들기
업그레이든어프로치	• 평생고객 만들기

1) 어프로치

(1) 어프로치의 목표

① 안면트기

자본주의 사회, 경쟁 사회 속의 경영자는 소심한 은둔자가 되어서는 안 된다. 지나치게 과시적이거나 말이 많은 사람도 바람직하지 않겠지만 당당하고 안정감이 있는 정도는 보여줘야 한다. 특히 부동산 중개업을 하는 사업가는 생활의 모든 상황 속에서 처음 보는 사람들에게 얼굴을 들이밀고 나의 이름을 한 번쯤은 들어보게 하는 습관을 들여야 한다. 즉 어떤 모임을 가든 그 모임이 끝나기 전에 자기를 소개하고 한 마디 정도는 해야 한다. 이러한 습관은 친목회 활동, 지역 봉사활동 등 모든 사회활동 속에서 이루어져야 한다.

② 호감과정

남성들 간의 만남에서는 서열이 정해지지 않으면 불편함이 지속되는 현상이 있다. 그렇기 때문에 대부분의 남성은 공통요소를 빨리 찾아 서열을 신속하게 정해버려야 마음이 편해진다고 생각한다.

'나는 그런 거 필요 없다'고 생각할지라도 여러분은 사업가이기 때문에 보편적인 시각에서 다른 사람의 바람을 존중해줘야 한다.

조심스럽게 상대방을 탐색해보고 공통요소(성씨에 따른 본관, 고향, 학교, 군대, 취미, 전문 분야 등)를 발견하기 어렵다면 마지막으로 나이에 의한 서열이라도 정해야 한다. 서열을 찾았다면 다음과 같은 대화가 오갈 것이다.

"아! 저는 원숭이 띠인데 제가 동생(후배)이네요!"
"앞으로 형이라 부를게요."
"괜찮죠?"
"그래! 편하게 해! 동생"

이러한 과정이 끝나면 이제부터는 웃기도 하고 어깨도 툭툭 치며 손도 잡을 수 있고 말에도 정감이 꿈틀거리기 시작할 것이다. 여러분은 호감과정을 잘 마친 것이다.

여성의 경우는 호감과정이 남성과는 많이 다르다. 여성들은 육아, 교육, 건강 등에 관한 대화를 하며 그 속에서 상대의 성향과 경제·사회적인 상태를 알아보고 공감하는 부분이 있으면 서로에게 호응하며 호감도를 키워 나간다.

이러한 과정은 한 번에 이루어지지 않고 접촉빈도를 높여가며 많은 대화를 해 나가는 과정에서 차곡차곡 쌓아가는 것이다. 여성들이 친한 친구와 만나면 카페에서 하루 종일 대화를 할 수 있는 놀라운 능력은 인간관계를 맺어가는 여성들만의 방식인 것이다.

③ 인식과정

여러분은 처음 만나는 상대가 나를 어떻게 인식했으면 좋겠는가. 지금 사업에 대한 열정으로 가득 차있는 여러분이라면 당연히 나는 부동산 전문가로 인식되어야 할 것이다. 여러분 이름으로 출판된 책이 있다면 더 확실한 증거로 작용할 것이다. 그리고 성실하며 신뢰할 수 있는 사람이어야 할 것이다.

여러분이 다른 사람에게 나를 인식시키는 과정은 자연스러워야 한다. 첫 만남에서 다 이루려고 하면 흐름이 삐끗거리고, 불편하게 자신을 들이미는 장사꾼으로 보일 수 있기 때문이다. 장사꾼으로 보이는 순간 이 과정은 실패한 것이다. 정상적인 과정으로 되돌린다 해도 많은 시간과 노력이 필요하게 되며 투자시간에 비해 경제성이 맞지 않을 수 있는 것이다.

(2) 어프로치 방법

① 고객 데이터베이스의 조직별·인별 대상에 등록하여 체계적으로 진행한다.

목적을 가지고 사람을 만난다는 것은 그 대상에게 불쾌한 감정을 일으킨다. 그러나 아무 목적도 없이 약속시간을 정해 사람을 만나는 사람은 없다. 그 목적이 추상적인 것인가, 구체적인 것인가, 선의인가 악의인가의 문제일 뿐 목적은 있기 마련이다.

부동산 중개업자가 사람을 만나는 것은 어떤 목적이 있는가. 몇 가지로 분류해보자.

첫째, 인간이 본질적으로 사회적인 동물이기 때문에, 그리고 사람 속에 속해 있어야 하기 때문에 당연히 그렇게 한다.

둘째, 부동산과 관련해 거래할 일이 있을 때, 될 수 있으면 고객이 나에게 의뢰해주기를 바라는 목적이 있다.

셋째, 다른 분야의 전문가에게 자문을 받거나 새로운 정보를 얻기 위하여 필요하기 때문에 사람들을 만나게 된다.

이 셋 중에 나쁜 목적은 없다. 단지 상대측에서 나를 관리대상으로 하고 있다는 것을 알게 되면 기분이 유쾌하지는 않을 것이다. 그럼에도 불구하고 중개사가 나의 생일과 대소사까지 챙겨준다면 그 불쾌함은 만족감으로 극적 전환을 이룰 것이다. 그러한 데이터베이스는 자신만의 비밀재산으로 해두어야 할 것이다.

② 윤활유 칠하기

일반적으로 사람들은 모르는 사람이 말을 걸어오면 당황하고 불편해 한다. 그러나 한 번 정도 안면이 있는 사람이 말을 걸어오면 거부감이 덜하며 오히려 호기심이 발동하기도 한다. 이러한 인간심리의 진행순서를 지키며 그 흐름을 따라가야 한다. 자연스럽게 말을 걸어야 할 상황이면 말을 직접 걸 수 있다. 그러나 그렇지 않은 상황이면 다중을 대상으로 인사를 할 때 상대가 나를 볼 수 있게 하거나, 직접적으로는 목례만 하는 정도로 끝내야 한다. 그런 다음에 두 번째 만남에서 구두(口頭)인사를 하고 주로 경청하거나 간단한 질문 정도만 해야 한다. 첫 만남에서 안면을 튼 것이 다음 만남에서는 관계를 부드럽게 하는 역할을 하기 때문에 안면트기를 윤활유 칠하기라 한다.

③ 내가 먼저 업무 이야기를 하지 않는다.

특정한 목적을 염두에 두고 사람을 만나게 되면 대화하는 동안 계속해서 용건을 이야기하고 싶은 욕구 때문에 말이 계속 입속을 맴돌 것이다. 그러나 상대 또한 당신이 중개업자라는 것을 알고 있다면 당신이 부동산에 대해 이야기하고 싶어 한다는 것을 알고 있다. 그렇기 때문에 당신이 먼저 이야기하지 않아도 상대가 먼저 관련 이야기를 꺼낼 것이다.

조급해하지 말고 상대를 나의 부모형제나 친구로 생각하며 도움을 주기 위해 경청하고 필요한 것이 있으면 요점만 물어보면 된다. 상대가 도움을 요청할 때 자문을 해주는 것과 나의 목적을 이루기 위해 상대에 대해 캐묻는 것은 상대가 받아들이는 데에 있어 극과 극의 감정을 느끼게 되는 것이다. 일의 진행에 있어서도 상대가 먼저 요청해 왔을 때 내가 일을 주도해 나가는 것이 수월해진다.

④ 라포르73)가 먼저 형성되어야한다.

고객 상담을 하다보면 처음부터 어색했던 분위기가 끝까지 어색하게 진행되다가

---

73) rapport[Rapɔːr] 심리학 용어로 사람과 사람사이에 생성되는 신뢰로 감정적으로 친근감을 느끼는 정도의 관계.

성과 없이 고객이 떠나는 경우가 있다. 고객이 자신에 대해 이야기할 준비가 되어 있지 않고 중개사 또한 고객이 어딘가 모르게 불편하게 느껴지는데 그러한 문제를 해결하지 않고 상담을 계속 진행하는 것은 첫 단추가 잘못 끼워졌는데 계속 끼우는 것과 같다. 이것은 라포르가 형성되지 않았기 때문에 발생하는 일이다. 라포르는 꼭 오랜 시간 같이해야만 형성되는 상태는 아니다. 첫인상과 처음 몇 마디에서 오는 감정이다. 라포르가 형성되지 않았다고 판단되면 첫 만남의 긴장을 풀기 위해 가벼운 이야기부터 시작해야한다. 다음과 같은 방법이 라포르 형성에 효과적인 방법이다.

ㄱ 날씨 이야기를 하거나 차(Tea)를 한 잔 권해본다.
ㄴ 중개사가 고객에게 평소 가족이나 친구에게 하는 말투로 이야기 한다.
ㄷ 고객의 성이나 이름을 부르면서 상담한다.
   "김사장님! 이런 때는 이 방법이……."
   "민준씨! 임대인에게 나간다고 이야기하셨어요?"
ㄹ 고객에 대한 칭찬이나 웃음이 나올 만한 유머로 시작한다.

일단 라포르가 형성되고 나면 그 다음부터는 이야기가 편해지고 필요한 해답을 찾기가 쉬워지는 것이다.

⑤ 어프로치 실패 시 삼변전략(사람, 장소, 시간)

만약 상담을 진행했는데 고객이 일반적이지가 않아 전혀 먹히지 않는 경우가 있다. 이런 경우에는 접근방법을 바꾸어봐야 한다.

먼저 상담자를 바꾸어 보는 것이다. 고객에 따라 중개사와 성격이 전혀 달라 거부감을 느끼는 경우 엉뚱한 이야기만 하고 진행이 안 되는 경우가 있다. 이럴 때는 상담자를 바꾸어 본다. 박○○중개사는 다른 중요한 일이 있어 외근을 나가야 하기 때문에 김○○중개사가 상담한다는 시나리오로 다시 시작하는 것이다.

다음으로 미팅 장소를 바꾸어 보는 것이다. 사무실에서는 대화가 자꾸 막히다가 바람이나 같이 쐬자며 가까운 근린공원이나, 옆에 있는 커피숍에서 이야기를 했는데 분위기가 바뀌니까 고객의 입이 터지는 경우가 있다. 식당으로 이동하거나 술집으로 이동할 수도 있다. 상황에 따라 적절한 분위기로 장소를 바꾸어 보는 것이다.

마지막으로 미팅 시간대를 바꾸어 보는 것이다. 여러 차례 상담을 진행했는데도 진도가 나가지 않는다면 그동안은 주로 오전 시간에만 만났는데 이번에는 퇴근 후 저녁시간에 만나는 것이다. 사람에 따라 아침에 기운이 성한 사람도 있고, 저녁시간이 되어야 기운이 쌩쌩해지는 사람도 있는 것이다.

(3) 어프로치의 성공신호

어프로치에 성공했다는 것은 어떻게 알 수 있을까. 상대가 다음과 같은 반응을 보이게 되면 일단 어프로치에 성공했다고 생각해도 된다.

① 상대가 먼저 업무를 언급한다.

고객의 입장에서 중개사가 편안하게 느껴지고 전문가로 보이게 되면 본인의 부동산 관련 이야기를 먼저 꺼내게 된다. 이때 얼씨구나 하고 덥석 달려들면 안 된다. 의사가 환자를 문진하듯이 전문가 입장에서 접근해야 한다. 객관적인 사실을 정확히 듣고 메모하면서 필요한 것은 질문하며 차분하게 상담해야 한다. 중개사의 성격이 원래 차분하고 치밀하며 다정다감하면 일부러 노력하지 않아도 차분하게 보이셌지만, 만일 중개사가 급한 성격이라면 계약이 완성되기 전까지 욕심이 드러나지 않도록 항상 주의해야 한다.

② 보디랭귀지를 통해 호감을 보여준다.

부동산은 고가의 상품이기 때문에 고객은 기본적으로 재산이야기를 할 때 항상 경계하기 마련이다. 그렇기 때문에 좋은 감정이 있고 중개사를 신뢰한다 해도 잘 표현하지 않게 된다. 이때 고객이 중개사의 어프로치를 수용하는지 확인할 수 있는 고객의 몇 가지 보디랭귀지가 있다.

㉠ 손이 턱이나 입 주위에 가 있다.
㉡ 손바닥을 비비거나 펴 보이거나 손바닥을 다른 손등위에 놓는다.
㉢ 눈이 커지고 편안한 시선을 교환하며 동공이 확대된다.
㉣ 고객이 웃으면서 팔짱을 풀고 편안한 자세를 취한다.
㉤ 담배를 피울 때 담배연기를 위쪽으로 뿜거나 커피를 편하게 마신다.
㉥ 고개를 끄덕이거나 머리를 옆으로 비스듬히 기울인다.

이러한 보디랭귀지는 연인간에 쉽게 볼 수 있는 보디랭귀지로 고객이 중개사에게 호감과 신뢰를 보낸다는 신호이다. 이런 신호를 보게 되면 중개사가 다음단계로 진도를 나가도 고객은 자연스럽게 따라오게 되는 것이다.

2) 주의

(1) 주의단계의 목표

사람들이 모인 곳에서는 항상 주의를 끄는 일들이 발생한다. 우리에게 위협이 되는 일이 발생하거나 큰 이익을 볼 사건이 생기면 우리의 주의는 그쪽으로 자연스럽게 쏠린다.

부동산과 관련해서는 어떤 일들이 우리의 주의를 끄는가. 고객의 주의를 끌기 위해서 중개사는 어떤 메시지를 던져야 하는가. 평이한 사건이나 주변에서 흔하게 생기는 일들은 고객의 주의를 끌지 못한다. 자극적인 것들이 주의를 끌기 마련이다.

즉, 당근이 될 만한 메시지를 던지거나 채찍이 될 만한 메시지를 던져 고객의 주의를 환기시켜야 한다.

(2) 주의를 끄는 방법

이런 기사를 본적이 있는가. "ㅇㅇ지구 아파트가격 하루사이 1억 폭등" "내년부터 제2의 IMF 시작된다." "ㅇㅇ회사 부도, 보유부동산 초 급매" 등. 이런 기사를 보면 자연스럽게 눈이 가고 관심이 가게 마련이다. '혹시 내가 잡을 수 있는 물건인가!' '투자해볼까!' 하는 생각을 유발하는 뉴스인 것이다.

어프로치 단계를 지난 잠재고객에게는 당근이나 채찍이 될 만한 메시지를 자연스럽게 던져야 한다. 부동산 중개사무실의 경우 사무실 보드에 뜨는 지역에 관한 신문기사를 스크랩해 붙여놓거나 지도에 지정 정비구역 등을 표시해 둔다. 부동산 광고의 경우에도 일반적인 매물은 주의를 끌지 못하며 "초특급" "급매물" 등의 타이틀을 달아야 눈이 가게 되는 것이다.

이처럼 목표로 하는 잠재고객이 있다면 직접적으로 제안하기 전에 지나가는 이야기나 혼잣말처럼 당근과 채찍을 던져본다. "급매물이 하나 나왔는데 같이 투자할 사람 주변에 없을까?" "내년부터 부동산 세금 엄청 올린다는데 오피스텔 투자해 놓은 것 빨리 팔아야 할 것 같아요." 등의 이야기를 가볍게 던지는 것이다.

(3) 주의를 끈 신호

마음이 움직이면 그것을 숨기려는 사람이 있고, 호기심을 가지고 적극적으로 물어보는 사람이 있다. 직접 물어오면 다음단계로 넘어가면 되지만 그렇지 않은 경우 고객은 어떻게 행동할까. 고객은 인터넷을 검색해보거나 다른 곳에 물어보게 된다. 그리고 그 정보가 확실하면 "저번에 이야기 했던 건 어떻게 됐어요?" 하고 관심을 보일 것이다. 그렇기 때문에 그 자리에서 반응이 없으면 기다려야 한다.

3) 흥미

(1) 흥미단계의 목표

고객이 흥미 있어 할 만한 솔깃한 제안을 해야 한다. 솔깃한 제안은 큰 이익이 걸려 있거나, 큰 위험을 피해갈 수 있는 방법이거나, 고객에게 꼭 필요한 것일 필요가 있다. 고객에게 솔깃한 것이 무엇인가는 고객이 처한 상황이나 시장상황에 따라 달라질 것이다.

(2) 흥미를 유발하는 방법

솔깃한 제안에는 어떤 것들이 있을까. 주택가를 걷다보면 전봇대에 이런 내용의 전단지가 붙어 있는 것을 보았을 것이다.
"다가구 매물 구합니다. 당일계약 가능"
다구구주택을 부동산에 매물로 내놓았는데 소식이 없을 때 이런 전단지를 보면 어떤 생각이 들겠는가.
"최고가격을 받아드리겠습니다."
이런 제안은 어떠한가?
"중요한 일이니 지금 바로 사무실로 나와 보세요!"
흥미를 유발할 수 있는 제안은 그 상황에 따라 다양할 것이다.

(3) 흥미를 느낀 고객의 신호

중개사의 제안에 흥미를 느낀 고객은 중개사에게 상세내용을 질문하거나 물건을 보여 달라는 등 실제 행동으로 움직임을 보이게 된다. 전화상담으로 시작한 경우 사무실에 방문하겠다는 구두약속이나, 연락 없이 갑자기 사무실을 방문하게 된다. 이것은 고객이 중개사의 제안에 흥미를 느낀 것이다.

4) 연상

연상은 고객이 중개사의 제안에 주의를 기울이고 흥미를 느낀 뒤 그 거래가 이루어졌을 때 어떤 이익과 이점이 있는지 상상하게 하는 단계다.

(1) 연상단계의 목표

고객이 계약을 했을 때의 만족을 연상하게 하기 위해 가장 기본적인 방법은 물건의 장점을 고객의 이점으로 연결시키는 것이다. 고객이 물건을 찾을 때는 고객 본인의 조건이 있다. 금액, 잔금까지의 기간, 물건의 상태, 계약조건, 임대차내역, 물건의 위치, 학교, 관공서, 공원, 직장 출퇴근을 위한 교통, 주차장, 층간소음, 냉난방등 수많은 조건 중에 고객이 중요시하는 조건들이 분명 있다. 대부분 그 조건들을 스치듯 가볍게 이야기하지만 그 조건에 관한 이야기를 두세 번 했다면 그 조건(이점)이 계약을 위한 열쇠임을 알아야 한다. 물건의 장점을 고객이 요구하는 조건(이점)으로 연결시켜 강조해야 한다. 장점을 이점으로 연결시키지 못하고 장황하게 장점만 계속 이야기하면서 말이 많아지면 신뢰가 떨어진다.

또 하나의 중요한 방법 중 하나는 물건이 이제 갓 나온 새로운 것이라는 점을 강조하는 것이다. 내놓은 지 오래된 물건은 매수(임차)고객의 입장에서 고려대상이 아니다. 뭔가 문제가 있기 때문에 오래되었는데도 안 팔리거나 안 나간다고 생각하는 것이다. 그렇기 때문에 고객에게 물건 브리핑을 할 때 새로운 물건은 분명하게 나온 지 얼마 안 된 물건임을 강조하고 인식시켜야 한다. 물론 오래된 물건도 안 팔리는 이유가 분명하고 그것이 물건자체 때문이 아니라는 것을 확신시켜 줄 수 있다면 그 문제점을 해결한다는 전제하에서 진행이 가능하다.

(2) 연상시키는 방법

여러분은 어떤 경우에 연상이 잘 되는가. 누군가 설명을 해줄 때 그림을 그리듯이 해준다면 연상이 쉽게 될 것이다. 어려운 용어는 피하고 중학생 정도면 이해할 수 있는 언어로 그림을 그리듯이 쉽게 브리핑 하는 것이다. 그 그림 중에 고객이 주인공이 되어있는 그림이면 더 실감날 것이다. 또한 부동산은 인간생존의 필수재이자 투자재의 성격도 있기 때문에 가능하다면 금전으로 환산해서 설명하면 더욱 뚜렷하게 본능을 자극하여 생생하게 느낄 수 있게 할 것이다.

(3) 연상의 신호

중개사의 브리핑이 고객의 머릿속에 연상을 일으켰다면 고객은 당연히 그것을 눈으로 확인하고 싶을 것이다. 즉 물건을 보러가자고 할 것이다. 그것이 매물이라면 기대감에 보디랭귀지로 그 기대를 표현할 것이다. 나타나는 보디랭귀지는 다음과 같은 것이 있다.

① 얼굴이 환해지고 동공이 확장된다.
② 빨리 가자고 보채는 아이처럼 의자에서 일어서 먼저 움직인다.
③ 핸드폰이나 가방을 챙겨든다.
④ "보러 갑시다." 하고 구두로 직접 표현하기도 한다.

5) 욕망

(1) 욕망단계의 목표

고객의 입장에서 욕망은 이것을 사고 싶다는 마음이 강해지는 것이다. 사실 모든 인간은 소비의 동물이고 소비자는 사고 싶어 하며 그 갈증은 항상 인간 내면에 존재하고 있다. 인간이 기본적으로 생존을 유지할 수 있는 것은 물질에 의존하고 있기 때문이며 그것이 인간의 본성이건 물질이 주는 만족감의 환각이건 인간은 무엇인가 소비하고 싶어 하는 본능이 있는 것은 분명하다. 만일 여러분만 홀로 무한한 자금력을 가지고 있다면 살 수 있는 것은 다 사놓을 것이다. 단지, 자금력이 한정되어 있고 한정된 자금을 효율적으로 사용해야 하기 때문에 망설이는 것일 뿐이다.

이러한 인간의 구매 욕구를 자극하기 위해서는 그 물건의 효용가치나 교환가치중 하나가 크고, 아무 때나 구할 수 있는 것이 아니어야 지금 사고 싶다는 마음이 생긴다. 그렇다면 그 가치가 얼마나 큰지 시각화하고 숫자 화하여 분명하게 보여주어야 할 것이다. 그리고 지금 구매하지 않을 경우 같은 기회를 잡기 어렵다면 그 욕망은 극대화될 것이다. 이처럼 시각화와 숫자화를 통해 마음속의 사고 싶다는 욕망을 자극해야 한다.

(2) 욕망을 일으키는 방법

욕망은 연상이 더 강화된 단계라 할 수 있다. 부동산 중개는 브리핑을 통하여 그 개요와 장단점, 미래상을 보여준 후 현장으로 이동해 답사를 할 수밖에 없다. 그런데 현장에서 직접 보니 브리핑 들었던 것 보다 부족하다면 어떨까. 당연히 실망할 것이다. 그렇기 때문에 고객과의 상담으로 고객이 A라는 물건이 분명 마음에 들어 할 것으로 판단이 된다면 브리핑 시 중요한 장점 한 가지 정도는 히든카드로 숨겨놓는 것이 좋다. 눈에 보이지 않는 장점이라면 현장에서 시각화해 추가 설명해주고 고객이 눈치 채고 있다면 그냥 지켜봐도 괜찮다. 고객은 금액이 올라가거나 중개사가 많은 중개보수를 요구할까봐 좋아하는 마음을 숨기고 조용히 중개사에게 시큰둥하게 "그 럭저럭 괜찮네요! 계약하죠!" 할 것이다.

욕망이 불을 뿜는 다른 경우는 다른 물건에 비해 상대적으로 크게 좋은 물건이 있을 때이다. 대부분의 고객은 다양한 물건을 보러 다니며 주변시세를 알아보게 되어 있다. 중개사가 이러한 물건을 가지고 있다면 혹시 고객이 이전에 봤던 물건들이 어떤 것인지 상담을 통하여 알아본 후 비교물건으로서 최상급이라는 확신이 들 경우 비교법으로 고객의 욕망을 자극해야 한다. 또한 이렇게 훌륭한 물건은 금방 팔리는 물건인데 매도자가 아는 부동산 한 군데에 더 내놓았기 때문에 언제 나갈지 모른다는 점, 지금 잡지 않으면 놓친다는 점을 강조하여 선택의 단계로 이끌고 가야 한다.

(3) 욕망이 생긴 신호

기대 이상의 물건이 눈앞에 있고 그것을 손에 쥘(소유, 점유)수 있는 상황이라면 욕망을 숨기고 싶겠지만 기대감에 따른 기쁨의 보디랭귀지가 보일 것이다. 그것을 잘 캐치하기 바란다.

① 흐뭇한 표정을 짓는다.
② 확인할 것을 다 확인했는데도 그 장소에 오래 머무른다.
③ 계약조건들을 다시 물어본다.

6) 선택

(1) 선택단계의 목표

선택단계의 목표는 비교법을 통하여 선택하도록 유도하는 것이다. 거금을 지출하는 고객은 서명·날인을 하고 계약금을 지급하고 난 후 까지도 잘한 계약이라는 것을 확인받고 싶어 한다. 당연히 잘 한 것이다. 조금이라도 중개사가 불안해하거나 무엇인가 속이고 있는 것 같은 느낌을 받게 되면 고객은 심한 경우 계약금을 포기하기도 한다. 물건에 하자가 없고 잘 한 결정이어도 고객은 불안해하기 때문에 고객의 선택을 응원해주고 지지해 주어야 한다.

(2) 선택을 유도하는 방법

세상에 절대적인 부동산 물건은 없다. 항상 그보다 나은 물건은 있기 마련이다. 단, 개업 공인중개사의 입장에서는 현시점에서 그리고 그 지역에서 고객이 원하는 조건의 물건 중 가장 좋은 물건을 보여주고 있다고 믿어야 한다는 것이다. 중개사가 브리핑하는 물건은 일단 고객의 기본적인 요구사항에 적합한 것을 보여주기 때문에 어떤 물건이 제일 적합한가의 문제일 뿐 완전 불합격인 물건이 있다면 애초 중개사가 브리핑물건을 잘못 선택한 경우일 것이다.

그렇다면 몇 개의 물건을 어떤 순서로 보여줘야 할까? 일단 물건은 3개를 보여주는 것이 가장 적합하다. 너무 많은 물건을 보게 되면 먼저 본 물건들의 특성이 섞여버리거나 묻혀버려 명확하게 기억나지 않게 되고, 너무 적게 보여주면 아쉬움 때문에 결정하지 못하게 된다. 경험이 있는 중개사들은 다 아는 현상이겠지만 만약 감이 안온다면 비디오를 여러 편 볼 때를 상상해 보기 바란다. 영화를 여러 편 보게 되면 마지막 것만 기억에 남고 그 전에 어떤 영화를 봤는지 제목과 내용이 기억나지 않고 기억을 한다 해도 그 감동은 이미 가슴과 머릿속에서 식어버린 상태라는 것을 경험했을 것이다. 그와 똑같은 현상이 부동산 물건을 브리핑 듣고 현장을 답사하는 과정에서도 나타난다.

브리핑 순서는 어떻게 잡아야 할까? 물건이 3개가 있다면 A물건(가장 좋은 것으로 판단되는 물건), B물건(두 번째로 좋은 것으로 판단되는 물건), C물건(비교를 위해 등장시킨 물건으로 최하급)은 어떤 순서로 보여줘야 할까?

ⓐ A-B-C
ⓑ B-C-A
ⓒ A-C-B
ⓓ C-B-A

먼저 사람은 여러 가지 사물을 볼 때 맨 처음 본 물건과 가장 나중 즉, 방금 전에 본 물건을 가장 인상 깊게 기억한다고 한다. 그렇기 때문에 A와 B 둘 중 하나를 제일 먼저 보여주고 나머지를 제일 마지막에 보여줘야 할 것이다. 당연히 C는 중간에 보여줘야 할 것이다. 그렇다면 A와 B중 어떤 것을 가장 먼저 보여줘야 할까? 가장 먼저 본 것과 가장 가까운 시간에 본 물건 중 어떤 것이 더 좋게 느껴지고 강렬한 인상을 줄까?

필자의 경험상으로는 가장 먼저 본 물건이다. 그렇기 때문에 고객에게 선택하도록 하고 싶은 물건을 가장 먼저 보여줘야 한다. ⓒ가 이에 해당 한다. 또 하나 유념해야 할 것은 고객이 다른 중개사무실에서 어떤 물건을 봤는지 알아야 한다. 그렇지 않으면 이 모든 노력이 들러리의 역할로 전락할 수 있는 상황이 되기 때문이다.

이제 고객은 A라는 물건에 필(feel)이 꽂혀있다. 그렇지만 확신이 없어 좋으면서도 어떻게 해야 될지 몰라 우물쭈물한다. 이때 중개사는 고객의 선택을 도와줘야 한다. 모르는 척 하면서.

중개사 : "어떤 물건이 제일 나으세요?"
고객 :   "처음 본 물건이 제일 나은 것 같은데……."
중개사 : "어머! 사모님하고 제가 보는 눈이 같은가 봐요!"
　　　　 "저도 처음 물건이 제일 좋아 보이던데요. 남향이어서 겨울에도 따뜻하니 채광도 좋고, 난방비도 많이 들지 않고 또 거실이 넓어 아이들이 마음대로 뛰놀 수도 있구요."
　　　　 "그럼 처음 걸로 하세요. 제가 문제 되는 거는 다 조정해 드릴게요."

고객 : "그럴까요?"

멘트는 상황에 따라 달라질 수 있지만 중요한 것은 고객의 선택을 거들어주고 이끌어 주어야 한다는 것이다. 이때 중개사의 말 속도와 톤은 약간 높고 빠르게 고객의 기대감에 부응해야 한다.

다른 경우의 선택 유도 방법으로 "올가미 집" "귀신 집"이라는 형편없으면서 비싸기만 한 집을 먼저 보여준 후 목표로 하는 집이 더 좋으면서도 싸다는 느낌을 주거나, 강남의 8억 원에 분양하는 빌라를 먼저 보여주고 같은 평형대의 저평가된 서울 서부의 일부지역 신축빌라를 3억 원에 보여주는 방법 등이 회자되지만 일반적이지 않은 방법이다. 실수요자이건 투자자이건 대부분의 고객들은 원하는 조건이 있는데 심하게 요구조건과 맞지 않는 집을 보여주며 대조효과를 극대화하겠다는 전략은 비현실적이다. 물론 전혀 있을 수 없다고는 할 수 없지만 지나치게 관념적인 방법으로 보인다.

(3) 선택을 한 신호

고객은 특정 물건에 관심을 보이고 마음으로 선택한 것이 있지만 말로는 잘 드러내지 않으려 한다. 그러나 고객의 보디랭귀지와 말을 잘 관찰하고 들으면 어떤 물건에 관심이 있어 한다는 것을 알 수 있다. 이때 고객은 특정 물건에 대해 이것저것 다시 물어보거나 한 번 더 볼 수 있는지 물어볼 것이다. 고객은 마음속으로 그 물건을 선택한 것이다.

7) 확신

(1) 확신단계의 목표

고객이 A라는 물건을 선택했다 하더라도 구체적으로 물건상태를 다시 확인하거나 조건들을 다시 점검하고 매도(임대)인과 협의를 하다보면 문제가 되는 사항들이 새롭게 드러나는 경우가 있다. 이때 중개사는 제기되거나 발견된 문제점들을 해소하고 고객의 반대를 극복하여 확신을 심어주고 확답을 받아놓아야 한다.

(2) 확신을 주는 방법

고객의 우려와 문제점을 해소하는 방법은 기본적으로 다음의 3가지가 있다.

① 제거

제거는 고객이 어떤 사항이나 법률관계 등을 잘 못 이해하고 있어 확신이 없을 때 그 우려하는 바를 설명하고 증거를 제시하여 우려를 해소하는 것이다.

예) 주택 임대차계약을 하는데 임차인은 반드시 전세권등기를 해야 하는 것으로 알고 있고, 임대인은 등기부가 지저분해져 싫다고 하는 상황이라면 중개사는 임차인에게 주택임대차보호법상 대항력(입주, 전입신고)과 확정일자를 갖추면 별도 등기비를 들이지 않고도 전세권등기와 유사한[74] 효과를 볼 수 있다는 것을 설명하여 우려를 제거해야 한다. 추가로 인터넷에서 법률검색을 통하여 해당조문을 출력해 확인시켜주고 전세권등기 요구를 철회시킨다.

② 누르기

누르기는 고객의 우려를 일반화하거나 전문가의 권위로 더 이상 문제점으로 언급하지 못하게 하는 것이다.

예) 건축부지 매매의 경우 잔금 전 매도인 명의의 건축허가를 받거나 토지사용승낙서를 받아 잔금 후 사업을 바로 진행한다. 그렇지만 공동주택은 토지사용승낙서로 불가능하기 때문에 매도인 명의의 허가를 득해야 하는데 매도인이 본인 명의로 허가 받았다가 나중에 무슨 일이 생길지 모른다며 반대하는 경우가 있다. 구청을 찾아가 상담을 받아도 뚜렷한 대답을 듣지 못한다. 구청직원은 "보통 그렇게 많이 하기는 하는데 문제가 안 생긴다고 장담할 수 없다"라고 답한다. 이때 중개사는 그동안 동일하게 처리했던 사례를 들어주고 필요하다면 계약서를 보여주며 "건축부지는 다 그렇게 하는 겁니다. 제가 그동안 건축부지 계약서 쓴 거 다 보여 드리

---

[74] 등기된 전세권은 물권으로서의 특성이 있고 보증금 회수를 위하여 담보물권성에 기해 별도의 소송 없이 반대의무의 이행제공을 증명하는 서류만으로 경매신청을 할 수 있지만 임대차 고객이 우려하는 부분에 초점을 맞추어 설명한다.

겠습니다. 전혀 걱정 안하셔도 됩니다." "그것도 불안하시면 아는 건축사 사무실에 전화해서 확인해 보세요." 이것이 누르기의 전형적인 사례이다.

③ 보증

보증은 고객의 우려가 현실화될 가능성이 없을 때 상대고객이나 중개사가 책임지는 것이다. 부동산 중개를 하면서 책임을 진다는 이야기는 절대로 하면 안 된다는 이야기들을 선배들로부터 듣게 되겠지만 그것은 사안에 따라 다른 것이다. 책임을 지는 단계는 다음처럼 단계적으로 더 확실하게 할 수 있지만 고객이 만족하면 낮은 단계에서 끝내야 한다.

㉠ 구두책임
㉡ 이행(책임)각서
㉢ 이행(손해배상)보증금 걸기

예 1) 전세계약을 하려는 물건에 근저당대출금이 있다면 잔금 시까지 상환조건으로 계약할 수 있다. 그러나 임차인은 "상환 안하면 어떻게 합니까?" 하며 걱정한다. 대출금 상환은 잔금을 중개사가 보관(지참)하여 임대인과 함께 은행에 동행해 하면 되기 때문에 상환의 구체적인 방법까지 특약에 넣어주면 된다. 그래도 임차인이 걱정한다면 보증의 단계에 따라 해결하면 된다.

예 2) 위의 누르기가 수용되지 않는다면 그 다음 단계로 보증전략을 써야 한다. 매수자는 건축을 하려고 그 물건의 매매계약을 했기 때문에 잔금을 지급하고 나면 그 물건의 소유자가 된다. 매도자 입장에서 매도자명의의 건축허가 때문에 잔금 이후에 문제가 발생하면 매수자가 건축하고 있는 그 물건지에 책임(손해배상, 가압류 등)을 물을 수 있지만 매도자는 여전히 계약을 망설이고 있는 상태다. 건축허가와 관련해 건축주명의변경동의서라는 양식과 절차가 있고 건축과 관련된 문제는 그 명의자를 따라가기 때문에 매매계약서 특약에 건축허가와 관련된 추후 책임주체를 분명히 하고, 그래도 계약을 망설인다면 보증의 단계로 나가야 하는 것이다. 매수자가 보증할 수도 있고, 매도자가 요구한다면 매수자와 중개사가 공동으로 보증할 수도 있다.

(3) 확신을 가진 신호

고객이 확신을 가지게 되면 의구심이 수그러들거나 쏙 들어간다. 고객이 더 이상 이의제기가 없어지면 중개사는 고객을 빨리 다음단계로 리드해 나가야 한다.

8) 결단

고객은 확신을 가졌다 하더라도 이 물건이 내일도 있을 것이고 모레도 그대로 있는 것이라면 더 심사숙고하기 위하여 계약을 미루는 경향이 있다. 그렇기 때문에 미뤄서는 안 되는 상황을 만들거나 긴급한 상황을 진지하게 이해시켜야 한다.

(1) 결단단계의 목표

결단단계의 목표는 우물쭈물하다가는 고객이 이 물건을 놓칠 수도 있겠다는 상황인식을 갖게 하고, 이 물건으로 해야겠다는 결정을 심리적으로 하게 하는 것이다.

(2) 결단시키는 방법

고객이 결단할 수밖에 없는 상황을 연출해야 한다. 없는 상황을 연출할 수도 있지만 허구의 상황은 미리 준비되어 있어야 하고 부작용이 날 가능성이 커 중개사들도 꺼림칙할 것이다. 이왕이면 일반적인 시장상황과 현실적인 상황을 끌어내어 지금 결정을 내려야 하는 긴급성을 보여주는 것이다. 당연히 이 상황은 고객이 A라는 물건에 마음이 꽂혀 있음이 확실할 때라는 전제가 붙는 것이다. 관심도 없는데 경쟁을 붙이는 것은 황당한 웃음거리가 된다. 긴급 상황은 다음과 같은 멘트가 오갈 것이다.

"사모님! 오전에도 한 팀이 이 물건을 보고 갔어요. 집에 가서 의논해본다고 했는데 하겠다고 전화 오면 끝이에요!"

"이 물건은 주인이 친한 부동산 한 군데 더 내놓았다고 하는데 물건이 좋아 금방 나가는 물건이에요. 일단 주인을 불러내 되는대로 깎아보고 안되면 그냥 계약하세요."

"다른 손님이 보기로 예약되어 있는 물건이에요. 사모님이 먼저 왔기 때문에 먼저 보여드리는 거예요. 이정도면 최상급입니다. 시간 끌면 놓쳐요."

진심으로 필사적으로 "이런 기회 흔하지 않아요. 지금 사야 합니다." "요즘 손님 없어요. 이 금액이면 지금 팔아야 합니다." 눈을 보면서 이야기해야 한다. 이러한 결단을 촉구하는 멘트는 진심으로 필사적으로 해야 한다. 그리고 경쟁에서 승리하기 위해 고객과 한 편이 되어 응원하고 리드해야 한다.

이 외에 결단을 촉구할 수 있는 마무리 비법으로는 24비법[75]이 있다. 여기에서 긴 내용을 해석해 설명하는 것보다는 원본을 읽어보기 바란다. 「협상의 비법」은 필자가 생각하는 부동산 협상학의 3대 필독서[76]중의 하나이다.

(3) 결단을 한 신호

결단을 한 고객은 보디랭귀지로 구매신호를 보내거나 명시적으로 "주인 불러내세요!" "시간 잡아주세요!"라고 한다. 구매신호에 대해서는 다음 단계에서 살펴본다.

9) 구매신호

(1) 구매신호단계의 목표

고객이 신중한 성격일 경우 명시적으로 "Yes"를 하지 않는다. 그렇지만 보디랭귀지는 숨길 수 없는 것이다. 어수선한 상황 속에서는 보디랭귀지를 캐치하지 못하고 지나칠 수 있다. 중개사는 고객이 구매신호를 보낼 수 있는 적절한 환경을 조성해줘야 한다. 조용한 내실로 안내해 고급차를 한 잔 더 대접하는 것도 좋은 방법이다.

---

75) 로저도슨(2003), 협상의 비법, 서울 : 시아출판사. pp.195-227.
76) 허브코헨「협상의 법칙」로저도슨「협상의 비법」로이 J. 레위키 外「협상의 즐거움」

(2) 구매신호 유도방법

긴장감을 다소 완화시키고 요구조건의 충족여부를 추정승낙법으로 하나씩 확인한다.

"잔금일은 9월 말이면 딱 맞구요. 중도금 없이 가는 것도 동의 됐고, 대출은 제가 1금융권으로 알아볼 거고, 특별히 더 확인할 것은 없으시죠?"
"네! 진행해주세요."
"사장님! 명의는 어떻게 하실지 결정하셨어요?"
"주인 불러내겠습니다!" 등 계약을 앞에서 이끌고 가는 멘트를 해도 된다.

계약을 진행하다 보면 고객이 밀어붙이는 듯한 느낌을 받지 않을까 하는 망설임이 들어서고 다소 무리하는 것이 아닌가 하고 의구심이 들 수 있지만 밀고 나가야 한다. 지나고 나면 잘했다는 생각이 들 것이다. 그리고 그렇게 하는 것이 정석이라는 믿음도 생길 것이다. 고객이 강하게 거절하면 정중히 사과하고 한 발 물러선 후 약간 각도를 틀어 다시 시도해 본다.

(3) 구매신호

고객은 기대감과 의욕, 구매의사를 표현하는 경우 협상에서 불리한 위치에 빠질 가능성이 있기 때문에 명확하게 계약의사를 이야기하지 않는다. 그러나 머리가 오르락내리락 하며 거래조건에 대한 질문이나 무엇을 해야 하는지 다음 행동에 대한 것을 상세하고 진지하게 질문하게 된다. 이것은 고객의 구매신호다.
고객이 계약하겠다는 내면의 결정을 한 경우에도 항상 도망갈 여지를 남기기 위해 마지막 순간까지도 명시적으로 이야기하지 않게 되는데 이 경우 고객의 구매신호는 구목수각(口目手脚)을 통하여 무의식중에 드러나게 된다.
입(口)의 경우 입으로 무엇인가 말하려는 것을 제지하기 위해 손이 무의식적으로 입 주변으로 이동해 턱을 만지거나, 입을 가리거나, 뺨을 비비게 된다.
눈(目)의 경우 인간이 통제할 수 없는 부분 중 하나로 긍정적인 심리상태의 경우 눈이 커지고 부드러워지며 동공이 커진다. 동공의 경우 자세히 보지 않으면 확인하기 어렵다. 고객의 눈만 쳐다보고 있으면 고객은 불편해하기 때문에 자연스럽게 눈이 커지고 눈 주위의 근육이 편안해지는지 확인한다.

손(手)의 경우 심리적으로 거절이 아닌 수용의 과정에 있다면 누군가에게 부탁하듯이 손을 비비거나, 고양잇과 동물들이 편안할 때 발톱을 감추듯 가볍게 한 손바닥으로 다른 손의 등을 덮어 공격의 상징인 주먹을 감추고 순응의 제스처를 보여주게 된다.

다리(脚)를 관찰해 보면 인간이 다른 대상을 공격하고자 하면 다리를 벌리고 무릎을 약간 굽혀 스프링을 눌러놓은 것처럼 언제든 뛰어오를 준비를 하게 된다. 그러나 순응과 수용의 상태에서는 다리를 스스로 꼬아 공격의 가능성이 없음을 보여주게 된다. 청소년기의 아이들이 좋아하는 이성을 만나게 되면 손과 다리를 배배 꼬는 것을 보았을 것이다. 같은 현상이다.

이와 함께 동물이 다른 대상을 경계하거나 공격하고자 하면 웅크리거나 튀어나가기 전의 공격준비자세를 취하지만 편안해지면 자연스럽게 몸을 펴고 몸을 늘어트린다. 이런 제스처 또한 수용의 표시다.

10) 클로징(거래계약서, 확인·설명서의 작성)

계약을 진행하다 보면 경우에 따라 완전히 합의되기 어려운 문제가 남아 있는 경우가 있다. 물론 최악의 경우 중개사에게 마지막 카드가 있을 수도 있다.

예를 들어 매매금액이 50억인데 매도자는 50억을 다 원하고 매수자는 49억5천을 원한다. 서로 자존심을 건 고집을 부리고 있는 것이다. 그래도 중개사가 일단 불러내 계약을 진행하는 경우가 있다. 이때는 쉬운 문제부터 하나씩 정리해 나가야 한다. 합의된 사항을 하나씩 동의 여부를 확인하고 마지막에 제일 어려운 문제를 꺼내는 것이다. 순서를 이렇게 잡는 이유는 다른 것은 다 맞춰졌는데(밀고 당기고 조정해 나가면서 그 과정에 쏟아부은 에너지도 매몰비용이다) 매매가격 문제만 남아 있을 경우 고객은 가격에 대해 좀 더 유연해질 수 있기 때문이다. 이때 중개사가 중간점을 제안해보는 것이다.

"조금씩 절충해서 49억7500에 하시죠. 팔 때는 조금 싸야 팔리고, 살 때는 조금 더 줘야 좋은 물건을 살 수 있지 않습니까?"
"그렇게 할게요!"

만약 당사자중 한 측이 강하게 거부한다면 수용하는 고객은 중개사의 제안대로 하고, 거부하는 고객은 조용히 불러내 다음과 같은 제안을 해보는 것이다.

"사장님! 대신 제가 중개수수료를 깎아 드릴 테니 제 제안대로 하세요. 이 금액 정말 잘 하시는 겁니다. 이대로 진행할게요! 됐죠? 이제 들어가시죠!"

중개사에게 준비된 차선책이 몇 가지 있다면 미해결 문제를 안고도 계약을 출발시킬 수 있는 것이다.

자! 다시 돌아와서 이제 모든 사항이 다 정리되었고 매매(임대차)계약 의사도 분명해졌다. 이제부터는 중개사가 전적으로 리드해 나가는 상황이다.

그런데 매매금액이 크다보니 중개사가 긴장해서 손을 떨고 있고 무엇인가 잃어버렸는지 책장을 자꾸 뒤지고 있다. 복사기는 작동을 안 해 다시한번 확인해야 할 각종 공부를 열람은 했는데 출력을 못하고 있다. 계약서도 출력이 될지 안 될지 모른다. 긴장한 중개사는 사무실 직원에게 짜증을 내고 구시렁거린다. 고객은 이 순간 "사장님! 집에 급한 일이 생겼다고 문자가 오는데 잠시 보류해주세요. 죄송합니다. 연락드릴게요." 하고 나가버린다. 이 계약은 물건너간 것이다.

계약은 물 흐르듯 신속·차분·자연스럽게 진행되어야 한다. 마치 매일 하는 일을 하듯이 너무도 당연하고 자연스럽게……

모든 계약이 당사자 간 조건이 완벽하게 동의되고 계약서만 작성하면 되는 상황인 것은 아니다. 고객의 반대가 남아 있는데 무시하고 진행하게 되면 고객은 빈틈이 약간이라도 보이는 순간 그 자리를 벗어나 버리고 전화를 안 받는다. 그렇기 때문에 반드시 구매신호라도 캐치한 후에 클로징을 시도해야 한다. 고객의 구매신호가 확실치 않으면 한 발 앞질러 "사장님! 잘 결정하셨습니다."하고 말을 던져서 계약을 기정사실화할 필요가 있다.

이제 계약서, 확인·설명서에 서명·날인이 끝났고 계약금도 이체되었으며 영수증도 주고받았다. 매도고객은 "팔기 아까운건데 어쩌다 보니 싸게 팔았어요!"하고 너스레를 떤다. 매수고객은 "좀 비싸게 주고 한 것 같아요!"하고 투덜거린다. 중개사는 이 상황을 방치해두면 안 된다. 무슨 말이 나올지 모르기 때문이다. 계약이 끝났으면 중개사는 빨리 "다 수고 많으셨습니다. 두 분 다 축하드립니다. 사모님은 제가 모셔다 드릴게요. 이쪽으로 나오세요." 하면서 매도자와 매수자를 빨리 분리시키고 계약을 마감해야 한다.

11) 애프터서비스

중개사는 계약이 끝나면 계약 이행과정에 따라 해야 할 일을 다이어리에 체크해 그때그때 사전에 통지하고 처리되었는지 확인해야 한다. 고객이 알아서 하겠거니 방치해두면 안 된다. 무엇이든 잘못되고 복잡한 일이 생기면 고객은 중개사가 안 챙겨줘서 그런 일이 생겼다고 중개사를 원망하게 되어있다.

잔금이 끝나고 난 다음에는 주택의 경우 집들이용 화장지라도 들고 찾아가 이삿짐 정리는 잘 되어가고 있는지, 불편한 점은 없는지 물어봐 주고 무슨 일이 있으면 편하게 전화주시라 하고 가끔 사무실에 들러 차라도 한잔하도록 편안한 이웃이 되어 주어야 한다.

12) 업그레이든[77] 어프로치(평생고객)

일반적으로는 평범한 한 개인이 부동산 거래를 할 일은 평생 10번이 되지 않는다. 임대차의 경우 보통 4년마다 이사를 한다고 봐야 하고 매매의 경우 6~10년에 한 번 정도 이사를 한다고 봐야 한다. 그러나 이것은 본인에 관련된 부동산 거래이고 그 주변에는 가족과 친구와 지인들이 있다. 한 사람을 감동시키면 그 한 사람이 중개사의 전문지식, 영업능력, 성실성, 신뢰성을 주변에 전파시키고 본격적으로 소개마케팅이 이루어지는 것이다.

고객은 어떤 개업 공인중개사를 신뢰하게 되는가?

▷ 고객이 약점을 보여도 덮어주는 개업 공인중개사다.

일부 개업 공인중개사는 고객의 약점을 보게 되면 중개보수와 연결시켜 과다한 중개보수를 요구하는 경우가 있다. 그러나 이것은 지금 당장은 이익인 것 같아도 결국 독약이 되고 고객의 마음속에 중개사에 대한 불신을 갖게 하는 것이다.

---

77) Upgraden이라는 영어 단어는 없지만 "업그레이드 된"을 단일 단어로 나타내기 위한 필자의 조어이다.

▷ 항상 한결같은 개업 공인중개사다.

고객이 뒤돌아보고 중개사를 찾았을 때 항상 그 자리에 있어주는 개업 공인중개사를 고객은 필요로 한다. 돈이 되는 현장을 불나방처럼 찾아다니며 옮겨 다니는 중개사를 마음속 깊이 신뢰하기는 어렵다.

▷ 전문지식이 깊어도 거만하지 않은 개업 공인중개사다.

지식이 넓고 깊어도 경청하지 않고 자기 말만 내세우며 거만한 사람은 가까이하고 싶지 않은 것이 인지상정이다. 우리가 다른 사람에게 원하는 인간상은 고객이 개업 공인중개사에게 요구하는 인간상이기도 하다.

▷ 항상 부지런하고 성실한 개업 공인중개사다.

고객의 요구나 협조요청이 있는데도 항상 약속시간에 늦거나 업무처리가 늦어지는 중개사를 고객은 신뢰하기 어렵다.

▷ 품위 있고 단정한 개업 공인중개사다.

개업 공인중개사는 항상 복장이 품위 있고 단정해 보여야 한다. 지나치게 없어 보이거나 사치하는 모습은 고객이나 공동중개대상 개업 공인중개사에게 장기적인 신뢰를 얻기 어렵다.

이렇게 단골이 하나둘씩 늘어가는 것은 사업이 성공으로 가고 있다는 징표이다.

인간관계를 깊게 하기 위해서는 다음과 같은 활동과 생각을 해야 한다.
▷ 취미활동을 같이한다(골프 등).
▷ 가족의 경조사까지 챙긴다.
▷ 중개사가 먼저 고객을 가족의 일원으로 생각한다.

사업의 승패는 단골손님을 많이 확보하고 이웃까지 소개해주는, '소개마케팅' 해주는 고객을 얼마나 확보하느냐에 달려 있다고 해도 과언이 아닌 것이다.

중개 대화의 구조

큰 금액이나 큰 업무를 다루는 거래에서는 서로에 대한 신뢰가 중요하다. 신뢰를 기반으로 했을 때 일의 진도가 물 흐르듯 순조롭게 나갈 수 있는 것이다. 그러나 부동산중개에 있어서는 신뢰가 있어도 일반적인 대화에 비해 인식의 오류로 인한 피해가 크기 때문에 의사결정에 더 큰 애로를 겪게 되는 것이다. 중개사와 고객과의 대화에 있어서는 상호간에 신뢰가 있어도 해석의 갈등, 감정의 갈등, 정체성의 갈등이 있을 수 있고 신뢰가 없는 상태에서는 정보만 빼앗기거나 무리하여 진행하는 경우 중개사고로 이어지게 된다. 신뢰가 있고 없고의 차이 및 적대시하는 경우의 대화구조는 〈표 5-5〉와 같다.

〈표 5-5〉 신뢰의 상태별 대화의 구조

상 태	문 제	결 과
신뢰가 있는 경우	표현이나 해석의 잘못	오해
	트라우마로 인한 특이한 고집	이해를 못함
	성격, 세계관의 차이	접점이 없을 경우
신뢰가 없는 경우	무슨 말이든 의심	경계
	본인 정보는 숨김	진도가 안 나감
	정보만 얻고 일은 다른 곳에 의뢰	시간낭비
적대시하는 경우	대화를 차단	불리한 정보가 나가는 것을 경계
	해결이 아닌 공격의 빌미를 찾음	녹취-소송에 대비
	공격할 준비로 긴장	물리적 행동가능성

개업 공인중개사는 고객에게 신뢰를 심어주기 위해 전문성, 성실성, 진실성, 철저한 약속이행, 커뮤니케이션 능력, 정보제공 능력, 업무수행 능력, 적응직 판매행동 능력[78], 경청능력, 고객 설득능력, 고객에 대한 섬세한 배려능력의 향상을 위하여 지속적인 노력을 하여야 한다. 이에 더하여 부동산중개에 있어서의 대화에는 물적 확인이라는 과정이 더해지게 된다. 즉, 제시된 말에 대한 증거를 확인한 후에야 그 다음단계로 나갈 수 있는 것이다. 이렇게 진행된 결과가 좋을 때 고객과의 상호 신뢰는 빛을 발하고 계속적인 거래를 원하는 단골을 확보하게 되는 것이며 소개 마케팅도 이루어지는 것이다.

---

[78] 적응적 판매행동은 고객에 대해 파악된 정보를 바탕으로 고객에게 적합하도록 판매행위를 변경하는 판매방법이다 (정용, 2007)

부동산마케팅
(무엇이든 팔 수 있다)

마케팅의 개념

마케팅이라는 용어는 19세기 후반에서 20세기 초반 미국을 중심으로 물리적인 시장을 의미하는 Market에 ~ing를 붙여서 만들어진 그 당시로는 신조어로 알려져 있다.

마케팅에 대한 개념정의는 세계적으로 가장 권위 있는 미국마케팅협회를 중심으로 1948년에 "마케팅이란 생산자로부터 소비자 또는 사용자에 이르는 제품과 서비스의 흐름을 통제하는 기업 활동의 수행이다."로 정의한 후 시장의 변화에 맞춰 지속적으로 새로운 개념정의를 내놓고 있는 상황이다.

미국마케팅협회는 시장의 변화에 따라 2007년에는 "마케팅이란 고객과 협력자들, 나아가 전체사회에 유용한 것들을 창조하여 이를 알리고 전달하며, 교환하기 위한 활동과 일련의 과정 및 제도들이다."라고 정의하여 가치를 제공받는 대상을 협력자들과 전체사회까지도 포함하여 범위를 확대하고 있음을 알 수 있다.

1. 마케팅의 기초개념

마케팅에 대하여 더 많은 이야기를 하기 전에 먼저 마케팅에 사용되는 기초개념을 순서대로 보기로 하자.

1) 시장(Market)

시장은 마케팅의 중심개념인 교환거래가 발생하는 장소를 의미한다. 과거에는 사람들이 물리적인 공간에서 만나야 이루어졌던 교환이 현대에는 추상적인 공간으로 확장되어 온라인 쇼핑이 시장으로써 기능하고 있다.

2) 니즈(Needs)

인간은 끊임없이 생리적, 심리적 욕구를 느끼며 그것을 충족시키는 과정을 반복하며 살아간다. 이러한 필요를 느끼는 상태를 니즈라 한다.

3) 원츠(Wants)

원츠는 니즈를 충족시켜줄 구체적인 제품에 대한 요구로 나타날 때 원츠라 한다. 배고픈 것은 음식에 대한 니즈이고 배고픈데 구체적으로 김밥을 먹고 싶다는 것은 원츠다.

4) 디맨즈(Demands)

구매력에 의해 뒷받침되는 특정상품에 대한 구매욕구로 김밥을 살 돈이 있고 김밥을 먹고 싶어 하는 사람의 욕구이다. 이는 마케팅에서 구매의사와 지불능력이 있는 디맨드상태의 수요자를 대상으로 해야 한다는 데에 그 개념구분의 의미가 있다.

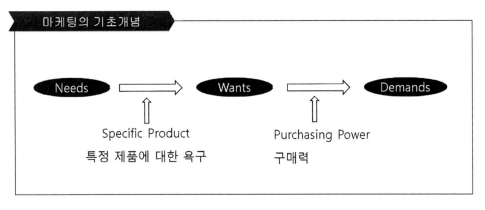

[그림 6-1] 니즈, 원츠, 디맨즈

위 그림은 니즈가 특정제품에 대한 욕구로 나타났을 때 원츠가 되고 여기에 구매력이 뒷받침 되었을 때 디맨즈가 된다는 것을 보여주고 있다.

5) 교환(Exchange)

교환은 가치를 느끼는 제품이나 서비스를 대가를 매개로 하여 주고받는 것으로 교환 이전에 비해 공급자와 수요자 모두 만족과 이득을 주게 되므로 교환이 이루어지는 것이다. 그렇기 때문에 가치창조의 과정이 되는 것이다.

6) 가치(Value)

가치는 특정 제품과 서비스로부터 고객이 얻는 주관적인 만족감의 크기이다. 어떤 재화나 서비스의 가치는 절대적인 것이 아니라 구매자의 성향과 구매상황에 따라 서로 다른 가치를 가지게 된다. 집에서의 물 한 병과 사막에서의 물 한 병은 가치가 다를 것이다.

7) 가격(Price)

가격은 원하는 재화와 서비스를 얻기 위해 치러야 하는 대가의 크기로 수요와 공급 및 환경의 제약하에 협상을 통해 성립되는 것이다.

8) 원가(Cost)

원가는 재화와 서비스를 만들어 내는 데 소요되는 대가의 크기다.

마케팅의 기초개념

| Value | > | Price | > | Cost |

- 소비자의 순혜택 : (V-P) / 매출 발생조건 (V>P) : 소비자 만족

- 생산자의 순혜택 : (P-C) / 이익 발생조건 (P>C) : 생산자 만족

[그림 6-2] 가치, 가격, 비용

위 그림을 보면 소비자는 지불하는 가격보다 가치가 더 높거나 최소한 같지 않을 경우 해당 상품에 대한 지속적인 소비가 이루어지지 않을 것임을 알 수 있다.

생산자 입장에서는 비용을 낮춰야 수익이 많아지고 가격을 인하할 수 있으며 가격을 인하하게 되면 가치와 가격과의 차이가 더 커져 고객의 만족도를 더 높일 수 있는 구조다.

결국은 고객이 자사 제품이나 서비스에서 얻는 가치를 높이고 가치와 가격의 차이에서 느끼는 효익을 더 높여 만족도를 극대화하는 것이 마케팅의 역할임을 알 수 있다.

2. 마케팅과 세일즈의 구별

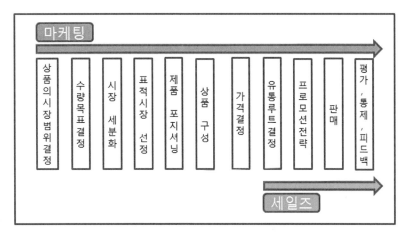

[그림 6-3] 마케팅 과정과 세일즈의 시작점

마케팅과 세일즈의 구별은 학문적으로나 실무적으로 명확하지 않다. 실무에서는 오히려 동일한 개념으로 사용하는 경우도 있다. 본 항에서는 마케팅의 진행과정을 따라가 보며 세일즈의 의미가 분명해 지는 시작점을 살펴보는 것으로 그 구별을 이해해 보기로 한다. 다음은 오피스텔 공급시장에 뛰어들고 싶은 시행사의 입장에서의 마케팅 과정이다.

1) 상품의 시장범위 결정

먼저 자사의 오피스텔상품이 경쟁하게 될 시장 범위를 결정하여야 한다. 오피스텔은 준주택이지만 오피스보다는 주택으로 이용되는 비율이 높다. 그렇기 때문에 아파트나 다세대주택과 경쟁 및 대체재의 관계에 있고 오피스텔의 장단점이 있기 때문에 오피스텔 상품이 주택시장에서 차지할 수 있는 시장범위가 있다.

2) 수량목표 결정

목표로 하는 시장의 수요가 어느 정도인지는 파악하기 쉽지 않다. 시장이 팽창할 수도 있고, 규제와 트렌드의 변화에 따라 오피스텔에 대한 수요가 다른 상품으로 옮겨갈 수도 있다. 그러나 분석시점에서 시장규모는 정부의 정보공개나 현재 공급되고 있는 오피스텔상품의 분양추세를 보면 개략적으로 파악할 수 있다. 이에 근거해 자사의 역량으로 개별적인 사업지에서의 공급수량, 지속적인 사업으로 연간 공급수량 등을 목표로 설정해 회사의 모든 자원을 투입하는 결정을 하게 된다.

3) 시장 세분화

오피스텔시장은 고급오피스텔에서 원룸형의 오피스텔, 오피스를 필요로 하는 사업자들을 목표로 공급되는 오피스텔 등 상품별 시장과 지역별 시장으로 나누어 오피스텔 시장을 세분화해 본다.

4) 표적시장 선정

세분된 오피스텔 시장 중 어떤 시장으로 진입 할지 결정한다. 미혼의 청년들이 거주할 소규모 오피스텔시장이 수요가 많고 정부에서 공급확대를 위해 규제를 완화해주고 있는 시장상황이라면 역세권의 원룸형 오피스텔 시장이나 2룸형 오피스텔 시장으로 표적시장을 선정할 수 있다.

5) 제품 포지셔닝

표적시장이 선정되었다면 표적시장에서의 현 공급자들과 시장진출 결정 회사의 상품의 특성을 비교분석해야 한다. 공간을 최대한 살리기 위해 복층형오피스텔을 공급하려는 회사가 있고, 오피스텔의 단점을 보완한 입주민 커뮤니티를 강화한 컨셉도 있을 수 있다. 또는 틈새공간을 전부 수납장으로 이용할 수 있게 공간을 특화한 전략도 있을 수 있다. 이러한 분석을 토대로 자사상품의 포지셔닝을 해야 한다. 동일한 상품을 공급하게 되면 결국 가격경쟁으로 밀려가게 되고 약탈적 가격경쟁은 서로의 사업을 황폐화 시키게 된다.

6) 상품구성

제품 포지셔닝이 되었다면 포지셔닝에 맞는 제품구성을 해야 한다. 옵션을 강화하는 포지셔닝이라면 옵션을 특화시키고 공급옵션의 품목을 더 늘리면서 고급화된 상품에 대해 알아볼 필요가 있다. 일반적으로 오피스텔에는 발코니가 없기 때문에 발코니의 역할을 할 수 있는 공용공간을 만들거나 커뮤니티를 강화한 모델을 구성하고자 한다면 설계 단계에서 다양한 아이디어를 구할 수 있다.

7) 가격결정

가격결정은 어려운 문제다. 자사 공급 상품이 국내 유일의 장점과 강점을 지닌 독점적인 상품이라면 가격결정 문제에서 어느 정도 자유로울 수 있지만 대부분의 상품은 경쟁업체가 있기 마련이고 기술이나 아이디어도 어느 정도 한계가 있기 때문에 결국 유사한 시장의 상품가격을 참고하여 전략적으로 가격을 결정하게 된다.

8) 유통루트의 결정

오피스텔을 시장에 유통시키는 방법은 대부분 분양회사를 통하여 분양·임대하게 되며, 분양회사는 광고를 통한 일반 수요자 모집과 MGM[79] 및 개업 공인중개사사무소를 통하여 분양한다. 물론 분양조직을 가지고 있는 회사의 경우 직영분양을 하기도 하지만 분양하는 방식은 유사하다. 특별한 수요자 그룹이 있는 물건이라면 그 그룹과의 커뮤니케이션이 중요해 질 것이다. 이러한 유통루트의 결정은 세일즈의 시작점이라 할 수 있다.

9) 프로모션 전략

프로모션의 방법은 다양하다. 분양사무실 오픈 시 많은 잠재수요자나 소개가능자가 물건을 보러 와야 하기 때문에 식대를 5천 원에서 1만 원을 제공하는 것이 근래의 추세이고, 이벤트를 기획하여 큰 상품(금 10돈, 고급 자전거, 소형 자동차 등)을 걸고 오픈 행사를 하기도 한다. 분양사무실에서는 판촉상품(화장지, 물수건, 수건 등)을 곁들인 카다로그를 세트로 준비하여 주변 역세권과 물건지 주변에서 아르바이트를 고용하여 판촉을 하며 규모가 큰 경우 서울과 지방의 유동인구가 많은 주요 역세권에서 대규모로 아르바이트를 고용하여 판촉을 진행하기도 한다.

10) 판매

이러한 모든 과정은 판매를 목표로 하는 것이다. 그러나 많은 잠재고객이 몰려와도 구매로 전환시키는 세일즈 기술이 없어 클로징을 못하고 상담만 반복하는 직원들

---

79) Members Get Members의 약자로 기존 고객이나 고객이 될 만한 사람을 알고 있는 일반인이 고객을 데려와 계약이 성사되는 경우 고객과 소개자에게 여러 가지 인센티브를 제공하는 마케팅 방식

도 있다. 이 경우 교육과 역할극 연습을 통하여 개선되기 때문에 성과와 능력이 검증된 직원을 강사로 하여 현장직원 전체교육이 이루어지기도 한다.

11) 평가, 통제, 피드백

상품의 판매가 잘 되면 잘 되는대로 안 되면 안 되는대로 평가가 따라야 하고 제거할 부분은 제거하고 지원을 늘려야 하는 분야는 지원을 늘려야 한다. 이러한 분석을 바탕으로 기존시스템에 피드백시켜 적용·개선해 나가는 과정이 피드백이다.

〈표 6-1〉 마케팅과 세일즈의 개념 구별 요소

마케팅	세일즈
물건을 만들기 전부터의 일	이미 만들어진 제품과 서비스 판매
수요창출, 시장 트렌드 분석	잠재고객을 구매로 전환
큰 시장, 목표시장의 대중을 대상	개별고객이나 소규모 집단을 상대
숲을 대상으로 하는 전략	나무를 대상으로 하는 전략
관계마케팅	개별고객 판매
건축주의 시각, PM의 시각	분양팀
잘 팔리게 하는 것	잘 파는 것
고객중심 사고	기업중심 사고
기획과 전략	현장과 행동
플랫폼의 인지도와 고객의 이용 편의도를 높이는 것	플랫폼에서 매출을 창조하는 것
작전 사령부	전선의 전투부대
머리의 역할	손과 발의 역할

마케팅과 세일즈는 모두 판매라는 개념요소를 담고 있지만 위 표에서 보듯이 마케팅은 세일즈보다 포괄적인 개념이고 전략적인 의미가 강하다고 할 수 있다.

3. 마케팅전략의 과정

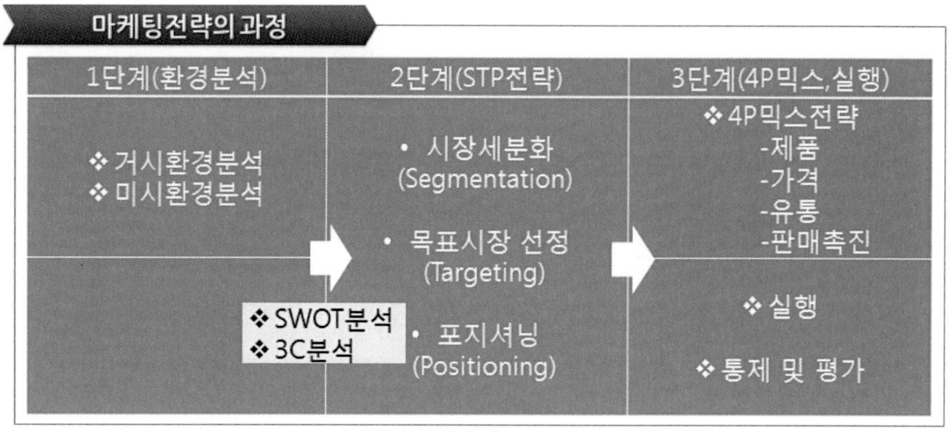

마케팅전략의 과정

1단계(환경분석)	2단계(STP전략)	3단계(4P믹스, 실행)
❖ 거시환경분석 ❖ 미시환경분석	• 시장세분화 (Segmentation) • 목표시장 선정 (Targeting)	❖ 4P믹스전략 -제품 -가격 -유통 -판매촉진
❖ SWOT분석 ❖ 3C분석	• 포지셔닝 (Positioning)	❖ 실행 ❖ 통제 및 평가

[그림 6-4] 마케팅전략의 과정

마케팅전략의 과정은 먼저 진입하고자 하는 시장이 있거나, 더 구체적으로 물건이 정해져 있다면 환경분석을 먼저 해보아야 한다. 거시환경과 미시환경을 분석할 때 요인들을 체크리스트로 만들어 하나씩 체크하며 분석을 하여야 한다. 그렇지 않으면 뉴스에 보도되는 환경요인이나 눈에 보이는 시장 환경만 추상적으로 훑고 지나가게 된다. 1단계의 환경분석 후에 2단계로 넘어가기 전에 더 봐야 할 분석도구로 SWOT 분석과 3C분석이 있다. 이 두 분석은 자사의 강점, 약점이나 외부환경의 기회, 위기 요인에 관한 것과, 고객·경쟁사·자사에 대한 분석으로 개발하여야 할 부동산이 정해져 있다면 2단계에서 하는 것이 맞고, 시장을 탐색 중일 경우에는 1단계에서 하는 것이 맞기 때문에 1단계화 2단계의 중간에 배치하였다. 1단계 분석이 완료된 후에는 STP전략을 세우게 된다. 마지막으로 STP전략을 바탕으로 4P믹스를 하게 되고 실행과 그 과정 및 결과에 대해 통제와 평가를 하여 피드백하게 된다.

부동산마케팅

1. 부동산마케팅의 개념

부동산마케팅에 대한 개념정의는 학자들에 따라 다양하게 하고 있지만 한국의 부동산 거래 실정에 맞는 개념정의는 하인즈(Mary A. Hines)의 부동산마케팅 개념정의이다. 하인즈는 부동산마케팅을 "물적 부동산, 부동산 서비스, 부동산 증권의 3가지 유형의 부동산 제품을 사고, 팔고, 임대차하는 것"으로 정의하였다. 부동산 증권은 담보대출 이자나 임대수입을 기반으로 채권들을 유동화시킨 것으로 범위가 방대하고 부동산 증권의 유동화가 일반화되어 있지 않은 우리나라에서는 개념범위에서 제외하는 것이 일반적이다.

마케팅은 장소적 이동이 가능한 일반상품을 대상으로 발전하여온 이론이다. 그러나 부동산은 일반상품과 다른 다양한 특성[80]이 있기 때문에 마케팅이론을 그대로 부동산시장에 적용하기 위해서는 약간의 개념 재정립이 필요하다. 그러나 부동산도 판매를 목적으로 건축된 부동산의 경우 이 또한 상품이기 때문에 마케팅이론이 유용하게 쓰이고 힘을 발휘할 수 있는 것이다.

국내 학계에서는 부동산마케팅이라는 개념이 일반적으로 사용되고 있는 한편 부동산 거래라는 개념에 초점을 맞추어 부동산거래마케팅[81]이라는 협의의개념정의를 일부 학자들이 구별하여 사용하고 있다. 그러나 명확하게 두 개념이 구별되는 것은 아니다.

---

80) 부동성, 개별성, 인접성, 용도의 다양성, 분할·합병의 가능성, 사회적·경제적·행정적 위치의 가변성, 고가성 등.
81) 오준석(2011), 부동산거래마케팅은 부동산시장의 고객을 만족시켜 줄 수 있는 재화와 서비스를 제공하기 위한 거래에 관한 시스템을 말한다.

〈표 6-2〉 부동산마케팅의 정의

학자	부동산마케팅의 정의
이창석 (1993)	생산된 부동산의 소비에 이르는 과정을 통제하는 활동.
이태교 (2001)	부동산과 부동산업에 대한 태도나 행동을 형성·유지·변경하기 위하여 수행하는 모든 활동.
조주현 (2002)	부동산마케팅이란 유효수요를 갖춘 소비자들이 당해 부동산에 대해 원하는 속성을 종합적으로 반영하여 부동산을 개발하고(제품전략), 이를 대상 소비자들의 능력에 맞는 가격에 공급하며(가격전략), 좋은 조건의 융자를 활용하고(유통전략), 널리 알려서 관심을 끌도록 함으로써(광고·홍보 전략) 분양을 촉진하고 수익을 극대화하는 과정.
방경식 (2004)	부동산의 필요와 욕망을 만족시켜 주기 위해 지향된 인간 활동.

부동산마케팅을 세일즈와 구별하면서 가장 쉽게 비유할 수 있는 것이 낚시이다. 부동산마케팅은 밑밥을 뿌려 물고기를 모여들게 하는 것까지를 포함하는 전체과정에 대한 개념이고 세일즈는 낚시로 낚아 올리는 행위에 국한된 개념이다.

2. 부동산마케팅의 기능

1) 부동산의 수요창출기능

부동산의 수요창출기능은 4p전략 중 제품전략, 가격전략, 프로모션전략을 통해 기능을 수행한다. 마케팅은 이미 형성되어 있는 수요도 목표시장으로 하지만 특정상품에 대한 욕구를 창출하기도 한다. 이러한 욕구는 다른 상품에서 대체재를 찾아 이동하기도 하고 기존상품과 차별화된 우수성으로 인하여 새로운 욕구를 일으켜 수요로 전환되기도 하는 것이다.

2) 부동산수요의 지원기능

부동산수요의 지원기능은 전반적인 마케팅 관리를 통해 시장조사, 판매예측관리

등을 하고 중도금, 잔금대출 등을 통해 지원기능을 수행한다. 고객들은 수요욕구는 있지만 구매력이 부족할 때 구매를 망설이게 된다. 이러한 상황에서 구매력을 보완할 방법을 제시하는 것도 마케팅활동의 기능 중 하나이다.

3) 부동산수요의 충족기능

부동산수요의 충족기능은 유통전략을 통해 기능을 수행한다. 생산된 상품이나 거래를 필요로 하는 상품의 경우 유통경로를 통하여 거래가 이루어지고 수요를 충족시키게 되는 것이다. 부동산의 유통경로로는 중개, 분양, 모델하우스, 인터넷, 경매와 공매 등이 있다. 고객 또한 이러한 유통경로에 접근하여 수요를 충족시키게 되는 것이다.

3. 부동산마케팅

1) 부동산마케팅 환경

마케팅 환경(Marketing Environment)은 마케팅에 영향을 미치는 영향요인들로 주로 마케팅 관리자의 결정과 능력에 영향을 미치는 요인들이다. 국제환경, 국내환경, 거시환경, 미시환경 등 영향을 미치지 않는 것이 없을 정도로 많지만 이러한 마케팅환경은 새로운 시장기회를 제공하기도 하고 제약요인이 되기도 한다.

부동산시장에서 주상복합아파트가 교통과 편의성을 앞세워 승승장구하던 때가 있었고, 펜션 사업이 노후대책으로 각광을 받던 때도 있었다. 그러나 시장이 변화하고 공급된 상품들의 단점들이 드러나면서 이러한 상품은 관심을 받지 못하고 있는 상황이다. 부동산시장을 주택시장이 견인하고 있는 현 시장상황에서 그 초점이 쾌적한 자연환경, 의료기관과 공공기관에의 접근도, 생활수요품의 구매편의를 위한 마트 등 시장에의 접근성, 초·중·고등학생을 둔 부모들의 학군평가 등으로 옮겨가 있는 시장상황인 것이다.

마케팅관리자는 이러한 환경의 변화를 객관적 시각으로 보며 기회요인이 있을 때는 기회를 살리는 긍정적 시각과 실행력을 갖추어야 할 것이다. 이러한 환경과 영향을 주고받는 대표적인 마케팅 변수는 4p로 일컫는 제품, 가격, 유통, 촉진이다.

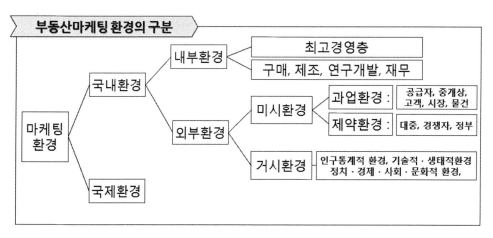

[그림 6-5] 부동산마케팅 환경의 구분

(1) 마케팅 환경의 구분

마케팅에 영향을 미치는 환경은 크게는 국제환경과 국내환경이 있다. 2003년 이라크전쟁, 2008년 미국의 서브프라임 모기지론 사태, 2022년 우크라이나전쟁 등은 국내의 일이 아니지만 원자재의 수급과 가격에 큰 영향을 미치게 되고 국내 금리와 물가에도 영향을 미치는 것을 봐 왔다. 이처럼 국제환경의 변화는 마케팅에 영향을 미치게 되기 때문에 마케팅 환경요인으로 구분하는 것이다.

국내환경은 부동산 공급회사의 내부환경과 외부환경으로 나눌 수 있다. 내부환경은 통제 가능한 환경으로 최고경영층의 결정이나 결정의 변경이 있을 수 있고 각 부서 간의 의사소통 및 협력관계의 정도에 따라 영향을 받게 된다. 외부환경은 통제 불가능한 환경으로 부동산마케팅환경에서 가장 영향이 큰 부분이다. 외부환경은 주기적인 조사·분석으로 적절하게 대응해 나가야 하며 외부환경 중 미시환경은 이해관계를 맺고 있는 공급자, 중개상, 고객, 시장 등의 과업환경과 대중, 경쟁자, 정부 등의 제약환경으로 나눌 수 있다. 거시환경은 자연환경과 인문환경으로 나눌 수 있으며 인문환경은 정치, 경제, 사회, 문화, 기술 환경 등이 있다.

(2) 환경에 대한 대응전략

환경에 대한 대응전략		
적극적 대응	자연적 환경	하수처리, 공해, 지진, 태풍 등
	사회적환경	혐오시설-조직적 협의에 의한 해결
	정치적 환경	건축규제-협회등 조직적 로비
	기술적 환경	전국적 조직망과 온라인 마케팅 기술의 결합
	소비자 환경	초·중·고등학교 유치 등
소극적 대응	주변민원	대응의 강약조절
	수분양자 민원	준공시까지 시간끌기 등

[그림 6-6] 환경에 대한 대응전략

　자연적 환경 중 하수처리나 매연, 소음공해 등은 지방자치단체의 노력이 필요하고 지진에 대한 내진구조 등은 기술적으로 해결이 어느 정도 가능하다. 태풍 등은 피해를 보지 않도록 피해가능 시설에 대한 적극적인 사전 방지대책이 필요하다. 주변에 혐오시설이 들어온다면 환경이 나빠지기 때문에 조직적 협력에 의한 대응이 필요하다. 규제가 강화된다든가 하는 정치, 행정환경의 변화는 개별적 대응으로는 어렵고 강한 동종업 종사자들의 협회가 구성되어 있다면 입법자들에게 조직적 압력의 행사나 로비를 통하여 해결이 가능할 것이다. 마케팅환경에서 기술의 발전은 그에 맞는 신속한 기술 습득과 적용이 필요하다. 전국적인 조직망을 온라인 마케팅기술과 결합시켜 대응해 나가는 방안이 있을 것이다. 소비자환경은 대응이 쉽지 않으나 신도시나 중규모 아파트단지 같은 경우 의무적인 조성대상이 아닌 경우에도 소비자환경 조성차원에서 학교를 유치하는 경우도 있다.

　소극적 대응은 주로 민원과 관련된 것으로 주변 민원에 대응해 페인트칠을 해준다거나, 옹벽이나 담벽을 설치하여 민원을 해결해 나가거나, 소음이나 비산먼지의 피해주민에게 일정금액의 보상금을 제공하는 방법 등이 있다. 이러한 민원에 대응할 때에는 처음부터 최고 책임자가 직접 대응하는 것보다는 일선의 현장소장급에서 대응하고 필요성이 있을 때 점진적으로 윗선이 상대하는 것이 좋다. 여기에 더해 민원의 원인은 시간이 지나면서 사라지는 성격의 문제가 대부분이기 때문에 완급조절을 통하여 시간을 끄는 전략이 필요하다.

2) 3C분석

3C분석은 마케팅활동에 직접적인 영향을 미치는 고객(Customer), 경쟁자(Competitor), 자사(Company)에 대한 분석을 통해 자사의 제품과 서비스를 어떻게 차별화하여 경쟁에서 이길 것인가 하는 요소를 찾아내는 것이다.

〈표 6-3〉 3C 분석

3C	내 용
고객 (Customer)	• 현재와 미래의 고객은 누구인가 • 고객은 어떤 니즈를 가지고 있는가 • 무엇이 구매를 결정짓는 요인인가 • 시장은 어떻게 구성되어 있는가 • 시장규모 및 장래성은 어느 정도인가
경쟁자 (Competitor)	• 우리의 경쟁자는 누구인가 • 경쟁자의 강점과 약점은 무엇인가 • 경쟁자는 업계를 어떻게 보고 있는가 • 고객은 경쟁자들을 어떻게 평가하고 있는가 • 새로운 위협이 될 만한 업체는 있는가
자사 (Company)	• 우리는 무엇을 목표로 사업을 하는가 • 우리의 강점과 약점은 무엇인가 • 충분한 비즈니스 자원을 보유하고 있는가 • 사업을 추진하는 데 적합한 조직인가
※ 고객의 핵심 구매요인 - 경쟁사의 강점 = 나머지 요인 중 자사가 강점인 요인을 전략화	

고객 분석은 고객의 특성, 니즈, 기호, 시장구조 및 규모, 성장률과 성숙도 등을 분석하는 것으로 가장 중요한 분석이다.

경쟁자분석은 경쟁자의 수, 시장점유 상황, 진입장벽, 강점과 약점, 차별화 포인트 등을 분석한다. 고객은 경쟁자의 이미지 및 경쟁제품의 품질과 비교해서 평가하고 구매행동을 하기 때문에 경쟁자를 분석하는 과정은 필수이다.

자사분석은 경영자원과 핵심역량, 자사제품과 서비스의 강점과 약점, 경영실적, 기업규모 등을 분석하여 목표사업을 추진할 역량이 충분한지 분석해 보는 것이다.

3C분석은 이처럼 고객의 핵심구매요인을 파악하고, 경쟁사의 전략과 미래행동을 예측하며, 경쟁자와 대비된 자사의 역량을 평가함으로써 보다 효과적인 마케팅전략을 수립하고 실행해 나가기 위한 것이다.

3) SWOT 매트릭스

SWOT Matrix		외부환경 요인	
		기회 (O)	위협 (T)
내부역량요인	강점 (S)	**SO전략** - 강점을 바탕으로 - 기회를 살린다	**ST전략** - 강점을 극대화 하여 - 위협에 대처한다
	약점 (W)	**WO전략** - 약점을 보완하여 - 기회에 부응한다	**WT전략** - 약점을 보완하여 - 위협에 대처한다

[그림 6-7] SWOT 매트릭스

기업의 사업계획서를 보게 되면 가장 자주 보게 되는 것이 SWOT분석이다. SWOT분석은 기업의 내부환경 분석을 통해 기업의 강점과 약점을 파악하고, 사업지나 상품의 외부환경을 통해 기회와 위협요인을 종합 분석하여 마케팅전략을 수립하는 기법이다.

STP전략을 통하여 목표사업의 타깃과 포지션을 결정하였고 적합한 물건을 확보하였다면 이제 물건과 시장과 자사의 능력을 놓고 최적의 전략을 찾아야 한다. 강점은 극대화하고, 약점은 보완하며, 기회는 살리고, 위협은 대처방안을 찾아야 한다. 이러한 분석결과는 4P전략에도 반영되어야 한다.

4. 마케팅전략

1) STP전략

STP전략은 효율적인 마케팅 활동을 위해 시장을 세분화(Segmentation)하고 자사의 역량과 목표에 부합한 표적시장(Targeting)을 정한 후 표적시장의 소비자에게 우리 기업이미지와 상품이미지를 경쟁기업과 차별화하면서 더 우호적으로 인식시킬 수 있는 전략(Positioning)을 짜는 과정이다.

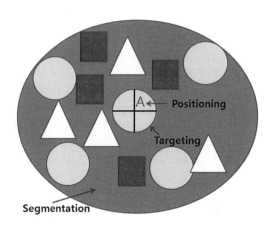

[그림 6-8] STP 전략 개념도

위 타원을 부동산 전체시장이라고 한다면 이 부동산시장을 세분화 해본 결과 네모로 표현된 아파트 수요자들과 세모로 표현된 다세대주택 수요자들 그리고 동그라미로 표현된 오피스텔 수요자들이 있다. 이렇게 세분화된 시장정보를 수집하는 과정을 Segmentation이라 한다.

이때 각 세분화된 시장정보를 수집해 분석해 본 결과 오피스텔 시장이 가장 매력적인 시장으로 분석되었다. 한정된 자원을 가진 기업의 입장에서 모든 오피스텔을 공급할 수는 없기 때문에 오피스텔 수요 집단중 도심지 독신직장인과 전문직 종사자를 목표 소비자로 정했다. 이 과정이 Targeting이다.

이렇게 타깃팅을 했지만 기존 공급업체 중 도심지 독신직장인과 전문직 종사자를 대상으로 오피스텔을 공급하는 업체가 있다. 그 업체와 어떻게 제품을 차별화하고 브랜드이미지, 서비스를 차별화 할지는 우리가 공급하는 상품을 고객집단에게 어떻게 매력적으로 인식시키고 기억하게 하느냐의 문제로 적절한 마케팅믹스를 적용하여 "A"라는 전략적 위치를 선택하게 된 것이다. 이 과정이 Positioning[82])이다.

2) 4P전략

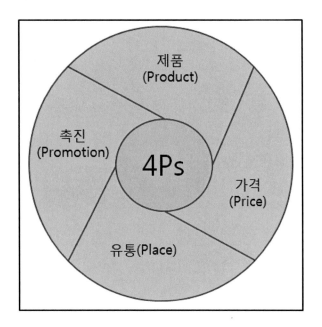

[그림 6-9] 4P전략

4P전략은 기업이 설정한 각 세분시장에서의 자사의 마케팅목표에 부합하도록 마케팅 전략의 4가지 핵심요소인 제품, 가격, 유통, 촉진활동이 유기적으로 통합되고 믹스되어 일관되게 전략이 전개되도록 하는 것으로 바퀴의 살에 비유될 수 있다.

마케팅전략의 네 가지 핵심요소를 개별적으로 살펴보면 다음과 같다.

제품(Product)은 소지자의 Needs와 Wants를 담아낼 수 있는 가치를 지니고 있어야 한다. 마케팅은 구매력을 갖춘 Demands상태의 고객에게 하여야 하지만 공급자 입

---

82) 포지셔닝은 표적고객의 마음속에 특정 상품이나 서비스가 자리 잡는 느낌을 말하며 고객에게 자사의 상품과 서비스 이미지를 자리 잡게 디자인하는 활동으로 4p믹스전략을 통해 구체화 된다.

장에서는 Needs와 Wants를 충족시킬 수 있는 제품을 내놓아야 하는 것이다.

가격(Price)은 가치, 가격, 원가에서 원가보다는 높고 고객이 느끼는 가치보다는 낮아야 한다. 그 가격이 공급자와 고객이 원원하는 선인 것이다.

유통(Place)은 고객에게 상품을 어떤 방법으로 어떤 루트를 통해 어디에서 공급할 것인가의 문제로 빠르고, 편하고, 안전하게 전달하는 것이 가장 중요한 요소이다.

촉진(Promotion)은 광고, 홍보 등을 통해 판매를 극대화하는 수단이다. 각종 매체를 통해 상품의 가치요소를 효과적으로 전달해야 한다.

이러한 4Ps는 전통적인 산업사회의 상품시장에서 주요한 마케팅전략의 핵심요소였고 현재도 유효하지만 서비스요인이 중요해진 현대사회의 마케팅에서는 Pross, People, Physical evidence 즉 과정, 사람, 물리적 증거가 중요한 요소로 더해졌다. 이것을 7Ps라 한다.

3) 7Ps전략

서비스는 무형성, 가변성, 불가분성, 소멸성이라는 특성이 있다. 그렇기 때문에 사

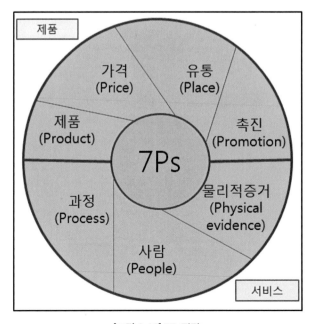

[그림 6-10] 7Ps전략

람이 물리적 증거에 기반하여 서비스하는 과정을 눈에 보이게 해주는 노력이 추가로 필요해진 것이다. 개업 공인중개사가 중개현장에서 될 수 있으면 좋은 차량으로 고객을 모시러 가고, 중개보조원이 옆에서 돕도록 하고, 고객과 물건 현장답사는 반드시 동행하고, 필요한 공적 서류는 모두 출력하여 편철하고 표지까지 고급스럽게 하여 제시하는 이유는 무엇일까. 계약이 잘 성사되고 일이 다 마무리되었을 때 고객 입장에서는 개업 공인중개사와 중개보조원이라는 사람, 물건을 보여주기 위한 그 과정, 그리고 눈에 보이는 계약서와 공적 서류가 남는다. 이러한 과정이 없이 물건 하나 보여주고 계약서를 작성하여 계약서와 중개대상물확인·설명서, 공제증서만 봉투에 넣어 제공하면서 몇백 만 원, 몇천 만 원을 요구하면 고객은 '중개사가 한 일이 뭐가 있다고……' 하는 생각이 머리를 스치게 된다. 이러한 인상을 가지고 있는 고객은 중개보수를 아까워하게 된다. 이러한 서비스업에서의 특징은 사람과 과정 그리고 물리적 증거가 필요한 이유다.

현대사회가 인터넷 망을 통하여 전 세계가 연결되고 플랫폼기업이 정보를 장악하면서 상거래가 온라인화된 시대를 반영하여 4c[83], 4a[84]라는 개념요소들과 세계화와 정부의 시장개입이 늘어나는 데 따른 PEST[85]라는 개념도 자주 논의되며 고려되고 있다.

---

83) 4c는 고객생애가치를 극대화 시키는 데 필요한 요소들이다. customer value(고객가치), cost(비용), convenience(편리함), communication(소통)으로 구성되어 있다.

84) 4a는 전자상거래와 관련해서 등장한 개념으로 any way(방법), any where(장소), any time(시간), any product(제품)를 뜻한다.

85) 거시환경분석(PEST) (Political, Economic, Social and Technological analysis)은 전략관리 구성 요소 중 환경 파악에 사용되는 거시적 환경 요소를 묘사한다(위키백과).

부동산중개마케팅

1. 부동산중개마케팅의 개념

부동산중개마케팅에 대한 개념정의는 학계에서 별도로 하고 있지 않다. 이는 마케팅이 상품판매에서 시작되어 판매를 목적으로 건축된 건축물에 대하여 적용되어 왔던 이론이기 때문에 서비스업으로 분류되는 부동산중개의 경우 마케팅 이론이 그대로 적용되기에는 한계가 있기 때문이다.

그러나 실무에서는 부동산중개마케팅이라는 용어가 자주 쓰이고 있다. 부동산중개마케팅은 상품을 기획하여 직접 생산하고 공급하는 것이 아니기 때문에 개업 공인중개사사무실에 접수되거나 개업 공인중개사가 작업한 부동산 물건에 대한 광고매체 선택이나 광고기법을 부동산중개마케팅으로 통칭하고 있다. 근래의 부동산중개마케팅은 인터넷과 모바일을 통하여 접근할 수 있는 플랫폼이나 매물검색 프로그램을 어떻게 이용할 것인지를 중심으로 논의되고 있다.

부동산중개는 매수자를 찾는 것도 중요하지만 좋은 물건을 지속적으로 확보하는 것이 더 중요하다. 작금의 부동산중개시장은 공동중개 거래정보망을 통하여 개업 공인중개사들끼리 온라인으로 연결되어 있기 때문에 좋은 물건만 있으면 다른 개업 공인중개사들이 매수(임차)고객은 얼마든지 데려오고 계약을 성사시킬 수 있는 시장구조이다. 물론 본인의 물건을 광고나 워킹손님 등으로 소위 양타를 치면 더욱 좋겠지만 본인이 다 해결하기에는 시간의 제약이 따른다. 손님은 이 부동산에 물건이 없으면 다른 부동산으로 가고, 매물주는 계약이 빨리 이루어지지 않으면 다른 부동산에도 물건을 내놓게 된다. 그렇기 때문에 물건이 순환되는 속도가 중요한 시장상황이 된 것이다. 이러한 시장상황 속에서 부동산중개마케팅은 매물을 발굴하는 전략과 판매하는 방법 및 고객을 지속적으로 관리하는 방법까지의 전 과정으로 정의할 필요가 있다.

2. 부동산중개시장의 마케팅 과정

1) 진출하고자하는 전문 분야 결정

어떤 국가의 전체 시장규모에서 부동산시장이 차지하는 비율은 사회주의보다는 자본주의 사회에서 더 크고 후진국보다는 선진국으로 갈수록 더 크다. 모 대기업 회장이 "세상은 넓고 할 일은 많다"라고 했지만 부동산 시장만큼 범위가 방대하고 할 일이 많은 곳도 드물 것이다. 부동산시장은 한 분야만 깊이 파고들어 충분한 경험을 쌓는데 최소 10년은 필요로 한다. 그만큼 알고 경험해야 할 것이 많고 제도가 계속 바뀌고 기술도 발전하기 때문에 따라가기도 버거울 정도이다. 그렇기 때문에 자신의 성격과 관심분야를 고려하여 업무분야를 한정하고 전문화해야 한다. 부동산중개와 관련하여서는 먼저 부동산 공급·분양, 부동산중개, 부동산정보 제공업 중 선택하는 것이 먼저이다. 만약 부동산중개를 선택하였다 하여도 원룸 전월세, 아파트, 다세대·다가구, 상가점포, 대형마트, 약국, 제과점, 모텔, 주유소, 토지, 임야, 전원주택, 농가주택, 미용실, 의원 등 특정 분야를 선택하여 그 분야에서 성과가 10% 안에 들어가도록 노력해야 한다.

2) 시장조사를 통한 시장범위 결정

일단 특정 분야가 시야에 들어왔다면 시장조사를 해 봐야 한다. 예를 들어 모텔이나, 주유소 등은 전국을 시장범위로 하여 네트워크를 구축하여야 하고, 원룸 전월세 등은 특정 지역구 단위의 역세권을 중심으로 활동해야 한다. 즉 적정한 시장범위를 결정하여야 한다.

3) 목표시장의 세분화

목표시장과 시장범위가 결정되었다면 그 시장의 지역적 세분, 수요자 세분, 효과가 있는 광고매체의 분석, 물건의 유통과정 등에 관한 면밀한 분석을 하여 특성에 따라 분류하는 과정이 필요하다.

4) 표적시장 결정(신림역을 중심으로 한 4개 동의 원룸 전월세 중개)

시장 세분화를 통하여 대학가가 밀집되어 있는 신촌의 원룸 전월세 시장과 젊은층이 많이 거주하고 강남으로 출퇴근이 용이한 신림역세권 등 몇 그룹의 가능성 있는 원룸 전월세 시장을 분석한 결과 본인에게 지역적 연고가 있고 장기간 생활했던 신림역의 원룸 전월세 시장을 표적시장으로 정하게 되었다.

5) 개업 공인중개사사무실의 특·장점 포지셔닝

신림역에는 원룸 전월세만 전문으로 하는 개업 공인중개사 사무실이 10곳이 있다고 하자. 이 잠재 경쟁업소를 분석해본 결과 대부분 대로변 사무실이고, 월세가 비싸고, 워킹손님만 상대하고 있으며 신림역 4거리를 중심으로 7번 출구 쪽에 치우쳐 있는 상황이다. 이제 이들 사무실과의 차별화를 위하여 포지셔닝 전략을 짜본다. 일단 월세가 조금이라도 저렴하면서도 고객이 쉽게 찾아올 수 있도록 역세권 대로변에서 한 블럭 들어간 6번 출구 쪽 사무실을 찾기로 하고, 대로변 사무실은 주차가 어려운 점이 있기 때문에 차량을 가지고 오는 손님의 편의를 위해 주차장이 있는 건물을 찾기로 한다. 강남 쪽에서 남부순환로를 타고 올 때 접근도를 생각한 것이다. 유통망으로는 요즘 젊은 세대는 스마트폰 앱을 통하여 물건을 많이 찾기 때문에 광고매체는 ○○방을 메인으로 하고 지역 사설거래정보망과 협회의 한방을 이용한 공동중개를 통하여 보완하기로 한다. 컨셉은 "원룸맨"으로 신림동에서 제일 물건이 많고 가장 친절하고 빠른 부동산으로 잡는다.

6) 매물작업

매물작업의 범위는 신림역을 중심으로 4개 블록 반경 500m로 잡고 모든 물건(원룸, 오피스텔)을 직접 작업한다.

7) 중개보수 전략

근래에 일부 부동산업체에서 반값 중개나 임차인이나 임대인에게 중개보수를 받지 않겠다는 중개보수 전략을 잡고 있지만 장기적으로 보면 좋은 전략은 아닌 것으로 보인다. 가격경쟁은 약탈적 경쟁행위로 잠시 반짝 할 수는 있지만 장기적으로 보면 시장을 황폐화시키고 그 시장을 몰락으로 모는 행위가 될 수 있기 때문이다. 보다 바람직한 중개보수 전략은 중개보수를 정확하게 받고 입주청소비를 대신 내주거나 입주선물을 하는 방법이 있다. 임대인에게는 간단한 수리를 직접 대행해 주거나 설비업체 등과 협약을 맺고 수리비를 다른 업체 대비 80%만 받도록 할 수도 있다.

8) 광고전략 및 유통 네트워크 구축

부동산광고는 취급하는 물건에 따라 유통망이 다르다. 가장 수요가 많고 물건의 표준화가 잘 이루어졌다고 볼 수 있는 아파트나 원룸, 오피스텔은 플랫폼 시장에서 거래되고 있기 때문에 그쪽에서 찾아보아야 하고 특별한 분야(대형마트, 약국, 의원, 주유소 등)는 그들만의 유통네트워크가 있다. 많은 시간과 집중적인 노력을 통하여 뚫고 들어가야 한다. 표적시장의 물건이 어떻게 유통되는지는 그 분야를 취급하는 개업공인중개사를 소개받아 직접 알아보아야 한다.

9) 양(매도·매수)방향 프로모션 전략

원룸을 예로 들어보면 일을 아주 잘하는 중개사는 원룸, 오피스텔의 임대인을 임대인뿐만 아니라 가족들의 생일까지 챙기며 명절 인사를 아주 성의있게 그리고 꼭 한다. 임차인들에게는 만기일이 가까워오면 거주하면서 불편한 곳이 없었는지 묻고 조금이라도 불편함이 있다면 더 좋은 곳을 소개해 이사하도록 유도한다. 사소한 소모품의 교체와 수리는 직접 나서서 한다. 물건이 정말 많고 광고도 많이 하여 계약을 거의 매일 2~3건씩 쓴다. 고객들에게 양방향으로 다가가고 마음을 사로잡을 수 있는 전략이 필요한 것이다.

10) 피드백·관계마케팅으로 전환

    고객은 잘 삐진다. 조금만 무심결에 소홀히 대하면 조금씩 멀어진다. 고객을 장기적인 고객으로 만들고 부동산 주치의가 되기 위해서는 일반적인 업무보다 더 깊이 있고 진심 어린 정성으로 신뢰를 쌓아야 한다. 취미생활도 같이하고 중요한 정보는 꼭 먼저 찾아서 제공한다. 이 정도로 마음을 열게 만들기 위해서는 감동이 필요하다. 그것은 전문성, 성실성, 진솔함, 최선을 다하는 모습이 지속될 때 조금씩 이루어지는 것이다. 조급함은 일을 그르친다.

3. 부동산중개 환경분석

1) 중개시장의 거시환경과 미시환경

    부동산중개시장에 진입하기 위하여 환경 분석을 한다면 〈표 6-4〉와 같은 환경요인들을 중심으로 분석해야 한다.

〈표 6-4〉 중개시장의 거시환경과 미시환경

중개시장의 거시환경과 미시환경		
거시 환경	경제적 환경	정부의 경제정책, 국내·외 경제상황
	정치적 환경	주택정책, 조세정책, 건축정책
	행정적 환경	신도시 개발, 도시재생, 재개발·재건축 정책
	사회·문화적 환경	소비자의 행동, 1인가구의 증가, 인구, 생활패턴, 관습
	기술적 환경	신기술, 친환경주택 등
	자연환경	분진, 채광, 조망, 녹지공간에 대한 정책
미시 환경	경쟁업자	개업 공인중개사, 분양컨설팅, 대기업의 중개업 진출
	업무환경	매물주, 매수(임차)고객, 경쟁중개업자, 중개시장
	공중	언론, 은행, 투자자

부동산시장이 전체적으로 침체기일 때에는 부동산중개시장도 타격을 받게 된다. 개업 공인중개사사무실의 폐업률은 올라가고 매출은 전체적으로 줄어들게 된다. 물론 부동산침체기에도 틈새시장은 있고 잘되는 분야가 있다. 우리나라가 IMF 관리체제하에 있을 때 매매가 되지 않았기 때문에 필요한 부동산과의 교환시장이 활발하게 움직였고, 현금보유력이 높거나 기업의 미배당이익이 쌓인 대기업의 경우 도산하는 기업들의 부동산을 저가에 인수하는 시장이 활발하였다.

부동산중개시장에 영향을 미치는 거시환경은 개인이 능동적으로 개입할 수 있는 부분은 아니지만 창업의 시기를 조율하거나 사업의 확장을 도모할지의 여부를 판단하는 데 중요한 지침을 줄 수 있는 지표라 할 것이다.

미시환경은 창업예정지나 사업장 인근의 지역적, 사회적, 인적 환경으로 개업 공인중개사무실이 지나치게 밀집되어 있다거나, 언론이 그 지역의 부정적인 면을 집중적으로 보도하여 임차인들이나 투자자들이 들어오기를 기피하는 지역이 되는 경우 또는 은행들이 대출비율을 줄이고 있는 지역 등이 제약환경으로 작용하게 된다.

2) 인근지역 생애주기별 마케팅 환경

부동산중개의 타깃시장이 될 수 있는 인근지역이나 배후지는 아파트단지이긴 저층주거 밀집지역이건 다음과 같은 도시의 생애주기를 거치게 된다.

〈표 6-5〉 인근지역 생애주기별 마케팅 환경

인근지역 생애주기별 마케팅 환경			
도입기~성장기	• 계획적 개발 • 인구유입	• 공급우위	• 신규공급 • 저가 공급	15~30년
성장기~성숙기	• 부분개발 • 인구유·출입	• 공급약세로 진전	• 신규 공급 • 수요중심 가격정책	20~25년
성숙기~쇠퇴기	• 건물노후화 • 고소득층 이탈	• 공급 약세 • 임대 전환	• 리모델링 • 임대수요 대응공급	30~50년
쇠퇴기~천이기	• 도시재정비계획 • 인구의 유출	• 공급 부족 • 선별적 수요	• 구옥거래 활발 • 재건축, 재개발 진전	40~60년
천이기~악화기	• 도시의 슬럼화	• 수요 부족 • 공급 중단	• 임대사업 위주	50~80년

도시에 생애주기가 있다는 것은 부동산에 관심이 높거나 학습을 한 사람들은 대부분 잘 알고 있는 사실이다. 그러나 인간의 생명주기나 동일지역 거주기간이 도시의 생애주기보다 짧기 때문에 한 사람이 그 과정을 전체적으로 관찰하기는 쉽지 않다. 부분적으로 재개발되는 지역이나 1기 신도시가 노후화 되어 재건축이 필요하다거나 1기 2기 신도시의 도시계획이 잘못되어 베드타운화되었다는 뉴스를 접하는 것이 고작이다.

그러나 개업 공인중개사의 입장에서는 그 지역의 생애주기가 어떤 단계에 와 있는지에 따라 인구의 진출입을 가늠할 수 있고, 투자자시장이 형성되는지 실수요시장이 형성되는지 또는 임대차시장이 형성되는지 판단하여 창업이나 진출입의 여부를 결정하고 집중해야 할 업무분야를 판단할 수 있기 때문에 관심을 가져야 할 중개환경이라 할 수 있다.

3) 부동산 경기변동의 원인이 되는 환경요인

부동산의 경기변동은 도시나 부동산 자체의 생애주기와 환경요인이 상호 작용하여 수요와 공급의 원인이 되고 이러한 수요와 공급의 변화 흐름이 부동산의 경기변동을 일으킨다고 볼 수 있다. 그러나 수요와 공급의 변화가 먼저이냐 부동산의 경기변동이 먼저이냐는 닭이 먼저냐 달걀이 먼저냐의 문제처럼 명확하지 않은 문제이다. 그러나 다음과 같은 환경요인의 변화가 부동산의 경기변동을 일으킨다는 것 또한 분명한 사실이다.

〈표 6-6〉 부동산 경기변동의 원인이 되는 환경요인

부동산 경기변동의 원인이 되는 환경요인		
자연환경요인	인구의 증가와 감소	
	계절요인	
사회 환경요인	사회·심리요인	소유의식, 탐욕의 증대, 부동산 수익성, 안정성의증대
	도시화, 공공시설정비	도시화와 편익시설의 증대로 지가수준 높임
	교육 및 사회복지	학군, 생활안정, 복지수준 증대
	토지거래 및 사용수익 환경	지가하락이나 상승요인으로 작용
	인구이동	도시집중, 공업화 및 산업화에 따른 인구의 이동

경제 환경요인	저축·소비수준	가처분소득은 소비에 영향
	소득의 증가	부동산 소비 촉진
	대출금융조건	금리와 상환조건은 이용 증가나 감소 초래
	산업구조의 변화	소비 촉진이나 감소 초래
법·행정 환경요인	교통정책	교통시설의 확대는 부동산가격에 영향
	조세정책	조세정책도 부동산의 수요·공급에 영향
	주택정책	주택정책은 시장에 많은 영향
	토지이용계획	토지이용의 규제 및 완화는 시장에 영향

부동산경기는 주택가격과 거래량을 중심으로 10년 주기설이 있다. 10년 주기로 상승과 하락이 반복되는 원인은 단일요소가 반복적으로 작용하는 것이 아니기 때문에 그 원인을 명확하게 제시하기는 쉽지 않다. 한편 부동산에 대한 수요는 복합적으로 영향을 미치지만 정부정책의 영향이 가장 크다고 볼 수 있다. 정부나 지자체가 재건축 완화정책을 내놓거나 신도시계획을 발표하면 투자자들이 가격이 오를 유망지를 중심으로 몰려들기 시작하고 가격이 오르기 시작한다. 경기가 침체될 때 정부에서는 제일 먼저 건설이 견인해 주기를 바라면서 건축규제 완화정책을 내놓게 된다. 물론 수출을 통해 침체된 경기를 떠받쳐 주는 경우도 있지만 수출이나 무역수지는 국제정세와 관련이 있기 때문에 정부가 작위적으로 상황을 조성하는 것은 한계가 있는 방식이다.

개업 공인중개사들은 부동산 경기변동에 영향을 미치는 위 요인들을 관심있게 관찰해야 한다. 창업을 염두에 둔다면 침체기에는 타깃시장별로 순환이 꾸준한 종목이나 틈새시장으로 진입해야 할 것이다. 부동산 호황기에는 주로 투자자들과 실수요자들이 매매를 위주로 움직이기 때문에 거래가 가장 많은 지역과 분야로 움직여야 할 것이다.

4) 인접지역분석과 배후지 분석

〈표 6-7〉 인접지역 분석과 배후지 분석

인접지역 분석과 배후지 분석	
인접지역분석	• 부동산의 분포(APT, 다세대, 다가구, 원룸, 오피스텔, 상가건물 등) • 경제적 요소: 취업관련 정보, 1인당 소득, 가구수의 변화, 공실율 등 • 인구통계학적 요소: 평균연령, 인구 증가, 교육수준
배후지 분석	• 전문업역 대상물건의 수와 분포(예, 원룸, 오피스텔) • 경쟁관계의 개업 공인중개사무소 수와 분포 • 노후도, 건물의 연령, 접근의 용이성, 편의시설, 교통, 분양가 등
정보의 원천: 지방자치단체 홈페이지, 통계청, 다음지도, 밸류맵, 현장조사 등	

　개업 공인중개사의 영업이 집중적으로 이루어지는 시장은 배후지라 통칭할 수 있다. 사업장은 배후지의 주 출입구에 있거나 중심에 자리 잡게 된다. 접근이 용이하여 물건을 내놓거나 고객들이 부동산 물건을 찾을 때 쉽게 눈에 띄는 위치인 것이다.

　만약 사업장이 있는 위치가 4거리라면 사업장이 위치한 블록 외에 나머지 3개의 블록도 2차적인 시장이 된다. 장기간 한 지역에서 영업을 하다 보면 거래계약의 70% 이상이 배후지에서 나오게 되고 나머지 30%는 인접지역이나 드물게는 타 지역의 물건을 공동으로 중개하여 나오게 된다. 이처럼 계약이 나오는 지역이기 때문에 인접지역에 대한 분석자료와 정보를 가지고 있어야 하고 배후지는 철저히 분석하고 데이터베이스 작업이 이루어져야 하는 시장인 것이다.

4. 장비점검과 목표수립

1) 장비점검

　어느 업무 분야나 업무를 하기 위해서는 꼭 필요한 인프라가 있다. 개업 공인중개사사무소에는 매물장, 매수장, 개인업무일지, 명함, 고객전화번호부, 유선전화, 스마트폰, 컴퓨터, 프린터, 팩스, 자동차 등은 필수 장비이다. 필자는 다른 업무가 있어 강서구에 있는 1200여개 사무실을 다 방문해 본 적이 있다. 고객이건 영업을 위한 방문이건 "어서오세요!"가 기본 인사인데도 고객이 문을 열고 들어오자마자 "어서오세요!" 하는 개업 공인중개사 사무실이 30%도 안 된다. 문을 열고 들어갔는데도 멀뚱멀뚱 쳐다보고만 있거나 컴퓨터를 보면서 주식을 하거나, 바둑을 두거나 유튜브를 보면서 쳐다보지도 않는 사무실도 많다. 고객이 먼저 "안녕하세요." 해야 그때나 쳐다본다. 매물장과 매수장이 따로 없어 메모지에 메모하는 사무실도 있고, 자동차가 없이 도보로만 손님을 안내하는 사무실도 있다. 물론 놀랍도록 잘하는 사무실도 있다. 물건자료를 변호사사무실의 소송서류 정리하듯 개별 건별로 철하여 찾아보기 쉽게 책장에 파일로 정리하고 브리핑 자료도 엑셀과 파워포인트까지 사용하여 기업에서 브리핑하는 자료 수준으로 해놓는 곳도 있다. 손님을 안내할 때에는 중개보조원까지 동행하여 고급승용차로 2명이서 안내하고 모든 전자장비는 최신사양을 사용한다. 자체적으로 교육도 이루어지며 위계질서가 잘 잡혀있다. 이런 사무실은 매출도 일반 개업 공인중개사사무실에서 짐작하지 못하는 수준으로 높다. 이제 창업하는 입장에서 많은 것을 최상급으로 끌어올리기는 어렵겠지만 최소한의 장비는 점검하고 제 기능을 할 수 있도록 하여야 한다. 군인이 개인화기 없이 전장으로 나갈 수는 없지 않겠는가.

2) 목표수립

(1) 매출 목표

우리는 중개사무소 개업을 검토하면서 사무실의 손익분기점을 검토해 보았다. 손익분기점은 사무실의 유지와 가정생활을 유지하기 위한 최소한의 매출금액이다. 손익분기점의 계산 시 타깃시장의 전체 거래건수를 개업 공인중개사사무소 수로 나누고, 평균매출이 얼마인지 확인하여 중개사의 능력으로 가능하다는 분석하에 진입하였다. 그러나 우리가 밥만 먹고 살기 위하여 사업을 하는 것은 분명 아닐 것이며, 사업에 발전이 없으면 오래지 않아 매너리즘에 빠지게 되어있다. 매너리즘에 빠지면 에너지는 고갈되고 점차 침몰하다 결국은 폐업의 길로 들어서게 된다. 매출 목표는 도달이 가능하면서 약간은 도전적인 수준으로 잡아야 한다. 매출 목표는 총 중개보수 수입이다. 매출 목표가 잡히게 되면 거기에 맞게 영업계획을 세워야 한다.

(2) 영업계획

거래계약은 어느 날 갑자기 하늘에서 떨어지는 것이 아니다. 최초 고객과 인사하는 순간부터 매물을 접수하고 광고하고 브리핑하고 클로징하는 단계가 필요하다. 이러한 단계를 상담단계와 접수단계 거래계약단계로 나누어 전체 상담건수 중 몇 %가 물건접수나 매수의뢰로 연결되는지, 의뢰 건수 중 몇 %가 거래계약으로 이어지는지는 마케팅과 세일즈의 체계성과 기술에 달려 있지만 최종적인 거래계약 건수가 몇 건이 되어야 하고 그 평균 중개보수가 어느 정도인지는 계산을 해보면 알 수 있다.

이러한 목표설정하에 거래계약 건수를 늘리기 위해서는 매물이나 고객의 숫자가 더 늘어야 하고 매물이나 고객의 숫자를 늘리기 위해서는 시장범위를 확대하여 더 많은 물건을 작업하고 더 많이 광고해야 한다는 것을 알 수 있다. 아무런 계획이 없이 손님이 들어오면 움직이고 없으면 하루 종일 컴퓨터만 쳐다보고 있는 생활이 반복된다면 시간은 순식간에 흘러 5년이 지나고 10년이 지나게 된다. 이루어 놓은 것은 없고 나이는 들어 노후를 걱정하는 순간이 올 것이다. 반드시 목표를 세우고 계획적, 조직적으로 사업을 운영해 가기 바란다.

5. DB(Data Base)의 구축

1) 물건 데이터베이스(매물)

우리는 타깃 시장을 정해놓고 그 지역에 진입했다. 만약 원룸·오피스텔 임대차를 전문으로 하겠다는 계획하에 사무실을 잡았다면 그 타깃 시장(배후지)에 있는 모든 원룸과 오피스텔의 기초자료를 모아야 한다. 순서는 다음과 같이 하면 된다.

ⓐ 원룸·오피스텔의 전체 개수 파악
ⓑ 등기사항전부증명서로 소유주 및 대출 여부 등 확인
ⓒ DM 보내기(관리사무실이 있을 경우 드링크 선물세트를 준비하여 방문)
ⓓ 연락이 온 경우 연락처 기록 정리
ⓔ 연락이 오지 않는 물건은 주소지로 직접 방문

ⓕ 엑셀에 전체 자료 정리

⑧ 관리(물건의 작은 고장 등 수리 서비스, 명절선물 보내기, 부동산상담서비스 등)

2) 네트워크 데이터베이스(매수자)

위 예에서 원룸·오피스텔 시장을 예로 들었지만 임대차는 그 순환주기가 짧고 매매는 그 순환주기가 길다는 차이가 있을 뿐 평생 이사하지 않거나 팔지 않는 물건은 거의 없다고 봐야한다. 또한 내가 중개해준 매수자를 잘 관리하다 보면 소개 마케팅이 이루어지기 때문에 지속적인 관심은 또 다른 파생선물을 발생시킨다. 원룸·오피스텔 임대차의 경우 짧게는 몇 달에서부터 길게는 3~4년이면 다른 곳으로 이사를 하게 된다. 이사를 하게 되는 원인(옆집 소음, 반려동물분쟁, 옆 건물 식당의 냄새, 직장이직 등)은 여러 가지가 있기 때문에 이사하고자 연락이 온다면 원인을 확인할 필요가 있다. 거주하는 동안 여성의 경우 전구를 교체해준다거나 사무실에서 팩스를 받아주거나 필요한 공부를 열람해 주는 등 자잘한 서비스를 지속적으로 해주며 관리를 해야 한다. 이러한 세심한 관리는 또 다른 고객을 끌고 오게 만든다. 이것이 관계마케팅의 주요한 내용이다.

이렇게 형성된 고객관계는 체계적인 관리를 위하여 데이터베이스화하여 고객관계를 지속시켜 나가야 한다. 관리하는 고객이 계속 늘어가는 것은 매출의 증가로 연결된다.

3) 공동중개 데이터베이스

부동산중개업의 경우 전체 거래건수의 50% 이상이 공동중개에 의하여 이루어진다. 부동산 공동중개는 물건이 있고 손님이 있다 해서 아무하고나 하지는 않는다. 협조적이고 신뢰 관계가 형성된 중개사에게 먼저 연락하게 되고 똑같은 물건이 여러 곳에서 공동중개거래정보망에 올라오면 기존 거래에서 신뢰를 얻은 중개사무소에 연락을 하게 된다. 그렇기 때문에 공동중개가 잦은 중개사무소는 방치해 놓지 말고 관리를 해야 한다. 명절 때면 선물을 교환하고 가끔씩 저녁식사를 같이 해야 한다. 집안의 경조사도 살펴야 한다. 전문분야가 특수한 경우 각 구별로 그 업무를 취급하는 전문가가 다수 있게 된다. 이 경우 그 전문분야의 중개사들과 친목회를 결성하거나 지속적인 유대관계를 가지기 위하여 노력하여야 한다. 업무를 이것저것 다 하는 중개업소의 경우 지역별로 회원수첩이 있고, 사설 공동중개거래정보망이 깔려 있는 경우 회원연락처가 다 올라와 있다. 최소한 본인의 영업범위 내 중개업소의 대표자 전화번호와 사무실 번호 정도는 스마트폰에 입력해 놓아야 한다.

6. 물건작업

물건을 작업할 때는 자극의 강도가 약한 매체와 방식부터 시작해야 한다. 처음부터 갑자기 찾아가 얼굴을 들이민다거나, 긴급한 일이 있는 것처럼 전보를 보낸다거나 하는 것은 부정적인 인식을 심어줄 수 있다. 고객에게 자극이 가장 적은 것은 글과 사진이다. 자신을 잘 소개하고 어떤 사람인지 확인할 수 있도록 사진을 넣을 수 있다. 그 다음으로 전화를 통하여 대화하는 것이다. 상대방의 말소리를 듣고 궁금한 것을 바로 물어볼 수 있는 장점이 있지만 싫을 때는 쉽게 거절할 수 있다는 문제점도 있다. 이것은 다른 측면으로 보면 쉽게 거절할 수 있기 때문에 부담이 적은 것으로 해석할 수 있다. 이러한 단계는 낚시에 비유해 "DM으로 밑밥을 뿌리고 TM으로 낚는다."고 하기도 한다.

1) DM

DM은 잠재고객의 관심을 끌기 위해서 필요한 정보를 제공하는 소식지나 공인중개사의 전문성을 알리는 목적으로 사용된다. 보통 편지 형식이나 소식지 형태를 취하고 조금 더 세련되게 준비하는 중개업소의 경우 카다로그 형식을 취한다.

내용적으로는 공인중개사가 전문으로 취급하는 분야를 알리고 그 분야의 최고 전문가라는 확신을 심어 줄 수 있는 성과나 자격, 표창 그리고 서비스의 내용을 포함시킨다. 여기에 더해 고객이 꼭 알아둬야 할 관련법 개정내용이나 시장 내의 부동산정보를 제공하기도 한다.

경우에 따라서는 작업할 물건을 지정해 놓고 그 소유자에게 주변에 거래된 매물 대비 최고의 가격에 매매해 주겠다는 제안과 더불어 개업 공인중개사의 전문성을 확인시켜줄 증거들을 제시하기도 한다. 이는 잠재매도자의 연락처를 모르기 때문에 연락이 오기를 기다리는 미끼인 경우도 있고, 연락처는 알지만 낮은 자극의 단계에서 부터 순차적으로 강도를 높이기 위한 준비인 경우도 있다.

(1) DM의 내용전략

DM에는 어떤 내용이 담겨야 할까. DM은 문서이기 때문에 문자와 이미지로 구성 된다. 그러나 문자에는 지식과 감정을 많이 넣을 수 있고, 이미지는 더 많은 사실성 과 연상을 줄 수 있다. 이러한 문자와 이미지를 통하여 우리는 잠재고객들에게 주의 와 흥미를 가지고 연상을 하게 해야 한다. 그리고 마지막으로 욕망을 일으켜야 한다. 이익에 대한 욕망, 지금 직면한 고통에서 벗어나고자 하는 욕망을 일으키는 것이다. 이러한 심리의 변화과정을 일으키기 위한 문서의 구성을 살펴보자.

① 어프로치

여러분의 집 우체통에는 어떤 우편과 전단지, DM들이 있는가. 한 뭉텅이가 있다 면 겉봉투나 표제만 보고 즉시 버릴 것과 확인해봐야 할 것을 구분해 낼 수 있다. 봐 야 할 것 외는 다 쓰레기통으로 직행한다. 대부분이다…….

그렇다면 우리는 먼저 고객이 일단 집으로 가지고 들어가 확인해 보게 해야 한다. 우리가 열어보고 확인하는 것을 나열해 보자.

- 보험료, 공과금 고지서: 무슨 내용인지는 알지만 숫자를 확인하기 위해 챙긴다.
- 관공서에서 온 문서: 확인해 봐야 한다.
- 분양 카다로그: 투자금도 없고 지금은 부동산에 관심가질 여력이 없어 버린다.
- 동네마트의 세일 광고: 거기는 항상 세일을 하고, 매달 비슷한 내용이다. 버린다.
- 중국집 전단지: 너무 많아 버린다.
- 누군가 자필로 쓴 봉투나 편지: 무슨 내용인지? 누군지 몰라도 궁금하기 때문에 일 단 챙긴다.

위 내용들을 보면 우리가 우체통에서 챙기는 것은 두 종류임을 알 수 있다. 첫째, 누가 보냈는지, 무슨 내용인지는 알지만 구체적인 숫자나 내용을 확인해야 하기 때 문에 챙기는 문서. 둘째, 발신자가 누구인지 모르는 이름이고, 내용도 알 수 없지만 자필로 쓰여 있고 중요한 내용이 들어 있을 것 같은 편지나 봉투다.

개업 공인중개사중에 DM작업을 하는 중개사는 많지 않다. 그러나 잘 나가는 개업 공인중개사는 꾸준히 어떤 식으로든 잠재고객과 접촉하고 관심의 끈을 놓지 않는다. 특히 중요한 물건이나 고객이라면 관여도가 낮은 DM이나 이메일→문자→전화→미팅의 순서로 관여도를 높여가며 스토리를 만들어 나가야 한다.

우리가 보내는 DM이 두 번째 부류에 들기 위해서, 그리고 수많은 우편함 서류 중에 여러분이 보낸 서신이 버려야 할 쓰레기통 직행우편이 되지 않기 위해서는 겉봉투에 중개사무소의 명칭이 들어가면 안 된다는 것과 대량으로 일시에 발송한 것이 아닌 것처럼 봉투의 주소를 펜으로 작성하고 발신자의 이름이 자필서명 되어야 한다는 것을 알 수 있다. 고객의 입장에서 수많은 쓰레기 중에 여러분이 보낸 것은 금이나 다이아몬드처럼 반짝여야 한다. 그래야 들여다보게 된다. 그러려면 여러분이 보내는 그 무엇이든 항상 차별화를 염두에 두고 반짝반짝 빛나게 해야 한다.

② 주의

고객이나 잠재고객이 여러분의 DM이 무엇이지 궁금해서, 혹은 특이해서 봉투를 개봉해 보았다. 무엇을 제일 먼저 보게 되겠는가. 당연히 제목이나 사진이다.

제목은 고객의 눈길을 끌어야 한다. 땡겨야 한다. "혹"해야 한다. 밋밋해서는 안 된다. 그러기 위해서는 고객의 욕구 중 당근과 채찍이 될 수 있는 이익을 얻을 수 있는 주제나 현재의 고통을 피할 방법에 대한 주제가 제목이 되어야 한다. 그러나 제목은 글자이기 때문에 글자보다 먼저 눈에 들어오는 것은 사진이다. 그렇기 때문에 제목 옆이나 바로 아랫줄에는 사진을 넣는 것이 좋다. 개업 공인중개사의 자연스럽고 단정하며 정중하고 밝은 사진이나 아름다운 전원주택 사진도 좋다. 전원주택 사진은 부동산을 암시해 줄 수 있다.

글의 후미 부분인 작성일자는 어떻게 해야 할까? 받아보거나 열어본 날짜가 한참 지난 후라면 신선해 보이지 않는다. 계절별로 봄, 여름, 가을, 겨울 등에는 2022년 봄(계절) 등이 좋다. 회신이나 응모해야할 내용이 있다면 "이달 말까지", "한 달 내" 등이 날짜와 관련된 문제를 최소화할 수 있는 방법이다.

③ 흥미

고객이 DM을 받게 되면 무슨 생각을 할까?

어디에서 왔지?

무슨 행사인가?

나에게 도움이 되는 건가?

지금 안 해도 아무 때나 할 수 있는 거 아닌가?

여기에서만 이런 거를 하나?

남들도 이런거 하나?

고객이 일단 여러분의 DM을 열어보고 읽어보게 했다면 고객에게는 매몰비용을 발생시킨 것이다. 그리고 고객의 기억창고 한 곳에 정보로 남게 된 것이다. 고객의 생각을 꿰뚫어보고 거기에 맞게 이것이 무슨 내용이고, 고객이 무엇을 해야 하고, 고객에게 도움이 되며, 여기 아니면 다른 곳에서는 이런 혜택을 받기 어려우며, 경쟁이 붙어서 지금 연락해야 한다는 메시지를 충분히 전달했다면 여러분은 고객의 흥미를 끈 것이다.

④ 연상

연상은 고객의 흥미를 증폭시킨다. 약간의 자극이 곁들여진 상상이 현실보다 큰 환희와 공포를 불러온다. 현실의 세계는 한정되고 장애물이 많지만 상상은 무제한 무한대이다. 이러한 기능을 하는 연상을 불러일으키기 위해서는 어떻게 해야 할까?

- 진행될 내용 속에서 고객이 주인공이 되게 해야 한다.
- 상징이나 명제를 사용해 구체화된 실마리를 제공해야 한다.
- 동네/지역 이름을 사용해 현실의 공간으로 불러들여야 한다.
- 사진은 더 구체적인 환상을 준다.
- 이성이 아닌 감성에 호소해야 한다.
- 너무 구체적인 내용은 고객이 우리에게 연락을 해 봐야 하는 이유를 사라지게 한다. 고객의 눈길을 끌만한 제목이나 목차 정도만 넣는다.
- 살아있고 신뢰할 만한 전문가나 지역의 유력자가 보증해주면 더욱 좋다.
- 고객들의 후기, 고객들과 함께 찍은 사진들은 신용장과 같다.

이러한 내용으로 구성된 DM은 고객을 우리가 제공하는 환상적인 서비스의 세계로 푹 빠지게 하며 현실세계에서의 욕망 달성과 현실의 어려움으로부터의 탈출이라는 과제해결 사이에 다리를 놓게 만든다. 이렇게 고객은 연상의 다리를 스스로 놓는 것이다.

⑤ 욕망

이제 고객은 여러분이 제공하는 서비스를 받을 준비가 되었고, 여러분에게 답신을 주고 연락을 하고 싶다. 그러기 위해 고객은 무엇을 해야 하는가? 여기에 대한 답을 여러분은 DM에 넣어야 한다.

> 평일 20시까지는 전화로, 20시 이후부터 이른 08시까지는 문자, 카톡, 이메일로 여러분을 기다립니다. 급할 경우 24시간 전화로^^

될 수 있으면 개인정보를 넣도록 유도해야 한다. 개인정보가 여러분에게 노출될수록 고객은 여러분에게 의지하고 친밀감을 느낀다. 개인정보를 숨기고 있는 고객은 여러분을 경계하고 있는 것이며 업무적으로도 감정적으로도 진도가 나가지 않게 된다. 고객이 꺼려하는 것 같아도 여러분의 인적사항과 정보를 먼저 공개하며 고객의 정보를 여러분이 공개하는 수준에서 공개를 요청해야 한다. 그것이 서로를 위해 좋다.

DM은 단순히 정보를 제공하기 위한 것이 아니다. 최종적으로 여러분에게 서비스를 의뢰하게 만들기 위한 목적이다. 정보의 제공은 여러분이 그 분야의 최고 전문가고, 고객의 문제를 해결하기 위한 최적의 시스템을 갖추고 있으며, 그것을 증명해주고 보증해주는 많은 증거를 제시해 믿고 여러분에게 연락하도록 하는 것이다. 위에 제시된 어프로치-주의-흥미-연상-욕망의 단계까지 끌어올렸다면 여러분이 보낸 DM은 성공인 것이다.

(2) DM에 들어갈 수 있는 내용

DM에는 고객의 수요(욕망)를 충족시켜줄 수 있는 내용이면 매물작업 목적 이외에도 다음과 같은 내용들이 부수적으로 들어갈 수 있다.

개업 공인중개사의 전문분야와 전문성을 보증해주는 자격증, 실적 소개

부동산 정보(대출이자 등, 세금, 청약정보, 주변시세, 투자정보)

부동산 뉴스(이슈, 지역정보)해설이나 설명회 정보

매물광고 / 물건구함

이벤트 소식

가족여행지 추천 등

다음으로 DM의 기본적인 몇 가지 사례에서의 전략과 유의점을 살펴보기로 한다.

① 원룸·오피스텔 전월세

원룸·오피스텔은 순환주기가 짧다고 했다. 그렇기 때문에 매년 1월경(개별적으로는 이사하기 2개월 전)이면 배후지의 원룸·오피스텔의 임대인이나 임차인에게 DM을 발송해야 하며 포함되어야 할 내용은 다음과 같은 것이다.

"20○○년 새 봄맞이 이사철 사은 행사"

"올봄에 이사할 분에 한해 이사비용의 일부를 현금으로 지원해드립니다."

"올봄에 이사할 분에 한해 입주청소비를 지원해 드립니다."

"올봄 계약자에 한 해 선착순 다섯 분에게 공기청정기를 경품으로 드립니다."

경우에 따라 중개보수를 할인해 주면 안 될까 하는 아이디어가 있겠지만 중개보수는 손대면 안 된다[86]."

② APT, 다세대 매매

주택 매매의 경우 대부분 양도소득세가 문제된다. 다음과 같은 내용이 잠재고객의 관심을 불러일으킬 것이다.

"양도소득세 무료상담"

"개정된 양도소득세 관련 소득세법 무료설명회"

---

[86] 중개보수 할인은 신중하게 생각해야 한다. 주변의 경쟁 개업 공인중개사에게는 가격경쟁을 부추켜 서로에게 피해를 준다고 공격당할 수 있고 이런 분쟁은 지역의 왕따로 이어질 수 있기 때문이다.

"양도소득세 신고비용 지원" 등
"내 주택 최고가를 받는 방법"
"다주택자의 주택을 파는 타이밍" 등

고객이 일반적으로 궁금해하거나 관심 있어 하는 내용을 타이틀로 잡아 내용을 간략하게 넣어야 한다. 이러한 내용들은 대부분 인터넷을 검색해 보면 개략적으로 알 수 있다. 개업 공인중개사가 제공하는 정보는 바로 적용이 가능하도록 그리고 초등학생도 이해할 수 있도록 쉬워야 한다. 그것은 개업 공인중개사의 노력이자 능력이다.

고객이 "혹"할 만한 제안이면 좋고 최소한 고객의 관심을 끌 만한 제안을 해야 한다. 고객의 관심을 끄는 제안은 물건에 따른 전문 분야별로 다르고 지역의 환경에 따라 다르기 때문에 자기의 전문분야에 맞는 제안을 평소에 꾸준히 생각하고 개발해 놓아야 한다. 이 경우 제안을 보고 혹은 정보를 보고 연락이 올 수 있도록 모든 것을 오픈하면 안 된다. 관심을 충분히 끌 만한 내용이면 구체적인 내용을 알고 싶어서 전화하도록 유도해야 한다.

2) TM

TM은 주어진 시간 내에 대면미팅에 비해 더 많은 사람과 대화를 할 수 있다. 그러나 TM의 상대방은 심적 부담 없이 쉽게 거절할 수 있고, 전화를 바쁘다며 끊어버릴 수도 있다. 그렇기 때문에 상대방의 보디랭귀지까지 살펴가며 심도 있는 대화를 하거나 중요한 결정을 해야 하는 상황에서는 부적당하다는 단점이 있다. 그러므로 TM은 업무진행의 프로세스 중 매물작업을 위한 시초, 진행 중인 단계에서 사용하는 것이 적합한 마케팅 방법이다. 매수자 작업 중인 경우에는 사무실에 방문하도록 유도하여 고객과 함께 물건답사를 가기 위한 유인단계에서 하게 된다.

(1) TM 시 유의사항

• 집중을 방해할 가능성이 있는 환경은 사전에 차단한다. 옆에서 통화를 듣고 끼어든다든가, 옆에서 다른 사람들이 대화하는 내용이 상대방에게 다 들리는상황은 잘못된 환경선택이다.

- 아무리 급해도 상대방의 말을 끊지 않는다(꼭 해야 할 말은 메모해 놓고 상대방의 말이 끝나면 한다).
- 메모하면서 통화한다. 통화하다 보면 상대방의 단어에 영감을 받아 떠오르는 말이나 반박하고픈 말이 튀어나오게 된다. 이런 경우 대부분의 사람들은 상대방의 말을 끊고 자기 말을 먼저 한다. 일반인의 대화에서도 예의에 어긋나는 대화 습관이지만 특히 고객을 상대하는 중개사의 입장에서는 떠오르는 말을 메모해 두고 적당한 순간에 끼워 넣어야 한다.
- 간단하게 중개사 자신을 소개하는 인사말을 한다.
- 고객의 이름을 알고 있다면 반드시 고객 이름을 확인하여 모르는 사람이라는 느낌을 지운다. 고객의 이름을 모르는 경우에도 "사장님~" "사모님~"을 정감있게 불러 지인인 것처럼 이야기한다.
- 먼저 전화했다면 잠시 통화가 가능한지에 대한 양해를 구한다.
- DM을 먼저 보냈다면 그 DM을 연결고리로 고객을 위해 전화했음을 인식시킨다.
- 적당한 숨고르기 후에 고객으로부터 통화가 가능하다는 답을 들었다면 그 분위기를 이어서 추가적인 질문에 대한 동의도 구한다. 이처럼 강약완급을 조절하면서 작은 사실에 대한 '예스'를 반복적으로 받아내며 사실들과 고객의 니즈들 사이에 중개사의 메시지를 자연스럽게 집어넣는다.
- 질문에 대하여는 동의 확인을 요청한다.
- 내방(來訪)을 유도하기 위해 가정법을 사용한다. "사모님께서 시간을 내어 저희 사무실을 방문하신다면 언제가 편하세요?"
- 매물작업 중 고객이 가격을 물어온다면 절대 전화상으로 금액을 이야기해서는 안 된다. 고객의 기대치보다 낮게 이야기하면 기분나빠하며 끊어버리게 되고, 높게 이야기하면 팔기 어렵게 되며 고객이 기뻐하지도 않는다. "그래요?" 하고 그만이다. 어떻게 해서든 내방하게 하거나 찾아가 대면상담을 통해 금액이 나와야 한다. 또한 매물 작업은 대면상담의 횟수에 비례해 중개사를 의지하는 의존지수가 높아진다.
- 부동산의 매매나 임대는 중개사의 입장에서 쉬울 수도 있지만, 고객의 입장에서는 큰일이다. 고객이 힘들어 할 때 계속해서 응원하고 격려하는 액션은 고객과의 관계를 더욱 굳건히 해준다.
- 상대방이 먼저 전화를 끊을 때까지 기다린다. 내가 먼저 끊을 경우에는 "사모님! 10분 내로 다시 전화 드릴게요.~" "사장님! 지금 중요한 일을 하던 중에 전화를 받아 이 일을 끝내놓고 전화 드릴게요.~" 등 반드시 양해를 구한다.

- 혼자 구시렁거리지 말라. 아무리 작은 소리도 상대방은 다 듣고 있다고 생각해야 한다.
- 다정하되 정중하라. 중개사는 고객에게 다정한 톤으로 전화하되, 고객이 화가 난다하여 중개사에게 막말을 하지 못하도록 정중하게 예의를 갖추고 또한 무언의 요구를 해야 한다.
- 전화가 안 되는 고객인 경우 사정이 있을 수 있으니 통화하기에 적당한 요일과 시간을 예상해 3번 정도 통화를 시도해 본다.
- 전화하는 태도를 고객과 대면상담 할 때처럼 정중하게 하라. 중개사의 말하는 태도는 말 중에 섞여서 나오며 상대방도 그 태도를 느낀다.

3) 사무실 방문(고객 미팅)

사람끼리의 만남과 지속 여부에는 첫인상이 큰 영향을 미친다. 특히 큰 금액을 움직이는 부동산고객의 경우 개업 공인중개사의 첫인상을 계속 진행할 것인지, 아니면 연락을 피할 것인지를 결정하는 중요한 기제로 여긴다. 그렇기 때문에 개업 공인중개사는 고객과의 첫 만남 시 말과 태도와 복장 그리고 보디랭귀지에 각별히 주의해야 한다. 대면상담 시 주의사항을 보면 다음과 같다.

- 반가운 친구나 가족을 만난 것처럼 행복한 미소로 맞이한다.
- 반가운 사람을 만났을 때처럼 목소리의 톤을 약간 높인다.
- 진지하되 자신감 있게(애매한 표현은 대화의 적) 대화한다.
- 말은 약간 빠른 속도(너무 느리면 임팩트가 없고 신뢰가 안 간다. 너무 빨라도 말 많은 사람으로 인식돼 신뢰를 떨어트린다.)로 하되 또렷또렷하게 한다.
- 똑바로 앉아라. 상대방을 존중하는 품격이 자연스럽게 나온다. 고객도 그렇게 할 것이다.
- 보디랭귀지로 대화에 신뢰를 불어넣는다. 만일 중개사가 "이 물건이 현재 급매물 중 인근에서 제일 좋은 조건의 물건입니다." 하면서 중개사가 고객의 눈을 피한다면 고객은 어떻게 느낄까? 중개사가 웅크리고 말을 한다면 어떨까? 사람은 오감 중 시각에 대한 신뢰도가 가장 높다. 의사 전달수단이 미치는 영향력의 순위를 보아도 말(7%), 목소리(38%), 보디랭귀지(55%)이다. 그렇다면 우리는 아무리 논리적으로 옳은 이야기일지라도 목소리를 명확하게 하고, 말의 속도를 약간 빨

리하며87) 그말의 내용에 맞는 보디랭귀지가 자연스럽게 나와야 함을 알 수 있다.

- 적절한 유머는 긴장을 완화시킨다. 고객이 긴장하고 있으면 중개사의 말이 귀에 들어오지 않는다. 이 상황을 깨트려 보이지 않는 벽을 무너뜨리는 것이 유머이다. 적절한 유머를 평소에 몇 가지 정도 준비하여 필요할 때 써먹는 센스가 필요하다.

- 경청하고 호응하여 상대를 인정해준다. 나를 인정해 주지 않는 상대를 인정해주는 대인배는 금전이 오가는 자리에는 없다. 고객의 말을 경청하고 적절한 타이밍에 호응해주면 고객도 여러분의 말을 인정하고 끌려와 준다.

- 잘난 체하는 인상을 주면 안 된다. 겸손하라. 대부분의 사람들은 스스로 잘난 체하는 사람을 싫어한다. 상대가 잘난체 한다는 것은 상대적으로 그 앞에 있는 상대방을 낮게 보는 것일 것이다. 그 앞에 1조원의 자산가가 앉아 있는데 자신의 차량을 자랑하거나 학력을 자랑하며 잘난 체하는 사람이 어디 있겠는가? 잘난 체한다는 것은 상대방을 낮춰본다는 메시지이며 그렇게 보인 순간 영업은 끝이다. 항상 겸손하라. 잘난 체할 때보다 더 많은 것을 얻을 수 있다.

4) 생일, 명절 선물 보내기와 경조사 챙기기

이 단계는 한 번 거래가 있었던 고객이나 공동중개 파트너인 개업 공인중개사가 주된 대상이다. 물론 물건작업을 위해 처음 방문하는 곳에도 선물을 들고 가는 경우가 있지만 그 경우는 지속적으로 해야 하는 일반적인 상황은 아니다. 인간은 거울과 같은 존재로 상대방이 하는 대로 그대로 보내주고 싶은 본능이 있다. 선물을 받는다고 하여 막연히 기뻐하고 끝내지 못한다. 무엇인가 비슷한 비중의 무엇인가를 보내줘야 마음이 편하다. 이것이 마음의 빚이다. 이것을 시작하는 것은 당연히 이 일을 직업으로 하고 있는 개업 공인중개사이어야 한다. 이런 와중에 서로 주고받는 것이 반복된다면 그 관계는 더욱 두터워지고 더 많은 거래를 창출할 것이다.

---

87) 말의 속도를 느리게 하고 생각의 속도에 맞춰 말하는 것은 있는 그대로의 진실이 아닌 지어낸 이야기라는 인상을 줄 수 있다. 사람들이 약간 흥분하여 빠른 속도로 말할 때에는 생각으로 조절되지 않는 말이고 진실일 가능성이 높다.

5) 취미활동

골프가 대중화되면서 각 구 별로 개업 공인중개사들의 골프모임이 서너 개씩은 있다. 족구 모임이나 볼링 모임도 있고 배드민턴 모임도 있다. 이런 동아리는 각 구의 지회차원에서 만든 경우도 있지만 해당 운동을 좋아하는 중개사들이 지역 주민들을 모아서 만든 경우도 있다. 이런 동아리활동은 회원들 간에 친밀도를 높여주고 잠재 고객에서 찐 고객으로 전환되는 계기를 제공한다. 또한 공인중개사끼리 운영하는 동아리의 경우 공동중개로 연결되는 경우가 많다. 이왕에 취미활동 하는 거라면 영업에 도움이 되도록 운영에 적극 관여하는 것이 좋다. 즉, 총무나 임원으로 봉사를 하라는 것이다.

6) 광고

부동산 광고는 시대에 따라 그 매체의 변화가 뚜렷하다. 필자가 초기에 부동산 중개업을 할 때(2001년) 부동산 광고는 벼룩시장, 가로수, 교차로, 매일경제신문이 대세였다. 부동산중개 프랜차이즈 회사들[88]이 일부 온라인 영업을 하였지만 오프라인 광고매체들을 따라갈 수 없었고 대부분 가맹 회원 간의 공동중개를 위한 매개체로 인식되었다.

이후 부동산 광고가 온라인에서 효과를 보기 시작하고 한편으로 사설공동중개거래정보망의 유용성이 입증되면서 광고는 온라인 광고, 공동중개는 사설공동중개거래정보망으로 시장이 나뉘게 되었다.

지금은 어떠한가. 정보의 검색이 중요해지면서 플랫폼 업체들이 부동산 매물검색시장을 플랫폼에 열었고 그 편리성과 스마트폰시대에 맞춰 부동산 광고시장은 플랫폼업체들이 독식하고 있다.

광고기법은 하나의 매체만 해도 그 이용법에 관한 수많은 책이 있을 정도로 설명해야 할 내용이 많고 부동산 종목에 따라 효과가 있는 매체도 다르기 때문에 여기에서는 그 종류별로 장단점을 간략하게 설명하는 것으로 하겠다.

---

88) 스피드뱅크, 부동산뱅크, 부동산114, 부동산서브, 닥터아파트 등.

(1) 인터넷 광고

① 이메일: 이메일은 개인과 개인간, 회사와 회사간 문서의 전달을 위해 사용하거나 블로그, 카페, 홈페이지 홍보를 위해 사용하지만 개업 공인중개사의 경우 거의 이용하지 않는 매체이다.

② 블로그(카페): 네이버나 다음포털에서 특정 검색어를 검색해 보면「광고링크-지도를 통한 광고-자체운영 부동산 광고포털-블로그·카페-지식iN-뉴스-동영상-비즈니스광고」순으로 정보가 올라온다. 온라인 포털광고에서 중요한 것은 수많은 정보 중 검색하자마자 가장 위에 뜨는 것이고 크게·잘 보이는 위치에 뜨는 것이다. 이러한 광고의 효과라는 면에서 한때는 블로그와 카페의 정보가 위쪽에 배치된 때가 있었다. 그러한 흐름을 반영하여 "파워블로거" "몇백만 카페 운영자"가 등장하였고 사회적인 영향력도 발휘하였다. 그러나 현재는 운영정책의 변화에 따라 배치에 있어 후순위로 밀려 있다.

③ 홈페이지광고: 기업들은 대부분 홈페이지를 가지고 있다. 개업 공인중개사들 중에서도 홈페이지를 운영하고 있는 부동산도 있다. 다른 매체들도 마찬가지이겠지만 홈페이지를 만드는 데에는 몇 개의 폼으로 나누어 구매할 수 있는 홈페이지 전문회사의 상품도 있고 프로그램능력이 있는 전문가에게 의뢰하여 만들 수도 있다. 그러나 자체적으로 디자인과 내용 및 코딩을 할 수 있는 담당자가 있지 않는 한 관리하는 데에 있어 많은 시간과 에너지를 요하고 계속하여 홈페이지를 알리는 광고활동이 뒤따라야 하는 업무가 있다. 물론 관리를 대행해 주는 회사가 있지만 만족스럽지 못한 부분이 누적될 수 있다.

④ 포털(네이버·다음)부동산: 대부분의 플랫폼과 검색포털이 그렇지만 그 많은 자금을 들여 무료로 검색편의를 제공하는 것은 많은 사람이 방문하는 곳에 광고를 노출시켜 수익을 창출하기 위한 그림이다. 대부분의 국민이 정보검색과 통신 및 정보의 바다를 서핑하기 위해 하루의 일정 시간은 플랫폼에 들어와 있다고 봐야 한다. 이곳의 광고효과는 전국적이고 또한 엄청나다. 그러나 많은 비용을 요한다. 비싸다는 이야기이다. 그래도 그만큼 효과를 보기 때문에 많은 개업 공인중개사가 포털에 광고를 내고 있다.

⑤ 유튜브: 1차원보다는 2차원의 사물과 빛이 시선을 더 끌고 2차원보다는 3차원의 공간이 더 인간의 오감을 잘 자극한다. 문서는 2차원 공간에 구현된다. 그러나 동영상은 3차원의 공간을 2차원의 평면에 그대로 구현해 낸다. 더 임팩트있게 인간에게 소구할 수 있고 설득력이 있다는 이야기다. 지금은 유튜브에 온 국민이 빠져있다. 유튜브를 찾아보면 없는 것이 거의 없기 때문이다. 복잡한 학문을 풀어서 강의하는 동영상에서부터 수도꼭지 고치는 방법에 이르기까지 거의 무한대에 가깝다. 유튜브 동영상 또한 지속적으로 할 수 있고 경쟁력 있게 만들어 올릴 수 있다면 저렴하게 포털광고 이상의 효과를 볼 수도 있는 매체다.

(2) 모바일 광고

모바일은 화면이 작기 때문에 인터넷상의 내용과 디자인을 그대로 사용하기에는 한계가 있다. 그러나 모바일은 어디를 가나 항상 휴대하기 때문에 PC보다는 우리 일상생활에 더 밀접하게 붙어 있는 세상과의 소통 통로이다. 전달하려는 내용이 많지 않고 짧게도 전달 할 수 있는 내용이라면 PC보다 더 효과가 뛰어나다고 할 수 있다.

① 문자메시지: 문자메시지를 보내려면 기초작업이 되어 있어야 한다. 바로 고객의 스마트폰 번호를 알아야 하기 때문이다. 대부분은 오랜 기간 누적된 고객정보를 기초로 하지만 아파트단지의 개업 공인중개사나 재개발·재건축 단지 인근에서 일하는 개업 공인중개사의 경우 조합원 명단을 별도로 구매하여 사용하기도 한다.

문자메시지는 근래 분양광고에 가장 많이 이용되고 있으며 효과 또한 뛰어나다. 대부분 휴대폰이 푸시 알림으로 확인하지 않으면 계속 전기를 소모하기 때문에 지우기 위한 목적이건 확인하기 위한 목적이건 일단은 보게 되어있다.

② 밴드 / 카카오톡 / 트위터 / 페이스북 / 인스타그램: 이러한 매체들은 개인 간이나 단체 내의 의사소통을 위하여 만들어졌고 그 사용이 전 세계적인 범위로 확대됨에 따라 이 점을 이용하여 광고매체로의 기능도 하게 된 스마트폰 기반 프로그램들이다. 그러나 부동산 매물광고로서는 한계가 있다. 멤버들 간 의사소통을 주 기능으로 하는데 광고가 뜨면 대부분 회원이 싫어하기 때문에 광고가 아닌 듯이 자신을 알리는 방법으로 이용되고 있으며, 프로그램을 운영하는 회

사들은 수입원이 있어야 하기 때문에 광고가 올라갈 수 있다는 것을 공지하고 광고를 접수받아 하는 경우도 있다.

(3) 오프라인 광고

① 생활정보지광고: 모든 국민들이 스마트폰을 하나씩 들고 다니는 세상에서 활자화된 정보지는 시대에 뒤진 광고방식이 되어 버렸다. 그러나 생활정보지를 통하여 직업을 구하고 부동산을 구했던 세대들은 생활정보지에 대한 추억과 친밀감이 남아있다. 기존에 생활정보지를 발행했던 회사들은 그 브랜드가치를 이용해 온라인 시장으로 올라와 있지만 여전히 오프라인 정보지 발행을 지속하고 있으며 광고로서의 효과도 있는 편이다. 생활정보지에 광고를 싣고자 한다면 먼저 생활정보지를 가져다 분석해 보기 바란다. 주로 어떤 매물들이 올라오고 눈에 띄는지 확인한 후 광고효과가 있을 만한 매물(주로 상가점포)을 광고하기를 바란다. 그러나 이러한 생활정보지 광고는 다른 광고와 마찬가지로 꾸준히 해야 효과를 볼 수 있다.

② 명함작업(명함 뒷면 이용): 명함의 뒷면을 이용하는 광고는 주변에서 보기 어렵다. 그러나 뒷면에 유용한 정보(전철노선도나, 필수 긴급연락처 번호 등)를 넣어놓으면 고객은 명함을 그냥 버리지 않고 지갑에 가지고 다니기도 한다. 뿌리는 용도의 명함은 주택 작업을 하거나 점포 매물작업을 할 때 현관문에 붙이거나 우체통에 넣어 잠재고객의 눈에 띄도록 하는 목적의 명함이다.

③ 일간지: 일간지 광고의 경우 큰 빌딩 매물이나 대형 토지 매물 등에 효과가 높다. 주로 매일경제신문이 이용되고 기타 중앙일보나 조선일보도 효과가 높은 것으로 알려져 있다. 이러한 신문들은 기업가들이나 자산가들이 많이 보고, 신문의 배포가 다른 일간지에 비해 많이 되기 때문이다.

④ 전화번호부: 요즘 전화번호부를 찾아보는 사람은 별로 없다. 개인정보의 공개가 제한되고 대부분의 정보는 스마트폰 검색으로 찾아봐도 알 수 있기 때문이다. 그러나 책자로 된 전화번호부 책이 아니라도 인터넷에 사무실의 정보와 연락처가 검색하면 나오도록 조치는 취해 놓아야 한다. 오래된 고객 중에 가지고 있던 명함은 분실해 중개사의 전화번호는 알 수 없지만 상호는 알고 있기 때문

에 인터넷을 검색해 전화하여 매물을 내놓거나 찾아오는 고객들이 있다.

⑤ 책 출판과 강의: 오랜 기간 부동산중개업을 해온 개업 공인중개사의 경우 수많은 경험이 있고 그 경험을 책으로 내거나 강의를 통해 전수하는 경우도 있다. 책과 강의는 스스로 더 깊이 있게 공부하는 과정으로 봐도 좋다. 책을 쓰고 강의를 준비하고 강의를 하다 보면 스스로 불확실하게 알고 있는 내용들이 명확해지고 자신이 어떤 부분을 불명확하게 알고 있었는지 알게 되는 계기가 된다. 이런 과정을 통해 자기 분야의 진짜 전문가가 되는 것이고 전문성이 알려지면 고객도 늘고 수익도 늘고 일석이조인 마케팅 수단이라 할 수 있다.

(4) 현장광고

① 엘리베이터: 엘리베이터 내에 코팅된 A4용지 안내 문구를 광고판에 붙이는 것은 주민들에게 편의를 제공하는 형태가 되어야 한다. 팩스 무료 송·수신(팩스번호: ○○-○○○-○○○), 등기사항전부증명서, 건축물대장 등 무료 열람, 부동산 세무·법무 무료상담 등 주로 입주민들이 편히 들러 차 한 잔 편히 마실 수 있는 분위기를 연출해야 한다. 효과가 아주 높은 고객 유인 방법이다.

② 주차안내판: 주차장에 "외부주차 금지" 등을 붙이고 그 밑에 부동산 상호와 전화번호를 넣은 것으로 입주민들의 불편을 줄여주고자 하는 의도와 부동산의 이름을 알려 친근감을 주고자 하는 목적이 있다.

③ 개인차량광고: 서울시내 각 구별로 몇 곳의 개업 공인중개사사무실의 경우 사무실용 차량을 보유하여 고객을 안내하는 용도로 사용하는 경우가 있다. 이 차량의 측면에 부동산사무실 이름을 크게 붙이는 것이다. 투철한 직업정신을 보여줄 수 있고 광고효과도 있기 때문이다.

④ 광고용 모니터: 광고용 모니터는 프랜차이즈 식당에 인기가 높은 요리나 계절별 별미를 담은 달력 크기의 POP를 만들어 광고하는 것과 같은 개념이다. 몇년 전까지만 하여도 공인중개사사무실의 현관 통유리에 점두광고라는 A4용지 크기의 광고용지를 10~20개 정도 붙여 광고했었다. 문밖에서 점두광고를 본 고객이 들어와 물건을 보고 바로 계약하는 경우가 많았다. 그러나 지자체에서 투

기를 조장하는 호객행위로 보고 금지하도록 권고하면서 거의 사라진 광고 방식이다. 이러한 점두광고를 대체하는 것이 모니터이고 모니터에는 다양한 내용을 담을 수 있다. 부동산 사무실의 이미지 제고용으로도 사용할 수 있고, 뉴스를 전달하거나 매물을 광고할 수도 있다.

⑤ 간판: 간판은 개업 공인중개사사무실의 정체성과 이미지를 담고 있는 이름이자 그 사무실의 모든 것을 대변하는 상징이다. 간판은 주변 사물과의 배치에서 눈에 잘 띄어야 하고 반듯하고 잘 생기고 훌륭해야 한다. 마치 훌륭한 사람을 보는 것처럼 보여야 한다.

⑥ 지하철 구내: 지하철을 타기 위해 지하철역 계단을 내려가거나 나오는 중에 계단의 중앙 벽을 보면 광고판이 붙어 있는 것을 보았을 것이다. 부동산중개시장의 경기가 좋을 때는 개업 공인중개사사무실의 광고가 붙어 있기도 했지만 요근래에는 대부분 동네 병·의원들의 광고가 붙어 있다. 직접접인 매물광고 용도는 아니고 개업 공인중개사사무실의 위치를 알려주고 안내하는 용도로 쓰이지만 그곳을 통해 출퇴근하는 인근 주민들에게 이름을 알려 친근감을 주는 효과가 있다.

⑦ 은행 서류작성 테이블 인주함: 동네 은행의 경우 인근 개업 공인중개사들을 대상으로 당 은행에 광고를 할 수 있게 해주겠다는 제안이 들어오는 경우가 있다. 주로 인주함이나 돋보기를 놓는 곳에 개업 공인중개사사무실의 상호와 전화번호를 새겨놓고 명함을 비치하는 방식이다. 많은 사람들이 드나드는 곳으로 효과가 높을 것으로 예측하였으나 효과가 미미하자 사라지고 있는 추세이다. 문제가 무엇인지 개선해 보려는 노력이 없는 것도 사라지고 있는 원인중 하나일 것이다. 여러분에게 획기적인 아이디어가 있다면 지점장에게 제안해 보기 바란다.

7) 관계마케팅

(1) 고객관계 관리

개업 공인중개사의 관계마케팅은 고객과 강한 유대를 형성하고 유지하며 발전시키는 마케팅 활동으로 장기간에 걸친 이익을 확보하기 위해 고객과의 대화를 창조하여 더욱 좋은 서비스를 제공하려는 장치로 정의된다.[89]

관계마케팅 연구 논문인 설영미의 연구가설 검증결과를 보면 신뢰성에 영향력이 높은 변수는 유대관계(1순위) 〉 전문성(2순위) 〉 고객지향성(3순위) 순이다. 유대관계가 신뢰성에 가장 많은 영향을 미치는 것이다.

관계몰입에 영향력이 높은 변수로는 유대관계(1순위) 〉 전문성(2순위) 〉 시설성(3순위) 〉 커뮤니케이션(4순위) 순이다. 관계몰입에 가장 영향력이 높은 변수 역시 유대관계로 나타났다.

〈표 6-8〉 관계마케팅의 변수 간 인과관계

독립변수	종속변수	표준화경로계수
유대관계	신뢰	0.391
전문성		0.290
고객지향성		0.250
유대관계	관계몰입	0.279
전문성		0.199
시설		0.153
커뮤니케이션		0.120
관계몰입	재방문의도	0.477
신뢰		0.286

출처: 설영미(2012)

설영미의 연구에서 관계몰입과 신뢰는 매개변수로 설정하였으나 관계몰입과 신뢰가 재방문의도에 미치는 영향관계 자체만으로 보면 독립변수와 종속변수의 관계이다. 재방문의도에 영향을 미치는 두 변수의 분석결과 관계몰입(1순위) 〉 신뢰성(2순위)로 나타나 재방문의도에 더 영향력이 높은 변수는 관계몰입이었다.

---

89) 설영미, "공인중개사의 관계마케팅 요인이 마케팅성과에 미치는 영향에 관한 연구", 서울벤처대학원대학교 박사학위논문, 2012.

연구결과 재방문의도에 중요한 요인은 유대관계[90]와 관계몰입[91]임을 알 수 있다. 고객이 개업 공인중개사와 부동산 이외의 사적인 문제까지 의논하는 유대관계를 가지고 갈 때 개업 공인중개사와 지속적인 인간관계를 갖기를 희망하는 관계몰입의 단계까지 발전하게 되며 이러한 관계가 또 다시 방문하고자 하는 의도에 가장 중요한 요인이라는 것이다.

이러한 관계를 형성하려는 기본적인 이유는 신규 고객을 창출하는 데 들어가는 비용이 기존 고객을 유지하는데 들어가는 비용의 6배 이상이기 때문이다. 직관적으로 봐도 단골고객이 계속 쌓여가면 매출이 계속 늘어날 것이라는 것은 누구나 알 수 있다. 새롭게 고객을 만들어 내는 것보다는 기존고객을 유지하는 것이 더 쉽다는 것도 쉽게 알 수 있다.

개업 공인중개사에게 있어 고객은 매도·매수자만 있는 것이 아니다. 공동중개 파트너도 고객이다. 공동중개의 경우 아무런 거래가 없는 개업 공인중개사를 찾아가 인사한다고 해서 성과가 나오는 것이 아니다. 대부분 우연히 한 번 공동으로 거래를 한 후 상대방에 대해 "정말 일 잘하네!" "일처리가 깔끔하네!" 등의 평가를 받게 되면 계속적인 공동중개를 하게 되는 것이다. 동일한 물건인데 여러 개업 공인중개사에게 매수손님이 있는 경우가 있고, 나에게 매수고객이 있는데 물건이 여러 부동산 사무소에 나와 있는 경우가 있다. 이런 경우 공동중개를 해봤던 개업 공인중개사 중에서 신뢰가 가는 중개사나 평판이 좋은 개업 공인중개사에게 먼저 연락이 가게 된다. 공동중개 파트너도 관리가 필요하다는 것을 보여주는 상황이다.

(2) 소개 마케팅

소개 마케팅은 내 가치를 알아주고, 내 직업정신을 높이 사고, 내가 취급하는 상품과 서비스의 효용가치를 느끼고, 내가 그들의 삶에 도움을 주기 위해 노력하는 것을 이해해주고, 고객에게 더욱 새로운 가치 만족을 느끼게 해준다는 것을 인식하는 고객들 중에서 소개자를 발굴하고 키맨을 육성하여 피소개자를 확보하고, 피소개자를 통해 새로운 고객을 연쇄적으로 창출하는 매우 합리적이고 과학적인 마케팅 기법이다(김동범, 소개 마케팅비법, 2013).

---

90) 설영미(2012), 유대는 친숙한 관계를 통한 인간적 배려로 서비스 제공자와 고객 간의 거래 이외의 사안에도 상호 의지하는 친밀함.

91) 설영미(2012), 관계몰입은 고객이 공인중개사의 권고를 받아들이고 조그만 위험은 수용하겠다는 의지로 정의하였고, 관계몰입에 대한 Morgan & Hunt(1994)의 정의를 보면 "가치 있는 관계를 유지하고자 하는 지속적인 열망 또는 상대방에 대한 믿음이며 거래 상대방과 관계를 유지하도록 보증해 주는 것."으로 정의하고 있다.

소개 마케팅은 고객이 또 다른 고객을 소개하는 연쇄관계에 있기 때문에 고객2명이 4명이 되고, 4명이 8명이 된다. 물론 1명의 고객이 여러 명을 소개할 수 있기 때문에 정상적으로 이루어진다면 승수효과 이상의 폭발력을 발휘할 수 있다.

부동산 거래를 하고자 하는 고객의 경우 현실적으로 거래 경험이 있고 믿을 만한 개업 공인중개사가 있지 않은 이상 불안해한다. 그렇기 때문에 주변 지인들에게 믿을만한 공인중개사가 있으면 소개해주기를 부탁하기도 한다. 이때 소개자 입장에서는 득이 되는 것도 없이 괜히 무슨 문제라도 생기면 자신에게 원망이 돌아올까봐 소개를 꺼리게 된다. 이러한 수요가 있는데 염려증 때문에 소개를 못하는 상황이 일반적이라면 개업 공인중개사는 어떻게 해야 할까?

① 소개할 만한 가치가 있는 부동산전문가이어야 한다.

지금은 부동산정보나 전문지식이 온라인망을 기반으로 거의 다 오픈되어 있지만, 단편적인 지식이 아닌 체계적인 지식과 분석력·판단력은 체계적인 학습을 통하여 이루어진다. 또한 일을 하면서도 학습할 수 있는 주경야독의 환경이 온라인을 기반으로 거의 완벽하게 갖춰져 있다. 개업 공인중개사들도 의사들처럼 끊임없이 공부하고 자기 분야에서 최고 반열에 서기 위해 노력해야 한다. 그 과정 속에서 자연스럽게 전문가로 인정받게 된다.

② 개업 공인중개사가 신뢰할 수 있는 성실한 사람이어야 한다.

개업 공인중개사가 최고의 전문가이어도 고객에게 불성실하고 믿을 수 없는 사람으로 소문이 난다면 소개 마케팅은 기대하기 어렵다. 역으로 여러분이 고객이라면 소개해주고 싶은 개업 공인중개사가 어떤 인물일지 생각해 보고 내가 그 인물이 되기 위해 노력해야 한다.

③ 개업 공인중개사가 고객에게 지인을 소개해줄 것을 요청해야 한다.

사람마다 생각이 각양각색이기 때문에 대부분은 상대방이 싫어할지도 모른다는 전제에서 사람들은 불필요한 일에 나서지 않으려 한다. 그렇기 때문에 개업 공인중개사는 고객이 지인을 소개하면 내가 고맙게 생각하고 당신에게 그 고마움으로 더욱 더 많은 관심과 서비스를 하겠다는 메시지를 명확하게 보내야 한다.

④ 고객끼리 서로 도움이 될 만한 관계라면 연결시키며 나의 네트워크에 편입시킨다.

개업 공인중개사와 상시 거래하는 직업으로는 세무사, 법무사, 도배·장판, 이삿짐센터, 설비, 싱크대, 청소업체, 건물관리업체, 건축사사무소, 건설회사, 인테리어업체, 중고가전업체, 컴퓨터수리점, 은행대출 등 일상생활에 필요한 거의 모든 업체를 상대하기 때문에 고객이 필요로 하는 업체는 언제든지 소개할 수 있다. 이 경우 거래업체에게 우리가 보낸 손님은 5~10% 정도 할인해 달라는 약속을 미리 받아놓는 것이 좋다. 좋은 상품을 사거나 서비스를 받는 것도 중요하지만 같은 서비스라면 "○○부동산 사장님이 보내셔서 10% 할인해 드린 겁니다."라는 이야기를 들으면 고객은 개업 공인중개사에 대한 신뢰가 더 높아질 것이다. 이처럼 고객이 필요로 하는 업체에 연결시켜 주면서 고객으로부터 또 다른 고객을 소개 받는 인맥의 네트워크는 관리만 잘 하면 엄청난 힘이 된다. 일반적으로 법무사, 세무사, 도배, 이삿짐센터의 경우 손님을 소개하면 일정금액의 사례비를 지급하는 관행이 있다. 이 경우 사례비를 다 받는 것보다는 50% 정도는 고객의 이익이 되도록 할인해 달라고 하는 것이 서로에게 윈윈이 되어 좋다.

⑤ 개업 공인중개사는 고객을 항상 "이분을 어떻게 도와줄 수 있을까?"라는 마음자세로 업무를 봐야 한다. 고객은 그것을 느낌으로 안다.

개업 공인중개사가 고객을 대할 때 고객의 자그마한 불편이라도 세심하게 살피고, 고객의 재산상의 안전과 이익을 최우선시하며, 문제가 있을 때에는 내 문제인 것처럼 최선을 다한다면 고객은 그 진심을 신뢰하고 의지하게 된다.

⑥ 소개로 온 고객은 쉽게 다른 개업 공인중개사에게 가지 않는다.

아는 사람을 중간에 두고 서로 아는 사이에서는 실수하지 않기 위해 더 많은 신경을 쓰기 마련이다. 그러나 그러한 관계가 더 나은 관계로 발전하고 소개로 온 고객이 또 다른 고객을 소개하기 위해서는 다른 개업 공인중개사가 하고 있는 이상, 고객이 기대하는 전문성과 서비스 이상을 제공해야 한다. 그리고 고객에게 이러한 서비스와 고객에 대한 충심이 감동으로 전해지고 고객의 마음속에 담겼을 때 고객은 누군가에게 자꾸 이야기하고 싶어지는 것이다. 그 단계에 이르면 소개 마케팅은 자연스럽게 이루어진다.

⑦ 소개인에게 원망이 돌아갈 상황을 절대 만들면 안 된다.

소개를 하는 사람은 불필요한 일을 했다가 원망을 들을까 봐 항상 조심스럽게 생각한다고 했다. 그러나 일을 하다 보면 작은 트러블이 고객 간에 생길 수 있고, 물건의 작은 하자를 발견하지 못하는 경우도 있다. 이 경우 최선을 다해 문제를 해결해야 한다. 고객은 문제가 생기는 것도 싫지만 문제가 생겼을 때 중개사가 그 문제를 방치하고 당사자끼리 해결하라며 외면할 때 더 큰 스트레스를 받는다. 이런 문제가 생겼을 때에는 중개사가 중간에서 조정해 주고 필요하면 중개사의 비용도 일부 지출할 생각을 해야 한다. 이렇게 최선을 다했을 때 고객은 문제해결을 위해 최선을 다한 중개사에게 오히려 미안해하며 보답하려 하게 되어있다.

⑧ 고객이 부동산을 매매하거나 임대차할 때에는 숨겨져 있는 문제와 니즈가 있다. 고객을 도우려면 고객의 문제와 원하는 바를 알아야 하기 때문에 고객과의 솔직한 대화가 필요하다.

소개로 온 손님의 경우 어느 정도 신뢰를 갖고 오기 때문에 본인의 문제점이나 원하는 바를 솔직히 이야기하는 경향이 있다. 그렇기 때문에 필요한 서비스를 제공하는 데 속도감 있게 할 수 있지만 처음 내방한 신규 고객의 경우 중개사를 경계하고 사적인 이야기를 안 하게 된다. 이혼으로 분가하는 이야기, 사업이 어려워져 작은 집으로 이사해야 하는 이야기 등 물건을 탐색하는데 필요한 정보를 얻어내야 거기에 맞는 물건을 제공할 수 있기 때문에 고객의 문제와 니즈를 최대한 알아내야 한다. 그것도 자연스럽게⋯⋯.

⑨ 소개로 들어온 고객은 연결고리가 있고, 기존에 중개사에 대하여 들은 이야기가 있기 때문에 어느 정도의 신뢰를 기반으로 시작하는 장점이 있다.

고객이 지인을 중개사에게 소개했다는 것은 고객이 중개사의 서비스에 감동 수준의 만족을 했다고 봐야 한다. 그렇지 않았다면 지인을 소개하지는 않았을 것이다. 그리고 고객이 받은 서비스와 중개사의 능력에 대해 칭찬을 했을 것이다. 어떤 사람이 능력 있고 훌륭하다는 것은 본인 입으로 듣는 것보다 다른 사람에게 듣는 것이 더 신뢰가 가기 마련이다. 본인이 이야기하면 자기 자랑이고 타인이 이야기하면 칭찬이자 미담이 된다. 이런 경우 중개사가 무슨 말을 하든 고객은 일단 신뢰를 가지고 따라오게 된다. 시간도 절약되고 일도 잘 진행되는 이유이다.

⑩ 소개인에게 어떤 식으로든 이익이 돌아가야 한다.

고객이 지인을 소개하여 계약이 성사되었다면 어떤 식으로든 사례를 하여야 한다. 중개보수의 10% 선에서 선물을 하거나 기프티콘, 상품권 등을 주는 것이 좋다. 현금을 주게 되면 감사의 의미가 퇴색되고, 계약을 한 지인의 입장에서는 돈이 오갔다고 듣게 되면 기분 좋은 일은 아니기 때문이다. 고객의 입장에서는 지인을 소개해 계약이 이루어졌다면 좋기는 하지만 한편으로 무언가 심리적으로 기대하는 것이 있게 마련이다. 그 부분을 채워주고 충분히 감사의 마음을 전하며 우호적인 관계를 계속 이어 나가야 한다.

8) 마케팅 관리

(1) 물건중심 데이터베이스 관리

타깃시장에서 물건이 나오면 매물장에 기록을 하는 것이 일반적이지만 매물작업은 데이터베이스를 가지고 있어야 한다고 했다. 해당 지역의 바운더리 내에서 자기 분야의 부동산 물건은 전수 조사하여 데이터를 관리하고 개선해 나가며 최종적으로 우량매물을 만들어야 하는 것이다. 데이터베이스에서 매물작업이 완료되거나 팔린 물건은 색깔을 구분하여 표시하여 둔다.

(2) 매물장 / 매수장 관리

부동산 사무실에는 기본적으로 나온 매물이나 작업한 매물을 기록하는 매물장이 있다. 또한 물건을 구하는 매수의뢰자나 임차의뢰자를 기록하는 매수장도 별도로 있다. 직원이 많은 경우에는 매수장을 개별적으로 관리하고 워킹손님[92]은 순번을 정

---

92) 매물을 찾아 돌아다니다가 간판을 보고 들어온 고객으로 사무실 방문이 처음인 고객도 있지만 이전에 계약을 했던

해 상담하게 된다. 같은 손님을 여러 명의 직원이 경쟁적으로 상대하다 보면 문제가 생길 가능성이 높기 때문에 전담직원이 있게 된다. 매물의 경우에는 개업 공인중개사의 입장에서 직원 중 누가 팔든 파는 것이 중요하기 때문에 공동의 매물장을 두고 기록을 하여 직원들이 자유롭게 볼 수 있도록 하고 있다. 매물의 경우 개선작업[93]이 필요하고 이 과정을 필자는 예술가의 조각 작업에 비유했다. 직원이 매도자와 협의 과정에서 조건을 조정해 낼 수도 있지만 매물개선작업은 한 사람이 하는 것이 좋고 사무실 대표가 그 일을 하는 것이 일반적이고 옳은 방법이다. 이사람 저사람 고객의 물건에 대해 이야기하다 보면 같은 이야기가 반복되고 이미 했던 이야기를 또 해야 하는 매도의뢰자의 입장에서는 짜증이 날 수 있기 때문이다.

(3) 계약자 사후관리(만기도래 계약자)

개업 공인중개사 사무실에서 계약서를 작성할 때 협회에서 제공하는 공동중개거래정보망에 계약서 작성 프로그램이 있다. 이 프로그램을 사용하여 계약서를 작성하게 되면 계약서 내용에 따라 중도금일, 잔금일, 계약기간 만기 도래일 전에 팝업창을 통하여 알려주는 기능이 있다. 그러나 전세계약을 해 준 임차인이라면 이사계획이 있을 경우 보통 2개월 이전에 물건을 알아보러 다니기 때문에 계약만기 3개월 전에는 개업 공인중개사가 임차인에게 연락하여 이사 여부를 알아보아야 한다. 개업 공인중개사는 고객에게 임대차계약 만료일이 다가오고 있음을 알리고 상담을 자처해야 한다. 이 작업은 계약이 성사된 경우 바로바로 일지에 2년 후 만기 3개월 전에 전화를 해야 할 계약자 명단과 연락처, 물건을 기록하고 매월 초 전화 스케줄을 세워야 한다. 이 작업은 2년 후의 달력이 없어도 고객관리장부에 3년 후까지 한 페이지당 1개월을 표시하고 계약만기자와 기본적인 내용만 기록하면 된다.

(4) 소속공인중개사, 중개보조원은 협력자이자 부동산의 얼굴

부동산 중개업계에는 "부동산은 절대 혼자 할 수 없다."라는 말이 있다. 절대는 아니지만 부동산중개는 대부분 공동중개이거나 소위 양타[94]를 친다 해도 사무실 내에

계약자가 다시 방문하는 경우도 있다.

93) 매각조건을 변경시키는 작업으로 가격을 내리거나 기타 조건들을 계약이 용이한 수준으로 맞추어 나가는 작업과정.

94) 매물도 가지고 있고 손님도 가지고 있어, 계약 시 매도 중개보수와 매수 중개보수를 다 한 사무실에서 받게 되는 계약을 중개업계에서는 "양타"라 칭한다.

협력자가 있게 마련이다. 직원인 소속공인중개사나 중개보조원이 현장 안내를 하고 사무실 대표인 개업 공인중개사가 계약서를 작성하며 협력하여 계약을 완성하는 것이다. 개업 공인중개사사무실의 경우 대부분 2~5인 정도의 직원이 근무하게 된다. 대표 한 명만 근무하는 사무실은 많지 않다. 개업 공인중개사사무실에 직원이 있는 경우 대외적인 영업활동은 대부분 직원이 하게 된다. 이 경우 직원의 대외적인 업무는 개업 공인중개사의 행위로 보게 되고 모든 책임도 대표가 지게 된다.[95] 그렇기 때문에 직원을 잘 교육·훈련·지도하고 감독해야 한다. 이러한 법적인 문제도 있지만 직원들의 잘못된 고객대응은 사무실대표와 사무실 자체에 대한 문제로 인식되어 영업실적에 심각한 문제를 야기할 수 있다.

---

95) 공인중개사법 제15조 ② 소속공인중개사 또는 중개보조원의 업무상 행위는 그를 고용한 개업 공인중개사의 행위로 본다.

제 7 장

부동산 세일즈
(계약 잘하는 방법)

부동산중개에서 세일즈

세일즈는 발굴된 잠재 고객들과의 접점에서 설득과 협상을 통해 고객의 수요를 최종적으로 구매나 주문으로 전환시키는 활동이다. 부동산중개에서의 마케팅이 공인중개사사무소와 개업 공인중개사에 대한 전문성과 신뢰를 제고시켜 많은 물건이 나오게 하고 매수(임차)의뢰인들이 찾아오게 하는 모든 활동이라고 한다면, 부동산중개에서의 세일즈는 작업되었거나 나와 있는 매물을 수요자와의 중간에서 조정과 설득을 통하여 계약시키는 것이다. 우리는 앞에서 밑밥을 뿌려 물고기를 모으는 것이 마케팅이고 낚시로 낚아 올리는 것이 세일즈라고 하였다.

사실 마케팅과 세일즈의 경계는 명확하지 않다. 사전적 정의도 모호하다. 위키백과에서는 "세일즈(sales)는 판매를 의미하는 영어 낱말"로만 정의하고 있다. 현대의 마케팅은 고객의 수요를 창출하는 활동까지도 포함하기 때문에 그 상품의 필요성과 대체재로서의 가치를 강조하는 활동을 세일즈에서 한다면 마케팅적인 면이 있는 것이다. 그러나 일반 상품과는 달리 부동산중개의 세일즈 단계에서 하는 활동은 고객이 내방하면 고객이 원하는 물건을 잘 포장하여 전략적으로 보여주고 여러 가지 조건을 중간에서 조정하고 설득하여 계약서에 도장을 찍고 계약금을 교부하게 하는 것이 주된 것이다.

1. 매도자건 매수자건 중개사의 말을 믿게 만드는 작업이 먼저이다

처음 부동산중개사무소를 방문한 고객의 경우 부동산에 대한 어느 정도의 불신을 가지고 시작한다. 특히 매매의 경우 중개사가 매물의 호가를 그대로 이야기해도 고객은 그대로 받아들이지 않는다. 이러한 기본적인 불신은 그동안 있었던 많은 중개사고와 투기세력이 만들어 놓은 잘못에 기인하고 오롯이 우리의 몫이지만, 계약을 성사시키기 위해서는 이 선입견을 극복해야 한다. 그러기 위해서는 공인중개사의 말이 진실되게 느껴져야 하고 신중하지만 부드러워야 한다. 이런 느낌을 전달하고 고객의 정보를 알기 위해 중개사는 고객과 가벼운 대화를 많이 하며 그 속에 중간중간 중개사의 말이 진실인 객관적인 증거자료들을 집어넣어야 한다. 브리핑 중 인터넷에 올라와 있는 유사한 물건의 시세나, 매도자가 싸게 내놓았다면 이런 금액에 내놓은 이유[96]를 진실되게 이야기하고, 수기로 기록해 놓은 매물장부를 보여주며 말뿐이 아닌 눈에 보이는 객관적인 증거들을 계속 노출시키는 것이다.

고객에게 브리핑하고 현장을 안내하는 내내 말이 너무 많다는 느낌을 주지 않는 선에서 많은 대화를 통해 불신을 녹여가야 한다. 이러한 과정에서 고객이 중개사를 결정적으로 신뢰하게 되는 최종 이유는 중개사의 거짓 없는 눈과 표정과 태도이다. 중개사가 금액 이야기를 할 때 눈을 피한다던가 말을 할 때 불안해하거나 손톱을 물어뜯거나 발을 계속 떠는 무의식 행동은 아무리 증거를 들이대도 고객 불신을 극복하기 어렵게 만든다.

매물주의 경우에도 시세보다 더 받고 싶어 하고 사실 본인이 시세를 더 잘 알면서도 얼마에 내놓아야 하는지 모르겠다면서 중개사를 떠보기도 한다. 정말로 시세를 모르거나 거래사례가 많지 않아 딱히 시세라고 할 수 있는 금액이 없을 경우 서로 먼저 가격을 제시해 달라고 하게 된다. 이때 고객의 요청에 중개사가 먼저 가격을 제시하게 되면 추후 금액조정도 어려울뿐더러, 가격을 조정하려 하면 고객은 "시세도 모르면서 그 금액을 이야기한 겁니까! 이 사람 초짜네!" 하면서 신뢰는 무너지고 거래는 날아갔다고 봐야 한다. 반대로 고객이 기대하는 가격에 훨씬 못 미치는 경우 고객은 기분나빠하며 그냥 가버리기도 한다. 물론 이 경우 "그럼 원하시는 금액을 말씀해 보세요!" 하겠지만 고객이 일단 기분이 상한 상황은 벌어진 것이다. 어떤 경우든 고객이 먼저 가격을 제시하게 해야 하는데 어떻게 해야 할까?

"요즘은 집주인이 더 잘 알고 있던데요!"
"팔릴 수 있는 금액은 손님을 붙여봐야 감이 잡힙니다. 그때 말씀드리겠습니다. 우선 사장님께서 원하시는 금액을 말씀해주세요. 일단 그 금액으로 손님을 붙여볼게요."

---

96) 싸게 나온 물건의 경우 매수의뢰인들은 물건에 하자가 있지 않나? 하는 의심을 하게 된다. 그렇기 때문에 그 의심을 불식시키기 위해서라도 싸게 나온 이유가 설득력이 있어야 한다.

"저희가 너무 싸게 불러서 그대로 팔려도 선생님이 손해고, 너무 비싸게 불러서 시간만 잡아먹어도 선생님이 손해잖습니까? 일단 금액을 말씀해 주시면 최대한 그 금액을 받도록 노력해 보겠습니다."

그러나 고객에게 먼저 말하게 하기가 오기 싸움이 되면 안 된다. 이것도 실패다. 이 경우 적당한 시점에서 다음과 같이 이야기한다.

"그럼 저희가 시세를 최대한 알아보고 말씀 드리겠습니다. 알아본 후에 저희가 전화 드리면 오셔서 차 한잔하면서 말씀을 나누시죠."
"자주 얼굴을 보고 대화해야 계약이 좋은 금액에 빨리 이루어집니다."
"여기 저희 명함이 있습니다. 선생님의 연락처 좀 부탁드립니다."

이렇게 금액만 빼고 물건을 접수한 뒤 미루는 것이 오기싸움을 하는 것보다 낫다. 만약 고객이 가격을 제시했다고 해도 그것을 불변 가격화 시키면 안 된다. 그냥 고객의 제안으로 만들어 놓아야 한다. 고객과의 화법에 「고객의 이야기는 무조건 옳다.」는 금언이 있다. 고객의 의견이나 이야기를 정면으로 맞받아치면 안 되고 일단 수긍한다.

"예! 그렇죠. 그런데 이렇게 하는 것이 더 좋을 것 같은데요. 어떠세요."

이렇게 고객의 이야기도 옳지만 더 좋은 방법이 있는 것 같은데 그 방법을 써보는 것이 어떠냐는 식으로 제안을 하는 것이다.
고객이 가격을 제시했을 때 또 하나 유의해야 할 것은 중개사가 고객의 의사를 존중하되 가격조정을 염두에 두도록 다음과 같이 메시지를 던져놓아야 한다.

"손님을 붙여서 손님의 반응을 보고 그때그때 말씀드리겠습니다. 혹시 손님이 마음에 들어 하면 최대한 그 금액을 받기 위해 저도 최선을 다할 테니, 사모님도 조금은 조정을 해줘야 한다고 생각하고 계세요."

중개사는 계약 테이블에서 중립적으로 일해야 하지만 개인별로 상대할 때에는 고객의 편이 되어 주어야 한다. 중개사는 항상 고객의 이익을 위해 생각하고 말하는 습관을 들여야 한다. 그래야 고객은 중개사가 고객의 편이라는 인상을 받고 신뢰하게 된다.

2. 끈기가 있어야 한다

처음 부동산중개업을 하는 중개사의 경우 중개사의 제안에 고객이 no를 하면 "예! 알겠습니다. 어쩔 수 없죠!" 하고 포기해 버리는 경우가 많다. 매도가격과 매수가격의 차이가 근소하게 차이가 나는 경우나 잔금날짜가 안 맞는 경우, 계약금이나 중도금이 매도자가 원하는 금액이 안 되는 경우 등 한 번만 더 시도해 보고 설득해 보면 될 수 있는 상황에서도 중개사가 포기해 버리면 그 계약은 끝나게 된다. 그러나 중개사가 포기하지 않으면 당사자도 기다리게 되어 있다. 이 경우 중개사는 당사자가 그렇게 요구하는 원인을 물어봐야 한다. 이유를 알면 또 다른 대안이 있을 수 있는 것이다. 소액의 차이로 매매금액이 안 맞는다면 한쪽을 내리거나 올리기 위해 시도해 보고 그래도 안 되는 상황에서 그 금액이 중개보수의 범위 안에 드는 금액이라면 "저희도 중개보수를 절반으로 깎아 드릴 테니 사모님도 절반만 양보하세요!" 그것도 안 된다면 한쪽 중개보수를 포기하는 한이 있더라도 끝장을 봐야 한다. 이것이 프로중개사의 끈기이다. 이러한 새로운 제안과 대안 제시를 많이 하는 중개사의 경우 10여 회 이상도 한다. 비록 그만큼의 대안이 없다고 한다면 최소한 3번은 더 설득해봐야 한다. 고객이 포기하지 않는데 중개사가 먼저 포기하는 일은 없어야 한다.

3. 해결책을 찾기 위해 수많은 경우의 수를 고민한다

당사자와 밀고 당기는 협상을 하는 상황에서 중개사가 예상하지 못한 답을 고객이 하는 경우 중개사의 머릿속은 하얘지고 얼굴이 붉어지는 경우가 있다. 이런 경우에 대비해 바둑을 두듯이 고객이 이렇게 나오면 중개사는 저렇게 대안을 제시하고, 매도자가 중개사의 제안을 거절하면 매수자를 더끌어올려보는 등 계약의 막바지 단계에 이르면 중개사는 잠을 이루지 못한다. 중개사는 진행 상황이 외부로 흘러나가지 않는 선에서 다른 사람과 이야기해 보아야 한다. 상황을 설명하고 문제를 이야기하다 보면 스스로 답을 찾는 경우도 있고 말을 들어주는 지인이 답을 제시하는 경우도 있다. 공동중개라면 다른 중개사와 문제해결책을 의논해 보고, 양타라면 직원이나 집에서 배우자에게 이야기해 보아야 한다.

그러다 보면 답이 나온다. 혼자 생각은 한계가 있다. 생각이라는 것은 스스로 연속하여 만들어 내는 것이 아니라 외부의 자극에 의하여 촉발된다. 머릿속에서 나온 생각을 펜으로 써보면서 그 단어가 티핑포인트가 되어 다른 생각을 자극하여 나오기도 하고, 지인들의 다른 경험에서 툭툭 튀어나온 단어가 기폭제가 되어 해결책을 만들어 내기도 한다. 마치 고객과 바둑이나 장기를 둔다고 생각하고 고객이 한 수 두면 나는 그에 대응한 수많은 경우의 수 중에서 한 수를 선택하여 두는 것이다.

4. 절대 계약을 미루지 마라, 가계약이라도 해야 한다

우리는 앞에서 끈기를 가지고 끝장을 봐야 한다고 했다. 수많은 경우의 수를 미리 준비해 마무리해야 한다고도 했다. 10번 이상은 아니더라도 최소한 3번 이상은 설득하고 대안을 제시해야 한다고도 했다. 그렇게 해도 안 되는 경우가 가끔 있다. 이런 경우에는 어떻게 해야 할까?

부동산에는 가계약이라는 것이 있다. 계약이 어떤 사유로 미뤄지는 경우 아무런 조치도 없이 그냥 헤어지게 되면 계약이 안 될 확률이 지금의 시점보다 더 높아지게 되어있다. 그래서 문제의 해결이 안 되면 조건 없이 그냥 반환한다는 단서 하에 소액이라도 걸어 놓는 것이다. 그거 걸어서 뭐하냐고 할 수 있겠지만 가계약금의 효과는 엄청나다. 일단 가계약금이 조건부로 걸리게 되면 당사자는 그 조건을 해결하기 위해 노력한다. 그리고 약속된 날짜까지는 진행을 하건 반환을 하건 걸린 금액이 있기 때문에 마음의 끈을 놓지 않는다. 그 조건이 해결되지 않는 경우보다 될 경우가 더 많다. 절대 그냥 헤어지지 말자. 가계약금은 끈이다. 서로 이 일을 손 놓지 못하게 하는 밧줄인 것이다.

좋은 매물 만들기

개업 공인중개사에게 가장 큰 재산은 좋은 매물을 많이 가지고 있는 것이다. 그러나 처음부터 좋은 매물은 드물다. 현대처럼 거의 모든 정보가 온라인에 올라와 있고 특히 부동산은 실거래가가 공개되고 광고를 통해 호가가 오픈되어 있는 상황이기 때문에 지나치게 싸거나 너무 비싼 매물은 잘 나오지 않을 뿐더러 시장에 나온다 해도 유통되지 못한다.

이러한 상황에서 좋은 매물을 만든다는 것은 매도의뢰자에게 특별한 사정이 있는 경우와 빠른 거래를 위해 금액을 낮춘 경우가 대부분이다. 물론 금액 외에도 매물이 매력적으로 보이도록 집을 깨끗이 청소해 놓거나, 인테리어를 새로 하거나, 도배라도 새로 해놓는 경우 등도 좋은 매물을 만드는 작업에 속한다.

매수(임차)의뢰 고객의 입장에서는 다양한 물건 중에서 제일 조건이 좋은 매물, 상태가 좋은 물건, 자신의 특별한 기호에 맞는 매물 등을 선택하게 되어있다. 매도(임대)의뢰자의 입장에서 부동산은 부동성이라는 특성 때문에 선택의 여지가 많지 않지만 그 한계 안에서도 매력적으로 보일 방법을 찾아야 한다.

1. 매도자 협조요청

보통 매도의뢰인이 물건을 내놓게 되면 개업 공인중개사는 조건을 적은 뒤 "열심히 해보겠습니다." 하고 보낸다. 그러나 이제부터는 매도자에 대해 조금 더 알기 위해 노력하고 매도의뢰자가 협조해 줘야 할 사항 몇 가지를 고지하도록 하자.

먼저 매도의뢰자가 다른 개업 공인중개사사무실 몇 군데에 얼마의 금액으로 내놓았는지 알아야 한다. 매도 의뢰자의 경우 어떻게 해야 잘 팔리는지 모를 수 있기 때문에 욕심 때문에 더 받아줄 수 있다는 부동산중개사무소가 있으면 더 높은 가격에 내놓고, 너무 금액이 쎄서 어렵다고 하면 낮게 내놓기도 한다. 그러나 부동산사무소마다 금액이 들쑥날쑥하게 되면 매수의뢰자의 입장에서 부동산이 장난하는 걸로 생각 할 수 있고 한 번 의심이 드는 물건은 선택할 가능성이 많이 떨어진다. 그렇기 때문에 매도의뢰자에게 물건을 내놓은 부동산중개사무소에 다시 전화해서 매도의뢰 가격을 동일하게 하도록 코치해야 한다.

만일 매도의뢰자가 아직 우리 사무실 외에 내놓은 곳이 없다면 일단 저희를 믿고 2~3개월 정도만 전속으로 주신다고 생각하고 다른 곳에는 이야기하지 말아 달라고 해야 한다. 그 이유를 보면 다음과 같다.

1) 매물이 여러 군데에 나와 있다면 희소성이 없어 보이고 뭔가 어떤 문제가 있어 안 팔리는 물건으로 부정적인 시각을 형성하게 된다. 한군데만 나와 있는 물건은 매수의뢰 고객의 입장에서도 다른 생각을 안 하고 마음에 든다면 중개사와 진지하게 협상하게 된다. 그러나 여러 군데 나와 있는 것을 안다면 중개사와 밀당을 하고 조금만 기분이 상해도 그 물건이 있는 다른 부동산으로 가버린다.

2) 물건이 여러 군데 나와 있는 경우 매수의뢰인의 입장에서 싸게 해주겠다는 부동산으로 가게 되어 있다. 이 상황은 부동산끼리 금액을 깎기 위해 경쟁하는 상황이 되는 것이다. 매도의뢰인이 안 깎아주면 되지 하고 생각하겠지만 여러 부동산이 공동중개거래정보망에 물건을 올리면서 이왕이면 자기 사무실로 전화가 오게 만들기 위해 금액을 더 싸게 올려놓는 경우도 있다. 다른 중개사무소에서는 당연히 온라인상 더 싸게 올라와 있는 부동산사무실로 전화하게 된다. 매도의뢰자가 금액을 낮게 올린 이유를 항의하면 "사모님! 사모님이 이야기한 금액은 똑같은 다른 매물에 비해 너무 비싸요. 빨리 계약시켜 드리려고 그런 거죠. 그게 마음에 안 드시면 저희 수수료라도 깎아 드릴 테니 믿고 기다려 보세요." 여러분 같으면 다른 할 말이 있겠는가? 또한 계약이 목전인 상황에서 말 잘하는 중개사들의 여러 가지 압력과 논리적인 설득이 겹치면 매도의뢰자가 버티기 쉽지 않게 된다. 결국 매도의뢰자의 손해로 돌아가는 것이다.

3) 지금은 거의 모든 부동산이 공동중개거래정보망에 가입되어 있다. 한 곳에만 내놓아도 내놓은 부동산을 통하여 물건이 공유되고 물건정보에 일관성이 있기 때문에 빠른 거래가 가능하다.

4) 여러 군데에 내놓으면 중개사가 책임감까지 느낄 이유가 없고, 그저 여러 물건 중 하나로 팔려는 평균적인 노력만 할 뿐이지만, 여기만 믿고 내놓았다면 중개사는 책임감을 느끼게 된다. 만약 중개사가 그 물건을 방치하고 시간만 흘러간다면 매도의뢰자는 시간만 흘러가고 피해를 보게 되며 나중에 항의하거나 문제를 제기할 가능성이 있기 때문에 신경을 쓸 수밖에 없다. 그래서 더 열심히 하게 되어있다. 어떤 부동산중개사무소는 팔리기 어렵다고 판단되는 물건은 다른 부동산에 많이 내놓으라고 한다. 왜냐하면 팔리기 어렵게 보이는데 우리 부동산사무소만 믿고 매달린다면 그것도 스트레스가 되기 때문이고 책임을 지기 싫은 것이다. 이것만 봐도 중개사들은 전속으로 내놓은 물건에 대해서 분명히 책임감을 느끼고 있는 것이다.

2. 잘 파는 법 설명

어떤 집은 손님을 데리고 방문해보면 집안에 짐이 꽉 차 있어 집안이 너무 답답해 보이고 이방 저방 옮겨 다니기도 어려운 집이 있다. 또 어떤 집은 집이 너무 어두워 들어가자마자 스위치를 찾아 불을 켜기 바쁜 집도 있다. 이런 집을 방문하고 "이 집으로 계약하겠습니다." 하는 고객이 있을까? 주택이건 건물이건 아니면 상가점포이건 고객과 방문할 때에는 보여줄 준비가 되어 있어야 한다. 주택97)의 경우 이때 신경써야 할 분위기는 방문 고객이 쾌적하고 환하고 안락함을 느끼게 해야 한다는 것이다. 신경 써야 할 포인트만 간략하게 나열하면 다음과 같다.

1) 집이 넓고 환하게 보여야 한다

이사할 경우 버릴 짐은 미리 버리고, 지금 쓰지 않는 물건은 다용도실에 잘 정리해 둔다. 빨래도 건조대에 있는 경우 걷어서 안 보이는 곳에 잠시 둔다.

---

97) 주택이 거래 매물 중 가장 많기 때문에 주택의 경우만을 설명하였으나, 상가점포는 손님이 많고 직원들이 바쁘게 움직이며 시설은 너무 낡아 보이지 않아야 한다, 건물은 외벽 등이 깨끗하고 튼튼해 보이며 내부 마감재가 좋게 보여야 한다.

2) 집이 깨끗해야 한다

깨끗한 집은 방문객에게 좋은 인상을 주며 그 인상은 본인이 들어와 살 경우의 느낌으로 전이된 연상을 하게 된다.

3) 누수자국이 없어야 한다

누수자국은 하자보수 되었을 수도 있고, 물이 잘못 튀어 누수 자국처럼 보일 수도 있다. 문제가 없는 것이라면 같은 색의 벽지를 구입해 그 부분이라도 도배해 놓아야 한다. 누수 이력이나 의심되는 외견은 고객에게 건물의 하자로 인식되어 구매예상 잠재후보 물건에서 탈락 대상이다.

4) 아이들의 낙서는 지운다

아이들을 둔 부모 입장에서는 아이들이 낙서하는 것을 창의력을 키우는 데 도움이 되는 것으로 보고 일부러 낙서하라고 낙서용 벽지를 붙여주는 경우도 있다. 그러나 부동산을 팔고자 내놓았다면 방문고객의 입장에서 물건을 봐야 한다. 깨끗하고 쾌적해 보이는 집이 매력적으로 보인다. 아이들의 낙서가 여기저기 있는 집은 어지럽고 좋은 인상을 줄 수 없다.

5) 반려동물 냄새를 없앤다

반려동물을 키우는 집의 경우 털이 있는 반려동물이라면 털이 여기저기 묻어있기 마련이다. 그러나 이 털을 좋아하는 사람은 없다. 특히 아기를 키우는 집이나 알레르기가 있는 고객의 경우 보자마자 바로 돌아선다. 입주청소를 하는 것은 나중의 문제이고 지금 집을 보고 있는 고객의 입장에서 생각해야 한다.

6) 화장실과 싱크대는 대청소한다

화장실에 오래된 변기 때가 묻어 있거나 누렇게 변색된 변기는 불쾌감을 준다. 임대를 위해 내놓은 집이라면 락스로 하얀색이 드러나도록 반짝반짝 닦아 놓고, 매매를 위해 내놓은 집이고 빨리 팔리기를 바란다면 교체하는 것도 생각해 보기 바란다.

7) 거실을 잘 꾸며 놓는다

집안에 들어서면 현관이 제일 먼저 눈에 들어오고 그 다음이 거실이다. 현관에 안 신는 신발은 신발장에 넣어놓고 불필요한 물건은 치워야 한다. 거실의 경우 아늑하게 꾸며져 있어야 한다. 안락한 소파에서 가족과 오순도순 이야기를 나누는 광경이 연상되도록 꾸며 놓는다.

8) 방문 시 먼저 전깃불을 켜 놓는다

채광이 안 좋은 집의 경우 전등을 밝게 해 보완해야 하지만, 고객이 집을 방문했을 때에도 그 느낌이 전달되어야 한다. 집 안에 사람이 있다면 모든 불을 켜 놓도록 일러두고, 만약 사람이 없다면 중개사가 먼저 들어가 모든 불을 먼저 켜고 들어오라고 해야 한다.

9) 실내 환기를 시켜 놓는다

실내는 여러 가지 음식냄새, 탁한 기운이 고이는 곳이다. 방문 전에 거주자에게 부탁해 환기를 시켜 놓을 것을 일러두고 방문 시 탁한 느낌이 없도록 하여야 한다.

10) 반려동물은 잠시 밖으로 데려간다

큰 개가 있거나 심하게 달려드는 조그만 반려견이 있는 경우, 고양이만 보면 얼어 붙어버리는 사람 등 반려동물을 무서워하는 사람은 많다. 그런데 집을 보러 갔을 때 무서워하는 반려동물이 버티고 있다면 집을 보는 데 집중이 되겠는가? 빨리 나가고 싶어 할 것이다. 결코 선택받을 수 없는 환경인 것이다.

3. 매물 개선작업

1) 물리적 개선

좋은 물건은 누가 봐도 다 좋다는 말이 있다. 반짝이는 것은 누가 봐도 반짝인다. 남향의 잘 꾸며진 집은 누가 봐도 아늑하다. 채광이 좋은 집은 누가 봐도 채광을 좋게 느낀다. 그러나 좋은 조건의 집인데도 매도의뢰자의 무관심과 사정 때문에 그 좋은 조건을 살리지 못하는 경우가 있다.

물리적 개선은 잘 파는 법 설명에서 충분히 이야기하였지만 매도의뢰고객이 그 제안을 무시하거나 심리적으로 지쳐 '될 대로 돼라.'는 식으로 방치하는 매도의뢰인이 가끔 있다. 이 경우 중개사는 매수의뢰인과 집을 방문한 후에는 반드시 매도의뢰인에게 경과를 보고하고 "어떤 점 때문에 고객이 다른 집으로 선택했는데, 이렇게 이렇게 하면 더 빨리 팔립니다. 그렇게 하시는 것이 어떠세요?" 하면서 하나씩 하나씩 물리적 상태를 개선해 나가야 한다. 주택을 전문으로 하는 중개사무소이고 매도의뢰자가 동의한다면 전속으로 물건을 받는 조건하에 반나절 정도 시간을 내어 필요한 청소나 짐 정리를 직접 무상으로 대행해 주는 것도 생각해 보기 바란다.

2) 매도조건의 개선

매도조건은 한 번에 말로써 개선이 되기 어렵다. 조건을 바꿔야 하는 이유들이 객관적인 증거나 상황적 증거로서 제시되어야 한다. 그렇기 때문에 중개사는 물건을 보고 온 뒤 고객 방문의 결과를 보고 하면서 의견을 이야기해야 한다. "오전에 보신 손님은 채광이 좋은 집을 찾았는데 다른 부동산에서 본 물건이 똑같은 평수에 채광 조건은 비슷한데 사모님 집보다 2천이 더 싸다고 그것을 계약했다네요. 어떻게든 사모님 집으로 매치하려 했는데 저번에 사모님이 금액조정은 안 된다고 해서 어쩔 수 없이 놓쳤어요." 지금 당장 금액을 내려야 한다고 직접적으로 이야기하지 않더라도 계속 메시지를 던져야 한다. 두세 번 같은 일이 반복되면 매도의뢰고객도 결국 금액

조정에 나서게 된다. 금액뿐만 아니라 다른 조건들도 물건을 보여주고 고객이 가버리면 그냥 두지 말고 그 기회에 매물주와 대화를 한 번이라도 더 하고 조금씩 조금씩 의견을 제시해 스스로 조정하도록 제안해야 한다. 이렇게 조금씩 좋은 조건의 물건으로 작품이 되어 가는 것이다.

4. 예술가의 조각을 연상하라

우리는 위에서 그 상황이 되었을 때 하나씩 하나씩 개선하고 조정해 나가야 한다고 했다. 이것은 마치 조각가가 큰 바위를 가져다 놓고 조금씩 조금씩 정으로 쪼고 돌칼로 잘라 나가는 것처럼 군더더기, 장애가 되는 것, 불필요한 것을 잘라내어 근사한 조각품을 만드는 과정을 연상시킨다. 그런 개념을 가지고 접근하면 성취감을 느낄 수 있고 좋은 결과로 이어질 확률이 높아진다.

[그림 7-1] 조각품 「기도」 출처 - 픽사베이

좋은 매수자 만들기

중개사의 입장에서 좋은 매수자란 어떤 매수자일까? 중개사의 의견과 추천을 신뢰하고 좋은 조건을 만드는 데 협조적이고 중개완료 시 고마워하며 중개수수료에 부가세까지 잘 챙겨주는 매수자일 것이다. 그러나 현실적으로 파는 사람은 비싸게 파는 것을 잘 팔았다고 생각하고 사는 사람은 싸게 사는 것을 잘 샀다고 생각한다. 그렇다면 매도자에게는 시세보다 더 받았다고 느끼게 하고, 매수자에게는 매수자가 원하는 좋은 물건을 싸게 샀다고 느끼게 하는 방법은 없을까?

1. 매수자의 마감시한과 구매 포인트를 찾아라

매수(임차)자들의 경우 명시적으로 밝히지는 못하지만 언제까지 사야 한다거나, 어떤 트라우마가 있기 때문에 특정한 조건에 지나치게 집착하는 경우가 있다[98]. 중개사의 판단에 좋은 물건을 많이 보여 줬다고 생각했는데 나중에 들으니 다른 부동산 사무실에서 계약했다고 한다. 그런데 이상한 물건을 잡은 것 같다. 이런 경우 고객에게는 엄청 중요한데 중개사가 간과하거나 너무 가볍게 여겼던 무엇인가가 있는 것이다. 우리는 이것을 매수자의 구매 포인트라 한다.

---

[98] 중개사를 불신하는 경우 마감시한의 노출이 본인에게 불리하게 작용할 수 있다고 느낄 수 있으며, 트라우마는 노출하기 창피한 경험인 경우가 많다.

다음의 경우를 생각해 보자.

- 매수자는 기존의 살던 집을 팔았기 때문에 어떻게 하든 판 집의 잔금 전까지 입주할 집을 구해야 한다.
- 그동안 어두운 집에만 살아서 어두운 집에 대한 트라우마가 있다. 그래서 채광만 좋으면 다른 것은 그렇게 중요하지 않게 본다.
- 동남향 집에서 살 때에만 사업이 잘 되었다. 그래서 동남향 집만 찾는다.
- 전철과 가까운 것이 제일 중요하다. 마을버스 타고 가야 하는 산 위에 집을 샀는데 팔 때 손해는 손해대로 보고 엄청 고생했다.
- 월세 많이 나오는 건물이 최고다. 직업이 따로 없어 월세 수입으로 살아야 한다.

이런 조건이 왜 중요한지 그 이유를 고객이 설명해주면 되는데 고객은 중개사 몰래 그런 조건의 집을 고르려 한다. 왜냐하면 고객은 자신의 어쩔 수 없는 조건을 중개사가 알면 나중에 금액을 깎는 데 불리하게 작용할 수 있다고 생각하기 때문이다. 즉, 매도자건 중개사건 매수자가 이 물건에 꽂혀있고 결국 살 것이라는 확신이 들면 깎아달라는 매수자의 요구를 거절할 가능성이 높아지는 것이다. 물론 원하는 조건은 이야기한다. 다만 그 조건이 꼭 맞아야 하는 이유를 설명하지 않는 것이다. 중개사는 이것을 찾아내야 한다. 그러나 찾았다 해도 모르는 척해야 한다. 상대편의 약점을 드러내지 않고 맞추어준다면 고객의 만족도는 최고도로 올라갈 것이다.

2. 물건에 대해 잘 알아야 한다

우리는 고객과 함께 집을 보기 위해 동행하며 가까운 시장, 전철역, 버스정류장, 관공서, 동사무소, 공원, 도서관 등 편의시설에 대해 설명한다. 또한 사무실에서 기본적인 브리핑은 하고 출발했지만 중간중간 생각나는 다른 사항도 이야기한다. 고객은 중개사에게 여러 가지를 묻는다.

"금액이 얼마라고 했죠?"
"등기평수는 얼마나 되요?"
"대출이 있나요?"
"물건 내놓으신 분은 왜 파는 거예요?"

"관리비는 얼마예요?"

"옵션은 뭐뭐예요?" 등등……

궁금한 사항이 많다. 중개사를 통하여 집에 문제가 없는지 검증하는 차원도 있다. 그런데 중개사가

"글쎄요! 사무실 가서 장부를 봐야겠는데요."

"저는 잘 몰라요. 우리 실장님한테 물어볼게요."

이런 대답을 한다면 고객은 무슨 생각을 하겠는가? 계속 대화하며 고객의 관심도를 끌어올려야 하는데 고객은 더 이상 물어보기 싫어지고 물건을 보는 둥 마는 둥 하며 그냥 둘러보고 가버린다. 이렇게 해서는 아무리 좋은 물건이라 해도 계약단계로 진입하기 어렵다. 이것이 물건에 대해 잘 알아야 하는 이유이다.

3. 잘 사는 법 설명

현장 안내를 고객과 함께하다 보면 다음과 같은 고객의 다양한 반응을 볼 수 있다.

ㄱ 부부가 같이 집을 둘러보고 "집이 너무 좋다. 여보! 이걸로 하자~"

ㄴ 무표정하게 집을 둘러보고 "잘 봤습니다."

ㄷ 밝은 표정으로 "매매가가 얼마라고 했죠?"

ㄹ "수리할 데가 많네요!"

ㅁ 집 현관을 들어서자마자 "다른 물건은 없나요?"

ㅂ 변기와 싱크대 물도 내려 보고 신발장도 열어보고 여기저기 구석구석 자세히 본 후에 "옥상도 좀 볼 수 있나요?"

이러한 반응 속에서 고객의 심리를 정확히 포착하는 것이 중개사에게는 중요하지만 매수자가 매도자 앞에서 위와 같은 말을 하게 되면 중개사가 매도자를 컨트롤하기 어려워질 수 있다. 매도자는 매수자가 사고 싶어 하는 것이 느껴지면 안 깎아줘도 살 것 같기 때문에 가격절충이 어려워지는 것이다. 그렇기 때문에 물건을 답사하기 전에 매수고객에게 사전에 다음과 같이 주의점을 안내해 주어야 한다.

▷ 좋은 점이 있어도 절대 표시 내지 말 것

위 고객의 반응 사례에서 고객이 지금 보고 있는 물건을 마음에 들어 하는 것으로 보이는 사례는 어떤 것일까? 당연히 ㉠ ㉢ ㉤의 사례는 누가 봐도 마음에 들어 하는 행동이다. ㉡과 ㉣은 어떠한가? 잘 모르겠다고 답하는 것이 정상이고 매수고객은 마음에 들어도 집을 나와서 중개사에게만 조용히 이야기해야 한다. 마음에 들어 하는 것을 매도고객이 모르게 해야 매수고객에게 유리한 협상이 가능한 것이다.

▷ 문제점이나 요구사항을 잘 기억해 뒀다가 중개사에게만 조용히 이야기해 줄 것

매수고객이 답사 현장에서 이것저것 문제가 있는 곳을 메모하는 것은 어떨까? 매도자의 입장에서 당연히 '아! 저분이 마음에 들어 하는구나! 그렇지 않으면 메모까지 해가며 문제점이나 요구할 사항을 적지는 않을 것이다.' 이렇게 판단하고 매수자가 사고 싶어 한다는 것을 눈치 챈 순간 가격을 깎거나 여러 가지 요구조건을 관철시키기 어려워지는 것이다. 고객이 해야 할 행동은 조용히 나와 중개사에게 이런저런 사항의 문제점을 보완해주면 계약하겠다고 이야기하고, 중개사는 "사장님 지금 보신 매수자께서 수리할 데가 너무 많다고 전에 다른 데서 본 물건으로 결정하려는 것을 어렵게 제가 잡고 있습니다. 어떻게 하든 제가 계약을 시킬 테니 수리비조로 금액을 천만 원만 조정하시죠!" 고객이 침묵한다. 무언의 긍정으로 보고 "지금 신분증 가지고 나와 보세요!" 이렇게 밀고 나가는 스토리가 중개의 정석이다.

4. 매수인 개선작업

매수자의 경우 급한 사람이 아닌 경우 이 물건 저 물건 보기만 하고 시간만 속절없이 흘러가기도 한다. 중개사에게는 시간 낭비가 될 수 있기 때문에 매수인이 지금 결정해야 할 상황을 만들어 계속 주지 시켜야 한다. 마음에 들어 하는 물건이 있으면 경쟁을 시키거나 시장 상황을 들어 빠른 결단을 촉구해야 한다. 마음에 들어 하는 물건이 있는데 그대로 방치해 놓으면 매수자의 관심도도 점점 약해지고 단점이 하나씩 보이기 시작해 결국 포기하고 또 다른 물건을 찾게 된다.

일단 고객이 마음에 들어 하는 말이나 보디랭귀지를 보이면 일정시간 텀을 두고 "방금 보신 물건 주인이 전화 왔는데 오전에 보고 간 다른 부동산에서 안 되면 돌려주는 조건으로 가계약금을 보낸다는데 어떻게 해야 하냐고 전화가 왔습니다. 필요한

거는 제가 맞춰볼 테니 일단 저희 사무실로 나오세요. 주인도 불러낼 테니." 이런 진행은 상황과 타이밍이 중요하다. 매수자는 관심도 없는데 이런 멘트를 하면 매수자는 "그냥 하라고 하세요."로 나온다. 물건을 보고 간 후 바로 전화해도 고객은 '정말일까?' 하고 의심한다.

부동산은 이상한 물건이 아닌 이상 일단 사놓으면 물가상승분 이상으로 올라간다. 그런데 급격하게 올라가는 경우가 있고 완만하게 올라가는 경우도 있다. 물론 장기적으로는 올라가지만 단기적으로는 하락하는 경우도 있다. 급격하게 올라가는 경우에는 시간이 돈이기 때문에 매수자는 빨리 사는 것이 맞다. 그러나 자금 여유가 많은 투자자가 아닌 이상 매수자는 항상 망설인다. 큰 금액이 움직이기 때문이고 본인이 거주할 집이라면 여러 가족의 의견이 갈릴 수 있기 때문이다. 어떤 이유인지를 판단하는 것도 중개사의 몫이지만 중개사는 부동산을 살 타이밍은 항상 지금이라는 마인드가 필요하다. 우리는 부동산이 단기적으로 하락할 수 있지만 장기적으로는 항상 오른다고 했다. 주택은 오늘 사서 내일 파는 물건이 아니다. 장기적인 안목을 가지고 보는 것이 옳기 때문이다. 오를 것이 뻔한데 지금 사야 하지 않겠는가. 고객에게 확신 있게 단정적으로 "지금 계약하는 게 맞습니다. 신분증 지참하고 빨리 나오세요!" 이렇게 자신 있게 이야기하라.

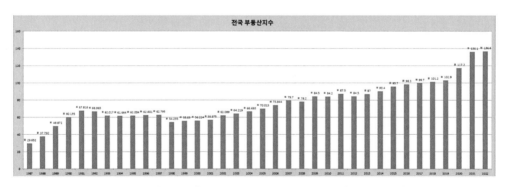

[그림 7-2] 전국 부동산지수(1987년~2022년)

5. 경청하라. 고객의 말속에 답이 있다

고객의 말을 들을 때 우리의 머릿속은 와글와글하다. 단어 하나하나가 우리의 뇌를 자극하기 때문이다. 그런데 과연 우리는 고객의 이야기를 하나도 안 빼먹고 다 들었던 걸까? 고객의 이야기를 녹음해서 다시 들어보고 또 들어보면 새로운 이야기들이 들린다. 우리가 고객의 단어에 반응해 다른 생각을 하는 동안 고객이 하는 이야기가 귀에 들어오지 않고 그냥 흘러가 버린 것이다. 그 흘러가 버린 말속에 계약을 시킬 수 있는 단서가 있었다면 우리가 고객의 단어 하나에 붙들려 있는 동안 중요한 단어를 놓친 것이다.

고객의 말을 집중해서 들으라. 정확히 이해되지 않는 것은 다시 물어봐야 한다. 모르면서 다 알아들은 것처럼 하면 안 된다. 신중하게 고객의 말에 귀 기울이고 메모하고 물어봐야 한다. 그리고 고객의 보디랭귀지도 주의 깊게 관찰해야 한다. 고객은 언어와 표정과 보디랭귀지로 여러분에게 필요한 것을 다 말하고 있다.

6. 두 번 이상 언급된 사항을 무시하면 안 된다

고객과의 상담 중 일반적으로 중요하지 않게 느껴지는 사항을 고객이 두 번 이상 반복해서 말하는 경우가 있다. 이런 경우 중개사는 전문가 입장에서 그것이 중요해 보이지 않기 때문에 누구나 하는 이야기겠거니 하면서 가볍게 지나간다. 고객은 화가 난다. 몇 번 이야기 했는데 중개사가 무시하기 때문이다. 고객이 "실외 주차장이 있는 곳으로 찾아주세요."라고 이야기 했다. 그런데 중개사는 주차공간이 많은 곳만 보여준다. 그것도 피로티 구조의 건축물만 보여주는 것이다. 그래서 고객이 "실외 주차장이 있는 곳을 보여주세요." 중개사는 "네." 하고 또 비슷한 물건을 보여준다. 고객은 "아니 됐습니다. 지금 바빠서 다음에 올게요." 하고 가버린다. 그런데 며칠 후 인근 부동산사무실의 중개사와 대화 도중 실외주차장 찾던 손님을 본인이 계약해줬다고 한다. 중개사는 "그 손님 이상한 사람이야! 주차장 넓은 곳 여러 군데 보여줬는데 바쁘다며 가버렸어." 그러자 그 중개사가 이렇게 이야기한다. "그분은 사다리차 사업을 하는 사람이야!" 그때서야 중개사는 "아차!" 한다. 고객은 본인의 직업을 크게 자랑스러워하지 않는 이상 보통 밝히지 않는다. 단지 필요한 조건만 이야기하는데 중개사가 그 이유를 몰랐던 것이다. 사소해 보여도 고객이 두 번 이상 반복해서 이야기하는 사항은 그 고객에게 중요한 사항인 것이다. 이해가 안 되면 이유를 물어보기 바란다.

7. 중개사가 엄청 고생해서 찾은 물건(손님)이다

서비스업인 부동산중개업의 특징은 눈앞에 제공된 서비스가 보이지 않는다는 것이다. 어렵게 물건작업을 하고, 현장 답사를 하고, 광고를 하고, 고객의 수요에 맞춰 준비하고, 현장 안내하고, 계약에 따른 법률적인 책임을 지며 어렵게 딴 자격증과 오랜 기간의 노하우와 협상력을 총동원하여 계약에 이른 것이다. 그러나 고객의 눈에는 계약서 달랑 한 장 쓴 것으로 보인다. 그 개업 공인중개사의 눈에 보이지 않는 모든 노력과 정성은 모르거나 모르는 척하고 싶다. 그렇기 때문에 중개과정에서 진행된 일들은 될 수 있으면 서류로 준비하고 그 (고생한) 과정을 충분히 설명해야 한다. 그래야 계약을 쉽게 할 수 있으며, 고객 입장에서는 믿음이 가고 안심이 되고 계약 후에 지급하는 중개보수도 아깝지 않게 느껴지는 것이다.

윈윈윈하는 계약 만들기

　　　　　　매도자와 매수자 그리고 개업 공인중개사가 모두 만족하는
계약은 없을까? 매도자는 좋은 가격을 받고 싶어 하고 매수자는 좋은 물건을 싸게 사
고 싶어 한다. 개업 공인중개사의 입장에서는 중개사고 없고, 양 당사자로부터 스트
레스 받지 않고 중개보수를 잘 받는 계약이기를 원한다. 그러나 모든 정보가 공개되
어버리면 양 당사자는 조금이라도 더 받고 덜 주기 위해 치열하게 밀당하는 경쟁적
협상이 되어버린다. 그런 상황에서는 서로 만족하는 계약이 있을 수 없다.

1. 브리핑

1) 브리핑 준비

　개업 공인중개사는 물건을 접수하게 되면 기본적인 사항들을 접수과정에서 고객
으로부터 듣고 매물장에 기록하게 된다. 이를 바탕으로 등기사항전부증명서, 건축물
대장, 토지이용계획확인원 등 기본 공적장부를 열람하게 된다.
　등기사항전부증명서를 통하여서 일반적으로 파악하는 것은 다음과 같다. 물건을
내놓은 사람이 소유주 본인인지 배우자나 가족이 내놓은 것인지 여부를 확인한다.
갑구에서는 소유권을 제한하는 가등기, 가압류 등이 있는지 확인하고, 을구에서는
소유권 이외의 권리에 관한 사항으로 주로 근저당이 설정되어 있는지 확인한다.
　건축물대장을 통하여서는 위반건축물인지 여부를 봐야 한다. 위반건축물의 경우
어떤 상황인지 진단을 해봐야 하는데, 위반건축물로 등록된 지 몇 년이 되었는지 벌

금은 몇 번 냈는지, 철거대상인지, 해결방법은 없는지 등을 확인하여 계약이 진행될 경우 계약서 특약에 어떻게 처리할 것인지에 대한 합의사항이 들어가야 한다.

토지이용계획확인원의 경우 토지를 이용하고자 하는 경우에 중요한 공부로 토지이용과 건축 및 건축물 이용에 관련된 제한 사항들이 나와 있다. 기타 개별공시지가와 확인도면을 통하여 확인·설명서 작성에 확인자료로 이용된다.

이렇게 고객 상담과 공부 확인을 마쳤으면 물건을 고객에게 보여주기 전에 사전답사를 해봐야 한다. 부동산은 현지답사를 통하여 공부에 나와 있지 않는 많은 물리적인 특성이나 장단점을 확인할 수 있기 때문에 사전답사를 하는 것이다. 사전답사의 필요성은 모든 부동산에 다 있다고 할 수 있지만 물건에 따라 그 필요성의 경중이 있다고 봐야 한다. 아파트 등 공동주택의 경우에는 기본 구조가 유사하고 건축물을 위주로 보기 때문에 누수가 있거나 특별한 하자가 있지 않은 이상 사전답사 없이 고객을 안내하기도 한다.

그러나 건물보다는 토지를 보고 사는 경우, 예를 들어 건축부지의 경우 반드시 사전답사를 하여야 한다. 현황도로의 상황이나 접한 도로의 경사도, 대지의 전후 고저차이뿐만 아니라 주변 건물로 인한 채광의 영향 등을 주로 살펴야 한다. 사전답사하다 보면 고객이 질문할 만한 사항이 중개사의 눈에도 들어오게 된다. 이런 사항은 매도의뢰인과의 충분한 추가 상담 및 전문가와의 상담을 통하여 문제점과 그 해결책을 미리 준비하고 있어야 한다.

이제 물건답사를 통하여 물건의 물리적인 장단점까지 파악하였다면 브리핑 자료를 만들게 된다. 보통 기본적인 특성을 정리하는 브리핑 자료를 미리 만들어 놓지만 특정한 고객을 염두에 두고 만든다면 고객의 요구사항을 갖춘 물건 3개를 세트로 구성하여 추천하고 싶은 물건의 장점이 고객이 원하는 이점으로 연결되게 만들어야 한다. 고객이 계약하기를 원하고 추천하고 싶은 물건의 장점은 공부와 현장답사를 통하여 눈으로 확인할 수 있게 하여야 한다.

이러한 물건보고서는 주택의 경우 A4용지 1장에 다 들어갈 수 있는 양식들이 있다. 이런 1장짜리 브리핑 자료는 보통 엑셀이나 한글문서로 작성하여 고객에게 직접 교부하며 브리핑하게 된다. 그러나 빌딩이나 큰 토지의 경우 각종 공부를 첨부하고 해당 지역이 포함된 정부나 지자체의 도시계획이나 개발계획 등과 언론보도 등을 첨부하기도 한다. 이런 경우에는 별도의 브리핑이 필요하기 때문에 파워포인트로 작성하여 빔프로젝터나 스마트TV로 화면을 보여주면서 브리핑하게 된다.

2) 브리핑 요령

부동산 물건도 영화나 비디오를 볼 때처럼 4건 이상의 물건을 계속해서 볼 경우 물건에 대한 기억들이 상호 영향을 미치면서 특색이 없어지고 희미해진다. 심할 경우 무엇을 봤는지 곰곰이 다시 생각하지 않으면 떠오르지 않는 경우도 있다. 그렇기 때문에 고객의 선택을 돕는다는 측면에서는 기본적으로는 3개의 물건을 한 세트로 해서 브리핑하는 것이 가장 효과적이다.

물건 브리핑은 현장으로 이동하기 전 사무실에서 이루어지는 경우가 대부분이고 급한 경우 현장으로 이동하면서 하기도 한다.

2. 현장안내

▷ 3건의 물건을 보여주는 순서(처음효과[99]와 최신효과[100])

현장 안내 시 3개의 물건 중 가장 처음 보게 되는 물건이 중개사가 고객에게 가장 추천하고 싶은 물건이어야 하고 이것은 '처음효과' 때문이다. 처음 효과는 여러 가지를 볼 경우 처음 본 것이 가장 기억에 뚜렷하게 남아 있고 좋게 보이는 효과다. 그래서 고객이 계약하기를 바라는 물건을 제일 먼저 보여주게 된다. 그 다음으로 잘 기억되는 것은 마지막 본 물건이다. 이것은 최신효과에 의한 것이며 평가하고 판단하는 시점에서 가장 가까운 시점에 본 물건 즉, 가장 나중에 본 물건이 단기기억에 의해 명확하게 남는 효과이다. 그리고 중간에 보는 물건은 고객에게 맞기 때문에 보여주기보다는 비교용도로 보여주는 것이다. 무엇이든 비교 대상이 없으면 그 특징이 선명하게 드러나지 않기 때문이다.

세 개의 물건은 서로 장단점이 있기 때문에 장점을 위주로 보여주게 된다. 만일 단

---

99) 처음 제시된 정보 또는 인상이 나중에 제시된 정보보다 기억에 더 큰 영향을 끼치는 현상을 말한다. 초두 현상이라고도 한다. 처음효과가 나타나는 이유는 우리의 뇌가 보고 듣는 정보를 본능적으로 일관성 있게 받아들이려 하기 때문에 처음 접한 정보를 기준으로 맥락을 형성하고 그 이후의 정보들은 처음 접한 정보에서 받은 인상의 영향을 동일한 패턴으로 받게 되는 것이다. [나무위키]

100) 최신에 들어온 정보가 인상이나 기억에 더 큰 영향을 끼치는 현상이다. 최신효과가 일어나는 이유는 사람의 단기기억 때문으로 일반적으로 처음효과가 확실하면 처음효과가 더 큰 영향을 끼치지만 처음효과가 미미했을 때는 최신효과가 더 큰 영향을 미친다. [나무위키]

점을 이야기하게 되는 경우에도 그 단점을 보완할 수 있는 방법이 제시되어야 한다. 이렇게 비교를 통해 장점을 부각시켰는데, 그 장점이 고객이 중요시하지 않거나 관심도가 낮은 분야의 장점이라면 중개사는 고객의 이야기를 제대로 경청하지 않은 것이다. 고객이 원하는 조건을 갖춘 물건을 보여주고 그 장점이 고객의 이점으로 연결되어야 구매를 촉구할 수 있는데 물건의 장점과 고객이 원하는 이점이 연결되지 못한다면 고객에게는 큰 의미 없는 장점이 되어 버리는 것이다.

이처럼 물건의 장점을 고객의 이점으로 연결하는 일까지는 성공했다면 그 다음으로 그 증거를 보여주고 결단을 촉구하는 단계로 넘어가게 된다.

3. 현장답사 후의 조치

부동산중개 업무를 처음 하는 직원의 경우 고객에게 물건을 보여주고 나서 "연락주세요!" 하고 그냥 보내버리는 경우가 있다. 이런 경우 고객은 추가로 물어보고 싶은 사항이 있을 수도 있고, 마음에 드는 물건이 있을 수도 있는데 중개사가 생각해 보고 연락을 달라하니 '그렇게 하는 것인 모양이구나, 다른 물건을 몇 개 더 볼까' 하는 마음으로 근처의 다른 부동산사무실로 이동하게 된다. 이렇게 여러 물건과 여러 중개사의 말이 섞여버리게 되면 마음에 들었던 물건도 그 존재감이 희미해져 버린다.

기본 원칙은 현장답사가 끝나고 나면 고객에게 "보신 물건 중에 어떤 게 제일 나은가요?" 하고 물어봐야 한다. 이 질문에 대해 고객은 맞는 게 없다거나 "처음에 본 물건이 제일 나은 것 같네요!" 하고 답할 것이다. 그러면 중개사는 "일단 사무실로 가서서 더 볼 수 있는 물건이 있는지도 보고, 지금 본 물건이 괜찮다면 조건을 협의해 보시죠!" 하면서 사무실로 데리고 와야 한다. 만약 오늘 결정하지 못할 사정이 있다면 가계약금이라도 조금 걸고 가도록 유도하고 그것도 아닌 상황이면 다음 약속을 잡은 후 보내야 한다.

현장답사 후에는 반드시 현장 답사한 물건에 대한 질문을 해야 하고, 아주 특별한 사정이 있지 않은 이상 고객을 무조건 사무실로 데리고 와야 한다는 것을 기억하자.

클로징의 기술

처음 부동산중개업을 시작하는 개업 공인중개사나 중개보조원의 경우 열심히는 하는데 결과가 없는 경우가 종종 있다. 그 원인은 클로징을 제대로 못 하기 때문이다. 여기에서 클로징이란 당사사가 계약하기로 결정하게 만들고 계약서를 작성한 후 계약금을 입금하고 헤어지는 과정까지를 말하는 것이다.

1. 아쉬운 쪽이 더 움직일 수밖에 없고 더 쉽게 움직인다

당사자 중 한쪽이 필요에 의해 금액을 양보해 준 경우에도 조정을 많이 해준 당사자에게는 위안이 될 수 있도록 계약을 잘한 이유를 이야기해줘야 한다. 중개현장에서는 양보나 조정으로 표현하는데 양보하면서도 기분이 좋도록 하는 것이다. 만약 매수자가 원하는 금액보다 더 많이 주고 계약했다면 "좋은 집터입니다. 매도 사모님이 아이도 여기에서 낳았고 바깥 사장님의 사업이 잘 되어 회사가 두 배로 커졌다고 합니다." "집이 좋으니 좋은 일 많이 생기실 겁니다."

여기에서 금액조정과 관련하여 주의해야 할 사항이 있다. 중개사에 의해 절충금액이 정해질 때 한쪽 당사자가 절대 안 된다고 하게 되면 중개사는 다른 쪽 당사자에게 양보를 요구한다. 지금 당장 계약해야 하고 가능한 측에서 양보를 받는 것은 좋지만, 이때 한쪽에서만 양보했다는 생각을 가지게 하면 안 된다. 한쪽에서만 양보하는 것은 불공정과 불공평으로 인식되기 때문에 불만족과 심한 경우 분노를 유발할 수 있다. '양보를 하게 되면 같이 하는 것이지 왜 나에게만 양보를 요구해?' 이런 불만을 야기할 상황을 만들면 안 된다는 것이다. 양보는 중간점이 가장 일반적이고 합리적이라고 생각하기 때문에 금액적인 부분에서 절충된 것이 아니라면 다른 부분으로 보완해야 한다. 한쪽 당사자에게서만 금액조정이 된다면 다른 쪽 당사자는 어떤 것을 양보했는지 강조하면서 똑같이 양보했음을 부각시켜야 한다. 그리고 금액을 "깎아준다.", "더 준다." 같은 표현은 될 수 있으면 안 하는 것이 좋다. 절충가격이 적정가임을 주지시키고 거기에 맞게 금액을 조정하는 것으로 표현해야 한다. 고객의 입장에서 나만 깎아주었거나 나만 더 올려주었다고 생각하면 그 고객에게 무기력과 자괴감을 주게 되고 그 계약은 윈윈윈이 되지 못하게 되는 것이다.

여기에 한쪽 일방만 양보해 억울해하는 당사자가 있을 경우 상대편으로부터 얻어내 줄 것이 있으면 얻어내 주고, 만일 없다면 중개사도 같이 양보해 주는 모습을 보여줄 것을 권장한다. 적정 수준에서 청소비를 대신 내주겠다고 하거나, 첫 달 관리비를 대신 내주거나, 이사 가는 비용을 일부 부담하는 등의 방법으로 위로해 줘야 한다. 고객이 나만 당했다고 느끼게 하면 안 된다는 것이다.

2. 중개수수료 협상은 언제 하는 것이 좋은가

조건이 결정되고 계약시간이 잡혔다면 계약테이블에 30분 일찍 나오게 해 중개보수를 논의한다.

"최대한 좋은 조건으로 만들기 위해 밤잠 못 자고 고민하고 노력했는데 드디어 오늘이네요. 조건은 이러이러하게 될 겁니다. 그리고 저희 중개보수는 0.9%에 부가세 별도인데 사모님이 잘 협조해주셔서 계약에 이른 것이니 부가세는 별도로 안 받겠습니다. 괜찮죠?"

중개수수료 협상은 개업 공인중개사가 가장 유리한 상황에 있을 때 하는 것이 원칙이다. 그 상황은 당사자가 계약조건을 수인하고 계약서를 쓰기 바로 직전이다. 이 상황에서는 중개보수가 비싸게 느껴진다고 해서 거래계약을 포기하기는 어렵기 때문이다. 그러나 계약조건이 미확인 상태에서 계약을 밀어붙여 하는 상황이라면 중개보수 이야기를 할 타이밍을 놓칠 가능성이 있다. 일단 계약이 끝나고 나면 칼자루는 당사자에게 넘어간다. 적게 준다고 해서 싸워봤자 고객이 받아들이지 않으면 방법이 없다. 소송으로 가도 법원에서는 법정중개보수의 50%선에서 조정을 해준다. 결론은 계약이 확정된 후 계약서가 완결되고 계약금이 넘어가기 전에 확답을 받아놔야 한다는 것이다. 말을 바꿀 가능성이 높은 고객은 중개보수 약정서를 받아놓는 것도 한 방법이다.

3. 무조건 사무실로 불러들여라

부동산 계약은 신분증과 통장번호를 들고 나와 계약서에 서명날인하고 계약금이 입금되는 방식으로 이루어진다. 즉, 만나야 한다는 것이다. 그런데 계속 조건이 다 합의되지 않았다는 말만 반복하면서 사무실로 나오지 않고 버티는 고객들이 가끔 있다. 일단 사무실에 나오게 되면 계약은 70% 이상 성공한 것이다. 그래서 사무실로 불러내는 것이 중요한 것이다. 일단 나오게 되면 누가 양보하건 진행되게 되어 있다. 나오지 않으면 아무것도 안 된다.

부동산 고객들은 다양한 성격과 다양한 이유로 개업 공인중개사의 설득에 저항하고 계약을 회피해 간다.

본인 매물이 얼마만큼 받을 수 있는지 시세를 알아보기 위해 매매를 의뢰한 매도 의뢰자는 어렵게 손님을 맞춰 계약시간을 잡으면 다음과 같은 핑계들을 들이대며 빠져나간다.

"다른 데서 더 준다고 했다."
"자식들이 못 팔게 한다."
"이사갈 곳을 알아봤는데 이 돈으로 이사갈 데가 없다."
"세금을 알아봤는데 세금이 너무 많아서 못 팔겠다."
"집사람이 이 집에 정이 들어서 이사 못 가겠다고 한다."

황당하다. 물건을 내놓은 지가 언제 적인데 이제 와서 그런 어처구니없는 이유를 댄단 말인가? 물론 사실인 경우도 있을 수 있다. 그러나 그 말하는 태도에 고생한 중개사에 대한 미안함이 전혀 없는 고객들은 거짓말이라고 봐야 한다. 농락당한 것이다.

그렇다고 성질내거나 싸우지 말자. 성격 나빠지고 고객에 대한 중개사의 기본 태도가 나쁜 쪽으로 바뀔 수 있다. 그냥 웃고 넘기자. 세상에 별별 사람이 다 있네, 하고……

자, 이제 고객이 진성 손님이라는 전제에서 어떻게 불러낼지 생각해 보자. 먼저 고객이 무엇 때문에 나오지 않는지 이유를 알아야 한다. 크게는 두 가지 중 하나다. 중개사와 밀고 당기기를 하는 것이거나 중요한 결정상황에서 '내가 잘하는 것일까?' 하고 망설이고 있는 것이다.

중개사와 밀고 당기기를 하는 경우, 고객은 마지막 순간에 조금이라도 더 받아내기 위해 연륜에서 나오는 경험상의 협상을 시도하게 된다. 중개사가 설득과 협상을 통해 어렵게 합의점에 접근시켰지만 고객은 마지막 욕심을 부리는 것이다. 이러한 상황을 막기 위해 중개사는 다음과 같은 전략을 구사할 수 있다.

고객이 원하는 조건대로 다 조정되었다고 하면 안 된다. 계약은 되는데 약간 조정해줘야 할지도 모른다는 심리적 준비상태로 계약 장소에 나오도록 한다.

"거의 다 되었지만 어떻게 해서든 맞추겠습니다. 사모님이 저를 도와줘야 가능합니다." 하며 쉽게 이루어진 일이 아닌 것을 강조하고 고객과 한 편이 되어 움직여 주길 요청한다.

사실은 금액을 다 맞췄지만 다 맞췄다고 하면 새로운 요구가 나올 수 있기 때문에 히든카드로 중개사만 알고 있어야 한다.

"지금 이야기 중인데 어렵네요. 어떻게든 해볼 테니 준비하고 있다가 전화 드리면 바로 나오세요." 하며 긴장감을 유지시켜야 한다. 긴장감의 크기는 만족감의 크기로 이어진다.

4. 계약 장소에서는 개업 공인중개사가 모든 상황을 통제해야 한다

계약테이블에서 개업 공인중개사는 당당해야 하고 진중해야 한다. 중요한 순간에는 결단을 내려 밀고 나가야 한다. 중립을 지키되 양보를 많이 하는 쪽에는 위안이 될 만한 말을 해주어야 한다. 심각한 문제가 아닌 한 당사자는 중개사가 이끄는 대로 따라온다.

중개사가 당사자 일방에게 끌려다니면 계약을 실패할 가능성이 높다. 당사자는 계약을 원하기 때문에 계약테이블에 앉아있는 것이다. 기세가 센 당사자 일방도 중개사가 더 세게 나가면 못이기는 척 따라준다. 그리고 계약이 완성되고 나면 기분도 풀린다.

당사자가 불명확하게 답을 해도 'YES를 하고 싶어 했는데 타이밍을 놓쳐서 그러려니' 하면서 한 발 건너뛰어 '고객이 YES했다'라는 전제에서 "협조해주서서 감사합니다." 하고 기정사실화한 후 다음 사항을 협의한다. 이러한 진행은 전문가의 입장에서 옳다고 판단하기 때문에 당사자가 조금 아쉬워도 당사자를 위해서 그렇게 한다는 마인드가 필요하다.

5. 대놓고 한쪽 편을 들면 안 된다

매도측 개업 공인중개사는 매도측 편을 들고 매수측 개업 공인중개사는 매수측 편을 들게 되는 경우가 있다. 이런 상황은 주로 공동중개 시 발생한다. 중개사들의 편 들기는 개업 공인중개사들끼리 미리 협의된 것이 아니라면 바람직한 것이 아니다. 공동중개의 경우에도 계약서를 작성하고 확인·설명하는 개업 공인중개사를 공동중개 파트너 중개사가 돕는 개념으로 업무를 봐야 한다. 즉 공동중개 중인 중개사들은 모두 동일하게 중립적인 모습을 보여야 하고 여러 명의 개업 공인중개사가 관여되어 있다면 자기와 직접 연결된 고객의 요청사항을 메인 개업 공인중개사에게 전달하고 협의하는 역할이 되어야 한다. 누구의 편을 들거나 메인 개업 공인중개사가 진행하는 업무에 끼어들어서는 안 된다는 것이다.

6. 쉬운 문제부터 풀어가라

합의해야 할 문제들(잔금일자, 중도금 여부와 금액 및 일자, 전세의 경우 대출 여부와 협조, 매수(임차)자 명의, 하자보수 문제, 거래금액)

- 금액 문제는 제일 마지막에 정리한다. 당사자는 금액 문제에 가장 민감하고 계약테이블에 앉는 순간부터 머릿속에는 온통 금액뿐이다. 그것을 방지하기 위해 계약 장소에 오기 전 계약 장소에서의 고객지침 전달이 되어 있어야 한다. "금액은 어떻게든 제가 맞출 테니 저를 믿고 기다리시면 됩니다."처럼.
- 메모장에 의견 일치된 사항을 하나씩 써가며 확인한다.

- 최종적으로 금액이 빠진 계약서를 한 장 출력하여 계약테이블에 놓고 당사자의 자존심을 건드리지 않는 수준에서 중개사가 금액조정을 위해 얼마나 노력했는지 설명하며 중간선을 선언한다. "매매금액은 ○○○억 원으로 하고 계약서 작성을 마무리하겠습니다. 신분증 주세요." 이때 가격에 불만이 있을 당사자의 상대방에게 미리 협조를 부탁한다. 매수자에게는 "우리는 이 가격에 살 형편이 안 되는데 너무 무리하는 것 아닌지 모르겠네요." 매도자에게는 "정말 좋은 물건 잡으시는 거예요!"로 응답해 달라고 사전교육을 하는 것이다. 가격에 불만이 있는 상대방도 누그러진다.
- 계약이 끝난 후 양 당사자가 있는 곳에서 중개사가 "금액을 잘 받으신 겁니다." 하거나 "싸게 사신 겁니다."라고 하면 안 된다. 상대방은 "내가 너무 비싸게 샀나!" 또는 "내가 너무 싸게 팔았나!" 하는 오해를 불러일으킬 수 있다.

7. 거래계약 당사자를 분리시킨 후 계약을 진행해야 하는 경우

이 경우는 숨겨진 카드가 있는 경우로 숨겨진 카드는 매도자의 매매금액을 매수자가 원하는 수준 이상으로 깎고, 매수자의 매매금액을 매도자가 원하는 금액 이상으로 올리게 되면 겹치는 완충구간금액[101]이 생긴다. 이 구간을 마지막 협상 시 비장의 카드로 쓸 수 있다. 대부분 당사자 중 강한 쪽으로 금액이 기울기 때문에 강한 당사자에게 많이 갈 가능성이 있지만 추가로 요구하는 당사자가 없는 경우 중개사의 판단하에 양 당사자가 만족할 만한 선에서 매수자는 기대했던 것보다 더 싸게 해주고, 매도자는 될 것으로 예상했던 금액보다 더 받아주는 상황을 연출할 수 있다. 억울해하는 당사자에게 보너스로 더 줄 수도 있다. 중개보수도 한도액까지 당당하게 요구할 수 있게 된다. 매도자나 매수자의 경우 처음 요구한 금액에는 미치지 못하지만 예상했던 금액보다 매도자는 더 받고, 매수자는 싸게 하는 상황이 된 것이다. 이것도 중개사의 엄청난 노력에 의하여 이루어진 결과라는 것을 당사자가 인정해줘야 만족도가 높아지는 것이다.

---

[101] 협상학에서의 ZOPA(Zone of possible agreement)개념과 유사하지만 ZOPA는 심리적 저항가격을 기준으로 한 것이고, 완충구간금액은 중개사의 노력에 의하여 내부적으로 중개사와 합의된 금액이다.

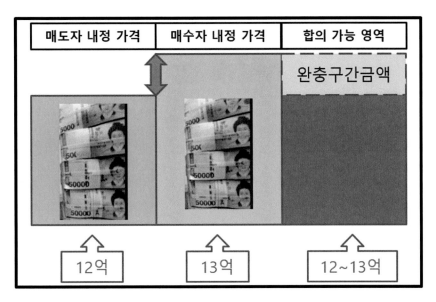

매도자 내정 가격	매수자 내정 가격	합의 가능 영역
		완충구간금액
12억	13억	12~13억

[그림 7-3] 완충구간금액

8. 숨겨둔 마지막 선물

우리는 중개보수 협상시점을 계약하기로 당사자와 합의하고 계약테이블에 앉기 직전에 개별적으로 하는 것이 좋다고 했다. 중개보수 약정은 이미 했는데 계약이 체결된 뒤 윈윈윈 계약을 하지 못하고 당사자 중 너무 비싸게 샀다거나, 너무 싸게 팔았다고 억울해하는 당사자가 있다면 어떻게 해야 할까? 이런 상황이라면 잔금 시 지급하는 중개보수도 이미 약정했지만 깎이기 마련이다. 우리는 많이 억울해하는 당사자에게 위로의 선물을 계약이 끝난 직후 바로 해줘야 한다. 어차피 깎일 것 미리 선물로 주는 것이다. "사장님! 계약이 안 될 수도 있었는데 사장님께서 협조해 주셔서 잘 마무리되었습니다. 그래서 고마움의 표시로 중개보수 0.9%에 부가세 별도로 약정했던 것을 제가 2% 깎아드릴게요. 괜찮죠?" "네! 고생 많으셨고 감사합니다."

계약서를 작성하고 잔금을 치를 때까지 해결해야 할 새로운 문제들이 발생하거나 당사자 중 일방이 꼬투리를 잡고 엉뚱한 이야기를 할 수도 있다. 이런 상황은 계약이 윈윈윈으로 이루어지지 못하고 어느 일방에게 불만이 있을 때 발생하는 것이다. 미리 위로하고 차단해야 한다. 혼자만 억울하게 방치해두지 말고 중개사도 손해 보는 모습을 보여주며 위로하는 것이다.

제8장

부동산 중개계약
(전속과 공동중개로 가는 길)

우리나라에서는 중개계약이라는 용어를 독립적으로 사용하지 않고 거래계약과 혼용하여 쓰고 있다. 독자들도 전속계약이라는 용어는 들어봤어도 중개계약, 전속계약, 거래계약, 전속중개계약을 명확히 구분하기가 쉽지 않을 것이다.

본 장에서는 중개계약에 대하여 개념구분의 수준에서 알아보고, 근래 우리나라에서 조금씩 그 이용이 늘어가고 있는 전속중개계약과 부동산중개시장의 대세인 공동중개에 대하여 상세히 다루어 보기로 한다.

부동산 중개계약의 종류

부동산 중개계약은 중개의뢰인이 부동산중개대상물에 관하여 부동산의 매매, 교환, 임대차 기타 권리의 득실·변경에 관한 행위를 중개업자에게 알선, 중개하여줄 것을 의뢰하고, 그 중개완성에 대하여 그 중개업자에게 보수를 지급할 것을 약정하는 행위이다. 이러한 부동산 중개계약에는 다음과 같은 유형이 있다. 다음의 표와 같은 분류는 국내 부동산중개의 현실을 반영한 실질적이고 분명한 기준을 가진 분류라기보다는 미국 및 일본 부동산학의 내용을 국내에 소개하면서 고착화된 학문적 분류의 성격이 강하다. 국내에서는 공인중개사법 제22조와 제23조에서 일반중개계약과 전속중개계약에 관한 규정만 두고 있으며, 순가중개계약은 실질적으로 금지하고 있다. 독점중개계약은 공인중개사법에서 금지하는 규정이 없기 때문에 민법상 강행규정에 위반하는 사항이 없는 한 계약자유의 원칙에 의하여 가능하다고 해석할 수 있다. 공동중개계약에 대하여는 후술하기로 한다.

〈표 8-1〉중개계약의 유형

일반중개계약	소유자 본인이 다수의 중개업자에게 동등한 기회로 부동산 판매나 임대를 의뢰하는 계약으로 매수의뢰인이나 임차의뢰인도 동일한 방식으로 구할 수 있다.
독점중개계약	중개의뢰인이 목적물의 매매 또는 임대차를 위하여 여러 중개업자에게 중복하여 의뢰할 수 없는 중개계약의 형식으로 의뢰인 자신이 직접 상대방과 교섭하는 것이 금지됨. 소유자가 직거래 한 경우에도 중개수수료는 지급해야 함. 미국에서 일반적인 방식
순가중개계약	매도가격(입금금액)을 미리 정하여 중개업자에게 제시하고, 이를 초과한 가격으로 매도한 때에는 그 초과액을 중개업자가 중개보수로 획득하는 방법으로 국내에서는 사실상 금지되어 있음.
전속중개계약	중개의뢰인은 목적물의 매매 또는 임대차를 위하여 여러 중개업자에게 중복하여 의뢰할 수 없고, 어떤 특정업자에게 전속권을 주는 중개계약의 형식. 단, 의뢰인은 스스로 발견한 상대방과 직거래교섭이 가능함.
공동중개계약	공인중개사협회의 거래정보망이나 사설거래정보망 등을 매개로 하여 다수의 중개업자가 협동하여 거래계약을 완성시키는 방법임.

부동산 중개계약의 특성

오늘날 대부분의 국가는 민법상 계약자유의 원칙에 따라 부동산에 대한 소유권과 사용권 등 부동산과 관련된 각종 권리를 사인(私人)이 자유롭게 거래할 수 있도록 법제화하고 있다. 그러나 부동산이 지니고 있는 지리적 위치의 고정성이라는 특수성은 부동산시장을 추상화·국지화시킴으로써 부동산에 관한 임장활동을 필연적으로 요구하게 되고, 큰 거래금액은 전문적인 권리분석의 필요성과 거래의 안전을 위한 거래전문가의 관여를 필요로 하게 되었다. 이러한 부동산의 특수성으로 인하여 부동산 중개의뢰인과 부동산중개업자간에 중개계약이 먼저 체결되는데 우리나라에서는 부동산의 매매나 임대차 의뢰를 계약으로 인식하지 않고 단순히 정보제공이나 정보수집 활동 정도로 인식하는 단계에 머무르고 있는 실정이다. 개업 공인중개사를 통하여 거래계약을 하는 경우에도 능동적으로 의뢰하지 않거나 중개계약을 명확하게 체결하지 않은 경우 중개보수의 지급을 거절하는 상황까지 발생하게 된다. 일부 판례[102]에서는 수동적인 의뢰에 대하여 의뢰인의 중개보수 지급의무를 인정하지 않는 입장을 취하는 경우가 있어 개업 공인중개사는 이 경우 현명하고 정밀한 사전조치를 하여야 할 것으로 보인다. 실무적으로는 매도자가 직접 중개의뢰를 하지 않았어도 중개사가 "중개를 해도 되겠습니까?"했을 때 매도자가 "잘만 받아주면 하죠!" 했다면 중개에 대한 구두청약과 승낙으로 구도를 맞춰야 한다.

그래도 매도자가 다른 이야기를 할 것 같은 느낌이 든다면 중개사는 거래계약서를 작성하기 전에 중개보수에 대해 명확하게 짚고 넘어가야 나중에 "중개의뢰를 하지

---

102) 매도인이나 매수인 중 1인으로부터 중개를 의뢰받아 중개가 이루어지면 매도인과 매수인 양측으로부터 중개수수료를 받는 것이 일반적이며, 중개의 경우 반드시 매도인 및 매수인 양당사자로부터 위임을 받아야 하는 것도 아니므로, 다른 1인도 중개수수료를 지급할 의무가 있다고 주장하는 사안에서, 그러한 관행이나 상관습이 있다고 볼 근거가 없다고 배척한바 있다(서울고등법원 2015. 3. 11. 선고 2014나217771 판결).

않았으니 중개보수를 줄 수 없다."라는 함정을 피해 갈 수 있게 된다. 개업 공인중개사는 중개계약의 종류 및 장·단점을 정확히 알고 필요에 따라 적절한 중개계약을 체결하여야 할 것이다.

1. 중개계약의 독자성

부동산중개계약의 의의에 대하여는 학자에 따라 견해가 나뉘고 있으나 부동산중개계약은 중개의뢰인이 법률규정에 의한 부동산중개대상물에 관하여 부동산의 매매, 교환, 임대차 기타 권리의 득실·변경에 관한 행위를 중개업자에게 알선, 중개를 의뢰하고 그 중개완성에 대하여 그 중개업자에게 보수를 지급할 것을 약정하는 행위[103]라고 할 수 있다.

부동산중개계약은 고용과 혼인의 중개와 더불어 민사중개로서 상사중개와는 구별된다. 현행법상 상사중개에 대해서는 상법 제93조 이하에서 규정하고 있지만 민사중개에 대해서는 아무런 규정이 없다[104].

이러한 부동산중개계약에서 중개업자는 중개계약을 하였다 하더라도 매매, 임대차 등 거래를 성립시킬 의무를 갖고 있지 않음은 물론이고, 일반중개계약의 경우 중개할 자격은 부여되지만 채무로서 중개해야 한다는 의무는 생기지 않는다. 즉, 상대방을 구하기 위하여 적극적으로 진력할 의무는 없다. 다만 전속중개계약을 체결한 경우에는 공인중개사법에 의하여 양 당사자가 중개계약에 따른 의무와 책임이 따른다. 그러나 일반적으로는 상대방을 발견하였을 때 이를 소개·알선하고, 그 결과 계약 성립을 위하여 당사자 간을 충실하게 중개하면 족하다. 이점에서 통상의 위임, 고용, 도급 등과는 다르다.

위임에서 수임자(受任者)는 사무를 적극적으로 처리하여야 할 의무를 부담하고, 고용에서는 지시받은 대로 노무를 급부할 의무가 있고, 도급에서는 이를 완성할 의무가 있다. 그러나 중개업자는 중개계약이 성립한 이상 의뢰인에 대하여 중개의뢰의 본지에 따라 선량한 관리자의 주의로써 의뢰받은 중개 업무를 처리하여야 할 의무를 부담한다. 따라서 적극적으로 진력할 의무는 없다하더라도 진력하지 않는 것이 적극

---

103) 김상명, 부동산중개계약에 관한 연구 (1), 법학연구 제25집,2007, p.147.
104) 민법은 전형계약으로 증여, 매매, 환매, 교환, 소비대차, 사용대차, 임대차, 고용, 도급, 여행계약, 현상광고, 위임. 임치, 조합, 종신정기금, 화해계약을 규정하고 있다.

적으로 의뢰인에게 불리하게 작용할 때에는 선관주의 의무위반으로 되는 경우가 있을 수 있다. 좋은 상대를 발견하였을 때 이를 소개하고 매매성립을 위하여 당사자 간을 성실하게 중개할 의무는 있다. 따라서 공정하게 중개행위를 하여야 하고, 의뢰자의 이익에 반하는 행동을 해서는 안 된다. 또한 비밀을 준수할 의무를 부담한다.

중개업자의 위와 같은 선관주의 의무위반은 채무불이행으로 인한 손해배상의무를 발생시킨다. 공인중개사법은 중개업자가 지켜야할 의무에 대하여 이와 같은 선관주의의무의 내용으로써 여러 가지 금지행위, 공정한 업무처리의무, 비밀을 지킬 의무, 중개대상물의 확인·설명의무 등을 규정하고 있다. 그리고 중개업자가 중개행위를 함에 있어 고의 또는 과실로 인하여 거래당사자에게 재산상의 손해를 발생하게 한 때에는 그 손해를 배상할 책임이 있다고 규정하고 있다.

한편, 의뢰인은 중개업자가 소개하는 상대방이 주문한 대로의 사람이라고 하더라도 이를 거부하여 거래하지 아니할 자유가 있다. 즉, 중개업자의 급부를 수령할 의무는 없다. 다만 상대가 마음에 들어 계약이 성립할 때에 보수를 지불할 의무가 있을 뿐이다. 반면에 중개업자는 아무리 진력하여도 계약이 성립되지 아니하면 보수를 청구할 수 없다. 특약이 없는 한, 특히 의뢰받아 활동한 것 이외의 것에 관해서는 그 비용도 청구할 수 없다. 이 점에서 위임과 다르고 현상광고 및 도급과 유사하다. 그러나 이미 낙성적(諸成的) 중개계약이 성립하고 있는 점에서 요물계약인 현상광고와는 다르다. 도급의 수급인은 일의 완성에 대한 의무가 있는데 대하여 중개업자는 그 의무조차 없다. 도급에서는 완성된 일을 도급인이 수령할 의무가 있지만 중개의뢰인은 중개업자가 소개하는 물건이나 상대방에 관하여 거래하여야 할 의무를 부담하지 않는 점에서 도급과 크게 다르다.

또한, 일반중개계약의 경우 의뢰인은 동일물건에 대하여 다수의 중개업자에게 동시에 중개를 의뢰할 수 있고, 그중에서 의뢰인이 선택하여 매매계약을 체결할 수 있으며, 의뢰인 및 중개사는 거래계약체결 이전에는 언제라도 중개계약을 해제할 수 있는 자유를 가지고 있다. 이런 측면에서 부동산중개계약은 위임, 도급, 고용, 현상광고 등과 다른 독자적인 성질을 가지고 있다[105].

일본에서는 학설과 판례로써 일반적으로 중개계약을 준위임으로 해석하고 있다. 일본에서 중개계약을 준위임으로 하는 논거는 중개업자는 '일정한 요금을 받고 부동산에 관한 중개행위를 업'으로 하는 상인으로서 당연히 보수청구권이 있음에 반하여 위임의 경우에는 무상이 원칙이라는 것이다.

---

105) 문영기·유선종, 부동산중개이론, 부연사, p. 137~138

그리고 유상위임의 경우에도 수임인이 위임사무를 처리하는 중에 수임인의 책임 없는 사유로 인하여 위임이 종료된 때에도 수임인이 처리한 사무의 비율에 따라 상당한 보수청구권이 인정되는 경우도 있지만, 중개계약에 있어서는 그러하지 아니하다. 또 중개업자가 아무리 자기가 맡은 중개의 성공을 위하여 시간과 경비 등을 바쳐 노력을 다하였다 할지라도 중개의 목표인 거래계약 성립이 이루어지지 않는 한 원칙적으로 보수를 청구할 수 없음에 비추어 위임의 규정을 적용시키기에는 부적당한 경우가 있기 때문이라고 한다. 이렇게 준위임으로 해석함으로써 중개계약의 독자성을 인정하는 견해도 나타나게 된 것이다[106].

2. 중개계약의 유형 및 유형별 장단점

중개업자의 중개활동은 중개계약 당사자와의 중개대상물에 대한 중개의뢰계약으로부터 시작된다. 중개업자가 중개의뢰인으로부터 중개대상물에 대하여 중개를 의뢰받고, 중개의 목적인 중개완성에 대하여 보수를 지급받기로 약정함으로써 성립하는 것이 민사중개계약이다. 따라서 우리나라의 민사중개계약은 구두 또는 서면계약에 의해 이루어질 수 있다.

중개계약의 유형은 일반중개계약, 독점중개계약[107], 순가중개계약, 전속중개계약으로 분류할 수 있다. 공동중개계약을 중개계약의 유형으로 분류하는 경우도 있지만 공동중개계약은 중개의뢰인과의 계약이 아닌 개업 공인중개사간 거래계약의 완성을 위한 협력의 방편으로 이루어지며 이 또한 별도의 계약방식이 정해져 있는 것이 아니다. 실무상 대부분의 중개계약은 구두에 의한 일반중개계약의 방식에 의존하고 있는 실정이다. 독점중개계약은 미국이나 일본에서 쓰여지고 있는 방식이고, 순가중개계약은 공인중개사법에서 금지하고 있는 방식이므로 실질적으로 우리나라에서 의미있게 쓰여지고 있는 중개계약은 일반중개계약과 전속중개계약 뿐이라 할 수 있다.

---

106) 문영기·유선종, 전게서, p. 134.
107) 일본의 택지건물거래업법과 표준매개 계약약관에서는
　　① 일반중개계약을 「일반매개계약」으로
　　② 전임중개계약을 「전임매개계약」으로
　　③ 독점중개계약을 「전속전임중개계약」이라고 한다.

1) 일반중개계약

　일반중개계약(Open Listing)이란 중개의뢰자가 목적물의 매매 또는 임대차를 위해 중개의뢰를 할 때 여러 곳의 중개업자에게 의뢰하는 계약의 형태이다. 이 경우 중개의뢰자는 스스로 발견한 상대방과 매매 또는 임대차계약을 체결할 수 있다.

　중개의뢰자의 입장에서는 어느 한 중개업자에게 의뢰하는 경우도 있으나, 일반적으로 자신의 물건을 빨리 양도 또는 임대하기 위하여 다수의 중개업자에게 의뢰하는 경우가 많다. 이 경우 다수의 중개업자에게 물건을 제공하기 위하여 시간적인 손실은 물론이고, 경제적으로도 손실을 입게 된다. 또한 다수의 중개업자에게 물건이 제공되어 있는 경우에 매수를 의뢰하는 고객의 입장에서는 다수의 중개업자에게 매도의뢰자가 중개의뢰를 해놨는데도 거래가 되지 않고 있다는 것은 '물건에 흠이 있어서가 아닌가?' 하는 의심을 할 수도 있다.

　중개업자의 입장에서 보면 의뢰자로부터 매매 또는 교환을 위해 물건을 의뢰받은 경우 본인의 업소에만 제공된 때에는 거래를 성사시키기 위하여 많은 노력을 할 것이다. 그러나 다수의 업소에 물건이 제공되어 노출된 상태라면 매매를 위해서 시간과 경비를 지불하지 않는 경우가 많다. 즉, "모두가 책임지는 일은 아무도 참되게 다루지 않는다."라는 속담이 있듯이 일반중개계약은 의뢰자와 중개업자 모두 불리한 조건으로 귀결될 가능성이 많은 것이다. 따라서 중개업자는 의뢰자가 요구하는 가격과 판매기간 내에 적당한 매수인을 발견해야 비로소 보수를 받을 수 있는데, 그 기간 중 언제든 타 중개업자가 계약할 수 있기 때문에 계약완성을 위한 시간과 경비를 투자하지 않으려고 하는 경향이 있게 되는 것이다. 이와 같이 일반중개계약은 중개업자나 의뢰자 모두에게 불리한 점이 많기 때문에 바람직한 중개계약이라고 할 수 없다.

　이러한 일반중개계약의 장점과 단점을 구체적으로 살펴보면 다음과 같다.

　(1) 장점

　① 우리나라에서 관행적으로 의뢰하던 방식으로 국민들의 정서에 익숙하다. 주로 전화로 내놓거나 방문하여 구두로 조건을 제시하여 의뢰하게 된다.
　② 국내 부동산중개업소들은 현재 사설거래정보망과 협회(지정)거래정보망을 물건을 광고하거나 물건을 찾는 용도로 이용하고 있지만 전속중개계약 물건의 공개매체

로 이용하기도 한다. 그러나 고객에 따라서는 거래정보망에 올리는 것이나 광고하는 것을 금해달라는 요구를 하는 경우가 있다. 이런 의뢰인의 경우는 여러 곳의 개업 공인중개사에게 의뢰하는 일반중개계약방식을 이용하는 것이 유리하다.

③ 거주목적의 주택을 구할 경우 원하는 지역의 물건을 온라인으로 찾거나 현장주변의 중개업소를 방문하여 구하게 된다. 이런 특성의 물건은 매도(인대)의뢰인의 경우 해당지역 인근부동산 중개업소 여러 곳을 방문하여 내놓게 되고, 매수(임차)의뢰인 또한 현장 주변에서 물건을 찾게 되어 있다. 그렇기 때문에 주택 등 좁은 지역에서 소화될 수 있는 물건은 일반 중개계약이 유리한 중개계약 방식이 되는 것이다.

(2) 단점

① 아무리 노력과 경비를 많이 들여도 제일먼저 계약을 성사시키지 못하면 노력과 경비가 오히려 손실의 문제를 일으키기 때문에 의뢰받은 업무처리에 소극적일 수밖에 없다.

② 다수의 중개업자에게 의뢰를 하기 때문에 좋은 조건의 물건일 경우 중개업자간 과잉경쟁이 발생할 수 있으며, 거래되기 어려운 물건일 경우에는 중개업자는 물건을 방치하고 관심을 가지지 않아도 문제가 없기 때문에 책임의식을 희박하게 만드는 구조가 조성된다.

③ 물건이 여러 군데에 나와 있으면 일반적으로 좋은 물건은 아닐 것이라는 선입견을 가지게 되고, 흔한 물건이거나 하자가 있거나 안 팔릴 물건이기 때문에 여러 곳에 내놨을 것이라는 합리적 의심을 하게 되는 점 등의 단점이 있다.

2) 독점중개계약

일반중개계약과는 달리 중개업자에게 일종의 독점적 권한을 부여하는 형태의 중개계약이다. 독점계약은 소유자를 포함하여 누가 계약을 성립시켰는가를 묻지 않고 독점중개를 의뢰받은 중개업자가 중개수수료를 받는다.

독점중개계약(exclusive-right-to-sell Listing)은 중개의뢰자가 목적물의 매매 또는 교환을 위하여 여러 중개업자에게 중복하여 의뢰할 수 없는 중개계약의 형식이다. 전속중개계약과 다른 점은 전속중개계약은 자기 스스로가 발견한 원매자와도 계약이 가능하나, 독점중개계약은 자기 스스로가 발견한 원매자와는 계약을 체결할 수 없는 중개계약의 형식이다. 즉 거래계약을 체결할 수 있는 권리가 독점되어 있는 것이다.

중개계약을 한 중개업자는 목적물을 지정유통기구에 일정한 기간 내에 물건을 등록해야 하고, 계약을 성사시키기 위하여 적극적으로 노력해야 한다. 또한 일정한 기간 내에 서면에 의한 업무처리에 대한 상황보고를 필요로 한다.

독점중개계약은 '누가 계약을 완성시켰는가'를 묻지 않고 의뢰받은 중개업자가 중개수수료를 받을 수 있는데 반해, 전속중개계약은 소유자가 직접 원매자를 발견하여 계약을 완성시킨 경우, 중개보수의 50% 범위 내에서만 중개사가 지출한 비용을 지급 받을 수 있다.

의뢰자의 입장에서 보면 자기 스스로가 발견한 원매자와도 직접계약이 불가능한 단점이 있으나, 물건정보가 완전한 독점이기 때문에 중개업자가 매매의 성사를 위하여 적극적으로 노력하여 계약을 성사시키는 기간이 단축될 수 있는 장점이 있다. 따라서 독점판매권을 획득한 중개업자는 중개보수가 획득될 가능성이 높기 때문에 계약 성사를 위하여 모든 노력을 기울일 것이며, 다른 중개업자와도 협력하여 판매할 것을 의뢰하고 보수를 나누어 획득하기도 한다.

미국부동산연합회가 권장하는 계약형태는 이 계약형태이고 우리나라에서는 없는 제도이지만 공인중개사법에서 금지하고 있지 않으며, 계약자유의 원칙에 의하여 가능한 중개계약 방식이다. 장단점을 살펴보면 다음과 같다.

(1) 장점

① 내 물건과 같이 독점적으로 물건을 다룰 수 있고 수익이 보장되기 때문에 적극적으로 활동하게 된다.

② 독점권으로 인하여 물건을 정확하게 파악하게 되고 의뢰내용을 실현하기 위하여 과감하게 비용을 지출할 수 있게 된다.

③ 필요에 따라 타 중개업자와 협력하여 업무를 처리하는 공동중개를 적극적으로 할 수 있으며, 이러한 장점은 독점중개계약의 성사만으로도 거래계약까지 이를 가능성이 매우 높기 때문에 독점중개계약 성공률이 곧 중개업소의 매출로 연결되어 중개업소를 기업으로 성장시킬 수 있는 기반이 되는 것이다.

(2) 단점

① 독점적으로 물건의 판매권을 가지기 때문에 그 배경에는 중개업자의 중개기술,

지식, 신뢰성 등이 상당히 고도화되어 있다는 것이 전제되어야 한다. 그러나 우리나라에서는 아직도 전속중개계약마저도 정착되지 못하고 있는 실정이다.

② 개업 공인중개사를 잘못 선택하게 되면 독점권을 허용한 기간만큼 시간을 낭비하게 되는 문제가 있다.

일반적으로 독점권이 허용되는 기간은 90일 내지 120일이다. 이와 같은 독점중개계약제도는 부동산의 매매에만 사용되는 것은 아니고 부동산의 교환이나 임대를 위해서도 쓰인다. 부동산중개계약에 있어서의 독점권의 취득은 불필요하다는 일부의 이견도 있으나 중개활동의 능률화 측면에서 유익하다는 것이 통설이다. 그러므로 중개업자는 물건의 접수에 있어 가급적 많은 독점권을 취득하도록 노력하는 것이 기업이익과 직결된다고 보아도 좋다. 독점권을 확보한 물건에 대하여는 중개업자가 마치 자신의 물건을 구입 또는 판매하는 경우와 같이 업무에 집중할 수 있기 때문에 중개업의 경영에서 가장 큰 불안요인인 영업비용의 유실을 최소로 줄일 수 있기 때문이다.

부동산업자는 가격결정, 조건설정 등과 아울러 독점권의 취득에 대해 고객을 설득하는 기술이 필요하다. 그러나 중개업자가 독점권의 취득에 주력할 것은 모든 종류의 물건이 아니라, 물건의 내용·종류·조건 등을 고려하여 독점권 취득을 위해 노력할 가치가 인정되는 것이어야 한다.

개업 공인중개사 사무실에서 물건의 접수에 관하여 가격조건 등이 합리화되고 독점권이 취득된 물건을 유효물건이라고 하고, 유효물건을 보다 많이 확보하는 것은 물건접수의 주안점이 된다. 기업 활동의 목표달성을 위해 필요한 유효물건확보가 유지되지 아니하면 기업의 목표달성은 기대되지 못하기 때문에 효과적인 통제로서 이를 유지하도록 하여야 한다.

3) 순가중개계약

순가중개계약(net Listing)은 매도가격을 미리 정하여 중개업자에게 제시하고, 이를 초과한 가격으로 매도한 때에는 그 초과액을 중개업자가 중개보수로 획득하는 방법이다. 중개보수가 지나치게 과다해지거나 중개업자가 영업수익을 위해 매수의뢰인에게 불리한 조처를 하는 수도 있어, 순가중개계약은 윤리규정이나 법으로 금지되는 것이 일반적이다. 현행 공인중개사법은 제33조 1항 3호의 규정에 의해 중개업자는 사례·증여 그 밖의 어떠한 명목으로도 제32조에 따른 보수 또는 실비를 초과하여 금품을 받는 행위를 할 수 없으므로 순가중개계약은 사실상 금지되어있는 것으로 해석하고 있다.

(1) 장점

① 개업 공인중개사의 입장에서는 수익이 높기 때문에 많은 비용과 시간을 투입하게 되므로 물건을 빠른 기간 안에 거래시킬 가능성이 높아지는 것이다.
② 의뢰인의 입장에서는 별도로 중개보수를 지급하지 않아도 된다.

(2) 단점

① 중개보수가 지나치게 과다해져 분쟁이 발생할 가능성이 높아진다.
② 시장가격을 초과할 가능성이 높고 그 피해가 고스란히 취득자에게 가게 된다.

이 계약형태는 급매를 해야 할 사정이 있는 매도인의뢰인이 자발적으로 순가중개계약을 제안하는 경우가 있으며 의뢰인과 중개업자간 비밀이 지켜진다면 현실적으로도 가장 빨리 매매할 수 있는 방식으로 알려져 있다. 그러나 이 방식은 시장가격의 신뢰를 깨트리고 그 피해가 고스란히 취득자에게 전가되기 때문에 법으로도 금지하고 있고 장기적인 시장의 안정성이라는 측면에서도 바람직하지 않은 중개계약 방식이라 할 것이다.

4) 전속중개계약

전속중개계약(exclusive agency listing)이란 중개의뢰자는 목적물의 매매 또는 교환을 위하여 여러 중개업자에게 중복하여 의뢰할 수 없고, 어떤 특정한자에게 전속권을 주는 중개계약의 형식이다. 의뢰를 받은 중개업자는 목적물을 중개계약이 체결된 후 지체 없이 부동산거래정보망[108]에 등록을 하거나 일간신문에 광고를 하여야 하고,

---

[108] 개업 공인중개사가 이용하는 부동산거래정보망은 한국공인중개사협회에서 운영하고 있으며, 개업 공인중개사가 공동중개를 위하여 이용하는 "한방부동산거래정보망"이 있고, 일반인이 물건검색을 위하여 이용할 수 있는 "한방부동산"이 있다.

계약을 성사시키기 위하여 당사자를 물색하는데 최대한 노력하여야 한다.

또한 중개업자는 의뢰자에게 일정한 기간 내에 서면에 의한 업무보고를 해야 한다. 그러나 의뢰자는 자기 스스로 발견한 상대방과도 매매 또는 교환의 계약을 체결할 수 있는 계약형태다. 의뢰가가 발견한 상대방과 직접 거래계약을 할 경우에는 중개수수료의 50% 범위 내에서 중개사가 지출한 비용만 지급해도 된다. 우리나라에서는 1993년 법 개정을 통하여 이 제도를 도입하게 되었으며 전속을 받는 것이 쉽지는 않지만 점차 전속중개계약을 이용하려는 중개업소가 늘어가고 있는 실정이다.

(1) 장점

① 의뢰자의 입장에서 보면 1개 업소에만 의뢰를 하기 때문에 물건을 의뢰하는데 번거로움이 없고 물건의뢰에 시간과 경비가 절약된다.

② 의뢰받은 중개업자는 부동산거래정보망에 등록하여 온라인이나 대중매체에 노출시키기 때문에 물건이 시장에 널리 알려져서 계약이 성사되는 기간을 줄일 수 있다.

③ 중개업자의 입장에서는 물건정보가 확실하기 때문에 노력만 하면 굳이 1등으로 계약을 하지 않아도 중개보수를 받을 수 있다. 그렇기 때문에 계약을 성사시키기 위하여 적극성을 갖게 된다.

④ 계약이 서면에 의하여 이루어지기 때문에 정확하고, 의뢰내용에 변동이 생길 가능성이 일반중개계약에 비해 적고, 중개의뢰 사실이 확실하다는 장점이 있다.

⑤ 의뢰자의 입장에서는 스스로 발견한 원매자가 있을 경우 중개수수료의 50% 범위 내에서 중개사가 지출한 비용만 지급하고 직접 거래계약이 가능하다는 장점이 있다.

(2) 단점

① 중개업자가 전속계약으로 물건을 맡고 있으면서도 형식적인 노력만 한다면 오히려 시간만 낭비하는 일이 발생할 수 있다.

② 전속을 의뢰한 중개업소가 아닌 제3의 중개업소에 원매자가 나타났을 경우 의뢰고객의 입장에서는 2중으로 중개수수료를 지급해야 하는 부담이 있기 때문에 전속중개계약을 꺼리게 되는 문제가 있다.

③ 물건정보는 거래정보망에 올리거나 온라인에 공개하거나 광고를 하여야 하는데 각 매체에 지불하는 비용이 발생하게 된다.

(3) 전속중개계약서 양식

■ 공인중개사법 시행규칙 [별지 제15호서식] 〈개정 2021. 8. 27.〉	

전 속 중 개 계 약 서
([   ] 매도 [   ] 매수 [   ] 임대 [   ] 임차 [   ] 그 밖의 계약(   ))

※ 해당하는 곳의 [ ]란에 v표를 하시기 바랍니다.	(앞쪽)

중개의뢰인(갑)은 이 계약서에 의하여 뒤쪽에 표시한 중개대상물의 중개를 개업 공인중개사(을)에게 의뢰하고 을은 이를 승낙한다.

1. 을의 의무사항
   ① 을은 갑에게 계약체결 후 2주일에 1회 이상 중개업무 처리상황을 문서로 통지하여야 한다.
   ② 을은 이 전속중개계약 체결 후 7일 이내 「공인중개사법」(이하 "법"이라 한다) 제24조에 따른 부동산거래정보망 또는 일간신문에 중개대상물에 관한 정보를 공개하여야 하며, 중개대상물을 공개한 때에는 지체 없이 갑에게 그 내용을 문서로 통지하여야 한다. 다만, 갑이 비공개를 요청한 경우에는 이를 공개하지 아니한다. (공개 또는 비공개 여부:)
   ③ 법 제25조 및 같은 법 시행령 제21조에 따라 중개대상물에 관한 확인·설명의무를 성실하게 이행하여야 한다.
2. 갑의 권리·의무 사항
   ① 다음 각 호의 어느 하나에 해당하는 경우에는 갑은 그가 지급해야 할 중개보수에 해당하는 금액을 을에게 위약금으로 지급해야 한다. 다만, 제3호의 경우에는 중개보수의 50퍼센트에 해당하는 금액의 범위에서 을이 중개행위를 할 때 소요된 비용(사회통념에 비추어 상당하다고 인정되는 비용을 말한다)을 지급한다.
   1. 전속중개계약의 유효기간 내에 을 외의 다른 개업 공인중개사에게 중개를 의뢰하여 거래한 경우
   2. 전속중개계약의 유효기간 내에 을의 소개에 의하여 알게 된 상대방과 을을 배제하고 거래당사자 간에 직접 거래한 경우
   3. 전속중개계약의 유효기간 내에 갑이 스스로 발견한 상대방과 거래한 경우
   ② 갑은 을이 법 제25조에 따른 중개대상물 확인·설명의무를 이행하는데 협조하여야 한다.
3. 유효기간
   이 계약의 유효기간은 년월일까지로 한다.
   ※ 유효기간은 3개월을 원칙으로 하되, 갑과 을이 합의하여 별도로 정한 경우에는 그 기간에 따른다.

4. 중개보수

중개대상물에 대한 거래계약이 성립한 경우 갑은 거래가액의 ( )%(또는 원)을 중개보수로 을에게 지급한다.

※ 뒤쪽 별표의 요율을 넘지 않아야 하며, 실비는 별도로 지급한다.

5. 을의 손해배상 책임

을이 다음의 행위를 한 경우에는 갑에게 그 손해를 배상하여야 한다.

1) 중개보수 또는 실비의 과다수령: 차액 환급

2) 중개대상물의 확인·설명을 소홀히 하여 재산상의 피해를 발생하게 한 경우: 손해액 배상

6. 그 밖의 사항

이 계약에 정하지 않은 사항에 대하여는 갑과 을이 합의하여 별도로 정할 수 있다.

이 계약을 확인하기 위하여 계약서 2통을 작성하여 계약 당사자 간에 이의가 없음을 확인하고 각자 서명 또는 날인한 후 쌍방이 1통씩 보관한다.

년   월   일

계약자

중개의뢰인 (갑)	주소(체류지)		성명		(서명 또는 인)
	생년월일		전화번호		
개업 공인중개사 (을)	주소(체류지)		성명 (대표자)		(서명 또는 인)
	상호(명칭)		등록번호		
	생년월일		전화번호		

210mm×297mm[일반용지 60g/㎡(재활용품)]

(뒤쪽)

※ 중개대상물의 거래내용이 권리를 이전(매도·임대 등)하려는 경우에는 「I. 권리이전용(매도·임대 등)」에 적고, 권리를 취득(매수·임차 등)하려는 경우에는 「II. 권리취득용(매수·임차 등)」에 적습니다.

I. 권리이전용(매도·임대 등)

구분	[ ] 매도 [ ] 임대 [ ] 그 밖의 사항( )					
소유자 및 등기명의인	성명			생년월일		
	주소					
중개대상물의 표시	건축물	소재지			건축연도	
		면 적	㎡	구 조	용 도	
	토지	소재지			지 목	
		면 적	㎡	지역·지구 등	현재 용도	
	은행융자·권리금·제세공과금 등(또는 월임대료·보증금·관리비 등)					

권리관계	
거래규제 및 공법상 제한사항	
중개의뢰 금액	원
그 밖의 사항	

II. 권리취득용(매수·임차 등)

구분	[ ] 매수 [ ] 임차 [ ] 그 밖의 사항( )	
항목	내용	세부내용
희망물건의 종류		
취득 희망가격		
희망 지역		
그 밖의 희망조건		

첨부서류	중개보수 요율표(「공인중개사법」 제32조제4항 및 같은 법 시행규칙 제20조에 따른 요율표를 수록합니다) ※ 해당 내용을 요약하여 수록하거나, 별지로 첨부합니다.

유의사항

[개업 공인중개사 위법행위 신고안내]
개업 공인중개사가 중개보수 과다수령 등 위법행위 시 시·군·구 부동산중개업 담당 부서에 신고할 수 있으며, 시·군·구에서는 신고사실을 조사한 후 적정한 조치를 취하게 됩니다.

[그림 8-1] 전속중개계약서 양식

전속중개계약에서 문제가 되는 것은 제1조의 "을의 의무사항"이다. 구체적으로 살펴보면 다음과 같다.

처리상황을 문서로 통지하여야 한다. 여기에서 전자문서(이메일, 문자메시지, 카톡 등)도 포함되는지가 문제이다. 국토부의 유권해석상 전자문서도 포함하는 것으로 해석하고 있다. 전자문서는 이메일을 의미하나 의사전달방식의 시대적 흐름을 반영하여 문자메시지나 카톡도 포함된다고 하여야 할 것이다.

"부동산거래정보망"에 공개하여야 한다. 본 항에서 말하는 부동산거래정보망은 한국공인중개사협회의 "한방"이 여기에 해당한다.

중개대상물에 대한 정보의 비공개를 갑이 요청하는 경우 비공개로 할 수 있다. 모든 정보를 공개할 경우 물건에 대한 정보의 왜곡과 오염이 있을 수 있기 때문에 일단 공개할 내용을 갑과 논의하여 가장 효율적인 광고와 고객 유인이 될 수 있도록 조정하여야 한다.

(4) 전속중개계약을 받는 방법

전속중개계약을 받고자 하는 경우 좋은 물건, 고객의 요구조건, 전속중개계약의 장점이라는 세 가지가 결합되어야 가능성이 높아지고 그 의미가 있게 된다. 모든 중개 의뢰 건을 모두 전속으로 받는 것은 비효율적이며 스트레스는 늘고 비용지출만 많아질 뿐이다. 그렇기 때문에 다음에 제시하는 세 가지 요건을 충족하는 경우 고객을 적극적으로 설득하여 전속중개계약을 받아야 한다. 이런 전속중개계약은 바로 수익과 연결되기 때문이다.

첫째. 중개의뢰를 전속으로 받고자 하는 경우 가장 중요한 것은 물건이 좋아야 한다는 것이다. 물건이 좋다는 것은 어떤 것인가?

① 가격이 저렴해서 확실히 팔 수 있는 물건
② 의뢰한 조건의 물건을 찾는 손님이 이미 있는 경우
③ 주택임대차의 경우 집이 너무 좋아 임차인을 맞출 수 있는 자신이 있는 경우
④ 매도자우위시장인 물건(공급이 부족한 시장)
⑤ 거래정보망에 올리면 쉽게 매수(임차)자를 찾을 수 있는 물건

둘째. 부동산의 매도(임대)를 의뢰하는 고객 중 특별한 조건을 이야기 하는 경우가 있다. 이러한 조건은 전속중개계약의 필요성과 연결할 수 있다. 고객들이 요구하는 특별한 조건을 나열해보면 다음과 같다.

① 세금문제로 팔려야 하는 마감기일이 있다.
② 물리적인 하자가 많은 물건이라 그것을 문제 삼지 않을 사람이어야 한다.

③ 현 임차인에게 보증금을 내주어야 하기 때문에 그 만기 전에 세를 맞추어야 한다.

④ 집을 망가트릴 가능성과 민원이 예상되는 반려동물은 안 되고, 집에서 마구 뛰는 어린아이가 있는 집은 안 된다.

⑤ 세를 안 내거나 밀릴 가능성이 높은 나이 많은 독신 남자와 혼자 사는 노인은 안 된다.

⑥ 사정이 있어 계약을 비밀리에 진행해주었으면 좋겠다.

셋째. 전속중개계약의 장점을 충분히 이해하고 있어야 한다.

① 1개 업소에만 의뢰를 하기 때문에 물건을 의뢰하는데 번거로움이 없고 물건 의뢰에 시간과 경비가 절약된다.

② 부동산거래정보망, 온라인 대중매체 등에 광고를 노출시키기 때문에 물건이 시장에 널리 알려져서 계약이 성사되는 기간을 줄일 수 있다.

③ 전속의뢰를 받으면 중개보수를 받을 가능성이 높기 때문에 중개사는 계약을 성사시키기 위하여 적극적으로 일한다.

④ 의뢰자의 입장에서도 본인에게 원매자가 있을 경우 중개사가 지출한 비용만 지급하면 직접 거래가 가능하다.

첫째에 해당하는 좋은 조건을 가진 물건이 들어온다면, 둘째의 중개의뢰인의 조건을 맞추어주기 위해 전속중개계약만큼 좋은 방법이 없음을 적극적으로 어필해야 한다. 사실 고객의 요구조건을 보면 신뢰할 수 있는 누군가에게 전속으로 맡길 필요가 있다는 것을 알 수 있을 것이다. 그리고 그 요구사항을 해결할 수 있는 방법이 지금 전속중개계약을 체결해서 중개사가 책임지고 일 할 수 있도록 해줘야 한다는 것도 충분히 이해시킬 수 있을 것이다.

대부분 중개의뢰인들이 전속중개계약을 꺼리게 되는 이유가 있다. 이미 여러 중개업소에 내놓아 회수하기가 번거롭고, 어느 중개업소에서 먼저 의뢰인에게 계약하자고 연락이 올지 모르기 때문이다. 그렇기 때문에 물건이 넓게 퍼져있지 않은 물건이 우선대상이고, 만약 여러 군데 물건이 나가 있다면 회수(보류되었다고 통지하면 됨)하게 하고 전속을 맺어야 한다. 이것이 가능한 것은 위 첫 번째 조건에서 보았듯이 거래시킬 자신이 있는 물건이기 때문이다. 고객의 입장에서도 조건을 맞추어 거래될 가능성이 가장 높은 방법을 택해야 하고, 최악의 경우 중개수수료를 1.5배로 지급한다고 생각하면 된다. 급매물이나 긴급하게 물건을 찾는 경우 흔히 고객들은 수수료를 따블109)로 주겠다는 제안도 한다. 그렇게 생각하면 어려운 문제도 아니다.

5) 공동중개계약

공동중개계약(multiple listing)은 독점중개계약을 거래계약으로 연결시키고, 그 단점을 보완하는 방법으로 이용되는 형태로 미국의 MLS(Multiple Listing Service)제도와 유사하다고 할 수 있다. 중개계약은 어떤 물건의 중개를 어떤 중개업자가 단독 또는 의뢰인의 묵시적 동의에 의하여 다른 업자와 협동으로 처리하는 것을 원칙으로 하는 것이나, 공동중개계약은 공인중개사협회 정보망이나 사설부동산거래정보망, 광고매체 등을 매개로 하여 다수의 회원이 상호 협동하여 거래계약을 완성시키는 것을 말한다. 따라서 물건정보를 제공할 수 있는 정보망을 갖추어 물건을 공개할 수 있는 장치가 필요하고, 그렇게 함으로써 다수의 업자가 공동중개활동에 참여하여 중개활동을 능률화할 수 있는 것이다. 이 제도는 미국 등 선진국의 부동산중개시장에서 중심역할을 하는 제도였지만 근래 우리나라에서도 협회의 거래정보망과 사설거래정보망을 중심으로 공동중개계약이 활성화 되어 가고 있다.

이러한 공동중개계약은 부동산거래정보망을 통하여 물건이 공개되므로 매수인에게 물건의 선택을 용이하게 하며, 정보가 집중되어 중개활동 측면에서 능률적이며, 각 업체의 활동영역 확대에 도움을 주게 되는 장점이 있다. 반면 이러한 공동중개가 이루어지기 위해서는 회원들의 윤리성이 바탕이 되어야 하며, 회원의 전문적 지식수준이 일정수준 이상으로 교류에 적합한 조건을 갖추어야 할 것이며, 독점중개계약으로 물건을 오픈할 수 있는 조건이 되어야 한다는 문제가 있다.

이 계약형태는 부동산단체, 부동산정보센터 기타 2인 이상의 업자가 공동으로 업무를 하는 보다 능률적인 제도다. 이는 부동산중개의 능률화를 위하여 가장 이상적인 제도이나 이의 적용에 있어서는 가입된 회원의 자질(중개기술, 지식, 신뢰도 등)이 높아야 한다.

---

109) 물론 한 명의 중개업자에게 2배로 지급하면 공인중개사법 위반이 될 소지가 있지만 전속중개계약을 맺은 곳에 지불하고, 거래계약을 해준 중개업소에 2중으로 지급하는 것은 공인중개사법 위반이 아니다.

부동산 공동중개

부동산중개는 대부분 2인 이상의 중개관련 업자가 관련되어 거래계약이 이루어지게 된다. 개업 공인중개사와 중개보조원, 서로 다른 사무실의 2명 이상의 개업 공인중개사 등의 협업이나 공동중개에 의하여 계약이 이루어지는 것이다. 부동산중개가 이렇게 이루어지는 데에는 중개업무 자체의 복잡성과 부동산과 관련된 인적 특성 및 물적 특성 때문이다. 부동산과 부동산서비스의 수요자는 다양한 성격의 사람이다. 즉 다양한 고객과의 대면 영업이 필요하고, 부동산의 물리적 특성으로 인한 부동산관련 정보의 접근 및 분석의 한계성을 극복하기 위하여 공동중개가 필요한 것이다.

1. 부동산 공동중개의 개념 및 특성

1) 부동산 공동중개의 개념

국내법령상 공인중개사의 부동산 공동중개에 대한 개념정의는 별도로 존재하지 않는다. 법적인 공동중개의 개념정의는 없지만 공동중개라는 용어는 법률과 실무에서 일반적으로 사용되고 있는 개념이다.

먼저 부동산 거래신고 등에 관한 법률 제3조 제3항에 의하면 '개업 공인중개사가 거래계약서를 작성·교부한 경우에는 거래신고를 하여야 하고, 이 경우 공동으로 중개를 한 경우에는 해당 개업 공인중개사가 공동으로 신고하여야 한다.'고 규정하고 있고, 공인중개사법시행규칙 제16조의 각항 별지서식 작성방법 세부항목 14에는 '공동중개 시 참여한 개업 공인중개사(소속공인중개사 포함)는 모두 서명·날인하여야 하며, 2명을 넘는 경우에는 별지로 작성하여 첨부'한다고 작성방법을 제시하면서 공동중개라는 용어를 사용하고 있다. 그러나 공동중개에 대한 법률적 개념정의는 별도로 하고 있지 않다.

실무상 공동중개로 명명할 수 있는 거래계약유형은 다양하다. 가장 일반적인 형태는 매도(임대)의뢰인의 중개의뢰를 받은 개업 공인중개사와 매수(임차)의뢰인으로부터 의뢰를 받은 개업 공인중개사의 거래계약 성사를 위한 협력행위, 의뢰자의 요청에 의하여 의뢰자를 대리하는 별도의 개업 공인중개사를 대리인으로 하여 공동으로 업무를 처리하는 경우, 매도(임대)의뢰를 받은 개업 공인중개사와 매수(임차)의뢰를 받은 개업 공인중개사 사이에 제3자가 1인 이상 개입해 있는 형태 등이다.

이러한 다양한 공동중개의 형태에도 불구하고 공통적인 점은 하나의 부동산거래계약을 성사시키기 위해 다수의 개업 공인중개사가 개입해 있는 형태라는 것으로, 부동산 공동중개는 '하나의 부동산거래계약을 성사시키고 그 이행을 조율해 가기 위한 2인 이상 개업 공인중개사들의 공동중개활동 개시 시점부터 잔금이후의 부가적인 서비스 완료시점까지의 중개활동'이라 할 것이다.

2) 부동산 공동중개의 특성과 장단점

부동산 공동중개는 2인 이상 개업 공인중개사가 중개활동에 참여한다는 특성 때문에 다음과 같은 장점과 단점이 나타난다.

(1) 신속한 업무처리

공동중개거래망이 활성화되어 있는 지역의 경우 물건을 접수하거나 매수·임차의뢰를 받고 공동중개거래망에 매물 찾기 기능이나 공동매물기능에 올리게 되면 해당 공동중개거래망에 가입해 있고 실시간으로 영업 중인 개업 공인중개사들은 대부분 올라온 정보를 접하게 되고 해당되는 물건이나 의뢰인이 있으면 바로 답장하게 된다. 이러한 답장은 많은 경우 10분 내에 50건 이상의 답장을 받는 경우도 있다. 이러한 과정을 통하여 신속하게 고객의 니즈(needs)를 충족시킬 수 있는 것이다.

(2) 공간상의 한계를 상당부분 극복

A지역에서 영업 중인 개업 공인중개사에게 B지역이나 C지역의 물건을 찾는 의뢰인이 방문하고 사전(事前)에 해당지역의 매물을 가지고 있지 않거나 해당지역에 인맥을 형성해 놓지 않은 개업 공인중개사의 경우 업무수행이 쉽지 않을 것이다. 그러나 공동중개거래정보망은 이러한 문제를 해결해주어 공간상의 한계를 극복하게 해준다.

(3) 업무영역의 다각화

아파트만을 전문으로 하는 개업 공인중개사도 점포의뢰인이나 빌딩매매, 토지매매의뢰인의 요구에 응해 업무를 처리할 수 있다. 해당분야를 전문으로 취급하는 개업 공인중개사와 공동으로 업무를 처리하면 되기 때문이다.

(4) 신규 중개업자도 고난이도의 중개업무 가능

부동산 공동중개파트너가 그 업무의 전문가이면 중개의 완결은 공동책임이기 때문에 그 업무의 전문가인 공동중개파트너가 알아서 일처리를 다 하게 된다. 전문성이 없는 개업 공인중개사는 성실하게 협조하면 되는 것이다.

(5) 초고속 실시간 정보화시대에 적합한 중개방식

인터넷과 모바일이 보편화된 정보화시대에 부동산 공동중개를 위하여 등장한 것이 부동산 공동중개거래정보망이다. 이를 잘 이용하게 되면 경영에 큰 성과를 보게되고, 그 이용에 소홀하게 되면 도태되는 시대인 것이다.

한편 부동산공동중개의 단점을 보면 다음과 같은 사항들이 있다.

(1) 중개보수가 단독중개에 비해 불리

우리나라에서는 부동산 중개보수를 의뢰인 양측에 청구하는 시스템이기 때문에 자기의 물건과 자기의 매수·임차의뢰인일 경우 중개보수는 양측으로부터 수령하게 된다. 그러나 공동중개의 경우 개업 공인중개사가 2명인 경우 한 측의 보수만 받게 되고 개업 공인중개사가 많이 참여한 경우 공동중개에 개입한 개업 공인중개사의 수에 따라 1/n로 중개보수를 나누는 경우가 많아 개인별 수령금액에 큰 차이가 생기게 된다.

(2) 기회주의적 거래구조

공동중개는 물건을 답사하는 과정에 매물을 오픈하게 되고 매수(임차)의뢰인 측 개업 공인중개사의 경우 의뢰인을 오픈하게 된다. 물건을 답사한 후 매수(임차)의뢰인 측 개업 공인중개사가 그 매물주를 찾아가 매도의뢰를 직접 받거나 본 건 이전부터 알던 매물주인 경우 연락하여 의뢰를 이끌어 내는 것이다. 매도(임대)측 개업 공인중개사도 매수(임차)의뢰인을 본 건 이전부터 알던 의뢰인일 경우 연락하여 직접 의뢰받을 수 있고, 매수(임차)의뢰인도 진행되는 상황을 판단했을 때 물건을 가진 개업 공인중개사가 더 성실하고 능력 있어 보일 경우 의뢰인은 시간과 경비를 들여 안내한 매수(임차)의뢰인 측 개업 공인중개사를 배제하고 매도(임대)측 개업 공인중개사와 직접거래를 시도하기도 하는 것이다. 이처럼 기회주의적 거래구조가 형성되기 때문에 높은 윤리성이 필요하고 업무진행시 신중하지 않으면 물건을 빼앗기거나 의뢰인을 빼앗길 수 있다.

(3) 중개사고의 가능성 증가

공동중개를 하는 경우 처리해야 할 업무를 공동중개 파트너에게 부탁하거나 업무를 분배하여 처리하는 경우가 있는데 서로가 믿고 해야 하기 때문에 당연히 처리했으리라 생각한 업무가 파트너의 부주의·망각 등으로 처리되지 않아 발생하는 중개사고가 종종 있다. 매매의 경우 일반적으로 매물을 제공한 개업 공인중개사가 실거래가 신고를 거래계약의 체결일부터 30일[110] 이내에 하게 되지만 전자서명은 공동으로 해야 하기 때문에 거래신고 후 공동중개파트너에게 전자서명 하도록 연락하였으나 30일이 지나도록 전자서명을 하지 않아 공동책임을 지는 경우도 빈발하고 있다.

---

110) 부동산 거래신고 등에 관한 법률 제3조 제1항

2. 부동산 공동중개계약과의 구별

부동산 공동중개와 구분해야 할 개념으로 부동산 공동중개계약111)이 있다. 공동중개계약은 부동산중개계약의 한 유형으로 보기도 하는데, 중개계약은 부동산중개를 의뢰하는 고객과 개업 공인중개사간 이루어지는 부동산중개의뢰를 핵심적인 내용으로 하기 때문에 공동중개를 공동중개계약이라는 명칭으로 중개계약의 일종으로 분류하는 것은 분류의 기준으로 볼 때 논쟁의 여지가 있는 것으로 보인다. 이러한 분류가 맞기 위해서는 공동중개계약이 실무적으로 일반중개계약이나 전속중개계약을 의뢰받은 개업 공인중개사가 의뢰를 받을 때 의뢰자의 묵시적 동의를 전제하여 다시 상대편 개업 공인중개사에게 준위임하는 상호 복위임(복대리)하는 계약관계로 보아야 한다. 그러나 대부분의 개론서에서는 부동산 공동중개계약(multiple listing)을 미국에서의 거래형태를 반영하여 독점중개계약의 변형으로 정의하고 있다.

부동산 중개계약은 '개업 공인중개사가 부동산의 소유자를 대리하여 물건의 매도 또는 임대를 행하는 권리'로 정의하는데 이는 수탁된 물건, 물건을 수탁하는 것, 수탁 물건일람표 등을 의미하게 된다. 때로는 리스팅계약(listing contract, brokers employment) 등의 표현을 쓰기도 한다. 이처럼 부동산 중개계약이 리스팅의 개념인데 비해 공동중개계약은 부동산정보센터, 부동산협회, 사설공동중개거래망 등을 매개로 하여 고객과의 중개계약을 상호복위임(복대리)하는 형태로 개업 공인중개사간에 이루어지는 공동중개계약과 의뢰인이 물건을 의뢰 시 개업 공인중개사 2인 이상에게 내놓으면서 가장 빨리 팔아준 사람에게 중개보수를 지급하는 형태를 '공동중개위임계약'이라는 별도의 개념을 사용하는 경우가 있다. 그러나 본서에서 사용하는 부동산 공동중개계약은 전자(前者)의 개념이고 부동산 공동중개는 이를 기반으로 하여 거래계약의 성사라는 목표를 위해 협업하는 행위 자체를 지칭하는 것이다.

공인중개사법 제22조와 제23조는 일반중개계약과 전속중개계약에 대하여 규정하고 있다. 부동산 공동중개계약의 기반은 일반중개계약이나 전속중개계약이 계약서 작성에 따라 명확해질 때 더 효율적이고 신속하게 진행될 수 있는데 공인중개사법에서는 중개의뢰인이 작성을 요청할 수 있다고 규정하고 있어 실효성이 없는 규정이 되어버렸다. 일반중개계약이나 전속중개계약은 개업 공인중개사에게 더 절실하기 때문에 개업 공인중개사에게 요청할 수 있게 하는 것이 법률의 실효성을 더 높일 수

---

111) 공동중개계약은 법률적 측면의 개념이고, 공동중개는 법률적 측면을 포함한 포괄적이고 행위적인 개념이라 할 수 있다.

있는 방법이 될 것이다.

우리나라에서는 서면계약서 작성 없이 구두상으로만 중개계약과 공동중개를 하게 되는데 다음과 같은 문제점이 나타나게 된다.

1) 개업 공인중개사의 경제적 시간적 비효율성

고객은 중개의뢰 자체를 계약으로 인식하지 않고 있지만, 계약으로 인식한다고 하더라도 필요에 의해 이런저런 사유를 들어 쉽게 말을 바꿔버리는 경우가 많다. 개업 공인중개사 입장에서는 많은 시간과 경비를 들여 거래계약서 작성의 상황까지 갔는데 의뢰인이 말을 바꿔버리면 방법이 없이 진실을 다투는 것으로 끝나버릴 수밖에 없게 된다. 그러나 공인중개사법 제22조, 제23조에 의한 일반중개계약서나 전속중개계약서를 작성하게 되면 개업 공인중개사는 의뢰인의 의뢰내용을 신뢰하고 전국적인 거래정보망에 물건을 공개할 수 있고 공동중개를 통한 신속한 거래를 할 수 있는 것이다.

2) 기회주의적 갈등의 발생

부동산중개는 중개보수의 규모가 큰 반면 고객으로부터의 전속중개계약서 작성이 이루어지지 않는 경우가 많기 때문에 고객이나 파트너의 기회주의적 행동[112]에 법적 대처가 쉽지 않은 문제가 있다.

3) 부동산 공동중개에 대한 공통적인 기준 부재

부동산 공동중개는 학문적 연구가 충분히 이루어지지 않아 영업상 파트너와의 관계에서 중요시 하여야 할 요인에 대한 인식이 없다. 이러한 이유가 파트너 간에 다양

---

112) 고객은 개업 공인중개사의 노력 및 비용지출과 무관하게 기회가 되면 별도의 보상 없이 더 유리한 조건을 제시하는 쪽으로 돌아서며, 공동중개 파트너도 본인에게 더 유리한 기회가 오면 신뢰를 버리는 선택을 한다. 이러한 선택을 기회주의적 행동으로 규정한 것이다.

한 갈등을 야기하며 다른 한편으로는 파트너에 대한 배려와 상도의 준수가 더 높게 요구되는 이유이기도 한 것이다.

부동산 공동중개가 의뢰인의 의뢰에 의한 부동산 중개계약에 기반 하여 상호복위임(복대리)의 형태로 이루어지는 점을 감안하면 의뢰인과의 중개계약서의 작성과 파트너와의 공동중개근거를 남기는 것은 공동중개의 활성화와 분쟁의 예방에도 중대한 기여를 하게 될 것이다.

3. 공동중개의 필요성

1) 고난이도 업무의 역할분담

부동산의 중개활동은 다른 동료(소속공인중개사, 중개보조원, 타 사무소의 개업 공인중개사 등)와의 협업이 반드시 필요하다. 물건작업은 더욱이 혼자서는 어렵다. 대부분의 영업인이 두 명의 동성이나 이성이 짝을 이루어 영업하는 것을 많이 보았을 것이다. 영업의 대상이 남녀노소로 다양하기 때문인 것도 있지만 1대 1의 대면설득에서는 영업을 하는 사람이 약자가 되어버리기 때문에 혼자서는 쉽게 좌절하게 되고 에너지가 고갈되어 버리기 때문이다. 물건작업도 긴 시간과 많은 노력을 요하지만 매수(임차) 고객을 찾는 일도 또한 광고에서부터 상담, 현장안내, 협상, 계약준비, 계약이행 조력 등 혼자서 모든 것을 다 하기에는 너무나 많은 과정과 에너지와 시간을 요하게 된다. 이러한 이유로 부동산중개는 분업과 협업이 필요하다.

2) 부동산의 부동성과 개별성

또 하나의 다른 이유는 부동산에 고유한 특성인 부동성과 개별성 때문이다. 부동산중개는 일정 지역을 기반으로 하게 된다. 특수한 물건을 취급하는 경우는 다를 수 있지만 주택이나 상가 등을 주로 취급하는 중개사무소는 일정한 지역의 영업범위를 가지고 있다. 그 지역 내의 물건 및 사람에 대한 한정된 정보를 가지고 영업을 하는 것이다. 이 범위를 벗어나게 되면 물건에 대한 정보를 파악하는 데에 별도의 시간과 비용투자가 필요하게 되는 것이다. 그러한 필요성이 있을 때마다 영업지역을 벗어나 시간과 비용을 투자하는 것은 사업적으로 비효율적인 방법이다. 이러한 문제를 해결해 주는 방법이 공동중개인 것이다.

4. 부동산 공동중개파트너

1) 부동산 공동중개파트너의 개념

(1) 공동중개파트너의 정의

부동산 공동중개파트너는 부동산 공동중개에 참여하는 중개업자로서 거래계약 성사와 공동의 이익을 위해 상호 위험과 보상을 공유하는 협력적인 동반자이다.

(2) 부동산 공동중개파트너의 범위

본서에서의 부동산 공동중개파트너는 부동산중개시장에서의 일회적 관계도 포함하며, 적대적 파트너와 협력적 파트너를 구분하지 않는다. 적대적 파트너는 거친 협상방법, 자신의 고객만 중시, 단기적 관계상정, 기회주의적 행동 등을 나타내는 파트너이고, 협력적 파트너는 협력, 상호이익, 신뢰, 관계적 교환 등으로 특징지어지는데 부동산 공동중개는 특정 개업 공인중개사에게만 정보가 있는 경우 자신의 중개보수를 위하여 적대적 파트너와도 계속적 거래를 하는 경우가 있기 때문에 적대적 파트너관계도 포함시키는 것이다. 그러나 같은 사무실 내에서의 수직적 관계는 제외한다. 이러한 수직적 관계는 명령과 복종을 관계를 기반으로 하기 때문이다.

부동산 공동중개는 그 시장특성상 파트너관계가 구두에 의하여 정보를 교환하는 관계에서 자연스럽게 이루어지고[113] 그 공동중개에서 파트너에 대하여 신뢰와 만족을 느낀 경우 다른 건의 거래에 대한 정보교환도 적극적으로 이루어지게 된다. 그러

---

113) 거래계약 대상의 금액규모가 큰 경우 공동중개 약정서를 서면으로 작성하는 경우도 있다.

나 장기적인 거래관계가 이루어지던 사이에서도 특정한 사건을 계기로 특별한 의사표시 없이 관계는 파탄에 이르기도 하기 때문에 독립적 거래관계로 볼 수 있다. 독립적 거래관계란 장기간에 걸쳐 여러 차례의 거래가 이루어지기도 하지만 공동의 자원투입과 공동운영은 존재하지 않고 당장의 거래가 끝나면 관계도 끝나게 되는 거래관계 개념이다.

2) 부동산 공동중개 파트너의 특성요인과 성과요인

본서에서 공동중개 파트너의 특성요인이 성과요인에 미치는 영향 정도를 이해하기 위해서는 다음의 표에 제시된 개념들에 대한 정의를 먼저 이해하고 봐야 한다. 여기에 제시된 특성요인과 성과요인 간에는 인과관계가 입증되어 있으며 각 경로간의 경로계수가 다르다. 즉 특성요인과 성과요인간의 모든 경우의 수에 따른 영향관계가 상이하다는 것이다. 더 영향을 많이 미치는 변수와 적게 영향을 미치는 변수가 있는 것이다. 이러한 결과는 독자들이 부동산 공동중개를 할 경우 어떤 요인에 더 신경을 쓰고 최선을 다해야 하는지 밝혀주는 의미가 있다. 이러한 노력이 최종적으로 우량의 공동중개파트너와 장기지향관계를 형성시켜 사업적 성공을 보장하게 되는 것이다.

〈표 8-2〉 공동중개 파트너의 특성요인과 성과요인

대분류	소분류	개 념
특성 요인	전문성	• 부동산에 대한 물리적·법적·행정적 분석능력 및 정확한 정보제공 능력, 상담능력, 고객의 문제에 대한 해결 능력 등 부동산 매매(임대차)거래계약 성사를 위한 지식과 지식의 사용능력
	협업성	• 거래계약의 체결 및 그 이행을 위하여 상대방 개업 공인중개사에게 협력하는 정도
	시설성	• 파트너 공인중개사사무소의 시설, 가구배치 및 입지는 공동중개 과정에서 파트너의 인적특성과 결합하여 공동중개에 영향을 미친다.
	유대성	• 일정한 지역이나 일정한 업무영역에서 장기간 교류하면서, 업무영역 외에서도 일반적인 인간관계를 형성하고 있어 취미활동이나 여행을 같이할 수 있고, 경조사 등도 함께할 수 있는 관계
성과 요인	신뢰성	• 공동중개라는 업무처리 시 역할분담에 따른 본인의 업무를 확실하게 완결 지을 것이라는 믿음과 어떠한 상황에서도 파트너에게 손해를 끼치는 행위를 하지 않을 것이라는 믿음
	만족성	• 물건작업 능력, 매수(임차)인과의 협상능력, 업무처리과정에서의 적극적 협력, 파트너에 대한 배려, 중개보수의 수취능력, 고객 불만의 처리능력 등 협업과정에서 보여주게 되는 파트너의 능력과 성실성에 대한 종합적인 평가

장기 지향성	• 부동산중개업을 영위하는 데 있어 영업상 부족한 부분에 대한 보완을 의뢰하게 되는 지속 적인 파트너에 대한 의존관계의 고착

5. 공동중개의 실무상 특성 및 공동중개 전략

1) 부동산 공동중개 관련 공인중개사사무소의 현황

부동산 공동중개 관련 개업 공인중개사사무소의 실태에 관한 기술통계량 분석 결과[114]는 다음의 표와 같다.

먼저 부동산 공동중개의 경험유무를 보면 대상자들은 공동중개에 대한 경험이 다 있는 것으로 나타났다. 개업 공인중개사사무소에는 일부 극소수의 중개인[115]을 제외하면 컴퓨터를 기본적으로 설치하고 지역친목모임이 없이도 부동산 공동중개거래망을 이용하여 영업을 하는 점이 기술통계량이 시사하는 바이다.

가장 최근 거래한 부동산 공동중개파트너와의 거래기간에서 6개월의 37.5%가 의미하는 바는 공동중개를 같이 해온지 오래되지 않은 새로운 파트너로서 공동중개파트너가 지속적으로 새로 생기게 됨을 보여주는 것이다.

3년 초과의 29.8%는 같이 공동중개를 해온 기간이 3년을 초과하였음을 나타내는 것으로 한 번 공동중개를 하게 된 이후 장기지향 관계가 형성된 케이스를 보여주고 있는 것이다.

가장 최근 공동중개 한 거래의 유형은 매매 33.1%, 임대차 63.9%로 이는 부동산 중개시장에서 이루어지는 거래계약 유형의 비율을 나타내고 있는 것이다.

가장 최근 공동중개한 부동산의 물건유형은 단독(다가구)·연립(다세대)이 48%로 나타났다. 이것은 아파트에 비하여 전출·입이 잦아 계약의 주기와 빈도가 더 자주 발생한 것과 다세대주택 밀집 지역에서 설문이 더 많이 이루어진 점을 반영한 것으로 볼 것이다.

부동산 공동중개 파트너의 물색수단은 공동중개 거래정보망이 압도적인 83.9%로

---

114) 2018년 논문을 위한 설문조사를 바탕으로 한 분석이다.
115) 1985.9.22일 제1회 공인중개사시험을 통하여 공인중개사가 배출되기 이전 부동산소개영업법에 의하여 영업 중이던 자로 공인중개사자격을 취득하지 못 한 자.

나타났다. 특별한 경우를 제외하면 대부분이 공동중개 거래정보망을 통하여 물건을 올려 매수인(임차인)을 보유하고 있는 개업 공인중개사를 찾거나, 매물 찾기 기능을 통하여 물건을 보유하고 있는 개업 공인중개사를 찾는 것이다.

1년간 총 거래계약 중 공동중개에 의한 거래계약의 비율은 56.8%로 나타났다.

〈표 8-3〉 부동산 공동중개 관련 공인중개사사무소의 실태

구 분		빈도(명)	백분율(%)
공동중개 경험유무	있다	610	100.0
	없다	0	0.0
공동중개 파트너와의 거래기간	6개월간	229	37.5
	1년간	115	18.9
	2년간	54	8.9
	3년간	30	4.9
	3년 초과	182	29.8
최근 공동중개 거래유형	매매	220	33.1
	임대차	390	63.9
최근 공동중개 물건유형	단독, 다세대, 연립	293	48.0
	아파트	236	38.7
	상가, 건물	34	5.6
	토지 기타	37	7.7
공동중개파트너 물색수단	공동중개 거래정보망	512	83.9
	휴대폰 문자	12	2.0
	전화	45	7.4
	지역친목회에서 직접	31	5.1
	기타	10	1.7
1년 총 계약 중 공동중개비율		56.8%	

출처: 공재욱(2018) 서울특별시 개업 공인중개사 대상 설문조사

2) 부동산 공동중개의 유형별 차이

부동산 공동중개파트너의 원인변수로서의 특성요인인 전문성, 협업성, 유대성, 시설성과 결과변수인 만족성, 신뢰성, 장기지향성 등에 대한 인식이 성별, 거래유형, 어느 쪽 의뢰인의 개업 공인중개사인가 및 거래물건의 종류에 따라 차이가 있는지를 알아본 결과는 다음과 같다.

여성은 남성에 비해 공인중개사사무실에 대한 시설성 즉, 외관, 시설, 집기, 인테리어, 간판 등에 대해 민감도가 높고 중요하게 평가하고 있다.

공동중개 상황에 있어 매매의 경우는 임대차에 비하여 유대관계와 장기지향성을 더 중요하게 인식하고 있다. 금액 단위가 크고 소유권 이전등기라는 절차와 세금문제, 큰 금액의 거래를 다루는 능력, 복잡한 법률문제를 정리해 나가는 능력, 고객 불만 처리능력 등 신뢰나 만족과 관련된 많은 문제가 발생할 수 있기 때문인 것으로 판단된다.

매도(임대)측 개업 공인중개사가 매수(임차)측 개업 공인중개사에 비해 공동중개파트너와의 장기지향성을 더 중요하게 인식한다. 매도측 개업 공인중개사의 경우 물건을 대는 쪽이기 때문에 단골고객의 물건을 임대해주는 경우가 많아 고객에 대한 태도가 공동중개파트너에게도 그대로 투사된 것이 아닌가 한다.

전문성은 토지거래의 경우에 가장 중요도가 높은 공동중개파트너의 특성요인이다.

3) 공동중개 파트너의 특성요인과 성과요인과의 관계

부동산 공동중개파트너의 특성요인과 신뢰성·만족성 및 장기지향성이라는 결과변수와의 인과관계 및 영향도를 살펴보면 다음과 같다.

공동중개파트너의 전문성은 신뢰성과 만족성에 중요한 긍정적 영향요인이다. 부동산중개의 경우 그 거래단위가 크고 법률적, 세무적 문제뿐만 아니라 시공, 하자보수, 도시계획 등 다방면으로 기본적인 상담 및 해결능력을 가지고 있어야 하기 때문에 공동중개 파트너가 이러한 능력을 보여줄 때 신뢰성과 만족성은 높아진다고 할 것이다.

공동중개파트너의 협업성은 신뢰성과 만족성에 중요한 긍정적 영향요인이다. 그러나 파트너가 협조적이고 맡은 업무를 충실히 수행해 주는 것은 신뢰성에 중요한 영향을 미치지만 최종적으로 만족성에 있어서는 그 중요성이 낮게 평가하고 있다. 부동산중개의 만족성은 업무성과(중개보수, 단골확보)로 인한 만족과 파트너가 일을 잘 해준데 대한 파트너에 대한 만족으로 구분할 수 있는데 업무성과에 대한 만족의 비중이 크기 때문에 협업성과의 관련성이 상대적으로 낮게 평가되는 것이다.

공동중개파트너 사무실의 시설성은 신뢰성에는 유의한 긍정적 영향을 미치나 만족성에는 유의한 영향력이 없다. 파트너가 좋은 시설성을 갖춘다는 것은 개업 공인중개사의 사무실 관리능력, 좋은 위치를 점할 수 있는 경제적 능력을 보여주어 신뢰성에는 어느 정도 영향을 미칠 수 있지만, 공동의 노력을 통하여 거래계약이라는 실질적인 업무성과를 창출하고 만족성에 이르게 하는 것은 협업성, 전문성, 유대성에서 나오는 것으로 좋은 시설성을 갖추는 것과는 관련이 없음을 보여주는 결과다.

공동중개파트너와의 평소 유대관계는 신뢰성과 만족성에 긍정적 영향을 미친다. 유대성은 잘 아는 파트너와의 거래를 보여주는 것으로서 신뢰성보다 만족성에서 더 효과가 높은 것으로 나타났다. 이는 잘 알고 있는 파트너와의 공동중개에서 이미 잘 알고 있기 때문에 신뢰를 특별히 더 인식하는 계기가 되는 것보다 서로를 잘 알기 때문에 업무가 협조적이고 그 성과가 긍정적으로 나오는 경우가 많기 때문으로 볼 수 있다.

공동중개파트너에 대한 신뢰는 파트너에 대한 만족성에 유의한 정(+)의 영향을 미친다.

공동중개파트너에 대한 신뢰는 파트너에 대한 장기지향성에 유의한 정(+)의 영향을 미친다.

공동중개파트너에 대한 만족은 파트너에 대한 장기지향성에 유의한 정(+)의 영향을 미친다.

남성 집단의 경우 여성 집단에 비해 공동중개 과정에서의 협업성과 만족성의 인과관계를 낮게 보는 경향이 나타났다. 이는 남성 집단의 결과지향적인 업무인식 때문인 것으로 해석된다. 또한 남성 집단은 신뢰만으로 장기지향관계가 형성되지 않는 특징이 있는 것으로 나타났다.

영업기간이 10년 미만인 집단의 경우 파트너와의 유대성이 신뢰성에 영향을 미치지 않고, 파트너의 전문성은 신뢰성과 만족성에 유의한 정(+)의 영향을 미치는 것으로 나타났다.

반대로 10년 이상 영업을 해온 개업 공인중개사집단의 경우 파트너의 전문성보다는 유대관계가 신뢰와 만족에 더 유의한 영향을 미치는 것으로 나타났다.

4) 부동산 공동중개전략

부동산중개시장은 연간 총 부동산중개건의 50% 이상이 공동중개의 결과물이다. 이처럼 부동산공동중개가 일반화 되어 있어 다른 개업 공인중개사와의 공동중개 없이는 경영자체가 어려운 시장상황이 되어 있다는 점을 깊이 고려하여 경영전략을 짜야 한다.

부동산공동중개를 함에 있어서 상대편 개업 공인중개사로부터 내가 파트너로 선택되기 위해서는 협업성이 제일 중요한 덕목이고 그 다음으로 전문성, 유대성, 시설성이라는 점을 유념하여 계약 진행시 적극적인 협업성을 보여야 한다. (협업성 > 전문성 > 유대성 > 시설성)

최근의 공동중개는 부동산 공동중개거래정보망의 사용에 지나치게 치우치는 경향이 있다. 그러나 중요한 물건에 대한 정보는 온라인상에 올라오지 않는다는 점과 좋은 물건은 스피드가 관건임을 중요하게 생각해야 한다. 이렇게 우량물건의 발굴을 지속하고 공동중개 파트너를 잘 관리해 장기지향관계에 있는 파트너중개사들이 많아 질 때 좋은 매물을 신속하게 처리할 수 있고 공인중개사사무실의 경영구조가 튼실해지는 것이다.

부동산 공동중개 시 신뢰성과 만족성에 가장 중요한 요인이 협업성과 전문성이라는 결과가 시사하는 점은 부동산공동중개 시 각자가 맡은 업무에 적극적으로 성실하게 임하고 협력해야 한다는 것과 전문실력을 갖추는데 지속적인 노력을 해야 한다는 것이다. 이러한 과정이 쌓여갈 때 장기지향성을 갖춘 동료 개업 공인중개사들이 확보되고 이는 중개업자의 가장 큰 자산이 될 것이다.

4절
부동산거래정보망의 이용

　　개업 공인중개사가 중개영업을 하는 데 있어 부동산거래
정보망의 이용은 필수가 되었다. 부동산거래정보망은 부동산 중개업자들만을 회원
으로 하여 상호 공동중개를 할 수 있도록 하는 데에 중점기능을 둔 프로그램이다. 전
국적인 수요자가 있을 만한 토지, 빌딩, 투자물건 등은 한국공인중개사협회의 "한방"
등이 효과가 있고, 시장이 한정되어 지역에서 유통되는상가, 주택 전·월세·매매의 경
우 사설거래정보망(다온, 날개, 텐, 하나로 등 전국적으로 60여개 업체가 영업 중)이 효과적이다.

[그림 8-2] 한국공인중개사협회의 부동산거래정보망 "한방"

[그림 8-3] 사설거래정보망 "다온"

　이러한 거래정보망들은 물건의 광고기능보다는 실시간으로 매수(임차)고객이 사무실에 들어오게 되면 고객을 보유한 중개사무실에서 "파발마" "까치" "뻐꾸기" 등의 기능을 통해 고객이 원하는 지역에 찾는 물건의 개요를 올리게 된다. 그 즉시 각자의 사무실에서 업무를 보고 있던 중개사들은 컴퓨터에서 "히~히잉" "깍~깍" "뻐꾹 뻐꾹" 하며 손님이 떴다는 신호를 듣게 되고 각자의 사무실에 접수된 물건 중 해당하는 물건이 있으면 답장을 보내게 되는 것이다. 손님을 가지고 있는 중개사무소에서는 다른 중개사무소에서 보내온 답장 중 선별해서 고객에게 브리핑하고 고객은 그중에 원하는 물건을 지정하여 중개사와 함께 현장답사와 조건협상을 하게 되는 것이다.

　개업 공인중개사들이 직접 모든 종류의 물건작업을 하고 방문고객이나 광고를 통하여 매수(임차)고객 상담을 진행한다는 것은 쉬운 일이 아니다. 특히 중개사가 중점적으로 취급하는 물건의 종류가 아닌 물건을 찾는 손님이 들어오게 되면 거의 손을 댈 수 없게 된다. 전문분야도 아닌 분야의 손님을 직접 딜(Deal)하는 것보다는 그 분야만을 전문으로 취급하는 중개사에게 손님을 보내는 것이 더 성공가능성을 높이는 방법이다. 당연히 계약이 성사되면 공동중개를 하게 되고 중개보수는 50%씩 나누거나 각자의 손님에게 받게 되는 것이다.

실무경험이 없는 신규개업 공인중개사도 어려움 없이 중개업을 할 수 있도록 만든 필수 업무도구다.

중개사고 대처법

부동산 거래와 관련한 업무처리는 의뢰인 양 당사자와 개업 공인중개사간의 합의에 따라 처리되기 때문에 고의에 의한 형사범죄가 아닌 이상 대부분 공인중개사법 위반 문제가 된다. 의뢰인은 본인이 부당한 일을 당했다고 느낄 때 주변에 아는 중개업자에게 어떻게 해야 하는지 묻게 된다. 이때 안타깝게도 그 지인은 원만한 합의를 권하지 않고 구청에 민원을 넣으라고 알려준다. 이렇게 해서 구청에 민원이 접수되고 부동산중개업의 지도·단속권자인 구청이 나서게 되는 것이다.

1. 가계약금 사고

먼저 구청에 실제 접수된 민원사례를 보도록 하자.

> ▶ 거래금액, 계약일자, 중도금 및 잔금의 지급시기 등을 구두 약정하고 가계약금을 매도인에게 지급하였음. 이후 민원인의 의사로 계약을 파기하고 소유자에게 가계약금 환불을 요구하였으나 소유자가 환불을 거부하자 개업 공인중개사의 행정처분을 요구

「공인중개사법」에 중개는 "중개대상물에 대하여 거래당사자간의 매매·교환·임대차 그 밖의 권리의 득실변경에 관한 행위를 알선" 하는 것으로 정의하고 있으며, 계약금(가계약금 포함)등에 대해서는 별도 규정을 두고 있지 않음.
해당 공인중개사사무소를 방문하여 가계약금 반환 등 민원의 원만한 해결(합의)을 위해 공인중개사를 독려하고 있음.
가계약금 반환에 관한 사항은 민사적으로 해결하셔야 할 부분으로 서울시에서 운영중인 주택임대차상담센터(02-2133-1200~8) 또는 전문상담기관인 대한법률구조공단(국번 없이 120)에 문의하여 주시기 바람.

구청에 부동산중개와 관련된 민원 중 가장 많은 것이 가계약금과 관련된 민원이라

한다. 가계약금 문제가 발생하는 근본적인 원인은 가계약금의 성격이 분명하지 않은 상태에서 당사자들이 본인에게 유리하게 해석하고 귀를 닫아버리기 때문이다.

중개사의 입장에서는 가계약금을 걸게 하는 방식이 계약(본계약이라 해두자)을 성공 시킬 수 있는 상당히 유용한 방식임이 분명하다. 고객이 답사한 물건에 대하여 계약 의사가 있으나 매도(임대)인이 멀리 있거나, 시간상 계약서 작성이 어렵거나 할 때 양 당사자가 가능한 날짜와 시간에 계약을 약속하고 가계약금을 소액 보내는 것이다.

물론 계약의사가 확실하지 않은 상태에서도 고객이 어느 정도 마음에 들어 하는 상태이거나, 다른 가족이 한 번 더 물건을 보는 조건으로 가계약금을 보내는 경우가 있다. 이런 경우는 다른 중개업소에서 물건을 계속 보여주고 있는 상황이고, 먼저 본 손님도 있어 언제 계약이 될지 모르는 상태이기 때문에 물건을 잠시 잡아놓는 의미 와 고객이 다시 보고 특별한 문제가 없으면 계약하겠다는 약속의 의미로 보내는 것 이다.

계약의사가 있던 고객도 하룻밤이 지나고 나면 마음이 바뀌는 경우가 종종 있다. 그러나 일정금액을 가계약금으로 걸어놓으면 성공가능성이 확실히 높아진다. 그렇 다면 가계약금을 걸게 하면서도 중개사고가 나지 않게 하는 방법은 무엇인가?

먼저 계약의 요건과 중요 조건을 명확히 문자로 주고받아야 한다. 계약일, 계약금 액, 중도금, 잔금일자와 금액, 계약의 가부에 영향을 미칠 주요 조건을 명확히 하여 중개사가 양 당사자에게 문자를 보내고 양 당사자는 이에 동의한다는 답장을 보내는 것이다. 이에 더해서 당사자가 변심하거나 어떤 사유로 계약이 성사되지 않았을 때 가계약금을 어떻게 할지에 대한 내용이 들어 있어야 한다. 단순변심은 가계약금의 배액을 상환하거나 몰취하고, 그 외의 사유로 계약이 성사되지 않았을 때에는 가계 약금을 조건 없이 반환하는 것이 일반적이다.

2. 중개수수료(보수)관련 민원

구청에 접수되는 중개수수료와 관련된 민원은 계약만기 전 임차인이 내는 중개수 수료와 초과수수료가 문제된다. 먼저 구청의 질의답변 내용을 보자.

▶ 전세계약기간을 채우지 못하고 이사 갈 때 중개수수료를 임차인이 내야 하는지 여부

- 「공인중개사법」 제32조 제1항에서 중개업자는 중개업무에 관하여 중개의뢰인으로부터 소정의 수수료를 받도록 되어 있고, 같은 법 시행규칙 제20조 제1항 및 제4항에서 주택과 주택외의 중개대상물에 대한 중개수수료는 중개 의뢰인 쌍방으로부터 받도록 하고 있고, 중개의뢰인은 매도의 경우에는 매도인과 매수인이, 임대차의 경우에는 임대인·임차인이 중개의뢰인 쌍방이 되고, 前임차인은 중개의뢰인 범위에 포함되지 않는다고 할 것임.
- 따라서 임차인이 임대차계약기간이 만료되기 전에 중개업자에게 새로운 임대차계약에 대한 중개를 의뢰하는 경우 위 임차인은 「공인중개사법」 제32조 제1항에 따른 중개수수료를 부담하는 중개의뢰인에 해당하지 않으며 별도의 약정이 없는 한 전임차인은 중개대상물에 관해 중개의뢰인이 아니므로 중개수수료는 발생되지 않음.

위 사례의 경우 임대인과 전임차인간의 임대차기간이 상당기간[116] 남아있기 때문에 발생하는 문제이다. 임대인의 경우 임대차기간이 남아있기 때문에 보증금을 반환해줄 의무가 없다. 단지 임차인의 사정에 의해 임차인이 이사해야 하고, 이사를 하기 위해서는 보증금을 반환받아야 하는데 임차인이 직접 새로운 임차인을 구해와 그 보증금을 임대인에게 지급하고 임대인으로부터 반환받는 구조로 문제가 해결되는 것이다.

이 경우 중개수수료가 문제되는데 임대인의 입장에서는 의무 없는 일을 하면서 중개수수료까지 부담하려 하지 않는다. 울며 겨자 먹기 식으로 전임차인은 새로운 임차인도 구해오고 중개수수료도 본인이 부담할 테니 만기 전에 나갈 수 있도록 해달라고 부탁 아닌 부탁을 해야 하는 것이다. 어떻게 처리해야 문제가 없을까?

중개수수료[117]를 누가 낼 것인가의 문제는 임대인과 전임차인의 문제이기 때문에 중개사는 임대인에게 방법만 알려주고 임대인에게 받아야 한다. 즉 전임차인이 계약을 위반하는 상황에서 당사자 간 합의에 의하여 전임차인이 중개수수료에 해당하는 금액을 배상(부담)하기로 한 것이고 여기까지는 문제가 없다. 물건을 내놓을 때 前임차인은 중개의뢰인의 사자(使者)가 될 수는 있어도 중개의뢰인은 아니기 때문에 중개수수료는 임대인에게 받아야 한다. 전임차인이 계약위반에 대한 손해배상조로 임대인에게 중개수수료에 해당하는 금액을 지급하고 임대인은 그 돈으로 중개수수료를 지급하면 아무런 문제가 없는 것이다. 임대인은 득 되는 것 없이 번거롭게 생각할 수 있으나 임대인에게 "전임차인과 합의된 사항이니 중개수수료에 해당하는 금액을 보증금을 반환할 때 공제하시고 그 금액을 중개수수료로 내시면 됩니다." 하면서 정중하게 이해시켜야 한다.

---

116) 주택임대차보호법 제6조는 계약갱신청구권을 계약만기 2개월 전까지 행사하도록 하고 있기 때문에 계약만기 2개월 전후로는 계약기간 위반의 책임을 묻지 않는 것이 관행이다.
117) "중개수수료"라는 용어는 공인중개사법 제32조에 의해 2014년부터 "중개보수"라는 법정용어로 변경되었으나 같은 의미로 사용하기로 한다.

3. 중개대상물 확인·설명서 민원

▶ 주택임대차계약 시 내진능력, 중개보수 지급 시기 등 중개대상물확인·설명을 제대로 하지 않아 처벌 요청

- 중개사무소에서 임대차계약서 작성 시 중개대상물 확인·설명서에 기재해야 할 내진능력 및 건축물 용도를 건축물대장과 다르게 기재한 사실이 있고 중개보수 지급시기를 누락하여 「공인중개사법」을 위반하였음.
- 법 제51조제2항제1호의5에 따라 과태료 부과함.

▶ 중개대상물 확인·설명서 누락, 부실기재, 근거자료 미 제시 등 관련 행정처분

- 업무시설(오피스텔)을 주거용 오피스텔로 잘못 기재, 내진설계 적용여부 및 내진능력 미기재, 주택투기지역 및 투기과열지구의 체크 누락: 행정처분 대상
- 매매계약서를 2번 작성하였고 2번째 작성시 중개대상물 확인·설명서를 교부하지않은 점 : 공인중개사법 제25조 제3항을 위반하여 행정처분 대상
- 주방에 벽면 균열 있음을 설명하였으나 확인설명서 ⑩건축물 벽면 상태를 균열 없음으로 작성 : 공인중개사법 제25조 제1항 위반하여 행정처분 대상
- 베란다 누수건. 임대인에게 대상 물건의 상태에 관한 자료요구 사항 및 토지이용계획 도시·군계획시설 항목과 지구단위계획 항목 부분을 부적절하게 작성 교부하여: 공인중개사법 제25조 제1항을 위반하여 행정처분
- 중개대상물 확인·설명시 설명의 근거자료를 제시하지 않음: 법 제25조를 위반하여 과태료 부과
- 소속공인중개사가 계약서와 중개대상물확인·설명서에 서명·날인을 하지 않음. 공인중개사법 제25조 제4항 및 제26조 제2항 위반. 대표자는 업무정지, 소속공인중개사는 자격정지 처분

이상의 실제 민원사례에서 보듯이 물건자체에 하자가 있거나, 중개수수료에 불만을 품거나, 중개사와 다투었을 경우 매수(임차)인은 계약서와 중개대상물 확인·설명서를 들고 구청에 찾아간다. 관할구청에서는 민원인의 피해나 불만과 중개대상물 확인·설명서의 해당 항과 인과관계가 없어도 공인중개사법상 위반사항이 발견되면 행정처분을 하는 것이다. 쉬운 예를 들면 결로현상으로 인한 곰팡이가 문제인데 해결이 되지 않자 임차인은 중개대상물 확인·설명서를 꼼꼼히 살펴본 후 내진능력에 체크가 누락된 것을 발견하고 구청에 공인중개사법 위반으로 처벌해달라고 민원을 넣는 것이다.

개업 공인중개사 입장에서는 어처구니가 없고 억울하게 생각할 일이지만 이것이 현실이다. 방법은 중개의뢰인과 언제 사이가 틀어질지 모르기 때문에 계약서 작성시는 중개대상물 확인·설명서를 특히 꼼꼼하고 정확하게 작성해야 하고 해당사항이 없는 경우에도 "해당 없음"으로 반드시 기재해야 한다.

4. 둘 이상의 계약서

> ▶ ○○동 소재 공인중개사사무소에서 거래계약서 2장을 작성 교부하여 정상적인 부동산 거래내역이 아니므로 조사 요청

- 「공인중개사법」 제26조 제3항에는 '개업 공인중개사가 거래계약서를 작성하는 때에는 거래금액 등 거래내용을 거짓으로 기재하거나 서로 다른 둘 이상의 거래계약서를 작성하여서는 안 된다.'라고 규정하고 있어 비록 임차인의 편의(은행대출용)를 위해 서로 다른 2장의 전세계약서를 작성하더라도 「공인중개사법」 위반사항임.
- 「공인중개사법」 제26조 제3항을 위반한 중개사무소는 같은 법 제38조제2항 제7호에 따라 업무정지 대상임.

> ▶ 유사 사례

- 임차인의 대리인(아들)이 임대차계약을 체결하여 대리인 란에만 서명·날인 하였고 확정일자를 받을 수 없게 되자, 중개업자는 임대인의 동의 없이 임차인의 대리인을 빼고 임차인 본인의 도장을 조립하여 임대인과 임차인의 도장을 날인함. : 법38조제2항 제7호 위반으로 업무정지

위 사례는 누구에게도 해를 끼치는 일이 없을 것 같은데 중개업자를 처벌하고 있다. 그 배경에 중개와 관련된 다른 분쟁이 있고 민원인이 처벌을 원하기 때문에 관할 구청에서는 공인중개사법 위반이 있는지 살펴보고 위반사항이 발견되면 행정처분을 하는 것이다.

위 첫 번째 경우와 유사사례로 전세자금 대출을 위하여 당사자 쌍방과 중개사간의 합의하에 임대대리인이 서명·날인한 계약서와 임대인만 들어간 계약서 2부를 작성하였고 임차인은 그 다음날 변심하여 해약을 요구하였다. 그러나 해약요구가 받아들여지지 않자 계약서를 2부 작성한 것을 이유로 관할구청에 민원을 제기한 것이다. 중개사는 업무정지를 당하였지만 임대인의 대리권 위임사실이 명확하기 때문에 임차인은 임대인으로부터 계약금을 반환받지 못하였다. 이렇게 되면 상호 피해를 보게 된다. 임차인과 중개사는 보다 현명하게 일부라도 반환하여 피해를 줄였어야 했다.

5. 표시·광고 위반 신고

> ▶ 공인중개사사무소에서 블로그와 단톡방을 만들어 초과수수료를 받고 있으니 확인 후 조치바람

> - 민원인이 신고한 단톡방에서 등록된 수수료는 컨설팅업을 하는 개인이 등록한 것으로 「공인중개사법」에서 규정하는 중개대상물에 대한 수수료에 해당되지 않아 초과수수료 위반여부를 확인할 수 없음.
> - 「공인중개사법」 제18조의2에는 '개업 공인중개사가 중개대상물에 대한 표시·광고를 하고자 할 때에는 반드시 중개사무소의 명칭, 소재지 및 연락처, 대표자의 성명을 명시하여야 한다'라고 규정하고 있음에도 불구하고 블로그에 대표자 성명을 미기재하여 같은 법 제51조제3항 제2의 2호에 따라 과태료 부과 대상임.
>   - 보통 50만의 과태료를 부과함.

본 사안은 초과수수료에 대한 문제에서 출발하였지만 민원이 들어온 이상 민원해결을 해야 하는 관할구청의 입장에서는 민원인이 납득하지 못하고 계속 문제를 제기하기 때문에 다른 건으로라도 공인중개사법 위반이 있는지 살펴 행정처분을 하는 경우라 할 것이다.

6. 대리인 계약

> ▶ 임대차 대리계약 시 임대인의 위임관계 사실 확인
>
> - '위임은 당사자 일방이 상대방에 대하여 사무의 처리를 위탁하고 상대방이 이를 승낙함으로써 효력이 생긴다.' 라고 민법680조에서 규정하고 있으며 거래계약서를 작성할 경우 개업 공인중개사에게 위임관계의 사실 확인의 무는 있으나 그 사실을 확인하기 위하여 위임장 징구를 하여야 한다고는 볼 수 없음.(국토교통부 부동산 산업과 (1599-0001)
> - 임대인과 통화 등으로 위임한 사실 확인

원칙적으로는 대리인 계약 시 위임장 및 인감증명서, 대리인의 신분증을 필히 확인하고 복사하여 보관 및 교부하는 것이 좋다. 그러나 위임장을 구비하지 못한 경우 중개의뢰인의 입회하에 위임인과 통화를 하면서 위임자의 인적사항과 피위임자의 인적사항, 위임내용을 확인하고 녹취를 한다. 이후 잔금 전 임대인의 추인서명을 받거나 임차인의 입주 후 임대인과 인사를 통하여 위임 사실을 명확히 하고 그 부대서류를 공인중개사법시행령 제21조 제4항에 의해 3년간 보관하여야 한다.

대리인 계약이 문제되는 경우는 임대인에게 다른 사유가 생겨 계약을 이행하기 어려울 때 잔금수령을 거부하면서 위임한 적 없다고 하는 경우이다. 물론 대리인의 책임이 있기는 하지만 중요한 것은 계약목적을 이루는 것이다. 계약 시 반드시 위임 사실을 확인하고 그 증거를 보관하기 바란다.

중개보수청구권 실행

중개업자는 경우에 따라 계약 성사를 위하여 엄청난 스트레스와 굴욕을 감수하고 적게는 몇 달 길게는 몇 년을 고객관리를 하여 계약을 성사시키기도 한다. 그러나 중개의뢰인들은 중개수수료를 지급할 때가 되면 중개사가 계약서만 달랑 1장 써줬을 뿐 한 일이 없다고 하면서 안면을 바꾸는 경우가 가끔 있다. 이런 경우는 주로 중개수수료가 큰 거래인 경우에서 발생한다. 적게는 몇 백에서 몇 천, 몇 억이 되는 경우 의뢰인들은 다른 핑계를 대거나 잔금까지의 이행과정에서의 문제점을 꼬투리 잡아 금액을 깎거나 심한 경우 못주겠다고 하는 경우가 있다. 이런 상황에서 중개사들은 어떻게 해야 할까?

1. 내용증명서 보내기

내용증명 자체에 특별한 법적 효력이 있는 것은 아니다. 그러나 소송으로 진행될 경우 요건을 갖추기 위한 준비과정이므로 당사자는 긴장하게된다. 내용증명을 보내기 전에 충분히 이야기 하고 다투었는데도 해결이 안되기 때문에 내용증명을 보냈겠지만 그런 과정을 거치지 않았다면 최소한 내용증명을 보내겠다고 통지하고 보내는 것이 좋다. 중개의뢰인의 성격에 따라 조금 아까워하기는 했지만 중개수수료를 줄 생각이었는데 갑자기 내용증명을 받게되면 법대로 하자며 더 강하게 나오는 경우 중개사에게는 득보다 실이 더 많을 수 있기 때문이다. 내용증명은 특별한 양식이 있는 것은 아니지만 대체로 다음 내용과 같이 구성하며 3부를 작성하고 우체국에서 보내면 된다. 1부는 상대방에게 보내고, 1부는 우체국에 보관하고, 1부는 우체국 날인을 받아 본인이 보관한다.

```
┌─────────────────────────────────────────────────────────────────┐
│                        내 용 증 명 서                             │
│                                                                   │
│  ■ 일시: 2000년 ○○월 ○○일                                        │
│  ■ 수신자: 성명: ○○○                                             │
│     주소: 서울특별시 ○○구 ○○동 ○○○-○○○                        │
│  ■ 발신자: 성명: ○○○                                             │
│     주소: 서울특별시 ○○구 ○○동 ○○○-○○○                        │
│  ■ 제목: 중개보수 지급요청 내용증명                                │
│     부동산의 표시: 서울특별시 ○○○구 ○○동 ○○○-○○             │
│  1. 귀하의 무궁한 발전을 기원합니다.                               │
│  2. 국내외 정세가 어려운 때에 여러 가지로 수고 많으십니다.          │
│  3. 귀하는 2000년 ○○월 ○○일 귀하의 위 부동산을 매도하여 줄 것을 본인에게 중개의뢰하였고 본인은 2000년 │
│     ○○월 ○○일 위 부동산을 금 ○○○억 원정에 매수자를 ○○○으로 하여 매매계약을 체결하였으며 중개보수로 │
│     금 ○○○만 원을 지급하기로 본인과 약정하였습니다.               │
│  4. 그러나 귀하는 잔금지급이 완료 된지 1개월이 되어감에도 중개보수를 지급하지 않고 있습니다. │
│  5. 이에 2000년 ○○월 ○○일까지 중개보수를 지급하여 줄 것을 다시 한 번 더 요청 드립니다. │
│  6. 본 내용증명서를 발송하는 것은 서로간의 의사표시를 서면상으로 하는 것이 현명할 것으로 판단되어 발송하는 것 │
│     이오니 부디 너그러운 마음으로 이해해주시기 바랍니다.           │
│                                                                   │
│                    발신인: ○○○부동산 공인중개사 ○○○(인)        │
│                                                                   │
└─────────────────────────────────────────────────────────────────┘
```

[그림 8-4] 내용증명서 양식

2. 지급명령

지급명령은 상대방이 중개보수 지급약정서를 서면에 의하여 작성하였거나 확인·설명서의 중개보수 등에 관한 사항 란에 서명·날인하여 지급약정사실이 분명하며 그 사실에 대하여는 다툼이 없을 것으로 예상되는 경우 이용할 수 있다. 공시송달에 의하지 아니하고 송달을 할 수 있는 경우에만 허용된다. 제출한 서류만을 심리하고 지급명령을 발령하므로 법정에 출석할 필요가 없다. 소가에 관계없이 신청할 수 있다.

지 급 명 령 신 청

채권자: 김 0 0

주 소:

채무자: 이 0 0

주 소:

부동산 중개보수 지급청구 독촉사건

청구금액: 금 50,000,000원 정

청 구 취 지

1. 채무자는 채권자에게 금 50,000,000원 및 이에 대한 이 사건 지급명령 정본 송달일로부터 완제일까지 연12%의 비율에 의한 금원을 지급하라.

2. 독촉절차 비용은 채무자의 부담으로 한다.

　　라는 지급명령을 구합니다.

청 구 원 인

1. 채권자는 2000. 5.1. 채무자의 서울시 00구 00동 000-00번지상 토지와 건축물을 금 6,000,000,000원 정에 매매 중개하였으나 채무자는 그에 대한 중개보수를 지급하지 않고 있습니다.

2. 채권자는 수차례 채무자에게 매매 중개보수의 지급을 요청하였으나 이에 응하지 아니하여 청구취지 기재와 같은 지급명령을 신청합니다.

20.　　.　　.

위 채권자 김 0 0 (인)

서 울 지 방 법 원 귀 중

[그림 8-5] 지급명령신청서 양식

※ 지급명령 절차

1. 지급명령 신청 → 2. 당사자 출석 없이 서면심리 → 3. 지급명령 결정 → 4. 송달(법원→채무자) → 6. 채무자의 이의신청[118] 없음(14일 내) → 7. 확정 // → 6. 채무자의 이의신청 있음(14일 내) → 7. 민사소송

---

118) 채무자는 증거가 없어도 이의신청이 가능하며 시간을 끌기 위해 악용되는 경우가 있다.

3. 소액(사건)심판(청구)

　소액 사건의 심판 청구는 청구 금액 3,000만 원을 초과하지 아니하는 제1심 소액의 민사사건에서 단 한 번의 재판으로 배상을 결정하는 재판제도로 실무상 이를 '소액 사건 심판 청구'라 한다.

　소액사건은 신속한 처리를 위하여 소장이 접수되면 즉시 변론기일을 지정하여 1회의 변론기일로 심리를 마치고 즉시 선고하도록 하고 있다. 법원이 이행권고결정을 하는 경우에는 즉시 변론기일을 지정하지 않고, 일단 피고에게 이행권고결정등본을 송달한 후 이의가 있을 경우에만 변론기일을 즉시 지정하여 재판을 진행하게 된다.

　소액심판은 민사소송의 일종으로 증거제시를 철저히 하여야 한다. 심판을 서면에 의해서 하기 때문에 소명할 기회가 없어 사전준비가 철저해야 한다.

접수인		**소장**	

사 건 번 호	
배당순위번호	
담 당	제단독

사건명
원고(이름)(주민등록번호-)
(주소) (연락처)
1. 피고 (이름)(주민등록번호-)
(주소) (연락처)
2. 피고 (이름)(주민등록번호-)
(주소) (연락처)

소송목적의 값	원	인지	원
(인지첩부란)			

청 구 취 지

1. 청구금액: (원금)   금 _____원

(지연손해금)_____부터 소장부본 송달일까지 연 5%

소장부본 송달 다음 날부터 지급일까지 연 12%

2. 소송비용은 피고가 부담한다.

3. 제1항은 가집행할 수 있다.

라는 판결을 구함.

청 구 원 인

1. 채권자는 2022.5.1. 채무자의 서울시 00구 00동 000-00번지상 토지와 건축물을 금6,000,000,000원정에 매매
   중개하였으나 채무자는 그에 대한 중개보수를 지급하지 않고 있습니다.

2. 채권자는 수차례 채무자에게 매매 중개보수의 지급을 요청하였으나 이에 응하지 아니하여 청구취지 기재와 같은
   청구에 이르게 되었습니다.

3. 기타 보충할 내용

첨 부 서 류

1. 위 입증서류 각1통

2. 소장부본1부

3. 송달료납부서1부

20 .   .   .

위 원고(날인 또는 서명)

00 지방법원 귀중

◇ 유의사항 ◇

1. 연락처란에는 언제든지 연락 가능한 전화번호나 휴대전화번호, 그 밖에 팩스번호·이메일 주소 등이 있으면 함께
   기재하여 주시기 바랍니다. 피고의 연락처는 확인이 가능한 경우에 기재하면 됩니다.

2. 첨부(貼付)할 인지가 많은 경우에는 뒷면을 활용하여 주시기 바랍니다.

[그림 8-6] 소액심판 소장 양식

4. 민사조정

"가장 나쁜 화해도 가장 좋은 판결보다 낫다"라는 법언이 있듯이 재판을 통한 해결은 당사자 간에 평생 지워지지 않는 감정의 앙금을 남기게 된다.

민사조정 시 당사자들은 조정기일에 출석하여 자신의 주장과 답변을 하고 조정담

당판사나 조정위원회는 당사자 쌍방의 의견을 고루 듣고 당사자가 제시하는 자료를 검토하여 임의조정이나 강제조정을 하게 된다. 조정이 성립되면 재판상 화해와 동일한 효력이 발생하고, 이에 대하여는 더 이상 불복하여 다툴 길이 없게 된다.

조 정 신 청 서

신 청 인: 김 0 0

서울시 00구 00동 000-00

우 135-090(전화 010-0000-0000)

피신청인: 이 0 0

서울시 00구 00동 000-00

우 135-090(전화 010-0000-0000)

신 청 취 지

피신청인은 신청인에게 금 50,000,000원 및 이에 대한 20 . . .부터 다 지급할 때까지 연 12%의 비율에 의한 돈을 지급한다.

 라는 조정을 구합니다.

신 청 원 인

신청인은 2022.5.1. 피신청인의 서울시 00구 00동 000-00번지상 토지와 건축물을 금 6,000,000,000원 정에 매매 중개하였으나 채무자는 그에 대한 중개보수를 지급하지 않고 있습니다.

신청인은 수차례 채무자에게 매매 중개보수의 지급을 요청하였으나 이에 응하지 아니하여 중개보수 및 지연손해금을 지급받기 위하여 조정을 신청합니다.

증 거 서 류

1. 매매계약서 사본 1부

1. 중개보수 지급약정서 1부

20 . . .

신청인 김 0 0(인)

서울지 방 법 원 귀중

[그림 8-7] 조정신청서 양식

부동산중개 경영전략
(기업으로 가는 길)

경영전략의 분류

1. 경영전략의 개요

덩굴식물 중 호박의 발아와 성장을 잘 관찰해 보면 좋은 씨가 제일 중요하고 좋은 땅이 그 다음으로 중요하다는 것을 알 수 있다. 좋은 씨라는 것은 좋은 유전자를 가진 씨앗이고, 회사로 치자면 좋은 경영전략과 시스템이 갖추어져 있는 조직인 것이다. 좋은 땅이라는 것은 부동산 중개에서는 당연히 물건과 고객이 많은 종목과 지역이고 낚시로 치자면 황금낚시터의 낚시포인트라 할 것이다.

많은 계약은 좋은 조직에서 나오고 좋은 조직은 일사분란하게 하나의 유기체처럼 움직일 수 있게 하는 에너지에서 나온다. 이러한 에너지는 조직원들이 수긍하며 흥분하게 할 수 있는 목표설정과 그 실현가능성에서 나온다.

우리 보통 사람들이 아주 열심히 노력하면 대기업에 입사할 수는 있지만 스스로 노력해 대기업을 이기는 조직을 만들어 내는 것은 한 세대 내에는 불가능에 가까울 것이다. 그러나 한 개 동(인구 약 2~3만) 안에서 부동산 중개업으로 1등을 하는 것은 그 지역을 누구보다 잘 알고 그 지역민들과의 친소가 있고 정보가 많다면 그 지역 안에 잘 나가는 프랜차이즈 가맹 사무실이 있어도 가능하다. 물론 프랜차이즈 사무실은 개인이 운영하는 것이고 실질적으로 본사에서 지원해주는 것이 별로 없기 때문에 대기업으로 볼 수는 없다. 그러나 다른 업종일 지라도 개인이 그 지역에서 1등을 하는 소상공인은 많다. 특히나 부동산중개는 중개사의 능력과 인품을 보고 찾아가는 것이기 때문에 지역1등이 가능한 분야이다.

이처럼 좋은 조직과 에너지와 능력으로 그 지역에서 1등을 하는 사무실을 만들었다면 그 다음은 그 시스템을 그대로 복사해 주변 지역으로 확산시키는 것이다. 이러한 전략이 성공하여 조직 규모가 커지면 거기에 맞는 조직체계를 갖추면 된다. 물론 그 과정에 많은 숨은 문제들이 튀어나올 것이고 이것을 하나씩 극복하면 더 단단하고 집단지성을 갖춘 아주 멋진 회사조직이 될 것이다. 다음은 사무실의 규모별 인원 구성과 조직화 방업을 기술하고 일반적인 경영이론으로서 직원모집에서부터 중개 보수의 배분 방법까지를 살펴보기로 한다.

2. 자체 브랜드 전략

1) 소규모 전략

부동산중개 경영을 소규모로 하는 데에 있어 최고의 전략은 무엇일까? 단언컨대 신뢰성과 전문성을 갖추고 특정 분야에서 유통조직을 만들어 협력적 행동을 하는 것이다.

사업을 오랜 기간 하였으면서도 직원을 늘리지 않고 1인이나 2인 사무실을 운영하는 개업 공인중개사들이 많다. 이들 사무실은 사무실 대표의 경우 난이도가 높은 특정한 분야(건축부지, 빌딩, 주유소, 공장, 임야, 농가주택, 프랜차이즈 등)를 전문으로 취급하고 외부의 다른 사무실에서 같은 분야를 취급하는 중개업자와 파트너십을 형성하는 전략을 취한다. 본인이 운영하는 사무실의 직원은 동네 사무실 주변의 전월세를 주로 하거나 사무를 보조하는 역할을 하게 된다.

이렇게 전문분야를 취급하기 위해서는 오랜 기간의 경험과 인맥, 물건유통망을 가지고 있어야 한다. 물건작업은 지속적으로 본인이 하게 되지만 다른 부동산사무실에서 작업해놓은 물건을 받아 공동중개를 하기도 한다. 파트너 개업 공인중개사도 또한 같은 방식이다. 이렇게 영업하는 중개사들이 적게는 둘에서 많게는 십여 명이 네트워크를 형성해 물건을 작업하고 단골고객을 보유하여 유통시키는 것이다. 이런 계약은 전월세처럼 1개월에 몇 십 건씩 하는 것은 아니며 1년에 3건에서 많으면 7건 정도를 하게 되고 한 건당 중개보수가 적게는 몇 백 만 원에서 많을 때는 몇 억에 이른다. 연평균 수입으로 따지면 여러 명의 직원이 주택 전·월세 매매를 할 때보다 수입이 더 많기도 하기 때문에 이 방식으로 일하는 것이다.

또한 일반적인 개업 공인중개사사무실은 보통 그 면적이 5평에서 12평 규모로 대표를 포함하여 3명 정도가 근무하면서 상담실을 별도로 두면 딱 맞는 크기이다. 수도권 지역에서 역세권 1층에 15평이 넘는 사무실은 많지 않을뿐더러 여간 잘 운영하지 않는 한 월차임을 감당하기 어렵게 된다. 부동산사무실이 소규모 사무실 위주인 것은 이런 뒷사정도 있다.

정리하자면 소규모 전략으로 사무실을 운영하고자 한다면 다음의 조건을 갖춰야 한다.
첫째, 자신에게 맞는 특정 틈새시장을 찾아야 한다.
둘째, 오랜 기간 데이터를 쌓아가고, 단골고객을 잘 관리하여야 하며, 파트너들과 네트워크를 형성해야 한다.
셋째, 지속적으로 그 분야에 대해 공부하며 최고의 전문가가 되어야 한다.

또 하나의 유형은 아파트 단지나 배후지의 물건유통이 활발한 곳에 자리를 잘 잡은 소규모 개업 공인중개사 사무실이다. 이런 사무실은 가족끼리 운영하거나 직원을 1명 정도 두고 바쁘게 일한다. 주로 주택 전·월세, 매매를 취급하며 수익도 만만치 않다.
운영규모로 보면 서울시의 경우 단독운영과 가족끼리 운영하는 경우가 2018년 기준 56.6%[119]에 달해 대부분의 사무실이 1~2인 사무실이다. 소규모 사무실의 경우 주로 아파트단지 내 상가나, 주택가 입구, 역세권에서 아파트, 주택, 상가, 오피스텔 등을 복합적으로 취급하고 있다. 배후지의 다양한 물건을 취급하는 직원과 특정분야의 물건만 취급하는 대표나 직원으로 구성되어 운영하고 있는 것이다.

2) 중규모 전략

서울시 개업 공인중개사 사무실에서 2018년 기준 1~2인의 직원을 고용하여 영업하고 있는 비율은 36.1%, 3인 이상을 고용하여 운영하고 있는 사무실은 6.9%이다. 이러한 3인 이상 사무실들이 중규모 전략을 취하고 있다고 봐야 한다. 서울시 강서구의 경우 2022년 기준 1,515[120]개의 개업 공인중개사사무소가 있지만 상권이 형성된 14개의 전철역세권에서 평균 5~6개 사무실이 이런 형태로 운영되고 있어 약 5% 정도가 역세권에서 중규모전략을 택하여 운영하고 있는 것으로 파악된다.

---

119) 공재옥 (2018) "부동산 공동중개파트너의 특성요인 및 장기지향성에 관한 실증연구" p,86
120) 국가공간정보포털(http://www.nsdi.go.kr/lxportal/)

중규모의 개업 공인중개사사무실에는 대표와 3명에서 5명 정도의 직원이 근무하며 매물장은 공유하고 매수장은 각자의 손님을 매수장이나 영업장부에 기록하여 관리한다. 사무실에서는 기본적으로 광고에 일정금액을 투자하게 되는데 대표가 직원들이 광고 내고자 하는 물건을 올려주거나 가입비만 대표가 내주고 광고는 각자 올리는 경우도 있다. 광고를 통하여 수익 창출을 잘 하는 직원은 추가로 개인비용을 지출하여 광고를 내거나 블로그, 카페를 운영하는 경우도 있다. 사무실에 중요하게 처리해야하는 일중에 워킹손님121)의 담당을 누구에 줄 것인가 하는 문제가 있다. 요일별로 배정하는 경우가 많고 이런 경우는 당직을 정해 사무실을 지키며 물건을 접수하고 방문고객을 상담하게 된다. 직원들의 담당 업무가 다른 경우에는 어떤 물건을 찾는지에 따라 담당직원에게 상담하도록 하고 있는 경우도 있다.

중규모 사무실의 사무실 운영전략은 다음의 기준을 잘 정해야 한다.

첫째, 직원들의 업무 배분 시 동일한 업무를 취급하는 직원이 여럿일 경우에는 지역의 섹터를 나누어 배분122)하는 것이 충돌을 줄일 수 있는 방법이고, 직원들의 전문분야가 다른 경우에는 각자 담당한 업무 외의 다른 직원의 업무분야를 손대지 못하도록 하여야 한다. 만약 사유가 있어 다른 직원의 업무분야의 물건을 제공하거나 지인을 소개하는 경우에는 그 업무담당과 공동으로 진행하고 중개보수를 나누도록 하여야 한다.

둘째, 사무실 차원에서 기본적인 광고를 지원해줘야 하고 워킹손님을 어떻게 배정할 지에 대한 기준을 정해야 한다.

셋째, 신규직원의 경우 일을 배우는 동안 최소한의 생활은 유지할 수 있도록 기본급과 체계적인 영업교육을 해줘야 한다. 직원이 여럿인데 이제 처음 배우는 직원을 들여 스스로 알아서 하도록 방치하면 다른 직원들에게 치이고, 실적이 없게 되어 그만두게 된다. 이런 일은 체계적인 지원이 없으면 신규직원의 경우 계속 바뀌게 되고 사무실 정보만 외부로 새 나가게 된다. 중개경험이나 영업경험이 없는 신입직원의 경우 베테랑 직원의 업무보조를 하며 일을 배우도록 사수(멘토)를 지정해 주는 경우도 있다. 이런 경우 신입직원은 사수를 따라 다니며 중개의 기술을 견습하게 되며 기

---

121) 온라인이나 지면 광고를 보고 찾아온 손님이 아닌 지나가다가 간판을 보고 들어온 손님을 부동산업계에서는 "워킹손님"으로 부른다. 바로 계약으로 이어질 가능성이 높기 때문에 직원들은 워킹손님을 중요하게 생각한다.

122) 전철역에 사무실이 위치해 있고 전철역 사거리를 중심으로 4개 블록으로 나뉜다면 4개 섹터로 나눌 수 있다. 화곡본동, 화곡3동, 화곡5동, 화곡7동 담당 식으로 나누는 것이다.

회가 주어지면 직접 고객을 상대해 보기도 하면서 배우는 방식이다.

넷째, 사무실 대표가 특정 종목에 뛰어난 성과를 내고 있다면 직원들의 업무지원을 대표가 하는 것보다는 별도의 업무지원 직원을 고용하는 것이 효율적이다. 사무실 대표가 개인적으로 내는 성과가 연 1억이라면 사무실 직원들의 업무지원을 통하여 창출되는 이익이 1억 원 이상이어야 한다. 그러나 현실적으로 직원들의 중개보수는 입금비율이 있기 때문에 3명의 직원이 중개보수 수입의 30%~50%를 입금할 경우 그 순 입금액이 연간 1억을 넘지 못한다면, 직원들의 업무지원을 위하여 대표가 본인의 업무에서 손을 떼는 것은 잘못된 선택인 것이다. 사무실 면적이 좁기 때문에 업무지원직원을 별도로 두기 어렵다면 실적이 저조한 직원을 본인 계약도 하면서 업무지원을 하도록 전환할 수 있다. 물론 업무지원에 대한 보수는 기본급이나 비율제로 협의하여 정하면 된다. 중요한 것은 단독으로 상당한 수익을 창출하는 대표가 직원들 업무지원을 위해 본인의 전문분야를 포기하는 것은 잘못된 선택일 가능성이 높다는 것이다.

3) 기업화 전략

대형 사무실은 서울시의 강남대로 역세권에 주로 위치해 있다. 빌딩 1층은 임대료가 워낙 높기 때문에 빌딩 상층부에 1개 층 전부를 사용하거나 몇 개 층을 임차하여 운영하기도 한다. 한 사무실에 적게는 20~30여 명이 근무하는 형태이고, 직원이 많은 경우 500~600여 명이 근무하는 중개법인도 있다.

이들 기업형 중개기업의 운영 핵심과제는 유능한 직원을 교육 양성하는 것이고 양성한 직원을 잘 유지 관리하는 것이다. 낚시를 잘하는 프로 낚시도사도 낚아 올리는 데에는 한계가 있기 때문에 더 많은 고기를 잡기 위해서는 사람을 채용하여 낚시 잘하는 기술을 교육하고 좌대를 더 많이 깔아 낚시하게 만들어야 한다. 이렇게 잡아 올린 고기는 성과에 비례하여 직원들에게 나누어 주게 되면 혼자서 할 수 있는 일의 한계를 뛰어넘을 수 있는 것과 같은 원리이다. 한 명이 할 수 있는 일의 한계를 뛰어넘고 지속적인 성과를 내기 위해서는 유능한 중개사를 만들어내는 경영이 필요한 것이다. 즉 중심과제를 '계약을 잘하게 하는 것에서 유능한 중개사를 양성하는 것'으로 바꾸어야 한다.

3. 프랜차이즈 전략

국제프랜차이즈협회(IFT)는 "프랜차이즈란 프랜차이저123)와 프랜차이지124)와의 사이의 계속적 관계로서 프랜차이저의 일련의 지식, 이미지, 성공, 제조 및 마케팅 기법을 프랜차이지에게 제공하고 대가를 지급하는 것을 말한다."고 프랜차이즈를 정의하였다. 상품 판매의 경우 상품을 제조하거나 판매하는 업체가 가맹본부가 되고 독립된 소매점이 가맹점이 되어 눈에 보이는 상품이 오가고 그 상품에 대한 수요가 충분하여 지역 독점권을 부여 받을 경우 수익이 보장되는 형태의 사업이다.

그러나 서비스를 제공하는 서비스업의 경우 그 서비스 자체를 특허나 기타 방법으로 권리를 확실히 하여 유통시키기 어려운 특성이 있다. 그렇기 때문에 상표권과 영업노하우가 바탕이 된 경영시스템을 결합하고 교육을 추가하여 브랜드 가치를 만들어 가고자 하지만 서비스업이 사람사업이라는 특성 때문에 서비스의 동일성을 담보할 수 없는 문제가 있다.

1) 프랜차이즈화를 위한 전략

(1) 부동산중개 프랜차이즈의 장단점

① 장점

프랜차이즈의 장점을 부동산중개업의 측면에서 살려내기 위해서는 다음과 같은 고찰이 필요하다.

㉠ 브랜드의 인지도와 신뢰도

프랜차이즈 브랜드를 가치 있게 만들기 위해서는 가맹점에서 계약한 건에 대하여 물건의 하자나 중개사고에 대해 현재 공인중개사협회나 서울보증에서 하고 있는 보증 이상의 확실한 보증이 되어야 하고 공제금 신청의 절차를 간소화해야 한다. 물론

---

123) 프랜차이저(Franchisor)는 프랜차이즈 사업의 본사를 지칭하는 개념이다.
124) 프랜차이지(Franchisee)는 본사의 경영방식이나 상품 제조의 노하우등을 제공받고 그에 대한 가맹비나 상표권 사용료 등 일정금액을 매월 제공하는 가맹점을 지칭하는 개념이다.

프랜차이저가 가지고 있는 브랜드 하에서는 중개사고가 없도록 하는 것이 우선이지만 고객들이 그 브랜드라면 믿고 계약할 수 있는 정도가 되어야 브랜드력이 살아날 수 있다.

ⓒ 본사 교육 프로그램

국내 프랜차이즈 중 교육사업으로 시작해 부동산중개업을 프랜차이즈화 한 업체가 있었다. 나름 성공한 케이스이지만 한국의 법제와 관행의 울타리에서 벗어나지 못하고 중도 와해되었다. 그만큼 부동산중개 프랜차이즈에서는 교육이 중요하다는 반증이기도 하다. 공인중개사를 대상으로 하는 교육중 법률적인 교육은 교육기관이 넘쳐날 정도로 많다. 그렇기 때문에 특화하기 어렵고 개업 공인중개사에게 꼭 필요한 마케팅과 세일즈기술 및 경영관리의 기술을 성공한 중개 전문가들이 특화하여 교육하여야 한다.

ⓒ 본사지원 마케팅

마케팅은 포괄적인 개념이다. 브랜드의 이미지에서부터 프렌차이즈가 제공하는 서비스의 변하지 않는 동일성과 우수성을 본사차원에서 국민에게 인식시켜야 하는 과정이기 때문에 개인 프렌차이지들이 직접 하기에는 비용과 지역적 한계가 있게 된다. 마케팅은 낚시하기 전 고기들이 모여들 수 있도록 밑밥을 뿌리는 것과 같다고 했다. 자사의 브랜드를 단 가맹점들에게 고객들이 모여들 수 있는 마케팅은 본사의 몫인 것이다.

ⓒ 거래정보망

현재 국내에는 공인중개사협회에서 운영하는 거래정보망이 있고 60여 개가 넘는 사설거래정보망들이 있다. 이런 상황이다 보니 전국의 개업 공인중개사들이 공통으로 사용하는 단일 거래정보망이 없는 상황이다. 만일 프랜차이즈 본사가 자금력이 충분하다면 회원이 가장 많은 협회나 사설거래정보망과 연합하여 단일거래정보망을 기획해 성공한다면 대기업 반열에 들어서는 프랜차이즈 회사가 될 것이다. 회원이 많은 거래정보망은 회원들의 프로그램 사용료뿐만 아니라 각종 유관 기업이 광고하기에 최적인 가상공간이 되기 때문에 그 수익이 오히려 가맹점을 통한 수입보다 더 클 수 있는 것이다.

㉤ 경영지원

일반 개업 공인중개사사무실의 경우 대부분 가족끼리 운영하거나 1~2인 사무실이기 때문에 특별히 경영시스템이라 할 만한 것이 없는 상황이다. 그러나 누구나 처음 사업을 시작할 때에 본인의 인생이 끝날 때까지 1~2인이 운영하려고 시작한 사람은 많지 않을 것이다. 사업을 더 잘하고 확장해 가고 싶지만 한계에 부딪쳤기 때문에 그냥 먹고사는 데에 만족하며 살 뿐이다. 이러한 상황에서 가맹 본사에서 유능한 경영인들이 경영진단을 해주고 꼬인 매듭을 풀어준다면 지금보다는 더 나아질 수 있고 더 많은 수익을 창출할 수 있을 것이다. 경영지원은 이런 차원에서 계획을 잡고 실행해 나가야 한다.

② 단점

㉠ 상표권 사용료(프로그램 사용료) 매월 지출

프랜차이즈의 핵심은 상표권과 독점적 영업권에 대한 대가 지불로 볼 수 있다. 일반 상품의 경우 본점의 제품이나 매뉴얼에 따라 가맹점이 상품을 소매하고 독점권이 부여되기 때문에 본사의 마케팅이나 신제품개발이 가맹점의 수익에 직결되고 브랜드력이 수익으로 연결된다는 측면에서 상표사용료를 내는 것이 아깝지 않게 느껴진다. 그러나 부동산중개업에서 상표권은 한 번 등록하면 10년간 별도의 비용이 지출되지 않고 프로그램 또한 한 번 만들어 놓으면 회원이 늘어날 때 서버를 증설하는 것 외에 관리직원 급여 외에 특별한 비용이 지출되지 않는데 매달 사용료를 지불하려면 아깝다는 생각이 들기 마련이다. 매달 지출되는 비용명목이 있다면 그 지출로 인하여 가맹점들에게 이득으로 돌아오는 수익이 눈에 보이게 해줘야 한다.

㉡ 광고효과 미약

부동산 프랜차이즈에 가입한 중개업소의 경우에도 꼭 팔아야 할 중요한 물건의 광고는 별도로 인터넷 포털이나 일반인들이 많이 찾는 사이트에 비싼 광고를 올린다. 프랜차이즈 회사들이 운영하는 사이트를 일반인이 잘 들어가지 않고 회원들 간 공동중개를 위한 매개체로 인식하기 때문이다. 그렇기 때문에 본사들도 회원들의 광고를 네이버나 다음과 같은 포털사이트에 협약을 맺고 링크를 걸어주는 형태로 광고효과를 높이고 있는 실정이다. 이러한 문제를 해결할 획기적인 방법이 제시되어야 하는 상황이다.

ⓒ 가맹점의 이미지가 다른 가맹점에 영향

부동산중개는 공식적인 데이터를 찾지 못했지만 다른 서비스업에 비해 큰 중개사고가 많이 발생하는 것으로 보인다. 만일 이런 중개사고가 가맹점에서 일어났다면 본사의 브랜드를 달고 있기 때문에 다른 가맹점에게도 영향을 미치게 마련이다. 이런 일이 발생할 경우 그 파급효과를 차단할 방법이 강구되어야 한다.

(2) 부동산중개 프랜차이즈의 요건

① 상표권 확보

프랜차이즈 사업의 초기 진출자들이 좌초되는 가장 흔한 사유중 하나가 상표권이다. 어떤 장사가 너무 잘 될 경우 손님 중에 점주에게 프랜차이즈 사업을 할 의향이 있는지 문의가 들어오는 경우가 있다. 이 경우 점주는 동일 간판을 걸 수 있고 노하우나 레시피를 전수해 주는 조건으로 몇 천만 원을 받기도 한다. 이렇게 시작한 초기 사업체들이 막상 상표권을 등록하려고 하면 이미 같은 상표가 있거나 유사상표 때문에 등록이 거절되는 것이다. 특별한 개인의 이름을 빼고는 우리나라에 독특한 단어는 거의 상표가 등록되어 있다고 봐도 된다. 프랜차이즈 사업을 생각한다면 상표권 등록이 선행되어야 한다.

② 프로그램 전문가

부동산중개업의 물건관리 프로그램은 몇 가지 유형으로 기성품 화 되어 판매되기도 한다. 그러나 그런 프로그램은 프랜차이즈에서 그대로 사용하기에는 맞지 않는 기능들이 많고 그런 목적으로 만들어진 것도 아니기 때문에 자체 제작하여야 한다. 이 경우 프로그래머에게 의뢰하여 만드는 경우가 있다. 그러나 사용을 하다 보면 기능을 추가하거나 바꾸거나 새로 개발된 기능들을 적용하여야 하는 경우에 외주에 의존하는 것은 너무나 큰 위험을 안고 가는 것이다. 프로그램을 만들어 줬던 회사가 없어질 수도 있고 과도한 비용을 요구할 수도 있다. 적어도 부동산중개 프랜차이즈를 하고자 한다면 거래정보망프로그램을 자체 기술로 개발하여 운영하는 정도의 기술진을 보유하고 있어야 한다. 사설거래정보망의 경우 회사의 대표 중 프로그래머가 많다는 점은 시사하는 바가 큰 것이다.

③ 인테리어

한때 전국적으로 상당한 가맹점을 보유했던 부동산중개 프랜차이즈들[125]을 보면 멀리서 봐도 인테리어 및 아웃테리어가 눈에 잘 들어왔다. 특히 간판과 선팅이 차별화되었다. 인테리어는 다른 부동산중개업소와 그리고 다른 부동산프랜차이즈들과 분명하게 차별화되도록 설계되어야 한다.

④ 마케팅 지원

푸드프랜차이즈들의 경우 본사에서 이미지광고를 공중파에 많이 하고 있다. 또한 신상품 광고를 하게 되면 가맹점들의 수익으로 직결된다. 부동산중개 프랜차이즈의 경우 지역민을 위한 새로운 편의제공 서비스를 광고[126]하거나 공익광고를 하여 본사 프랜차이즈에 대한 이미지를 제고시킬 수 있다.

⑤ 전속중개계약 교육

매물주가 물건에 대한 가격을 임의대로 변경하고 아무리 많은 노력과 비용을 지출했어도 1등으로 계약하지 못한 경우 모든 것이 물거품이 되는 영업환경은 실적을 차곡차곡 쌓아가고 사업을 확장해 가는 데 결정적인 장애요인이다. 부동산 전속중개계약[127]은 완전하지는 않지만 이러한 문제를 해결해 줄 수 있는 제도적 장치이다. 그

---

125) 스피드뱅크, R114, 부동산뱅크, 장승백이부동산, 부동산써브 등
126) "건축물대장을 확인하고 싶으세요? 가까운 000부동산으로 가보세요. 공인중개사가 친절하게 무료 열람하여주며 상세한 설명도 해드릴 겁니다. 부동산 상담은 000부동산으로 가보세요~" 등
127) **공인중개사법 제23조** (전속중개계약)
 ① 중개의뢰인은 중개대상물의 중개를 의뢰하는 경우 특정한 개업 공인중개사를 정하여 그 개업 공인중개사에 한정하여 해당 중개대상물을 중개하도록 하는 계약(이하 "전속중개계약"이라 한다)을 체결할 수 있다.
 ② 제1항에 따른 전속중개계약은 국토교통부령으로 정하는 계약서에 의하여야 하며, 개업 공인중개사는 전속중개계약을 체결한 때에는 해당 계약서를 국토교통부령으로 정하는 기간 동안 보존하여야 한다.

러나 공인중개사법시행령 제20조의 내용을 보면 알겠지만 공개해야 할 내용이 너무 많다. 대부분의 개업 공인중개사는 전속중개계약을 했을 경우에도 진행상황을 보고 하는 정도에 그치고 상세한 내용을 공개하는 것은 지양하고 있다. 또한 의뢰인도 그 정도까지 공개되는 것을 원치 않는다. 이것도 부담스러우면 물건매매(임대차)를 전속 으로 취급하도록 하는 구두약속만 하거나, 간이서류양식에 물건소재와 소유주 이름 만 쓰고 '○○○공인중개사무소에 3개월간 전속중개를 의뢰함'으로 간단하게 서명만 받는 것도 좋다. 이러한 방식은 전속중개계약으로서의 효력은 없지만 고객이 약속한 것이기 때문에 지켜질 가능성이 높은 실용적인 방식이다. 대형물건은 공인중개사법 상 법정 전속중개계약서를 사용하여 정확하게 처리하고, 소규모 물건은 간이서류양 식에 받거나 구두로 받을 수 있게 교육이 이루어져야 한다. 예전과 달리 지금은 대부 분의 개업 공인중개사가 공동중개 거래정보망을 사용하기 때문에 여기저기 다니며 내놓거나 물건을 찾으러 다니지 않아도 믿을 만한 곳 한 군데만 의뢰하면 다 해결되 는 시대이기 때문에 그 점을 부각시켜 설득해야 한다.

⑥ 경영시스템

효율적인 경영시스템은 전문업종마다 다르다. 일률적으로 이야기할 수 있는 부분 은 아니지만 본사 대표나 경영진이 성공한 사업 분야가 있을 것이고 그 부분의 경영 시스템을 가맹점이 빠른 시일 내에 적응할 수 있도록 심플하게 자료를 만들어 교육 하고, 적용과정에서 드러나는 문제점은 분석과 보완작업을 통하여 전수해줄 수 있어

---

③ 개업 공인중개사는 전속중개계약을 체결한 때에는 제24조에 따른 부동산거래정보망 또는 일간신문에 "해당 중개대 상물에 관한 정보를 공개하여야 한다. 다만, 중개의뢰인이 비공개를 요청한 경우에는 이를 공개하여서는 아니된다.
④ 전속중개계약의 유효기간, 공개하여야 할 정보의 내용 그 밖에 필요한 사항은 대통령령으로 정한다.
공인중개사법시행령 제20조 (전속중개계약)
① 법 제23조제1항의 규정에 따른 전속중개계약의 유효기간은 3월로 한다. 다만, 당사자간에 다른 약정이 있는 경우 에는 그 약정에 따른다.
② 전속중개계약을 체결한 개업 공인중개사가 법 제23조제3항의 규정에 따라 공개하여야 할 중개대상물에 관한 정 보의 내용은 다음 각 호와 같다. [개정 2014.7.28]
1. 중개대상물의 종류, 소재지, 지목 및 면적, 건축물의 용도·구조 및 건축연도 등 중개대상물을 특정하기 위하여 필 요한 사항
2. 벽면 및 도배의 상태
3. 수도·전기·가스·소방·열공급·승강기 설비, 오수·폐수·쓰레기 처리시설 등의 상태
4. 도로 및 대중교통수단과의 연계성, 시장·학교 등과의 근접성, 지형 등 입지조건, 일조(日照)·소음·진동 등 환경조건
5. 소유권·전세권·저당권·지상권 및 임차권 등 중개대상물의 권리관계에 관한 사항. 다만, 각 권리자의 주소·성명 등 인적 사항에 관한 정보는 공개하여서는 아니 된다.
6. 공법상의 이용제한 및 거래규제에 관한 사항
7. 중개대상물의 거래예정금액 및 공시지가. 다만, 임대차의 경우에는 공시지가를 공개하지 아니할 수 있다.

야 한다.

⑦ 공정거래위원회 담당 관리자

프랜차이즈 사업을 하기 위해서는 공정거래위원회(https://www.ftc.go.kr/)에 정보공개서와 가맹계약서를 의무적으로 신고 제출하여야 한다. 가맹점이 늘어나는 경우 업무량이 적지 않고 상당한 스트레스를 동반한다. 만일 관련법과 절차를 모르는 상태에서 담당 직원을 두고 처음 정보공개서를 양식에 맞추어 작성하고 제출하고자 한다면 어려움이 많을 것이다. 또한 정기적으로 변경사항을 신고하여야 하고 부실신고나 미신고시 처벌이 강력하기 때문에 프랜차이즈 사업에서는 필수적이고 중요한 업무이다. 이 업무는 국가자격증자인 가맹거래사에게 업무를 위탁할 수도 있다. 담당직원을 둘지 업무를 위탁할지에 대하여는 사업규모와 업무량에 따라 판단하여야 할 것으로 보인다.

(3) 프랜차이즈화 전략 진행 시 유의점

앞에서 기술한 기업화 전략은 직영사업장에 대한 것이다. 본 장의 프랜차이즈 전략은 성공한 중개사가 그 노하우와 경영기법을 프랜차이지에게 전수하고 상표와 프로그램 사용료를 정기적으로 받고 인테리어비 및 교육비는 업무가 집행되는 때에 받아 수익을 창출하는 시스템이다. 물론 부동산중개는 공동중개가 필요하기 때문에 가맹점 간 공동중개 촉진을 통하여 계약이 성사될 경우 중개보수의 일정비율을 수익으로 받기도 한다.

프랜차이지는 직영업장이 아니기 때문에 통제가 쉽지는 않다. 우리나라에서 그동안 부동산중개 프랜차이즈 사업을 시도했던 기업은 많았었다. 그러나 대부분 실패하고 단순 정보제공업체나 광고업체로 업무형태를 한정하여 남아 있는 일부 업체가 있을 뿐이다. 우리나라에서 부동산 프랜차이즈가 성공하지 못한 이유에는 다음과 같은 원인들이 있다.

① 물건의 리스팅이 구두에 의하여 이루어지는 관행

고객이 물건을 내놓는 방식을 살펴보면 본인이 내놓으면서 그 내용에 대해 확인하고 서명을 한 경우와 구두로만 이야기하는 경우로 나누어 볼 수 있다. 본인이 서명한 경우에는 중개계약으로 인식하기 때문에 임의대로 내용을 변경해서는 안 된다는 의무감을 가지게 된다. 그러나 구두로 물건을 내놓은 경우에는 중개계약이라는 인식이 전혀 없고 그 물건의 매매나 임대차를 위하여 중개사가 많은 시간과 비용을 지출했어도 의뢰인은 전혀 책임의식을 느끼지 않고 쉽게 가격을 올려버리거나 철회하기도 한다. 이 경우 중개사는 황당해 하면서 물러설 수밖에 없다. 이렇게 당사자의 일방적인 변심에 휘둘리고 확정적인 것이 없는 상황에서 이런 일을 바탕으로 기업화를 이룬다는 것은 제대로 된 시장 환경이라 할 수 없다.

② 전속중개계약과 독점중개계약이 일반화되지 못한 시장상황

대리인중개를 택하고 있는 미국의 경우 물건을 내놓는 고객은 물건을 처분해줄 대리인 중개사를 정하고 독점중개계약이나 전속중개계약을 하게 된다. 이 경우에 중개사는 물건을 MLS(Multiple Listing Service)에 공개하여야 한다. 만약 우리나라에 협회의 거래정보망을 전국의 개업 공인중개사가 의무적으로 가입하여야 하고 물건을 전속(독점)중개계약 한 경우 협회 거래정보망에 공개하도록 되어 있다면 같은 방식이라고 볼 수 있는 것이다. 우리나라의 공인중개사법 제23조 제3항[128]에 거래정보망이나 일간신문에 공개하도록 하고 있지만 현실적으로 개업 공인중개사들이 단일 거래정보망에 가입되어 있지 않고 이용률이 저조하기 때문에 효과가 거의 없다. 일간신문 또한 비용이 많이 들어가고 비용이 적게 들어가는 일간지는 효과가 없다고 봐야한다. 이런 시장 환경 속에서 고객들이 전속중개계약을 꺼려하기 때문에 부동산중개사업을 기업화하는 데 장애요소로 작용하고 있는 것이다.

③ 전국의 개업 공인중개사가 전속중개계약을 한 경우 의무적으로 올리도록 되어 있는 전국거래정보망의 부재

국내 최대 공인중개사협회인 한국공인중개사협회는 현재 운용 중인 "한방"의 이용률이 저조하여 주요 사설거래정보망 업체들과 거래정보망을 통합하여 운영하는 방안을 논의한 적이 있는 것으로 알려져 있다. 각 지역의 친목회들이 초기 친목회 결성시 회원들 간 정보를 교류하기 위한 목적으로 사설거래정보망을 이용하게 되었는데 개별 공인중개사들이 가지고 있는 고객과 물건정보가 사설거래정보망 안에 거의 다

---

128) 공인중개사법 제23조③개업 공인중개사는 전속중개계약을 체결한 때에는 제24조에 따른 부동산거래정보망 또는 일간신문에 "해당 중개대상물에 관한 정보를 공개하여야 한다. 다만, 중개의뢰인이 비공개를 요청한 경우에는 이를 공개하여서는 아니 된다.

저장되어 있어 거래정보망을 바꾸는 것도 쉽지 않은 상황이었기 때문에 여러 가지 아이디어중의 하나였던 것이다. 이러한 단일 정보망을 정부에서 만든다고 하여도 의무적으로 가입하고 올리도록 하지 않는 이상 개업 공인중개사들이 적응하고 그 효과가 분명해질 때까지는 10여 년이 필요할 것으로 보인다.

부동산중개 경영의 실무

1. 직원 모집

1) 직원을 채용해야 할 필요성이 있는 경우

부동산 중개업을 하다 보면 한 명이 할 수 있는 일의 한계가 있다는 것을 알게 된다. 그런데 사무실 운영의 경우에도 일이 너무 많고 기존 인원으로 한계를 느낀다면 직원고용을 고려해 봐야 한다.

또한 부동산 경기가 불황일 때 속절없이 손을 놓고 있는 것도 잘못된 대처이다. 부동산중개업은 대부분 비율제로 직원이 담당한 일이 성사되었을 때 비율제로 입금하는 방식이다. 그렇기 때문에 기본급을 지급하지 않는 직원의 경우 직원을 늘려도 비용지출이 급격하게 늘어나거나 하지는 않는다. 부동산 경기가 불황일 때에는 비율제 직원을 더 고용하는 방법으로 수입 총액을 늘려가는 방법을 강구해야 한다.

우리는 앞에서 사무실 대표도 직접 취급하고 있는 일이 잘 되고 있고, 직원들도 일이 잘 되고 있을 때 관리직원의 고용이나 실적이 저조한 직원의 관리직 전환을 고려해야 한다고 했다. 이 경우는 관리직 직원의 채용이 필요한 경우이다.

기업화 전략으로 사무실을 확장하는 경우 광고를 통하여 다수의 직원을 모집하게 된다. 실적이 좋은 팀장이 팀원을 이끌고 들어오는 경우도 있지만 유능한 직원은 회사에서 키운다는 개념의 접근이 장기적으로 바른 방향이다.

2) 모집 루트

(1) 협회 홈페이지

공인중개사들이 구인광고나 구직광고를 할 때 가장 많이 보는 곳은 한국공인중개사협회의 홈페이지(http://www.kar.or.kr/)-커뮤니티-구인/구직 페이지이다. 이 페이지는 방문자가 많아 아침에 구인/구직을 올리면 오후에는 한참 뒤쪽 페이지로 밀려있기 때문에 시간 단위로 반복해 올리는 공인중개사들도 있다.

[그림 9-1] 한국공인중개사협회 홈페이지 구인/구직

(2) 지역의 생활정보지

개업 공인중개사사무실의 직원은 그 지역 출신이거나 그 지역에 장기간 거주한 주민이 제일 좋다. 그 지역을 잘 알고 있고 지금도 아는 사람이 많기 때문에 그 직원을 보고 물건을 내놓거나 물건을 구하는 고객들이 자연스럽게 생긴다. 외지에서 온 직원의 경우 처음에는 길을 몰라 고객을 데리고 물건지를 못 찾아 길에서 헤매기도 한다. 이렇게 현장안내를 해서는 계약으로 이어지기 어렵게 된다. 외지에서 온 직원들은 처음에 입사하면 그 지역의 지리를 익히기 위해 손님이 없어도 계속 도보로 돌아

다니기도 하고 지도의 본번 중심으로 외우기도 한다. 영업력이 뛰어난 직원이라면 지번을 외워서라도 하겠지만 될 수 있으면 그 지역 주민이 부동산중개업을 하기에 적합한 대상인 것이다.

지역 주민을 직원으로 채용하기 위해서는 지역에 배포되는 생활정보지나 사무실 유리창 앞에 구인광고를 내는 것이 좋다. 지금도 직업을 찾거나 구인하기 위해서 생활정보지를 많이 이용하고 있고 지역에서 구인, 구직을 할 때는 효과적인 방법이다.

(3) 아파트 단지의 게시판 / 엘리베이터 내

아파트 단지의 경우 부녀회장이나 통·반장이 직원으로 들어와 준다면 더없이 좋을 것이다. 그러나 부동산사무소는 많고 좋은 조건을 제시하며 오라는데도 많기 때문에 현실적으로 채용하기는 쉽지 않을 것이다. 이 경우 차선으로 좋은 대상은 아파트 입주민으로서 발이 넓은 주부이다. 아파트 단지의 경우 게시판이나 엘리베이터 내에 유료로 구인광고를 붙일 수 있기 때문에 관리사무실에 문의하기 바란다.

(4) 친목회 회원인 개업 공인중개사사무소

친분이 있는 개업 공인중개사사무소에 내가 아는 사람이 직원으로 들어갔다면 어떨까? 당연히 공동중개를 더 많이 하게 될 것이다. 그러나 한편 소개를 하기에는 꺼려지는 이유가 있다. 사람을 소개한다는 것이 쉬운 일이 아니기 때문이다. 안 좋은 일이 생기면 모든 원망이 나에게 돌아온다. 이 점을 잘 생각해 본다면 확실한 사람이면 소개할 것이고 확신이 없으면 소개하지 않을 것이다. 즉 소개자가 검증을 해서 보내야 하는 것이다. 성실하고 진술 된 사람이라는 전제에서 친목회 회원들에게 직원 소개를 부탁해 보는 것도 좋은 방법이다.

(5) 배고픈 직원과 돈 많은 직원을 찾아라

개업 공인중개사사무실의 대표도 그렇지만 직원들도 배고픈 직원이 있고 돈 많은 직원이 있다. 배고픈 직원은 한 건이라도 걸리면 필사적으로 집중해 일을 이루어낸다. 그러나 돈 많은 직원은 쉬엄쉬엄 일하지만 가끔씩 큰 건을 성사시킨다. 각자 장단점이 있는 것이지만 결론적으로는 둘 다 좋은 스카우트 대상인 것이다.

2. 교육

1) 인터넷 카페와 홈페이지

부동산중개 실무교육은 백문불여일견(百聞不如一見)이다. 백 번 듣는 것보다 한 번 옆에서 보는 것이 낫고 한 번 보는 것보다 직접 해보는 것이 낫다. 교육은 인풋(Input)이고 말하고 행동하는 것은 아웃풋(Output)이다. 입력되는 것이 그대로 출력되는 것이 아니기 때문에 아웃풋도 반복해서 해봐야 한다.

교육내용은 별론으로 하고 신입직원들을 교육시키기 위해서는 보통 인쇄물이 많이 이용되고 인쇄물을 설명하는 강의로 이루어진다. 이러한 교육방법은 가장 보편적인 방법이지만 인터넷이 일상생활화 된 현대에는 온라인을 통한 교육을 많이 한다. 개업 공인중개사사무실에서도 직원이 많지 않을 경우 인쇄물을 파일로 철해서 교육용 교재로 사용하게 할 수 있다. 그러나 직원이 많은 경우 기술적으로 교육 진도를 앞질러 가지 못하도록 교육 단계별로 접근권한을 제한하는 방식의 인터넷 카페운영이나 홈페이지를 만들어 교육용 자료의 배포에 대신해 사용할 수 있다.

2) 상황극 연습 대본

우리는 앞에서 배우는 데에 가장 빠른 방법은 직접 해보는 것이라 했다. 그러나 고객을 데리고 연습해 볼 수는 없는 것이기 때문에 비슷한 상황의 대본을 만들어 직원들끼리 배역을 나누어 해보는 방법이 가장 유용한 방법이다. 부동산중개 실무에서 가장 중요한 부분이 첫 대면 시의 눈 맞추기와 물건을 보여준 뒤 사무실로 데려오는 방법 그리고 클로징하는 방법에 대한 상황극 연습이 필요하다. 고객과의 대화 및 보디랭귀지는 물건에 따라, 사람에 따라, 대화 내용에 따라 다양하기 때문에 모든 경우에 똑같을 수는 없지만 기본적인 줄거리는 비슷한 것이다.

3) 멘토 지정

일반 개업 공인중개사사무실에서는 신입직원이 들어올 경우 별도로 교육시간을 할애할 수 없고, 교육내용도 준비된 것이 없기 때문에 처음에는 물건의 광고 문구를 작성하여 광고매체에 복사해 올리는 일을 하거나 사무실 대표가 즉흥적으로 그때그때 업무수행 방법을 지시하고 있다. 또는 신입직원이 고객과의 관계에서 실수한 경우 무엇이 잘 못 되었는지 지적해 주는 방식으로 진행된다. 그러나 부동산업계의 선배들이 이 사람은 이렇게 하는 것이 옳다 하고 저 사람은 저렇게 하는 것이 옳다 하면 신입직원은 빠른 시일 내에 본인의 영업스타일과 협상원칙을 배우지 못하고 방황할 수 있다. 그렇기 때문에 대표의 판단으로 성격이 맞을 것 같은 유능한 사수(멘토)를 연결해 주어야 한다. 사수는 자잘한 일을 신입에게 시킬 수 있고 데리고 다니면서 사수가 하는 말과 행동들을 지켜보게 하는 것이다. 어느 정도 적응이 되면 직접 고객을 리드해 보도록 하면서 잘못된 점을 개선해 나가도록 지도하면 된다.

4) 업무규정 교육

업무규정집을 갖추고 있는 개업 공인중개사사무실은 많지 않을 것이다. 마치 구두(口頭에) 의한 중개계약처럼 직원과의 관계에서도 기본적인 사항(배분율, 기본급 여부와 금액, 전문분야, 사무실 비용 배분문제, 차량 유지비, 점심 식대 등)만을 구두로 약정하고 업무를 시작하게 된다. 면접 시 이력서나 소속 공인중개사와 중개보조원을 구청에 등록하기 위해 필요한 서류를 요청하는 것이 전부이다. 이렇게 일을 시작하게 되면 거래계약이 나왔을 때 비용을 누가 많이 지출했는지와 누가 더 많은 스트레스를 받고 노력을 했는지를 따지며 입금비율의 조정을 언급하는 상황이 발생할 수 있다. 또한 처리해야 할 중요한 일이 있는데도 담당자가 해야 하는지, 대표가 처리해야 하는지 서로 미루거나 집안에 대소사가 있다며 곤란한 일을 회피하는 경우도 생긴다. 이러한 상황을 피하기 위해서는 업무규정집을 사전에 꼼꼼히 만들어 신입직원에게 읽어보도록 하고 궁금한 점, 바꾸었으면 하는 점 등을 제언 받아 그 내용에 따른 고용계약을 해야 한다. 일을 시작하고 한참 있다가 큰 계약이 나온 상황에서 업무규정집을 내밀게 되면 오해를 받을 수 있고 감정이 상하면 유능한 직원을 잃을 수도 있는 것이다.

5) 물건작업 교육

부동산중개에서 가장 중요한 일은 물건작업을 하는 것이다. 물건작업 자체가 시간을 많이 소요하는 일이고 좋은 물건은 더욱이 많은 시간과 에너지가 투입된 작품이라는 인식을 가져야 한다. 중개사가 물건을 소중히 여기는 자세에서 고객도 물건을 무겁게 대하는 것이다. 경매에 나온 물건치고 좋은 물건이 드물 듯이 여기저기 돌아다니는 물건 중에 좋은 물건은 드물다. 그런 물건을 수집해 보여주는 것은 시간 낭비이고 고객도 그것을 알고 있다고 봐야 한다. 좋은 물건은 매도자 작업이 확실하게 129) 되어 있고 불필요한 조건을 쳐내어 확실한 매수고객만 나타나면 바로 계약이 가능한 물건을 지칭한다. 건축부지의 경우 임차인 명도가 가장 중요한 부분이다. 예를 들어 준주거지역에 입지조건도 너무나 훌륭한 물건이 나왔다는 아는 중개사의 연락을 받고 매수자를 맞춰 놓고 계약시간을 잡아달라고 요청했다고 하자. 그런데 이제와서 임차인 명도를 이야기해봐야 하겠다며 기다려달라고 한다면 이 물건은 좋은 물건이 아닌 것이다. 이런 물건은 다른 용도의 수요자에게는 몰라도 건축부지로는 아직도 작업과정이 많이 남아 있는 것이고 그대로 계약하게 되면 중개사고로 이어지는 것이다. 물건작업 방법에 대해서 책 전반을 통하여 여러 곳에 분산되어 기술되어 있지만 주된 것만 정리하여 나열하면 다음과 같다.

- 데이터베이스가 있어야 한다.
- 매물주의 신뢰를 얻어야 한다.
- 얼굴을 자주 보고, 대화를 많이 하고, 일의 진행상황 보고를 자주 해야 한다.
- 좋은 물건은 지속적인 물건 개선작업 과정에서 나온다.
- 물건을 매수(임차)고객에게 보여줄 때마다 매물주에게 보고해야 한다. 보고 시 계약이 안 된 사유를 이야기하고 조건을 바꿔야 하는 실질적인 상황을 느끼게 하는 방법으로 매매목적에 맞게 물건개선작업을 해 나가는 것이다.
- 구두에 의한 전속물건 약속이나 중개사에게 대리권 부여의사가 나올 정도까지 신뢰도를 끌어올린다.
- 끈기가 있어야 한다.
- 다른 부동산사무소에서 찾아와도 "○○○부동산에만 내놓았으니 거기로 연락

---

129) 매도자 작업이 확실하게 되어 있다는 것은 전속중개계약이 되어 있거나 대리권이 있을 정도로 중개사에 대한 신뢰와 친분이 있고 바로 거래계약을 해도 문제될 사항이 없는 경우이다.

해보세요." 할 정도로 단도리가 확실하게 되어 있어야 한다.

물건이 좋고 유통루트를 확실히 가지고 있으면 매수자는 쉽게 찾을 수 있다.

6) 매수(임차)자 발굴교육

매수(임차)자를 발굴하는 방법으로 가장 기본적인 것은 광고다. 광고를 넓게 보면 중개사에 대한 좋은 이미지도 광고이고, 사무실의 인테리어도 광고이고, 간판도 광고이다. 그러나 신입직원에 대한 매수자 발굴교육은 취급하는 업종에 따라 광고가 잘 먹히는 매체가 어떤 것인지, 광고 문구를 어떻게 써야 하는지 그리고 물건을 바꿔서 게재해야 하는 주기에 대한 것이 주된 내용이 된다. 여기에 더하여 업종에 따라 광고효과가 나타나는 데 얼마나 걸리는지도 전체적인 광고 스케줄을 잡는 데 중요하다. 이런 내용은 전문분야가 어떤 분야인가에 따라 다르고, 매수(임차)고객의 규모가 어느 정도 되고 순환주기가 어느 정도인지에 따라 달라진다.

7) 계약 클로징 교육

거래계약은 중개사에게 클로징 기술이 부족한 경우 이루어지기 어렵게 된다. 아무리 많은 노력으로 물건을 만들고 매수(임차)고객을 오래 모시고 다녔어도 중개사가 클로징을 못 해 수익을 창출하지 못하게 되고 수익이 장기간 없게 되면 중개사는 폐업해야 한다. 클로징을 잔금을 치르고 소유권 변동이 일어나거나 입주하는 것까지로 보는 중개사들도 있지만 여기에서는 계약서를 작성하고 계약금을 입금하는 것까지 만으로 한정한다. 클로징하는 방법에 대하여는 부동산중개 협상론에 기술한 이론교육과 계약장에 참관인으로 배석하여 지켜보는 것으로 실무교육을 하게 된다. 실제 신입직원이 클로징을 시도해 보는 것은 본인의 계약을 진행할 경우에 하는 것이 좋다. 그래야 다른 중개사의 계약을 망치는 일이 없고 본인의 일이 안 될 경우 본인의 책임이기 때문에 큰 심적 부담 없이 시도해 볼 수 있는 것이다.

8) 고객 관리교육

매수(임차)자도 중개사와 어느 정도의 신뢰 관계인지 및 얼마나 오래된 관계인지에 따라 중개사와의 몰입도가 다르다. 좋은 매수(임차)자, 좋은 고객은 어떻게 만들어지는가? 대부분 처음 미팅은 서로 모르는 관계 속에서 시작한다. 매물광고를 보고 연락해 왔을 수도 있고, 물건을 찾아 동네를 돌아다니다 우연히 들어 왔을 수도 있다. 이렇게 시작하여 한두 번 만나고 물건을 보기 위하여 같이 다니면서 중개사의 전문성과 직업정신, 성실성, 근면성을 경험하게 되고 중개사에 대한 신뢰가 싹트는 것이다. 이렇게 시작한 고객관계는 지속적인 관심과 관리를 통하여 귀한 재산이 차곡차곡 쌓여가듯이 형성되어 가는 것이다. 매수(임차)자와의 고객관계의 관리도 데이터베이스를 통하여 체계적으로 이루어져야 한다. 주먹구구식으로 관리하다 보면 빠지는 부분이 있고 귀한 고객을 놓치는 일이 발생하게 된다.

3. 업종과 지역 배분

업종담당과 지역배분은 사무실의 규모에 따라 방식을 다음의 표와 같이 분류할 수 있고, 사무실에서 전문분야만 취급하는지 종목과 무관하게 다 취급하는지에 따라 배분 방식이 다르게 된다. 다만 다음의 내용은 현재의 상황을 기술한 것이고 부동산중개업이 미국과 같이 세계적인 기업으로 성장하기 위해서는 가장 중요한 것이 부동산중개업무 자체가 업무로서의 확정성, 유통성, 축적 가능성 등이 있어야 한다는 것이다. 일단 전속(독점)중개계약만 체결하게 되면 거래계약에 성공할 가능성이 80% 이상은 된다고 봐야한다. 기업 입장에서는 매물작업을 통한 전속중개계약에 집중할 수 있고, 전국적인 유통망이 갖추어져 있다면 신속하게 최종 거래계약을 이루어 낼 수 있을 것이다. 이런 선진 시스템을 갖추는 것은 정치권과 업계의 지속적인 관심 속에서만 가능하리라고 본다.

〈표 9-1〉 사업장 규모별 업무 배분방식

사업장 규모	업무 배분방식
소규모	• 업종배분

중규모	• 업종배분 • 지역배분
대규모	• 업종배분 • 지역배분 • 전문사업부 / 팀 중심 운영

1) 소규모 사무실

소규모 사무실은 가족끼리 운영하거나 직원이 1~2인이기 때문에 업종 구분이 없는 경우가 많다. 대부분 토지, 주택, 원룸·오피스텔, 빌딩, 점포 등 업무를 가리지 않고 업무가 있을 때마다 거래정보망을 통하여 매도(매수)의향 고객의 일을 보게 된다. 직원이 입사하는 경우 전 직원이 한 팀이 되어 발생하는 일마다 같이 처리하거나, 전문분야를 취급하는 베테랑이 들어오는 경우 그 직원은 그 업무만 별도로 취급하고 있기도 하다. 예를 들어 점포만 전문으로 하는 직원이 입사하고자 하는 경우 그 업무는 그 직원이 전담하도록 하는 것이다.

2) 중규모 사무실

직원이 3명 이상인 경우 여러 가지 방식이 혼용되고 있다. 3명이 각자 영업을 하되 같은 업무를 취급하는 경우 사무실 공동매물장이 있고, 각자 작업한 매물장이 있게 된다. 매수(임차)고객 또한 워킹손님은 당번 순서대로 관리하고 광고를 통하여 접수된 고객은 개인이 관리하는 것이다. 이와는 다른 방식으로 지역과 업종을 구분하는 경우도 있다. 영업할 물건이 많고 지역을 나눌 만큼 충분할 때 직원들에게 A구역 / B구역 / C구역 / D구역 식으로 나누어 각 담당자를 정하고 매물은 그 지역 물건을 위주로 작업 및 관리하게 한다. 이런 방식의 경우 매수(임차)고객이 다른 지역의 물건을 보고자 하는 경우 다른 지역 담당자로부터 물건을 받고 같이 물건답사를 하게 되고 공동으로 중개하여 수익을 배분하게 된다. 업종을 나누게 되는 경우는 그 지역에 다양한 종목의 물건이 거래되고 시장이 클 때에 이루어지는 방식이다. 점포전문, 원룸·오피스텔 전문, 건축부지 전문, 아파트 전문 등 그 시장에 어떤 물건이 많은지에 따라 취급업무 분야가 나눠지게 되는 것이다.

3) 대규모 사무실

강남의 대규모 사무실의 경우 취급하는 업무가 전문적으로 한정되어 있다. 물론 계약서를 작성하고 중개보수를 받을 수 있는 건이면 어떤 것이든 업무를 하지만 주로 취급하는 물건은 한정된 것이다. 빌딩매매와 건축부지 매매만 전문으로 하는 회사, 연예인들을 상대로 고객의 비밀을 철저히 지키며 연예인이 찾는 부동산만 중개하는 회사, 등기팀과 상가팀으로 나누어 등기가 수반되는 일을 하는 팀과 권리계약의 중개를 전문으로 하는 상가팀을 운영하는 회사, 모텔매매만 전문으로 하는 회사, 공장 매매, 주유소 매매, 물류부지 매매, 대형마트 매매만 전문으로 하는 회사 등 전문분야를 중심으로 전국의 매물을 취급하게 된다. 이런 대규모 사무실은 취급업무가 전문화 되어 있고 한정되어 있으면서 직원이 많기 때문에 팀 위주로 운영되고 있다. 즉 1~10팀 + 나홀로팀장 등으로 구성된다.

대규모 사무실이 분사무소를 수도권이나 전국 단위로 운영하는 경우 분사무소 관할지역 중심의 업무분장도 가능하다. 그러나 아직까지 국내에 전국적인 분사무소를 갖춘 중개회사는 없으며 20여 년 전 (주)○○○가 수도권과 제주도에 10여 개의 대형 사무실을 운영하고 직원 수가 1000여 명에 이른 경우가 있었을 뿐이다.

4. 중개보수의 배분

부동산중개업에서 중개보수를 설계하기 위해서는 우선 직원들과 대표에게 공통적으로 지출되게 할 항목과 개별적인 지출로 처리할 항목이 무엇인지 살펴보아야 한다. 직원들은 본인이 능력 있다고 생각하는 직원은 비율제를 선호하고 영업에 자신이 없거나 처음 입문한 신입직원의 경우 기본급이 어느 정도 있는 곳을 찾게 된다. 개업 공인중개사의 입장에서는 고정 지출을 최대한 줄여야 하기 때문에 전 직원을 비율제로 하고 싶겠지만 직원 수가 많아지면 업무 지원을 위해 관리직 직원이 필요하게 된다. 또한 신입직원의 경우 실적을 낼 수 있는 동안 기본 생활을 할 수 있도록 보조금이 필요하다. 대표 입장에서 직원선발을 할 때 기본급이나 보조금을 줘도 아깝지 않고 조금만 시간을 주면 실적을 충분히 올릴만한 직원을 선발하여야 할 것이다. 경우에 따라서는 일을 잘 엮어오는데 기본급을 고수하는 직원이 있을 수 있다. 이런 직원은 보너스를 지급하여 사무실을 옮기고자 하는 유혹을 차단해야 한다.

중개보수의 배분 방식이 잘못 설계되면 많은 수익이 나도 개업 공인중개사나 직원 중 하나는 불만이 쌓이게 되고 결국 관계 파탄에 이르게 된다. 또한 나중에 바꾸려 해도 대표와 직원의 관계는 삐걱거리게 된다. 중개보수의 배분 설정은 가능한 모든 지출과 수입 항목을 찾아 내어 엑셀프로그램에 넣고 돌려봐야 한다. 수익이 0에서부터 최대치까지 넣어 돌려보고 수익이 많아질수록 더욱더 열심히 할 수 있도록 설계가 되어야 한다.

우선 중개보수의 배분을 설계하기 위해 회사의 유·무형 자산에는 어떤 것이 있고, 수입원 및 지출항목에는 어떤 것이 있는지 확인해 봐야 한다. 이런 사항들을 바탕으로 계산하여야 한다.

〈표 9-2〉 사무실의 자산과 수입 및 지출 항목

구분	세부 항목
사무실의 자산	집기, 전자기기 등 온라인 시스템, 권리금, 고객정보자료, 대표의 경험과 지식이라는 전문가적 지적 재산권, 업무시스템, 인적네트워크 등
수입원	중개·자문보수, 법무사수수료, 은행대출수수료, 인테리어 등 시공업체 커미션, 이삿짐센터 소개비 등
지출항목	비율제 보수, 월차임, 관리비, 공과금, 사무용품 비용, 친목회·협회 등 각종 회비, 공부열람비용, 중개사고시 손해배상비용, 마케팅비용, 고객접대비, 커피 및 다과용품 비용, 세금, 경조사비, 중식비, 차량유지비 등

1) 기존의 배분 방식

아래 기술된 방식들은 일반적인 방식이므로 참고사항이고 실제 사무실별로는 약간씩 다르기 때문에 경우의 수가 많이 있다. 가장 중요한 것은 사무실이 유지되지 못할 방식으로 배분구조가 짜인 경우 그 사무실은 오래가지 못한다는 것이다.

(1) 2인 사무실

사무실에 대표와 직원 1명이 근무하는 경우 직원은 대표를 업무 보조하는 보조자이거나 대표와 능력이 비슷한 동업자 관계인 경우가 많다. 이런 인원 구성인 경우 다음과 같은 몇 가지 방식으로 수익의 배분을 정리한다.

① 사무실 비용을 공제하고 40% / 60%~60% / 40% 비율로 배분

이 경우 개업 공인중개사와 직원이 전체적으로 사무실 업무를 같이 보게 되며 함께 일하고 함께 수입을 얻어 배분하는 방식이다. 직원으로 대하기보다 동업자로서의 의식을 가지고 대하는 것이 좋으며, 직원이 일을 잘하는 경우에 이와 같은 배분구조를 가진다. 사무실 비용은 개략적으로는 나올 수 있지만 변동비나 우발적인 비용이 있기 때문에 매월 정확하게 공제하기 어렵다. 그렇기 때문에 개략적인 비용에 10% 정도를 추가 지출될 것으로 예상하여 매월 정산한 수입에서 공제하여 비용에 사용하거나, 중개보수가 들어오는 때마다 항상 3개월분 비용이 되도록 별도 계좌에 입금하여 지출하고 그 금액을 넘는 경우 공제 없이 바로 배분하기도 한다.

② 사무실 비용 공제 없이 40% / 60%~60% / 40% 비율로 배분

사무실 비용 공제 없이 비율제로 배분하는 경우는 직원이 사무실 업무를 전체적으로 맡아서 하고 계약서 작성이나 행정적인 업무는 중개사가 처리해 주는 경우이다. 이 경우 개업 공인중개사는 자기의 전문분야를 별도로 하여 수익을 창출하는 방식이다. 조그마한 사무실에서 직원이 입금하는 금액만으로 사무실 유지와 가정생활에 필요한 지출을 감당할 수 없기 때문에 직원이 벌어들이는 수입으로는 사무실 유지를 하고 개업 공인중개사가 벌어들이는 수입은 가정생활에 필요한 비용으로 쓰는 것이다.

(2) 3인 이상 사무실

수익배분 구조는 3인 이상의 사무실부터 복잡해진다. 대표와 직원 1명이 근무하는 경우는 비율만 정하면 되지만 3인 이상인 경우에는 직원이 2명 이상인 경우로 직원 간 능력의 차이가 있고, 각자의 능력에 맞는 대우를 해줘야 하기 때문에 복잡해지는 것이다. 이런 사무실은 기본적으로 대부분 비율제로 입금하는 구조를 가지고 있다. 사무실별로 다르지만 일반적으로는 수익금 배분비율이 다음의 표와 같다.

〈표 9-3〉 사무실 특징별 수입금 배분비율

사무실 입금비율(%)	직원 수령비율(%)	특징
60	40	위치 좋은 역세권 사무실

50	50	기본(일반적 배분율)
30~40	70~60	대규모 사무실

주변의 사무실 운영방식의 경우 입금비율이 모든 직원에게 일률적으로 적용하는 곳이 대부분이다. 예를 들어 직원이 5명인 사무실이 있다면 5명 모두 입금비율이 같은 것이다. 그렇지만 실질적으로 계약을 많이 하고 사무실에 돈을 벌어다 주는 직원은 1~2명이다. 물론 계약을 잘하는 직원은 그만큼 많은 수입을 올리고 있다고 생각할 수도 있지만 본인은 사무실을 '내가 다 먹여 살리고 있다'고 생각하게 된다. 사무실은 같이 쓰는데 그 비용을 본인이 다 부담하고 있다고 생각하면 억울해하지 않겠는가? 나머지 직원은 수익 창출 없이 비용만 축내고 있는 것이다.

이런 불만과 공평성을 조화롭게 해결하는 사무실도 있다.

〈표 9-4〉 직원 지급금의 금액구간별 추가지급방식

구간	직원 수령비율	누진공제
500만 원 이하	50%	-
500초과-1000	55%	-25
1000초과-2000	60%	-75
2000초과	65%	-175

매월 합산 배분비율이 위 표와 같이 적용되면 모든 직원에게 기본적으로 공정하고 매출이 오를수록 입금액 비율이 줄어드는 것도 모든 직원이 동일한 것이다. 단지 개인의 능력에 따라 다르기 때문에 직원들 간 불화가 생길 이유가 없는 것이다.

2) 중개보수 배분 방식

(1) 기본원칙

① 사무실 운영비가 제일 우선이다.

중개보수는 일반적으로 계약 후 1~3개월 이후의 잔금시점에 수령한다. 그러나 사무실 운영비는 매월 지출해야 한다. 사무실을 처음 시작하는 경우 수입이 없는 기간 동안의 비용을 어떻게 할 것인지에 대한 고민과 대책이 있어야 한다. 신입직원의 경우 수입도 없는데 사무실 비용을 공동으로 부담하자고 하면 거절할 가능성이 높다. 베테랑 직원과 함께하는 경우는 흔쾌히 응할 가능성이 높다. 이러한 직원의 업무수행능력이나 자신의 운영비 감당능력 등을 감안해 신중하게 계획을 세워야 한다.

사무실이 안정되어 중개보수 수입이 매월 안정적이거나 많은 수익을 내고 있는 경우에는 사무실 운영비를 대표가 부담하는 것도 생각해 볼 수 있지만 처음 운영을 시작했을 때에는 사무실 운영비를 공동으로 부담하는 쪽에 비중을 두기 바란다.

② 사무실이 살아야 직원도 산다.

처음 중개보수 배분비율을 잘못 세팅하게 되면 추후에 바꾸기가 어렵게 된다. 제로섬게임이 되어 누군가는 수입이 늘어나고 누군가는 줄어들기 때문에 불만이 쌓이게 된다. 한 번 싹튼 불신과 불만은 숨은 불씨로 남아 언젠가는 파탄을 일으킨다. 처음 세팅할 때 정밀하게 계산하여 사무실이 살아남을 수 있도록 하여야 한다. 사무실을 폐업하게 되면 대표도 실직하고 직원은 또 다른 사무실을 찾기 위하여 면접을 보러 다니는 상황이 생긴다. 일은 더 노력하고 방법을 찾으면 수익은 더 올릴 수 있지만 한 번 파탄 난 사업은 그 후유증이 오래가고 길지 않은 인생에서 많은 시간을 갉아먹게 되는 것이다.

③ 공정하되 동기부여가 되는 시스템이어야 한다.

직원의 입장에서도 대표의 입장에서도 더 노력하고 더 많은 수익을 올리게 되면 본인에게 더 많은 이익이 가야 한다. 이러한 원칙이 반영되어 더 열심히 하고 싶은 중개보수 시스템과 인센티브가 설계되어 있어야 한다. 그렇지 않으면 먹고사는 문제만 해결된 상태에서 매너리즘에 빠지게 되고 서로의 발전 없이 시간은 속절없이 흘러 어느새 노환으로 더 이상 일을 할 수 없는 나이에 이르게 된다. 21년간 한 지역에서 주변 친목회 회원들을 지켜본 소회이다. 회사가 계속 커가고 본인의 위치와 수입도 계속 늘어야 회사에 에너지가 충만할 수 있는 것이다.

④ 다양한 인센티브를 개발하여 적용하되 공정하고 합리적이어야 한다.

사무실을 운영하면서 적용할 수 있는 인센티브는 많다. 보너스, 유류비, 교통비, 중식식대, 보험료, 광고비 지원, 마케팅지원, 고객 접대비 지원, 연말 이익배당, 회사 지분제공 등 찾아보면 본인에게 시너지가 될 수 있는 인센티브들이 많다. 그러나 이런 인센티브들을 제공할 때에도 설계를 잘 해야 한다. 공정하게 한다고 실적이 없는 직원이나 회사를 먹여 살리는 직원에게 똑같이 제공한다면 이것은 진정한 공정이 아니다. 실적이 없는 직원의 입장에서는 모두 동일하게 적용하는 것이 공정하게 보이겠지만 회사의 발전에 기여가 많은 직원의 입장에서는 불공정인 것이다. 이런 문제를 해결할 수 있는 방법은 직원의 거래계약으로 발생하는 중개보수의 총액을 기준으로 구간을 나누고 구간별로 적용되는 인센티브 항목을 달리 하는 것이다. 예를 들어 회사지분의 제공은 개별 직원의 중개보수 입금총액이 분사무소를 차리기에 충분한 금액을 정하여(금 2억 원이라고 하자) 그 금액을 초과하는 실적을 올렸을 경우 그 직원에게는 분사무소 대표로 임명하면서 회사의 지분을 합리적인 선(밖으로 나간 전체 지분이 50%를 넘으면 안 된다)에서 줄 수 있는 것이다. 이렇게 설계된 인센티브에 대해 누구도 불공정하고 비합리적이라고 반박할 사람은 없을 것이다.

⑤ 가능성이 없는 직원은 본인을 위해서라도 빨리 전직을 유도한다.

필자는 20여 년 전 80여 평의 사무실에 직원 25명을 5개 팀으로 나누어 운영해 본 적이 있다. 사회에서 성공률이 20%가 안 되듯이 사무실 내에서도 많은 수익을 올리는 직원은 10~20% 선이다. 이 비율을 더 높게 끌어올리는 것이 경영자의 역할이겠지만 그것은 별론으로 하고 현실적으로 직원 중 1년이 넘도록 1건의 계약도 못 하는 직원들도 있었다. 그렇다고 그 직원이 열심히 안 하는 것도 아니다. 단지 도박하듯이 한 건만 한 건만 하면서 성과 없는 일에 매달리며 시간을 보내는 것이다. 이런 직원의 경우 본인이 작업한 물건이 없고 매수(임차)고객도 본인의 손님이 없다. 여기저기 돌아다니는 물건을 잔뜩 쌓아놓고 교통을 하려고 노력하다 보니 클로징이라는 것을 할 여건이 안 된다. 물건도 정확히 모르고 손님도 누구인지 모른 채 다른 사람이 계약해주기만을 쳐다보고 있는 것이다. 본인의 물건이 있는 경우 계약이 안 나온다면 경영자는 무엇이 문제인지 살펴서 개선의 여지가 있으면 함께 방법을 찾아보겠지만 그것마저도 거절하고 본인이 알아서 하겠다고 한다면 전직을 유도하는 것이 본인의 인생을 위해서라도 옳은 방법일 것이다.

⑥ 관리직 직원도 매출대비 인센티브를 지급하게 되면 영업직원을 적극적으로 지

원하게 된다.

관리직 직원은 하루 종일 물건을 올리고 자료를 정리하고 계약 시 계약에 필요한 서류를 준비해 준다. 계약이 체결되면 계약에 따른 일정을 체크해 주고 관공서업무도 대신해주며 잔금 시 공과금등을 정산해 영업직 직원의 업무를 보조해 준다. 그러나 업무가 계속 늘어나게 되면 불성실해지고 짜증을 내게 된다. 일이 늘어나는 만큼 본인에게도 이익이 있어야 하는데 고정급인 경우 업무량의 증가에 소극적으로 회피하는 전략을 쓰는 것이다. 이런 문제를 해결하기 위해서는 영업직 직원이 관리직 직원에게 감사를 표하거나 선물을 제공할 수도 있겠지만 근본적으로는 업무량 증가에 따른 인센티브가 있어야 하는 것이다. 추천하는 인센티브 방식은 중개보수 총액의 구간을 나누어 구간 초과에 따른 보너스를 주는 방식이다.

⑦ 직원들이 지출하는 영업비용은 사전에 청구하게 하여 가부를 분명히 한다.

사무실 운영비용이나 영업을 위하여 지출하는 직원들의 지출비용을 사무실에서 제공하기로 한 경우 직원들이 지출하는 비용을 사후청구하게 되면 여러 가지 부수적인 마찰이 생기게 된다. 지출이 너무 많네 적네 하며 주네 못 주네 하는 실랑이가 생기게 된다. 자그마한 금전적 충돌이 큰 화를 불러들일 수 있다. 그렇기 때문에 영업비용은 사전에 청구하도록 하고 적정비용이 되도록 하여 사전 합의하는 것이다. 물론 비용지출에 따른 영수증을 제출하도록 하고 남은 금액이 있으면 반환하도록 하여야 한다.

⑧ 보수지급과 세금

관리직 직원처럼 고정급인 경우는 세금처리나 보험료 문제가 없으나 영업직 직원처럼 비율제인 경우 세금문제와 보험료 문제가 대두된다.
영업직 직원이 적은 경우에도 문제가 되지만 많은 경우에는 중요한 문제가 된다. 경험상 구조가 단순하고 가장 무난한 방식은 영업직 직원들이 각자 독립계약사업자가 되는 것이다. 세법상 독립계약사업자 방식은 업무위촉계약에 의한 고용인의 지위이며 영업직 직원은 거주자의 사업소득에 의한 세금과 보험료를 각자 알아서 내는 것이다. 회사 입장에서는 사업소득세 3.3%만 공제하고 지급하면 끝나기 때문에 복잡한 세금과 보험료 문제가 해결 되는 것이다. 실제 영업직 직원의 경우 실적이 없으면 몇 달이고 수령할 수 있는 금액이 없기 때문에 고정급이 없는 계약자로서 개인의 사업을 하는 것으로 봐야 한다. 단지 사무실에서는 사업을 할 수 있는 시설과 시스템을 제공하고 법적 책임을 지며 계약 성사 시 일정액을 수령하는 것이다. 수령 금액에 대해 사무실은 사무실대로 세금과 보험료를 납부하면 되는 것이다. 이 경우 계약서 작성을 사무실의 개업 공인중개사가 하기 때문에 중개보수는 개업 공인중개사의 수입이고 영업 직원에게 지급하는 비율급은 인적용역비로 지급하는 것이다. 일부 대형 사무실의 경우 팀별로 구분된 사무실을 사용하며 자격증을 각자 걸고 하는 경우가 있다. 이 경우 계약서 작성 시 팀장과 회사가 공동중개계약을 하게 되면 비율대로 중개보수를 나누어 각자 세금과 보험료를 처리하면 된다. 그러나 팀장만 독자적으로 계약서를 작성하는 방식을 취하게 되면 중개보수의 배분은 회사의 업무지원용역비, 사무실 사용료, 연회비, 자문료 등의 형식으로 입금하고 각자 세금과 보험료를 처리하게 된다.

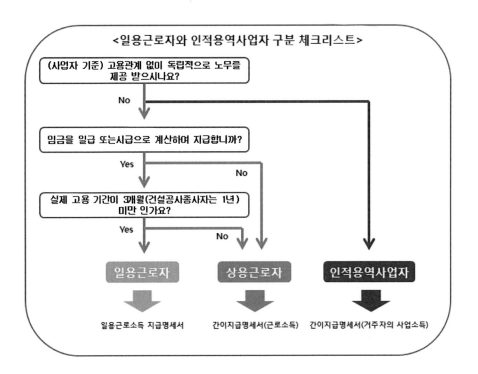

(2) 유의점

① 운영비를 세세하게 분류해 본다.

숫자에 밝은 사업자는 가계부를 쓰듯이 꼼꼼하게 체크하는 습관이 있을 수도 있지만 대부분의 소상공인은 한 달에 얼마씩 지출되는지 모르는 경우가 많다. 사업을 잘 운영하고 성장시키기 위해서는 수입과 지출을 명확히 해야 한다.

〈표 9-5〉 사무실 비용 구분과 세목

비용 구분	세 목
사무실 고정비	월세, 관리비, 투자금 이자, 관리직 직원 급여, 대표 기본급여 등
사무실 변동비	공과금, 중식비, 커피, 비율제 직원 실적급여, 마케팅비용 등
기타 비용	보너스, 유류비, 교통비 등
마케팅 비용	명함, 광고비, 판촉물, 고객접대비, 고객선물, 인적용역비 등

② 신입직원은 3개월 비율제(20%+보조금50)

젊은 신입직원의 경우 저축해놓은 금전이 별도로 없을 가능성이 높고 매일매일 생활비와의 전쟁인 경우가 많다. 이렇게 생활비 압박이 있게 되면 일에 집중하기 어렵게 되고 계약 성과를 내기 어려운 상황으로 몰리게 된다. 이 점을 감안하여 가망성이 있는 직원의 경우 초기에 영업을 배우고 실적을 낼 기간 동안 보조금을 지급할 수 있다. 보조금을 지급하는 경우 본인이 수령하는 분배비율을 낮추고(20~30%선) 대신 월 보조금을 지급하는 것이다. 이 보조금도 고정급여의 형식이 되면 세금문제가 발생하기 때문에 보조금이라는 용어와 형식을 취하는 것이다. 기간은 대략 3개월 정도가 적당하다. 일반회사에서의 수습기간으로 생각하면 된다.

③ 새로운 방식

㉠ 정액 입금방식

몇 년 전부터 정액 입금방식이라는 운영방식이 등장하고 있다. 이 운영방식은 사무실 운영의 안정성을 극대화한 방식으로 사무실 운영비와 대표 및 관리직 직원의 급여가 보장되도록 영업직 직원들이 기본적인 사무실 사용료와 변동비로서 계약서 작성료 및 계약에 따른 위험부담료를 내는 방식이다. 일반적인 소호사무실이나 공유오피스의 개념에 계약서를 개업 공인중개사만 작성할 수 있기 때문에 계약서 작성에 따른 전문가의 용역 및 계약이후 발생할 수 있는 위험부담에 대한 보험료의 성격이 혼합된 개념이다. 매월 기본적인 운영비는 기본 사무실 사용료에서 나올 수 있도록 설계하고 계약에 따른 입금액은 수익이 될 수 있도록 잘 설계하여야 한다.

ⓛ 사업투자 지분제 방식

사업자의 입장에서 순수하게 본인이 회사를 잘 운영해 발생한 수익만으로 사업을 확장하기에는 시간이 너무 많이 소요된다. 물론 경우가 없는 것은 아니지만 대부분 크게 성공하고 대기업 수준이 된 회사들은 은행의 대출이나 투자자의 자금을 통하여 지렛대 효과를 이용한 경우다. 은행의 대출도 과도하면 문제가 되겠지만 투자자의 사업 지분 참여형식 투자는 그 지분비율이 50%를 넘어 경영권을 잃을 정도로 투자 받게 되면 리더십이 사라지고 회사의 운영은 혼란에 휩싸이게 된다. 은행대출이나 단순투자에 의한 이자 및 수익금 지급은 감당할 수 있는 수준이면 회사의 자본보다 더 많은 금액을 쓸 수도 있지만 경영참여권이 있는 지분제 방식은 경영자의 지분이 항상 50% 초과선을 지키도록 하여야 한다.

ⓒ 수익지분제 방식

부동산 중개법인의 경우 각 시·군·구 별로 분사무소 1개소를 낼 수 있다. 서울특별시는 25개 구가 있고 경기·인천 및 지방 광역시의 주요 상권에 지점을 다 낸다면 200여 개의 사무실을 낼 수 있다. 프랜차이즈 가맹사업까지 겸한다면 500여 세대 이상의 아파트 단지를 포함하여 전국에 1000여 개 이상의 사무실도 가능할 것이다. 이처럼 사업을 확장하고자 한다면 각 지점에 누구를 책임자로 보내야 할까? 당연히 능력이 검증된 직원을 책임자로 보내야 할 것이다. 그러나 새로운 지역에서 영업을 시작하게 될 경우 일정기간 정보가 축적되어야 하고 성과가 바로 나오는 것이 아니기 때문에 유능한 직원들이 새로운 지역으로 가려고 하지 않을 것이다. 이 경우에 수입지분제 방식이 필요하다. 각 지점의 책임자에게는 그 지점에서 사업의 성과가 당장 없어도 회사 전체 사업매출에서 일정비율의 수익을 배당해 주는 것이다. 단, 수익지분은 그 직책을 수행하고 있을 동안 수익에 대한 배분권이 있는 것으로 경영참여권과는 구분하여야 한다. 회사에 대한 수익을 공개하여야 하는 문제가 있지만 이 정도로 사업규모가 커졌다면 회사 운영도 전문화 되고 투명해져야 하기 때문에 공인회계사가 필요한 시점이라고 봐야 한다.

5. 유지와 관리

1) 동기부여

부동산중개업은 업무 분야가 워낙 방대하기 때문에 모든 분야를 다 경험하기도 어렵거니와 한 분야에서만도 10여 년은 해야 어느 정도 깊이 있게 업무를 알 수 있고 중개사고도 없게 된다. 이런 업무의 어려움을 다른 측면에서 보면 10여 년 동안 한 가지 분야만 해왔다는 것이고 이는 사업적으로 큰 발전이 없었다는 의미이기도 하다. 한 분야에서 10여 년간 같은 일을 하다 보면 매너리즘에 빠진다. 큰 감흥도 없고 사무실에 출근할 때 가슴이 뛰지도 않는다.

오너는 이런 과정을 인고의 시간이라 쳐 두더라도 이제부터 사업을 본격적으로 키워보고자 한다면 신입직원들이나 베테랑 직원들에게 열심히 하고자 하는 동기가 있어야 한다. 더 많은 일을 하고 더 많은 성과를 내면 그에 따르는 보상과 기쁨이 있어야 하고 이루고 싶은 목표가 있어야 한다. 회사에서 그 동기와 목표를 제시해 주지 않는다면 직원들은 어느 순간 지치게 되고 회사를 떠나게 되는 것이다.

여기에서의 동기는 매출을 많이 올릴수록 본인의 수입이 느는 것이고 목표는 회사를 키우는 데 일조하고 회사에서 제일 매출이 많은 지점의 지사장이 되는 것이 되어야 한다. 그리고 그 회사에 지사장이라는 것이 사회적으로 인정받고 자식과 가족에게 자랑스러워야 한다. 그것은 오너와 직원들이 같이 만들어 가는 것이다.

반면 직원의 순환이 너무 잦고 이직률이 높은 회사는 지속적인 성장을 할 수 없다. 많은 베테랑 직원들이 버티고 서서 신입직원들을 트레이닝하고 베테랑으로 만들어 내어 회사 내에 확실한 직원들이 계속 늘어나야 한다. 회사의 기둥이 되는 직원들이 많아지는 만큼 회사는 커가는 것이다. 회사의 오너도 직원도 동기부여가 필요하다.

(1) 목표설정과 달성을 지원하라

공부하는 학생들은 어느 과목에서 100점을 받겠다는 목표를 세우거나 반에서 1등을 하겠다는 목표를 세우기도 한다. 그러나 그 학생을 부모가 그냥 지켜보기만 하면 목표를 이룰 확률이 많이 낮아진다. 부모가 학생과 같이 현재의 문제점이 무엇인지 어느 분야가 부족한지 분석하고 그 분야를 보완하기 위해 그 분야의 공부시간을 늘리거나 부모가 가르치거나 유능한 강사를 붙여줘야 한다.

회사에서의 목표 달성도 이와 같다. 오너와 직원들 모두 같은 입장이다. 오너가 높은 매출 목표를 가지고 있다 해도 직원들이 일심(一心)이 되어 움직여주지 않으면 목표를 이룰 수 없고, 직원들이 각자 목표를 정했어도 오너가 적극적인 지원을 해주지 않는다면 목표를 이루기 어렵다. 목표는 달성 불가능한 선으로 설정하면 안 된다. 애초에 불가능하다는 선입견으로 몰입이 되지 않는다. 목표는 오너와 직원이 함께 객관적으로 가능한 선보다 약간 더 높게 잡아 본인이 열심히 노력하고 오너가 지원만 충분히 해준다면 이룰 수 있는 선으로 같이 정해야 한다. 혼자서 마음속으로 정한 목표는 이루지 못해도 비웃을 사람이 없고 부끄러워해야 할 대상도 없기 때문에 작심삼일로 끝나고 만다. 이것은 개인의 일이기도 하지만 회사의 일이기도 하기 때문에 오너와 직원이 같이 목표를 세워 공유해야 한다.

(2) 직원 중 우수사원을 경영진에 진입시켜 파트너로 성장시켜라

현재의 대기업들을 보면 사업 초기에는 동업을 통하여 성장하다 독립했거나, 회사의 오너가 자식들을 경영수업이라는 방식으로 평사원에서부터 일을 배우도록 하여 경영권을 넘기거나, 혈연관계가 없는 유능한 직원을 승진시켜 회사를 맡기기도 하는 방식으로 대기업이 되고 대표가 된 경우가 많다.

부동산중개업은 제조업과는 달리 개인전속적인 능력에 의존도가 높은 서비스업이다. 속된 말로 사람장사다. 그렇기 때문에 회사가 시스템을 갖추고 규모가 커져도 사람이 받쳐주지 않으면 팔 물건이 없는 공장과 같은 꼴이 된다. 부동산중개회사는 사람이 받쳐주는 사업이기 때문에 유능한 직원들과 같이 성장하지 않으면 성장이라는 것을 꿈꾸기도 어려운 사업이다. 또한 부동산의 속성인 부동성, 고정성, 개별성 때문에 직원들을 강남의 20층짜리 2만여 평의 사옥에 모아놓고 한 곳에서 업무를 볼 수도 없다.

미국 등 선진국의 사례에서도 그렇지만 부동산중개업은 지점을 늘려가는 방식이 가장 기본적인 것이고 여기에 특정물건을 취급하기 위해 사업부를 별도로 두거나 컨트롤타워의 역할을 하기 위해 대형 사무실을 본사에 둘 수 있다. 그러나 이런 업무나 역할은 업무의 핵심이 될 수는 없고 보조적인 것이 될 수밖에 없다. 이렇게 볼 때 지점을 늘려가자면 그 지점의 지사장이 필요하고, 본사와 지사와의 관계에서도 업무량이 많아져 업무책임을 나누고 신속한 업무보고와 집행 라인을 만들어야 하는데 그 전문가를 어떻게 충원할 것인가가 가장 중요한 문제로 떠오르게 되는 것이다. 우리나라에는 아직 이 정도의 부동산중개 대기업도 없고 부동산의 특수성 때문에 다른 분야의 전문가들이 와도 그 업무를 잘 끌고 갈 수 있을지는 미지수이다. 유일한 해결책은 회사 내에서 유능한 직원을 성장시켜 경영진에 편입시키는 것이다. 오너도 계속적으로 공부하고 필요한 능력을 익혀야 하겠지만 유능한 직원 중에 필요 인원수를 선발하여 경영, 회계, MBA 등 대학원에 진학시키고 필요하면 유학도 보내 회사에 꼭 필요한 경영파트너를 만들어 가야 하는 것이다.

(3) 부동산은 혼자 할 수 없다. 유능한 직원은 팀을 만들어준다

부동산은 혼자 할 수 없다. 우연히 자신의 물건에 자신의 손님으로 양타를 칠 수 있지만 그것도 누군가의 도움 없이 순수하게 혼자서 일을 이루는 경우는 극히 드물다. 혼자 일하는 중개사는 어떤가? 사무실에 혼자 근무하는 것일 뿐 외부의 중개사들과 공동중개를 하게 되어 있다. 이렇게 하든 저렇게 하든 다른 중개사나 부동산과 공동으로 일하게 되어 있다는 것이다.

그렇다면 직원들은 어떠한가? 직원들은 사실 중개사와 같이 일을 하는 것이다. 계약서는 당연히 사무실 대표인 중개사가 작성하는 것이고 그 일을 이루기 위한 과정에서도 지속적인 중개사의 지원과 협조를 받게 되어 있다. 그런데 어떤 직원이 일을 아주 잘하고 성과가 높은 경우 어떻게 해야 할까? 아무리 중개사가 도와준다고 해도 한 명이 할 수 있는 일에는 한계가 있다. 수입에도 한계가 있고 일의 양에도 한계가 있다. 계약 한 건의 중개보수가 5억이 된다면 어떨까? 1년에 5건을 중개사의 도움을 받아 한 명이 할 수 있을까? 돈에는 무게와 책임이 따르기 때문에 어렵다. 그 한 건이 끝날 때까지 다른 일에 집중이 되지 않는다. 이럴 때 그 직원에게 팀을 구성해 줘야 한다. 팀장은 팀원들의 계약을 지원해주고 일정비율을 배분 받고 팀장은 팀장대로 본인의 수입에서 일정비율을 회사에 입금하는 것이다.

중요한 것은 팀장의 업무를 보조해 주고 팀원이 일거리를 만들어 내면 팀장의 기술로 클로징 하게 하는 것이다. 이렇게 하면 팀장도 더 많은 수익을 만들어 내고 팀원들도 유능한 팀장 밑에서 일을 배우며 성장할 수 있는 것이다.

(4) 팀별로 한 가지 일만 한다(모텔, 빌딩, 시행부지, 건물관리, 프랜차이즈 등)

소규모 개업 공인중개사 사무실들은 대부분 모든 업종을 취급하고 있다. 아파트 단지 내 사무실의 경우 아파트를 주로 취급하겠지만 아파트 주변의 상가점포도 취급하고 주변의 원룸·오피스텔도 취급한다. 찾는 사람이 있으면 지방의 땅을 찾아 돌아다니기도 한다. 그러나 사무실의 규모가 커지면서 팀제로 운영한다면 그 팀은 한 가지 업종과 업무에 집중해야 성과를 낼 수 있다. 현대는 고객들이 더 많은 정보를 알고 있는 상태에서 부동산사무실을 방문하는 경우가 많다. 그런 고객을 상대하기 위해서는 그 업종에 관하여는 거의 모든 물건을 알고 있어야 하고 네트워크만 가동시키면 바로 알 수 있어야 한다. 고객이 어려워졌다는 의미다. 더 전문적이고 그 분야에 관한 한 그 중개사나 팀장이 다루고 있는 시장 내의 거의 모든 물건을 꿰뚫고 있어야 고객을 컨트롤할 수 있는 시장상황이 된 것이다.

2) 모든 계약서는 회사가 쓴다

우리는 앞에서 세금과 관련하여 독립사업계약자에 대해서 이야기하였고 대형 사무실에서 팀별로 공간을 구분하여 자격증을 거는 방식에 대해서도 이야기하였다. 이와 관련하여 유의하여야 할 중요한 사항은 계약서를 누가 쓰느냐의 여부다. 경우를 나누어 어떤 문제들이 발생하는지 보도록 하자.

(1) 사무실 내 격실에 자격증을 건 팀장과 회사의 공동중개

공동중개의 경우에 발생할 수 있는 일은 사무실 내에서 자격증을 건 팀장과의 사이에서도 발생할 수 있다. 우리나라에서 중개보수는 양쪽 당사자에게 받기 때문에 공동중개의 경우 각 의뢰인에게 받거나 총액에서 50:50으로 나누어 받기도 한다. 각자의 의뢰인으로부터 받게 되면 한쪽은 중개보수의 한도(0.9%)까지 다 받고 다른 한쪽은 중개보수 한도의 50%밖에 못 받는 경우도 있다. 또한 실제 얼마를 받는지 중개사가 고객의 입단속을 시키게 되면 제3자가 알기 어렵게 된다. 이것을 중개업계의 은어로 "감는다."고 한다. 사무실을 대형으로 운영하고 팀이 많다면 이런 일은 작은 일이 아닌 게 된다. 계약을 할 때마다 의심하고 긴장해야 한다.

(2) 사무실내 격실에 자격증을 건 팀장의 단독계약

사무실 내에 자격증을 건 팀장들이 단독으로 계약서를 작성하게 되면 가장 큰 문제는 주객이 전도된다는 것이다. 팀장들이 주도권을 쥐고 사무실의 대표는 중개보수를 내려 받는 모양이 되는 것이다. 이런 상황은 사무실의 질서를 무너뜨리는 결과를 가져온다. 또 하나의 문제점은 팀장들이 보고하지 않는 한 상담하러 온 고객인지 계약하러 온 고객인지 알 수 없고 더욱이 외부로 나가 계약서를 작성할 경우는 더 알기 어렵게 된다. 이런 방식은 사무실 고용계약을 어기고 신뢰를 깨트릴 수 있는 환경을 만들어 주는 꼴이다. 당연히 대규모로 사무실을 운영하고자 하는 경우 절대 피해야 하는 방식이다.

(3) 사무실 내 대표의 단독계약

대부분의 대형 사무실이 취하고 있는 방식이다. 홀륭한 직원들도 돈 앞에서는 흔들리게 되어 있다. 사람이 사람을 속이는 게 아니라 돈이 사람을 속이고 그 상황이 사람을 속인다는 이야기가 있다. 직원들이 중개보수를 고객들과 직접 거래하게 해서는 안 된다. 그러기 위해서 사무실에서 거래계약서 작성을 단독으로 하는 것이다. 물론 거래계약서를 단독으로 작성하게 되면 직원들과의 고용계약서상 구상권(求償權)과는 별개로 중개사고 시 손해배상책임을 대표공인중개사가 단독으로 지게 된다. 큰 사업과 큰 수익에는 큰 책임과 그만한 무게가 따르기 때문에 이런 부분은 대표공인중개사가 감수하고 가야 할 몫이라고 생각해야 한다.

그렇다면 대형사무실의 팀장들은 왜 중개사무소등록을 하고 사업자등록을 하는 것일까? 대형사무실의 경우 영업을 거의 광고에 의지하게 된다. 사무실 자체가 강남 등 한 장소에 있으면서 서울·인천·경기권의 물건을 다 취급하기 때문에 물건광고를 통하여 매수(임차)고객을 찾게 되어 있다. 그러나 광고는 개업 공인중개사의 명의로 개업 공인중개사만 하게 되어 있다. 공인중개사법[130]상 중개대상물의 표시·광고에 관한 공인중개사법 제18조의2와 공인중개사법시행령 제17조의2를 살펴보면 팀장이 광고를 위하여 불가피하게 중개사무소등록을 할 수밖에 없다는 것을 알 수 있다. 또 하나는 대형사무실에서 취급하는 물건들이 규모와 금액단위가 크기 때문에 매물주나 매수(임차)의뢰자도 중개보조원보다는 중개사를 직접 상대하고 싶어 하는 심리에 부응하는 면도 있는 것이다.

---

[130] ◆ **공인중개사법 제18조의2** (중개대상물의 표시·광고)
① 개업 공인중개사가 의뢰받은 중개대상물에 대하여 표시·광고(『표시·광고의 공정화에 관한 법률』 제2조에 따른 표시·광고를 말한다. 이하 같다)를 하려면 중개사무소, 개업 공인중개사에 관한 사항으로서 대통령령으로 정하는 사항을 명시하여야 하며, 중개보조원에 관한 사항은 명시해서는 아니 된다.
② 개업 공인중개사가 인터넷을 이용하여 중개대상물에 대한 표시·광고를 하는 때에는 제1항에서 정하는 사항 외에 중개대상물의 종류별로 대통령령으로 정하는 소재지, 면적, 가격 등의 사항을 명시하여야 한다.
③ 개업 공인중개사가 아닌 자는 중개대상물에 대한 표시·광고를 하여서는 아니 된다.

이런 복합적인 요인으로 팀장들이 자격증을 걸고 있는 이유이고 거래계약서 작성은 회사에서 단독으로 쓰고 있는 이유이기도 하다. 그렇다면 이런 의문도 들 것이다. '공동중개에 참여하지 않았는데 어떤 명분과 명목으로 중개보수를 배분 받을까'다. 대부분의 대형사무실과 부동산분양 현장에서는 용역비로 처리한다. 3.3%를 공제하고 지급하게 되면 수령한자는 본인의 사업유형에 따라 세금을 납부하게 되는 것이다.

개업 공인중개사의 경우 사업자등록 시 부동산중개와 더불어 자문업이나 컨설팅업을 등록하여 세금계산서를 발행하고 수령하면 된다. 하나 더 생각해봐야 할 것은 중개한 개업 공인중개사의 서명·날인의무다. 팀장이 자격증을 걸고 중개했는데 계약서는 회사만 들어가서 쓴다면 문제가 될 수 있다. 이 경우에는 계약의 진행과정, 비중, 고객의 성향 등을 파악하여 회사와 팀장의 공동중개로 계약서를 작성하여야 할 것이다.

3) 동호회를 만들어라

회사대표에서부터 제일 말단조직의 팀장까지의 간부들이 포함된 동호회(골프, 볼링, 족구, 등산 등)를 만들어 월 1회 이상 친목을 다진다. 이러한 동호회는 회사대표로 하여금 회사 전체를 꿰뚫어 볼 수 있게 하고 직원들은 회사대표에게 친근감을 가지게 해 회사의 구성원들을 하나의 실로 꿰어 보석을 만들어주는 기능을 하게 된다.

제10장

경매·공매
(개업 공인중개사의 재테크 파트너)

경매의 절차

공인중개사의 매수신청대리업무가 시작된 지 16년째 되어 가고 있지만 개업 공인중개사에게 매수신청대리업무 자체로는 큰 수익거리가 되지 않는 것 같다. 그러나 경매, 공매시장은 큰 시장이고 중개의뢰인과의 직접거래가 아니어서 관심을 둘 가치가 충분하다 할 것이다. 경매와 공매에 관심을 가지다 보면 물건의 권리분석에도 전문성이 높아지고 물건을 보는 눈이 향상될 것이다.

이에 본 장에서는 경매와 공매의 진행절차를 살펴보고 물건특성별로 유형을 나누어 특수물건은 어떤 점에 유의하여야 하고 관련 문제를 풀어가는 방법에는 어떤 것이 있는지 알아보기로 한다.

먼저 전체적으로 경매가 어떻게 돌아가는지 경매절차[131]를 알아야 한다. 경매는 담보권실행 등을 위한 임의경매와 채권 등으로 집행권원을 받아 하는 강제경매가 있다. 이러한 분류와 무관하게 경매절차는 동일하게 진행된다.

---

131) 부동산등에 대한 경매절차 처리지침(재민 2004-3) 개정 2019. 11. 15. [재판예규 제1728호, 시행 2019. 11. 15.]

경매절차도			
	채권자 경매신청		• 경매비용 예납 • 경매각하(즉시항고) / 취하
• 2~3일 내	경매개시결정		• 집행정지
• 즉시	경매신청 등기촉탁	개시결정문 송달	• 경매개시결정 이의 - 즉시항고 • 침해행위 방지조치
• 개시결정 3일 이내 • 2주간	• 현황조사명령 / 감정평가 • 채권신고(공과금)최고		• 채권신고는 배당요구종기일까지
• 압류의 효력 후 7일 이내	• 배당요구 종기결정 • 공고(첫 매각기일의 1월 이내)		
	최초경매가, 매각조건결정		
	경매준비		• 매각물건명세서 작성 • 입찰서류준비 • 최초경매일자 지정 • 이해관계인 통지
• 매각기일 • 매각결정기일	경매기일공고		• 경매기일 14일 전
	매각물건명세서 비치		• 입찰 7일 전부터
• 이의신청	매각기일(입찰)		• 최고가 입찰자 결정
• 즉시항고-재항고	매각허가결정기일		• 상계신청서 • 매각부동산 관리명령신청
• 취소신청	매각허가확정		
• 담보책임	대금납부		• 인도명령신청 • 점유이전금지가처분신청 • 재입찰 3일 전까지 (지연이자12%)
	소유권이전등기촉탁신청서		• 5일 이내 등기완료
• 대금납부 후 3일내 배당기일 지정 • 14일 내 배당기일 개최	배당기일 / 지급기일		• 3일전 배당초안 작성 비치 • 배당이의는 당일 구두제기 • 7일 내 배당이의의 소 • 청구이의의 소
	예납금 잔액상환		
	기록송부(보존)		

[그림 10-1] 경매 절차도

1. 경매신청·개시

경매는 채권자가 대상 부동산 소재지 관할 법원에 경매신청을 하고 경매비용을 예납하면서 시작된다. 경매신청을 받은 법원은 요건을 심사해 사건번호를 부여하고 담당법관에게 배당을 한다. 전세권등기에 기한 경우 반대의무의 이행제공을 증명하는 서류, 기타 채권의 경우 집행권원이 제출되기 때문에 첨부서류만 구비되면 2~3일내로 경매개시결정이 난다. 물론 채무자와 합의되어 본인이 취하하거나 신청의 절차나 형식이 부적합할 때 법원측에서 각하할 수 있다. 그리고 바로 해당부동산에 대한 압류를 관할등기소에 기입등기촉탁을 한다. 동시에 채무자에게 경매개시결정을 송달(송달이 안 된 경우는 취소사유)한다. 이때 채무자에게 송달된 때나 등기가 된 때 압류의 효력이 생기는데 채무자에게 먼저 송달되면 재산은닉행위나 경매 방해 행위를 할 수 있기 때문에 실무에서는 경매개시결정 기입등기가 이루어진 후 채무자에게 송달한다. 경매개시결정이 되고 3일 내로 집행관에게는 현황조사를 명령하고, 감정평가기관에는 감정평가를 의뢰한다. 그 기간은 2주간이다. 법원사무관등은 채권자 및 조세, 그 밖의 공과금을 주관하는 공공기관에 대하여 채권의 유무, 그 원인 및 액수(원금·이자·비용, 그 밖의 부대채권을 포함한다)를 배당요구의 종기까지 법원에 신고하도록 최고 한다[132]. 그리고 집행법원은 압류의 효력이 생긴 때부터 1주 안에 배당요구 종기일을 첫 매각기일의 1개월 내로 정해 공고한다. 보통 2~3개월 내가 된다.

2. 배당요구

배당요구는 관련 채권자들이 받을 원금, 이자, 각종 비용 등에 대한 채권신청서를 배당요구종기일 내에 제출함으로써 이루어진다. 여기에는 배당요구를 하지 않아도 배당참가가 되는 권리[133]가 있지만 최우선변제권을 가진 소액임차인이나 선순위채권자라 해도 반드시 배당요구를 하여야 한다.

법원의 명령 및 의뢰에 의한 현황조사결과, 감정평가결과가 들어오게 되면 최초 경매가와 조건을 결정하여 경매기일 14일 전에 매각기일과 매각결정기일을 지정·공

---

[132] 민사집행법 제84조 제4항
[133] 경매개시 전 등기된 담보권, 등기된 임차권, 체납처분에 의한 압류등기권, 가압류권, 이중경매개시결정이 된 경우 이중경매신청인이 있다.

고·통지한다. 이 자료들을 기초로 매각물건명세서를 작성한다. 감정평가서와 현황조사서는 매각2주전부터 법원에 비치하고, 매각물건명세서는 1주 전부터 비치한다.

3. 경매실시·낙찰

매각기일이 되어 최고가매수신고인이 결정되면 매각기일 이후에는 이해관계인의 의견을 듣고 문제없으면 1주일 후에 매각허가결정이 난다. 이 때 채권자가 입찰해 낙찰 받았다면 상계신청서를 제출할 수 있다. 매각부동산관리명령도 신청할 수 있다. 또 1주일이 지나면 매각허가가 확정된다. 매각결정기일 이전에 권리관계의 변동을 알았다면 매각허가에 대한 이의신청을 하고 매각허가부터 확정 전까지 알았다면 이해관계인은 즉시항고를, 확정부터 대금납부 전까지 알았다면 매각허가결정에 대한 취소신청을 할 수 있다. 대금납부 후에는 채무자 또는 채권자에게 담보책임을 묻는 방법을 사용한다.

매각결정이 확정되고 이해관계인의 항고가 없으면 법원은 30일 내로 대금지급기한을 정해 매수자에게 대금납부를 명한다. 대금이 납부[134]되면 법원은 1개월 전후로 하여 배당일을 지정하여 개최한다. 낙찰자는 대금납부와 동시에 소유권이전등기촉탁신청서, 인도명령신청, 점유이전금지가처분을 즉시 신청할 수 있다. 인도명령은 대금납부 후 6개월 내로 신청할 수 있지만 절차도 간단하고 비용도 인지대와 송달료만 납부하면 되기 때문에 받아놓는 것이 좋다. 상계신청이 받아들여진 낙찰자는 배당기일에 잔여액을 납부하면 된다. 배당초안은 배당 3일 전에 초안을 작성해 비치해둔다. 배당자는 직접 참석해야 하고 참석하지 않는 경우 배당에 동의하는 것으로 간주한다. 경매신청 채권자가 예납한 예납금은 출금했던 계좌로 반환이 된다. 이렇게 경매과정이 끝나게 되면 경매기록을 보관소로 송부하여 보존하게 된다.

---

134) 대금납부는 재입찰 3일 전까지 납부할 수 있지만 지연이자 12%를 부담하여야 한다. 법정 지연이자는 민사집행규칙 제75조에 근거하며 2003(20%), 2015(15%), 2019년부터 연12%이다.

<표 10-1> 배당순위와 배당금액

배당순위와 배당금액	
말소기준권리	
말소기준권리	• (가)압류, 경매신청등기 • (근)저당, 담보가등기, 전세권(배당요구한 전체전세)
인수주의	• 말소기준 등기보다 앞선 지상권, 지역권, 전세권(등기된 임차권), 가처분, 소유권 이전청구권가등기, 환매등기, 대항력 있는 주택임차권, 예고등기, 유치권
말소되지 않는 권리	• 말소기준권리보다 후순위이면서 말소되지 않는 권리: 예고등기, 법정지상권, 유치 권, 토지소유자의 건물철거 및 토지인도 청구권 보전을 위한 건물에 등기된 가처분
경매개시결정등기 이후의 권리변동	• (가)압류의 처분금지효에 위반됨 • 유치권 배제, 소액임차인 최우선변제권 배제
배당순위	• 물권이 채권에 우선 / 물권 간 순위배당 / 채권 간 안분배당 • 혼합의 경우(안분배당 후 물권이 후순위 채권들을 비율대로 흡수배당)
0순위	• 집행비용(경매비용 예납금 환급)
1순위	• 필요비, 유익비 상환청구권(소유권자, 지상권자, 전세권자, 등기임차권자가 지출한 것)
2순위	• 소액보증금 최우선배당금, 최종 3개월 임금, 최종 3년 퇴직금(소액보증금 최우선배당금은 낙찰가액의 1/2범위 내, 임금채권은 전액범위)
3순위	• 당해세(국세, 지방세) • 예외) 국세징수법 35조 개정-선순위 확정일자부 임차인, 2023.4.1시행.
4순위	• 순위배당: 저당권, 전세권, 담보가등기, 임차권등기, 확정일자 임차권(우선변제권), 국세·지방세·관세(법정기일 기준)
5순위	• 기타 임금
6순위	• 전세권, 저당권, 질권보다 법정기일이 늦은 국세, 지방세 등 징수금
7순위	• 각종 공과금(각종 보험료) - 납부 기한일 기준
8순위	• 안분배당: 일반채권(강제경매신청권자, 일반가압류, 과태료 등)

4. 배당 및 퇴거

부동산경매의 권리분석에서 가장 중요한 것이 말소기준권리이다. 낙찰자에게 권리가 인수되거나 혹은 말소되는 기준이고 말소기준권리 이후에 설정된 권리는 말소된다는 의미다. 말소기준권리로는 (가)압류, (근)저당, 경매개시결정등기, 담보가등기, 전세권(배당 요구한 전부전세)가운데 가장 빠른 것을 기준으로 한다.

말소기준권리 중 전세권은 용익물권으로서의 성격과 담보물권으로의 성격이 있기 때문에 담보물권성에 기인한 권리로서 인정되는 것이다. 단지 다가구주택 등 일부 층만 전세권을 가진 전세권자에게 이러한 권리를 인정하게 되면 다른 층이나 전체 권리자들에게 영향을 미칠 수 있기 때문에 말소기준으로 인정하지 않고 있다.

말소기준권리보다 선순위의 경우 낙찰자가 인수하게 되는데 대항력 있는 주택임차권이 확정일자에 의한 배당을 요구한 경우 전액배당을 받게 되면 인수하지 않게 된다. 선순위 전세권도 배당요구를 하는 경우 인수하지 않아도 된다.

배당순위는 물권 간에는 순위배당, 채권 간에는 안분배당, 채권에 대한 물권우선주의, 처분금지효를 가진 채권이 선순위인 경우 그 후순위 물권, 채권 등과 안분배당 후 흡수배당을 하게 된다.

2순위의 최우선변제금은 배당액이 부족할 경우 안분배당을 하게 된다. 소액보증금의 기준은 임차인의 계약일이 아니라 선순위담보물권의 설정일을 기준으로 하기 때문에 그 시기별로 상이하다.

〈표 10-2〉 주택 소액임차인 최우선변제권 금액

최선순위담보권 설정일 (말소기준권리)	지역	소액보증금 적용범위	수령 소액보증금
1984.6.14-1987.11.30	특별시, 광역시	300만 원 이하	300만 원
	기타지역	200만 원 이하	200만 원
1987.12.1-1990.2.18	특별시, 광역시	500	500
	기타지역	400	400
1990.2.19-1995.10.18	특별시, 광역시	2,000	700
	기타지역	1,500	500
1995.10.19-2001.9.14	특별시, 광역시	3,000	1200
	기타지역	2,000	800
2001.9.15-2008.8.20	수도권 중 과밀억제권역	4,000	1,600
	광역시(군 제외)	3,500	1,400
	그 외 지역	3,000	1,200

2008.8.21-2010.7.25	수도권 중 과밀억제권역	6,000	2,000
	광역시(군 제외)	5,000	1,700
	그 외 지역	4,000	1,400
2010.7.26-2013.12.31	서울특별시	7,500	2,500
	수도권 중 과밀억제권역	6,500	2,200
	광역시(군 제외) 안산, 용인, 김포, 광주 포함	5,500	1,900
	그 외 지역	4,000	1,400
2014.1.1-2016.3.30	서울특별시	9,500	3,200
	수도권 중 과밀억제권역	8,000	2,700
	광역시(군 제외) 안산, 용인, 김포, 광주 포함	6,000	2,000
	그 외 지역	4,500	1,500
2016.3.31-2018.9.17	서울특별시	10,000	3,400
	수도권 중 과밀억제권역	8,000	2,700
	광역시(군 제외) 안산, 용인, 김포, 광주 포함	6,000	2,000
	세종시	6,000	2,000
	그 외 지역	5,000	1,700
2018.9.18-2021.5.10	서울특별시	11,000	3,700
	수도권 과밀억제권역, 용인,세종,화성	10,000	3,400
	광역시 등	6,000	2,000
	그 외 지역	5,000	1,700
2021.5.11.-	서울특별시	15,000	5,000
	수도권 과밀억제권역(세종자치 시, 용인시, 화성시, 김포시)	13,000	4,300
	광역시(과밀억제권역 포함된지역 과 군지역 제외) 안산시, 광주시, 파주시, 이천시, 평택시	7,000	2,300
	그 외 지역	6,000	2,000

〈표 10-3〉 상가 우선변제 소액임차인

기간별	구분	서울시	수도권 과밀억제권	광역시 (군지역, 인천제외)	그 밖의 지역
2002.11.1.- 2008.8.20	환산보증금	24,000만 원	19,000만 원	15,000만 원	14,000만 원
	임차인의 보증금	4,500만 원	3,900만 원	3,000만 원	2,500만 원
	최우선변제금	1,350만 원	1,170만 원	900만 원	750만 원
2008.8.21.- 2010.7.25	환산보증금	26,000만 원	21,000만 원	16,000만 원	15,000만 원
	임차인의 보증금	4,500만 원	3,900만 원	3,000만 원	2,500만 원
	최우선변제금	1,350만 원	1,170만 원	900만 원	750만 원
2010.7.26.- 2013.12.31	환산보증금	3억 원	25,000만 원	18,000만 원	15,000만 원
	임차인의 보증금	5,000만 원	4,500만 원	3,000만 원	2,500만 원
	최우선변제금	1,500만 원	1,350만 원	900만 원	750만 원
2014.1.1.- 2018.1.25	환산보증금	4억 원	3억 원	24,000만 원	18,000만 원
	임차인의 보증금	6,500만 원	5,500만 원	3,800만 원	3,000만 원
	최우선변제금	2,200만 원	1,900만 원	1,300만 원	1,000만 원
2018.1.26.-		서울특별시	수도권 과밀억권 역, 인천광역시	광역시(군제외), 안산,용인,김포,광 주시	기타지역 (광역시의 군 포함)
	환산보증금	61,000만 원	5억 원	39,000만 원	27,000만 원
	임차인의 보증금	6,500만 원	5,500만 원	3,800만 원	3,000만 원
	최우선 변제금	2,200만 원	1,900만 원	1,300만 원	1,000만 원
2019.4.2.~		9억 원 이하			

4순위의 국세·지방세·관세의 법정기일은 취득세, 양도소득세 등 신고하는 세금은 신고한 날, 재산세 등 부과하는 세금은 고지서 발송일을 법정기일로 한다. 경매개시 결정 등기 전 임차권등기를 한 자는 별도의 배당요구를 하지 않아도 당연히 배당받을 채권자에 해당한다. 4순위 내의 권리 중 당해세가 아닌 국세·지방세의 기준일이 법정기일인 점은 상당한 주의를 요한다. 대항력 있는 임차인도 소액최우선변제금을 제외한 보증금은 채무자의 국세·지방세 법정기일보다 후순위일 경우 국세·지방세에 밀리기 때문이다. 더욱이 채무자의 다른 재산으로 인한 국세·지방세는 배당요구(교부청구)내역을 보지 않는 이상 그 금액을 알 수 없어 권리분석 시 특히 주의를 요한다.

법원에 경매사건기록열람을 통하여 알 수 있지만 이해관계당사자[135]가 아니면 열람이 되지 않는다.

배당기일에 이의 없이 배당표가 확정되면 담당경매계에서 법원보관금 출급명령서를 발급 받아 법원보관금 출납계에 명령서와 신분증을 제출하고 서류에 서명날인하면 법원보관금출금지시서를 발급해준다. 이를 가지고 은행에 가서 지급요청을 한다.

대항력 있는 임차인이 있는 경우 최우선 임금채권이나 당해세, 일반조세의 법정기일에 의해 임차인의 보증금을 인수할 수 있으므로 국세체납이 많은 물건이나 채무자가 큰 사업을 한 정황이 있는 물건은 피한다. 최고가매수인이 된 경우 바로 경매사건기록을 열람한 후 매각불허가신청 여부를 결정한다.

대항력을 가진 임차인이 보증금을 다 배당받지 못한 경우 낙찰자에게 나머지 보증금을 청구하거나 재산을 압류할 수 있으며, 대항력이 없는 임차인은 前임대인에게 보증금의 반환을 청구하거나 재산을 압류할 수 있다.

〈표 10-4〉 입찰일의 입찰진행절차

입찰일의 입찰진행절차	
경매개시 알림(10시)	신분증, 도장, 보증금

---

135) 민사집행법 제90조(경매절차의 이해관계인) 경매절차의 이해관계인은 다음 각호의 사람으로 한다.
　1. 압류채권자와 집행력 있는 정본에 의하여 배당을 요구한 채권자
　2. 채무자 및 소유자
　3. 등기부에 기입된 부동산 위의 권리자
　4. 부동산 위의 권리자로서 그 권리를 증명한 사람
　* 부동산등에 대한 경매절차 처리지침(재민 2004-3) 제53조 (경매기록의 열람·복사)
　① 경매절차상의 이해관계인(민사집행법 제90조, 제268조) 외의 사람으로서 경매기록에 대한 열람·복사를 신청할 수 있는 이해관계인의 범위는 다음과 같다.
　1. 파산관재인이 집행당사자가 된 경우의 파산자인 채무자와 소유자
　2. 최고가매수신고인과 차순위 매수신고인, 매수인, 자기가 적법한 최고가 매수신고인 또는 차순위매수신고인임을 주장하는 사람으로서 매수신고시 제공한 보증을 찾아가지 아니한 매수신고인
　3. 민법·상법, 그 밖의 법률에 의하여 우선변제청구권이 있는 배당요구채권자
　4. 대항요건을 구비하지 못한 임차인으로서 현황조사보고서에 표시되어 있는 사람
　5. 건물을 매각하는 경우의 그 대지 소유자, 대지를 매각하는 경우의 그 지상 건물 소유자
　6. 가압류채권자, 가처분채권자(점유이전금지가처분 채권자를 포함한다)
　7. 「부도공공건설임대주택 임차인 보호를 위한 특별법」의 규정에 의하여 부도임대주택의 임차인대표회의 또는 임차인 등으로부터 부도임대주택의 매입을 요청받은 주택매입사업시행자

경매기록부 열람	• 매각물건 명세서 • 현황조사보고서 • 감정평가서 • 입찰표, 입찰봉투, 입찰보증금봉투, 공동입찰신청서, 　공동입찰자목록 배부
입찰표, 입찰봉투, 보증금봉투 기재	기재대나 개인차량 안에서 기재
입찰봉투 제출 및 투함	접수번호기재, 날인, 수취증 교부
입찰마감(11시 10분~30분) - 최소 1시간 후	동시입찰의 원칙
개찰(10분 후), 최고가매수인 발표	• 낙찰자: 번호표 반납, 보증금 영수증 교부 • 패찰자: 번호표 반납, 보증금봉투 반환

　매각에 참여하고자 하는 자는 신분증, 도장, 매수신청보증금을 준비하여 오전 10시 이전에~늦어도 입찰마감 이전까지 관할법원 경매법정에 도착하여야 한다. 관심물건의 매각기일 변동이 없는지는 게시판에서 확인한다. 10시 전후로 집행관이 경매개시를 알리며 매각실시방법과 개요설명을 한다. 이때부터 약1시간 정도 경매기록부 열람과 입찰표, 입찰봉투, 입찰보증금봉투, 공동입찰신고서, 공동입찰자목록을 배부, 입찰표 기재, 입찰봉투 제출, 투함이 있게 된다. 입찰표 앞면에는 입찰기일, 사건번호, 입찰자 인적사항, 입찰가격, 보증금액을 기재하고 표시된 곳에 도장을 날인한다. 입찰표의 뒷면은 대리 입찰하는 경우 위임장을 작성하게 되어 있다. 미리 작성해 가는 경우가 아니면 위임인의 인감도장을 준비해 가서 날인하여야 한다. 보증금봉투에도 앞면은 사건번호를 적고 입찰 제출자가 서명 및 날인한다. 보증금봉투 뒷면에는 봉투 중앙선을 따라 세 군데 날인하도록 되어 있다.

　이렇게 입찰표와 보증금봉투를 큰 황색 입찰봉투에 넣고 봉투 앞면에는 사건번호와 입찰자 성명, 뒷면에는 날인을 세 군데 한 후 입구를 접고 다시 반으로 접어 호치키스로 두 군데를 찍어 신분증과 함께 제출한다. 집행관이 연결번호를 봉투 접는 부분과 입찰자용 수취증 두 군데에 기재하고 그 중간에 집행관간인을 찍어 입찰자용 수취증을 절취하여 신분증과 함께 돌려준다. 입찰봉투를 입찰함에 투입하고 마감시간까지 기다리면 된다.

　개찰이 시작되면 사무원들이 사건번호별로 입찰봉투를 분류하고 번호순으로 입찰자들을 앞에 불러놓고 하나씩 이름과 입찰금액을 다 부른 뒤 최고가를 발표한다. 최고가 매수인은 입찰자용 수취증과 신분증을 제시하면 집행관이 보증금 금액이 맞는지 금액을 확인하고 보증금영수증을 교부한다. 나머지 패찰자들은 입찰자용 수취증과 신분증을 보여주고 입찰봉투를 그대로 반환받는다. 이때 차순위 매수신고인이 있으면 신고하고 공유자 우선매수신청인이 있으면 신청하도록 안내한다. 차순위 매수신고는 차순위라고 해서 아무나 하는 것은 아니고 최고가에서 입찰보증금을 뺀 범위 안으로 입찰금액을 써낸 입찰자만 가능하다.

- 즉시항고 사유: 매각허가에 대한 이의신청이나 매각허가결정 이전의 절차에 잘못이 있는 경우. 과잉 매각한 경우, 채무자 또는 소유자에 대한 경매개시결정 송달 과정에 흠이 있는 경우
- 매각허가결정 취소 사유: 부동산의 현저한 훼손, 중대한 권리관계의 변동, 매각일과 잔금일 사이에 부동산 가격이 현저히 하락한 경우
- 매각대금 감액 및 반환신청: 화재 등으로 인한 유실, 소실, 매각대금 반환청구는 배당을 실시하기 전까지. 공장, 모텔, 시설물의 감정평가 된 유체동산 또는 고가의 장비가 훼손되거나 도난되는 경우. 감정평가 상 사진과 경찰서의 도난 사실 확인서 등을 첨부하여 매각대금 반환신청

부동산의 인도와 명도

1. 부동산의 인도명령

〈표 10-5〉 부동산의 인도명령

부동산의 인도명령	
인도명령 신청	• 인지대, 송달비용 • 점유이전금지가처분신청 병행
서면심리(소환심문)	점유자의 대항력이 불분명한 경우만 - 심문
인도명령 결정	신청 후 2주내 결정 채무자, 소유자는 5일~14일 내 결정 임차인, 점유자는 배당기일후 결정
결정문 송달	7일~14일 일반송달, 재송달, 특별송달, 유치송달, 공시송달
송달증명원 발급	경매법원으로부터 교부
강제집행 신청 / 접수	집행관사무소에 신청 / 접수 결정문 정본, 송달증명원, 신청서 필요
집행현장조사	1~2주
집행비용예납	면적당 10~15만 원 선
강제집행 계고절차	약 2주
강제(인도)집행 실시	집행관, 계장, 노무반장, 노무자(10여 명), 이삿짐 컨테이너 트럭, 사다리차, 직원, 열쇄 기술자, 매수인 등 20여 명 내외가 현장 집결(20여 평 기준)

    명도협상은 법적 절차와 대면협상을 동시에 진행해야 한다. 이야기가 잘될 것 같아 법적 절차를 뒤로 미루고 있다가는 시간만 낭비할 가능성이 높다. 잔금납부 후 바

로 인도명령과 점유이전금지가처분을 신청해야 한다. 인지대와 송달비용밖에 들어가지 않기 때문에 부담이 적다. 인도명령을 신청하게 되면 채무자나 소유자는 2주 내로 결정되지만, 임차인이나 점유자는 배당을 받아가야 하는 입장이기 때문에 배당기일 이후에 결정이 나게 된다.

인도명령 결정이 나면 결정문을 송달하게 되는데 교부송달이 원칙인 점을 악용해 일부러 안 받는 경우가 많다. 이 경우 특별송달을 야간이나 휴일에 시도해보고, 집안에 있는데도 안 받는 것 같으면 집행관이 송달지에 그냥 두고 나오는 유치송달을 하게 된다. 거주지를 전혀 알 수 없을 때는 공시송달까지 가게 된다.

송달되고 나면 인도명령결정문 송달증명원과 인도명령정본과 함께 집행관 사무실에 인도집행을 신청하게 된다. 집행관은 집행현장을 조사하고 집행비용 예납을 통지하게 된다. 보통 평당 기준 10~15만 원 선이다. 집행비용이 예납되면 집행관이 현장에 나가 합의를 권유해 보고 합의가 안 되면 언제 강제집행을 실시하겠다고 계고장을 현장에 부착하는 절차로 두 번 정도 기회를 준다. 그래도 합의가 안 되면 매수자가 집행을 신청하거나 집행관으로부터 매수자에게 몇 월 며칠 몇 시에 집행했으면 하는데 어떻겠느냐고 연락이 오기도 한다.

강제집행을 하는 날은 건장한 남자들 20여 명이 몰려가는 상황이고 법적 절차에 따라 이루어지는 것이기 때문에 거주자들과 충돌이 일어나는 경우는 드물다. 집행관은 최대한 빠른 시간 내에 끝내려 하기 때문에 빠를 경우 30~40분이면 집행이 마무리된다.

점유자의 인적사항을 알 수 없는 경우에는 우선 전소유자를 상대로 인도명령결정을 받아 강제집행을 신청한다. 집행일에 집행관이 방문했을 때 실제 점유자는 그날 집행을 당하지 않기 위해 자신의 인적사항을 집행관에게 밝혀야 한다. 소명하지 못하면 집행을 하거나 무단 주거침입 등을 주장하여 출동한 경찰관의 도움을 받을 수 있다. 점유자를 상대로는 손해배상청구 및 권리행사방해죄 등의 형사고소가 가능하다. 점유자가 퇴거한 상태로 선입신고가 되어 있다면 동사무소에 주민등록말소를 신청한다.

2. 부동산의 합의 인도

〈표 10-6〉 부동산의 합의 인도

부동산의 합의 인도	
건물인도시기	
• 받을 배당금이 없고 대항력 없는 임차인 등은 소유권 이전일부터를 인도시기로 본다. • 받아야 할 배당금이 있는 임차인은 배당표 확정시부터 인도시기로 본다.	
인도협상시 유의사항	
• 주택의 경우 가족들이 함께 있는 곳에서 이야기하는 것은 분위기가 감정적으로 진행될 수 있어서 바람직하지 않은 현장상황이 연출된다. 특히 가장의 입장을 반대로 생각해 보면 가족들 앞에서 가족들의 주거를 지켜주지 못하는 상황으로 보일 수 있기 때문에 가족의 대표만 다른 곳으로 이동해 조용히 이야기해야 한다. • 강도가 가장 약한 의사교환 방식부터 순차적으로 강화시켜 나간다. 예를 들어 메모지 → 문자메시지 → 전화통화 → 대면대화 → 내용증명 우편 → 인도명령 → 명도집행의 순서로 나가면서 상대방이 까다롭게 하지 않으면 초기 단계에서 협상을 마무리 짓는다. • 반드시 인도명령을 진행하면서 협상을 해 나간다. • 점유이전금지 가처분의 안내문(가처분 집행문)이 집안 거실 벽이나 점포의 실내 벽에 부착되면 점유자는 이사를 안 나갈 수 없을 정도의 심리적 압박을 받는다. • 인도가 완결되지 않은 상태에서 배당금 수령을 위해 '건물인도 확인서'를 교부해 달라고 하는 경우에는 상대방의 진의를 잘 파악해야 하며 부득이 교부해주는 경우에는 합의각서에 책임(연대보증인, 이사 가는 곳 계약서 확인, 공과금 정산, 약정 위반 시 민·형사상 책임 등)을 분명히 하여 서명·날인 받는다. • 마지막 순간(강제집행 당일)까지 합의의 가능성을 열어놓는다. 경제적으로 큰 손해가 아니라면 강제집행 하는 것보다는 합의인도가 상호 정신건강에 좋다.	

점유자가 나갈 마음이 있다는 전제에서 배당금을 받아야 하는 점유자들은 배당일에 배당금을 받아야 실질적으로 나갈 수 있기 때문에 배당표 확정시를 건물의 인도시기로 본다. 그러나 배당받을 것도 없고 대항력도 없는 점유자는 소유권 이전일부터를 건물을 실질적으로 인도받을 시기로 보는 것이다. 경매가 진행되면 대항력 없는 거주자들은 대부분 인도해줘야 한다는 생각을 하게 되는데 주변인들의 조언에 따라 "버티면 이사비를 많이 준다."라는 말만 믿고 차일피일 미루는 경우가 많다. 그러나 현실적으로 월세 임대차의 보증금을 준비하지 못하는 고령자나 신용이 안 좋은 점유자들도 있을 수 있다.

건물을 낙찰 받았으면 어떻게든 명도가 되어야 한다. 인도명령을 받아놓았다면 점유자와 협상 시 차분하게 상대방의 이야기는 들어주면서 협상이 원만하지 않을 경우 앞으로 진행될 상황을 이야기해주고 마감시한을 알려주면 된다. 이사 나갈 준비가 전혀 안 되어 있는 점유자에게 급한 마음에 집으로 찾아가 압박하다 보면 양 당사자 모두 불필요한 충돌상황을 겪게 된다.

"제가 이 집을 낙찰 받았습니다. 집을 좀 비워 주십시오!" 점유자는 이런 말을 들으면 당연히 기분이 좋지 않다. 성질 사나운 점유자는 바로 욕을 하거나 위협을 하기도 한다. 거기에 똑같이 대응하면 대화가 단절되고 결국 인도명령에 따라 집행관이 방문하고 강제집행을 하는 상황까지 가게 되는 것이다. 정말 갈 곳이 없거나 시간이 좀 더 필요한 사람들은 매수자와의 대화가 필요하다. 이때 점유자보다는 매수자에게 적극적이고 담대한 용기가 필요하다. 우리나라는 어디에서나 5분 거리에 경찰이 있기 때문에 너무 걱정하거나 긴장할 필요 없이 있는 그대로 이야기를 전달하고 듣는다는 생각으로 다가서기를 바란다.

가족이 있는 곳에서는 될 수 있으면 명도 이야기를 하지 않는 것이 좋다. 가장의 자존심을 지켜주면서도 불가피한 현실을 인지시키는 지혜가 필요하다. 조용히 불러내 집밖에서 이야기하는 것이 좋다.

처음 접촉하는 경우 자극도가 가장 약한 단계부터 접근해야 한다. 집에 들러 사람이 없으면 메모지에 "새로운 집주인인데 인사차 들렀습니다. 안 계셔서 메모 남기니 연락 부탁드립니다. 전화번호 000-0000-0000"에서 시작해 사정 이야기를 들어주고 이사 일정을 협의해야 한다. 결국은 이사비용 문제가 나오게 되는데 강제집행에 필요한 비용 선에서 제시하되 그 선은 명확하게 이야기해야 한다. 우물쭈물 불확실하게 이야기하다 보면 상대방에게 잘못된 신호를 보내는 꼴이 되고 더 많은 이사비용 욕심은 일을 망치는 상황으로 현실을 몰고 갈 수 있다.

1. 부동산 공매 절차

부동산공매는 「국세징수법」 등과 「한국자산관리공사설립등에관한법률」에 의하여 압류재산, 유입자산, 수탁재산, 국·공유재산에 대하여 공적기관에 의하여 행하여지는 매매(임대)다. 부동산공매는 한국자산관리공사(캠코)에서 "온비드(onbid)[136]"라는 공매 포털시스템을 통하여 입찰을 진행하고 있으며 부동산공매의 절차는 다음과 같다.

〈표 10-7〉 부동산 공매 절차

부동산 공매 절차	
압류재산 공매수임 및 공매대행 통지	• 체납자와 이해관계인
매각예정가격 결정	• 부동산 감정평가업자 • 부동산 외: 관련분야의 5년 이상 종사 전문가
공매공고	• onbid에 공고
공매통지서 송달	• 체납자와 이해관계인 / 송달(절차적 요건 - 송달이 안 된 경우 공매취소사유)
공매재산명세서의 작성 및 게시	• 공매재산명세서 작성 및 게시 • 입찰시작 7일 전까지 작성 및 비치
입찰 및 개찰(매각결정)	• 입찰보증금(5~10%) 납부: 입찰마감시간까지 • 매주 월요일 오전 10시부터~수요일 오후 5시까지 입찰, 목요일 오전 11시에 개찰 • 유찰 시 10% 저감 • 매각결정은 개찰일로부터 3일 후 월요일 오전 10시 • 계약보증금 10% 이상(입찰보증금은 계약보증금으로 전환)

---

136) https://www.onbid.co.kr/op/dsa/main/main.do

매수대금 납부	• 낙찰가격 3천만 원 미만: 매각결정기일로부터 7일 이내 납부 • 3천만 원 이상: 30일 이내 납부 • 유입자산, 수탁재산의 경우 공매공고 시 매매계약의 납부기간 및 분할납부 등 조건 공고됨
소유권 이전	• 60일 이내 소유권이전등기 • 캠코의 등기촉탁신청을 통해서만 가능
배분 및 종결	• 공매행정비용을 제한 나머지 배분 • 대금 완납 후 30일 이내

• 온비드137)의 '입찰 전 알아야 할 주요사항'이나 '해당공고' '물건상세' 페이지에서 '물건정보' 하단에 '압류재산정보'가 있는 경우 이를 반드시 확인할 것(경매에서 매각물건명세서와 같은 역할).

• 매각조건은 공매공고문, 공매담당자 문의, 입찰기록 등을 통하여 꼼꼼히 살펴봐야 한다.

• 공매는 임차인이 낙찰 시 보증금의 상계처리가 안 된다. 배당표가 확정된 것이 아니기 때문에 일단 전액을 납부한 후 배당을 받아야 한다.138)

분할납부 등 특수한 대금납부조건은 유입자산과 수탁자산으로 매각 금액이 큰 경우에 '입찰공고문'으로 사전에 공고하게 된다. 분할납부 기간이 긴 경우 3~5년까지 분할납부가 있을 수 있다. 경우에 따라 분양권전매처럼 명의변경을 허용하는 경우도 있고, 매각대금의 1/3 이상을 납부한 경우 점유를 허용하기도 한다. 이러한 모든 조건은 '입찰공고문'에 공고하게 된다.

예) 계약금 및 매각대금 납부일정(납부일자가 공휴일인 경우 익일까지 납부)

회차	분 납 금	납부기한
계약보증금	매각대금의 10%	2023. 01. 16.(계약체결일)
1	매각대금의 40%	2023. 02. 16.
2	매각대금의 30%	2023. 03. 16.
3	매각대금의 20%	2023. 04. 16.

---

137) https://www.onbid.co.kr/op/dsa/main/main.do
138) 대법원 1996. 4. 23. 선고 95누6052 판결

2. 공매 입찰참가 절차

공매의 입찰에 참가하기 위해서는 사전에 온비드[139] 회원가입과 공인인증서 등록이 이루어져 있어야 한다. 당일에 할 수도 있지만 필요한 회원가입 서류나 공인인증서의 발급, 등록절차로 인하여 시간이 필요하기 때문이다. 공매의 입찰참가 절차를 순서에 따라 살펴보면 다음과 같다.

〈표 10-8〉 공매 입찰참가 절차

공매 입찰참가 절차	
온비드 회원가입	입찰자가 되려는 개인, 법인, 단체, 기관으로 회원 가입
공인인증서 등록	• 공인인증서, 온비드전용인증서, 전자거래범용인증서로 인증 후 회원가입신청서 등의 서류를 제출하여 승인된 후 이용이 가능하다. • 개인회원은 네이버인증서로 가능하며 서류제출 없이 자동승인 된다.
입찰물건 검색	통합검색, 지도검색, 상세조건검색 기능으로 검색
입찰정보확인 및 준수규칙 동의	대상물건 확정 후 "입찰" 클릭, 입찰참가자준수규칙 동의
입찰서작성 및 제출	• 본인입찰, 대리입찰, 공동입찰 선택 • 입찰금액 및 환불계좌입력 • 보증금 납부계좌 발급
입찰서 제출완료 및 보증금납부안내	• 입찰서 제출 • 공동입찰, 대리입찰, 미성년자입찰의 경우 기한까지 관련 서류 제출
보증금 납부	• 당해 입찰건의 입찰마감시간까지 보증금 납부 • 납부할 보증금이 1,000만 원 이하인 경우 1회입금으로 입금해야 함. 1,000만 원 초과의 경우 분할납부 가능[140]
낙찰자선정 및 결과확인	• 공지된 날에 낙찰자 선정 • 나의 온비드에서 '입찰결과내역'에서 확인 • 압류재산 외의 경우 공매의뢰기관과 매각(대부)계약을 별도로 체결하게 된다. • 낙찰자는 소유권이전 준비서류를 한국자산관리공사에 제출하여 소유권 취득

---

139) 모바일 앱은 구글플레이스토어나 앱스토어에서 '스마트온비드'를 검색하여 다운받아 가입한다.
140) 1. 자기앞수표는 보증금 납부 가상계좌와 동일한 은행의 창구에서만 입금이 가능함. 2. 입찰 마감시각에 임박하여 입금을 시도할 경우 은행 간 네트워크 등의 문제로 바로 입금이불가능할 수 있으므로 가급적 마감 1~2시간 전에 충분한 여유를 가지고 입금하여야 함.

3. 공매자산의 종류

온비드(onbid)의 자산구분을 보면 캠코물건공매(압류재산, 국유재산, 수탁재산, 유입자산, 수탁담보주택)와 이용기관[141]공매(국유재산, 공유재산, 기타일반재산, 금융권담보재산)로 구분되어 있다. 이처럼 다양한 유입경로에 비해 올라온 물건을 보면 대부분이 압류재산의 매각과 국·공유재산의 임대물건이다. 파산절차에 의한 파산자의 매물이나 담보신탁된 물건의 환가가 필요한 경우, 공적 성격이 있는 사단(재단, 대학)법인의 물건은 사적으로 처분할 경우 비리나 분쟁이 있을 수 있기 때문에 공매절차를 통하고 있다. 주요한 분류를 보면 다음과 같다.

〈표 10-9〉 공매자산의 종류

공매자산의 종류			
압류재산	**수탁재산**	**유입자산**	**국·공유 재산**
• 국세, 지방세 • 공과금, 보험료	• NPL 유입재산 • 금융기관 수탁재산 • 은행, 기업체, 개인	• 경매로 취득 • 부실징후기업으로부터 취득 • 캠코 소유 자산	• 국가 / 지자체 재산 임대[142] 및 매각

---

141) 이용기관에는 공공기관회원(국가, 지자체, 교육기관, 국가·지자체 출자·출연기관), 이용법인회원(금융회사, 유가증권·코스닥시장 상장법인), 공매대행의뢰기관 회원이 있다.
142) 임대는 최초 1년 사용료 최고 입찰가로 부과하는 방식이다. 즉, 제소전화해조서를 체결하고 1년간 사용료를 지급하고 사용하는 방식으로 임대한다. 임대보증금은 관리비의 10개월분으로 하며 사용·수익 허가기간(4년)은 입찰 공고서에 공시하고 1회에 한하여 연장 가능하다.

4. 온비드 검색

[그림 10-2] 온비드 자산구분

　　화면 하단의 자산구분이 캠코물건과 이용기관물건으로 구분되어 있으므로 검색
하고자 하는 물건을 선택하여 검색할 수 있다.

처분방식 / 자산구분	매각 / 압류재산(캠코)
용도	다세대주택
면적	대 31.5㎡, 건물 55.73㎡
감정평가금액	532,000,000원
입찰방식	일반경쟁(최고가방식) / 총액
입찰기간 (회차/차수)	2022-11-14 10:00 ~ 2022-11-16 17:00 (044/001)
유찰횟수	4 회
배분요구종기	2022-09-05
최초공고일자	2022-07-20
공매대행의뢰기관	강남세무서
집행기관	한국자산관리공사
담당자정보	서울동부지역본부 / 조세정리1팀 / 1588-5321

[입찰유형]
☐ 전자보증서가능   ☑ 공동입찰가능
☑ 2회 이상 입찰가능   ☑ 대리입찰가능
☐ 2인 미만 유찰여부   ☑ 차순위 매수신청가능

※ 공매재산명세서는 입찰시작 7일 전부터 입찰마감 전까지 입찰정보 탭에서 확인할 수 있습니다.

최저입찰가(예정금액)   **319,200,000**원

[그림 10-3] 2회 이상 입찰가능

물건정보 좌측 하단의 '2회 이상 입찰가능'은 1회 입찰서를 제출하고 입찰보증금을 납부하였으나, 떨어질 것 같은 느낌이 드는 경우 그보다 더 높은 금액으로 다시 입찰서를 제출하고 입찰보증금을 납부할 수 있다는 의미이다. 결국 제일 높은 금액으로 낙찰되게 되면 그보다 낮게 제출되고 입금된 입찰보증금은 환불받게 된다.

[그림 10-4] 모의입찰시스템

홈페이지 우측 최 하단에는 모의입찰 시스템이 있다. 모의 입찰 전용 회원가입이 필요하며 실제 입찰 전에 가상의 공매물건에 대해 입찰 참가를 경험할 수 있다.

5. 경매와 공매의 차이점

경매와 공매의 가장 큰 차이점은 공매에 인도명령제도가 없기 때문에 인도소송을 통하여야 한다는 점과 공매는 물건이 많지 않다는 점이다. 공매제도 내부적으로 볼 때 유입·수탁재산과 압류재산의 성격이 다르기 때문에 절차상으로도 차이점이 많아 공매 전체를 같은 시각으로 보면 안 된다.

〈표 10-10〉 경매와 공매의 차이점

경매와 공매의 차이점			
구 분	공 매		경 매
	유입·수탁재산	압류재산	
유찰(수의)계약	가능	안 됨	안 됨
계약 내용 변경	가능	안 됨	안 됨
명의변경	가능	안 됨	안 됨

대금납부방법	할부금	일시불	일시불
대금선납시 이자감면	가능	안 됨	안 됨
명도책임	매도자	매수자	매수자
권리분석	불필요	필요	필요
인도명령	안 됨	안 됨 (인도 소송)	가능
농지취득자격증명[143]	필요(소유권 이전 시까지)		필요(매각허가결정 전까지)

압류재산 외의 매각은 토지거래허가대상일 경우 토지거래허가를 받아야 하고, 원칙적으로 부동산 거래신고를 하여야 하며, 〈부동산 거래신고〉는 매수자 책임으로 하며 계약체결일로부터 〈30일 이내〉에 신고절차를 완료하여야 한다.

---

[143] 농지법 제6조에 따라 2021. 8. 17. 일 이후 주말, 체험영농 목적의 농업진흥지역 농지 취득이 제한된다.

권리분석과 실무

1. 물권 등 권리분석

1) 법정지상권

개 념	• 당사자 간의 계약에 의하지 않고 법률의 규정에 의하여 당연히 성립되는 지상권
관련 법률 조항	• 민법 제366조(저당권), 제305조(전세권) • 가등기담보 등에 관한 법률 제10조 • 입목에관한법률 제6조 • 판례(관습법상 법정지상권, 대법원 1960.9.29. 선고4292민상944판결 등)

(1) 법정지상권이 성립하는 경우

민법 제305조(건물의 전세권과 법정지상권) ① 대지와 건물이 동일한 소유자에 속한 경우에 건물에 전세권을 설정한 때에는 그 대지소유권의 특별승계인은 전세권 설정자에 대하여 지상권을 설정한 것으로 본다.

민법 제366조(법정지상권) 저당물의 경매로 인하여 토지와 그 지상건물이 다른 소유자에 속한 경우에는 토지소유자는 건물소유자에 대하여 지상권을 설정한 것으로 본다. 토지등기부에 최초의 저당권이 설정될 당시에 이미 그 토지위에 지상물이 있어야 된다.[144] 건물은 무허가건물이든 미등기건물이든 법정지상권의 성립에는 하등의 지장이 없다.

가등기담보 등에 관한 법률 제10조(법정지상권) 토지와 그 위의 건물이 동일한 소유

---

144) 대판 1993.6.25. 선고, 92다20330

자에게 속하는 경우 그 토지나 건물에 대하여 청산금 지급에 따른 소유권을 취득하거나 담보가등기에 따른 본등기가 행하여진 경우에는 그 건물의 소유를 목적으로 그 토지 위에 지상권(地上權)이 설정된 것으로 본다.

입목에 관한 법률 제6조(법정지상권) ① 입목의 경매나 그 밖의 사유로 토지와 그 입목이 각각 다른 소유자에게 속하게 되는 경우에는 토지소유자는 입목소유자에 대하여 지상권을 설정한 것으로 본다.

(2) 관습법상 법정지상권의 요건[145]

- 토지와 건물이 모두 처분당시[146] 동일인의 소유에 속할 것.
- 매매 "기타의 원인"으로 토지와 건물의 소유자가 달라질 것. "기타의 원인"으로는 강제경매, 상속, 증여 등이 있으나, 나대지에 관하여 매매계약이 체결된 경우[147]나 나대지에 관하여 환매특약이 등기된 경우[148]에는 매매 기타의 원인으로 토지와 건물의 소유자가 달라진 경우에도 관습법상 법정지상권이 성립하지 않는다.
- 당사자 사이에 건물을 철거한다는 특약이 없었을 것.

(3) 입찰자의 전략

- (관습법상) 법정지상권자가 지료를 지급할 것으로 예상되는 경우 수익률과 존속기간[149] 등을 고려하여 신중하게 입찰한다.
- 법정지상권이 성립하는 경우 토지의 낙찰자는 지상건물에 대한 지료청구를 할 수 있다. 지료는 대지감정가의 7%[150]정도이므로 건물 소유자를 상대로 지료청구를 하거나 건물매도를 타진해본다. 건물 소유자가 지상의 건물로 인하여 수익을 창출하고 있다면 장기간 끌고 갈 가능성이 있지만 수익이 없거나 방치되어 있는 건물인 경우 건물매도가 이루어질 가능성이 높다. 또한 수익도 없이 지료

---

145) 대판 1988. 4. 12. 87다카2404
146) 2012. 10. 18 2010다52140 대법원 전원합의체. 대법원 2013. 4. 11 2009다62059
147) 대법원 1994. 12. 22. 선고 94다41072,94다41089(반소) 판결
148) 대법원 2010. 11. 25. 선고 2010두16431 판결
149) 민법 제280조, 제281조
150) 대판 1989. 8. 8. 88다카 18504

를 계속 지급하는 것이 현실적으로 어려울 것이고 지료를 2년[151]이상 지급하지 아니하는 때에는 지상권의 소멸청구와 건물철거소송을 통하여 해결한다.

2) 유치권

개 념	유치권이란 타인의 물건 또는 유가증권을 점유한 자가 그 물건이나 유가증권에 관하여 생긴 채권이 변제기에 있는 경우에 변제를 받을 때까지 그 물건 또는 유가증권을 유치할 권리.
관련 법률 조항	민법 제320조~제328조

(1) 유치권의 성립요건

① 타인소유의 물건

② 그 물건에 관하여 생긴 채권(견련관계가 있을 것)

③ 채권이 변제기에 있을 것

④ 유치권자가 목적물을 점유하고 있을 것

⑤ 당사자 간에 유치권 발생을 배제하는 특약이 없어야 한다.

(2) 경매개시결정등기 이후에 채무자가 위 부동산에 관한 공사대금 채권자에게 그 점유를 이전하여 점유를 개시한 경우 목적물의 교환가치를 감소시킬 우려가 있는 처분행위에 해당하며 압류의 처분금지효에 저촉되어 경매절차의 매수인에게 대항할 수 없다[152].

(3) 경매방해죄[153]: 인천지방법원부천지원 2001. 5. 18. 선고 2001고단23 판결. 단순허위 임대차계약서를 작성하여 대항력 있는 주택임차인인 것처럼 경매법원에 권리신고를 한 경우로 초범이지만 징역10월의 실형에 처함.

(4) 현황조사서상 집행관의 방문 일시에 유치권 행사를 위한 점유가 있었는지에 대하여 현황조사서에서 확인한다. 점유가 없었다면 유치권 불성립 가능성이

---

151) 민법 제287조(지상권소멸청구권) 지상권자가 2년 이상의 지료를 지급하지 아니한 때에는 지상권설정자는 지상권의 소멸을 청구할 수 있다.

152) 대법원 2005.8.19. 선고 2005다22688

153) 형법 제315조(경매, 입찰의 방해) 위계 또는 위력 기타 방법으로 경매 또는 입찰의 공정을 해한 자는 2년 이하의 징역 또는 700만 원 이하의 벌금에 처한다.

높다.

(5) 채권과 점유물건 사이의 연관관계를 면밀히 살핀다. 임대차계약상 채무불이행
으로 발생한 채권 등은 물건과의 견련성이 없다.[154]

(6) 유치권의 성립요건인 유치권자의 점유는 직접점유이든 간접점유이든 관계없
지만, 유치권자는 채무자의 승낙이 없는 이상 그 목적물을 타에 임대할 수 있
는 처분권한이 없으므로 소유자의 동의 없이 유치권자로부터 유치권의 목적물
을 임차한 자의 점유는 '경락인에게 대항할 수 있는 권원'에 기한 것이라고 볼
수 없다.[155]

(7) 이 사건과 같은 소극적 확인의 소에서는 원고가 먼저 청구를 특정하여 권리발
생원인사실을 부정하는 주장을 하면 권리자인 피고 등이 권리관계의 요건사실
을 주장·입증할 책임이 있다.[156]

(8) 유치권자라고 주장하는 피고들이 유치권의 성립요건, 즉 타인의 물건을 점유
하고 있는 사실, 피담보채권이 존재하고 그 변제기가 도래한 사실, 피담보채권
이 그 타인의 물건에 관하여 생긴 사실 등에 대한 입증책임을 부담한다. 영상
에 의하면, 피고 주식회사가 본점을 이 사건 각 부동산으로 이전한 사실, 이 사
건 건물 내부 벽면에 피고 회사의 사무실이 존재함을 알리는 안내판 등이 부착
된 모습을 촬영한 사진이 이 법원에 제출된 사실은 인정되지만 피고들이 원고
에 대하여 이 사건 각 부동산에 관한 유치권을 주장하기 위해서는 늦어도 이
사건 경매기입등기가 마쳐진 날 이전부터 현재까지 적법하게 이 사건 각 부동
산을 점유하고 있음을 입증하여야 한다. 그러나 ① 이 사건 경매절차에서 집행
관이 이 사건 각 부동산을 방문하여 현황조사를 한 후 작성한 각 부동산현황조
사보고서에는 "이 사건 각 부동산의 점유관계는 미상이고, 세무서 등록사항 등
의 열람결과 등재된 임차인 없음."이라고 기재되어 있을 뿐, 피고들의 점유나
유치권 행사 여부에 관하여는 별다른 특이사항이 드러나지 않은 점, ② 위 각
부동산현황조사보고서에 첨부된 사진에 의하더라도, 이 사건 각 부동산에 대

---

154) 대법원 1976. 5. 11. 선고 75다1305
155) 대법원 2002. 11. 27., 자, 2002마3516
156) 대법원 1998. 3. 13. 선고 97다45259 판결

한 피고들의 점유 흔적이 전혀 나타나지 않는 점, 피고들이 제출한 증거들만으로는 피고들이 이 사건 각 부동산에서 이 사건 경매기입등기가 마쳐진 날 이전부터 이 사건 각 부동산을 점유하여 왔음을 인정하기에 부족하고, 달리 이를 인정할 증거가 없다.[157]

(9) 유치권자와 문제를 풀어가기 위해서는 '사문서위조죄[158]' '경매·입찰방해죄[159]' '사기죄[160]', '주거침입, 퇴거불응죄[161]', '권리행사방해죄[162]'의 구성요건에 해당하는지 검토해 보고 해당하는 불법행위가 있다면 법적절차를 준비하면서 협상한다.

유치권의 행사에는 소멸시효가 없지만 별도로 피담보채권의 소멸시효를 중단[163]시키지 않으면 공사대금채권의 경우 3년의 소멸시효에 걸려 유치권을 행사할 수 없게 된다.

(10) 일반적으로 공사도급계약서, 임대차계약서에는 유치권권리배제특약이 들어가 있다. 채권은행이 PF대출이나 건축관련 대출시 요구하는 공사업체의 유치권 포기각서도 있기 때문에 이러한 증거들이 유치권을 배제시키기 위한 강력한 증거가 될 수 있다.

(11) 유치권은 법정담보물권이기는 하나 채권자의 이익보호를 위한 채권담보의 수단에 불과하므로 이를 포기하는 특약은 유효하고, 유치권을 사전에 포기한

---

157) 수원지방법원 평택지원 2014. 11. 12. 선고 2013가합8122 판결 [유치권부존재확인의 소]
158) 형법 제231조(**사문서등의 위조·변조**) 행사할 목적으로 권리·의무 또는 사실증명에 관한 타인의 문서 또는 도화를 위조 또는 변조한 자는 5년 이하의 징역 또는 1천만 원 이하의 벌금에 처한다.
159) 형법 제315조(**경매, 입찰의 방해**) 위계 또는 위력 기타 방법으로 경매 또는 입찰의 공정을 해한 자는 2년 이하의 징역 또는 700만 원 이하의 벌금에 처한다.
160) 형법 제347조(**사기**) ①사람을 기망하여 재물의 교부를 받거나 재산상의 이익을 취득한 자는 10년 이하의 징역 또는 2천만 원 이하의 벌금에 처한다. ②전항의 방법으로 제삼자로 하여금 재물의 교부를 받게 하거나 재산상의 이익을 취득하게 한 때에도 전항의 형과 같다.
161) 형법 제319조(**주거침입, 퇴거불응**) ①사람의 주거, 관리하는 건조물, 선박이나 항공기 또는 점유하는 방실에 침입한 자는 3년 이하의 징역 또는 500만 원 이하의 벌금에 처한다. ②전항의 장소에서 퇴거요구를 받고 응하지 아니한 자도 전항의 형과 같다.
162) 형법 제323조(**권리행사방해**) 타인의 점유 또는 권리의 목적이 된 자기의 물건 또는 전자기록 등 특수매체기록을 취거, 은닉 또는 손괴하여 타인의 권리행사를 방해한 자는 5년 이하의 징역 또는 700만 원 이하의 벌금에 처한다.
163) 민법 제168조(소멸시효의 중단사유)소멸시효는 다음 각호의 사유로 인하여 중단된다.
　　1. 청구
　　2. 압류 또는 가압류, 가처분
　　3. 승인

경우 다른 법정요건이 모두 충족되더라도 유치권이 발생하지 않는 것과 마찬가지로 유치권을 사후에 포기한 경우 곧바로 유치권은 소멸한다. 그리고 유치권 포기로 인한 유치권의 소멸은 유치권 포기의 의사표시의 상대방뿐 아니라 그 이외의 사람도 주장할 수 있다. [164]

(12) 인도명령신청 시 낙찰자가 유치권이 허위라는 명백한 증거자료를 제출하지 않으면 경매판사는 유치권의 허위 여부를 심리해야 할 의무가 없기 때문에 인도명령 심문기일은 잡히지 않고 인도명령은 기각될 가능성이 높다.

(13) 경락잔금 이전에 유치권자와의 합의에 의하여 유치권포기각서를 받아 경락잔금대출을 받기도 한다.

3) 분묘기지권

개 념	분묘기지권은 분묘가 다른 사람 명의의 토지 위에 설치된 것이라 하더라도 분묘와 그 주변 일정 면적의 토지에 대해서는 사용권을 인정해주는 관습법상의 물권으로 판례상 인정되고 있다.
관련 법률 조항	판례(대법원 2017. 3. 30. 선고 2016다231358 판결 등)

(1) 분묘기지권이 인정되는 경우
① 분묘가 소유자의 승낙 하에 설치된 경우
② 분묘가 소유자의 승낙 없이 설치되었지만 20년간 평온 공연하게 점유하여 온 경우[165]
③ 자신의 토지 위에 분묘를 설치한 후 자기 소유의 토지를 처분하여 타인의 소유가 된 경우
④ 분묘가 평장이나 암장되어 있는 경우 시효취득이 인정되지 않는다.
⑤ 기존의 분묘 외에 새로운 분묘(쌍분)를 신설할 권능은 포함되지 않는다.
⑥ 분묘기지뿐만 아니라 분묘의 보호 및 제사에 필요한 주위의 땅에도 미치지만 그 확실한 범위는 구체적인 경우에 개별적으로 정하여야 한다. [166]

---

[164] 대법원 2016. 5. 12. 선고 2014다52087 판결
[165] 대판 1996. 6. 14. 96다14036
[166] 대판 1997. 3. 28. 97다 3651, 3668

⑦ 분묘기지권 분묘의 권리자와 이장에 관한 협의를 한다.

⑧ 분묘기지권의 범위가 개발하려는 부지의 일부이고 임야의 경계선 쪽에 위치해 있다면 수목 등을 식재하여 가릴 수 있기 때문에 그 부분만큼을 제외시키고 개발의 타당성을 검토한다.

4) 근저당

개 념	• 근저당은 계속적인 거래관계로부터 장래 생기게 될 다수의 불특정 채권(원금, 이자, 지연배상금, 기타부대채무)을 담보하기 위하여 담보물이 부담하여야 될 최고액을 정하여 두고 장래 결산기에 확정하는 채권을 그 범위 안에서 담보하는 저당권이다. • 근저당은 일반적으로 원금의 120%~130%를 설정한다. 제1금융권은 120%, 제2금융권은 130% 설정이 관행이다.
관련 법률 조항	• 민법 제357조[167)

(1) 근저당설정은 당사자 간 금전소비대차계약을 맺고 그 담보로 채무자나 물상보증인의 부동산에 근저당설정등기를 하는 형식으로 이루어진다.

(2) 근저당권은 채권최고액을 초과하는 비용에 대하여 우선변제권이 인정되지 않고 초과된 비용에 대하여는 일반채권으로서 배당신청을 하게 된다.

(3) 채권최고액의 범위 내에서는 등기사항전부증명서상 경매개시결정 등기된 일자(접수일자)를 기준으로 추가채권의 발생 시기를 불문하고 우선변제의 효력이 미친다. 그 결산에 있어서는 경매개시결정과 동시에 결산기가 도래하여 채권이 확정되는 것으로 보아 배당을 한다.

(4) 경매개시결정 이전에 등기한 근저당권은 배당요구를 하지 않아도 배당요구 한 것으로 간주하여 배당한다. 배당 시까지 채권계산서를 제출 받아 실채권액을 기준으로 배당하게 된다.

---

167) 민법 제357조(근저당) ①저당권은 그 담보할 채무의 최고액만을 정하고 채무의 확정을 장래에 보류하여 이를 설정할 수 있다. 이 경우에는 그 확정될 때까지의 채무의 소멸 또는 이전은 저당권에 영향을 미치지 아니한다. ②전항의 경우에는 채무의 이자는 최고액 중에 산입한 것으로 본다.

5) 전세권

개념	• 전세권자는 전세금을 지급하고 타인의 부동산을 점유하여 그 부동산의 용도에 좇아 사용·수익하며, 그 부동산 전부에 대하여 후순위권리자 기타 채권자보다 전세금의 우선변제를 받을 권리가 있다.
관련 법률 조항	• 민법 제303조

(1) 전세권은 용익물권으로서의 효력과 담보물권으로서의 효력(우선변제적 효력, 경매신청권)을 동시에 가지고 있다.

(2) 말소기준등기보다 선순위의 전세권자가 배당요구를 하지 않은 경우 매수인이 인수하여야 하고, 전세권자가 배당요구를 하거나 경매를 신청한 경우에는 매각으로 소멸한다.[168]

(3) 주택임대차보호법상 대항력 있는 임차인으로서의 지위와 전세권자로서의 지위를 함께 가지고 있는 자가 전세권자로서 배당요구를 하면 전세권이 매각으로 소멸하지만, 변제받지 못한 나머지 보증금에 대하여 대항력 있는 임차인으로서 인수대상이 된다.[169]

6) 대항력 있는 임차인

개념	• 임대차는 그 등기가 없는 경우에도 임차인이 건물(주택)의 인도와 주민등록(사업자등록)을 마친 때에는 그 다음 날부터 제삼자에 대하여 효력이 생긴다. • 위의 대항력과 임대차계약증서상의 확정일자를 갖춘 임차인은 경매 또는 공매를 할 때에 임차주택(건물)의 환가대금에서 후순위권리자나 그 밖의 채권자보다 우선하여 보증금을 변제받을 권리가 있다.
관련 법률 조항	• 주택임대차보호법 제3조(대항력 등) • 주택임대차보호법 제3조의 2(보증금의 회수) • 상가건물임대차보호법 제3조(대항력 등) • 상가건물임대차보호법 제5조(보증금의 회수)

(1) 대항력의 효력발생시점은 주민등록을 마친 때(전입신고일)와 점유일(입주일)중 나중의 일자 다음 날 오전 0시부터이다. 점유일은 법원이 알기 어렵기 때문에 주민등

---

168) 민사집행법 제91조 제4항
169) 대법원 2010. 7. 26., 자, 2010마900, 결정

록 전입일의 다음 날을 대항력의 발생시점으로 판단하고 후에 이해관계인의 다툼이 있으면 이사업체 등에 확인하는 방법을 취한다.

(2) 전입세대열람원을 통하여 임차인의 전입일자를 알 수 있으며 경매참가자가 경매에 참가하려는 경우 경매진행 중임을 확인할 수 있는 서류(등기사항전부증명서, 대한민국법원 법원경매정보[170])와 신분증, 신청서를 준비하여 동사무소에서 교부받을 수 있다[171].

(3) 주택 임차인이 그 가족과 함께 그 주택에 대한 점유를 계속하고 있으면서 그 가족의 주민등록을 그대로 둔 채 임차인만 주민등록을 일시 다른 곳으로 옮긴 경우라면, 전체적으로나 종국적으로 주민등록의 이탈이라고 볼 수 없는 만큼, 임대차의 제3자에 대한 대항력을 상실하지 아니 한다[172].

(4) 법인은 특별한 사정이 없는 한 주택임대차보호법의 보호를 받지 못한다. 법인이 주택임대차보호법의 보호를 받기 위해 주민등록을 자신의 명의로 할 수 없을 뿐만 아니라, 사원 명의의 주민등록으로 대항력을 갖추어도 이를 법인의 주민등록으로 인정할 수 없기 때문이다[173]. 예외적으로, 한국토지주택공사와 주택사업을 목적으로 설립된 지방공사는 주택임대차보호법의 보호대상이된다[174]. 또한, 중소기업기본법 제2조에 따른 중소기업에 해당하는 법인이 소속 직원의 주거용으로 주택을 임차한 후 그 법인이 선정한 직원이 해당 주택을 인도받고 주민등록을 마쳤을 때에는 그 다음 날부터 제3자에 대하여 효력이 생긴다. 임대차가 끝나기 전에 그 직원이 변경된 경우에는 그 법인이 선정한 새로운 직원이 주택을 인도받고 주민등록을 마친 다음 날부터 제3자에 대하여 효력이 생긴다.[175]

(5) 전 소유주가 임차인인 경우 소유권이전등기일 익일부터 임차인으로서 대항력을 갖는다.[176]

(6) 임대차의 대항력 여부나 가장임차인의 최우선변제금 문제는 사례가 다양하다. 이러한 문제의 해법을 알기 위해서는 "대한민국 법원 종합법률정보"[177]에서 키워드 중심으로 검색하여 확인하기 바란다.

---

170) https://www.courtauction.go.kr/
171) 주민등록법 제29조의2 제2항 제3호 가목 "제29조 제2항 제2호에 따라 경매참가자가 경매에 참가하려는 경우"
172) 대법원 1996. 1. 26., 선고, 95다30338, 판결]
173) 대법원 1997. 7. 11. 선고 96다7236 판결
174) 「주택임대차보호법」 제3조제2항 후단 및 「주택임대차보호법 시행령」 제2조
175) 「주택임대차보호법」 제3조제3항)
176) 대법원 2000. 2. 11. 선고 99다59306 판결
177) https://glaw.scourt.go.kr/wsjo/intesrch/sjo022.do

2. 채권 등 권리분석

1) (가)압류

개 념	• 민사집행법상의 압류는 채권자의 권리실현을 위해 국가가 채무자에게 재산(부동산, 동산, 채권)의 처분을 금지하는 것 • 가압류는 금전과 관련된 채권(매매대금, 빌려준 돈, 어음금, 수표금, 공사대금, 임금, 손해배상청구권 등)을 가진 채권자가 채권보전을 위해 미리 채무자의 재산을 동결(凍結)시키는 것
관련 법률 조항	• 국세징수법 제31조 • 지방세징수법 제33조 • 민사집행법 제276조, 제223조

(1) 등기사항전부증명서를 살펴보면 공기관에 의해 이루어진 압류는 압류등기만 하고 강제집행신청을 하지 않고[178] 있고 공기관 외의 사인이나 사적단체(법인 등)가 하는 압류는 압류등기 대신 강제(임의)경매개시결정 / 강제관리개시결정의 기입등기가 이루어지고 있다.

(2) 가압류에 의한 경매의 진행 절차: 법원에 가압류신청 - 법원의 촉탁에 의한 부동산가압류 등기 - 소송제기 - 승소판결(채권에 대한 공증, 화해조서 등) - 채무명의에 대한 집행문 부여신청 - 강제경매 신청 - 낙찰 - 배당

(3) 민사집행법 제288조(사정변경 등에 따른 가압류취소) ① 채무자는 다음 각 호의 어느 하나에 해당하는 사유가 있는 경우에는 가압류가 인가된 뒤에도 그 취소를 신청할 수 있다. 제3호에 해당하는 경우에는 이해관계인도 신청할 수 있다.

1. 가압류이유가 소멸되거나 그 밖에 사정이 바뀐 때

2. 법원이 정한 담보를 제공한 때

3. 가압류가 집행된 뒤에 3년간 본안의 소를 제기하지 아니한 때

② 제1항의 규정에 의한 신청에 대한 재판은 가압류를 명한 법원이 한다. 다만, 본안이 이미 계속된 때에는 본안법원이 한다.

③ 제1항의 규정에 의한 신청에 대한 재판에는 제286조(이의신청에 대한 심리와 재판) 제1항 내지 제4항 · 제6항 및 제7항을 준용한다.

(4) 인수되는 선순위 가압류: 선순위 가압류등기 후 목적 부동산의 소유권이 이전되고 신소유자의 채권자가 경매신청을 하여 매각된 경우, 가압류채권자가 가압류결

---

[178] 주요 원인으로는 법령상 공매의 제한사유, 체납자의 연부연납, 체납자의 궁핍, 과세관청의 업무지체, 과세관청의 실익 없는 절차의 형식적 진행 등이 있다. 이중교(2016). "지방세 체납처분 관련 장기 미집행 압류부동산의 해결방안, 한국지방세연구원.

정 당시의 청구금액을 한도로 배당을 신청하지 않거나, 집행법원이 종전 소유자를 채무자로 하는 가압류등기의 부담을 매수인이 인수하는 것을 전제로 하여 위 가압류 채권자를 배당절차에서 배제하고 매각절차를 진행시키는 경우 위 가압류의 효력이 소멸되지 아니하므로 집행법원의 말소촉탁이 될 수 없다.[179]

2) 가처분

개 념	• 가처분이란 금전채권 이외의 권리 또는 법률관계에 관한 확정판결의 강제집행을 보전(保全)하기 위한 집행보전제도를 말하며, 이는 ① 다툼의 대상에 관한 가처분과 ② 임시의 지위를 정하기 위한 가처분으로 나뉜다. • 부동산경매와 관련한 부동산에 대한 가처분으로는 부동산(전세권,근저당,가등기상의 권리)처분금지가처분과 점유이전금지가처분이 있다.
관련 법률 조항	• 민사집행법 제300조

(1) 가처분 시효가 만료[180]되어 사실상 효력이 없는데 경매가 진행된 경우 말소신청 가능하다.

(2) 말소기준권리보다 선순위의 가처분은 낙찰자가 승계하게 되지만 본안 소송결과 가처분권자가 승소하는 경우와 채무자가 승소하는 경우를 나누어 손익과 합의가능성을 생각해 봐야 한다.

(3) 말소기준권리보다 후순위로 등기된 가처분은 소멸이 원칙이지만 토지소유자가 그 지상건물소유자에 대한 건물철거, 토지인도청구권 보전을 위한 건물에 대한 처분금지가처분을 한 때에는 매각으로 소멸하지 않는다.

(4) 말소기준권리보다 후순위로 등기된 가처분 중 소유자의 진정한 소유권의 다툼을 원인으로 한 소유권말소등기 청구권 보전을 위한 가처분은 일단 소멸하지만 본안 소송의 결과에 따라 매수인이 소유권을 잃을 수도 있다.

---

179) 대법원 2006. 7. 28. 선고 2006다19986 판결
180) 가압류. 가처분에 대해서는 기간 내에 본안소송을 제기하지 않을 경우 취소시킬 수 있다. 그 기간은 민사집행법으로 개정되기 전에는 민사소송법이 적용되어 10년이었으나, 2002년 01월 26일 민사집행법으로 개정되면서 5년으로 되었고, 다시 2005년 01월 27일 3년으로 개정되었다.

3) 가등기

개 념	• 가등기는 소유권, 지상권, 지역권, 전세권, 저당권, 권리질권, 채권담보권, 임차권중 어느 하나에 해당하는 권리의 설정, 이전, 변경 또는 소멸의 청구권(請求權)을 보전(保全)하려는 때에 한다. 주요한 분류는 소유권 이전/ 전세권 이전/ 저당권 이전 등 이전청구권 보전을 위한 가등기와, 전세권 설정/ 저당권 설정/ 임차권 설정 등을 위한 설정청구권 보전을 위한 가등기로 나뉜다. • 담보가등기는 형식은 소유권 이전 청구권 가등기이지만 금전을 대여하면서 금전소비대차계약(차용증 등)과 대물변제예약을 체결하고 차용인이나 보증인 소유의 부동산에 경료하는 담보물권적 성격의 가등기로 우선변제적 효력에 있어서는 저당권과 같다.
관련 법률 조항	• 부동산등기법 제88조

(1) 일반가등기인지 담보가등기인지는 배당요구의 여부로 알 수 있다. 배당요구를 했다면 담보가등기로 소멸한다.[181]

(2) 가등기의 시효기간이 경과한 경우 낙찰 후 가등기말소소송을 제기해 승소판결을 받아 말소등기를 신청하여 말소한다.

(3) 매매예약에 의한 가등기는 매매예약의 완결권이 일종의 형성권으로서 당사자 사이에 행사기간을 약정한 때에는 그 기간 내에, 약정이 없는 때에는 예약이 성립한 때로부터 10년 내에 이를 행사하여야 하고, 그 기간을 지난 때에는 예약 완결권은 제척기간의 경과로 인하여 소멸한다. 한편 당사자 사이에 약정하는 예약 완결권의 행사기간에 특별한 제한은 없다[182].

(4) 매매예약에 의한 가등기는 소유권이전등기청구권이 10년의 시효로 소멸[183]하니 역시 10년이 지나면 말소되지만, 가등기권자가 점유하고 있으면 소멸시효가 진행되지 않는다.[184]

(5) 담보가등기와 근저당권은 피담보채권이 시효(상사채권 5년, 민사채권 10년)로 소멸하면 함께 말소청구로 말소된다.

(6) 최선순위 소유권이전청구권가등기가 있는 경우 가등기 양도를 받을 수 있는지 협의부터 해본다.

---

181) 가등기담보 등에 관한 법률 제15조(담보가등기권리의 소멸) 담보가등기를 마친 부동산에 대하여 강제경매 등이 행하여진 경우에는 담보가등기권리는 그 부동산의 매각에 의하여 소멸한다.
182) 대법원 2017. 1. 25. 선고, 2016다42077, 판결
183) 민법 제162조(채권, 재산권의 소멸시효) ①채권은 10년간 행사하지 아니하면 소멸시효가 완성한다.
184) 대법원 90다9797 판결

4) 환매특약등기

개 념	• 매도인이 매매계약과 동시에 환매할 권리를 보류한 때에는 그 영수한 대금 및 매수인이 부담한 매매비용을 반환하고 그 목적물을 환매할 수 있다.
관련 법률 조항	• 민법 제590조~제595조 • 부동산등기법 제53조

(1) 인수되는 환매특약등기: 말소기준권리 이전에 설정된 환매특약등기

(2) 환매권 행사를 예상하는 경우: 환매특약등기에는 부동산등기법 제53조에 의하여 매수인이 지급한 대금, 매매비용, 환매기간을 등기하도록 되어있기 때문에 환매대금을 고려하여 환매를 당할 경우에도 충분한 이익이 있다면 입찰을 고려한다.

(3) 환매권을 행사하지 않는 경우: 환매권자는 환매기간 내에 환매권을 행사하지 않으면 환매권을 상실하기 때문에 협의에 의하여 말소를 신청하거나 판결을 받아 말소청구 한다.

3. 등기 등 권리분석

1) 대지권 미등기

개 념	• 대지권이란 건물의 구분소유자가 전유부분을 소유하기 위하여 건물의 대지에 대하여 가지는 권리(소유권, 지상권, 전세권, 임차권 등)로 집합건물에서의 대지지분에 해당한다.
관련 법률 조항	• 집합건물의 소유 및 관리에 관한 법률 제20조[185]

(1) 대지권미등기 발생사유

① 대규모 개발사업에서 절차의 지연으로 대지권 등기가 늦어지는 겨우

② 분양 과정 중 특정 호수의 소유자가 분양대금을 완납하지 못해 해당 호수의 대지권 등기가 늦어지는 경우

③ 시공사나 건설 업체의 부도로 인한 경우

(2) 감정평가서에 토지지분에 대한 감정이 되어있다면 최초 분양 시 구분소유자가

---

[185] 제20조(전유부분과 대지사용권의 일체성) ① 구분소유자의 대지사용권은 그가 가지는 전유부분의 처분에 따른다. ② 구분소유자는 그가 가지는 전유부분과 분리하여 대지사용권을 처분할 수 없다. 다만, 규약으로써 달리 정한 경우에는 그러하지 아니하다. ③ 제2항 본문의 분리처분금지는 그 취지를 등기하지 아니하면 선의(善意)로 물권을 취득한 제3자에게 대항하지 못한다.

대지권을 함께 취득했는지 확인한다.

(3) 대지사용권을 가지지 아니한 구분소유자가 있을 때에는 그 전유부분의 철거를 청구할 권리를 가진 자는 그 구분소유자에 대하여 구분소유권을 시가(時價)로 매도할 것을 청구할 수 있다. 186)

(4) 입찰참여자는 '대지권미등기' 물건인 경우 대지와 건물이 일괄 입찰된 것인지, 대지권 가격도 감정평가 되었는지를 법원의 감정평가서를 통하여 확인한 후 응찰 여부를 결정한다. 일괄 입찰된 경우 대지권에 대하여는 별도의 등기절차를 거쳐야 한다.

(5) 구분건물의 대지사용권은 전유부분 및 공용부분과 분리처분이 가능한 규약이나 공정증서가 없는 때에는 전유부분과 종속적 일체불가분성이 인정되어 전유부분에 대한 경매개시결정과 압류의 효력이 당연히 종물 내지 종된 권리인 대지사용권에도 미친다. 187)

2) 토지별도등기 있음

개 념	• 집합건물의 등기사항전부증명서상 전유부분 표제부에 건물에는 없는 권리관계가 토지에 설정되어 있는 경우 "토지별도등기 있음"으로 경고문구가 등기되어 있다.
관련 법률 조항	• 부동산등기법시행규칙 제75조의 4

(1) 토지별도등기가 생기는 이유는 건물이 준공되기 전에 건축을 위한 근저당대출이나 가압류, 가등기 등이 설정되어 있는 상태에서 집합건물에 대한 소유권보존등기를 하기 때문에 발생한다.

(2) 토지별도등기는 토지별도등기의 내용이 근저당이나 가압류이고, 특별매각조건에 인수조건이 없는 경우 법원에서 근저당권자등에게 채권신고를 하게하여 대지권비율에 해당하는 금액을 우선배당하면서 토지에는 특정구분소유자의 지분에 대한 저당권이 소멸하였음을 등기하고, 전유부분 표제부중 대지권의 표시란에 있는 토지별도등기 있음은 말소 시킨다188). 그러나 토지별도등기의 내용이 지상권, 가등기, 가처분, 임차권 등인 경우 말소대상이 아니기 때문에 특별매각조건으로 인수하여야 함을 공지한다. 그렇기 때문에 토지별도등기가 있는데 특별매각조건으로 인수조건

---

186) 집합건물의 소유 및 관리에 관한 법률 제7조(구분소유권 매도청구권)
187) 대판 1997. 6. 10. 97마814
188) 등기예규 제1470호 -집합건물의 등기에 관한 업무처리지침

이 없는 경우 토지의 근저당권자등이 배당을 요구하였는지 살펴야 한다.

(3) 토지별도등기와 관련하여 입찰 시 유의할 문제 중 하나는 토지별도등기가 있는 물건에 대항력 있는 임차인이 있는 경우이다. 이때 토지별도등기상 채권자의 채권이 고액이어서 대지지분에 해당하는 배당금을 전액 토지별도등기권자가 배당받아가게 되면 건물 부분의 배당금으로 일부밖에 배당받지 못한 임차인을 낙찰자가 인수하게 된다.

3) (공유자)우선매수청구권

개 념	• 물건이 지분에 의하여 수인의 소유로 된 때에는 그중 어떤 지분소유자의 지분에 대하여만 입찰일 경우 경매(공매)지분이 아닌 다른 공유자는 경매(공매)지분에 관하여 우선매수청구권이 있다.
관련 법률 조항	• 민법 제262조~제270조 • 민사집행법 제140조 • 국세징수법 제79조 • 지방세징수법 제89조 • 임대주택법 제22조

(1) 절차

① 지분물건은 상속, 부부공동명의, 공동투자로 소유권을 취득한 공유자중 일부의 공유지분이 임의경매나 강제경매의 대상이 되어 발생하게 된다. 이러한 지분경매는 공유자간 특수성과 지분이라는 특성이 있기 때문에 협의매수가 일반적으로 쉽지 않은 특성이 있다. 그렇기 때문에 낙찰 받은 후 공유물분할청구소송과 협상을 동시에 진행하여 해결점을 찾아야 한다.

② 매각허가결정 이후부터 공유자와 연락을 취하여 협의를 시작한다.

③ 공유자의 주소, 주민등록번호를 모르는 경우: 사실조회신청[189]을 한다.

④ 사실조회신청 절차

• 민사소송 소장 제출 시 피고의 이름만 알면 피고정보에 주소나 주민등록번호를 입력하지 않고 소장 제출 可

---

[189] 민사소송법 제294조(조사의 촉탁) 법원은 공공기관·학교, 그 밖의 단체·개인 또는 외국의 공공기관에게 그 업무에 속하는 사항에 관하여 필요한 조사 또는 보관중인 문서의 등본·사본의 송부를 촉탁할 수 있다.

- 법원의 보정명령
- 전자소송 사이트에서 해당정보를 보유하고 있는 기관(이동통신사, 금융기관, 국세청, 시청 등)을 대상으로 법원에 사실조회신청하기
- 사실조회 회신이 오면 확인하기
- 주민등록번호를 확보하였는데 주소의 변동이 있는 경우 주민센터에 주소보정명령서와 신분증, 신청서를 제시하여 주민등록등본이나 초본 열람[190]하여 현 주소를 확인한다.

⑤ 입찰 전 물건토지와 인접해있는 토지의 등기부를 열람하여 협의가 필요하거나 매수가능성이 있는 토지 소유주를 확인해 둔다.

공유물분할청구소송 시 부동산처분금지가처분을 동시에 접수한다.

⑥ 부동산처분금지가처분으로 공유자의 매매, 증여, 전세, 임차권설정, 기타 일체의 처분행위를 금지시킬 수 있다. 그러나 공유자는 다음의 어느 하나에 해당하는 사유가 있는 경우 가처분이 인가된 뒤에도 그 취소를 신청할 수 있다(민사집행법 제288조, 제301조).

1. 가처분이유가 소멸되었거나 그 밖에 사정이 바뀐 때
2. 법원이 정한 담보를 제공한 때
3. 가처분이 집행된 뒤에 3년간 본안의 소를 제기하지 아니한 때

(2) 출구전략

기본적인 출구전략에는 다음과 같은 방법이 있고 기타 개별 상황에 맞는 응용방법을 사용하게 된다.

① 공유권자들에게 나의 지분을 사가도록 한다.
② 공유자들의 지분을 협의에 의하여 매수한 후 개업 공인중개사사무소에 매도를 의뢰한다.
③ 공유자와 협의하여 전체 지분을 인접 토지주에게 매각하거나 개업 공인중개사사 무소를 통하여 팔아 매매대금을 지분 비율대로 배분한다.
④ 지분에 따라 현물로 분할 협의하여 각자 알아서 처분하거나 보유한다.

---

[190] 주민등록법 제29조(열람 또는 등·초본의 교부) 제2항 제2호. 관계 법령에 따른 소송·비송사건·경매목적 수행상 필요한 경우

⑤ 지분권자들과 합의가 되지 않을 때 공유물분할을 위한 경매를 법원에 의뢰해 매각한 뒤 지분비율로 배분한다.

⑥ 차순위 매수신고인이 있는 경우 일정 부분 보상을 받고 잔금납부를 포기하는 방법이 있다.

- 경매 입찰장에서 패찰자들과 명함을 교환하여 연락처를 확보하고 매수의향을 타진해 본다.
- 공유물분할소송은 현물분할, 가액배상, 형식적 경매중 하나로 결론나기 때문에 기본적으로 세 가지의 가능성을 열어놓는다.
- 공유자들이 꼭 필요한 지분인 경우 공유자들이 매수할 가능성이 높다. 공유자우선매수청구권을 행사할 가능성이 높지만 꼭 결과가 예상한대로 가는 것은 아니므로 일단 입찰해본다.
- 인간은 얻는 것보다 잃는 것에 더 심리적으로 민감하다. 공유자는 형식적 경매에 의해 공유자가 스스로 생각했던 땅에 대한 가치를 못 받는 상황 즉, 내 땅을 빼앗긴다는 상황으로 가면 손실혐오의 감정 때문에 적극적으로 협상에 임한다.
- 공유자들의 물건에 세금체납 압류나 근저당 설정 등의 등기사항기록이 전혀 발견되지 않는 경우 공유자들의 재무상태가 건전하다고 판단할 수 있다. 이 경우에 공유물분할청구소송으로 협상을 성공시킬 가능성이 높다.
- 지분물건에 임차인이 있는 경우 임차인에게 내 지분에 대한 사용료 협의를 하면서 지분매수나 토지 전체에 대한 매수 의사가 없는지 타진해본다.
- 지분 입찰 시 50% 이하로 낙찰 받아야 추후 매각 협상 시 운신의 폭이 넓어진다.

(3) 투자 시 유의사항

- 지분투자는 박리다매(薄利多賣) 전략에 어울리는 종목으로 봐야 할 것이다.
- 매각가격에 대한 협상 시 낙찰자는 현 시세나 감정가를 주장하지만 공유자는 낙찰 받은 가격이나 감정가를 주장해야 한다. 그러나 현 시세가 설득력이 더 있다. 함께 전체지분을 같이 팔거나 공유물분할경매의 경우 현 시세에 접근할 가능성이 더 높기 때문이다.
- 대항력 있는 임차인이 있는 물건은 될 수 있으면 피한다.
- 도시형생활주택이나 소규모 오피스텔 등 소규모주택의 개발은 주변에 초등학교가 있는 경우 분양이 잘 된다. 소규모주택 개발 업자들도 이런 입지의 땅을 선

호하기 때문에 가능성이 높은 땅이 지분으로 나온 경우 긍정적으로 입찰을 고려한다.

- 지분투자는 다양한 종류의 물건이 있고 공유자의 상황에 따라 더 다양한 반응을 보이기 때문에 낙찰자의 상식과 시각으로만 접근 할 것이 아니라 공유자의 입장에서 그 상황을 봐야 한다. '내가 그 입장이라면 어떻게 할까?', '내가 그 상황에서 그런 말을 했다면 어떤 원인들이 있을 수 있을까?'

- 농지가 지분경매로 나온 경우 원칙적으로 자기의 농업경영에 이용하려는 자 외에는 소유를 제한하고 있지만 주말·체험영농을 하려고 제28조에 따른 농업진흥지역 외의 농지를 소유하는 경우 등 농지법 제6조 제2항에 예외사유를 두고 있다.

- 농지취득자격증명은 민원24에 온라인신청하거나 관할소재지 시·구·읍·면장에게 방문 신청하여받을 수 있다. 1,000㎡ 이하일 경우 주말체험영농으로 체크하고 취득원인(경매), 취득목적을 적는다.

- 농지취득자격증명은 해당 농지에 분묘나 불법 건축물, 기타 불법으로 전용되어 현황이 농지로 복원하기 어렵다고 판단되는 경우, 농지취득자격증명신청서가 반려될 우려가 있기 때문에 이때는 농지취득자격증명신청과 함께 농지원상복구계획서를 같이 제출한다.

- 투자를 지속적으로 할 경우 매매사업자등록을 한다. 인테리어 비용, 미납관리비, 사업상 지출되는 모든 비용을 사업소득세 계산 시 필요비용으로 처리할 수 있다.

- 재산세와 종합부동산세는 매년 6월 1일 기준 대상물건소유자에게 부과된다. 매각대금납부일이 6월 전후로 잡혀 있는 경우 6월 1일 이후에 납부하여 재산세를 피한다.

4) 국민(공공)임대주택 임차인우선매수청구권

개 념	• 임대주택을 「민사집행법」에 따라 경매하는 경우 해당 임대주택의 임차인은 매각 기일까지 같은 법 제113조에 따른 보증을 제공하고 최고매수신고가격과 같은 가격으로 채무자인 임대사업자의 임대주택을 우선매수 하겠다는 신고를 할 수 있다
관련 법률 조항	• 임대주택법 제22조(부도임대주택 등의 경매에 관한 특례) • 민간임대주택에 관한 특별법 부칙 제8조9(부도등에 관한 경과조치)

국민임대주택 또는 공공임대주택이 경매 될 때 경매공고 시 임차인 우선매수청구권을 특별매각조건으로 별도로 공시한다.

4. 기타사항 등

1) 기타 참고사항

(1) 토지 위에 다수의 점유자가 있는 경우 송달문제로 재판이 지연될 수 있다. 이 경우 소장부본 송달이 안 되는 피고들은 취하하고 나머지 송달된 피고들만 일단 진행하면서 불송달된 피고들만 별도로 다시 소송을 제기한다. 송달이 다 되면 그때 기존사건에 소송병합신청을 한다.

(2) 지적측량: 한국국토정보공사 사이트에서 신청, 측량 시 토지소유자 또는 이해관계인이 반드시 입회해야 한다. 측량비용의 경우 종목별, 개별공시지가 구간별, 지역별 차이가 있다. 지적측량 수수료 조회는 지적측량바로처리센터[191]에서 하면 된다.

(3) 토지의 최소 분할 면적이 있기 때문에 분할청구 시 가능한 청구를 해야 한다.

① 건축물이 있는 대지[192]:

1. 주거지역: 90제곱미터

2. 상업지역: 150제곱미터

3. 공업지역: 200제곱미터

4. 녹지지역: 200제곱미터

5. 제1호부터 제4호까지에 해당하지 아니한 지역: 90제곱미터

② 건축물이 없는 대지[193]: 개별 법률을 살펴봐야 한다.

(4) 지분물건 처리 절차: 물건 검색 - 낙찰 - 소유권이전 - 부동산처분금지가처분 - (공유물분할청구소송+공유자와의 협상) - 서로 협의가 되지 않을 경우 - 판결문을 받아 경매신청(약 8개월~10개월 후 첫 매각일 지정됨) - 경매 낙찰 - 잔금 납부 - 배당(최종수익 확정)

(5) 매매사업자: 1과세기간인 6개월 내 1번 이상 주택을 취득하고, 2회 이상 매도하는 사업자.

(6) 소장 제출(피고의 주소지 또는 부동산 소재지의 관할 법원 / 받아야 할 돈이 있는 경우에는 (토지사용료, 월세 임료)원고가 사는 지역 관할법원

---

191) https://baro.lx.or.kr/lgstrsurv/lgstrsurvInfo03.do
192) 건축법 제57조, 건축법시행령 제80조, 서울특별시 건축조례 제29조, 각 지방자치단체 조례.
193) 국토의 계획 및 이용에 관한 법률 시행령 제51조 제1항 제5호, 농지법 제22조, 개발제한구역의 지정 및 관리에 관한 특별조치법 시행령 제16조.

(7) 지분물건에 채무자가 거주하거나 공유자중 1인이 거주할 경우 이들에게 대항력이 없다.

(8) e-그린우편 이용법(인터넷우체국 가입) - 메뉴 창 - e-그린우편 클릭 - 신청하기 - 우편물 선택에서 보내고 싶은 방식 체크 - '받는 분'에 공유자의 이름, 주소 적고 '받는 분 목록'에 추가 - '본문작성' '우편 직접작성' - 주소록 확인 - 결제방식 선택 - 입금

(9) 공유자들과 연락을 취하는 가장 빠른 방법은 공유물분할청구소송 소장을 접수하는 것이다.

(11) 무상임대차확인서: 은행은 대출실행 시 전입세대열람원을 확인해보고 전입자가 있으면 무상임대차확인서를 받아둔다. 명도소송을 제기하면서 법원에 '사실조회신청서'를 통해 채권은행에 무상임대차 관련 서류가 있는지 확인해달라고 요청한다.

(12) 미납관리비는 최근 3년분 공용부분에 한해서만 낙찰자가 인수한다.

(13) 과반수 지분의 소유자는 인도명령을 신청하여 점유를 이전받을 수 있다.

(14) 명도집행으로 끌어낸 동산 등 집기는 보관창고로 이동한다. 법원 지정 창고의 비용이 너무 비싸다고 판단되고 동산 중 값나가는 물건이 없고 버리는 물건으로 판단된다면 법원 집행관이 요구하는 조건에 맞는 저렴한 창고를 예약해둔다.

(15) 공장 낙찰 후 매각 시 필요한 경우 소유권을 먼저 이전해주고 미 수령 잔금은 근저당으로 설정 후 1년 후에 재감정하여 대출을 받아 근저당설정액을 받아가는 조건으로 협의하기도 한다.

(16) 수도권 공장을 매입할 경우 소재지에 따라 등록제한업종이 있을 수 있으니(지역특성, 공장배치법) 입찰 전에 해당지방자치단체를 방문해 생각하는 업종이 가능한지 여부를 파악하는 것이 좋다.

(17) 공장건물은 사업용으로 분류되기 때문에 규모가 크더라도 종합부동산세 과세대상에서 제외된다. 취득할 때 낙찰가 중 기계설비에 대해서는 등록세, 취득세 등이 비과세된다.

(18) 공장경매의 장점은 낙찰 후 까다로운 인·허가 과정을 생략하고 기존공장을 그대로 승계[194]하여 활용할 수 있다는 것이다.

(19) 공과금과 세금체납여부, 기계와 기구, 장비가 은행에 잡혀 있는지, 리스회사로부터 빌려 쓴 것이 있는지도 확인해야 한다. 기계나 장비가 은행에 잡혀 있고 빌려 쓴 것이라면 낙찰 후 항고 등으로 제3채권자로부터 법적 대응을 받을 수 있다.

---

194) 산업집적활성화 및 공장설립에 관한 법률 제10조(권리·의무의 승계)

2) 경매를 위한 생활

(1) 은행관리

경매계에서 뿌리를 내리려면 은행 지점장, 팀장 등과 친해져야 한다. 그러려면 무엇보다도 먼저 신용관리를 철저히 하는 것이 중요하다. 그 다음은 수시로 대출을 받고 갚고 해야 점수가 올라간다. 즉 은행에 약속을 잘 지키면서 돈을 벌어줘야 한다. 그렇게 신용점수를 높이 올려둔 상태에서 필요할 때 대출 협의가 원활해진다. 지점장이 나의 재정상태를 잘 알고 약속을 확실하게 지키고 은행에 돈을 잘 벌어준다면 지점장의 재량권을 상회하는 범위까지 본점과 협상하여 대출해 주기도 하는 것이다.

(2) 판례공부

경매는 판례공부가 중요하다. 대한민국 법원 종합법률정보[195]에서 의문이 드는 사항마다 검색해보기 바란다.

(3) 현장우선주의

때로는 법원에서 제공하는 정보(현황조사서 등)조차 틀릴 수 있다. 따라서 경매에 입찰할 때는 반드시 현장을 방문하여 내가 가지고 있는 정보가 실제와 맞는지를 스스로 확인해야 한다.

---

[195] https://glaw.scourt.go.kr/wsjo/intesrch/sjo022.do

거래계약서 해설
(계약서를 알고 쓰자)

계약서 내용과 조문상 유의점

본 장에서는 계약서 작성의 실무사례를 중심으로 각 조항별 의미와 유의사항을 살펴본다.

1. 매물장과 엑셀프로그램

1) 매물장

(1) 물건내역(Case)
- 주소: 서울시 00구 00동 00-00, 제000호
- 전용: 88.44㎡ / 지분: 36.31㎡
- 방3, 화장실2, 통베란다1
- 매매: 400,000,000원
- 전세: 350,000,000원
- 이사: 1~2개월
- 매도(임대)인 연락처: 010-2345-6789
- 기타: 손님 있을 때 연락 주면 비번 알려줌
- 매매의 경우 5백만 원정도 조정 가능
- 전세의 경우 애완동물 안 됨
- 전세자금 대출 협조 가능(안심 가능)

부동산 매물 접수대장

일자	물건	금액	성명/연락처	비고
12/1	- 화곡동 000-00, 105호 - 방3, 화2, 통베1 - 27평 정도	매매: 400,000,000 전세: 350,000,000	김○○ 010-2345-6789	- 손님 있을 때 연락주면 비번 알려줌 - 이사는 손님 있을 때 협의하되 약 2개월 - 매매의 경우 5백만 원 정도 조정 가능 - 전세의 경우 애완동물 안 됨 - 전세자금 대출 협조할 것(안심보험 가능)
12/3				
12/4				

[그림 11-1] 매물장의 작성 사례

2) 엑셀 매물장

	A	B	C	D	E	F	G	H	I	J	K	L	M
1	년월일	시	군	읍/면/동	번지(호)	대지	평당가	매매가	지역지구	전화명	연락처	진행상황	기타
7910	2010-01-01	서	강	화곡동	993-	56	1,429	80,024		한강			
7911	2020-05-07			대림동	993-	225	5,000		일반상업	김사장			
7912	2020-08-18			신정동	993-	50	3,737			김사장			
7913	2010-01-01	서	강	화곡동	993-	80	1,200	96,372		탑			
7914	2021-06-07	부천	괴	안동	99-	105	2,200			화곡			
7915	2021-04-09			신월동	994-	273	5,490		일반상업	신월김		건축허가	준주거, 신월사거리
7916	2021-07-24			신월동	994-	180	4,080			박사장			
7917	2021-07-26			신월동	994-	180	4,080			유			
7918	2020-08-20			신정동	994-	98	2,200			준			
7919	2010-01-01	서	강	화곡동	995-	530	2,000			준			
7920	2010-01-01	서	강	화곡동	995-	300	2,100	16,500		서사장			
7921	2020-10-07			화곡동	995-	66	2,500			권			
7922	2020-05-13			북아현동	996-	285	5,247		준주거	박사장			
7923	2010-01-01	서	강	화곡동	996-	138	1,800	248,040		우부장			
7924	2010-01-01	서	강	화곡동	996-	73	1,280	93,696		한강			
7925	2010-01-01	서울		화곡	996-	60	1,100	66,000		유사장			
7926	2010-01-01	서	강	화곡동	996-	60	1,100	66,000		유사장			
7927	2020-11-02			신월동	997-	958	1,775			박사장			
7928	2021-02-18			신월동	997-	958	1,784			김사장			
7929	2021-02-18			신월동	997-	958	1,784			우부장			

[그림 11-2] 엑셀 매물장

대부분의 부동산 중개사무실은 매물접수장과 매수장을 비치하고 매물접수나 고객 상담내용을 기록하고 있다. 경우에 따라서는 접수매물을 엑셀(Excel)에 재작성하여 관리하기도 한다. 어떤 방식이든 중개업자가 편한 방식대로 하게 되겠지만 오랜 경험상 3인 이하 근무 사무실의 경우 다음의 장단점때문에 서서히 시간이 흐름에 따라 보통 한 가지 방식으로 좁혀지게 된다.

매물접수장은 직원 수가 3인을 초과하거나 취급물건이 다양하고 수량이 많은 경우 물건별로 정리하기도 한다. 토지매물용, 주택매물용, 상가매물용등으로 구분하기도 하고 매매용과 임대차용의 매물장과 매수상담장부로 나누어 기록하기도 한다. 그러나 매물장이 여러 권에 나누어 흩어져 있거나 직원별로 따로 관리하다 보면 효율성이 떨어진다. 직원 간 공동중개를 통하여 충분히 맞출 수 있는 물건도 그냥 방치되는 경우가 있게 되는 것이다. 이런 경우에는 사무실 대표가 직원들이 개인별로 가지고 있는 물건과 고객정보를 사무실 정보와 통합하여 매칭 시켜주는 액셀프로그램을 만들어 전체적인 효율성을 높여야 한다.

젊은 신세대의 경우 스마트폰이나 태블릿pc를 들고 다니며 물건정보를 찾고 관리하기도 한다. 편하고 익숙한 방식으로 하는 것은 개인적인 업무처리 취향일 수 있으나 기본적으로 매물장과 엑셀 등 자동검색 프로그램에는 서로 다른 특성이 있다는 것은 알아야 한다.

매물장은 들고 다니기 번거롭지만 반복적으로 기록된 정보를 찾아보다보면 저절로 기억되게 된다. 고객과의 대화 속에서 머릿속에 기억된 내용으로 이야기하는 것과 그때그때 찾아서 이야기하는 것은 고객이 느끼기에 중개사가 물건에 대해 알고 있는 건지 모르고 이야기하는 건지 신뢰의 다른 시작점이 되는 것이다.

엑셀에 저장해 관리하는 것은 검색 편리성은 있다. 그러나 물건이 잘 기억되지 않게 된다. 전화번호를 스마트폰에 입력해두면 암기되지 않는 것과 같은 것이다. 두 가지 방식의 매물관리방식을 혼합하여 적절하게 잘 이용하기 바란다.

2. 매매계약서 작성과 유의점

본 계약서는 회원들이 가장 일반적으로 사용하는 한국공인중개사협회의 한방 계약서를 중심으로 설명한다.

1) 부동산의 표시 / 계약 내용 / 계약서 일반조항 / 특약사항

(1) 부동산의 표시

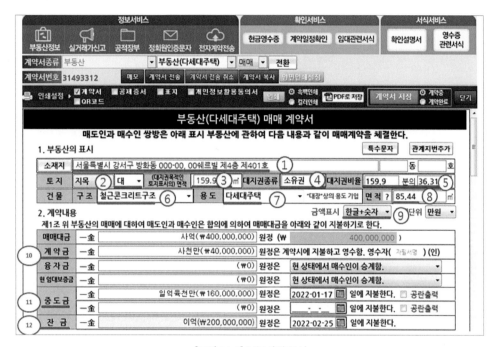

[그림 11-3] 부동산의 표시

① 계약서의 소재지에는 지번주소(舊주소)를 입력해야 한다.

▷ 토지에 관한 사항(등기사항전부증명서, 토지대장, 대지권등록부)

② 지목은 등기사항전부증명서상 표제부 - (대지권의 목적인 토지의 표시)란의 지목에 표기되어 있는 지목을 입력한다. 토지대장을 기초로 한다.

③ (대지권의 목적인 토지표시의) 면적은 등기사항전부증명서상 표제부 - (대지권의 목적인 토지의 표시)란의 면적에 표기되어 있는 면적을 입력한다. 토지대장을 기초로 한다.

④ 대지권의 종류는 등기사항전부증명서상 표제부 - (대지권의 표시) 항목의 대지권의 종류를 입력한다. 일반적으로 집합건물의 대지권은 소유권이지만 건축허가 시 다른 대지권에 기하여 건축을 한 경우가 있기 때문에 종류가 있는 것이다. 부동산등기법 제61조에는 지상권, 전세권 또는 임차권이 대지권인 경우를 규정하고 있고 사용대차에 기한 경우도 있다. 집합건물에 고유한 것으로 대지권 등록부에는 대지권의

종류를 표기하지 않고 있다.

⑤ 대지권의 비율은 등기사항전부증명서상 표제부 - (대지권의 표시) 항목의 대지권 비율을 입력한다. 대지권 등록부를 기초로 한다.

▷ 건물에 관한 사항(건축물대장)

⑥ 건물의 구조는 집합건축물대장(전유부, 갑)의 전유부분 - 구조를 입력한다. 일반적으로는 등기사항전부증명서상 표제부 - 건물내역의 구조를 입력해도 되지만 일부 구조가 다른 경우(복합적인 경우)도 있을 수 있어 건물이 특이한 형태인 경우 건축물대장을 확인하여 입력한다.

⑦ 건물의 용도는 집합건축물대장(전유부, 갑)의 전유부분 - 용도를 입력한다. 등기사항전부증명서상에는 층별, 호별로 용도가 나와 있지 않고 전체적인 용도만 나와 있어 건축물대장의 확인이 필요하다.

⑧ 건물의 면적은 집합건축물대장(전유부, 갑)의 전유부분 - 면적을 입력한다. 등기사항전부증명서상에도 표제부 - (전유부분의 건물의 표시) 건물내역에 표기되어 있지만 건축물대장과 상이할 경우 건축물대장을 기준으로 한다.

(2) 계약 내용

⑨ 금액표시는 숫자, 한글, 한자, 한글+숫자, 한자+숫자의 다섯 가지 표기방법이 있다. 그러나 쉽게 볼 수 있고, 변조를 막기 위해서는 한글+숫자가 가장 무난하다.

⑩ 계약금은 관례상 10%를 지급하고 있으나 계약금의 비율과 액수는 당사자 간 협의사항이다. 중개사는 매수자에게 먼저 얼마를 지급할 수 있는지 파악한 후 매도자에게 특별한 사정이 없는 한 매수자가 가능하고 문제없을 만한 금액을 지급하게 한다.

⑪ 중도금은 일반적으로 잔금과의 중간시점에 지급하는 경우가 많다. 법에서는 중도금의 지급을 이행의 착수시점으로 보고 있기 때문에 중도금이 지급되고 나면 합의가 되지 않는 이상 해약할 수 없다. 결론적으로 소액이라도 중도금을 지급하는 것이 좋다. 중도금의 비율은 주택의 경우 일반적으로 40%까지도 지급하지만 매수자의 자금상황을 먼저 체크한 후에 지급 가능한 금액으로 매도자를 설득하는 것이 계약을 순조롭게 마무리하는 방법이다.

⑫ 잔금은 주택의 경우 보통 2~3개월을 잡는다. 이사를 하려고 주택을 보러 다니

는 고객도 2~3개월 전부터 움직인다. 계약의 목적에 따라 많이 다르지만 투자 목적이 아닌 이상 실수요자인 매수자(다른 곳에서 주택을 팔고 이사 오는 경우 잔금날짜나 이사일이 정해져 있기 때문)의 의향을 물어 거기에 매도자가 특별한 사정이 없으면 따른다. 매도자는 매수자로부터 수령한 계약금을 가지고 이사 가려는 곳의 부동산을 매도한 자신의 부동산 잔금수령일에 맞추어 입주할 수 있는 물건을 물색하러 다니게 된다.

(3) 계약서 일반조항

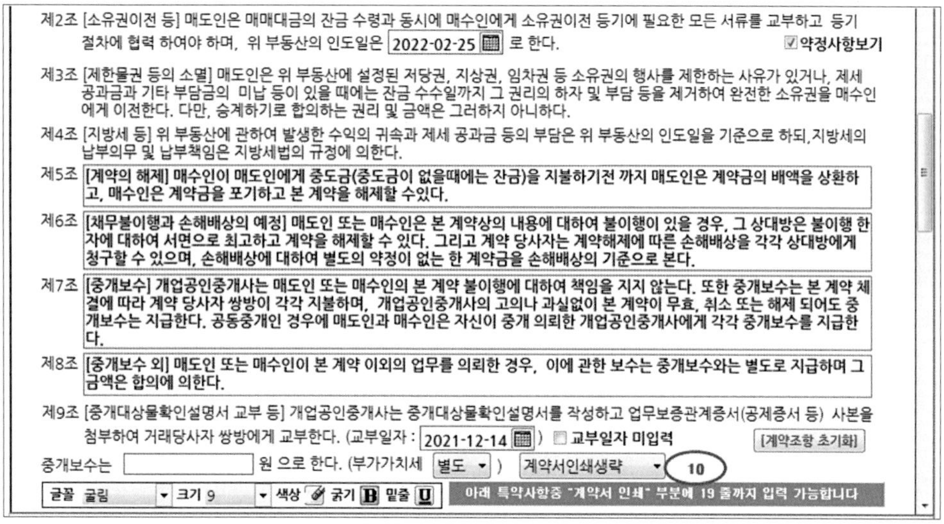

[그림 11-4] 계약서 일반조항

> **제2조 [소유권 이전 등]** 매도인은 매매대금의 잔금 수령과 동시에 매수인에게 소유권 이전등기에 필요한 모든 서류를 교부하고 등기절차에 협력하여야 하며, 위 부동산의 인도일은 2022년 ○월 ○일로 한다.

① 제2조[소유권이전 등]는 민법 제536조 '동시이행의 항변권'과 민법 제568조 '매매의 효력' 조항이다. 매매대금의 잔금 수령과 소유권이전등기 서류 교부가 동시이행관계임을 규정하고 있으며, 부동산 인도일을 정하고 있다. 여기에서의 인도는 부동산 점유권의 이전을 내용으로 하며 특약이 없는 한 종물 또는 종된 권리도 이전하여야 한다.

> **제3조 [제한물권 등의 소멸]** 매도인은 위 부동산에 설정된 저당권, 지상권, 임차권 등 소유권의 행사를 제한하는 사유가 있거나 제세공과금[196] 기타 부담금의 미납 등이 있을 때에는 잔금 수수일까지 그 권리의 하자 및 부담 등을 제거하여 완전한 소유권을 매수인에게 이전한다. 다만, 승계하기로 합의하는 권리 및 금액은 그러하지 아니하다.

② 제3조[제한물권 등의 소멸]는 매매목적물에 완전한 소유권을 제한하는 권리의 설정이 있을 경우 매매계약 체결 시 공인중개사는 제한물권의 여부, 임차권의 존재 여부를 확인하여야 한다. 만일 제한 물권이 있다면 특약사항에 승계여부를 기재하지만 보통은 잔금 시까지 등기사항전부증명서상 [갑구]와 [을구]의 완전한 권리를 제한하는 권리를 말소하여 소유권을 제공하도록 계약한다. 본 조의 '제세공과금과 기타 부담금의 미납'은 재산세 등 체납세금이 있거나 체납으로 구청이나 국세청으로부터 압류가 되어 있다면 납부하여야 하고, 수도·전기·가스요금 등의 미납이 있다면 잔금 일에 검침하여 정산하여야 할 것이다.

> **제4조 [지방세 등]** 위 부동산에 관하여 발생한 수익의 귀속과 제세공과금의 부담은 위 부동산의 인도일을 기준으로 하되, 지방세의 납부의무 및 납부책임은 지방세법의 규정에 의한다.

③ 제4조[지방세 등]는 매매목적물에서 발생하는 수익과 부담하여야 할 제세공과금을 잔금일이 아닌 인도일을 기준으로 하고 있다. 공과금등은 부동산의 인도일까지 점유자가 사용하기 때문에 당연히 점유자가 부담하겠지만, 수익성 부동산으로 수익이 많이 발생한다면 합의사항에 따라 그 수익을 누구의 소유로 할 것인지를 정하여 본 조항을 수정할 필요가 있다. 지방세 중 재산세는 '매년 6월1일 현재 부동산 등을 사실상 소유하고 있는 자'로 잔금지급일 또는 등기 접수일 중 빠른 날짜이다. 6월1일에 잔금을 치른 경우에는 매수자가 부담하게 된다. 재산세 납부기준일은 6월 1일이지만 납부일은 건물분은 매년7월, 토지분은 매년9월 납부한다. 일정액 이하는 7월에 한꺼번에 부과한다.

---

196) 제세공과금(諸稅公課金)은 개인 또는 법인에 대하여 국가나 지방공공단체에서 부과하는 국세·지방세 등의 제세금과 국가나 공공단체에 의하여 국민 또는 공공단체의 구성원에게 강제적으로 부과되는 공과금(공적부담금, 취득세, 면허세, 등록세, 수수료, 인지세 등)을 말한다.

> **제5조 [계약의 해제]** 매수인이 매도인에게 중도금(중도금이 없을 때에는 잔금)을 지불하기 전까지 매도인은 계약금의 배액을 상환하고, 매수인은 계약금을 포기하고 본 계약을 해제할 수 있다.

④ 제5조[계약의 해제]는 민법 제565조 해약금 조항이다. '중도금(중도금이 없을 때에는 잔금)을 지불하기 전까지'의 의미는 이행에 착수할 때까지의 의미로 이행에 착수한 이후에는 계약의 해제권을 행사할 수 없다는 의미이다. 또한 해약할 수 있는 권리의 행사이기 때문에 해약권 행사로 인한 별도의 손해에 대하여 손해배상을 청구할 수 없다.197)

> **제6조 [채무불이행과 손해배상의 예정]** 매도인 또는 매수인은 본 계약상의 내용에 대하여 불이행이 있을 경우, 그 상대방은 불이행한 자에 대하여 서면으로 최고하고 계약을 해제할 수 있다. 그리고 계약 당사자는 계약해제에 따른 손해배상을 각각 상대방에게 청구할 수 있으며, 손해배상에 대하여 별도의 약정이 없는 한 계약금을 손해배상의 기준으로 본다.

⑤ 제6조[채무불이행과 손해배상의 예정]는 민법 제390조(채무불이행과 손해배상)와 민법 제398조(배상액의 예정)에 관련된 조항이다. 당사자 중 계약서의 약정을 위반하여 불이행이 있을 때 그 상대방은 계약을 해제할 수 있다. 이때 위약금 금액을 어떻게 할 것인가의 문제이다. 본 조에서는 계약금에 해당하는 금액을 위약금 금액으로 하였고 이는 민법 제398조 4항에 따라 손해배상액의 예정으로 추정한다. 단, 위약금에 대한 약정이 없을 때는 그 상대방이 손해를 입증해야 하는 문제가 있는데 손해를 입증하는 것이 쉬운 일은 아니다. 그렇기 때문에 본 조항에서 계약금을 손해배상의 기준으로 간주하고 있는 것이다. 매매계약시 위약금과 별도로 위약벌을 정할 수 있는데, 위약벌(違約罰)은 채무를 이행하지 않을 경우, 채무자가 채권자에게 벌금을 내는 것을 말한다. 위약금은 상대의 손해를 배상하는 성격이나 위약벌은 손해랑 상관없이 벌금의 형태이다. 위약벌의 약정은 채무의 이행을 확보하기 위하여 정해지는 것으로서 손해배상의 예정과는 그 내용이 다르므로 손해배상의 예정에 관한 민법 제398조 제2항198)을 유추 적용하여 그 액을 감액할 수는 없다.199)

---

197) 민법 제565조 제2항. 제551조(계약의 해지 또는 해제는 손해배상의 청구에 영향을 미치지 아니한다.)의 규정은 전항의 경우에 이를 적용하지 아니한다.
198) 손해배상의 예정액이 부당히 과다한 경우에는 법원은 적당히 감액할 수 있다.
199) 대법원 1993. 3. 23 선고 92다46905 판결

> **제7조 [중개보수]** 개업 공인중개사는 매도인 또는 매수인의 본 계약 불이행에 대하여 책임을 지지 않는다. 또한 중개보수는 본 계약 체결에 따라 계약 당사자 쌍방이 각각 지불하며, 개업 공인중개사의 고의나 과실 없이 본 계약이 무효, 취소 또는 해제 되어도 중개보수는 지급한다. 공동중개인 경우에 매도인과 매수인은 자신이 중개 의뢰한 개업 공인중개사에게 각각 중개보수를 지급한다.

⑥ 제7조[중개보수]는 매도인 또는 매수인이 계약을 불이행한다고 하더라도 개업 공인중개사에게 책임을 물을 수 없다는 것과, 개업 공인중개사의 고의나 과실에 의한 것이 아닌 이상 본 계약이 무효, 취소 또는 해제되어도 중개보수는 지급하라는 내용이다. 개업 공인중개사는 오랜 기간 전문지식과 노하우를 쌓기 위해 노력하고 시간과 에너지와 경비를 들여 계약을 성사시켰는데 당사자끼리 합의해제 하거나 당사자의 문제로 계약이 무효, 취소 또는 해제되었다고 해서 중개보수를 지급하지 않는 것은 공서양속에도 맞지 않고 책임 없는 개업 공인중개사를 억울한 피해자로 만드는 결과가 되기 때문이다. 그러나 현실적으로 계약의 무효, 취소 또는 해제로 인하여 금전적 이득을 취한 당사자에게는 중개보수를 청구할 수 있지만 손해를 본 당사자에게는 청구하는 것이 쉽지 않다.

> **제8조 [중개보수 외]** 매도인 또는 매수인이 본 계약 이외의 업무를 의뢰한 경우, 이에 관한 보수는 중개보수와는 별도로 지급하며 그 금액은 합의에 의한다.

⑦ 제8조[중개보수 외]에서 '본 계약 이외의 업무'라 함은 본 건 매매중개에 부수되는 업무 외의 업무로 '실비'와는 다른 개념이다. 그 업무가 중개대상물이 아니라면 용역계약서를 작성하고 용역보고서나 업무수행 결과물에 대한 자료를 복사·보관하여야 한다. 또한 용역비는 중개보수와는 별도로 수수한 후 세금계산서를 발행하여야 한다. 중개보수와 섞어서 수령하게 되면 추후 중개보수 초과수수료의 문제로 번질 수 있다. 용역(자문, 컨설팅)업무는 개업 공인중개사가 사업자등록을 낼 때 종목에 추가하기 바란다.

> **제9조 [중개대상물 확인·설명서 교부 등]** 개업 공인중개사는 중개대상물 확인·설명서를 작성하고 업무보증관계 증서(공제증서 등) 사본을 첨부하여 거래당사자 쌍방에게 교부한다(교부일자: 20년 ○월 ○일).

⑧ 제9조[중개대상물 확인·설명서 교부 등]는 중개대상물 확인·설명서를 교부하였다는 내용이다. 개업 공인중개사의 중개사고시 관할구청에서는 계약서의 특약사항

과 중개대상물 확인·설명서의 내용을 먼저 확인하게 된다. 즉, 계약서의 특약사항의 내용 및 중개대상물 확인·설명서는 개업 공인중개사가 자신을 방어할 수 있는 증거라는 의미이다. 그렇기 때문에 문제가 될 소지가 있는 사항은 특약사항이나 중개대상물 확인·설명서에 반드시 그 증거를 남겨야 한다. 또한 계약의 당사자는 법적으로는 문제되지 않는 불만사항을 중개사가 해결해주지 않는다는 이유로 구청에 확인·설명서 부실기재나 누락으로 처벌민원을 넣는 경우가 많다. 이 경우 공인중개사법 제39조 1항 6, 7호 및 51조 2항 1의5 위반으로 업무정지나 과태료에 처해질 가능성이 높다. 중개대상물 확인·설명서는 하나도 빠짐없이 작성한 후, 확인·설명 하여야 하고 근거자료까지 교부하여야 하다. 공제증서 또한 앞·뒷면이 다 나오도록 양면복사하여 교부하여야 한다. 뒷면에 약관조항이 들어가 있어 중개사고시 약관이 제공되지 않은 것을 이유로 문제를 삼기도 하기 때문이다.

(4) 계약서 특약사항

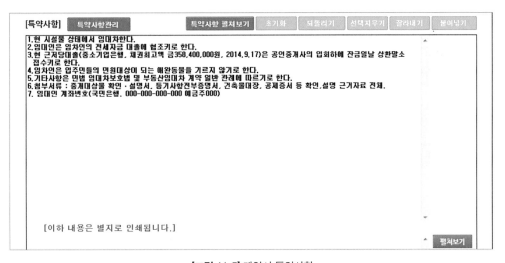

[그림 11-5] 계약서 특약사항

1. 현 시설 상태에서의 매매 계약이며, 등기사항전부증명서를 확인하고 계약을 체결함.

① 특약 1조는 대부분의 계약서 양식에 들어가 있는 조항이다. 건축물뿐 아니라 토지의 경우에도 현장답사시의 현 상태대로의 계약을 원칙으로 하고 제외시킬 내용

은 별도로 약정하여야 한다. 그렇지 않으면 잔금을 전후로 하여 당사자는 조금씩 욕심을 내며 매도자는 값나가는 물건을 제외시키려 하고 매수자는 처리비용이 드는 불필요한 물건을 빼달라(가져가라)며 분쟁이 시작되게 된다.

> 4. 현 시설물 상태의 계약이나 계약 시에 매도인이 고지하지 않은 부분의 하자가 잔금 시까지 발견될 경우, 하자담보책임과는 별개로 매도인은 이를 수리해주기로 한다.

② 특약 4조의 경우 특약 1조와 관련이 있으며, 매도자는 건축물의 하자를 특약1조를 근거로 수리비용을 아끼기 위해 현 상태대로 넘기려 하게 된다. 본 특약은 한방계약서에 제시된 내용을 수정한 것으로 '잔금 시까지 발견될 경우'를 추가하였다. 잔금 이후에는 하자담보책임에 따르면 된다. 그리고 만약 건축물이 너무 노후한 상태로 수리를 해도 해결될 문제가 아니라면 가격을 낮추어 '본 매매금액은 건축물의 노후·하자를 감안한 금액으로 매수자는 계약 이후 이에 대한 어떠한 이의도 제기하지 않는다.'라는 특약을 넣어야 한다.

> 5. ○○은행 채권최고액 금 ○○원 상태의 계약으로 잔금 일에 매도인이 상환하고 말소하기로 하며, 매도인은 잔금 일까지 채무를 부담하는 등의 새로운 권리변동을 일으키지 않도록 한다.

③ 특약 5조는 근저당 등 권리 상 하자가 있을 경우 잔금 시까지 말소하도록 해야 한다. 보통 대출이 있거나 기타 전세권 등이 설정되어 있는 경우 잔금 시 매수측 법무사가 매도자에게 말소서류를 준비하도록 하여 말소하지만 개업 공인중개사도 처리 상황을 체크해야 한다. 또한 새로운 권리변동을 일으키는 경우 잔금으로 해결이 가능하면 문제가 없겠지만 그 금액을 초과하는 설정이 있게 되면 큰 문제가 된다. 계약 시 이를 금지시키는 것은 개업 공인중개사가 주도적으로 해야 할 일이다.

> 6. 첨부서류: 실제 첨부하여 교부한 서류만 기재. 예시) 중개대상물 확인·설명서.

④ 특약 6조 첨부서류는 추후 중개사고가 발생했을 때 매수자가 서류를 받은 적 없다며 발뺌하는 경우를 대비한 것이다. 특약사항에 첨부서류를 열거하는 이유이다. 첨부할 수 있는 서류로는 등기사항전부증명서, 건축물대장, 토지대장, 토지이용계획확인원, 지적도, 주택공시가격 열람원, 계약갱신요구권 행사 여부 확인서, 다가

구주택 확인서류, 대상물건의 상태에 관한 자료요구 사항, 공제증서 등이 있다.

(5) 당사자 추가 및 공동중개

본 계약을 증명하기 위하여 계약당사자가 이의 없음을 확인하고 각자 서명 또는 날인한다.   2021-12-14

고객등록   정회원 인증문자발송 ❓   매도인추가   매수인추가   공동중개사무소 추가

[그림 11-6] 당사자 추가 및 공동중개

매도인이나 매수인이 3인 이상일 경우, 셋 이상의 개업 공인중개사가 공동중개 할 경우에는 별지를 사용해야 한다. 추가를 통하여 입력한다.

(6) 당사자 및 개업 공인중개사 인적사항

※ 내용 변경 후 [저장] 하여 주십시오.					
매도인 고객검색	주 소(도로명)	서울특별시 강서구 금낭화로11길 000, 401호(방화동,00쉐르빌)			도로명 검색
	주민등록번호 ▾	660123 - 2	전화 010-2345-5678	성명	김00
없음 ▾	주 소(도로명)	도로명주소를 모르는 경우 우측에 도로명 검색을 클릭하세요!			도로명 검색
	주민등록번호 ▾	-	전화	성명	
※ 내용 변경 후 [저장] 하여 주십시오.					
매수인 고객검색	주 소(도로명)	서울특별시 강서구 강서로18길 00, 301호(화곡동,00아트빌)			도로명 검색
	주민등록번호 ▾	680808 - 1	전화 010-1234-5678	성명	박00
없음 ▾	주 소(도로명)	도로명주소를 모르는 경우 우측에 도로명 검색을 클릭하세요!			도로명 검색
	주민등록번호 ▾	-	전화	성명	
개 업 **공인중개사**	사무소 소재지	서울특별시 강서구 강서로29길 14 (화곡동)			
	사무소 명칭	000공인중개사사무소		대표자 명	공00
	전화 번호	02-2694-1234	등록 번호 11500-2011-00028	소속공인중개사	(자필 서명)
🔍**개업(공동)** **공인중개사**	사무소 소재지				
	사무소 명칭			대표자 명	
	전화 번호		등록 번호	소속공인중개사	(자필 서명)

계약서수정모드 입니다 [저장된 자료입니다 (O)]

[그림 11-7] 당사자 및 개업 공인중개사 인적사항

① 당사자의 주소

도로명주소법 제19조(도로명주소의 사용 등) 제2항 제1호[200]는 각종 공부의 주소를 표기할 때 도로명주소를 사용하도록 되어있다. 매매계약서의 경우 추후 소유권이전등기를 위하여 등기소에 제출할 때 도로명주소가 표기되지 않고 舊주소(지번주소)가 표기되어 있다면 반려되거나 보정명령이 있게 된다. 당사자 주소는 반드시 도로명주소를 입력해야 한다.

② 당사자 전화번호의 문제

매매계약서의 경우 전화번호를 넣지 않는 경우가 있다. 이는 당사자가 잔금일까지는 개업 공인중개사를 통하여 연락하도록 하기 위해서이다. 당사자 간 잔금 전 통화를 하다 보면 개업 공인중개사가 모르는 합의를 당사자끼리 하거나 분쟁거리를 만들어 내기도 한다. 당사자끼리 직접 부딪칠 경우 문제가 될 사항도 개업 공인중개사를 통하여 의사전달을 하게 되면 개업 공인중개사가 내용을 거르거나 순화시켜 전달하기 때문에 부드럽게 넘어갈 수 있는 것이다. 공인중개사법 시행령 제22조(거래계약서 등)[201]의 필수기재사항이 아니고 계약서에 당사자의 인적사항 중 전화번호가 없다해서 당사자가 특정되지 않은 것이 아니기 때문에 계약의 효력에는 영향이 없다. 또한 개인정보의 노출을 꺼려하는 당사자가 있을 수 있기 때문에 계약 시 당사자의 의사를 물어보고 넣어야 한다. 경우에 따라 매도자가 매수자에게 직접 전화하여 계약서에 없는 내용을 집요하게 요구하고 매수자는 중개사에게 "왜 전화번호를 거기에

---

200) ② 공공기관(국가기관, 지방자치단체, 「공공기관의 운영에 관한 법률」에 따른 공공기관, 「지방공기업법」에 따른 지방공기업 및 그 밖에 대통령령으로 정하는 기관을 말한다. 이하 같다)의 장은 다음 각 호의 표기 및 위치 안내를 할 때에는 도로명주소를 사용하여야 한다. 다만, 도로명주소가 없는 경우에는 그러하지 아니하다. 1. 가족관계등록부, 주민등록표 및 건축물대장 등 각종 공부상의 등록기준지 또는 주소의 표기

201) 제22조 (거래계약서 등)
① 법 제26조제1항의 규정에 따른 거래계약서에는 다음 각 호의 사항을 기재하여야 한다.
1. 거래당사자의 인적 사항
2. 물건의 표시
3. 계약일
4. 거래금액·계약금액 및 그 지급일자 등 지급에 관한 사항
5. 물건의 인도일시
6. 권리이전의 내용
7. 계약의 조건이나 기한이 있는 경우에는 그 조건 또는 기한
8. 중개대상물확인·설명서 교부일자
9. 그 밖의 약정내용

넣었느냐"거나 "왜 매도자한테 내 전화번호를 알려줘서 나한테 전화가 오게 하느냐"라며 항의하는 상황도 발생한다. 단, 부동산거래신고 시에는 당사자 전화번호를 입력해야 하기 때문에 공동중개 시 거래신고를 주도하는 중개사는 양 당사자의 전화번호를 다 알고 있어야 한다.

③ 서명 또는 날인

거래계약서를 작성할 때 개업 공인중개사는 공인중개사법 제26조(거래계약서의 작성 등)제2항[202]에 의하여 서명과 날인을 하여야 한다. 즉 서명과 날인 둘 다 해야 한다는 것이다. 그러나 당사자의 경우 서명 또는 기명날인을 하기 때문에 민법상 둘 중 하나만 해도 된다. 그렇지만 당사자도 서명과 날인을 둘 다 받기 바란다. 당사자중 계약을 파기해야 할 상황에 처한 경우가 있다면 '내가 날인한게 아니다. 중개사가 마음대로 찍었다.' 하면서 문제 삼는 경우도 있을 수 있기 때문이다.

④ 개업 공인중개사의 주소

개업 공인중개사의 주소 또한 관할관청(구청, 세무서)에 등록사항을 도로명주소로 표기하기 때문에 계약서상 주소도 도로명주소로 기록하여 관할관청의 등록사항과 일치시켜야 한다. 한국공인중개사협회의 한방을 사용할 경우 사무소주소가 도로명주소가 자동으로 표기된다. 물론 개업 공인중개사의 주소가 구(舊)주소로 표기되어 있다 해서 계약상 효력을 달리하는 것은 아니다. 개업 공인중개사들이 작성하는 계약서는 개인 간의 사적인 거래계약이다. 계약자유의 원칙에 의해 어떤 내용이나 방식이어도 무관하지만 전문직업인으로서의 공인중개사가 거래를 중개한 경우 그 책임을 분명히 하기 위해 공인중개사법에 일정한 내용제한과 거래계약서에 서명 및 날인하도록 하고 있는 것이다.

---

202) ②제25조제4항의 규정은 제1항에 따른 거래계약서의 작성에 관하여 이를 준용한다. 제25조 제4항: ④제3항에 따른 확인·설명서에는 개업 공인중개사(법인인 경우에는 대표자를 말하며, 법인에 분사무소가 설치되어 있는 경우에는 분사무소의 책임자를 말한다)가 서명 및 날인하되, 해당 중개행위를 한 소속공인중개사가 있는 경우에는 소속공인중개사가 함께 서명 및 날인하여야 한다.

중개대상물 확인·설명서 해설

1. 주택매매계약의 중개대상물 확인·설명서

1) 확인·설명 근거자료 등

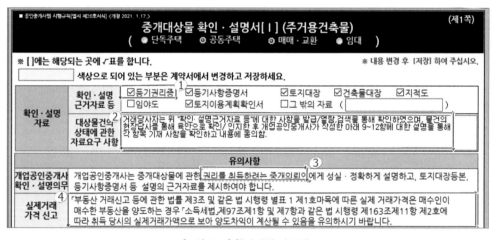

[그림 11-8] 확인·설명 자료 등

① 등기권리증을 반드시 지참하여 제시하도록 할 것인가가 문제된다. 취득한 지 오래된 부동산의 등기필증[203]은 어디에 뒀는지 찾기 어려운 경우가 많다. 등기필증이 없다면 확인서면[204]으로 대체하면 되기 때문에 등기필증을 반드시 찾아오도록 하게 되면 시간이 지체되고 잘못하면 계약의 타이밍을 놓치게 된다. 계약현장의 상

---

[203] 연세가 많으신 분들은 "집문서"나 "권리증"으로 알고 있고 같은 문서다.
[204] 등기필증을 분실했을 경우 잔금 시 법무사에게 확인서면의 준비를 통지하여야 한다. 매도자 본인의 외형상 특징과 필체, 무인, 신분증 등을 확인하고 기재한다. 비용은 보통 5만 원 선이다.

황에 따라 융통성 있게 하되 문제가 없도록 대처해야 한다.

② 확인·설명 근거자료 제시, 물건 현장 확인·인지 등에 대한 취득 당사자의 확인 여부를 담고 있다. 기타 건물의 상태에 문제가 있고 하자보수공사 등이 있었다면 거기에 대한 자료를 요청하여 첨부하거나, 자료가 없다면 기재하여야 한다.

③ 개업 공인중개사의 확인·설명의무는 취득하려는 중개의뢰인에 대한 의무이며, 설명의 근거자료205) 제시를 포함한 의무다.

④ 실제거래가격 신고의 내용은 매수인이 일명 "다운계약서"206)를 작성하게 되면 현재 매수인이 추후 매도인의 지위가 되어 본 부동산을 양도(매각)하는 경우 양도차익이 많아져서 세금이 많이 나올 수 있으니 유의하라는 경고적 문구다.

2) 대상물건의 표시 / 권리관계

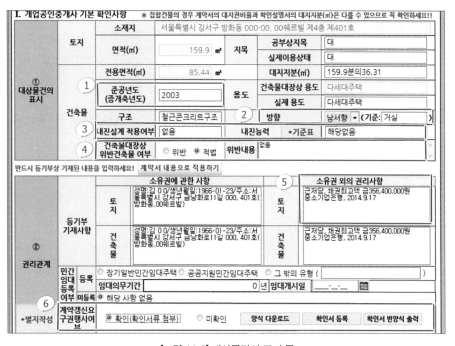

[그림 11-9] 대상물건의 표시 등

---

205) 중개대상물 확인·설명의 근거자료로는 등기사항전부증명서, 건축물대장, 토지대장, 토지이용계획확인원, 지적도등이 있다. 이는 기본적인 근거자료로 계약당사자에게 중요한 사항에 대해서는 신의성실의 원칙상 추가 확인이 필요한 서류들이 있을 수 있다.

206) 매도자가 양도소득세를 줄이거나 납부금액이 없도록 하기 위하여 매수자와의 합의하에 매매계약서상 매도금액을 실지급 금액보다 낮추어 매매계약서를 작성하고 실거래 신고하는 것으로 탈세의 목적임.

① 건축물의 준공년도는 건축물대장의 표제부에 나와 있다. 확인하고 입력한다.

② 건축물의 방향은 주택의 경우 주택의 중심점에서 봤을 때 가장 큰 공간(거실, 큰 방 등)의 방향을 표시한다. 그 밖의 건축물은 전체 건축물의 중심점에서 주된 출입구의 방향을 적고, 방향의 기준이 불분명한 경우 기준(현관문, 거실 앞 발코니, 접한 진입도로 등)을 정해 해당 주택이나 건축물의 중심에서의 방향을 표시하여 적는다.

③ 내진설계는 건축물대장에 2017.1.20.부터 공시하도록 하고 있다. 내진설계 적용대상이라면 적용으로 적고 기준표에서 최대지반가속도를 선택하여 입력한다. 한방 프로그램에서는 선택을 할 수 있도록 기준표를 팝업으로 처리하였다.

최대지반가속도(g)	내진능력 (MMI 등급)	선택	최대지반가속도(g)	내진능력 (MMI 등급)	선택
0.002 이상 0.004 미만	I	선택	0.133 이상 0.264 미만	VII	선택
0.004 이상 0.008 미만	II	선택	0.264 이상 0.528 미만	VIII	선택
0.008 이상 0.017 미만	III	선택	0.528 이상 1.050 미만	IX	선택
0.017 이상 0.033 미만	IV	선택	1.050 이상 2.100 미만	X	선택
0.033 이상 0.066 미만	V	선택	2.100 이상 4.191 미만	XI	선택
0.066 이상 0.133 미만	VI	선택	4.191 이상	XII	선택

※건축물대장상의 최대지반가속도를 입력하세요
예) Ⅷ - 0.150g   닫기

[그림 11-10] 내진설계 여부

④ 위반건축물 여부는 건축물 대장상 집합건물의 경우 전유부를 기준으로 하기 때문에 전유부에 위반건축물이 없다면 적법으로 표시한다. 그러나 집합건물이 아닌 경우 다른 부분에 위반이 있어도 위반으로 표시하고 어떤 부분 때문에 위반 건축물이 되었는지 확인하여 적는다. 집합건물의 경우에도 전유부에는 위반이 없지만 다른 호수나 층에 위반에 있다면 표제부에 위반건축물 표기가 나타난다. 이 경우 그 사항이 당사자가 계약하려는 부동산의 취득목적상 장애요소가 될 가능성이 있다면 구청에 한 번 더 확인하고 확인·설명하여야 한다.

⑤ 소유권 외의 권리사항에는 등기사항전부증명서상 을구에 등기된 사항으로 가장 일반적인 것은 근저당권 등기이다. 근저당에 대한 확인·설명서 기재는 4가지[207]는 기본적으로 기재하고, 소유관계가 공유임에도 채무자가 공유자중 일부인만인 경

---

207) 물권명, 채권최고액, 채권자명, 설정일

우는 5가지[208])를 기재한다.

⑥ 임차인의 계약갱신요구권 행사 여부 확인서에는 임차인이 계약갱신청구기간에 있는 경우 임대차기간과 행사여부를 표기한다. 불행사의 경우 출력하여 임차인을 만나 임차인의 확인서명을 받아야 하는데 계약서를 작성중인 상황에서 쉬운 일은 아니다. 기본적으로 임대차계약서를 확인해본 후 임차인과 전화통화를 하여 문제가 없어 보이는 경우, 매도인이 불행사 확인 증거자료를 가지고 있는 경우, 임차인이 계약갱신요구를 한다 해도 매수자에게는 문제가 되지 않을 경우 당사자의 합의하에 우선 계약을 진행하고 그 후 임차인과 약속일을 잡아 서명을 받는 것도 한 방법이다. 임차인의 주거 안정을 위해 권리가 강화되면서 확인·설명서에 추가된 것으로 임차인이 거주하는 부동산을 매수하는 당사자의 입장에서도 중요한 사항이 되었다.

⑦ 기타: 중개대상물 확인·설명서 ② 권리관계 → 등기부 기재사항 → 소유권에 관한 사항 → 주소는 거래계약서상 당사자의 주소를 현주소 + 도로명주소를 기재하는 것과 달리 중개대상물 확인·설명서상 소유자의 주소는 등기사항전부증명서에 등기된 주소를 표기하도록 관할관청에서 안내하고 있다. 즉 등기부상 주소와 현주소가 다른 경우 확인·설명서에는 등기부상 주소를 기재하라는 의미이다.

---

208) 물권명, 채권최고액, 채권자명, 설정일, 채무자명

3) 계약갱신요구권

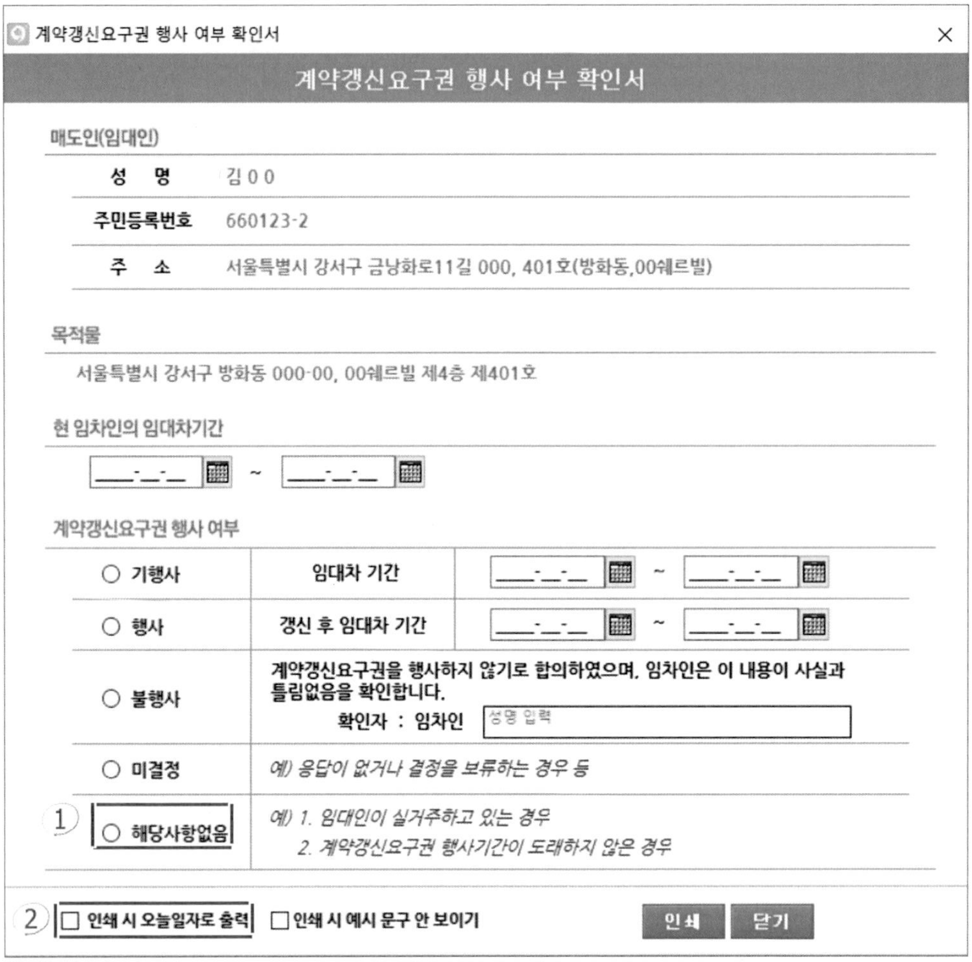

계약갱신요구권 행사 여부 확인서 ×

계약갱신요구권 행사 여부 확인서

매도인(임대인)

성 명	김 0 0
주민등록번호	660123-2
주 소	서울특별시 강서구 금낭화로11길 000, 401호(방화동,00쉐르빌)

목적물

서울특별시 강서구 방화동 000-00, 00쉐르빌 제4층 제401호

현 임차인의 임대차기간

____-__-__ ~ ____-__-__

계약갱신요구권 행사 여부

○ 기행사	임대차 기간	____-__-__ ~ ____-__-__
○ 행사	갱신 후 임대차 기간	____-__-__ ~ ____-__-__
○ 불행사	계약갱신요구권을 행사하지 않기로 합의하였으며, 임차인은 이 내용이 사실과 틀림없음을 확인합니다. 확인자 : 임차인 [성명 입력]	
○ 미결정	예) 응답이 없거나 결정을 보류하는 경우 등	
① ○ 해당사항없음	예) 1. 임대인이 실거주하고 있는 경우 2. 계약갱신요구권 행사기간이 도래하지 않은 경우	

② □ 인쇄 시 오늘일자로 출력 □ 인쇄 시 예시 문구 안 보이기 인쇄 닫기

[그림 11-11] 계약갱신요구권 행사 여부 확인서

① 매도인이 거주하고 있을 경우나 계약갱신요구권 행사기간이 도래하지 않은 경우에 체크한다.

② 인쇄 시 오늘일자로 출력을 체크하여 인쇄 후 확인서류로 첨부하여 교부한다.

4) 토지이용계획, 공법상 이용제한 및 거래규제에 관한 사항

[그림 11-12] 토지이용계획, 공법상 이용제한 및 거래규제에 관한 사항

① 공법상 토지이용에 관한 규제사항은 건축업 종사자나 토지개발 업자에게 중요한 사항이다. 그러나 지역·지구는 기존 주택을 매매하는 경우에도 매매계약에 있어 계약의 여부를 결정하는 중요한 요소가 된다. 물론 대부분 계약 당사자들이 알고 있겠지만 잘 못 알고 있거나 그 의미를 이해하지 못하는 경우도 있다. 매수자가 잘못 알고 있었는데 확인·설명이 없었다면 추후 개업 공인중개사는 영업정지나 손해배상의 사유가 될 수 있는 중요한 사항이다. 지역·지구를 확인·설명할 때는 토지이용계획확인원상 토지이용규제 내용 중 ~지역, ~지구, ~구역으로 공시되어 있는 건이 몇 건인지를 확인한다. 각 지역, 지구, 구역이 1건을 초과하는 경우 그중 매수자에게 가장 중요한 사항을 적고 외 몇 건으로 적는다. 확인·설명서의 해당 내용을 기재할 수 있는 창의 크기가 작아 모든 사항을 다 기재할 수 없어서 생기는 문제로 구청에 따라 "~외 몇 건"이나 "~등"으로 표기하기를 권고하기도 한다.

만약 내용이 많고 설명하였다는 증거를 남겨야 할 필요성이 있다면 계약서 특약란에 상세하게 기재한다. 개업 공인중개사는 계약 시 분명히 지역, 지구, 구역의 문제를 전체 다 설명하였다 하여도 손해를 발생시킨 규제내용이 기재되어 있지 않다면, 손해를 보게 될 당사자는 손해를 조금이라도 보전하기 위하여 설명을 들은 적 없다고 하게 되며 설명했다는 증거는 확인·설명서를 통하여 나타나야 하기 때문이다.

② 건폐율 상한과 용적률 상한은 국토의 계획 및 이용에 관한 법률이 아닌 시·군의 조례에 따른 상한을 적어야 한다.

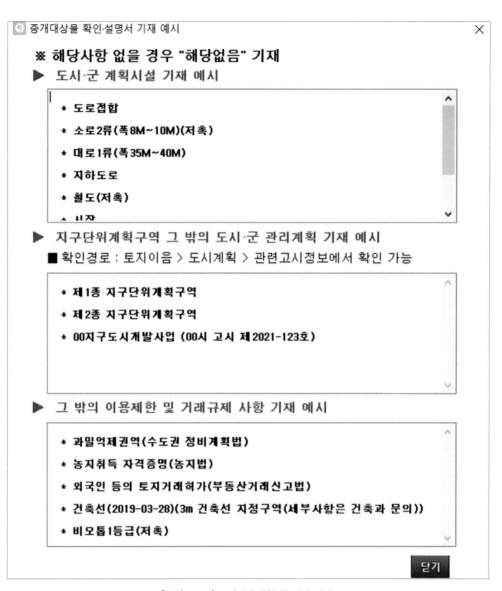

[그림 11-13] 토지이용계획 등 기재 예시

③ 도시·군 계획시설과 관리계획, 지구단위계획, 이용제한 및 거래규제사항은 토지이용계획확인원에서 지역, 지구, 구역 외의 사항 중 [그림 11-13]의 예시에 따라 적는다. 건축을 위한 토지의 매매나 특정목적을 위한 토지거래의 경우 매수자의 매입목적에 따라 토지이용 제한 및 거래규제 사항을 관련법과 구청의 상담을 통하여 명확하게 확인하고 설명하여야 한다. 매수자는 거래의 목적을 이루지 못할 경우 그 손해가 너무나 크기 때문에 명백히 본인의 과실이나 책임이 아닌 경우 개업 공인중개

사와 건축사, 매도자에게 책임을 묻기 위하여 민원을 제기하거나 소송을 걸어오게 되어있다. 특정 분야만 장기간 전문적으로 취급한 개업 공인중개사는 관련법을 대부분 잘 알고 있지만 그러한 계약 건을 처음 취급하는 개업 공인중개사의 경우 각별히 더 철저하게 해야 한다. 처음 계약서를 쓰는 경우라면 그 분야 전문 개업 공인중개사의 도움을 받기 바란다.

5) 입지조건

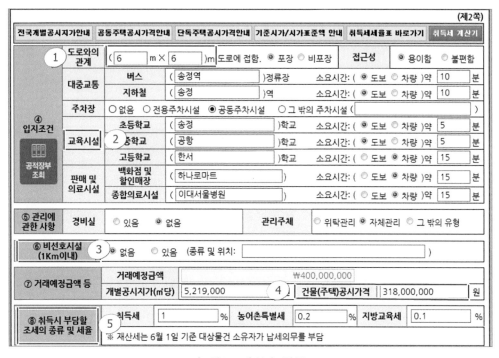

[그림 11-14] 입지조건 등

① 도로와의 관계는 실무에서 두 칸을 다 채워야 하는 게 아닌가 하여 진입도로까지 표기하는 경우가 있다. 거래대상 부동산이 도로에 1면만 접하고 있다면 1칸에만 기재하고 코너에 위치해 양면에 접해 있다면 각 도로의 폭을 2곳에 기재한다.

② 교육시설은 다음의 공적장부 조회를 통하여 학군을 기재할 수도 있지만 실무에서는 일반적으로 다음지도(네이버지도)를 조회해 물건지에서 가장 가까운 학교를 기재하고 있다.

[그림 11-15] 교육시설 입력

③ 비선호시설은 화장장(터)이나 장례식장, 쓰레기 소각장, 화학공장, 발전소 등 유해물질을 다량 배출하는 것으로 인식되고 있는 시설을 표기한다.

④ 건물(주택)공시가격의 기재
• 공동주택(아파트, 연립·다세대주택), 단독주택은 국토교통부 부동산공시가격 알리미에서 조회할 수 있다.

　　　https://www.realtyprice.kr:447/notice/main/mainBody.htm

• 상업용 건물, 오피스텔 등의 기준시가는 국세청 홈택스(https://www.hometax.go.kr)에서 고시된 기준시가나 그 외 계산식에 의한다.

  - 고시대상: 수도권(서울·경기·인천), 5대 지방광역시, 세종특별자치시에 소재하는 오피스텔 및 3,000㎡ 또는 100개호 이상인 상업용 건물

  - 고시되지 않는 비주거용 오피스텔 및 상업용 건물 기준시가: 국세청홈택스-조회/발급-기준시가조회-건물기준시가에서 계산프로그램으로 계산이 가능하며 계산공식은 다음과 같다.

  ※ 기준시가
  평가대상건물의 면적(㎡) × ㎡당 금액(건물신축가격기준액×구조지수×용도지수×위치지수×경과연수별잔가율×개별건물의 특성에 따른 조정 률)

  ★ 기타 지방세(취득세, 등록세, 재산세 등) 과표 계산의 기준이 되는 시가표준액[209]이 있다.

⑤ 취득 시 부담할 조세는 취득세와 취득세에 따르는 농어촌특별세, 지방교육세에 관한 사항으로 잘 암기되지 않는 사항이기 때문에 세율표를 출력해 책상의 유리 밑에 넣어 놓고 확인·설명서 작성 시 바로 볼 수 있도록 한다.

6) 개업 공인중개사의 세부 확인사항

⑨실제 권리관계 또는 공시되지 않은 물건의 권리사항	본란에는 법정지상권, 유치권, 토지에 부착된 조각물 및 정원수, 미분양 주택 여부, 임차인 현황, 임대차보증금, 가압류, 채권양도 등 통지사실 등, 국세 지방세 체납여부, 경계침범 여부, 위반 건축물, 경공매 등 기타 특이사항 등의 내용을 기입하는 란입니다.

[그림 11-16] 미공시 권리사항

「실제 권리관계 또는 공시되지 않은 물건의 권리사항」은 등기사항 전부증명서나 건축물대장상 공시되지 않은 권리관계나 내용이 있을 경우 적는다. 가장 일반적인 내용은 임대차관계로 기본적으로 3가지 사항[210] 정도를 적는다. 그 외 옵션으로 건물에 부속된 부착물과 건축물의 확장이 있는 경우 공시되지 않는 사항이기 때문에

---

209) ▶서울시의 시가 표준액은 서울시 이택스(ETX이용안내-조회/발급-주택 외 건물시가 표준액조회)
　　https://etax.seoul.go.kr/
　　▶서울시외 지역의 시가표준액은 위택스(전체메뉴-지방세정보-시가표준액조회)
　　https://www.wetax.go.kr/main/
210) 임차인성명, 임대차기간, 보증금/월세 금액

적도록 한다.

개업 공인중개사가 현장답사를 했을 때 공부상 전용면적과 실사용 면적에 확연한 차이가 있을 경우 무단증축이나 확장을 의심해 봐야 한다. 확장이 의심되는 경우 매도인에게 문의하고 매도인도 모르는 내용일 경우 본 항 기재란에 그 내용을 기재한다. 매수인이 확인·설명을 듣고 매수한 경우와 모르고 매수한 경우는 개업 공인중개사의 책임 문제에 있어 큰 차이가 있기 때문이다.

이런 부분에 있어서는 개업 공인중개사의 현명한 업무처리가 필요하다. 외부에서 볼 때 확장부분이 명확하게 보이는 건물과 구분이 안 되는 건물이 있다. 이런 주택의 경우 위반건축물로 공시가 아직 되지 않았고 외부에서 보이지 않는다면 매수자에게 적절하게 잘 설명하고 당사자 간 그 하자를 감안해 매매금액을 협의하도록 유도하여야 한다. 그러나 확실히 개업 공인중개사가 알고 있어야 할 것은 건축법80조의 이행강제금조항이 2019.4.23. 개정되어 제1항·제2항 및 제5항의 경우 공포한 날부터 시행되고 있다는 내용이다. 시행 이전에는 소규모주택이 일정조건하에 최대 5회의 부과처분으로 끝났으나 개정법 시행 이후 적발된 건축물의 경우 시정될 때까지 이행강제금을 계속 부과할 수 있다는 것이다[211].

7) 내부·외부 시설물의 상태(건축물)

				[선택]란 초기화 [선택]란 기본선택
⑪ 내부·외부 시설물의 상태 (건축물)	수도	파손여부	◉ 없음 ○ 있음 (위치:)	
		용수량	◉ 정상 ○ 부족함 (위치:)	
	전기	공급상태	◉ 정상 ○ 교체필요 (교체할 부분:)	
	가스(취사용)	취사방식	◉ 도시가스 ○ 그 밖의 방식 ( )	
	소방	단독경보형감지기	☐ 없음 ☑ 있음 (수량: 5 개)	※ 「화재예방, 소방시설 설치 · 유지 및 안전관리에 관한 법률」 제8조 및 같은 법 시행령 제13조에 따른 주택용 소방시설로서 아파트(주택으로 사용하는 층수가 5개층 이상인 주택을 말한다)를 제외한 주택의 경우만 작성 합니다
	난방방식 및 연료공급	공급방식	○ 중앙공급 ◉ 개별공급	시설작동 ◉ 정상 ○ 수선필요 ( )
		종류	◉ 도시가스 ○ 기름 ○ 프로판가스 ○ 연탄 ○ 그밖의종류 ( )	
	승강기		◉ 있음 (◉ 양호 ○ 불량) ○ 없음	
	배수		◉ 정상 ○ 수선 필요 ( )	
	그 밖의 시설물			

[그림 11-17] 내·외부 시설물의 상태

211) 서울특별시 건축 조례 제45조((이행강제금의 부과) ③ 법 제80조제5항에 따라 구청장은 최초의 시정명령이 있었던 날을 기준으로 하여 1년에 2회 이내의 범위에서 그 시정명령이 이행될 때까지 반복하여 이행강제금을 부과할 수 있으며, 제1항에 따른 이행강제금을 부과할 수 있다. 〈개정 2017. 9. 21. 2019. 7. 18.〉

⑩번 항에서 개업 공인중개사들이 화재경보기등과 혼동하는 것이 단독경보형감지기이다. 단독경보형감지기는 주택의 경우 격리된 공간마다 1개 이상을 설치해야 하기 때문에 거실과 방3칸, 화장실1칸이 있을 경우 기본적으로 감지기 5개가 설치되어 있어야 한다. [그림12-18]은 단독경보형감지기의 실 시공사진이다.

[그림 11-18] 단독경보형감지기

8) 벽면 및 도배상태 / 환경조건

도배상태와 환경조건은 보통으로 체크하여도 무방하다. 그러나 벽면상태는 균열이나 누수흔적이 발견되었다면 "있음"로 체크하고 위치를 기재하여야 한다. 매수자나 임차인의 경우 계약 시에는 대수롭지 않게 생각하고 계약했지만 벽면 상태 때문이 아닌 다른 사유로 불만이 쌓이게 되면 확인·설명서상 하자를 찾다가 본 사항을 문제로 삼는 경우가 있다. 매수자나 임차인의 경우 가는 실금이나 하자보수된 누수 흔적은 문제 삼지 않는 경우가 많은데 중개사가 이 부분 때문에 계약이 성사되지 않을까 봐 "없음"을 체크하다 보면 추후에 문제가 아닌 것이 문제가 될 수 있다.

								(제3쪽)
								[선택]란 초기화
⑪ 벽면 및 도배상태	벽면	균열	◉ 없음 ○ 있음 (위치:			)		
		누수	◉ 없음 ○ 있음 (위치:			)		
	도배		○ 깨끗함 ◉ 보통임 ○ 도배필요					
⑫ 환경조건	일조량		○ 풍부함 ◉ 보통임 ○ 불충분 (이유:			)		
	소음		○ 미미함 ◉ 보통임 ○ 심한편임	진동	○ 미미함 ◉ 보통임 ○ 심한편임			

[그림 11-19] 벽면상태 등

9) 중개보수 등에 관한 사항

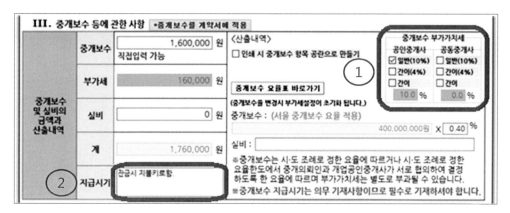

[그림 11-20] 중개보수 등

①번 중개보수 부가가치세는 일반사업자의 경우 10%에 체크한다. 간이사업자의 경우는 둘로 나누어 직전 연도의 공급대가의 합계액이 연 매출 4800만 원 이상 8000만 원 미만인 경우 업종별 부가가치율 40%가 적용되어 4%에 체크한다. 연 매출이 4800만 원 미만인 경우에는 부가가치세 면제대상이므로 세 번째 간이에 체크한다. 간이과세자는 현금영수증을 발행한다.

중개보수를 수령함에 있어 현금으로 수령할 경우에도 세금계산서나 현금영수증을 발행해야 한다. 국세청에 타인으로부터 신고 되거나 어떤 방식으로든 누락이 문제가 되면 미발행금액의 50% 과태료가 부과되며, 매출 증가된 부분에 대한 세금과 연체가산금 등을 합하면 누락된 금액을 거의 다 세금으로 내게 된다.

②번 중개보수의 지급 시기는 "계약 시(중도금 시, 잔금 시) 지불키로 함"으로 지급하기로 한 시기를 기재하면 된다. 의무적 기재사항으로 기재하지 않을 경우 6월 내 업무정지 또는 500만 원 이하 과태료 대상이다.

10) 서명·날인과 서명 또는 날인

「공인중개사법」, 제25조제3항 및 제30조제5항에 따라 거래당사자는 개업공인중개사로부터 위 중개대상물에 관한 확인·설명 및 손해배상책임의 보장에 관한 설명을 듣고, 같은 법 시행령 제21조제3항에 따른 본 확인·설명서와 같은 법 시행령 제24조제2항에 따른 손해배상책임 보장 증명서류(사본 또는 전자문서)를 수령합니다.

2021-12-14

매도인 (임대인)	주소	① 서울특별시 강서구 금낭화로11길 000, 401호(방화동,00쉐르빌)					
		②					
	생년월일	① 1966-01-23	전화	① 010-2345-5678	성명	① 김ㅇㅇ	
	생년월일	②		②		②	
매수인 (임차인)	주소	① 서울특별시 강서구 강서로18길 00, 301호(화곡동,00아트빌)					
		②					
	생년월일	① 1968-08-08	전화	① 010-1234-5678	성명	① 박ㅇㅇ	
	생년월일	②		②		②	
개업 공인중개사	등록번호	11500-2011-00028		성명 (대표자)	자필서명 하십시요.		
	사무소명칭	000공인중개사사무소		소속공인중개사	자필서명 하십시요.		
	사무소소재지	서울특별시 강서구 강서로29길 14 (화곡동)					
	전화번호	02-2694-1234					
개업 공인중개사	등록번호			성명	자필서명 하십시요.		
	사무소명칭			소속공인중개사	자필서명 하십시요.		
	사무소소재지						
	전화번호						

[그림 11-21] 서명·날인과 서명 또는 날인

확인·설명서의 서명과 날인은 공인중개사법 제25조 제4항에 의해 서명 및 날인 하도록 되어있어 서명과 날인을 다 하여야 한다. 계약서와 중개대상물 확인·설명서의 양식에 따라 "서명·날인"으로 되어 있을 경우, 가운데 점이 무슨 의미인가의 해석의 문제가 있을 수 있지만 공인중개사법에 따라야 한다. 당사자의 경우에는 서명이나 기명날인중 하나만 해도 되지만 서명과 날인을 다 받도록 한다. 중개사고가 발생할 경우 확인·설명서에 인장의 날인만 되어 있으면 당사자는 "중개사가 도장을 마음대로 찍었다. 나는 설명을 듣지 못했다"라고 우기게 되는 상황으로 갈 수 있기 때문이다.

임대차계약서 등의 작성과 유의점

1. 임대차계약서

임대차계약서의 경우 매매계약서와 구성이 다른 부분만 해설하기로 한다.

1) 건물면적과 임대할 부분의 면적

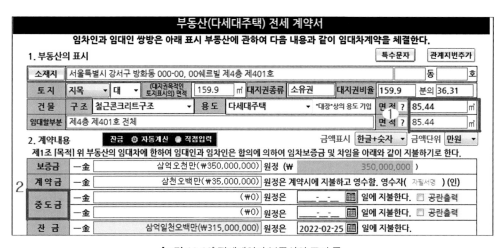

[그림 11-22] 전세계약서 부동산의 표시 등

① 건물면적은 집합건물의 경우 전용면적을 기재하고, 그 외 건물의 경우 연면적을 기재한다. 임대할 부분의 면적은 집합건물의 경우에도 방1칸만을 임대할 수 있기 때문에 실제 임대하는 부분의 면적을 기재한다. 집합건물로써 한 호수 전체를 임대하는 경우 "제○○호 전체"로 기재해 준다.

② 매매의 경우 중도금을 넣는 것이 관행이지만 임대차의 경우 당사자가 특별히 요구하는 경우 외에는 중도금을 넣지 않는다. 매매의 경우에는 잔금시가 되어 계약

을 이행하기 어려운 경우에도 일단 잔금을 치르고 취득 후 다시 매각하는 쪽으로 방향을 잡게 되면 금융비용과 취득세, 중개보수를 손해 보게 된다. 임대차의 경우에는 잔금을 치른 후 다시 임대차를 맞추어도 매매보다는 손실이 적게 된다. 이 외에도 여러 가지 이유를 생각해 볼 수 있지만 임대차를 매매보다 가볍게 보기 때문에 이런 중도금 관행이 생긴 것으로 판단된다. 개업 공인중개사의 판단하에 임대차의 경우에도 중도금을 조금이라도 지급해 해약사태를 미연에 방지할 필요가 있다면 중도금을 지급하도록 유도한다.

2) 임대차계약서 일반조항

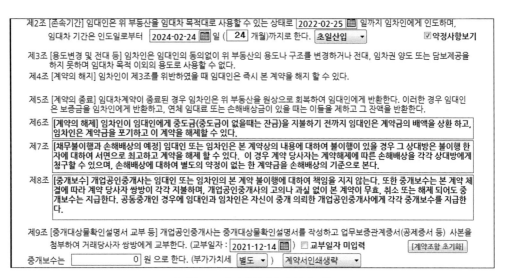

[그림 11-23] 임대차계약서 일반조항

제2조 부동산 임대차계약의 경우, 대부분 잔금을 지급하는 날에 입주한다. 또한 계약기간을 약정할 때 1년으로 할 것인지 2년으로 할 것인지만 협의를 할 뿐 계약의 초일이나 만기일의 날짜에 대해서는 따지지 않는다. 계약서 프로그램 또한 초일산입과 초일불산입 중 선택하도록 되어있다.

민법 제157조[212]는 초일불산입의 원칙을 채택하고 있다. 그러나 강행규정이 아니

---

212) 민법 제157조[기간의 기산점] 기간을 일, 주, 월, 또는 년으로 정한 때에는 기간의 초일은 산입하지 아니한다. 그러나 그 기간이 오전 0시로부터 시작하는 때에는 그러하지 아니하다.

기 때문에 당사자 간 합의가 우선하고 당사자들이 무관심하면 개업 공인중개사가 정하면 된다. 보통 초입불산입의 계약을 많이 하지만, 월세계약의 차임을 계산할 때에는 입주일도 월세 날자 계산에 포함시키므로 초일산입을 적용하고 있다고 봐야 한다. 전세의 경우에도 전세자금 대출을 받는 경우 해당 은행에서 초일을 산입하도록 요구하고 있다.

잔금일이 2021년 12월 15일이라면 초일산입의 경우 2021. 12. 15.~2023. 12. 14. 일까지가 2년이 되는 것이고, 초일불산입의 경우 2021. 12. 15.~2023. 12. 15. 일까지가 2년이 된다.

주택임대차계약에서 다툼이 되는 것은 만기일(계약기간 종료일)이다. 초일 하루를 서비스로 주는 것은 당사자가 문제로 삼지 않는다. 그러나 당사자 간 계약갱신청구권 행사 시점[213]을 놓고 분쟁이 있을 때에는 그 하루 차이로 적법한 갱신청구로써 인정되느냐 묵시적 갱신이 되느냐가 갈리게 된다. 계약서에 대한 내용확인 및 설명 시 초일을 산입했는지 불산입했는지 설명하기 바란다.

제3조 본 조항은 본 계약이 임대차계약이기 때문에 임대인의 동의 없이 임차인이 독자적으로 물리적 상태를 변경하거나 권리를 양도하지 못하도록 하여 임대차 목적 이외의 용도로 사용할 수 없도록 하는 의미를 담고 있다.

제4조 임차인이 제3조를 위반하였을 때에는 임대인이 계약의 효력을 장래에 향하여 실효시키는 해지를 할 수 있다는 내용이다.

제5조 임대차계약의 경우 계약이 종료된 경우 부동산을 원상회복하여 반환하여야 하지만 임대인이 요구하는 경우는 드물다. 그러나 임대인이 원상회복을 요구할 경우 설비나 인테리어업자, 철거업자에게 견적을 보고 그 견적금액만큼 보증금에서 공제하고 반환하게 된다.

---

213) 주택임대차보호법 제6조(계약의 갱신) ① 임대인이 임대차기간이 끝나기 6개월 전부터 2개월 전까지의 기간에 임차인에게 갱신거절(更新拒絶)의 통지를 하지 아니하거나 계약조건을 변경하지 아니하면 갱신하지 아니한다는 뜻의 통지를 하지 아니한 경우에는 그 기간이 끝난 때에 전 임대차와 동일한 조건으로 다시 임대차한 것으로 본다. 임차인이 임대차기간이 끝나기 2개월 전까지 통지하지 아니한 경우에도 또한 같다. [시행일 2020. 12. 10]]

3) 임대차계약서 특약사항

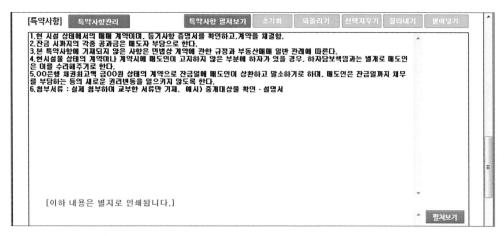

[그림 11-24] 임대차계약서 특약사항

---

1. 현 시설물 상태에서 임대차한다.

---

① 임대차의 경우에도 "현 시설물 상태에서 임대차한다."는 조항은 중요한 의미를 가진다. 별도로 약정된 사항을 빼고는 원칙적으로 현 시설물 상태의 계약임을 명확히 하여 추가적인 요구사항을 차단하는 것이다. 물론 이것이 임대인 편에 서서 계약하라는 의미는 아니다. 부동산을 임대차하는 경우 본 조항이 없다면 새로운 요구사항이 계속 등장할 수 있고 이것이 잔금 시까지 뿐만 아니라 그 이후에도 분쟁거리가 될 수 있기 때문이다.

---

2. 임대인은 임차인의 전세자금 대출에 협조키로 한다.

---

② 근 몇 년간 정부의 임차인 보호와 청년층, 신혼 세대의 주거 안정을 위해 전세자금대출이 상상 이상으로 많이 실행된 상태이다. 전세를 얻고자 부동산 중개사무실을 방문하는 고객의 90% 이상이 전세자금대출을 받아서 오는 실정이다. 임대인이 전세자금 대출에 협조한다는 의미는 일반 전세자금 대출로 예금통장의 첫 면을 복사해 제출하는 것으로 끝나는 경우가 있다. 또 한 경우는 강화된 경우로 대출은행에서 임차인의 보증금반환채권을 질권으로 잡고 대출을 해주기 때문에 채권이 양도되는

것과 같아 채무자(임대인의 보증금반환채무)에게 통지가 필요하다.

이 경우 등기우편을 통하여 질권설정 사실을 통지하거나 임대인에게 은행직원이 찾아와 직접 서명을 받는 경우가 있다. 이 경우 임대인이 통장사본을 제출하거나 은행으로부터 전화나 방문을 통하여 임대차 계약사실을 확인하고 질권을 설정해 대출하기 때문이 계약만기시 전세자금대출 부분은 은행으로 직접 상환해야 한다는 내용에 동의하는 것이다. 은행에서 방문까지 하는 경우는 동의서에 서명을 받아간다.

> 3. 현 근저당대출(중소기업은행, 채권최고액 금 360,000,000원, 2015.6.15.)은 공인중개사의 입회하에 잔금 일날 상환말소 접수키로 한다.

③ 임대차 목적물에 근저당 대출금이 있는 경우 잔금 시 상환한다는 내용의 계약서를 많이 작성하게 된다. 일반적으로는 이정도 문구로 충분할 수 있지만 까다롭거나 악의를 가진 당사자의 경우 계약서상 잔금 시까지 상환하도록 되어 있기 때문에 내출금 상환을 완료하면 잔금을 지급하겠다고 버티는 경우도 있다. 이런 경우를 대비해 본 조항에 잔금으로 근저당대출금을 상환한다는 내용을 넣는 것이다. 또한 잔금 일에 상환하여도 바로 말소되는 것이 아니고 등기사항전부증명서에서 말소되는 데에는 3~4일이 필요하기 때문에 접수까지로 표현하는 것이다.

> 4. 임차인은 입주민들의 민원대상이 되는 애완동물을 기르지 않기로 한다.

④ 애완동물도 임대차계약에서는 자주 문제가 된다. 임대인의 경우 애완동물이 주택을 망가트리고 주변 민원을 일으킨다는 이야기를 많이 듣기 때문에 대부분 애완동물을 키우겠다 하면 임대차계약을 거절하게 된다. 이 경우 개업 공인중개사의 지혜로운 절충안이 필요하다. 예를 들어 "임차인이 현재도 기르고 있지만 전혀 문제된 적이 없고 만일 주변으로부터 민원이 들어온다면 다른 곳으로 보내겠다."라고 하면서 원하시면 특약사항에 넣겠다고 하면서 부드럽게 넘어가야 한다.

2. 권리양도계약서

매매계약서나 임대차계약서는 특약사항에서 중요한 차이가 있고 계약서 양식이나 일반조항에는 큰 차이가 없지만 부동산권리 양도·양수 계약서는 중개대상물이 아닐 뿐만 아니라 내용에도 많은 차이가 있어 본 장에서 살펴본다.

1) 부동산의 표시

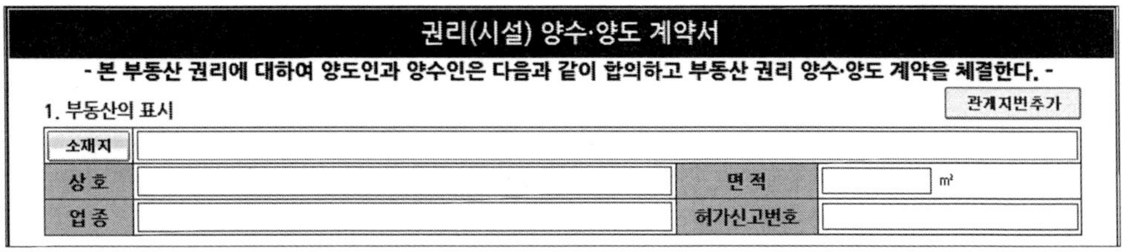
권리(시설) 양수·양도 계약서

- 본 부동산 권리에 대하여 양도인과 양수인은 다음과 같이 합의하고 부동산 권리 양수·양도 계약을 체결한다. -

1. 부동산의 표시 관계지번추가

소재지			
상호		면적	㎡
업종		허가신고번호	

[그림 11-25] 권리계약서 부동산의 표시

부동산권리 양도·양수 계약은 영업허가·신고와 영업시설 및 기존 영업으로 형성된 무형의 재산 양도를 내용으로 한다. 영업의 허가는 법령으로 금지가 되어있는 행위를 행정청에서 할 수 있도록 해주는 것을 말하지만 대물적 허가의 경우 승계가 가능하기 때문에 거래의 대상이 되는 것이다.

일반적으로 부동산권리 양도·양수 계약은 먼저 권리계약을 임대차계약이 성사되는 것을 조건으로 하여 체결한다. 다음으로 권리계약의 잔금 시 임대차계약을 양도인의 배석 하에 임대인과 양수인 간에 체결한다. 임대차계약이 체결되면 영업인허가 관청에 동행하여 영업허가·신고의 승계절차(승계에 필요한 교육이나 서류가 있을 수 있기 때문에 사전에 미리 알아보고 준비해야 한다)를 마무리 짓는다. 승계가 끝나면 세무서로 직행해 양도인의 사업자등록을 폐업하고 양수인의 사업자등록을 해야 한다. 개업 공인중개사는 권리계약에서 사업자등록까지 전 과정을 꿰뚫고 있어야 한다.

1번의 부동산의 표시에 상호, 업종과 허가(신고)번호가 들어가는 것은 대상물을 특정하는 의미도 있지만 권리 양도·양수 계약의 특성을 보여준다.

2) 계약 내용

2.계약내용

제1조 위 부동산에 대하여 권리양도인과 양수인은 합의에 의하며 다음과 같이 권리양수·양도 계약을 체결한다.

총 권리금	─金	원정(₩	)		
계 약 금	─金	원정은 계약시에 지불하고 영수함.	**영수자**		인
중 도 금	─金	원정은 년 월 일에 지불하며			
	─金	원정은 년 월 일에 지불한다.			
잔 금	─金	원정은 년 월 일에 지불한다.			
양도범위 (시설물 등)					

제2조) 양도인은 위 부동산을 권리 행사를 할 수 있는 상태로 하여 임대차계약 개시 전일까지 양수인에게 인도하며, 양도인은 임차권의 행사를 방해하는 제반사항을 제거하고, 잔금수령과 동시에 양수인이 즉시 영업 할 수 있도록 모든 시설 및 영업권을 포함 인도하여 주어야 한다. 다만, 약정을 달리한 경우에는 그러하지 아니하다.

제3조) 위 부동산에 관하여 발생한 수익의 귀속과 조세공과금 등의 부담은 위 부동산의 인도일을 기준으로 하여 그 이전까지는 양도인에게 그 이후의 것은 양수인에게 각각 귀속한다. 단, 지방세의 납부의무 및 납부책임은 지방세법의 규정에 따른다.

제4조) ① 양수인이 중도금(중도금약정이 없을 때는 잔금)을 지불하기 전까지 양도인은 계약금의 배액을 배상하고, 양수인은 계약금을 포기하고 본 계약을 해제할 수 있다.

② 양도인 또는 양수인이 본 계약상의 내용에 대하여 불이행이 있을 경우 그 상대방은 불이행한 자에 대하여 서면으로 최고하고 계약을 해제할 수 있다. 그리고 그 계약당사자는 계약해제에 따른 위약금을 각각 상대방에게 청구할 수 있으며, 계약금을 위약금의 기준으로 본다.

③ 양도인은 잔금지급일 전까지 소유자와 아래의 '임대차 계약내용'(소유자의 요구에 따라 변경될 수 있음)을 기준으로 소유자와 양수인간에 임대차계약이 체결되도록 최대한 노력하며, 임대차계약이 정상적으로 체결되지 못하거나 진행되지 못할 경우 본 권리양·수도 계약은 해제되고, 양도인이 수령한 계약금 및 중도금은 양수인에게 즉시 반환한다.

제5조) 중개업자는 계약 당사자간 채무불이행에 대해서 책임을 지지 않는다. 또한, 용역수수료는 본 계약의 체결과 동시에 양도인이 양도대금의 (   )%를 지불하며, 중개업자의 고의나 과실없이 계약당사자간의 사정으로 본 계약이 해제되어도 용역수수료를 지급한다. 단, 본 계약 제4조3항의 사안으로 인하여 계약이 해제되는 경우에는 수수료를 지불하지 아니한다.

[그림 11-26] 계약내용

총 권리금을 권리금과 보증금을 합한 의미로 해석하는 경우도 있지만, 이렇게 할 경우에는 특약사항에 총 권리금에 포함되는 내용을 명확히 하여야 한다. 될 수 있으면 총 권리금은 권리금만의 의미로 해석하여 기재하고 이 경우에도 보증금과 별도임을 특약사항에 명시하여 추후 분쟁의 가능성을 막아야 한다.

계약금의 비율은 일반 부동산계약과 달리 20% 이상을 지급하고 있다. 권리금이 임대차 보증금에 비해 소액일 경우에는 계약금 비율을 더 높여 변심의 가능성을 줄이려는 경향이 있다. 물론 권리금 금액이 클 경우에는 10%만 계약금으로 지급하는 경우 잔금까지의 기간은 보통 7일~30일을 잡는다. 양도자가 특별히 정리해야 할 일이 많지 않은 소상공인 영업의 경우에는 될 수 있으면 짧게 잡고, 정리해야 할 업무가 많고 직원들의 고용관계도 복잡한 양도자의 경우에는 30일 이상을 잡는 경우도 있다.

영업허가·신고의 승계 여부는 개업 공인중개사가 계약 직전 관할관청에 확인하고 계약서상 명확히 하여야 한다. 시설물의 양도범위는 영업 중인 시설 전체를 범위로 하지만 개인적인 물품이나 시설은 제외한다. 양도자에게 먼저 제외시킬 시설이나 물건을 물어 그 내용을 바탕으로 양수자에게 동의를 구해야 한다.

3) 양도·양수할 대상 물건의 임대차 계약 내용

3. 양도·양수할 대상 물건의 임대차 계약내용					
소유자 인적사항	성 명		연락처		
	주 소				
임대차 관 계	임차보증금		월차임	金	원(₩)
	계약기간				
특약사항					

본 계약에 대하여 양도인과 양수인은 이의 없음을 확인하고 각자 서명·날인 후 양도인, 양수인, 공인중개사가 각 1통씩 보관한다.

년   월   일

[그림 11-27] 양도·양수할 임대차 내용

주의사항: 최근 공인중개사의 상가권리금계약이 행정사법 위반이라는 판결(수원지방법원 성남지원 2022. 11. 11. 선고 2022고단577 판결)이 있었다. 2015년 당시 행정자치부의 유권해석도 있었던 관계로 공인중개사법 개정이 있기 전까지는 상가권리금계약시 계약서 작성을 행정사에게 의뢰하거나 직거래하도록 유도하여야 한다.

문제가 가장 많이 되는 내용은 권리계약 후 임대차계약을 할 때 임대인이 보증금이나 월세를 올려버리는 경우이다. 이러한 경우를 대비해 권리계약시 계약서상 임대인이 요구하는 임대차 조건이 현임대차 내용과 다를 때 어떻게 할 것인가를 권리계약서에 명시하여야 한다. 양수인의 경우 월세가 어느 정도 오를 것으로 예상하는 경우가 많기 때문에 "월차임의 변경이 있는 경우 양수인이 권리계약의 유지 여부를 결정하고 양수인이 해약을 원할 경우 수령한 권리금은 조건 없이 반환하고 본 계약을 무효로 한다."는 특약을 넣어 해결한다. 경우에 따라 임대인이 보증금 인상을 요구하는 경우도 있다. 이 경우에도 위 특약을 따르거나 보증금 인상분만큼 권리금을 깎거나, 인상된 보증금의 50%만 권리금을 깎고 나머지 50%는 양수인이 추가 부담하여 계약 만료 시 보증금을 반환받아 회수하는 방법도 이용되고 있다. 상황에 따라 중개사가 창의적인 절충안을 제시해주어야 한다. 권리 양도·양수계약의 경우 다른 부동산 계약보다 금액변동의 폭이 크고 탄력적이라는 것을 염두에 두고 접근해야 한다.

제12장

특약사항 해설
(계약서의 핵심)

개업 공인중개사의 계약서 작성

1. 사인(私人)간의 계약서 작성

　근대 민법의 3대 원칙[214] 중 하나인 계약자유의 원칙은 당사자가 자유롭게 선택한 상대방과 그 법률관계의 내용을 자유롭게 합의하고, 법이 그 합의를 법적 구속력 있는 것으로 승인하는 원칙을 말한다.

　민법 제563조에 매매는 당사자 일방이 재산권을 상대방에게 이전할 것을 약정하고 상대방이 그 대금을 지급할 것을 약정함으로써 그 효력이 생긴다고 규정되어 있다. 즉 부동산 계약은 민법상 사인간의 계약으로 낙성계약이고 불요식계약이라는 의미이며 거래의 주된 내용만 합의되면 계약으로써 유효하다는 것이다. 그러나 대부분의 다른 계약과는 달리 부동산의 계약에 있어서는 다음의 특성이 있다.

1) 관행적으로 시장에 유통되고 있는 계약서 양식을 사용하여 계약한다.
2) 부동산 거래신고 시 필수적으로 기입해야 하는 내용이 있고, 소유권이전등기 시 신고필증과 매매계약서의 내용이 일치해야 하기 때문에 일정한 형식에따라 계약서를 작성한다.
3) 다른 계약과는 달리 관행석으로 계약금을 지불한다.[215] 또한 계약금이 지불 되어야 계약이 성립되는 것으로 생각한다. 계약금의 법적성질.[216]에 대한 학설 대립이 있다.

---

[214] 소유권 절대의 원칙, 계약자유의 원칙, 과실책임의 원칙
[215] 학계에서는 이를 계약금계약이라는 용어를 사용하며 그 성격에 대해서는 학설이 나뉜다.
[216] 계약금의 성질에 대하여는 다양한 논쟁이 있지만 "계약금의 교부를 주된 계약과 독립된 별개의 '계약금계약'으로 보거나 이를 '요물계약' 또는 '낙성계약'으로 파악하는 논쟁은 계약금을 해약금으로 추정하는 민법 제565조 제1항의 해석, 거래현실, 당사자의 의사에 비추어 불필요한 것으로 보인다."는 정상현, 계약금 교부의 법적 성질 재검토, 성균관법학 제29권 제4호, 성균관대학교 법학연구원, 2017, p.269의 학설도 있다.

즉 주된 계약은 무엇을 팔겠다는 약정과 그 대가로 금 ○○억 원을 지급하겠다고 약정만 하면 구두(口頭)상 약정이건, 문자로 된 약정이건 계약이 성립된다는 의미이다. 사인간의 직거래계약은 계약자유의원칙, 낙성계약의 원칙217), 불요식계약218)이기 때문에 현실적인 제약이 있기는 하지만 계약의 목적물, 매매대금액, 당사자 확정, 대금 지급일 정도만 확정되면 계약이 유효한 것이 된다. 그러나 다음의 개업 공인중개사가 작성하는 거래계약서는 공인중개사법에서 일정한 방식과 기재사항이 들어가도록 요구하고 있다.

2. 개업 공인중개사의 계약서 작성

공인중개사법 시행령 제22조(거래계약서 등) ①법 제26조제1항의 규정에 따른 거래계약서에는 다음 각 호의 사항을 기재하여야 한다.

1) 거래당사자의 인적 사항
2) 물건의 표시
3) 계약일
4) 거래금액·계약금액 및 그 지급일자 등 지급에 관한 사항
5) 물건의 인도일시
6) 권리이전의 내용
7) 계약의 조건이나 기한이 있는 경우에는 그 조건 또는 기한
8) 중개대상물확인·설명서 교부일자
9) 그 밖의 약정내용

공인중개사법 시행령상 필수적 기재사항 중 1)번에서 7)번까지는 일반 부동산 매매계약서 양식에 기본적으로 들어가 있다. 그러나 8)번의 경우는 개업 공인중개사가 사용하는 계약서 양식에만 들어가 있는 내용이다. 개업 공인중개사들이 개인적으로 제작하여 계약서 양식을 사용하지 않는 한 크게 신경 쓰지 않아도 되는 내용이다.

---

217) 당사자의 합의만으로 성립하는 계약
218) 계약의 성립에 일정한 방식을 요구하지 않는 계약

부동산 계약을 문서로 작성해야 하는 주된 이유는 다음과 같다.

첫째, 계약 내용을 확실하게 하기 위하여 문서로 명확히 한다.

둘째, 계약 내용의 이행완료 시까지 시기별로 각 당사자가 해야 할 의무사항을 문서로 정하여 망각하지 않고 준수하기 위하여 정한다.

셋째, 현 상태에서의 문제점과 해결방안, 발생 가능한 문제에 대하여 그런 문제가 발생했을 경우에는 어떻게 할 것인지의 합의사항 등의 내용을 계약 시에 문자로 분명히 하여 추후 분쟁을 방지하기 위해서다.

위 셋째의 경우는 계약서상 특약사항에 기재하게 된다. 특약사항은 계약의 종류, 당사자의 요구사항, 당사자의 계약환경에 따라 다르기 때문에 원칙적으로 계약서마다 다 다르다고 봐야 한다. 계약으로 발생 가능한 문제는 개업 공인중개사의 판단, 각 당사자의 요구사항 중 가능성 있는 주요 문제를 사전에 차단하거나, 발생했을 경우의 책임 문제를 문장으로 분명히 해야 한다. 그렇기 때문에 개업 공인중개사의 협상능력과 조정능력이 집중적으로 드러나는 부분이라 할 수 있는 것이다.

이에 본 장에서는 계약서의 종류별로 일반적인 특약사항 내용과 그 계약의 특성에 비추어 반드시 짚고 넘어가야 하는 이유를 중심으로 기술한다.

계약서상 특약사항

거래계약서에서 특약사항은 계약시점의 분쟁거리나 쟁점이 되었던 사항의 합의내용을 명확히 하기 위하여 적거나, 계약이후 발생할 가능성이 있는 문제에 대하여 그러한 문제가 발생할 경우 어떻게 처리할 것인가에 대한 책임관계를 분명히 하여 미래의 분쟁을 사전에 정리하는 기능이 있다. 다음의 표는 특약사항 관련 내용을 찾기 쉽도록 표로 구성한 것이다.

〈표 12-1〉 특약사항 쉽게 찾기

특약사항 쉽게 찾기		
주택매매	1	가계약금 반환
	2	가계약금의 위약금
	3	결로현상으로 인한 곰팡이 문제
	4	계약금중 일부 지급 계약
	5	고지하지 않은 하자
	6	공과금 책임
	7	근저당권의 상환·말소
	8	노후건물 매매
	9	매도인의 진위여부가 의심될 때
	10	매도인이 임차인으로 바뀌는 경우
	11	면적 차이
	12	명의신탁의 매매대금 입금계좌
	13	미성년자와의 계약

	14	상속인과의 매매계약
	15	새로운 권리변동 금지
	16	선수관리예치금 /장기수선충당금
	17	옵션
	18	외국인, 비거주자의양도소득세
	19	위반건축물의 매매
	20	일반관례 적용
	21	임대차관계 승계
	22	임차인 명도 책임
	23	전세조건 매매계약
	24	주민등록 이전 협조
	25	준공검사 前 계약
	26	지급기일 前 중도금 지급
	27	지상물 포함 계약
	28	첨부서류
	29	치유 불가능한 권리제한사유
	30	현 시설·권리상태의 계약
주택 임대차	1	개업 공인중개사의 위임계약
	2	공동상속인과의 계약
	3	대리계약시 대리인 연대책임
	4	보증금 반환 연대책임
	5	보증금의 위험성 고지
	6	신탁등기 부동산의 계약
	7	쓰레기 분리배출
	8	애완(반려)동물
	9	원상회복 의무
	10	임대인 시공 도배·장판
	11	임대인의 열쇠 임의교체
	12	임대차 일반 관례
	13	임차인 명도 불이행 책임

	14	임차인의 명도 책임
	15	임차인의 만기 前 이사
	16	잔금일 앞당기기
	17	잔금 전 임차인의 도배 등
	18	전세자금 대출 협조
	19	합의하의 옵션 철거
	20	현 상태의 임대차 면적
	21	현 시설물 상태
건물매매	1	건물분 부가세
	2	건축도면 확인
	3	누수확인
	4	사업의 포괄적 양도·양수
	5	소방 / 방염 필증
	6	신축 목적 건물 매매
	7	위반건축물
	8	임대차 목록
	9	전기용량
	10	지하 피난계단
	11	하수도 원인자 부담금
건물 임대차 · 권리계약	1	가맹점 승계계약
	2	경업 금지의무
	3	계약기간 10년
	4	관리비/주차/학교정화구역/직통계단
	5	관리비의 부가세
	6	동일업종 임대차 금지
	7	렌트프리(신축, 인테리어 공사기간)
	8	상가건물 임대차분쟁조정위원회
	9	상가임대차 일반관례
	10	실사용 면적
	11	양도양수 시설·물품 목록

	12	영업가능 조건부 계약
	13	영업자 지위 승계
	14	영업허가 책임
	15	원상회복 포함 시설
	16	위반건축물 있는 건물의임대차
	17	유흥주점, 단란주점의영업허가 양도·양수 및 이전
	18	유흥주점, 단란주점건물 매매 시 주의사항
	19	임대인의 건물 수선
	20	임대차 목적 외 사용 금지
	21	임대차계약 조건 권리계약
	22	임차인 설치 시설물의 민원
	23	임차인 업종 변경
	24	임차인의 소방 / 화재보험가입
	25	잔금 전까지의 치유 불가능한하자
	26	재고물품 별도
	27	정화조 용량
	28	해약 시 중개보수
토지매매	1	개발행위 책임
	2	계약금의 개업 공인중개사보관
	3	계약면적의 증감 시 정산
	4	공부(대장)상 면적 기준
	5	분묘기지권
	6	지상 수목 등 일체 포함
	7	토지거래 허가구역
	8	현 상태대로의 계약
건축부지 매매	1	감정평가 /석면조사
	2	매수인 명의 추가 / 변경
	3	여러 필지의 동시 계약
	4	임대차계약서 사본 교부
	5	임차인 명도책임

	6	잔금 전 매도자 명의의건축허가
	7	정화조 영수증, 공과금정산
	8	지반조사 협조
	9	현 상태의 계약
재건축 · 재개발	1	도정법 설명고지서
	2	매매대상 물건의 특정
	3	매수인 별도 부담금
	4	무허가 건물대장
	5	옵션 인수 및 대금 지급
	6	이주비 공제
	7	이주비 등 승계 / 상환
	8	잔금 시 이주비 공제
	9	재개발 단계 고지의무
	10	제세공과금 완납 증명서제출
	11	조합원 입주권(분양권)매매
	12	조합원 자격 책임
	13	종전 토지면적
	14	청산금 수령·납부 기준일
	15	평가금액 / 이주비

1. 주택 매매

1) 가계약금 반환

금일 계좌이체한 가계약금은 2022년 ○월 ○일 ○○시까지 정식계약이 체결되지 않을 경우 수령한 금액은 조건 없이 반환하고 상호 어떠한 책임도 묻지 않기로 한다.

2) 가계약금의 위약금

매도인이 약정된 정식계약일 전에 본계약을 거절하는 경우 수령한 가계약금의 배액을 상환하고, 매수인이 거절하는 경우 지급한 금액은 매도인이 이를 몰취한다.

계약의 당사자가 원해서 가계약을 한 경우나 개업 공인중개사가 유도해서 가계약한 경우에도 분쟁의 소지는 사전에 차단해야 한다. 위 두 경우로 나누어 상황에 따라 뒤처리를 어떻게 할지 개업 공인중개사가 나서서 분명히 해야 한다. 가계약의 경우에도 문자나 카톡으로 기본적인 계약 내용에 동의함을 증거로 남겨야 한다.

3) 결로현상으로 인한 곰팡이 문제
안방의 장롱 우측 옆쪽에 결로현상으로 인한 곰팡이가 발견된 바, 매수자도 이것이 결로현상임을 확인하였고 매수자가 이에 대하여 수인하기로 함.

▷ 결로현상은 건축물을 확장하거나 단열재를 제대로 시공하지 않은 부위에서 많이 발생한다. 겨울철이 되면 실외와 실내의 온도 차이에 의해 유리창에 습기가 차듯이 건물내벽에 습기가 차고 벽지에 배어있는 상태에서 따뜻한 실내온도로 인해 곰팡이 균이 번식하는 것이다. 결로현상이 있는 내벽의 경우 방습지를 먼저 시공하고 그 위에 벽지를 시공하지만 방습지 안쪽으로 곰팡이가 다시 번식하면 곰팡이 냄새가 나게 된다. 아파트처럼 큰 건물은 단열재를 내부에 시공하는 내단열을 하게 되고, 빌라처럼 작은 건물은 단열재를 외벽에 대는 외단열을 하게 된다. 구체적인 시공방식에 대한 설명까지는 요하지 않지만 개업 공인중개사의 입장에서는 결로현상이 있음을 고지하고 계약서나 확인·설명서에 기재하여야 한다. 미기재나 부실기재의 경우 영업정지나 손해배상의 사례들이 있다.

4) 계약금 중 일부지급 계약
계약금 금 ○원 중 계약일에 금 ○원을 계약금의 일부조로 지급하고 계약금의 나머지 금 ○원은 2022년 0월 0일 계좌이체하여 지급하기로 한다.

▷ 개업 공인중개사로서 일하다 보면 고객이 계약을 하고 싶어 하지만 계약금이 당장 일부밖에 준비되어있지 못한 고객이 있다. 이런 경우 일단 계약금중 일부만 당일 지급하고 나머지는 가능한 일자에 계좌이체하여 지급하는 계약을 하면 된다.

5) 고지하지 않은 하자
현 시설물 상태의 계약이나 계약시에 매도인이 고지하지 않은 부분에 중대한 하자가 잔금 전까지 발견된 경우, 하자담보책임과는 별개로 매도인은 이를 수리해주기로 한다.

부동산의 매매는 특정물로서 민법 제580조[219]의 하자담보책임이 적용된다. 민법 제580조의 경우 매수인의 선의·무과실만 보호하기 때문에 선의·무과실을 입증하는 또 다른 문제를 낳게 된다. 이러한 문제를 해결하기 위해 개업 공인중개사가 중대한 하자를 알았다면 먼저 매도인에게 책임을 지워 해결하게 하여야 한다. 차선책으로 개업 공인중개사는 물건에 하자가 있다면 계약 전에 하자를 밝혀 그 하자로 인한 가치하락 부분만큼 매매금액에 반영하면 된다. 그리고 마지막으로 현재는 관찰되지 않지만 숨은 하자가 잔금 전에 발견될 경우 매도자에게 하자보수책임을 지운다. 이렇게 계약서상 고지된 하자는 매수인이 알고 있는 사실(악의)이 되기 때문에 손해배상의 대상이 되지 않고 개업 공인중개사도 책임질 일이 없어지는 것이다.

6) 공과금 책임

잔금 시까지의 각종 공과금은 매도자 부담으로 한다.

대부분 고객들은 당연하다고 생각하지만 특이한 고객들이 가끔 있다. "그까짓 공과금 얼마나 된다고 중개사가 책임지고 해주면 되지" 이렇게 말만 던져놓고 잔금 때가 되면 "그때 중개사가 책임진다고 하지 않았느냐?" 황당하겠지만 그런 일이 있을 수 있다. 가장 기본적인 것일수록 더 명확히 하고 가야 한다.

7) 근저당권 상환·말소

현 근저당(채권최고액 금 000,000,000원정, ○○은행, 설정일 2020.1.2.) 설정상태의 계약으로 잔금일에 잔금으로 개업 공인중개사의 입회하에 매도인이 상환하고 말소접수 하기로 한다.

매매의 경우는 흔하지 않지만 임대차의 경우 임대인이 전세보증금을 수령한 후 근저당권을 상환·말소하지 않아 중개사고가 발생하는 경우가 종종 있다. 은행에 따라 근저당 채무자가 은행에 방문해 서명하고 말소하도록 하고 있는 은행도 있다. 매수자의 입장에서는 매매대금을 다 치렀기 때문에 근저당대출금의 상환·말소를 직접 확인하고 싶어 한다. 매수자 측 법무사나 개업 공인중개사가 상환·말소를 입회하여 확인해 주는 서비스까지 해야 서로 깔끔하게 마무리가 되는 것이다. 본 특약에 잔금으

---

219) 제580조(매도인의 하자담보책임) ①매매의 목적물에 하자가 있는 때에는 제575조제1항의 규정을 준용한다. 그러나 매수인이 하자있는 것을 알았거나 과실로 인하여 이를 알지 못한 때에는 그러하지 아니하다.

로 상환·말소 접수하는 것으로 하는 것은 특약을 "매도인은 잔금 시까지 현 근저당대출을 상환한다."로 할 경우 매수인이 대출금을 상환하고 오면 잔금을 치루겠다고 고집을 부리는 경우가 있기 때문이다.

8) 노후건물 매매
본 매매대금은 건물의 노후도를 감안한 금액이므로 건물의 노후로 인한 누수 등 중요한 하자 발생 시 잔금 일을 기준으로 그 이전은 매도인이 보수공사를 하고 잔금일 이후는 매수인이 책임지기로 한다.

노후건축물의 경우 개업 공인중개사와 매수자가 아무리 꼼꼼히 살펴도 계속 문제가 발생하게 되어있다. 매도자는 좋은 가격을 받기 위해 건축물의 하자를 밝히기를 꺼려 한다. 때문에 노후건축물을 눈에 보이는 몇 가지만 기재해 거래하다 보면 잔금 이후에도 계속 개업 공인중개사를 괴롭히는 일이 발생한다. 이런 일을 원천적으로 차단하기 위해서는 분명한 하자를 다 기재하는 것도 중요하지만 발견하지 못한 하자가 추후 드러났을 때 어떻게 할 것인지를 계약서에 기재해야 한다. 매매금액이 노후도를 감안하여 충분히 조정된 금액이라면 현재 문제이건 장래 발생가능한 문제이건 제기하지 못하도록 특약으로 명시해야 한다. 당연히 잔금 전 문제가 발생했다면 매도자가 해결해줘야 한다.

9) 매도인의 진위 여부가 의심될 때
매수인은 매도인의 등기권리증 및 주민등록진위확인을 한 후 매도자의 주민등록번호가 전체 공개된 등기사항전부증명서를 수령하고 계약한다.

매도자가 물건을 내놓았는데 실권리자인지 의심스러울 때가 있다. 이때는 매수자가 불안해 할 수도 있지만 개업 공인중개사의 입장에서도 확실히 확인하고 넘어가야 한다. 매매계약 시 등기권리증을 지참하도록 하고 주민등록증의 진위[220]를 확인해야 한다. 주민등록증의 진위가 확인되었다면 대법원 등기사항전부증명서의 열람 시 주민등록번호가 공개되도록 열람하여 출력해 매수자에게 제시한다.

---

[220] 주민등록증 진위확인: 정부24 https://www.gov.kr / 운전면허증 진위확인: 경찰서 교통민원24 https://www.efine.go.kr/main/main.do

10) 매도인이 임차인으로 바뀌는 경우

  잔금과 동시에 매도인은 보증금 금 ○원정으로 하는 2년 전세임대차계약을 매수인과 체결하기로 하며 전세보증금 금 ○원은 전세보증금조로 매매잔금에서 공제하고 지급한다.

  부동산의 매매 시 매도인이 부동산을 매도하기는 하지만 사정에 의해 임차인으로 남아있기를 원하는 경우가 있다. 또는 세금문제로 소유권을 먼저 이전하거나, 이사일정의 불일치로 명도가 늦어지는 경우 매매대금의 일부를 임대차보증금으로 남겨놓고 소유권을 이전하기도 한다. 이 경우 잔금 시 임대차계약서를 작성해 주어야 한다.

11) 면적 차이

  대지, 건물면적은 공부(대장)상 기준으로 한 매매이며, 향후 실측면적과 차이가 있더라도 매수인 및 매도인은 일체의 이의를 제기하지 않기로 한다.

  도시지역에서 부동산은 대부분 공부상 면적과 실면적이 일치한다. 그러나 건물면적과 대지권이 일체로 표기되어 있는 집합건물이 아닌 부동산을 매매하는 경우 그 면적이 불일치하는 경우가 있고 계약 시 어떻게 처리할지 명확히 하지 않으면 당사자 간 금액의 조정을 요구하는 상황으로 갈 수 있다. 다행히 금액조정을 합의하면 문제없지만 합의가 되지 않으면 그 파편이 개업 공인중개사에게 튈 수 있다. 손해를 보는 당사자는 개업 공인중개사에게 책임을 묻게 되는 상황으로 가는 것이다. 이런 문제가 생길 가능성이 있기 때문에 본 특약이 필요한 것이다.

12) 명의신탁의 매매대금 입금계좌

  1. 등기명의인 박○○과 그 대리인 김○○은 본 부동산의 매수인에 대한 소유권이전등기의무 및 손해배상책임에 관하여 연대하여 책임을 진다.
  2. 계약금, 중도금, 잔금은 대리인 ○○○의 계좌(○○은행 000-000-000 김○○)로 입금키로 한다.

  부동산의 명의신탁은 특별한 경우 외는 불법이지만 그 여부는 논외로 하고 명의자와 실권리자가 다른 경우 세 가지 방법이 있다. 가능한 방법으로 계약한다.

첫째, 명의자와 실권리자를 계약장에 다 참여시켜 명의자와 실권리자인 대리인의 서명날인을 받는다. 본 특약이 이 경우 필요한 특약사항이다.

둘째, 실권리자인 대리인이 등기필증을 지참하고 명의인의 위임장, 인감증명서를 가져오게 해 실권리자가 대리인으로 계약하게 한다.

셋째, 실권리자가 대리인으로 계약하고 명의자와 유선통화(휴대폰은 사전에 약속하면 확인이 어려우므로, 집전화나 직장전화)를 통하여 본인의 주민등록번호, 주소, 계약에 대한 위임 사실을 확인하고, 추후 개업 공인중개사사무실을 방문하여 서명하게 하거나 ○○○○년 ○○월 ○○일까지 위임장과 인감증명서, 등기필증을 제출하도록 한다.

13) 미성년자와의 계약

본 계약은 미성년자인 매도(임대)인이 등기필증, 가족관계증명서, 법정대리인의 인감증명서가 첨부된 동의서를 확인 후 계약하며 각 사본은 개업 공인중개사가 보관한다.

미성년자와 계약하는 경우와 미성년자의 법정대리인이 계약하는 두 경우가 있을 수 있다. 법정대리인이 참석하여 계약하는 경우에는 가족관계증명서, 신분증, 등기필증을 확인 후 계약한다. 미성년자와 직접 계약하는 경우에는 위 특약을 기재한다. 그러나 법정대리인과 계약하는 경우에는 법정대리인을 대리인으로 하여 계약할 수 있다[221].

14) 상속인과의 매매계약

본 매매계약의 상속인은 피상속인의 유일한 상속인임을 확인하였으나 추후 공동상속인이 있어 본 매매에 동의하지 않을 경우 본 계약을 무효로 하고 수령한 금액은 조건 없이 반환한다. 잔금일에 매도인은 매도인 앞으로의 상속등기에 필요한 일체의 서류와 매매로 인한 소유권 이전등기에 필요한 일체의 서류를 매수인이 지정하는 법무사에게 제출하기로 한다.

상속의 효력은 피상속인의 사망과 동시에 발생하기 때문에 상속권자와 계약을 하는 것에는 문제가 없다. 단, 상속등기 후 소유권을 이전해야 하기 때문에 상속등기를 매수인의 법무사에게 위임하고 상속등기의 바로 후순위로 동시에 소유권 이전등기를 하게 되는 것이다.

---

[221] 민법 제920조(자의 재산에 관한 친권자의 대리권) 법정대리인인 친권자는 자의 재산에 관한 법률행위에 대하여 그 자를 대리한다. 그러나 그 자의 행위를 목적으로 하는 채무를 부담할 경우에는 본인의 동의를 얻어야 한다.

개업 공인중개사의 입장에서는 가족관계증명서와 제적등본을 발급받아 오도록 하여 유일한 상속인인지 아니면 합의된 상속인의 대표인지 등의 문제를 서류를 통하여 확인하여야 한다. 상속인이 여러 명 있는데 일부 상속인이 급전이 필요하여 일단 계약을 하고 본인이 책임지겠다고 하여 계약금을 지급하게 되면 대형 중개사고로 이어질 수 있다. 개업 공인중개사가 상속문제에 대하여 전문지식이 없다면 법무사나 변호사의 자문을 받아 계약하기 바란다.

15) 새로운 권리 변동 금지

매도인은 잔금일까지 채무를 부담하는 등의 새로운 권리변동을 일으키지 않기로 한다.

부동산 매매계약의 경우 대부분 현 시설·권리상태의 계약이기 때문에 계약금이 교부된 이후 새로운 권리변동을 일으키면 안 된다. 이미 계약금이 교부되고 경우에 따라 중도금까지 넘어간 상황에서 매수자의 양해도 없이 새로운 권리변동을 일으킨다는 것은 계약의 이행이 위험해졌다는 신호일 수도 있다. 매수자나 개업 공인중개사의 입장에서는 원칙적으로 금지하는 것이 계약 내용의 원만한 이행을 위해 필요한 특약인 것이다.

16) 선수관리비예치금 / 장기수선충당금

선수관리비예치금은 잔금일에 관리사무소에서 매도인이 반환받으며, 장기수선충당유지금은 매도인이 현 임차인에게 반환한다.

선수관리비예치금은 관리비의 미납에 대비한 보증금의 성격이 있으며 납부의무자는 주택의 소유자이다. 매도자가 주택의 소유권을 이전하게 되면 관리비 미납금등을 정산하고 관리사무소에서 반환받게 된다.[222] 매수인의 입장에서는 선수관리비예치금을 관리사무소에 새로 납부해야 하기 때문에 각자 알아서 찾아가고 납부하거나 관리사무소에 문의하여 매도자와 매수자가 상계갈음처리 할 수도 있다.

---

[222] **공동주택관리법 제24조(관리비예치금)**
① 관리주체는 해당 공동주택의 공용부분의 관리 및 운영 등에 필요한 경비(이하 "관리비예치금"이라 한다)를 공동주택의 소유자로부터 징수할 수 있다.
② 관리주체는 소유자가 공동주택의 소유권을 상실한 경우에는 제1항에 따라 징수한 관리비예치금을 반환하여야 한다. 다만, 소유자가 관리비·사용료 및 장기수선충당금 등을 미납한 때에는 관리비예치금에서 정산한 후 그 잔액을 반환할 수 있다.

장기수선충당금[223]은 소유자가 자신의 부동산가치를 보존 및 증진하기 위하여 매월 정립하는 비용으로 나중에 다시 회수할 수 있는 비용이 아니다. 납부의무자가 소유주이지만 부동산을 임대차한 경우 통상 아파트관리비(장기수선충당금 포함)에 포함하여 징수하기 때문에 임차인이 부담하고 계약만기로 퇴거 시 임대인으로부터 반환받게 되는 것이다. 소유권이 이전될 경우 그 전은 매도자가 부담하고 그 후는 매수자가 부담하게 된다.

장기수선충당금의 경우 공동주택관리법의 규정사항으로 임대인과 임차인이 장기수선충당금의 납부주체를 달리 약정한 경우 그에 따르게 된다. 그러므로 임대차관계를 승계 시 특약내용을 잘 살펴 매도자에게 반환 의무가 있는지 확인하여야 한다.

17) 옵션

분양 시 옵션(붙박이장, 시스템에어컨, 공기정화기, 가스레인지)은 매매대금에 포함된 것으로 매수인에게 현 상태대로 인계한다.

옵션은 기본적으로 건축업자가 부동산의 상용에 필요하기 때문에 부동산에 부속하게 한 것으로 종물에 속하고 주물인 부동산의 처분에 따르게 되어있다[224]. 매매과정에서 주로 문제가 되는 것은 매도자가 옵션을 가져가 버리는 경우이다. 필요하기 때문이겠지만 잔금 시 매수자와 분쟁거리가 될 수 있기 때문에 계약 시 옵션 품목을 명확히 계약서에 기재하여 분쟁의 가능성을 없애야 한다.

18) 외국인, 비거주자의 양도소득세

매도자는 잔금 전 양도소득세를 납부하고 부동산 양도신고확인서를 잔금시 양도서류와 함께 매수자에게 제출하여야 한다.

양도인이 외국인이거나 비거주자인 경우 양도소득세의 납부 없이 출국해버리면 국세청 입장에서는 세금 징수에 어려움을 겪게 된다. 이를 막기 위하여 매수자가 법

---

223) **공동주택관리법 제30조(장기수선충당금의 적립)**
① 관리주체는 장기수선계획에 따라 공동주택의 주요 시설의 교체 및 보수에 필요한 장기수선충당금을 해당 주택의 소유자로부터 징수하여 적립하여야 한다.
224) 민법 제100조(주물, 종물)
① 물건의 소유자가 그 물건의 상용에 공하기 위하여 자기소유인 다른 물건을 이에 부속하게 한 때에는 그 부속물은 종물이다.
② 종물은 주물의 처분에 따른다.

인인 경우 양도소득세를 원천징수하여 잔금에서 빼고 지급하도록 하고 있고, 2020년 7월 1일 이후 양도분부터는 재외국민이 부동산 매도용으로 인감증명서를 발급받으려면 양도소득세를 선납해야 한다. 매도자가 부동산 등 양도신고확인서를 작성하여 확인서에 세무서의 도장을 받아 소유권이전서류에 첨부하여야 소유권이전등기를 할 수 있게 되어있다[225]. 이 경우 법무사가 필요서류를 사전에 준비하도록 통지해준다.

매도자는 출입국사실에 관한 증명서와 양도소득세신고서를 함께 첨부하여 세무서에 제출하여 세무서 담당직원의 도장을 받을 수가 있다.

또한 개업 공인중개사는 매도자가 외국인이거나 비거주자[226]인 경우 양도소득세의 비과세가 없다는 점과 잔금 전에 사전 납부해야 한다는 점을 고지하고 특약란에 기재해줘야 한다.

19) 위반건축물의 매매

공부상 다중주택[227]이나 현황상 다가구주택으로 이용하고 있는 상태의 계약임을 매수자가 인지하고 수용하는 계약이다. 그 철거 여부, 하자 치유 여부는 전적으로 매수자의 책임으로 하며 이에 대하여 추후 매도자 및 개업 공인중개사에게 일체의 책임을 묻지 않기로 한다.

위 경우뿐만 아니라 공부상 근린생활시설이나 현황상 주거용으로 사용하고 있는 경우, 베란다나 테라스 불법 확장으로 인하여 위반건축물임이 분명한 주택인 경우, 결로현상이 발견된 경우 등도 그 하자 치유나 책임 및 승계 여부를 계약서상 분명히 해야 추후 개업 공인중개사가 다치지 않는다. 또한 위반이 있는 경우 매도자가 그 사실을 숨기지 않는 이상 그 하자가 매매가에 반영되어 있다고 봐야 한다. 이와 관련하여 계약서상 위반건축물 문제가 특약에 기재되었을 때 계약서가 관공서에 제출되어

---

225) 소득세법 제108조(재외국민과 외국인의 부동산등 양도신고확인서의 제출) 「재외동포의 출입국과 법적지위에 관한 법률」 제2조제1호에 따른 재외국민과 「출입국관리법」 제2조제2호에 따른 외국인이 제94조 제1항 제1호의 자산을 양도하고 그 소유권을 이전하기 위하여 등기관서의 장에게 등기를 신청할 때에는 대통령령으로 정하는 바에 따라 부동산등 양도신고확인서를 제출하여야 한다.

226) 예외. 소득세법시행령 제154조 (1세대1주택의 범위) ①항2호
나. 「해외이주법」에 따른 해외이주로 세대전원이 출국하는 경우. 다만, 출국일 현재 1주택을 보유하고 있는 경우로서 출국일부터 2년 이내에 양도하는 경우에 한한다.
다. 1년 이상 계속하여 국외거주를 필요로 하는 취학 또는 근무상의 형편으로 세대전원이 출국하는 경우. 다만, 출국일 현재 1주택을 보유하고 있는 경우로서 출국일부터 2년 이내에 양도하는 경우에 한한다.

227) 각 실에 취사시설을 설치할 수 없으나 현황 상 취사시설을 설치한 경우가 많음

그것이 단서가 되어 현장을 확인하고 행정처분으로 갈 수 있는지에 대하여는 그것을 금지하는 명확한 법적 근거는 없다. 그러나 관공서에서는 그러한 처분이 개업 공인중개사의 확인·설명의무를 위축시킬 수 있기 때문에 정식으로 민원이 들어오지 않는 이상 그것을 근거로 단속하지는 않는다. 또한 사인 간의 계약서가 법원에 제출되는 경우는 있어도 구청 등에 제출되는 경우는 거의 없다. 그래도 불안하다면 확인·설명서에 기재하고 쌍방의 서명·날인을 받기 바란다.

20) 일반관례 적용

본 특약사항에 기재되지 않은 사항은 민법상 계약에 관한 규정과 부동산매매 일반관례에 따른다.

계약서를 작성하다 보면 꼼꼼히 체크한다고 해도 빼먹는 사항들이 있다. 중요한 사항은 어떻게 처리할지 명확히 하겠지만 생각지도 못한 일이 생길 수도 있는 것이다. 민법상 계약에 관한 규정은 법 규정이므로 명확하다. 그러나 부동산매매 일반관례라는 것은 입증하는 것이 쉬운 일은 아니다. 그러나 대략적인 가이드 라인은 잡고 가는 것이 추후 돌출되는 문제의 해결에 있어서 유리하다.

21) 임대차관계 승계

현 임대차관계는 동일 내용으로 매수인이 승계하며 매도인은 임차인에게 중도금 전까지 임대차 관계 승계 사실을 통지한다. 현 임차인의 임대차보증금 금억 원정은 잔금에서 공제하고 나머지를 잔금으로 지급한다.

매매대상 부동산에 현재 임차인이 있는 경우 보증금과 차임의 내역, 임대차기간, 임차인 인적사항이 포함된 임대차계약서를 개업 공인중개사가 확인하여야 한다. 임대인이 고지한 임대차내역이 임대차계약서의 내용과 다르고 매도인과 임차인의 금액 및 사실관계 주장이 다를 경우 개업 공인중개사에게도 선관주의의무 위반으로 손해배상의 불똥이 튈 수 있는 사안이다. 또한 임대인이 변경되면 임대차의 목적을 이루지 못할 사유가 있다거나 새로운 임대인과 임차인이 신뢰할 수 없는 중대한 사유가 있는 경우 임차인이 계약의 해지를 요구할 수 있음도 유의하여야 한다. 이런 상황으로 흐름이 변경될 경우 잔금날짜를 늦추고 신규임차인을 맞추는 것으로 계약 내용을 변경하여야 할 것이다.

22) 임차인 명도책임

본 계약은 전체 임차인을 매도자가 잔금일까지 명도하기로 한 바, 잔금일까지 전체 임차인이 명도되지 않을 경우 매수자는 계약을 해제할 수도 있고, 임대차관계를 승계하는 선택을 할 수도 있다. 매수자가 계약의 해제를 원할 경우 매도자는 수령한 금액을 전액 반환하고 계약금에 해당하는 금액을 매수인에게 손해배상조로 지급한다.

부동산에 임차인이 있고 그 임차인을 매도자가 명도하는 조건의 계약일 때 매도자는 전체 임차인과의 명도약정이 된 후에 계약하기를 원하게 된다. 그러나 매도자가 급하지 않으면 명도 문제가 해결되지 않을 가능성이 높다. 이 경우 매도자가 꼭 팔아야 할 필요성이 있고 때마침 매수의향자가 나섰을 때 매도자의 부담을 최소화하면서 계약을 진행시킬 수 있는 방법이다. 물론 명도가 완료되지 않았을 때 계약금의 배액상환 금액이 크다면 손해배상금액을 실손해금액으로 조정하는 협상을 해 볼 수도 있다.

23) 전세조건 매매계약

본 계약은 매수인이 본 부동산에 전세임차인을 유치하여 그 보증금을 잔금중 일부로 하는 조건의 계약이며, 매도인은 임대차계약체결 권한을 매수인에게 부여(임대권리부여 합의서 작성함)하기로 한다. 단 수령한 임대차 계약금은 수령즉시 매도인에게 중도금의 일부조로 지급하여야 한다.

매매계약 과정에서 매수인이 전세를 놓고 그 전세보증금을 잔금중 일부조로 하는 경우이다. 이 경우 임차인이 매수인과 임대차계약을 하는 것 자체는 임대차계약으로서 문제가 없지만[228] 잔금 시까지 매매계약이 해제되어 버리면 임차인은 매도인에게 대항할 수 없게 된다. 이런 경우까지 생각해야 하는 경우 개업 공인중개사는 될 수 있으면 매도인과 임대차계약을 체결해 주는 것이 복잡한 문제를 피할 수 있는 방법이 된다. 개업 공인중개사가 매매계약까지 하는 경우라면 임차인유치는 매수자가 하더라도 임대차계약서 서명은 매도인이 하도록 매매계약서 특약란에 기재한다.

24) 주민등록 이전 협조

---

[228] 임대차계약은 임대인이 임차인에게 목적물을 사용·수익할 수 있도록 해줄 의무를 부담하는 계약이므로 임대인이 반드시 소유자이어야 하는 것은 아니기 때문이다.

> 매수인이 본 부동산을 담보로 은행의 매매잔금대출이 필요한 경우 매도인(임차인)은 잔금일전 주민등록 이전에 협조한다.

근래 부동산 담보 근저당대출의 경우 매매에 있어 승계가 되지 않고 있다. 또는 승계가 된다고 하더라도 금리가 싼 은행의 대출을 매수자가 잔금대출로 쓰고 싶은 경우도 있다. 이때 매매대상 부동산에 임차인이 있다면 대출이 되지 않는다. 임차인의 입장에서는 기존 근저당대출이 있는 곳에 임차인으로 입주했기 때문에 신규대출 금액이 기존 금액을 초과하지 않는 이상 손해 보는 것은 없을 것이다. 임차인에게 협조를 구하고 필요하면 임차인의 협조 시간에 대한 비용을 지불하고 주소를 임시로 이전해줄 것을 부탁해야 한다. 매도인이 거주하는 경우에도 은행에 따라 전입세대열람원상 직계가족 외의 거주자가 없을 것을 요구하기도 한다.

25) 준공검사 前 계약

> 임대인은 ○○○○년 ○○월 ○○일까지 준공검사를 완료하고 임차인은 잔금일에 ○○층 ○○호에 전입신고를 마친 후 잔금을 지급하기로 한다.

준공검사를 마치지 않은 상태에서 계약하게 되는 경우 설계도면과 건축주 명의를 확인할 수 있는 건축허가(신고)서, 토지등기사항전부증명서, 신분증을 확인한다. 또한 호수 지정이 되지 않은 상태이므로 도면상으로 확인하여 첨부하며, 물건 자체에 변동이 없을 지라도 호수부여과정에서 변경될 수 있으므로 특약에 변경 가능성에 대비한다. 전입신고 후 잔금을 치르도록 하는 것은 준공검사를 득하지 못할 경우 건물 주소가 나오지 않고 그 주소로의 전입신고가 되지 않기 때문이다. 한 번 더 확인하는 의미가 있다.

26) 지급기일 前 중도금 지급

> 계약서상 중도금은 그 지급시기에 각 전액이 지급되어야 비로소 중도금 지급으로서의 효력을 인정하기로 한다.

본 특약은 매수자가 중도금 약정일 이전에 미리 중도금의 일부를 입금하거나 전액을 입금하여 매도자가 해약권을 행사하지 못하도록 하는 것을 막을 필요가 있는 경우 기재한다. 또 하나의 경우는 매수자가 중도금중 일부만 입금한 채 시간을 끌 가능성이 있는 경우에 필요하다. 물론 개업 공인중개사의 입장에서는 계약이 유지되는 것이 중요하기 때문에 중도금일 이전에 미리 넣는 것에 대해 반대할 이유가 없겠지만 당사자의 해약권을 보장해줄 필요가 있는 경우에는 위 특약을 넣을 수 있는 것이다.

27) 지상물 포함 계약

매매대금에는 다른 특약이 없는 한 본건 부동산 위에 존재하는 정원수, 정원석 등 일체의 지상물 및 시설물을 포함한다.

단독주택이나 다가구주택을 매매하는 경우 마당에 값나가는 정원수나 정원석이 있을 경우 포함 여부를 불분명하게 처리하면 잔금 시 분쟁거리가 될 수 있다. 원칙적으로 토지 위에 존재하는 건축물과 지상물 전체를 매매대상으로 하고 특별히 제외시키기로 합의된 물건만 제외시키는 방식으로 기재하여야 한다.

28) 첨부서류

첨부서류: 중개대상물 확인·설명서, 등기사항전부증명서, 건축물대장, 토지대장, 토지이용계획확인원, 지적도, 공시가격열람원, 공제증서 등을 첨부하여 교부함.

매매 당사자 중 본인이 불리한 상황에 놓이게 되었을 때 개업 공인중개사를 압박하여 중개사가 해결해 주도록 요구하는 경우가 있다. 이러한 경우에 가장 많이 이용하는 방법이 중개대상물 확인·설명서의 기재누락이나 오류를 찾아내 구청에 민원을 넣겠다고 협박을 하는 것이다. 또한 확인·설명 근거자료를 교부받지 못했다거나 공제증서를 받지 못했다는 이야기도 등장한다. 공제증서도 앞면만 복사되어 뒷면의 약관조항이 없다는 민원까지 넣는 경우도 있다. 개업 공인중개사의 감독기관인 구청의 입장에서는 민원이 들어오고 공인중개사법상 의무사항이 이행되지 않았다면 행정처분을 할 수밖에 없는 상황이 되는 것이다. 첨부서류를 명확히 하여 악의적인 고객에게 당하지 않기 위해 필요한 특약사항이다.

29) 치유 불가능한 권리제한 사유

소유권이전등기가 완료되기 전에 등기사항전부증명서상에 치유할 수 없는 권리제한 사유가 발생하는 경우 매수인은 계약을 해제할 수 있으며, 이 때 매도인은 매수인으로부터 수령한 모든 금액을 즉시 반환해 주어야 하며 그와는 별도로 매매금액의 10%를 손해 배상 해 주기로 한다.

부동산 매매의 경우 매수자는 계약금을 지급하는 외에도 중도금 지급과 잔금을 위한 대출 등 준비해야 할 일이 많다. 이러함에도 매도자의 고의나 과실이 아닌 문제가 생겼고, 매도자가 이를 해결할 수 없어 계약을 해제할 수밖에 없을 경우 어떻게 해야 하는가의 문제이다. 상황에 따라 개업 공인중개사가 지혜로운 조정안을 제시하여 문제를 풀어가야 하지만 위 특약은 원칙적인 처리방법이라 할 수 있다.

30) 현 시설·권리상태의 계약
현 시설·권리 상태에서의 매매 계약이며, 등기사항전부증명서를 확인하고 계약을 체결함.

원칙적으로는 현 상태대로의 계약임을 기재한다. 현 시설 등의 상태에서 제외시키거나 문제가 될 사항은 별도로 합의하여 특약에 기재하는 것이 고의적으로 새로운 문제를 발생시켜 계약을 해제(해지)시키려는 시도를 차단시킬 수 있는 방법이다.

2. 주택 임대차

1) 개업 공인중개사의 위임계약
임차인은 임대인과 전화통화로 개업 공인중개사에게 임대차(월세)계약의 체결 권한을 위임하였음을 확인하였고 이에 개업 공인중개사가 임대인을 대리하여 임대차계약을 체결하며 잔금일의 ○○일 전까지 임대인이 개업 공인중개사사무소에 방문하여 본 계약서에 추인서명하기로 한다.

개업 공인중개사는 쌍방을 대리할 수는 없지만[229] 일방을 대리하는 것은 가능하

---

229) **공인중개사법 제33조(금지행위)** ① 개업 공인중개사 등은 다음 각 호의 행위를 하여서는 아니 된다. 6. 중개의뢰인과 직접 거래를 하거나 거래당사자 쌍방을 대리하는 행위
민법 제124조(자기계약, 쌍방대리) 대리인은 본인의 허락이 없으면 본인을 위하여 자기와 법률행위를 하거나 동일

다. 주로 임대인을 대리하게 되며 임차인이 물건을 답사하고 바로 계약하고 싶어 하지만 임대인이 멀리 있거나 여행 중이어서 참석이 어려운 경우 개업 공인중개사가 대리하여 계약하게 된다. 대리권을 부여하는 위임은 반드시 위임장과 인감증명서가 첨부되어야 하는 것은 아니기 때문에 구두상으로도 가능하다. 이 경우 위임 사실을 녹취하고 임대인의 계좌로 계약금을 입금해야 한다. 계약 후 임대인의 사무실 방문이 가능한 시점에 추인서명을 받거나 위임장을 제출하도록 한다. 대리권 위임이 문제가 되는 경우는 계약 이후 본인이 대리권 위임 사실을 부정하는 경우 문제가 되기 때문에 위임 사실을 명확히 하기 위하여 위임장에 인감도장을 날인하고 인감증명서를 첨부하는 것이다. 개업 공인중개사는 임차인을 안심시키는 것도 중요하지만 임대인이 계약금 입금 이후에 대리권 위임 사실과 위임내용을 부정하지 못하도록 철저히 하는 것이 더 중요하다.

2) 공동상속인과의 계약

본 계약은 등기명의인의 사망에 의하여 공동상속권자인 ○○○과 ○○○이 공동임대인으로 계약하며 계약 만기 시 공동임대인이 연대하여 임대차보증금 반환의무를 진다.

상속인과의 계약 시 유의할 점은 가족관계증명서와 제적등본 등을 통하여 상속권자가 몇 명이고 누구인지 확인하여 상속권자 법정지분의 과반수가 동의하여야 임대차계약으로써 유효하다는 것이다. 일단 유효한 계약이면 추후 계약 만기 시 보증금 반환청구권을 누구에게 행사할지에 대하여 명확히 하여야 한다.

3) 대리계약시 대리인 연대책임

본 계약은 임대인 A를 대리하여 B가 계약함을 임차인이 승낙하여 체결하며 잔금 전까지 A가 직접 추인하거나 위임서류일체를 제출한다. 단, 잔금 시까지 계약상 하자 발생 시 대리 계약자(이름), (주민번호)가 연대하여 책임지기로 한다(각서 작성)(신분증복사).

▷ 타인의 대리인으로 계약한 자는 대리인으로서의 책임이 있다.[230] 단지 문제가

한 법률행위에 관하여 당사자쌍방을 대리하지 못한다. 그러나 채무의 이행은 할 수 있다.
230) 민법 제135조(상대방에 대한 무권대리인의 책임)
① 다른 자의 대리인으로서 계약을 맺은 자가 그 대리권을 증명하지 못하고 또 본인의 추인을 받지 못한 경우에는 그는 상대방의 선택에 따라 계약을 이행할 책임 또는 손해를 배상할 책임이 있다.

되는 것은 그 대리인이 무권대리인일 때 법률행위에 대해 책임질 경제적 능력[231]이 있느냐가 문제이다. 경제적인 능력이 충분히 되는 사람이 대리로 계약할 때에는 그 대리관계만 명확히 하고 유선통화를 통하여 대리권 위임 사실을 확인하여 녹취한다면 문제가 생기지 않는다고 봐도 된다. 이에 더하여 계약상 약정사항에 대하여 당사자의 의무이행 완료시까지 연대책임을 지도록 하는 것이 좋다.

4) 보증금 반환 연대책임

등기사항전부증명서상 임대인 000과 그의 대리인 000은 보증금반환채무에 대하여 연대하여 책임을 진다.

▷ 이 경우는 목적 부동산의 실권리자와 명의인이 다른 경우이다. 임대차계약 시 실권리자를 대리인으로 하여 계약서를 작성하더라도 계약서에 명의신탁관계임을 표시할 수 없기 때문에 계약기간 만료로 보증금을 반환해줘야 하는 때가 되면 문제가 될 수 있다. 명의자와 실권리자가 서로 미루는 상황으로 갈 수 있기 때문에 연대책임을 지게 해야 한다. 연대채무의 내용에 관하여는 민법 제413조[232]에 규정되어 있다.

5) 보증금의 위험성 고지

임차인은 위 부동산에 존재하는 선순위 권리(근저당권, 임차권 등)로 인하여 경매 등이 실행될 경우 임차보증금의 전부 또는 일부를 반환받지 못할 수도 있음을 확인한다.

▷ 경매가 실행될 경우 보증금의 전부나 일부를 반환받지 못할 수도 있다고 할 때 상관없다고 하며 계약할 임차인이 얼마나 있을까 싶다. 그러나 선순위 근저당권이나 임대차 보증금의 총액이 실거래가나 감정가의 60~70% 이상일 경우 위험성이 있고 개업 공인중개사에게는 계약당사자에게 중요한 사항에 대한 설명·고지의무가 있기 때문에 필요한 특약사항이다. 이러한 위험성에도 보증금 금액이 소액이거나 거래대상물이 꼭 필요한 임차인의 경우 본 특약을 넣어 개업 공인중개사는 추후 생길 수 있는 위험으로부터 스스로를 보호해야 한다.

---

231) 경제적 능력은 돈이 많은 사람이라는 소문이나 주장으로는 안 된다. 가장 확실하게 확인하는 방법은 본인명의의 부동산 등기사항전부증명서를 통하여 경제적 능력을 확인하는 것이다.
232) 민법 제413조(연대채무의 내용) 수인의 채무자가 채무 전부를 각자 이행할 의무가 있고 채무자1인의 이행으로 다른 채무자도 그 의무를 면하게 되는 때에는 그 채무는 연대채무로 한다.

6) 신탁등기 부동산의 계약

본 계약은 명의신탁된 수탁자 (주)○○○신탁과의 계약으로 신탁원부의 확인을 통하여 임대차계약의 권한이 수탁자에게 있음을 확인하고 계약한다.

▷ 신탁등기 된 부동산의 임대차는 등기사항전부증명서상 수탁자를 확인하고, 등기소에서 직접 신탁원부를 발급받아 신탁계약서의 내용을 확인하여야 한다. 수탁회사와 전화통화를 하게 되면 해당절차를 친절하게 안내해준다. 일반적으로 임대차하는 건물의 경우 관리신탁이 많고, 수탁자의 동의를 얻어 위탁자가 임대해도 되는 것으로 안내한다.

7) 쓰레기 분리배출

1. 쓰레기 배출시 생활쓰레기, 음식물, 재활용품을 분리하여 지정된 장소에 배출한다.
2. 임차인은 쓰레기를 월, 수, 금 일몰 후에 종량제봉투에 담아 배출하여야 한다.

▷ 쓰레기 처리에 대해 특약사항에 기재하는 경우는 다가구주택이나 원룸, 오피스텔 등 소유주나 관리주체가 한 사람인 경우 건축물의 관리차원인 경우가 많다. 계약시에 명확히 하는 것이 임차인의 입주 후 관리에 편하기 때문이다.

8) 애완(반려)동물

임차인은 애완동물로 인하여 이웃주민의 민원이 있는 경우 임차인의 책임 하에 민원을 해결하기로 하고, 계약 만기 시 주택 내부를 확인하여 파손된 곳이 있을 경우 원상회복하기로 한다.

▷ 2021년 대한민국의 반려동물 양육인구 1500만명 시대가 도래했다. 부동산 중개현장에서 볼 때 임차인 가구의 30~40%가 반려동물을 키우고 있는 것으로 보인다. 임대인의 입장에서는 대부분 반려동물이 주택을 파손하거나 냄새를 배게 하기 때문에 싫어하지만 임차인을 유치하기 위해서 어쩔 수 없이 인정하는 추세이다. 반려동물을 가족처럼 생각하는 임차인의 경우 반려동물을 포기할 수 없기 때문에 개업 공인중개사가 임대인을 설득시켜야 하는 경우가 많다.

9) 원상회복의무

임차인은 계약당시 임대물건의 원형을 기간 만료 시까지 보전할 책임을 지며 소모품 사용 중 파손 시는 임차인 비용으로 수리하여 사용하되, 임차인의 책임 없는 건물 노후로 인한 시설물의 고장 및 파손은 임대인이 수리한다.

▷ 부동산의 기존 임차인이 나가는 날 현장확인을 가보면 다양한 파손을 목격할 수 있다. 일부 사례를 보면 다음과 같다.

거실이나 베란다 쪽 유리창에 금이 가 있다.
방문의 모서리를 애완동물이 물어뜯어 구멍이 나 있다.
유선TV나 인터넷 선을 문틈 사이로 통과시키면서 문짝이 틀어졌다.
아이가 방문에 온통 낙서를 해 놓았다.
베란다 바닥의 타일이 깨져있다.
임차인이 아이를 키우면서 환기를 시키지 않아 안방에 곰팡이가 피었다.

기타 다양한 파손이 있겠지만 이를 계약 시 분명히 하지 않았을 경우 임차인이 나갈 때 원상복구비용 문제를 가지고 임대인과 분쟁이 발생할 가능성이 있는 것이다. 입주시에 하자가 있는 상태에서 입주하는 경우 계약서 특약에 명시하고 사진을 찍어 출력하여 첨부해 둔다.

10) 임대인 시공 도배·장판

임대인은 도배와 장판을 잔금일까지 해주기로 한다(색상과 제품은 임차인과 임대인이 협의하여 정한다).

▷ 임대차계약 시 임대인이 도배와 장판을 시공해주기로 한 경우에도 도배와 장판의 품질과 색상이 문제되는 경우가 있다. 임대인에게 기분 좋게 중급이상으로 해주고 색상은 임차인과 협의해 시공해 주도록 개업 공인중개사가 유도해 주어 매끄럽게 마무리해야 할 것이다.

11) 임대인의 열쇠 임의교체

임차인이 2개월 이상 차임을 연체하고 15일 이상 연락을 받지 않을 시 임대인은 열쇠를 임의로 교체하고 출입할 수 있다. 또한 임대인은 임차인의 물건을 사진을 촬영한 후 수거하여 제3의 장소에 보관할 수 있다. 이에 대하여 임차인은 어떠한 민·형사상 책임을 묻지 않기로 동의한다.

▷ 원룸, 고시텔, 오피스텔 월세의 경우 임차인이 장기간 차임 연체로 보증금도 남아있지 않은 상태에서 야반도주하는 경우도 있다. 임차인의 상태가 누가 봐도 월차임을 잘 낼 수 있을지 걱정스럽고 임대인이 요구하는 경우 상호 합의하에 넣을 수 있는 특약사항이다. 이 경우 임차인이 불쾌하지 않도록 원룸은 대부분 이런 조항이 들어간다고 하면서 넘어가는 것이 좋다.

12) 임대차 일반 관례

기타사항은 민법, 임대차보호법 및 부동산임대차계약 일반관례에 따르기로 한다.

▷ 임대차의 경우에도 개업 공인중개사가 모든 현황과 미래에 발생가능한 일을 예측해 특약사항에 명시할 수는 없다. 예상하지 못한 일이 발생했을 때 어떻게 처리할 것인가를 정하는 의미가 있다.

13) 임차인명도 불이행 책임

임대인이 기존 임차인을 명도하지 못하여 본 계약의 임차인이 잔금을 지급하여도 점유이전을 받지 못하게 될 경우 본 계약은 자동 해제되고 임대인은 수령한 금액을 모두 반환하며 임차인의 손해배상조로 계약금의 2배를 지급하기로 한다.

14) 임차인의 명도책임

기존 임차인은 임대인이 잔금 시까지 명도하여 본 임대차계약의 임차인에게 점유이전하기로 한다.

▷ 개업 공인중개사가 임대차계약을 하면서 기존 임차인을 알고 있고 명도에 문제가 없음이 확인된 경우에는 상기와 같은 특약이 필요하지 않다. 그러나 개업 공인중개사가 기존 임차인의 현황을 전혀 모르는 상황에서 임대인 말만 믿고 임대차계약을 하였는데 명도가 안 되는 경우도 있다. 이런 경우 계약서상 현 임차인의 현황과 명도 책임에 대한 계약서상 기재가 없다면 개업 공인중개사도 임차인에 대한 손해배상을

일정비율로 할 수 있기 때문에 필요한 특약이다.

15) 임차인의 만기 前 이사

임대차계약 만기 전 임차인이 임의로 임대차계약을 해지하는 경우 새로운 임대차계약을 체결함으로 인하여 발생하는 중개보수는 현 임차인이 계약위반에 대한 위약금조로 부담하며, 중개보수에 해당하는 금액을 임대차보증금에서 공제하고 임대인이 개업 공인중개사에게 지급한다.

▷ 임차인이 계약기간을 위반하여 일찍 나가고 싶어 하는 경우에도 중개보수의 지급의무는 임대인에게 있다. 그렇지만 임차인의 계약위반에도 불구하고 임대인에게 지급하라고 하는 것은 임대인이 응하지 않기 때문에 새로운 임대차계약을 위하여 불가피하게 현 임차인이 부담하는 것이다. 개업 공인중개사의 입장에서는 중개보수의 지급의무는 임대인에게[233] 있는데 임차인에게 직접 수령하게 되면 추후 부당이득으로 반환청구를 받을 가능성이 있다. 위 특약으로 이런 문제를 해결할 수 있다.

16) 잔금일 앞당기기

잔금일은 협의에 의하여 앞당길 수 있다.

▷ 본 특약은 주택이 공실이고 임차인의 입주일이 앞당겨질 가능성이 높을 때 넣게 되지만 그 외의 경우에는 당사자 간 합의가 안 될 경우 앞당기지 못하는 문제가 있다. 그렇지만 앞당겨질 가능성이 높고 앞당겨질 수도 있다는 것을 사전에 고지하여 마음의 준비를 할 수 있게 하는 기능이 있다. 아무런 이야기가 없는 상황에서 갑자기 잔금일을 앞당겨달라고 이야기하면 '계약서대로 하지 왜 피곤하게 하나?' 하는 마음으로 합의가 안 될 가능성이 높기 때문이다.

17) 잔금 전 임차인의 도배 등

---

[233] 중개보수는 '중개의뢰인'이 지불하는 금액(공인중개사법 제32조)으로 임차인이 부동산에 세를 내놓을 때 그 임차인은 중개의뢰인이 아닌 임대인의 "사자(使者)"로 보게 된다. 법제처도 "임차인이 임대차계약 기간이 만료되기 전에 중개업자에게 새로운 임대차 계약에 대한 중개를 의뢰하는 경우, 그 임차인은 중개수수료를 부담하는 중개의뢰인에 해당하지 않는다."는 법령해석을 하고 있다.

> 임차인은 잔금일 전 도배와 장판 시공을 할 수 있다. 단, 도배나 장판의 시공후 임차인이 잔금을 지급하지 않을 경우 도배, 장판에 대한 모든 권리는 임대인에게 속하고 임차인은 이를 포기한 것으로 간주한다.

▷ 임차인이 잔금을 지불하기 전 필요에 의하여 도배와 장판을 시공하는 경우가 있다. 기타 일부 집기를 먼저 들여놓는 경우도 그렇지만 잔금을 지불하지 않으면 해약을 하더라도 시공된 인테리어나 집기 등이 문제가 된다. 이 경우를 대비해 잔금전 먼저 어떤 행위를하는 경우에는 잔금지급과 연계하여 그 권리를 포기하게 해야 한다.

18) 전세자금 대출 협조

> 임대인은 임차인의 전세자금 대출에 협조한다. 임차인의 전세자금 대출은 임차인의 책임 하에 진행하고 2022년 ○○월 ○○일까지 전세자금대출이 불가능한 것으로 확정될 경우 본 계약을 무효로 하고 수령한 금액은 조건 없이 즉시 반환한다.

▷ 2016년 이후 전세를 구하는 대부분의 임차인이 전세자금 대출을 받고 있다. 전세자금 대출은 종류가 다양해 임대인의 동의에 있어 전세자금 입금 통장(임대인의 통장) 사본만의 제출을 요구하는 경우도 있고, 전세자금을 대출해주는 은행에서 질권설정을 위해 임대인의 동의와 등기우편을 통한 채권(전세보증금 반환청구권)양도 통지까지 하는 경우도 있다. 그러나 대출을 해주는 은행에서는 대출의 가능여부를 계약서(계약금을 5% 이상 지급하고 체결된 계약서)와 필요서류 일체가 제출되어 심사를 거치지 않은 상태에서는 확답을 주지 않는다. 경우에 따라서는 서류가 제출되고 문제가 없어도 대출금이 지급되기 전까지 절대 확답을 주지 않고 현재는 문제가 없다는 수준의 답만을 주는 경우도 있다. 이것은 대출금이 나가기 직전에도 임차인이 다른 대출을 받거나 신용이 나빠져 대출을 해 줄 수 없는 경우 은행측이 손해배상 책임을 지지 않기 위한 조치이다.

임차인의 입장에서는 대출이 가능한지 사전에 알아보게 되지만 은행에서 문제가 없다고 해도 계약서가 제출되어 심사를 해봐야 가능여부가 분명해지기 때문에 임대차계약을 먼저 할 수밖에 없는 것이다. 임대인들도 대부분 이 사정을 이해하고 있기 때문에 조건부 계약에 동의하고 있는 실정이다.

19) 합의하의 옵션 철거

임차인은 현 시설상태에서 사용하기로 하나 큰방의 붙박이장은 임차인이 임의철거하고 원상회복의무를 지지 않는다. 철거비용은 임차인의 부담으로 한다.

임대차에 있어 임차인이 현재 장롱을 가지고 있고 그것을 쓰고자 하는 경우가 있다. 임차인의 입장에서 쓰던 장롱을 들여놓지 못하게 되면 버려야 하는 문제가 있는 것이다. 개업 공인중개사는 계약대상 물건 내부에 붙박이장이 있는 경우 철거하더라도 만기 시 원상회복해야 하는지 분명하게 해야 추후 분쟁을 막을 수 있다.

20) 현 상태의 임대차 면적

임대할 부분의 면적은 계약서상 전용면적과 무관하게 현장 답사 시 육안으로 확인한 현 상태의 ○○○호 전체면적으로 한다.

개업 공인중개사들이 오랜 기간 영업을 하다 보면 별의별 일을 다 겪게 된다. 한 예를 보자. 빌라의 임대차 계약 시 개업 공인중개사가 18평이라고 임차인에게 설명하고 계약하였다. 계약은 이상 없이 끝났는데 잔금 시 임차인이 장롱이 들어갈 수 있는지 확인하기 위하여 길이를 재어보고 길이가 맞지 않아 장롱을 버려야 할 상황이 되었다. 임차인은 개업 공인중개사에게 손해를 배상해줄 것을 요구한다. 이유는 빌라의 내부를 재어본 결과 16평밖에 되지 않아 개업 공인중개사가 허위의 사실을 고지했다는 것이다. 이런 일은 주택뿐만 아니라 상가점포의 임대차에서도 발생한다. 이런 일이 발생하면 개업 공인중개사는 황당하겠지만 당사자에게는 이유가 있는 것이기 때문에 계약 시 명확히 하고 가야 할 내용인 것이다. 매매의 경우에는 현황면적과 무관하게 공부상 전용면적을 기준으로 하여야 하지만 임대차의 경우는 현황면적을 계약면적으로 특약에 넣는 것이 분쟁을 줄이는 한 방법이다.

21) 현 시설물 상태

현 시설물 상태에서 임대차한다.

주택 임대차의 경우 임차인이 요구하는 사항은 도배와 장판인 경우가 많다. 도배와 장판의 경우 전세에서는 임차인이 하고 월세의 경우 임대인이 해준다. 기타 옵션은 임대인이 추가로 넣어주거나 임차인이 요구하기도 한다. 임대차의 경우에 현 시설물 상태의 계약임을 기재하는 이유는 원칙적으로 현 시설물 상태의 계약이며 계약 시에 협의된 사항 외에 계약 이후에 추가적으로 요구하는 것을 차단하기 위한 것이다. 본 특약사항이 없게 되면 이것저것 새로운 요구사항이 나올 때마다 임대인뿐만 아니라 개업 공인중개사도 스트레스에 시달리게 된다.

3. 건물 매매

1) 건물분 부가세
건물분 부가세는 별도로 하며 토지가액은 금 ○원으로 하고 건축물의 가액은 금 ○원으로 한다.

국민주택 범위를 초과하는 중대형 주택, 오피스텔, 사무실, 상가 등 사업용으로 사용되는 부동산의 경우 건물 분 부가세가 있기 때문에 매도의뢰를 받게 되면 사업자인지를 먼저 확인하여야 한다. 임차인이 있는 건물의 경우 대부분 임대사업자가 되어 있다고 봐야 한다.

(1) 절차

① 매도자는 건물분 부가세를 세무서에 납부한다.
② 매수자는 20일 내 일반사업자등록을 하고 매도자로부터 발급받은 세금계산서를 세무서에 제출하여 환급신청을 한다.
③ 세무서는 매수자에게 환급해준다.
④ 환급받은 매수자는 10년간 임대사업자를 유지 시 부가가치세 환급분에 대해면제된다.

토지, 건물의 가액구분이 불분명할 때는 기준시가 비율로 나누어 매매가에 안분하거나 계약당사자간 임의로 합의하여 토지, 건물가액을 정할 수도 있다. 토지와 건물가액을 임의로 정하는 경우 기준시가 기준으로 안분 계산한 금액과 차이가 30% 이상 나지 않도록 한다.

2) 건축도면 확인
매도자는 중도금일까지 건축현황도면을 발급받아 매수자에게 교부하기로 한다.

건물을 매매하는 과정에서는 매수인이 건축물의 도면을 요구하는 경우가 있다. 매도자가 건축주였다면 허가도면(기타 실시도면)을 가지고 있을 가능성이 높다. 그러나 건물을 중간에 매입했다가 파는 매도자는 관할구청에 방문하여 건축현황도면을 발급받아 매수자에게 교부하도록 하여야 한다. 소유주만이 발급받을 수 있어 임차인이나 이해관계인은 소유주의 동의서가 필요하다. 2021.8.12. 일부터는 다중이용건축물의 경우 세움터에서 일반인도 열람할 수 있게 되었다.

3) 누수확인
누수여부에 대하여 임대인은 누수 없음으로 회신하였으며 「대상물건의 상태에 관한 자료요구서」를 별지로 첨부함.

임대인이건 매도자건 육안으로 관측되는 정도의 누수흔적이 있지 않는 한 누수가 있었다고 답하는 경우는 드물다. 개업 공인중개사의 입장에서는 추후 분쟁에서 자유롭기 위해 「대상물건의 상태에 관한 자료요구사항」이 개업 공인중개사가 필수로 확인·설명해서 첨부해야 하는 사항이라는 명분으로 임대인이 불편하지 않는 수준에서 확인하여 첨부하면 된다.

4) 사업의 포괄적 양도·양수
본 매매계약은 부가가치세법에 의한 포괄양수도 계약으로 사업에 관한 모든 권리와 의무를 포괄적으로 승계한다. 단, 과세기관으로부터 포괄양·수도에 대한 승인이 안 될 경우 매수자는 건물 분 부가가치세를 별도로 부담한다.

(1) 포괄양수도의 요건

① 부동산 매매계약서에 기재하거나 별도의 포괄적 양수도계약서를 통하여 포괄양도·양수 내용이 확인되어야 한다.
② 양도자와 양수자가 과세사업자이어야 하기 때문에 사업양수 후 폐업하거나 면세사업으로 전환하는 경우에는 사업양수도가 인정되지 않는다.
③ 사업장별 승계만 인정된다.
④ 사업양도 후 세무서에 사업양도신고서를 제출하여야 한다.

(2) 장점

① 사업을 양도하면 재화의 공급으로 보지 않기 때문에 부가가치세가 과세되지않는다. 이것은 양도자가 납부한 세금을 양수자가 환급받게 되어 과세관청의 입장에서는 세금징수의 효과가 없는데도 불구하고 사업자에게 자금부담을 지우기 때문이다. 이 절차를 생략한 것과 같은 효과가 사업자에게 있는 것이다.

② 사업양도로 처리하게 되면 양도자의 입장에서는 부가가치세만큼 양도가액이 낮아져 거래가 원활해지고 양수자의 입장에서는 자금준비의 부담을 줄일 수있다.

(3) 절차

① 양도자는 양도일이 속하는 달의 말일로부터 25일내 폐업신고와 부가가치세 확정신고를 하면서 사업양도신고서를 제출한다. 세무서 방문 전에 민원인 통화를 하여 필요서류를 확인하여 준비 후 방문한다.

② 양수자는 사업양도·양수일로부터 20일 내 사업자등록신청을 하여야 하며 사업의 포괄양도양수계약서나 사업의 포괄양도·양수라는 특약이 포함된 매매계약서 사본을 제출한다. 이때 신고서에 '포괄적 양도·양수에 의한 사업 개시'를 표시하고 양도자의 사업자등록번호를 기재한다.

(4) 유의사항

① 원칙적으로 사업의 양수자는 과세유형이 양도자와 같거나 커야 양도·양수가 가능하다.

〈표 12-2〉 사업의 양도·양수 가능 여부

매도자 \ 매수자	간이과세자	일반과세자
간이과세자	○	○
일반과세자	△(일반과세 직권전환)	○

② 양 당사자 간 포괄양수도 하기 때문에 국세완납증명서를 잔금시까지 첨부하도록 하고 특약에 "미지급금 등 계약 당시에 확인되지 않은 우발채무와 미납세금은 매도인이 책임지기로 한다."는 특약을 넣어 당사자 간 합의되지 않은 채무를 지지 않도

록 하여야 한다.

③ 만약 과세관청으로부터 포괄양수도가 인정되지 않을 경우 부가세를 누가 납부할 것인지를 명확히 하여야 한다. 만약 포괄양수도 계약만 하고 포괄양수도가 인정되지 않았을 경우 어떻게 할지를 결정하지 않았을 때 매도자는 부가세, 가산세(계산서 미발급, 신고 불성실, 납부 불성실)를 내야하는 분쟁상황으로 갈 수 있는 것이다. 매수인 입장에서는 부가세 환급기회를 놓칠 수도 있는 문제가 있다.

④ 주택임대사업자의 경우 의무임대기간 전에 매도하게 되면 손해가 크다. 이때 매매계약 시 사업의 포괄양도·양수를 하게 되면 과태료가 부과되지 않는다.

⑤ 매수인이 건물의 일부를 사용하기 위하여 매도인이 건물의 일부를 명도하는 조건의 계약일 경우 포괄양도·양수가 불가능하다.

⑥ 포괄양도·양수 후 10년 내 양수인이 폐업하거나 면세사업자로 변경하게 되면 매도인이 부가세를 추징당할 수 있기 때문에 양도·양수 계약서상 10년간 유지의무를 기재한다.

⑦ 포괄양도·양수 요건에 해당하는 경우는 포괄양도·양수계약으로 진행해야 한다. 포괄양·수도에 해당하는데 부가세를 매수자로부터 받아 납부한 경우 매도인은 부가세를 반환받게 되지만 매수인은 환급받은 부가세를 반환해야 하고 가산세까지 내야하는 분쟁상황으로 가게 된다.

5) 소방 / 방염필증

매도인은 잔금 시까지 소방시설, 방염필증 등 관련서류를 매수인에게 인계한다.

다중이용업소의 안전관리에 관한 특별법 시행령 제2조의 다중이용업은 소방시설, 방염대상 장소, 방염대상 물품[234]등에 관하여 규정하고 있다.

6) 신축목적 건물 매매

본 계약은 건물을 철거·멸실한 후 공동주택을 건축하기 위한 매매로서 총 매매대금 금 3,000,000,000원 중 토지가액은 금 3,000,000,000원, 건물가액은 금 0원으로 한다. 건물분 부가가치세가 부과될 경우 매수자가 부담하기로 한다.

건축부지의 매매를 진행하다 보면 건물분 부가세가 문제되어 많은 의견이 나온다.

---

234) 소방시설설치및관리에관한법률시행령 제31조(방염대상물품 및 방염성능기준)

포괄양도양수를 주장하거나 매수인 대리납부235)후 환급받을 수 있다는 이야기 등도 한다. 그러나 위 포괄양·수도에서 살펴보았던 요건에 비추어 보면 전혀 해당사항이 없다는 것을 알 수 있다. 양도자는 임대사업자이고 양수자는 주택신축판매사업자이기 때문에 사업의 동일성이 없는 것이다. 대리납부제도의 경우에도 비거주자나 외국법인에 해당하는 사항이기 때문에 건축부지의 경우 대부분 해당사항이 없다. 또한 비거주자나 외국법인으로부터 부동산을 매수한다고 해도 양수자는 그 단일사업장에서 분양이 끝나면 철수하는 형태의 사업이기 때문에 10년간 유지할 업태와 종목의 사업이 아닌 것이다. 둘 다 전혀 해당사항이 없는 논의인데도 부가세를 내는 것을 양 당사자가 원하지 않기 때문에 다양한 의견이 나오는 것이다. 최근 부가가치세법시행령 제64조 2항236)을 개정하여 2022.1.1. 이후 공급하는 분부터 실지거래가격을 인정하게 되었다. 즉 건물을 철거하는 경우 건물가격을 0원으로 할 수 있고 부가가치세를 별도 부담하지 않아도 된다는 의미이다. 이와 관련하여 건물가격을 0원으로 했을 때 매도자의 양도소득세에 영향이 있을 수 있기 때문에 이 부분에 대한 전문세무사와의 상담이 필요하다.

7) 위반건축물

> 본 부동산의 주차장입구 우측의 점포(도면 별지첨부)는 법정주차 주차구획선이지만 현황상 점포로 사용 중임을 매수자가 매도인 및 개업 공인중개사로부터 확인·설명을 듣고 인지한 상태의 계약이다. 본 위반건축물의 철거여부는 매수자의 책임으로 하며 계약서상 매매금액은 위반건출물의 하자부분이 감안되어 조정된 금액임.

건물을 매매하는 과정에서 위반건축물의 문제는 명확하게 하고 가야한다. 위반건축물 등록이 되어있지 않아도 위반사항이 있는 것으로 판단될 때에는 당사자간에 위반사항을 명확히 고지하고 철거를 할 것인지 매수자 책임으로 할 것인지를 조정해서 결정해야 한다. 위반건축물로 등록되어 있지 않다고 해서 그냥 묻어두고 가게 되면 추후 문제가 되었을 때 매수자는 개업 공인중개사에게만 매달리게 되고 개업 공인중

---

235) 부가가치세법 제52조 (대리납부) ① 다음 각 호의 어느 하나에 해당하는 자로부터 국내에서 용역 또는 권리를 공급받는 자는 그 대가를 지급하는 때에 그 대가를 받은 자로부터 부가가치세를 징수하여야 한다. 1. 「소득세법」 제120조 또는 「법인세법」 제94조에 따른 국내사업장이 없는 비거주자 또는 외국법인. 2. 국내사업장이 있는 비거주자 또는 외국법인

236) ② 법 제29조 제9항 제2호 단서에 따라 다음 각 호의 어느 하나에 해당하는 경우에는 건물 등의 실지거래액을 공급가액으로 한다.
1. 다른 법령에서 정하는 바에 따라 토지와 건물 등의 가액을 구분한 경우
2. 토지와 건물 등을 함께 공급받은 후 건물 등을 철거하고 토지만 사용하는 경우

개사는 극심한 스트레스와 손해배상의 문제까지 갈 수 있기 때문이다. 일단 위반건축물 문제점을 계약서나 확인·설명서상 명확히 하여 매수자가 인지하고 수인한 상태에서는 추후 문제가 되어도 개업 공인중개사가 손해배상까지 가는 사태는 없게 된다.

8) 임대차 목록

임대차관계(목록)는 별지로 첨부하며 전체 임대차관계는 동일 내용으로 승계하고 총 임대차보증금은 잔금에서 제하고 지급한다.

임차인이 많은 건물의 경우 임대차목록을 별지로 첨부하는 것이 임대차현황을 정확히 정리하고 설명에 빠진 부분이 없는지 점검하는데 유용하다. 임대차계약서 사본을 별도로 교부한다 하더라도 그 주요내용을 정리하여 요약표를 붙이는 것이 좋다.

9) 전기용량

건물전체의 전기 계약용량은 73KW로 확인되었으며 매수자가 전기용량의 증설이 필요한 경우 매수자의 비용으로 하되 매도자는 이에 협조한다.

전기용량의 확인은 한전(한국전력) 전화 123으로 가능하다. 건물전체와 층별 계약용량이 확인 가능하며 용량증설이 필요한 경우 전기공사업체를 선정하여 공사 후 한국전기안전공사에 의뢰해 점검 및 안전검사를 받고 전기증설 서류를 한국전력에 제출하여 신청하게 된다.

10) 지하 피난계단

지하 피난계단에 적치되어 있는 적치물은 매도인이 잔금일까지 전체를 치우기로 하며 잔존물을 남겨서는 안 된다.

건축물의 주요한 피난시설로서의 계단은 「건축법」에 의해 ① 직통계단 ② 피난계단 ③ 특별피난계단의 3가지 유형이 규정되어 있다. 피난계단[237]은 피난동선이 '거

---

237) 건축법시행령 제35조(피난계단의 설치) ①법 제49조제1항에 따라 5층 이상 또는 지하 2층 이하인 층에 설치하는 직통계단은 국토교통부령으로 정하는 기준에 따라 피난계단 또는 특별피난계단으로 설치하여야 한다. 다만, 건축물의 주요구조부가 내화구조 또는 불연재료로 되어 있는 경우로서 다음 각 호의 어느 하나에 해당하는 경우에는 그러하지 아니하다.
1. 5층 이상인 층의 바닥면적의 합계가 200제곱미터 이하인 경우
2. 5층 이상인 층의 바닥면적 200제곱미터 이내마다 방화구획이 되어 있는 경우

실 → 계단실'이고, 특별피난계단은 '거실 → 부속실 → 계단실'이다. 매매과정에서 주로 문제가 되는 것은 피난계단을 임차인들이 물건적치 창고로 사용하는 경우이다.

11) 하수도 원인자부담금
하수도 원인자부담금은 발생시점이 잔금일을 기준으로 기 발생한 금액에 대하여는 매도자가 부담하고 그 이후는 매수자가 부담한다.

건물의 매매 시 관할 지자체 청소과(위생과)에 하수도 원인자부담금 중 미부과된 금액이 있는지 확인한다. 하수도 원인자부담금은 건축물의 신축, 증축, 개축, 재축, 용도변경 등에 대한 인·허가시에 그 개산액이 통보되는데 임차인의 업종변경에 의하여 배출량이 증가하여 부담금이 발생했다면 그 금액을 누가 부담할 것인지를 결정해야 한다.

4. 건물임대차 / 권리계약

1) 가맹점 승계계약
가맹점 승계계약은 양도인이 잔금일 전까지 본사와 승계계약을 책임진다(별첨조건첨부).

권리양수도의 대상 영업장이 프랜차이즈 가맹점일 경우 임대인과의 임대차계약에 대하여 양도인이 책임지듯이 가맹계약에 대해서도 프랜차이즈 본사와의 계약을 양도인이 책임지도록 하여야 한다. 양수인이 권리금을 지급하고 인수할 때에는 전제로 하고 있는 조건이 있고 그 대가로 권리금을 지급하는 것이기 때문이다. 개업 공인중개사의 입장에서 계약이 차질 없이 진행되도록 하기 위해서는 사전에 프랜차이즈 본사와 양도·양수와 조건 등에 대해 충분히 확인하고 문제가 되는 부분이 있다면 절충해주는 노력을 하여야 할 것이다.

2) 경업 금지의무

양도인은 향후 ○년간 ○○구 관내에서 ○○○상호로 본 계약관련 동종영업을 하지 않기로 하고, 상호가 다른 동종영업의 경우에는 본 업장에서 반경 1㎞ 범위 내에서 영업을 하지 않기로 한다. 이에 위반 시 양도자는 수령한 권리금 전액에 해당하는 손해배상을 하기로 한다.

영업의 양도자와 양수자간 경업금지를 배제하는 특약조항이 있지 않은 한 상법 제41조[238])에의하여 일정 범위 내에서 경업을 할 수 없다. 특히 권리금을 받은 양도인이 인근에 같은 상호나 같은 영업을 한다는 것은 양수자에게 피해를 주는 행위로 법원은 양도자에게 영업을 폐업하고 양수자에게 손해배상하도록 판시[239])하고 있다. 그러나 현실적으로 특정 영업을 하던 양도인은 언젠가는 본인의 생활환경 범위 내에서 같은 영업을 할 가능성이 높다고 봐야 한다. 그렇기 때문에 개업 공인중개사가 중개할 경우 영업장의 상권범위(직선거리 약 1㎞)내에서 경업을 금지하도록 하는 것이 현실적이다.

3) 계약기간 10년

본 계약의 계약기간은 잔금일로부터 10년으로 하며 차임 등의 증감청구는 각 1년 내에는 할 수 없다.

보통 상가건물의 임대차기간[240])은 1년으로 하고 있다. 계약기간과 관련해서는 상가건물임대차보법을 잘 살펴봐야 한다.

(1) 상가건물임대차보호법 제10조(계약갱신 요구 등) ① 임대인은 임차인이 임대차기간이 만료되기 6개월 전부터 1개월 전까지[241]) 사이에 계약갱신을 요구할 경우 정당한 사유 없이 거절하지 못한다. 다만, 다음 각 호의 어느 하나의 경우에는 그러하지

---

238) 상법 제41조(영업양도인의 경업금지)
　　① 영업을 양도한 경우에 다른 약정이 없으면 양도인은 10년간 동일한 특별시·광역시·시·군과 인접 특별시·광역시·시·군에서 동종영업을 하지 못한다.
　　② 양도인이 동종영업을 하지 아니할 것을 약정한 때에는 동일한 특별시·광역시·시·군과 인접 특별시·광역시·시·군에 한하여 20년을 초과하지 아니한 범위내에서 그 효력이 있다.
239) 대법원 2009. 9. 14.자 2009마1136 결정(공2009하, 1645)
240) 상가건물임대차보호법 제9조(임대차기간 등)
　　① 기간을 정하지 아니하거나 기간을 1년 미만으로 정한 임대차는 그 기간을 1년으로 본다. 다만, 임차인은 1년 미만으로 정한 기간이 유효함을 주장할 수 있다.
　　② 임대차가 종료한 경우에도 임차인이 보증금을 돌려받을 때까지는 임대차 관계는 존속하는 것으로 본다.
241) 주택임대차보호법 제6조는 2개월 전까지로 하고 있다.

아니하다. 3호: 서로 합의하여 임대인이 임차인에게 상당한 보상을 제공한 경우[242]

　② 임차인의 계약갱신요구권은 최초의 임대차기간을 포함한 전체 임대차기간이 10년을 초과하지 아니하는 범위에서만 행사할 수 있다.

　③ 갱신되는 임대차는 전 임대차와 동일한 조건으로 다시 계약된 것으로 본다. 다만, 차임과 보증금은 제11조에 따른 범위에서 증감할 수 있다.

　④ 임대인이 제1항의 기간 이내에 임차인에게 갱신 거절의 통지 또는 조건 변경의 통지를 하지 아니한 경우에는 그 기간이 만료된 때에 전 임대차와 동일한 조건으로 다시 임대차한 것으로 본다. 이 경우에 임대차의 존속기간은 1년으로 본다.

　⑤ 제4항의 경우 임차인은 언제든지 임대인에게 계약해지의 통고를 할 수 있고, 임대인이 통고를 받은 날부터 3개월이 지나면 효력이 발생한다.

4) 관리비 / 주차 / 학교정화구역 / 직통계단[243]

　1. 관리비는 금 ○○○원 별도 있음.
　2. 본 건물의 법정주차대수는 60%임을 임차인에게 고지하고 계약함.
　3. 본 임대차 목적물은 교육환경보호구역[244](상대보호구역)내 건축물임을 임차인이 인지한 상태의 계약으로 영업의 인·허가 등 여부는 임차인의 책임으로 한다.
　4. 본 건축물은 직통계단이 1개임을 임차인에게 고지한 상태의 계약으로 임차인의 영업 인·허가는 임차인의 책임으로 한다.

　개업 공인중개사가 임대차계약을 해주면서 확인·설명서상 설명의무가 없는 내용일지라도 임차인에게 중요한 사항에 대해서는 선관주의 의무가 있기 때문에 확인·설명을 해야 한다. 임차인에게 중요한 사항이 아닐 경우에도 분쟁의 소지가 있는 경우에는 정리하고 넘어가는 것이 좋다.

〈표 12-3〉 교육환경 보호 등 설명사항

---

242) 임차인과 명도비에 대한 합의가 되면 10년이 되기 이전에도 명도가 가능하다는 의미이다.
243) 건축법시행령 제34조(직통계단의 설치) ① 건축물의 피난층(직접 지상으로 통하는 출입구가 있는 층 및 제3항과 제4항에 따른 피난안전구역을 말한다. 이하 같다) 외의 층에서는 피난층 또는 지상으로 통하는 직통계단(경사로를 포함한다. 이하 같다)을 거실의 각 부분으로부터 계단에 이르는 보행거리가 30미터 이하가 되도록 설치해야 한다. 다만, 건축물의 주요구조부가 내화구조 또는 불연재료로 된 건축물은 그 보행거리가 50미터 이하가 되도록 설치할 수 있으며, 자동화 생산시설에 스프링클러 등 자동식 소화설비를 설치한 공장으로서 국토교통부령으로 정하는 공장인 경우에는 그 보행거리가 75미터(무인화 공장인 경우에는 100미터) 이하가 되도록 설치할 수 있다.
244) 교육환경 보호에 관한 법률 제8조(교육환경보호구역의 설정 등)

절대보호구역 (학교출입문으로부터 직선거리 50m까지) 내 불가업종	제한상영관, 전화방, 화상대화방, 성인용품점
상대보호구역 (학교경계 등으로부터 200m까지) 내 심의업종	유흥주점, 단란주점, 모텔, 당구장, 경마장, 경정장, PC방, 오락실, DVD방, 만화가게, 무도학원, 무도장, 노래연습장
계단이 2개 이상 있어야 영업이 가능한 업종245)	DVD방(지하, 2층 이상), 유흥주점, 150㎡ 이상 단란주점, PC방(3층 이상에 300㎡ 이상), 학원과 독서실(3층 이상에 200㎡ 이상), 3층 이상에 400㎡ 이상의 상가에 입점하려는 체육도장, 탁구장, 미용실, 일반음식점, 휴게음식점, 헬스크럽, 당구장, 노래연습장, 고시원

5) 관리비의 부가세

월차임 및 관리비의 부가세 별도임.

임대사업자의 경우 일반과세자인지 간이과세자인지에 따라 부가세 관련 문제가 달라진다. 일반과세자는 보증금, 월차임, 관리비에 대하여 수입으로 신고하는 경우 부가세가 부과된다. 임대인의 입장에서 월차임과 관리비에 대하여는 임차인으로부터 부가세를 받아서 납부하면 되지만 보증금에 대하여는 1년의 정기예금 이자율에 해당하는 수입이 발생한 것으로 보아 부가세를 부과하게 된다. 임대인이 간이과세자인 경우에는 부가세를 별도로 받지 못한다. 세금계산서를 교부하지 못하기 때문이다. 다른 사업자246)와 달리 부동산 임대사업자의 경우 연매출 4800만 원 미만의 경우에만 간이과세자로 가능하고 부가세 납부의무 면제 기준금액도 4800만 원 미만이다. 간이과세자이면서 연매출 4800만 원 이상일 경우에는 세금계산서 발행이 의무화 되었다.

6) 동일업종 임대차 금지

임대인은 본 점포에 대하여 약국의 독점점포로 인정하며 동일 및 유사업종으로 본 건물에 임대차를 주지 않기로 한다.

---

245) 건축법시행령 제34조 제2항
246) 부가가치세법 제61조(간이과세의 적용 범위)
  ① 직전 연도의 공급대가의 합계액이 8천만 원부터 8천만 원의 130%에 해당하는 금액까지의 범위에서 대통령령으로 정하는 금액에 미달하는 개인사업자는 이 법에서 달리 정하고 있는 경우를 제외하고는 제4장부터 제6장까지의 규정에도 불구하고 이 장의 규정을 적용받는다. 다만, 다음 각 호의 어느 하나에 해당하는 사업자는 간이과세자로 보지 아니한다. 〈개정 2020. 12. 22.〉
  3. 부동산임대업 또는 「개별소비세법」 제1조제4항에 따른 과세유흥장소(이하 "과세유흥장소"라 한다)를 경영하는 사업자로서 해당 업종의 직전 연도의 공급대가의 합계액이 4천800만 원 이상인 사업자

건물이 큰 경우나 단지내상가, 분양상가의 경우 업종지정으로 인하여 임대가 제한되는 경우가 있다. 임대차계약에 의하여 인테리어를 마치고 입점하였는데 주변 상가와 분쟁이 생긴다면 불똥이 개업 공인중개사에게 튈 수 있다. 독립건물의 경우 임대인과의 협의에 의하여 해결하고 분양건물이나 관리단이 있는 상가의 경우 개업 공인중개사 입장에서 분양계약서나 관리단에 문의하는 확인 과정이 필요하다.

7) 렌트프리(신축, 인테리어 공사기간)

본 계약상 잔금일은 20년 월 일로 하되 월차임의 기산일은 잔금일로부터 3개월 후인 20년 월 일로부터로 한다.

신축건물의 경우는 임차인을 유치하기 위한 판촉이나 편의(이익)제공의 성격으로 렌트프리를 주는 경우가 있다. 시설보수공사나 인테리어공사가 필요한 경우 영업을 통하여 수익을 낼 수 없는 상태이기 때문에 그 기간 동안은 월차임을 받지 않는 계약을 많이 하게 된다.

8) 상가건물 임대차분쟁조정위원회

본 상가 임대차 계약과 관련하여 분쟁이 있는 경우 임대인 또는 임차인은 법원에 소를 제기하기 전에 먼저 상가건물 임대차분쟁조정위원회에 조정을 신청하여야 한다.

당사자 간 분쟁이 있는 경우 소송을 통하여 해결하게 되면 양측 모두 피해를 보거나 한쪽 당사자에게 심각한 후유증을 남기게 된다. 법원에서도 민사소송의 경우 대부분 판사의 조정이 선행하게 된다. 이는 판결을 통한 해결이 당사자에게 심각한 심리적·경제적 피해를 주기 때문이다. 상가건물 임대차분쟁조정위원회[247]의 조정을 통할 경우 60일(최대 90일) 이내 신속하게 조정 결과를 받아볼 수 있고 인터넷으로 신청이 가능하다.

9) 상가임대차 일반관례

본 계약서에 기재되지 않은 사항은 상가건물임대차보호법 및 일반부동산 거래관례에 따른다.

---

247) 상가건물임대차분쟁조정위원회 홈페이지 https://www.cbldcc.or.kr/

상가임대차의 경우에도 예상할 수 있는 모든 경우를 대비해 특약에 약정하는 것은 현실적으로 불가능하다. 그렇기 때문에 본 특약사항이 필요한 것이다.

10) 실사용 면적

임차인의 현장답사에 의하여 임대차면적을 직접 확인하였으며 본 계약서상 면적은 공부상 전용면적으로 실 사용면적과의 차이가 있을 경우에도 임차인은 임대인 및 개업 공인중개사에게 이의를 제기할 수 없다.

드물기는 하여도 임차인이 직접 현장을 확인하고 계약하였음에도 계약서상 면적과 실측면적이 다르다며 해약을 요구하거나 차임의 감액을 요구하는 경우가 있다. 대부분 계약 후 변심에 의한 꼬투리잡기일 가능성이 높지만 그런 여지를 주지 않는 것이 일 잘하는 중개사라 할 것이다.

11) 양도양수 시설/물품 목록

본 계약은 현 시설상태의 계약으로 양수인에게 양도할 권리와 시설목록은 별첨하여 양도인과 양수인이 서명·날인하고 잔금 일에 그 수량과 품목이 부족한 경우에는 원상복구(배상)한다.

권리금이 있는 상가의 경우 권리계약 이전에 현장답사를 하면서 계약의사가 있는 임차인은 인수할 시설과 비품품목을 양도인과의 협의 하에 정하게 된다. 막연하게 '내부시설 전체'로 할 경우 잔금 시 없어진 것이 보이게 된다. 또한 양도인의 개인적인 비품이나 물건의 경우 양도대상에서 제외되어야 하기 때문에 양도할 물품목록을 작성하는 것이 좋다.

12) 영업가능 조건부 계약

인·허가·등록·영업신고 등 건축물 조건의 문제로 영업이 불가능할 경우 수령한 금액을 조건 없이 반환한다.

임차인이 바뀌면서 업종이 변경되는 경우가 있다. 이 경우 관련법에 의하여 인·허가가 불가한 경우도 있고 임대인의 협조를 얻어 건축물의 용도를 바꾸어야 영업 인·허가가 가능한 경우도 있다. 임대차계약 이전에 확인을 하고 계약하는 경우가 대부분이지만 법적인 제약으로 영업이 불가능하다면 수령한 금액을 반환하는 것이 타당할 것이다.

13) 영업자지위 승계

현 업종의 영업자지위를 승계하기로 하며 임대차 계약서 및 영업 신고증을 확인하고 계약함.

상가점포의 양수도는 당사자간 권리양·수도계약을 체결한 뒤 잔금일을 전후하여 임대인과 임대차계약(보증금 완납)을 한 후 구청에 영업자 지위승계신청을 하게 된다. 영업자 지위승계신청이 완료되면 세무서에 방문하여 양도자는 폐업신고를 하고 양수자는 사업자등록을 한다.

※ 개념: 영업자가 그 영업을 양도하거나 사망한 때 또는 법인의 합병이 있는 때 영업자의 지위를 승계한 자는 1월 이내에 영업자지위승계신고를 하여야 함.

〈표 12-4〉 행정행위의 영업자 지위승계와 관련된 분류

비자유업종	허가	단란주점, 유료직업소개소, 성인오락실, 유흥주점, 신용정보업, 의약품도매업 등
	등록	공인중개사사무소, 노래연습장, 독서실, PC방, DVD방, 오락실, 약국, 의원, 학원, 안경점, 출판사, 여행사, 동물미용실 등
	신고	일반음식점, 휴게음식점, 제과점, 스크린골프장, 당구장, 체육도장, 고시원, 동물병원, 만화방, 목욕탕, 미용실, 세탁업, 숙박시설, 안마시술소, 헬스클럽, 무도장, 예식장, 정육점, 건강원 등
자유업종		의류점, 화장품점, 신발점, 가방점, 슈퍼, 편의점, 휴대폰점, 조명점, 가구점, 낚시점, 악세사리점, 서점, 팬시점, 자동차대리점, 꽃집 등
대인적 허가		운전면허, 의사면허, 약사면허, 변호사면허, 행정사면허
대물적 허가		건축허가, 양조업허가
혼합적 허가		전당포, 석유사업허가, 개인택시운송업

허가의 세분은 행정행위의 효과가 이전될 수 있는지에 세분의 의미가 있다. 대인적 허가는 이전이 되지 않고, 대물적 허가는 이전이 가능하며 혼합적 허가는 개별법에 명문의 규정이 있는 경우에 한해 이전이 가능하다. 그러나 실무상으로는 대인적 허가, 대물적 허가와 혼합적 허가를 구분하기 쉽지 않으므로 법령에 영업자 승계 규

정을 두어 입법론적인 해결하는 경우가 많다.

※ 필요성: 영업자 지위승계는 새로운 영업자가 다시 영업허가를 받아야 하는 번잡함을 덜어 주기 위한 것으로 신규로 영업신고할 경우 해당 과에서 실사를 나오며 형식상 요건에 맞지 않을 경우(위반건축물, 시설 미비 등) 보완요구나 거절이 될 수 있고 처리기간이 있어 시간도 소요되는 문제를 고려하여 행정손실 방지와 민원인의 편의를 도모하기 위한 것이다.

(1) 영업자지위 승계가 가능한 업종(행정처분 포함 승계)

① 식품위생법상의 식품접객업: 일반음식점, 휴게음식점, 제과점, 단란주점, 유흥주점
② 공중위생관리법상의 공중위생영업: 숙박업, 목욕장업, 이용업, 미용업, 세탁업
③ 음악산업진흥에관한법률의 노래연습장업
④ 게임산업진흥에관한법률의 오락실과 PC방
⑤ 체육시설의 설치·이용에관한법률: 당구장, 골프연습장, 체력단련장(헬스장)
⑥ 영화 및 비디오물진흥에관한법률: DVD방
⑦ 석유 및 석유대체연료사업법: 주유소[248]

(2) 영업자지위 승계가 불가능한 업종

① 공인중개사법의공인중개사사무소
② 학원의 설립 운영 및 과외교습소에 관한 법률의 학원, 교습소

(3) 처리기간

① 단란주점영업, 유흥주점영업, 식품제조가공업, 식품첨가물제조업 - 총3일
② 기타 영업신고를 하여야 하는 업종 - 즉시

(4) 구비서류

---

[248] 대법원 1986. 7. 22., 선고, 86누203, 판결]

① 영업자 지위승계 신청서

② 영업신고증이나 영업허가증

③ 권리의 이전을 증명하는 양도·양수를 증빙할 수 있는 서류 사본 1부(영업 양도 양수서, 권리양도양수계약서)

④ 위생교육 수료(이수)증(양수인)

⑤ 건강진단결과서(보건소)

⑥ 신분증(양도인 및 양수인이 함께 방문할 경우 각자 신분증 지참하면 되지만 대리의 경우 위임장을 갖춰야 한다)

⑦ 기타 요건 해당 시 추가서류: 화재배상책임보험 가입증명서 1부[지하 66㎡이상, 지상2층 이상 100㎡이상인 경우), 소방안전교육 증명서 1부, 안전시설 등완비 증명서(소방필증) 1부

(5) 수수료: 1만 원 내외

14) 영업허가 책임

인·허가·영업신고는 전적으로 임차인의 책임으로 한다. 단 비용을 부담하는 사항 이외의 경우 임대인은 이에 협조한다.

15) 원상회복 포함 시설

본 계약시점의 시설상태는 사진촬영을 하여 임대차계약서에 첨부한다. 임차인이 계약만기 시 새로운 임차인이 그 시설을 그대로 인수하는 경우는 원상복구의무가 없으나, 새로운 임차인이 없는 상태에서 현임차인이 보증금을 반환받아 나가고자 하는 경우에는 시간의 경과에 의한 노후도를 감안하여 새로이 설치한 시설만 철거하기로 한다. 단, 간판은 원상복구에서 제외키로 한다.

일반 임대차계약서상에는 「계약의 종료」라는 표제로 제5조나 그 전후로 원상회복 및 반환조항이 일반조항으로 들어가 있다. 주택의 경우는 큰 문제가 없으나 상가의 경우 원상복구비용을 가지고 임대인은 터무니없는 비용의 견적을 들이대고 보증금의 반환을 미루게 되며 임차인은 새롭게 설치한 것만 제거하겠다고 맞서게 된다. 특히 간판의 경우 다음으로 들어오는 임차인이 간판문구(천갈이)만 바꾸어 사용하면 되는데도 임대인과 감정이 격해지면 간판의 철거와 건물 벽에 설치된 고정 앙카 문제

까지 들고 나오게 된다. 그렇기 때문에 임대차계약 만기 시 원상회복과 관련하여 분쟁이 예상된다면 계약서에 세세한 부분까지 특약으로 명시해야 한다.

16) 위반건축물 있는 건물의 임대차

본 임대차목적 건축물은 위반건축물로서 임차인이 공인중개사사무소를 운영하고자 하는 바, 위반건축물로 인하여 관할관청에서 등록을 거부할 경우 본 계약을 무효로 하고 수령한 금액을 조건 없이 반환하기로 한다.

위반건축물은 집합건물과 일반건물로 나누어 보아야 한다. 집합건물의 경우 전유부에 위반이 있는 경우와 전유부에는 위반이 없지만 표제부에 위반이 있는 경우로 나누어 보아야 한다. 일반건물의 경우에는 전유부와 표제부가 따로 나누어져 있지 않기 때문에 하나로 본다. 집합건물은 사용하려는 전유부에 위반이 있는 경우만 문제가 되고, 일반건물은 사용하려는 호실과 무관하게 위반이 있는 경우에 인·허가와 등록이 거절될 수 있다. 반드시 관할관청에 확인 후 계약하거나 특약으로 확인 후 유무효를 정하는 조항이 들어가야 한다.

17) 단란주점, 유흥주점의 영업허가 양도·양수 및 이전

양수인은 잔금일 전까지 위생교육(단란), 소방안전교육, 보건증, 화재보험을 이수 및 가입하고 잔금일에 영업허가를 승계하기로 한다.

위생교육 6시간, 건강검진 후 결과서 나오기까지 3~10일, 이전절차는 이전지의 영업허가(구청) 폐업신고 → 영업장 이전신청 → 시설조사 → 공채매입(75만 원)

18) 유흥주점, 단란주점 건물 매매 시 주의사항

본 매매물건은 단란주점의 영업장 면적이 전체 건물면적의 1/5로서 단란주점면적에 대하여는 취득세가 13.5% 부과됨을 고지함.

19) 임대인의 건물 수선

임차인은 계약 기간 중 본 건물에 대하여 임대인의 대수선 및 부분수선이 있을 시 적극 협조[249]하여야 하며, 이로 인하여 영업에 지장이 있다고 하여 영업적 손해배상 등을 임대인에게 청구 할 수 없다.

---

249) 민법 제624조(임대인의 보존행위, 인용의무)임대인이 임대물의 보존에 필요한 행위를 하는 때에는 임차인은 이를

임차인은 임대인의 임대물 보존행위에 대해 거절하지 못한다. 그러나 임대인이 임차인의 의사에 반한 보존행위[250]나 대수선을 하는 경우 임차인이 계약해지를 주장할 수 있기 때문에 사전에 대수선이 예정된 경우 임대차 특약에 명시할 필요가 있게 된다.

20) 임대차목적 외 사용 금지
계약 당시 사용목적(목적 표기) 이외 사용을 금하며 불법적이거나 주변 영업에 심각한 지장을 줄 경우 즉시 복원해야 하며. 이를 지키지 않을 시는 조건 없이 명도키로 한다.

성인오락실, 성인용품, 방문객이 많은 업종[251]의 경우 임대인이 임대를 꺼리기 때문에 임차인이 임차목적을 애매하게 "그냥 사무실이다" 등으로 이야기하고 계약하는 경우가 있다. 계약을 한 건이라도 하기 위해 개업 공인중개사가 임차인이 임대인을 속이는 행위에 편승하게 되면 차후에 반드시 문제가 생기게 된다. 문제가 있는 업종의 경우 임대인을 설득해보고 문제가 생기게 되면 명도 하겠다는 특약을 다는 방식 등으로 해결하고 넘어가야 한다.

21) 임대차 계약조건 권리계약
점포 양도 계약 후 양도인의 과실 없이 임대인과 임차권양수인 간의 임대차 본 계약이 불성립 시에는 계약을 해제하고 원금만 반환한다.

상가점포의 양도·양수는 권리금 계약을 먼저하고 잔금일을 전후하여 양도인의 주선 하에 임대인과 임차인간에 임대차계약을 하게 된다. 임대차계약에서 문제가 발생하는 경우는 임대인이 보증금이나 월세를 인상하는 경우와 임대인이 양수인에게 불신을 가지게 되는 경우이다. 양수인이 보증금이나 월세의 인상을 수용하는 경우에는 별 문제가 없겠지만 수용하지 못하는 경우에는 개업 공인중개사의 역할이 중요하다. 개업 공인중개사는 양도인이 반드시 팔기를 원하는 경우 인상된 보증금의 전부나 일부, 월세 인상액 2년분의 전부나 일부를 권리금에서 할인해 주도록 설득할 수 있다.

거절하지 못한다.
250) 민법 제625조(임차인의 의사에 반하는 보존행위와 해지권) 임대인이 임차인의 의사에 반하여 보존행위를 하는 경우에 임차인이 이로 인하여 임차의 목적을 달성할 수 없는 때에는 계약을 해지할 수 있다.
251) 방문객이 많은 경우 주차장의 주차분쟁, 수도요금(개별계량기가 없는 경우)분쟁이 발생하게 된다.

임대인이 양수인에 대해 불신을 가지고 임대차계약을 거절하는 경우에도 개업 공인 중개사는 임대인에게 불신의 사유를 물어 불신을 해소하거나 보완책을 임대차계약서의 특약사항에 기재하여 원만하게 풀어나가야 한다. 이러한 노력에도 불구하고 임대차 계약이 성사되지 않으면 수령한 금액을 조건 없이 반환하도록 권리계약서 특약사항에 기재하는 것이다.

22) 임차인 설치 시설물의 민원

임차인이 설치한 시설물 등으로 민원 발생 시 임차인의 책임 하에 민원인과 합의를 보거나 철거하기로 한다.

업종에 따라 1층 앞면이나 최상층 옥상의 경우 임차인이 데크를 설치하거나 어닝을 설치하여 영업하기도 한다. 이 경우 주변 경쟁업소에서 민원을 넣게 되고 구청으로부터 철거 행정지도나 시정명령을 받게 된다. 임대인의 입장에서는 임차인의 사업이 잘 되어야 월세를 잘 내기 때문에 처음부터 금지하기는 어렵고 문제가 생겼을 때 임차인이 책임지도록 하는 것이 최선이다.

23) 임차인 업종 변경

前 임차인의 인·허가·신고 업종과 다른 용도로 사용하고자 하는 경우 구청에 공부상 가능 여부를 확인 후 불가능 할 시에는 본 계약을 무효로 하고 수령한 금액을 조건 없이 반환한다.

근린생활시설, 업무시설 등 일반적으로 상가나 빌딩으로 불리는 건물에서의 영업은 건축물의 용도, 면적, 층고, 직통계단개수, 교육환경보호구역, 방화·방염재의 사용, 같은 건물 내 입점업종, 업종지정, 관리단 규약 등에 따라 자유업종과 비자유업종이 있다. 그렇기 때문에 업종이 바뀌는 임대차계약의 경우 영업 인·허가의 가능여부를 관할관청에 문의 후 가능할 경우에 임대차계약이 유효한 것으로 하여야 한다.

일반 근린생활시설 건축물의 경우 단독정화조를 사용하기 때문에 정화조 용량을 확인하여 계산하게 된다. 건축물대장상 정화조용량을 확인하고 각층 용도별 바닥면적을 확인하여 계산식252)에 따라 계산해본다. 업종을 변경할 경우 정화조 용량을 초

---

252) 환경부(홈페이지)→법령·정책→고시·훈령·예규→키워드검색(건축물의 용도별 오수발생량 및 정화조 처리대상인원 산정방법)

과한다면 건물주(소유주)의 연2회 청소를 하겠다는 서면각서를 첨부하여 영업 인·허가[253])를 진행한다. 그러나 연2회를 청소해도 오수발생량이 초과된다면 업종변경이 불가한 것으로 판단해야 한다.

하수처리 원인자 부담금은 하수처리시설안의 분류식 하수관거를 사용하거나 하수종말처리장으로 직접 유입 시 발생된다. 하수도법[254])등에 따라 오수발생량 1㎥/일에 대한 원인자부담금 단위단가는 서울시 하수도 사용 조례 별표 6의 산정방식에 따라 산정한 금액을 초과하지 않는 범위 내에서 시보 또는 일간신문 등에 매년 2월 말까지 공고하고 있다.

건축물의 경우 건축 시에 준공서류로서 원인자부담금이 납부되었지만 건축물의 용도변경에 의하여 하루에 10세제곱미터 이상 증가되는 경우에는 추가 부담금이 부과되는 것이다. 이 경우 임대인이 하수처리원인자부담금까지 지불하면서 임대를 해야 하는 경우 외에는 대부분 입점을 희망하는 임차인이 부담하게 된다.

24) 임차인의 소방 / 화재보험 가입

1. 임차인은 해당영업에 필요시 내부시설에 대한 소방시설을 설치하고 화재보험을 가입하여야 한다.
2. 소방시설의 설치는 임차인의 필요에 의한 것이므로 임대인에 대한 비용상환청구권[255])은 이를 포기한다.
3. 위 특약 1번을 해태하여 발생되는 인사 사고 및 경제적 손실은 임차인이 책임진다.

건축물의 소방시설은 건축물에 대한 소방시설과 용도에 의한 소방시설로 나눌 수 있다. 임차인이 기존 업종과 다른 업종의 영업을 하고자 하는 경우 소방설비를 설치하여야 하는 특정소방대상물이 되었고, 임차인이 소방설비를 한 경우에 유익비 상환 청구의 문제가 발생할 수 있는 것이다. 임대인이 임차인과 합의하여 임차인이 특정 소방대상물이 되는 영업을 하고자 하는 경우 임대인에게 민법 623조[256])에 의한 임대

---

253) 인가, 허가, 등록, 신고 등을 포괄하여 인·허가로 통칭함.
254) 하수도법 제61조(원인자부담금 등) / 하수도법 시행령 제35조(원인자부담금 등) / 서울특별시 하수도 사용 조례 제29조(개별건축물 등에 대한 원인자부담금)
255) **민법 제626조(임차인의 상환청구권)**
① 임차인이 임차물의 보존에 관한 필요비를 지출한 때에는 임대인에 대하여 그 상환을 청구할 수 있다.
② 임차인이 유익비를 지출한 경우에는 임대인은 임대차 종료시에 그 가액의 증가가 현존한때에 한하여 임차인의 지출한 금액이나 그 증가액을 상환하여야 한다. 이 경우에 법원은 임대인의 청구에 의하여 상당한 상환기간을 허여할 수 있다.
256) 민법 제623조(임대인의 의무) 임대인은 목적물을 임차인에게 인도하고 계약존속 중 그 사용, 수익에 필요한 상태를 유지하게 할 의무를 부담한다.

차목적에 필요한 상태를 유지할 의무가 있기 때문에 화재예방, 소방시설설치·유지 및 안전관리에 관한 법률 제9조[257]의 소방설비나 소방시설물[258]을 누가 설치할 것인가의 문제도 발생한다. 본 특약조항은 이에 대한 책임소재를 분명히 하는 의미가 있다.

화재보험은 건물주인 임대인이 화재의 경우 화재로 인한 손해를 보전받거나 타인에게 가한 손해를 배상하기 위하여 필요하지만 임차인의 경우에는 임대인의 건축물에 가한 손해를 배상하고 자신이 입은 손해와 제3자에게 가한 손해를 배상하기 위하여 필요한 보험이다. 임대차 관계에서는 화재로 인한 불법행위책임만이 문제가 아니라 민법 제390조 채무불이행책임에 대한 규정의 적용을 받는 바, 임차인의 과실에 의한 화재의 경우에 임대차계약상의 원상회복의무를 지게 된다. 따라서 임차인의 경우에도 이러한 책임을 면하기 위해서는 화재보험에 가입이 필요하다.

25) 잔금 전까지의 치유 불가능한 하자

계약일 이후 근저당, 가압류, 경매, 영업장 행정처분등의 하자발생시 양수인의 잔금지급일까지 그 해소가 불가능한 경우, 양수인은 계약을 해제 할 수 있으며, 이 때 양도인은 양수인에게 기 지불된 원금을 즉시 반환해 주어야 한다.

상가점포 중 일반음식점, 노래연습장, 단란주점, 유흥주점, 오락실 등은 계약 전 관할관청에 행정처분이 있는지도 확인하여야 하지만 잔금 시 한 번 더 확인하여야 한다. 계약시점과 잔금시점의 중간에 행정처분을 받을 수도 있기 때문이다.

행정처분에는 대물처분[259]과 대인처분[260]이 있어 대물처분의 경우 양수자에게 심각한 피해를 주기 때문에 사실상 권리의 양수가 의미 없어져 계약의 해제를 할 수밖에 없게 되는 것이다.

26) 재고물품 별도

---

257) 화재예방, 소방시설설치·유지 및 안전관리에 관한 법률 제9조(특정소방대상물에 설치하는 소방시설의 유지·관리 등)
① 특정소방대상물의 관계인은 대통령령으로 정하는 소방시설을 소방청장이 정하여 고시하는 화재안전기준에 따라 설치 또는 유지·관리하여야 한다.
258) 소화설비, 경보설비, 피난구조설비, 소화용수설비, 소화활동설비 등
259) 대물처분은 건축물이나 시설에 내려지는 처분으로서 영업정지와 영업장 폐쇄가 있다. 대물처분의 경우에는 행정처분의 효력이 영업자가 바뀌어도 승계된다.
260) 대인처분은 영업자에게 내려지는 처분으로 당사자 책임으로 간주되기 때문에 양수인에게는 승계되지 않는다.

양도인 점포의 물품재고, 재료 및 이에 따른 부속자재는 권리금과 별도로 협의하여 금액을 정한다.

권리 양수도의 경우 바닥권리, 영업권리, 시설권리 등은 권리금에 당연히 포함된 것으로 생각할 수 있지만 영업을 하고 있는 점포에 남아있는 재고물품의 경우 어떤 영업을 해오던 점포인지에 따라 재고물품의 수량이 많거나 가액이 고액인 경우가 있다. 양수인이 인수하지 않을 경우 양도인은 중고가나 저가에 처분할 수밖에 없지만 양수자가 인수하여 동일 영업을 할 경우 제값을 받을 수 있기 때문에 중고가보다는 더 쳐줘서 인수하게 된다.

27) 정화조 용량
임차인은 입점을 원하는 업종에 따른 정화조 용량을 구청에 직접 확인하였으며 이상 없음으로 회신 받은바 이후 이를 원인으로 해약할 수 없다.

28) 해약시 중개보수
양도인이나 양수인의 사정으로 권리양도계약이 해제될 경우에는 다른 약정에도 불구하고 금원의 이익을 받은 일방이 권리, 시설계약금의 20%를 중개보수로 지불하기로 한다.

개업 공인중개사의 고의나 과실 없이 당사자의 단순 변심으로 계약이 해제되는 경우 계약금을 몰수하거나 계약금의 배액을 상환하게 된다. 대부분의 계약서에는 일반 조항으로 개업 공인중개사가 계약 당사자 양측에게 중개보수를 청구할 수 있게 되어 있지만 현실적으로 계약금을 몰취 당하거나 배액을 상환한 당사자에게 중개보수를 청구하기는 어렵다. 그렇기 때문에 이익을 본 당사자에게 중개보수를 지급하도록 사전에 정리해 놓는 것이다. 본 특약조항은 조심스러운 부분이 있다. 계약이 성사되어 분위기가 좋은 상황에서 해약을 전제로 한 이러한 조항을 특약에 넣고자 한다면 당사자가 불쾌하게 생각할 수 있기 때문이다. 본 특약조항은 계약해제의 가능성이 높은 경우에만 생각해 볼 내용이다.

5. 토지매매

1) 개발행위 책임

본 매매토지의 사용. 수익을 위한 모든 인허가와 계약에 있어 관계 법률의 규제사항 및 토지상의 지장물 등의 처리는 전적으로 매수인 책임으로 한다.

개발행위를 하기 위하여 토지를 매입하는 경우 매수자는 개발에 필요한 사항을 검토하고 가능성이 있을 때 매매계약을 하게 된다. 매도자는 본인의 토지가 개발이 가능하다는 정도만 알고 있고 구체적인 사항은 모르기 때문에 개발에 대해 책임을 지는 계약은 피하게 된다. 그렇기 때문에 인·허가와 관련된 사항은 매수자의 책임으로 하되 매도자가 이에 협조하는 형식으로 계약을 하게 되는 것이다.

2) 계약금의 개업 공인중개사 보관
위 부동산 소재지역은 토지거래 허가구역인바 허가가 날 때까지 계약금은 수임부동산에 보관하고 매도인에게 보관증을 발행한다.

(1) 토지거래 허가구역의 경우 허가대상

① 자가 주거용 택지구입
② 지역주민을 위한 복지편익시설 설치
③ 농업·축산업·임업 등의 경영
④ 비농업인이 농지구입 시는 세대원 전원이 해당 시에 주민등록이 되어 있는 자로서 실제로 해당지역에 거주하는 경우
⑤ 토지수용사업 시행 및 관계법령에 의해 지정된 지역·지구·구역 등 지정 목적에 적합하다고 인정되는 사업의 시행
⑥ 허가구역 지정 당시 사업시행자가 그 사업에 이용하는 경우
⑦ 허가구역 내 주민의 일상행활 및 통상적인 경제활동에 필요한 경우
⑧ 보상법에 의한 토지수용자가 당해 거래구역 내에서 대체토지를 구입하는 경우 등

허가대상은 위와 같다. 허가대상에 포함되는 경우이지만 불허가로 인하여 반환하여야 하는 경우 소모적인 분쟁을 방지하기 위하여 허가 시까지 개업 공인중개사가 보관하고 현금영수증이나 기타 당사자가 동의하는 방식으로 보관증을 발행하여야 한다.

3) 계약면적의 증감 시 정산

현황 측량 등의 사유로 계약면적의 증감이 발생 시 정산하기로 한다(㎡당 금 000,000원으로 정산한다).

지적도와 현황이 부합하지 않는 토지의 처리방법은 2가지 정도로 나누어 볼 수 있다.

(1) 개별필지의 지적·현황 불일치

개별적인 필지가 지적과 현황이 불일치하는 경우 대부분 지적도에 따른다. 그러나 이것은 해당필지의 소유자와 인접지 소유자와의 문제이다. 매매계약에서 문제가 되는 것은 그 면적에 차이가 있을 경우이다. 이 경우 현황 측량과 계약면적에 차이가 있을 때 정산하는 방법이 있다. ㎡당 금액을 정하고 차이 나는 면적만큼 측량 후 정산하는 것이다.

(2) 집단적인 불부합지(지적불부합토지[261])

10필지 이상의 집단적인 지적불부합이 의심되는 경우 자구적으로 해결되기 어려운 경우가 많다. 지적불부합지의 문제는 1910년 당시 낙후된 기술과 장비에 의한 지적이 원인이고 이에 더해 도면축척의 다양성, 측량원점의 통일성 결여, 행정구역 경계의 목측등록, 지적도면 관리의 부실, 지적도면 재작성의 부정확, 지적복구의 오류 등 여러 가지 원인이 겹쳐있다. 이러한 지적 불부합의 문제를 개별적으로 해결하기 위해서는 인접 토지소유자와의 합의 또는 법원의 대항력 있는 확정판결을 받아야 하는데 개업 공인중개사의 입장에서는 등록사항 정정대상토지로 공시되어 있거나 집단적인 지적불부합지로 판단되는 경우 거래를 포기하는 것이 현명한 중개영업인 것으로 보인다.

4) 공부(대장)상 면적 기준

---

261) 지적불부합지는 지적공부상의 등록사항(경계·면적·위치)이 실제 현황과 일치하지 아니하는 10필지 이상의 집단적인 지역(국토해양부 예규 제18호)으로 소관청은 대상 지구를 선정하여 지적불부합지를 정리함에 있어서 법 제23조의 규정에 의한 축척변경 또는 법 제24조에 의한 등록사항정정 등의 규정을 적용하여 정리한다. 현행 지적법상 "등록사항정정대상 토지"라 한다.

본건은 공부(대장)상의 면적을 기준으로 한 매매이며 향후 실측면적과 차이가 있더라도 매수인 및 매도인은 일체의 이의를 제기하지 않기로 한다.

지적불부합지가 아닌 경우에도 지적공부와 현황 상 경계의 차이나 면적의 차이가 있을 수 있다. 미미한 차이가 있을 것으로 예상되는 경우 사전 합의를 통하여 계약 후 지적측량을 통하여 금액을 조정하거나 아니면 상호 이의를 제기하지 않는 것으로 합의할 수 있다.

5) 분묘기지권

계약일 현재 확인된 분묘기지권은 총 ○○이다. 미확인된 분묘기지권이 있을 경우 1기 당 ○○○원으로 합의하고 잔금 시까지 확인하여 금액을 정산한다. 잔금이후 매매대상 부동산에 분묘가 존재할 경우 매수인이 승계하기로 한다.

분묘가 있는 토지나 임야를 중개하는 경우 분묘기지권을 정리하는 것이 가장 중요한 사항이 된다. 종중임야나 지속적으로 관리되고 있는 임야의 경우는 흔하지 않지만 방치되어 있던 임야의 경우 임야의 소유주가 모르는 분묘가 존재하고 없던 분묘가 생기는 경우도 있다. 현장답사 시 분묘가 총 몇 기가 있는지, 임야의 소유주가 동의해서 설치된 분묘와 무연고분묘 및 이장할 수 있는 분묘인지를 임야의 소유주를 통하여 확인하여 계약서상 기재한다.

무연분묘의 이장 절차는 장사등에관한법률·시행령·시행규칙에 따르며 다음과 같다.

(1) 이장 현수막, 안내판 설치 후 사진촬영(근거리, 원거리 각1장)
(2) 분묘개장공고 90일(1차공고 개시 40일 후 2차 공고) / 분묘기지권이 없는 연고자나 분묘설치자에게 내용증명 통보
(3) 분묘소재 관할 관청에 개장허가신청(공고내용, 개장허가신청서, 분묘사진, 등기부등본, 지적도, 연고자를 알지 못하는 사유서, 무연분묘 사실확인서)
(4) 담당공무원 현지답사
(5) 개장허가(처리기한 3일)
(6) 파묘 및 유골수습(화장봉안, 무연고 납골당 안치 10년. 10년 후에는 장사시설 내 화장한 유골을 뿌릴 수 있는 시설에 뿌리거나 자연장 한다.)

(7) 무연묘 처리 내역 관할관청 제출(개장 전·중·후 사진 제출)

6) 지상 수목 등 일체 포함

매매대금에는 본건 부동산 위에 존재하는 수목 등 일체를 포함한다.

토지의 매매는 대부분 지상에 건축물이 없는 경우이다. 그러나 건축물이 없는 토지(임야)의 경우에도 수목이나 조경석, 과실수, 농작물이 있을 수 있기 때문에 토지(임야)매매시에는 원칙적으로 토지위의 지상물 전체를 포함시켜야 하고 제외되는 지상 정착물을 별도로 표기하여야 한다. 특히 등기된 임목, 명인방법으로 표시된 수목집단, 미분리과실 및 농작물은 그 소유관계를 분명히 하여 계약서에 명시하여야 한다.

7) 토지거래 허가구역

상기 부동산 소재지역은 토지거래 허가구역인바 합의한 기간 내 토지거래허가가 나지 않을 경우 즉시 본 매매계약은 무효로 하며, 매도인은 지체 없이 수령한 전체원금만을 매수인에게 반환한다.

토지거래 허가구역[262]은 국토의계획및이용에관한법률 제10장에서 규율하던 것을 2017. 1. 20. 부동산거래신고등에관한법률 제4장으로 옮겨 관련법들을 일원화하여 규율하고 있다. 토지거래허가는 규제지역 내에서도 토지거래의 자유가 인정되나 다만 위 허가를 허가 전의 유동적 무효상태에 있는 법률행위의 효력을 완성시켜주는 인가적 성질[263]을 띤 행정행위로 보는 유동적무효설이 판례이면서 다수설이다. 결론적으로 토지거래허가지역 내의 허가는 이론상의 허가가 아니라 인가의 성격을 가지며 무인가행위는 처벌대상은 되지 아니하나 그 행위는 무효가 되므로 일반적인 허가와는 다른 성격을 가지고 있다고 할 수 있다.

토지거래허가는 계약의 당사자가 공동으로 시장·군수 또는 구청장에게 신청하여야 한다.[264] 신청서류는 다음과 같다.

(1) 허가신청서
(2) 토지이용계획서

---

262) 부동산거래신고등에관한법률 제4장
263) 대법원 1991. 12. 24. 선고 90다 12243전원합의체판결
264) 부동산거래신고등에관한법률 제11조 제1항

(3) 토지취득자금의 조달계획서

8) 현 상태대로의 계약
현상태에서의 매매 계약이며, 등기사항 증명서를 확인하고 계약을 체결함.

매매대상 토지가 나지(裸地)이거나 임야인 경우 특별히 현 상태라 할 만한 물리적 내용이 없겠지만 이런 종류의 계약은 별도로 정한 사항 외에는 현 상태대로의 계약임을 분명히 해야 한다. 현 상태대로의 계약을 전제해야 당사자 간 계약을 깨기 위한 억지성 주장을 제어할 수 있기 때문이다.

6. 건축부지 매매

1) 감정평가 / 석면조사
매도인은 은행에서의 감정평가실사 및 석면조사 시 이에 협조키로 한다. (내부 보여주는 것)

건축부지는 대부분 잔금대출을 받게 된다. 또한 금액이 크기 때문에 감정평가를 나오며, 일정면적 이상을 철거할 경우 석면(유리가루, 발암물질)조사를 하고 석면비산방지 조치를 한 후 철거를 해야 한다. 이러한 현장조사 시 잔금 치르기 전에는 못 들어온다고 버티는 매도자도 있다. 꼭 필요한 조항이며 매도자가 믿을 만한 분이라도 양해를 구하고 문서로 협조조항을 넣어야 한다. 석면조사는 천장 일부를 뜯어보거나 확인이 필요한 곳은 드릴로 구멍을 뚫기도 한다.

2) 매수인 명의 추가 / 변경
매수인이 원할 경우 매수인명의를 추가하거나 변경할 수 있고 매도자는 이에 응한다.

건축업은 매출액이 높고 여러 가지 세금 문제가 많아 건축주는 명의를 여러 개를 쓴다. 계약 시에는 생각하지 못했다가 세무사와 상담 후 바꾸거나, 동업자를 끌어들이는 경우가 있기 때문에 명의를 변경할 수 있도록 해주어야 한다. 매도자에게 쉽게 설명(거래신고를 중개사가 하기 때문에 변경되는 경우 통지만 하고 별도로 할 일이 없다는 점)해야 매도자가 승낙한다. 건축주가 사업자등록을 내기 위해 변경이나 추가된 명의의 계약서를 중간에 작성해야 하는 경우에는 새롭게 작성해 줘야 한다. 주택을 매입해 건축을 하는 경우에는 실거래신고 시 취득자금 조달계획서와 증빙이 필요하기 때문에 매수자들 간의 세무관계가 복잡해질 수 있다는 점을 감안하고 진행한다. 매수인 명의를 추가하거나 변경하는 경우 실거래신고 시 당사자 간 합의에 의하여 계약을 해제하고 추가나 변경된 당사자로 새롭게 신고하여야 하고 기 지급된 계약금은 반환처리하거나 기존매수자와 변경된 매수자간에 자금 이동원인과 경과를 분명히 하여 자금조달계획서 및 증빙자료에 첨부되어야 한다.

3) 여러 필지의 동시계약

본 계약은 서울시 00구 00동 1234-12, 13의 동시 계약으로 두 필지 계약이 완료될 시 유효한 것으로 하고 완성즉시 계약금을 입금키로 하되 기한은 2021.00.00.일까지로 한다 (매도인 계좌번호:)

건축부지는 여러 필지의 계약이 대부분이기 때문에 계약이 다 완료된 시점에 계약금이 입금되는 계약으로 진행해야 한다. 한 필지 계약 후 바로 계약금을 입금하게 되면 그 옆 필지의 매도자는 여러 가지 이유로 전화를 안 받거나 잠적한다. 추후에 나타나 못 팔게 되었다고 하면 이미 지불한 계약금 날리는 것이다. 또는 과도하게 더 많은 금액을 요구한다. 일부필지에 대한 계약금 입금은 아직 미계약 필지의 매도자에게 건축주와 중개사의 치명적인 약점으로 인식되기 때문이다. 물론 적극적으로 계약을 유도한 뒤 본인이 알박기를 하게 되면 형사상 부당이득죄가 될 수 있지만 계약을 할 것처럼 소극적 승인 후 피하는 경우에는 그 피해가 고스란히 매수자와 개업 공인중개사에게 올 수 있다.

4) 임대차계약서 사본 교부의무
매도인은 잔금시 임대차계약서사본 전체를 매수인에게 제출키로 한다.

농어촌특별세법 시행령 제4조 제4항에 따라 다가구주택을 매입하여 건축하는 경우 임대차한 면적을 제외한 면적이 85㎡ 이하[265]인 경우 농어촌특별세를 감면받을 수 있기 때문에 나머지 면적을 임대차했다는 임대차계약서 사본이 필요하게 된다.

---

265) 대통령령으로 정하는 서민주택

매수자에게 농특세 감면혜택이 있을 경우에 해당한다.

5) 임차인 명도책임

전 임차인의 명도는 잔금일까지 매도인의 책임하에 명도완료하고, 등기사항전부증명서상 갑구와 을구에 권리제한사유가 있을 경우 전체 말소 후 소유권 이전키로 한다. (매도인은 잔금일에 전입세대 없는 전입세대 열람원을 제출키로 한다.)

건축부지에 있어 매매건물에 임차인이 있는 경우 명도가 항상 문제된다. 명도를 쉽게 생각하고 매수자가 알아서 명도하는 조건으로 계약했다가 거액을 손해 보거나 부도가 나는 경우도 있다. 명도는 매도자 책임이 원칙이고 상호협조가 두 번째다. 매도자는 임차인과 아는 사이이고 불가피한 상황을 이야기하면 무릎을 꿇고라도 부탁해서 내보낼 수 있지만 매수인은 건축업자이고(돈이 많다고 생각함) 모르는 사람이기 때문에 상상도 못할 돈을 요구하기도 하며 돈도 필요 없고 만기 때까지 살겠다고 하는 임차인도 등장한다. 개업 공인중개사는 중간에서 우리가 책임지겠다고 해서는 절대 안 된다. 협조는 할 수 있지만 중개사가 현실적으로 책임질 능력이 안 된다고 봐야 한다. 잘못하면 10년 소송으로 간다.

6) 잔금 전 매도자 명의의 건축허가

매도자는 건축허가에 대해 일체의 책임이 없다. 단, 잔금수령과 동시에 매수자 앞으로 건축주명의변경을 해가는 조건으로 매도자명의의 건축허가에 동의한다. 계약금 입금 후 건축허가 위임용 일반인감증명서 1부와 잔금 시 건축주명의변경용 일반임감증명서 1부를 추가로 매수자에게 교부한다. 본 건축허가와 관련된 모든 비용과 책임은 매수자가 진다.

공동주택은 토지주와 건축주가 같아야 허가를 내준다. 즉 잔금을 지급하고 소유권이 넘어오기 전까지는 매도자가 토지주이기 때문에 잔금 전에 건축허가를 내기 위해서는 매도자명의의 허가일 수밖에 없다는 것이다. 그리고 건축관련법·조례 등이 사회적 이슈가 터질 때마다 변경되거나 강화되기 때문에 잔금후 건축허가를 진행하게 되면 계약 시와 잔금 시 건축법이나 조례에 변동이 생길 수도 있고, 잔금후 허가를 진행하게 되면 이자만 납부하면서 몇 개월을 낭비하게 되는 문제가 있다. 이러한 이유로 계약 후 바로 건축심의, 허가를 진행하게 되는데 매도자는 본인 명의로 건축허가를 내겠다고 하면 본인에게 무슨 일이 있을까 봐 불안해한다.

그렇다고 이 조항을 넣지 않고 허가를 받게 되면 잔금 시 명의변경용 인감증명서를 발급해 주지 않거나 돈을 요구하는 상황이 생길 수 있다. 가장 중요한 조항으로 개업 공인중개사가 먼저 정확히 이해하고 매도자를 설득시켜야 한다. 결론적으로 매도자에게 문제될 것이 없기 때문에 개업 공인중개사가 매도자에게 자신 있게 이야기해도 된다.

단, 구청에 질의하면 명확하게 이야기하지 않는다. "문제가 생길 수도 있고 안 생길 수도 있다." 이렇게 대답한다. 이것은 구청직원이 1%라도 혹여 책임지는 말을 하지 않으려 하기 때문에 그렇게 대답하는 것이다. 건축에 관련된 문제는 건축명의자를 따라 다닌다고 생각하면 된다. 잔금 전까지는 허가과정만 진행시킬 뿐 공사를 진행하는 것이 아니기 때문에 매수자측 건축사사무소와 관련된 일이 대부분이고 매도자에게 생길 문제는 없는 것이다.

7) 정화조 영수증, 공과금 정산
매도인은 잔금 시 공과금 및 정화조 영수증을 제출하여 정산키로 한다.

공과금도 정산해줘야 하지만 가장 중요한 것은 정화조 영수증이다. 정화조 청소비는 얼마 되지 않지만 영수증을 첨부하지 않으면 철거를 할 수 없다. 영수증을 받아 반드시 건축주에게 넘겨줘야 한다.

8) 지반조사 협조
매도자는 매수자의 지반조사에 협조한다. 지반조사 일정은 추후 협의하여 정한다.

지반조사는 지진과 싱크홀 등의 문제로 인하여 소규모 공동주택의 경우에도 필수가 되었다. 2층 이상의 건축물과 200㎡ 이상의 건축물 등에는 건축법시행령 제32조에 의하여 내진설계를 하기 위해서 지반조사를 실시하여 거기에 맞추어 구조설계를 하도록 되어 있기 때문이다. 착공신고 전에 제출되어야 한다. 소규모주택의 경우 보통 구멍 1개에서 많으면 2개정도 천공한다. 우물파는 기계가 들어와 가로세로 2자 정도로 콘크리트나 아스팔트를 잘라내고 직경 약 10㎝의 관을 박아서 지하토양(암석)을 층층이 뽑아내어 검사를 한다. 끝나고 나면 다시 원상복구 해준다. 매도자가 모르는 일이면 스트레스를 받을 수 있으니 너무 스트레스 받지 않도록 "기계가 들어와 구멍 한 두 개 파는 것이다."라고 쉽게 설명하기를 바란다. 현 건축물의 면적 및 구조상 지반조사를 할 수 없는 경우 잔금 후 건물을 철거하고 한다. 잔금 전 불가능할 경우에는 본 조항은 뺀다.

9) 현 상태의 계약

협의되어 계약서상 약정된 내용 외는 현 상태대로의 계약임.

철거하는 건물의 경우 매매계약 후 잔금 전까지 매도자가 직접 하든 고물상을 시키든 보일러, 동파이프 등 돈이 되는 금속이나 고물 등을 떼어가는 경우가 있다. 될 수 있으면 현 상태대로 건축업자인 매수자에게 인수인계 시켜야 한다. 건축업자가 건물을 철거하는 경우에는 철거 시 철, 스테인리스, 동관 등의 철물 가격을 정해 철거업자의 철거비용과 상계처리 하기도 한다. 그 처리는 매수자가 알아서 할 일이다.

※ 건축부지는 잘못 계약하면 매도자, 중개사, 건축주 모두 고통 받을 수 있다. 현재시점에서는 위 특약사항만 명확하게 이해하고 있으면 95% 아무 문제없을 것으로 판단하지만 관련법률의 변경이나 새로운 규제가 생기는 경우를 감안해 설계사무소와 친하게 지내며 계약 시마다 새로운 사항이 없는지 문의하기 바란다.

7. 재개발, 재건축 과정의 중개

1) 정비사업의 절차

도시·주거환경정비기본계획의 수립266) → 안전진단(재건축사업) → 정비계획수립 및 정비구역 지정 → 조합설립추진위원회의 구성·승인 → 조합설립 인가 → 시공사 선정 → 사업시행계획인가 → 조합원분양신청 → 관리처분계획인가 → 이주 및 철거 → 착공 및 일반분양267) → 준공 및 입주 → 이전고시 → 조합해산(청산)

　(1) 토지등소유자의 설명의무268), 공인중개사의 설명의무
　도시 및 주거환경정비법 제122조(토지등소유자의 설명의무)

---

266)　도시 및 주거환경정비법 제4조, 제12조, 제8조, 제31조, 제35조, 제29조, 제50조, 제72조, 제74조, 제81조, 제83조, 제86조, 제89조, 제122조의 순으로 관련 조문이 있다.
267)　서울특별시 도시 및 주거환경정비 조례 제40조(각 지방자치단체 관련 조례 참조)
268)　도시 및 주거환경정비법 제122조

① 토지등소유자는 자신이 소유하는 정비구역 내 토지 또는 건축물에 대하여 매매·전세·임대차 또는 지상권 설정 등 부동산 거래를 위한 계약을 체결하는 경우 다음 각 호의 사항을 거래 상대방에게 설명·고지하고, 거래 계약서에 기재 후 서명·날인하여야 한다.

1. 해당 정비사업의 추진단계
2. 퇴거예정시기(건축물의 경우 철거예정시기를 포함한다)
3. 제19조[269)에 따른 행위제한
4. 제39조[270)에 따른 조합원의 자격

---

269) **제19조(행위제한 등)**

① 정비구역에서 다음 각 호의 어느 하나에 해당하는 행위를 하려는 자는 시장·군수 등의 허가를 받아야 한다. 허가 받은 사항을 변경하려는 때에도 또한 같다.
1. 건축물의 건축
2. 공작물의 설치
3. 토지의 형질변경
4. 토석의 채취
5. 토지분할
6. 물건을 쌓아 놓는 행위
7. 그 밖에 대통령령으로 정하는 행위
⑦ 국토교통부장관, 시·도지사, 시장, 군수 또는 구청장(자치구의 구청장을 말한다. 이하 같다)은 비경제적인 건축행위 및 투기 수요의 유입을 막기 위하여 제6조제1항에 따라 기본계획을 공람 중인 정비예정구역 또는 정비계획을 수립 중인 지역에 대하여 3년 이내의 기간(1년의 범위에서 한 차례만 연장할 수 있다)을 정하여 대통령령으로 정하는 방법과 절차에 따라 다음 각 호의 행위를 제한할 수 있다.
1. 건축물의 건축
2. 토지의 분할
⑧ 정비예정구역 또는 정비구역(이하 "정비구역등"이라 한다)에서는 「주택법」 제2조제11호가목에 따른 지역주택조합의 조합원을 모집해서는 아니 된다.

270) **제39조 (조합원의 자격 등)**

① 제25조에 따른 정비사업의 조합원(사업시행자가 신탁업자인 경우에는 위탁자를 말한다. 이하 이 조에서 같다)은 토지등소유자(재건축사업의 경우에는 재건축사업에 동의한 자만 해당한다)로 하되, 다음 각 호의 어느 하나에 해당하는 때에는 그 여러 명을 대표하는 1명을 조합원으로 본다. 다만, 「국가균형발전 특별법」 제18조에 따른 공공기관 지방이전 및 혁신도시 활성화를 위한 시책 등에 따라 이전하는 공공기관이 소유한 토지 또는 건축물을 양수한 경우 양수한 자(공유의 경우 대표자 1명을 말한다)를 조합원으로 본다.
1. 토지 또는 건축물의 소유권과 지상권이 여러 명의 공유에 속하는 때
2. 여러 명의 토지등소유자가 1세대에 속하는 때. 이 경우 동일한 세대별 주민등록표 상에 등재되어 있지 아니한 배우자 및 미혼인 19세 미만의 직계비속은 1세대로 보며, 1세대로 구성된 여러 명의 토지등소유자가 조합설립인가 후 세대를 분리하여 동일한 세대에 속하지 아니하는 때에도 이혼 및 19세 이상 자녀의 분가(세대별 주민등록을 달리하고, 실거주지를 분가한 경우로 한정한다)를 제외하고는 1세대로 본다.
3. 조합설립인가(조합설립인가 전에 제27조제1항제3호에 따라 신탁업자를 사업시행자로 지정한 경우에는 사업시행자의 지정을 말한다. 이하 이 조에서 같다) 후 1명의 토지등소유자로부터 토지 또는 건축물의 소유권이나 지상권을 양수하여 여러 명이 소유하게 된 때

② 「주택법」 제63조제1항에 따른 투기과열지구(이하 "투기과열지구"라 한다)로 지정된 지역에서 재건축사업을 시행하는 경우에는 조합설립인가 후, 재개발사업을 시행하는 경우에는 제74조에 따른 관리처분계획의 인가 후 해당 정비사업의 건축물 또는 토지를 양수(매매·증여, 그 밖의 권리의 변동을 수반하는 모든 행위를 포함하되, 상속·이혼으로 인한 양도·양수의 경우는 제외한다. 이하 이 조에서 같다)한 자는 제1항에도 불구하고 조합원이 될 수 없다. 다만,

5. 제70조 제5항271)에 따른 계약기간

6. 제77조272)에 따른 주택 등 건축물을 분양받을 권리의 산정 기준일

7. 그 밖에 거래 상대방의 권리·의무에 중대한 영향을 미치는 사항으로서 대통령령으로 정하는 사항

② 제1항 각 호의 사항은 「공인중개사법」 제25조 제1항 제2호의 "법령의 규정에 의한 거래 또는 이용제한사항"으로 본다.

(2) 서울특별시 도시 및 주거환경정비 조례273) 제36조(재개발사업의 분양대상 등)

① 영 제63조제1항 제3호에 따라 재개발사업으로 건립되는 공동주택의 분양대상자는 관리

양도인이 다음 각 호의 어느 하나에 해당하는 경우 그 양도인으로부터 그 건축물 또는 토지를 양수한 자는 그러하지 아니하다.

1. 세대원(세대주가 포함된 세대의 구성원을 말한다. 이하 이 조에서 같다)의 근무상 또는 생업상의 사정이나 질병 치료(「의료법」 제3조에 따른 의료기관의 장이 1년 이상의 치료나 요양이 필요하다고 인정하는 경우로 한정한다)·취학·결혼으로 세대원이 모두 해당 사업구역에 위치하지 아니한 특별시·광역시·특별자치시·특별자치도·시 또는 군으로 이전하는 경우

2. 상속으로 취득한 주택으로 세대원 모두 이전하는 경우

3. 세대원 모두 해외로 이주하거나 세대원 모두 2년 이상 해외에 체류하려는 경우

4. 1세대(제1항제2호에 따라 1세대에 속하는 때를 말한다) 1주택자로서 양도하는 주택에 대한 소유기간 및 거주기간이 대통령령으로 정하는 기간 이상인 경우

5. 제80조에 따른 지분형주택을 공급받기 위하여 건축물 또는 토지를 토지주택공사등과 공유하려는 경우

6. 공공임대주택, 「공공주택 특별법」에 따른 공공분양주택의 공급 및 대통령령으로 정하는 사업을 목적으로 건축물 또는 토지를 양수하려는 공공재개발사업 시행자에게 양도하려는 경우

7. 그 밖에 불가피한 사정으로 양도하는 경우로서 대통령령으로 정하는 경우

③ 사업시행자는 제2항 각 호 외의 부분 본문에 따라 조합원의 자격을 취득할 수 없는 경우 정비사업의 토지, 건축물 또는 그 밖의 권리를 취득한 자에게 제73조를 준용하여 손실보상을 하여야 한다.

271) 제70조(지상권 등 계약의 해지)
⑤ 제74조에 따라 **관리처분계획의 인가를 받은 경우 지상권·전세권설정계약 또는 임대차계약의 계약기간은 「민법」 제280조·제281조 및 제312조제2항, 「주택임대차보호법」 제4조제1항, 「상가건물 임대차보호법」 제9조제1항을 적용하지 아니한다.**
272) **제77조(주택 등 건축물을 분양받을 권리의 산정 기준일)**
① 정비사업을 통하여 분양받을 건축물이 다음 각 호의 어느 하나에 해당하는 경우에는 제16조제2항 전단에 따른 고시가 있은 날 또는 시·도지사가 투기를 억제하기 위하여 기본계획 수립 후 정비구역 지정·고시 전에 따로 정하는 날(이하 이 조에서 "기준일"이라 한다)의 다음 날을 기준으로 건축물을 분양받을 권리를 산정한다.
1. 1필지의 토지가 여러 개의 필지로 분할되는 경우
2. 단독주택 또는 다가구주택이 다세대주택으로 전환되는 경우
3. 하나의 대지 범위에 속하는 동일인 소유의 토지와 주택 등 건축물을 토지와 주택 등 건축물로 각각 분리하여 소유하는 경우
4. 나대지에 건축물을 새로 건축하거나 기존 건축물을 철거하고 다세대주택, 그 밖의 공동주택을 건축하여 토지등소유자의 수가 증가하는 경우
② 시·도지사는 제1항에 따라 기준일을 따로 정하는 경우에는 기준일·지정사유·건축물을 분양받을 권리의 산정 기준 등을 해당 지방자치단체의 공보에 고시하여야 한다.
273) 서울특별시 외 지역은 각 지방자치단체 "도시 및 주거환경정비조례"를 확인한다.

처분계획기준일 현재 다음 각 호의 어느 하나에 해당하는 토지등소유자로 한다.

1. 종전의 건축물 중 주택(주거용으로 사용하고 있는 특정무허가건축물 중 조합의 정관등에서 정한 건축물을 포함한다)을 소유한 자

2. 분양신청자가 소유하고 있는 종전토지의 총면적이 90제곱미터 이상인 자

3. 분양신청자가 소유하고 있는 권리가액이 분양용 최소규모 공동주택 1가구의 추산액 이상인 자. 다만, 분양신청자가 동일한 세대인 경우의 권리가액은 세대원 전원의 가액을 합하여 산정할 수 있다.

4. 사업시행방식전환의 경우에는 전환되기 전의 사업방식에 따라 환지를 지정받은 자. 이 경우 제1호부터 제3호까지는 적용하지 아니할 수 있다.

5. 도시재정비법 제11조제4항에 따라 재정비촉진계획에 따른 기반시설을 설치하게 되는 경우로서 종전의 주택(사실상 주거용으로 사용되고 있는 건축물을 포함한다)에 관한 보상을 받은 자

② 제1항에도 불구하고 다음 각 호의 어느 하나에 해당하는 경우에는 **여러 명의 분양신청자를 1명의 분양대상자로 본다.**

1. 단독주택 또는 다가구주택을 권리산정기준일 후 다세대주택으로 전환한 경우

2. 법 제39조제1항제2호에 따라 여러 명의 분양신청자가 1세대에 속하는 경우

3. 1주택 또는 1필지의 토지를 여러 명이 소유하고 있는 경우. 다만, 권리산정기준일 이전부터 공유로 소유한 토지의 지분이 제1항제2호 또는 권리가액이 제1항제3호에 해당하는 경우는 예외로 한다.

4. 1필지의 토지를 권리산정기준일 후 여러 개의 필지로 분할한 경우

5. 하나의 대지범위에 속하는 동일인 소유의 토지와 주택을 건축물 준공 이후 토지와 건축물로 각각 분리하여 소유하는 경우. 다만, 권리산정기준일 이전부터 소유한 토지의 면적이 90제곱미터 이상인 자는 예외로 한다.

6. 권리산정기준일 후 나대지에 건축물을 새로 건축하거나 기존 건축물을 철거하고 다세대주택, 그 밖에 공동주택을 건축하여 토지등소유자가 증가되는 경우

③ 제1항제2호의 종전 토지의 총면적 및 제1항제3호의 권리가액을 산정함에 있어 다음 각 호의 어느 하나에 해당하는 토지는 포함하지 않는다.

1. 「건축법」 제2조제1항제1호에 따른 하나의 대지범위 안에 속하는 토지가 여러 필지인 경우 권리산정기준일 후에 그 토지의 일부를 취득하였거나 공유지분으로 취득한 토지

2. 하나의 건축물이 하나의 대지범위 안에 속하는 토지를 점유하고 있는 경우로서 권리산정기준일 후 그 건축물과 분리하여 취득한 토지

3. 1필지의 토지를 권리산정기준일 후 분할하여 취득하거나 공유로 취득한 토지

④ 제1항부터 제3항까지에도 불구하고 사업시행방식전환의 경우에는 환지면적의 크기, 공동환지 여부에 관계없이 환지를 지정받은 자 전부를 각각 분양대상자로 할 수 있다.

(3) 서울특별시 도시 및 주거환경정비 조례 제37조(단독주택재건축사업의 분양대상 등)

① 단독주택재건축사업(대통령령 제24007호 도시 및 주거환경정비법 시행령 일부개정령 부칙 제6조에 따른 사업을 말한다. 이하 같다)으로 건립되는 공동주택의 분양대상자는 관리처분계획기준일 현재 다음 각 호의 어느 하나에 해당하는 토지등소유자로 한다.

1. 종전의 건축물 중 주택 및 그 부속토지를 소유한 자
2. 분양신청자가 소유하고 있는 권리가액이 분양용 최소규모 공동주택 1가구의 추산액 이상인 자. 다만, 분양신청자가 동일한 세대인 경우의 권리가액은 세대원 전원의 가액을 합하여 산정할 수 있다.

② 제1항에도 불구하고 다음 각 호의 어느 하나에 해당하는 경우에는 **여러 명의 분양신청자를 1명의 분양대상자로 본다.**

1. 단독주택 또는 다가구주택을 권리산정기준일 후 다세대주택으로 전환한 경우
2. 법 제39조제1항제2호에 따라 여러 명의 분양신청자가 1세대에 속하는 경우
3. 1주택과 그 부속토지를 여러 명이 소유하고 있는 경우
4. 권리산정기준일 후 나대지에 건축물을 새로 건축하거나 기존 건축물을 철거하고 다세대주택, 그 밖에 공동주택을 건축하여 토지등소유자가 증가되는 경우

(4) 건축물의분양에관한법률 적용범위

제3조(적용 범위)

① 이 법은 「건축법」 제11조에 따른 건축허가를 받아 건축하여야 하는 다음 각 호의 어느 하나에 해당하는 건축물로서 같은 법 제22조에 따른 사용승인서의 교부(이하 "사용승인"이라 한다) 전에 분양하는 건축물에 대하여 적용한다.

1. 분양하는 부분의 바닥면적(「건축법」 제84조에 따른 바닥면적을 말한다)의 합계가 3천제곱미터 이상인 건축물

2. 업무시설 등 대통령령으로 정하는 용도 및 규모의 건축물

② 제1항에도 불구하고 다음 각 호의 어느 하나에 해당하는 건축물에 대하여는 이 법을 적용하지 아니한다.

1. 「주택법」에 따른 주택 및 복리시설

2. 「산업집적활성화 및 공장설립에 관한 법률」에 따른 지식산업센터

3. 「관광진흥법」에 따른 관광숙박시설

4. 「노인복지법」에 따른 노인복지시설

5. 「공공기관의 운영에 관한 법률」에 따른 공공기관이 매입하는 업무용 건축물

6. 「지방공기업법」에 따른 지방공기업이 매입하는 업무용 건축물

③ 제2조제2호 단서 및 제2항에도 불구하고 제2조제2호 단서에 따라 분양에 해당하지 아니하는 방법으로 매입한 건축물과 제2항제5호 및 제6호에 해당하는 건축물의 전매 또는 전매 알선에 대하여는 제6조의3제3항 및 제10조제2항제5호를 적용한다.

---

(5) 서울특별시의 주택재개발 분양대상자

〈표 12-5〉 서울시 주택재개발 분양대상자

구분	소유권 분리일	최소면적	주택소유여부	지목
토지+건물	-	무관	무관	무관
건물만	2003.12.30일[274]이전	무관	무관	-

---

274) 서울특별시 도시 및 주거환경정비조례 제정일

토지만	2003.12.30 이전	90㎡ 이상	무관	무관
	2003.12.30 이전	30㎡ 이상~90㎡ 미만	무주택자275)	도로(지목+현황) 무자격
무허가 건축물276)	무관		무관	무관
기타	제36조①3. 권리가액 기준 제36조①4. 환지를 지정받은 자 제36조①5. 도시재정비촉진을 위한 특별법 11조4항의 종전주택 보상자			

기준: 관리처분계획기준일 현재

1) 도정법상 토지등소유자의 설명의무

매도자는 "도시 및 주거환경정비법" 제122조의 내용을 매수자에게 설명하고 그 상세내용은 별지로 첨부함.

2) 매매대상 물건의 특정

본 계약의 매매대상 물건은 ____재개발(주거환경개선사업)구역 아파트 입주권임

3) 매수인 별도 부담금

별도 제 부담금(토지취득세, 보전등기비, 광역교통시설부담금, 상하수도부담금, 학교용지부담금)은 매매금액과 별도이며 잔금일 이후 납부할 금액은 매수인이 승계하기로 한다.

4) 무허가 건물대장

본 매매건물은 무허가 건물로서(건물번호0000-0000) 해당관청 무허가 건물대장에 등재되어 있음을 확인하고 계약하며, 건축물 점유에 따른 부과비용 등은해당 잔금일을 기준으로 정산한다(시유지 계약 시).

5) 옵션 인수 및 대금 지급

매도인이 신청한 옵션품목은 매수자가 일괄 인수하고 매매대금과는 별도로 매도인이 납부한 금액을 지급하기로 한다.

---

275) 2010. 7. 30. 일 이후에 신규로 구역 지정된 곳에서는 무주택자라도 30㎡ 이상~90㎡ 미만의 토지 소유자는 조합원 자격을 인정받을 수 없다.
276) 무허가건물(사실상 주거용 포함)의 경우 1981. 12. 31. 기준 무허가건물관리대장에 등록되어 있거나, 1981년 제2차 항공사진에 나타나 있는 무허가건물에 한함.

6) 이주비 공제

　매도인이 받은 이주비 금 _____원은 잔금에서 공제한다. 또한, 세입자 이주비를 매도인이 수령한 경우 현 세입자보증금과 함께 잔금에서 공제한다.

7) 이주비 등 승계 / 상환

　매수인은 잔금일을 기준으로 중도금융자와 이주비(무이자, 유이자)를 승계하기로 하며, 입주 시 조합에의 이주비 상환의무는 매수인이 부담한다.

8) 잔금 시 이주비 공제

　매도인이 무이자이주비를 신청하여 수령하기로 하며 매수인은 이를 승계하고 실제 받은 이주비금액은 잔금에서 공제한다.

9) 재개발 단계 고지의무

　위 매매대상 부동산은 _____구역 재개발관리처분인가가 고시된 지역이며 향후 일정 및 변경사항이 발생할 경우 매수인은 조합의 운용계획에 따른다.

10) 제세공과금 완납증명서 제출

　매도자는 잔금 시, 제세공과금 완납증명서를 매수자에게 제출하기로 한다.

11) 조합원 입주권(분양권) 매매

　조합이 납부한 재산세는 매수인이 부담하고 입주 전에 조합에 일괄 납부하여야 한다.

12) 조합원 자격 책임

　본 계약의 당해 매매물건이 속하는 재개발(주거환경 개선사업)구역에 매도인의 세대원이 소유한 주택이 공람공고일 현재 1주택으로 분양권(입주권)까지 이전되는 계약이며, 추후 세대원이 2주택으로 판명되어 매수자에게 손해가 발생할 경우 책임은 현 매도인에게 있다.

13) 종전 토지지번

　본 계약의 매매대상 물건의 종전 토지지번은 _____임.

14) 청산금액 수령·납부 기준일

계약체결 이후 발생하는 추가부담금이나 개발수익금 등 청산금액의 수령 및 납부는 잔금일 기준으로 이전은 매도자가 이후는 매수자가 책임진다.

15) 평가금액 / 이주비

본 매매대상 부동산의 평가금액은 금 _____원이며, 이주비는 금 ____원이 책정된 상태임.

제13장

중개경영의 세무와 재무관리
(부의 축적과정)

중개경영의 세무와 보험료

부동산중개업을 통하여 중개보수를 포함한 소득이 발생할 때 기본적으로 빠져 나가야 하는 지출이 있게 된다. 대부분의 개업 공인중개사는 세금에 큰 비중을 두지 않을뿐더러 가정생활에 지출이 필요하기 때문에 일단 쓰게 된다. 그러나 필수적으로 지출해야 하는 항목을 경시하고 쓰다 보면 지출해야 할 때 남아있는 수입이 없는 경우가 다반사다. 즉, 생활상 지출은 순위상 세금과 보험료 다음에 두어야 하는데, 생활비 지출을 선순위에 두게 되면 세금을 내야할 때 들어오는 중개보수를 닥닥 긁어서 세금을 내거나 대출을 받아서 내는 상황으로 몰리게 된다. 그것도 여의치 않으면 체납으로 가산세를 부담하며 늦추게 된다.

이런 패턴의 사업운영은 재무관리를 하고 있지 않은 경우이다. 중개사는 월단위의 정산을 하고, 정산 시 세금에 대한 준비를 미리 하여야 한다. 이제부터 사업을 제대로 해보겠다고 생각한다면 세금과 보험료의 개략적인 구조를 알고 재무제표를 나침반 삼아 미리미리 준비하는 재무관리를 하여야 한다.

부동산중개업에 있어서의 세금문제는 대부분의 중개사가 세무사에게 기장을 포함한 세금신고를 맡기는 방식으로 해결하고 있다. 당연히 기장을 맡기는 것이 효율적이다. 그러나 다른 일들도 그렇지만 전문가에게 맡기더라도 오너가 개략적인 흐름은 알고 있어야 한다. 그래야 절세와 사무실의 운영관리가 가능해 지는 것이다. 세무사나 회계사는 세금신고는 해 줘도 별도로 용역을 의뢰하지 않는 한 절세나 재무관리를 컨설팅해주지는 않는다. 이제 중개업에 따르는 세금과 보험료에 대하여 개략적인 구조를 살펴보기로 한다. 과세사업자로서 종업원이 있는 개인사업자의 세금 신고 및 납부일정표를 먼저 보면 다음의 표와 같다.

〈표 13-1〉 종업원이 있는 과세개인사업자의 세금 신고 및 납부일정표

납부기한	신고 및 납부대상 세금	신고	납부	대상자
1/25일	부가가치세(전년도 2기)신고·납부	◎	◎	개인사업자
2/말일	건강보험 연말정산 신고	◎		종업원 있는 사업자
3/10일	연말정산 신고·납부	◎	◎	종업원 있는 전 사업자
3/10일	지급명세서 제출	◎		근로, 퇴직소득 지급 사업자
3/15일	고용보험, 산재보험 정산신고	◎		종업원 있는 사업자
4/25일	부가가치세(1기) 예정고지세액		◎	신고는 하지 않음
5/31일	종합소득세 신고·납부	◎	◎	개인사업자
5/31일	지방소득세 납부		◎	종합소득세 납부자
7/25일	부가가치세(1기) 신고·납부	◎	◎	개인사업자
10/25일	부가가치세(2기) 예정고지세액		◎	신고는 하지 않음
11/30일	소득세 중간예납예정고지세액		◎	신고는 하지 않음
매월 10일	근로소득세 및 지방소득세, 4대 사회보험료 신고·납부			

1. 개인과 법인의 주요 세금개요

1) 소득세

사업자는 원칙적으로 1월 1일부터 12월 31일까지의 과세기간에 대하여 사업과 관련한 수익 및 비용을 장부에 기장하여 사업소득금액을 계산한 후 다음 해 5월 1일부터 5월 31일까지 사업자의 주소지 관할세무서에 신고 및 납부하여야 한다. 소득세는 원칙적으로 개인을 과세단위로 하며, 소득세법에 열거된 소득만을 과세한다. 소득세법상 소득의 구분은 다음의 표와 같다.

〈표 13-2〉 소득종류별 과세방법 및 적용기준

과세방법	소득종류[277]	적용기준
종합소득	이자·배당소득	• 합산소득이 2천만 원을 초과해야 종합과세
	근로·사업소득	• 종합과세
	연금소득	• 공적연금소득(무조건 종합과세) • 사적연금소득(1,200만 원을 초과해야 종합과세)
	기타소득	• 3백만 원을 초과해야 종합과세(기타소득금액)
분류과세	양도소득	• 양도차익에 대해서 종합소득과 합산하지 않고 별도 과세
	퇴직소득	• 퇴직소득에 대해서 종합소득과 합산하지 않고 별도 과세
분리과세 (원천징수)	금융소득	• 2천만 원을 초과하지 않는 이자·배당소득.
	연금소득	• 총 연금액 1,200만 원 이하
	기타소득	• 3백만 원을 초과하지 않는 기타소득 금액

(1) 종합과세

종합과세는 매년 정기적으로 들어오는 소득인 이자소득, 배당소득, 근로소득, 사업소득, 연금소득, 기타소득을 종합하여 과세하는 것이다.

그러나 종합소득 중 근로소득만 있는 자는 근로소득을 지급하는 자가 연말정산을 하여 신고·납부하는 것으로 종합소득세 신고를 갈음하고 종합소득세 신고를 별도로 하지 않는다. 근로소득자는 매월 급여를 지급할 때 갑종근로소득세, 주민세, 근로자 부담분 4대보험료를 원천징수했기 때문에 연말에 개인의 가족사항 외 추가사항을 고려한 연말정산을 통해 갑근세가 확정되는 것이다. 연말정산은 원천징수 시 고려하지 않은 보험료, 의료비, 교육비, 기부금, 개인연금, 벤처투자, 신용카드 등 소득공제 사항과 주택차입금이자, 장기근로자저축 등 세액공제를 고려하여 소득세 계산을 다시 하게 된다. 이렇게 다시 계산한 세금과 매월 뗀 세금을 비교하여 소득세를 추가로 납부하거나 환급을 받게 된다. 그러나 기타소득이 있다면 다른 소득과 합산하여 과세하는 것(종합과세)이 원칙이다. 다만, 기타소득금액(총수입금액-필요경비)의 연간 합계액이 300만 원 이하인 경우라면 원천징수의무자의 원천세 납부로 납세의무가 종결되는 분리과세를 택하거나 아니면 다른 소득과 합하여 5월 종합소득세를 신고하는

---

277) 소득세법 제4조

종합과세를 선택 할 수 있다. 여기서 말한 기타소득금액 300만 원은 총수입금액에서 필요경비를 차감한 후의 금액이기 때문에 필요경비 60% 의제라면 총수입금액은 750만 원이다.

종합소득세는 연령, 성별 등에 불문하고 한 개인(거주자)의 소득을 기준으로 신고하여야 한다. 부부가 별도로 사업을 하는 경우 각각 종합소득세를 계산하여 신고 및 납부하여야 한다는 것이다.

(2) 분류과세

분류과세는 적립된 소득이 일시에 실현되었을 때 일시적으로 높은 세액을 부담하는 문제를 방지하고자 도입한 것이다. 양도소득과 퇴직소득은 차익이 시간의 흐름에 따라 쌓여가게 되고 처분을 하거나 퇴직 시 일시에 그 이익이 실현되는 구조이기 때문에 여기에 해당하는 것이다. 오랜 기간 보유하고 있던 토지나 상가건물을 매매할 경우의 양도소득세, 몇 십 년을 근무한 근로자의 퇴직금이 이런 경우이다. 분류과세의 경우 소득이 발생할 때마다 법정신고납부기한까지 신고 및 각각의 세금을 계산하여 납부하면 된다.

(3) 분리과세

분리과세는 갑자기 혹은 1회성으로 들어오는 등의 특정수입에 대해 원천징수함으로써 종결되는 과세방식이다. 2,000만 원 이하의 금융소득과 1,200만 원 이하의 연금소득 및 기타소득 중 300만 원 이하의 소득은 이자나 소득을 지급하는 기관에서 미리 세금을 떼고 지급하기 때문에 별도로 세금문제를 신경 쓰지 않아도 되는 것이다.

소득세의 세금계산 구조를 보면 다음의 표와 같다.

〈표 13-3〉 소득세 세금계산 구조

■ 종합소득금액	- 개인별 이자소득·배당소득·사업소득 - 근로소득·연금소득·기타소득의 합계액

▲ 소득공제	인적공제	- 기본공제: 본인, 배우자, 부양가족 - 추가공제: 경로우대, 장애인, 부녀자, 한부모
	특별소득공제	
	주택담보노후연금이자 비용공제	
	연금보험료공제	
	조세특례제한법상 소득공제	- 개인연금저축 - 중소기업창업투자 조합출자 - 신용카드 등 사용금액 - 소기업·소상공인 공제부금 - 주택마련저축 - 우리사주조합 출자에 대한 소득공제 - 우리사주조합 기부금 - 목돈 만드는 전세이자 상환액 - 장기집합투자증권저축 - 고용유지 중소기업 근로자 소득공제
■ 종합소득과세표준		
■ 산출세액	× 세율(6~42%)	
■ 결정세액	- 세액공제·감면	- 배당세액공제 - 기장세액공제 - 외국납부세액공제 - 재산손실세액공제 - 근로소득세액공제 - 자녀세액공제 - 연금계좌세액공제 - 특별세액공제(보험료, 의료비, 교육비, 기부금) - 납세조합공제 등
■ 납부할 세액:	+ 가산세(무신고, 과소신고 등) - 기납부 세액	

2) 법인세

본 법인세 관련 내용은 내국법인인 부동산중개법인과 관련된 내용 중 유의해야 할 부분만을 다루기로 한다. 국내의 부동산중개법인은 대부분 주식회사 형태이다. 이와 같이 주식회사 형태의 법인사업자에게 그 사업에서 생긴 소득에 대하여 부과하는 세금으로 기업에 부과하는 소득세라 할 수 있다.

귀속되는 사업연도 사업전반 내용에 따른 당기순이익(수익-비용)에 대해 산정되며, 결산 후 세무조정의 과정을 거쳐 신고하게 된다. 법인은 사업연도 종료일이 속하는 달의 말일부터 3월 이내에 법인세를 신고하여야 한다.

(1) 법인세율

법인세는 과세표준에 다음 표의 법인세율을 적용하며, 과세표준 금액의 구간별로 적용되는 세율은 아래와 같다.

〈표 13-4〉 영리법인의 법인세율

과세표준	세율	누진공제
2억 이하	10%	-
2억 초과 ~ 200억 이하	20%	2,000만 원
200억 초과 ~ 3000억 이하	22%	42,000만 원
3000억 초과	25%	942,000만 원

(2) 법인세에 해당하는 소득

① 사업연도마다 법인에 귀속되는 소득
② 법령에서 정하는 소재하는 주택(부수 토지 포함) / 비사업용 토지를 양도하여 얻은 소득
③ 각사업연도 종료일 현재 자기자본이 500억(중소기업제외)을 초과하는 법인 등이 해당. 사업연도의 소득 중 투자, 임금 또는 배당 등으로 환류하지 아니한 소득

(3) 법인세 신고 자료

필요한 법인세 자료는 필수자료와 추가 자료로 나뉜다.

〈표 13-5〉 법인세 관련 필수자료

항목	기간	내용
법인통장 계좌 거래내역	전년도 1/1~12/31	인터넷뱅킹 엑셀 다운로드
법인카드 해외 승인 내역	전년도 1/1~12/31	인터넷뱅킹 엑셀 다운로드
주주명부	전년도 12/31일 기준	
임대차 계약서	전년도 12/31일 기준	회사 주소지의 임대차
법인계좌 이자소득 원천징수 영수증	전년도 1/1~12/31	법인계좌가 있는 각 금융기관별 인터넷 뱅킹
법인 등기부등본	말소사항포함	임원 등의 주민등록번호 공개는 무관

〈표 13-6〉 법인세 관련 추가자료

항목	기간	내용
주식	전년도 1/1~12/31	• 주식양수도계약서(이름 / 주민등록번호) • 신규주주명부: 주식변동 시기별 주주명부
금융계좌	전년도 1/1~12/31	• 정기 적금 / 정기 예금 계좌 내역 • 유가증권 거래 내역 • 퇴직연금 계좌 내역
대출	전년도 1/1~12/31	• 대출 약정서 • 대출 이자 지급 내역: 전년도 1/1~12/31 중 납입한 대출 이자 내역 • 대출 원금 상환 내역: 전년도 1/1~12/31 중 상환한 대출 원금 내역 • 대출 잔액 현황: 전년도 12월 31일 기준 대출금 잔액
법인차량	전년도 1/1~12/31	• 차량 리스 / 렌트 / 구매 계약서: 전년도 12월 31일 기준 소유 중인 법인 명의 차량에 대한 계약서 • 상환 내역서: 리스 / 렌탈인 경우, 차량 리스료 / 렌탈료 상환 내역
유무형자산	전년도 1/1~12/31	• 법인명의 자산 목록 • 비품, 가구, 전자제품 등 • 부동산 거래계약서
연구 인력개발비	기업부설연구소 인증 필요	• 연구보조비 / 연구·활동비로 비과세 적용
지원금 보조금 등	전년도 1/1~12/31	• 지원 사업에 선정되어 지원금, 보조금 수령을 한 경우 • 사업협약서 • 지원금/보조금 수령 내역
보험계약서	법인 사업자 명의로 계약된 계약서	• 자동차 보험: 법인세 신고 귀속연도 중에 법인차량 보험 관련하여 갱신된 보험료 계약서 • 화재보험료 및 대물보험 등 보장성보험: 보험료 계약서 및 납입내역 등 • 저축성 보험: 보험료 계약서, 납입내역(납입액 중 적립보험료, 보장 보험료를 확인할 수 있는 자료)

(4) 세무조정

　기업회계상의 당기순이익을 기초로 관련 세법의 규정에 따라 세무조정사항을 가감하여 세무회계상의 과세소득을 계산하는 절차를 세무조정이라 한다. 세무조정은 결산조정과 신고조정으로 분류한다. 결산조정은 법인이 스스로 기말정리를 통하여 장부상에 계상하고 결산에 반영하여야 손금 또는 익금으로 인정하는 세무조정방법을 말하고, 신고조정은 장부상에 계상하지 아니하고 결산을 마친 다음 법인세의 신고과정에서 세무조정계산서에만 계상함으로써 세무회계상 인정받을 수 있는 세무조정방법이다. 즉 신고과정에서 기업회계상의 당기순이익에 익금산입 및 손금불산입 사항과 손금산입 및 익금불산입 사항을 가감 조정함으로써 세무회계상의 과세 소득을 산출하는 절차인 것이다. 광의의 세무조정에는 신고조정 외에 결산조정까지 포함하나, 일반적으로는 신고조정만을 세무조정이라 한다.

〈표 13-7〉 세무조정 시 손금과 익금

결산서	세무조정	법인세
수익	+익금산입 -익급불산입	= 익금총액
-		-
비용	+손금산입 -손금불산입	= 손금총액
=		=
결산서상 당기순이익		각 사업연도 소득금액

　손금은 법인세 또는 법인세법시행령에서 별도로 규정하는 사항을 제외하고, 법인의 사업과 관련하여 지출한 비용으로 수익과 직접 관련있는 것을 의미한다.

〈표 13-8〉 기업회계와 세법에서의 손·익금

구분	기업회계	세법	내용
손금산입	×	○	협회비, 복리후생비 등
손금불산입	○	×	감가상각비 한도초과, 접대비 한도초과액 세법상 의무불이행으로 인한 세액, 과태료 등

익금산입	×	○	자산의 양도금액, 간주임대료 등
익금불산입	○	×	조세과오납금 환급금의 환부이자 법인세 및 법인지방소득세의 환급액 등

① 손금산입

기업회계와 법인세법간 비용에 대한 기준이 다른 데서 비롯된 회계처리방법이다. 손금산입은 당해연도에 기업회계에서는 재무상 비용으로 처리되지 않았으나 세법상으로는 인정해주는 것을 말한다. 손금불산입(損金不算入)의 반대개념이다. 법인세 과세표준에서 제외되므로 손금이 클수록 법인세도 줄게 된다.

② 손금불산입

법인의 순자산을 감소시키는 거래로 인해 발생한 항목으로 회계상으로 비용으로 인정되어도 세법에 따른 세무회계에서는 손금으로 처리하지 않는 회계방법이다.

③ 익금산입

기업회계상으로는 수익을 구성하는 대상 또는 요소는 아니나 세무회계상에서 과세대상이 되는 것을 각 사업연도의 소득금액 계산상 수익, 즉 익금에 부가적으로 포함시키는 것을 말한다. 법인세법에서는 일반적으로 "…은 소득 금액 계산상 이를 익금에 산입한다."라고 표현하고 있는데, 이들이 익금산입사항(益金算入事項)이다. '익금항목'은 회사의 회계처리와 무관하게 세법상 익금에 해당하는 것을 말하므로 '익금산입'이라는 세무조정과는 구별하여야 한다. 즉 세법상 익금항목을 회사도 수익으로 계상한 경우에는 별도의 세무조정이 불필요하나, 세법상 익금항목을 회사가 수익으로 계상하지 아니한 경우에는 '익금산입'으로 세무조정 하여야 한다.

④ 익금불산입

기업회계는 수익이나 세법상으로는 익금이 아닌 것으로 과세소득에서 차감되는 성격을 갖는다. 접대비의 경우 세법에서는 사용한도를 두어 이를 초과한 경우에는 초과한 금액을 비용으로 인정하지 않으나 기업회계에서는 접대비 모두를 경비로 인정한다.

(5) 신고 및 납부일정

법인은 원칙적으로 사업연도 종료일이 속하는 달의 말일부터 3월 이내에 법인세를 신고하여야 한다. 그러나 법인세 신고기한은 3월 말, 6월 말, 9월 말, 12월 말 결산법인별로 상이하며 통상 1월부터 12월까지 한해 귀속분을 다음해 3월 31일까지 법인세 신고를 진행하는 12월말 결산법인이 일반적이다. 법인이 다른 과세기간을 설정 희망할 경우 법인설립시 정관에 과세기간을 원하는 기간으로 설정하면 된다.

(6) 분할납부

납부할 세액이 1천만 원을 초과하는 경우 분할납부가 가능하다. 납부할 세액이 2천만 원 이하인 경우 1천만 원 초과금액을, 2천만 원 초과인 경우 50프로 이하의 금액을 납부기한 경과일로부터 1개월 (중소기업은 2개월) 이내에 분납할 수 있다.

(7) 법인세 중간예납 / 신고 및 납부 일정

① 법인세 중간예납

법인세는 사업연도 단위로 신고 납부 하지만, 기업이 일시에 세금을 납부해야 하는 자금부담을 분산하고 균형적인 세수입 확보를 위해 납부할 법인세의 일부를 미리 납부하는 제도이다. 전년도 법인세가 있는 경우, 전년도 법인세 납부액의 절반을 신고 및 납부하고, 전년도 법인세가 없는 경우, 6개월 기간의 손익을 기준으로 신고 및 납부한다.

② 중간예납 필수여부

법인의 사업연도가 6개월 이상인 경우, 선택사항이 아닌 필수 사항이다.

③ 중간예납 신고 및 납부일정

법인의 사업연도 개시일로부터 6개월이 되는 달의 마지막 날부터 2개월 이내에 신고 및 납부한다.

3) 부가가치세

세법상 일반과세자에 해당하는 사업자는 부가가치세가 과세되는 물품 또는 서비스를 제공하는 경우 제공받는자로부터 그 물품대금 또는 서비스요금 외에 거래대금의 10%를 부가가치세로 더 받거나 포함하여 받아 일정기간(3개월마다 예정고지에 의한 납부, 6개월마다 신고 및 납부) 단위로 세무서에 신고 및 납부하여야 한다. 부가가치세 신고는 법인사업자는 연 4회(1, 4, 7, 10월 25일까지), 영세법인사업자와 개인사업자는 연 2회(1, 7월 25일까지) 신고한다.

4) 원천세(근로소득세)

근로소득을 받는 근로자의 경우 급여를 지급하는 사업주가 1년간의 급여총액이 확정되기 전 매 월 급여지급 시 간이세액표에 의하여 근로소득세를 징수하여 급여지급일의 다음달 10일까지 사업장관할세무서에 '원천징수이행상황신고서'를 신고하고 납부하여야 한다. 단, 종업원 20인 이하 사업자의 경우 반기(6개월) 마다 신고 및 납부로 할 수 있다. 근로소득세에는 10%의 지방소득세도 같이 징수 및 납부하여야 한다.

다음해 3월 10일까지는 연말정산을 하여 근로소득세를 확정하고 '근로소득지급명세서'를 제출하게 된다.

(1) 원천세와 원천징수

원천세는 모든 원천징수대상 소득(근로소득, 사업소득, 기타소득, 퇴직소득)에 대해 부과되는 소득세(국세)와 지방소득세(지방세)로 해당 근로자의 원천세를 사업자가 근로자의 급여에서 먼저 제한 후 국가에 대신 납부하는 제도이다.

(2) 원천세율

원천징수 되는 세율을 의미하며, 근로자는 소득유형에 따라 납부하게 되는 소득세율에 차이가 있다.

① 일반근로자

일반근로자는 계속적으로 고용되어 월 급여를 받는 자이다. 정규직·계약직 모두 포함되며 수급, 시용근로자도 일반근로자이다. 인턴은 순수 '교육' 목적으로 진행되는 경우 사업소득자로 처리할 수 있으나, 사실상 '근무'와 동일한 경우에는 일반근로자로 등록해야 한다. 1개월만 근무하는 경우에는 일용근로자로 처리 가능하다. 원천세는 신고되는 기본급의 액수에 따라 소득세 비율이 다르고 국세청의 '근로소득간이세액표'에 따라 계산한다.

② 사업소득자

해당 회사와 꾸준히 일을 하거나 그 일을 전업으로 하는 근로자이다. 개업 공인중개사사무소에서 기본급이 없이 성과가 있을 때만 비율에 의해 수익을 가져가는 경우, 전문강사가 특강을 진행하는 경우, 컨설턴트가 정기 자문시 사업소득자로 신고할 수 있다. 사업소득자는 매년 5월 종합소득세 신고대상이며 원천세(소득세)율은 총 보수의 3.3%이다.

③ 일용근로자

1일 단위로 근로계약을 체결하거나 1개월 미만 동안 고용되는 건설 일용직, 단기 아르바이트 등의 근로자이다. 원천세율은 총 급여가 일당 15만 원 초과 시, 초과액의 2.97%(소득세가 1,000원 미만일 경우 과세되지 않음)이다.

④ 기타소득자

소득세법에서 기타소득으로 규정하고 있는 소득에 한하여 일시적으로 해당 소득이 생긴 근로자이다. 연 300만 원 이하의 소득까지는 종합소득세 신고대상에 포함되지 않는다. 원천세율은 다음과 같다.

ⓐ 강연료, 자문료, 원고료 등의 경우: 총 급여의 8.8%(세전 12만 5,000원까지 소득세 면제)
ⓑ 그 외: 총 급여의 4.4% (세전 25만 원까지 소득세 면제)

〈표 13-9〉 원천세율

소득유형	원천세율
일반근로자	신고되는 과세소득에 따른 소득세 비율(국세청 근로소득 간이세액표[278]) 조회)
사업소득자	총 급여의 3.3%
일용근로자	일당 15만 원 초과시, 초과액의 2.97%
기타소득자	강연료, 자문료, 원고료의 경우: 총 급여의 8.8%(세전 12만5천원까지 소득세 면제) 그 외 기타소득: 총 급여의 4.4%(세전 25만 원까지 소득세 면제)

(3) 원천세 신고 및 납부

원천세는 급여가 발생하는 모든 법인/개인사업자가 매 다음달 10일까지 신고·납부한다. 사업자의 상시고용인원이 20인 이하일 경우 신청에 의해 반기별 신고와 납부가 가능하다.

〈표 13-10〉 원천세의 반기별 납부제도

지급시기	신고·납부시기
1월부터 6월까지	7월 19일까지
7월부터 12월까지	다음연도 1월 19일까지

---

278) 근로소득 간이세액표는 월급여와 공제대상 부양가족 수 별로 매월 원천징수 해야하는 세액을 정한 표이다. 근로자는 원천징수 세액을 근로소득간이세액표에 따른 세액의 80%, 100%, 120% 중에 선택할 수 있으며, 기본적으로 100%로 적용되어 계산된다. 근로소득 간이세액 조정은 연말정산시 추가 납부 등에 따른 근로자의 부담을 분산하기 위해 조정하여 납부하는 제도로 연말정산 때 조정을 거치기 때문에 결국 납부하는 세액은 동일하다. 원천징수 방식을 변경한 이후에는 재변경 전까지 계속 적용되어 계산된다. (단, 변경된 과세기간에는 재변경불가)

2. 보험료

1) 건강보험료

* 건강보험요율: 2023년 = 7.09%
* 쉽게 4대보험료 계산하기: 국민건강보험공단의 보험료 계산기를 이용한다.

(1) 지역가입자

(소득점수 + 재산점수 + 자동차점수) × 208.4(2023년기준 점수당 금액)

※ 재산점수의 재산: 재산세 과세표준금액

(2) 직장가입자

• 보수월액 = 연간보수/12 × 보험료율 7.09%
• 소득월액 = {(연간 보수 외 소득 − 2,000만 원)/12} × 소득평가율

◎ 장기요양보험료율 산정 방식 변경: 2023년 1월부터

$$\text{(장기요양보험료 = 건강보험료} \times \frac{\text{新장기요양보험료율(0.9082\%)**}}{\text{건강보험료율(7.09\%)}}$$

** 新장기요양보험료율(0.9082%) = 現장기요양보험료율(12.81%) × 건강보험료율(7.09%)

(3) 부담액 예시

- 근로소득 2,000만 원 × 30% = 600만 원 = 13등급: 281점
- 재산 56,700만 원 = 34등급: 841점
- 차량 2000cc, 4,500만 원 × 5년경과(0.368%잔존가치율) = 5등급: 63점
= 281+841+63 = 1,185점 × 208.4 = 246,954원
= 건강보험료 246,954원 + 31,634원(장기요양보험료)
= 278,588원

(4) 피부양자 조건

- 건강보험 가입자인 부양자의 배우자, 직계존속, 비속, 형제자매 등
- 근로능력이 없는(소득이나 보수가 없는)
- 19세 이하 60세 이상의 남자, 19세 이하 50세 이상의 여자
- 자활가능자 중 질병이나 심신장애로 6개월 이상 요(要) 치료자
- 사업자등록이 있으면 소득이 없어야 함.
- 사업자등록이 없는 경우 연소득 5,000만 원 이하, 소득합계 3,400만 원 이하
- 소유하고 있는 토지, 건물, 건축물 등 재산세과세표준 5,400만 원 이하

(5) 피부양자 자격 상실

- 연간 소득이 2,000만 원 초과
- 과세 대상 사업소득 금액이 있을 때
- 배우자에게 위의 2가지 사실 중 하나의 사실이 있을 때
- (연소득 1천~2천만 원) 재산세 과세 표준 합계액이 3억6천만 원을 초과
- (연소득 1천만 원 미만) 재산세 과세 표준 합계액이 9억 원 초과

(6) 2023년 기준 점수표

- 국민건강보험공단: 4대보험료 모의계산
  https://www.nhis.or.kr/nhis/minwon/initCtrbCalcView.do
- 부동산 가격
  - 국토교통부 실거래가공개 시스템 http://rt.molit.go.kr/
  - 국토교통부 부동산 공시가격 알림이https://www.realtyprice.kr:447/
  - 상가, 오피스텔 등의 기준 시가는 국세청 홈택스(https://www.hometax.go.kr)
  - 서울시 시가 표준액은 서울시이택스https://etax.seoul.go.kr/
  - 서울시 외 지역의 시가표준액은 위택스https://www.wetax.go.kr/main/

2) 국민연금

- 국내에서 소득활동을 하는 18세 이상 60세 미만인 자
- 연금보험료 = 가입자의 기준소득월액 × 연금보험료율
- 상한액 5,530,000원 / 하한액 350,000원(1,000원 미만은 절사)
- 국민연금 연금보험요율 9%
    ※ 월 급여 3,000,000원 × 9% = 270,000원

부동산중개 회계와 재무

1. 재무제표의 기초 이해하기

기업의 목적은 재화와 서비스를 생산하여 공급하고 이익을 남기거나 공동체에 기여하는 등 일정한 기업경영의 목적이 있다.

기업이 영리목적을 가지고 있을 때에는 끊임없이 이익을 발생시키기 위하여 외부자금을 끌어들여 투자를 하기 때문에 자사의 신뢰성과 경영성과 제시를 위하여 재무상태를 외부에 공개할 필요성이 생긴다.

국가는 세금징수를 위하여, 은행이나 투자자들은 자금의 제공여부, 이익을 창출할 수 있는지 여부를 판단하여야 하고, 원금과 수익을 받기 위하여 지속적으로 기업의 상태를 들여다 볼 필요성이 있게 된다.

기업의 의사결정권자나 참여자들도 기업의 상태를 숫자로 파악할 필요성이 생기게 된다.

이처럼 다양한 이해관계자들을 위해 기업은 현재 기업의 재무상태를 객관적인 기준에 따라 표로 나타내어 내·외부의 관계자들이 의사결정을 하는데 필요한 판단 근거를 제공하게 된다. 이와 같이 기업을 재무적인 측면에서 들여다볼 수 있도록 한 창이 재무제표이다. 일반적으로 이용되고 있는 기본재무제표는 재무상태표, 손익계산서, 현금흐름표, 이익잉여금처분계산서, 주석이 있다. 주석은 각 재무제표의 구성요소 중 정보와 관련해 좀 더 상세하고 추가적인 내용이 기재되어야 할 때 작성하는 항목으로 주석도 재무제표의 구성요소로 본다.

일반적으로 기업인들뿐만 아니라 일반 개인들도 자신의 현재 상태를 명확히 알지 못하면 어디로 갈 수 있는지 또 가야 할지 목표를 정하지 못하게 되고, 파도에 떠밀리듯이 내가 원하지 않는 곳으로 흘러가게 되는 경우가 다반사다. 그렇기 때문에 우리는 우리의 현재상태를 명확히 알아야 할 필요성이 있는 것이다. 명확한 현재 상태에 근거하여 목표를 정하고 나면 그다음에는 구성원들의 젖먹던 힘까지 끌어모아 목표점을 향하여 몰아쳐 갈 수 있게 되는 것이다.

사업조직의 발전목표가 최종적으로 우량기업으로 수렴한다면 우리는 기업에 필요한 많은 것을 알고 있어야 한다. 그중에서 기업의 재무제표는 우리가 깊이 있게 알면 당연히 좋은 일이다. 그러나 한 개인이 다양한 분야의 모든 것을 다 전문가 수준으로 알 수 없다는 것을 우리는 또한 인정하지 않을 수 없다. 그럼에도 불구하고 사업을 수행하는 입장에서, 특히 리더의 입장에서 자신의 사업과 관련된 모든 것은 개략적으로는 알고 있어야 한다. 이러한 측면에서 재무제표 파트에서는 재무제표의 구성과 내용을 이해하는 수준으로 살펴보기로 한다.

우리는 재무제표 중 부동산중개업 경영에 필요한 재무상태표와 손익계산서 그리고 현금흐름표를 이해해 보기로 하자.

1) 손익계산서

손익계산서는 그 회계기간에 속하는 모든 수익과 이에 대응하는 모든 비용을 적정하게 표시하여 손익을 나타내는 회계문서를 말한다. 이는 기업의 경영성과를 명확히 하여 일정기간동안 기업이 달성한 경영성과를 나타내는 보고서를 의미한다. 즉, 특정 기간동안의 기업경영성과인 당기순이익의 발생내역을 보여주는 것이 주요한 것이다. 이를 통하여 현 상태를 파악한 후 수익을 늘리고 지출을 줄여 항상 순이익이 남도록 구조를 만드는 것이 중요한 과제가 된다. 이를 위해서는 지출의 원인이 되는 업무가 반드시 필요한지 숙고해 봐야 한다. 또한 지렛대효과를 사용해 대출이자보다는 더 큰 수익을 창출할 수 있는 방법이 있는지도 고민해 봐야 한다. 작은 이익이라도 그 구조가 안정적이라면 그 가치는 보물과 같은 것이 될 것이기 때문이다.

손익계산서는 작성시기·제출·승인·공고와 비치·공시 등에서 다른 재무제표와 동일한 절차에 따른다. 보통 1년을 단위로 작성하지만, 경우에 따라서는 반기 또는 분기로 작성할 수 있다. 수익은 대표적으로 매출액, 영업외수익으로 나눌 수 있으며, 비용은 대표적으로 매출원가, 판매비와 관리비, 영업외비용, 법인세비용으로 나눌 수 있다. 각 구성은 다음과 같다.

- 매출총이익 = 매출액 - 매출원가
- 영업이익 = 매출총이익 - 판매비와 관리비
- 법인세차감전이익 = 영업이익 + 영업외수익 - 영업외비용
- 당기순이익 = 법인세차감전이익 - 법인세등
- 총포괄이익 = 당기순이익 + 기타포괄손익

〈표 13-11〉 손익계산서

과 목	제5(당)기		제4(전)기	
	금액		금액	
Ⅰ. 매출액		100,000,000		90,000,000
수수료수입	100,000,000		90,000,000	
Ⅱ. 매출원가				
Ⅲ. 매출총이익		100,000,000		90,000,000
Ⅳ. 판매비와 관리비		110,000,000		100,000,000
직원급여	80,000,000		80,000,000	
복리후생비	10,000,000		7,000,000	
여비교통비				
접대비	10,000,000		7,000,000	
수도광열비				
전력비				
세금과공과금	10,000,000		6,000,000	
감가상각비				
수선비				
보험료				
차량유지비				
사무용품비				
소모품비				
수수료비용				

건물관리비				
V. 영업이익(손실)		(10,000,000)		(10,000,000)
VI. 영업외수익		15,000,000		13,000,000
이자수익	15,000,000		13,000,000	
잡이익				
VII. 영업외비용		1,500,000		1,000,000
이자비용	1,000,000		700,000	
잡손실	500,000		300,000	
VIII. 법인세차감전이익		3,500,000		2,000,000
IX. 법인세 등		420,000		240,000
법인세등	420,000		240,000	
X. 당기순이익		3,080,000		1,760,000

2) 재무상태표

　재무상태표(대차대조표)에는 차변에 자산을, 대변에 부채와 자본을 기입한다. 여기서 자산은 자금의 운용 방식을 말하는 것이고, 이 자산을 조달 방식에 따라 나눈 것이 부채와 자본이다. 즉 자산은 부채 + 자본으로 구성되는 것이다.

　재무상태표 또는 대차대조표는 재무제표로서 특정 시점의 기업이 소유하고 있는 경제적 자산, 그 경제적 자산에 대한 부채 및 소유주 자본의 잔액을 보고한다. 재무상태표는 기업의 재무구조, 유동성과 지급능력, 영업환경변화에 대한 적응능력을 평가하는 데 필요한 정보를 제공한다. 그러나 자산에 대한 측정기준을 선택하여 적용할 수 있고(예: 유형자산에 대한 원가모형 또는 재평가모형의 선택 적용), 가치가 있는 내부창출 무형자산을 비용으로 인식하며(예: 내부창출 브랜드 등은 즉시 비용 인식), 재무상태표에 인식되지 않은 부외 항목이 발생할 수 있는 한계점이 있다. 따라서 기업의 재무상태를 평가할 때 주석으로 공시한 사항도 함께 분석해야 한다.

　일반적으로 재무상태표에 표시되는 재무정보들의 기준일인 재무상태표일은 기업의 결산일이며, 때에 따라 반기 또는 분기별로 작성되기도 한다. 재무상태표를 통해서 제공되는 정보는 기업의 재무상태표일 현재의 자산과 부채, 자본의 총계와 그 과목별 내역을 확인할 수 있다.

재무상태표는 일반적으로 복식부기에 의해 작성된 회계정보를 통합하여 만들어지기 때문에 차변의 자산총액과 대변의 부채와 자본총액이 일치하게 된다. 이러한 원리를 대차 평균의 원리라고 한다.[279] 재무상태표에 표시되는 정보항목은 기준서에서 정한 최소한 재무상태표에 표시항목과 기업의 재량에 따라 더 많은 항목이 재무상태표에 표시될 수 있다.

(1) 자산(assets)

자산은 1년 또는 정상영업활동 주기 내에 현금화될 수 있는 자산을 유동자산으로 그 이외의 자산을 비유동자산으로 나눈다. 유동과 비유동으로 구분하여 재무상태표에 표시하는 이유는 기업의 단기자금 운용능력을 분석하기 쉽도록 하기 위함이다.

유동자산은 당좌자산과 재고자산으로 구분한다. 유동자산으로 분류되기 위한 자산의 기준은 다음과 같다.

(1) 기업의 정상영업주기 내에 실현될 것으로 예상하거나, 정상영업주기 내에 판매하거나 소비할 의도가 있다.
(2) 주로 단기매매 목적으로 보유하고 있다.
(3) 보고기간 후 12개월 이내에 실현될 것으로 예상한다.
(4) 현금이나 현금성 자산으로서, 교환이나 부채 상환목적으로의 사용에 대한 제한기간이 보고기간 후 12개월 이상이 아니다.

그 밖의 모든 자산은 비유동자산으로 분류한다. 비유동자산은 투자자산, 유형자산, 무형자산, 기타 비유동자산으로 구분한다.

(2) 부채

재무상태표에서의 부채는 우리가 일반적으로 생각하는 부채보다는 범위가 넓기 때문에 보통 이야기되는 빚과는 다른 개념이다. 자산과 부채는 일반적으로 1년을 기준으로 유동/비유동으로 분류한다. 자산과 부채는 상계하여 표시하지 않는다.

---

279) 위키백과

(3) 자본

자본은 자본금과 자본 잉여금 및 이익잉여금 등으로 구성된다.

〈표 13-12〉 계정식 재무상태표

차 변(자산)		대 변(부채 및 자본)	
자산		부채	
I. 유동자산	10,000,000	I. 유동부채	1,000,000
① 당좌자산	10,000,000	예수금	
현금 및 현금성자산		단기차입금	
매출채권		미지급세금	
미수수익		미지급비용	1,000,000
미수금		부가가치세	
가지급금		II. 비유동부채	
② 재고자산		부 채 총 계	1,000,000
II. 비유동자산	1,000,000	자 본	
① 투자자산		I. 자본금	10,000,000
② 유형자산	1,000,000	자본금	10,000,000
비품		II. 자본잉여금	
감가상각누계액		III. 자본조정	
③ 무형자산		IV. 기타포괄손익누계액	
④ 기타비유동자산		V. 이익잉여금	
		미처분이익잉여금	
		(당기순이익)	
		당 기:	
		전 기:	
		자 본 총 계	10,000,000
자 산 총 계	11,000,000	부 채 와 자 본 총 계	11,000,000

3) 현금흐름표

　재무상태의 변동내역을 보다 포괄적으로 설명하는 현금흐름표는 영업활동, 투자활동, 재무활동별로 기업의 일정기간 동안의 현금성 자산의 변동에 관한 정보를 제공하는 재무제표를 말한다. 손익계산서가 이익을 중심으로 만들어졌다면, 현금흐름표는 현금을 중심으로 만들어진다고 볼 수 있다. 회사의 1년간의 이익은 손익계산서로 표시되지만, 이익이 났다고 현금이 반드시 플러스 상태가 되는 것은 아니다. 아무리 많은 이익을 내더라도 현금이 고갈되면 원자재를 구입하지 못할 뿐더러 종업원의 급여도 지불할 수가 없다. 다시 말해, 현금이 없으면 회사는 망하게 되는 것이다. 현금의 유무는 이익과 직접 관계가 없다. 예를 들어 2억 원의 이익을 내고 있는 회사라고 해도 가지고 있는 돈 전부를 공장부지 매수에 투입해 버리면 회사에 현금은 없어지며 그 후의 지불이 불가능해 도산하게 된다. 이처럼 흑자도산이라는 말은 이익이 발생했음에도 유동성의 부족으로 부도가 발생하여 도산하는 경우를 말한다. 한편, 적자를 내는 회사라도 거래처가 지불 기한을 연장해 주거나 은행에서의 차입금을 늘릴 수 있다면 도산하지 않고 버틸 수 있다. 이처럼 현금의 유무가 도산하느냐 마느냐의 결정요인이 되므로 현금흐름표가 대단히 중요시되고 있다.
　현금흐름표는 영업활동으로 인한 현금흐름, 투자활동으로 인한 현금흐름, 재무활동으로 인한 현금흐름을 모두 더한 값이 현금의 증감이 된다.

(1) 영업활동

　영업활동은 기업의 주된 수익 창출활동으로서 일반적으로 제품의 생산 및 재화와 용역의 판매와 관련한 활동을 의미한다. 따라서 영업활동으로 인한 현금흐름은 일반적으로 제품의 생산 및 재화와 용역의 판매와 관련한 활동을 의미한다. 따라서 영업활동으로 인한 현금흐름은 일반적으로 당기순이익의 결정에 영향을 미치는 거래로부터 주로 발생하며, 재무상태표의 유동자산이나 유동부채와 관련성을 많이 가지고 있다.
　영업활동으로 인한 현금 유입액으로는 상품 및 제품의 판매로 인한 현금유입, 이자수익과 배당금수익, 투자활동과 재무활동에 속하지 않는 거래에서 발생한 기타의 현금유입이 있다.
　영업활동으로 인한 현금 유출액으로는 원재료, 상품 및 제품 등의 매입에 따른 현금유출, 판매비 및 관리비와 종업원 등에 대한 현금유출, 법인세 납부 및 이자비용의 지급, 기타 투자활동과 재무활동에 속하지 않는 거래에서 발생한 현금유출이 있다.

(2) 투자활동

투자활동은 현금을 대여하고 이를 회수하는 활동과 투자자산, 유형자산 및 무형자산 등의 주로 비유동자산의 취득과 처분활동을 의미한다.

투자활동으로 인한 현금 유입액으로는 미수금 및 장단기 대여금의 회수, 장기금융상품 또는 장기투자증권의 처분, 유무형자산의 처분 등이 있다.

투자활동으로 인한 현금 유출액으로는 장단기 대여금의 대여, 장기금융상품 또는 장기투자증권의 취득, 유무형자산의 취득 등이 있다.

(3) 재무활동

재무활동은 현금의 차입 및 상환활동, 신주발행이나 배당금의 지급활동과 같이 부채와 자본의 증감에 관련된 활동들이다.

재무활동으로 인한 현금 유입액으로는 장단기차입금의 차입, 사채의 발행, 유상증자, 자기주식의 처분 등이 있고, 재무활동으로 인한 현금 유출액으로는 장단기차입금의 상환, 사채의 상환, 유상감자, 자기주식의 취득 및 현금배당의 지급 등이 있다.

현금흐름표에서 가장 중요하게 보아야 하고 기업의 입장에서도 가장 중점을 두어야 하는 과목은 영업활동현금흐름이다.

〈표 13-13〉 현금흐름표

과목	제5(당)기	제4(전)기
Ⅰ. 영업활동현금흐름		
1. 당기순이익(손실)		
2. 당기순이익 조정을 위한 가감		
퇴직급여		
감가상각비		
무형자산상각비		
매출채권 대손상각비		

유형자산처분손실		
무형자산처분손실		
기타의 대손상각비		
무형자산손상차손		
매출채권처분손실		
종속기업/관계기업/공동기업투자처분손실		
외화환산손실		
이자비용		
기타 현금의 유출 없는 비용 등		
법인세비용		
기타의 대손충당금환입		
유형자산처분이익		
무형자산손상차손환입		
무형자산처분이익		
외화환산이익		
금융보증수수료수익		
이자수익		
기타 현금의 유입없는 수익 등		
3. 영업활동으로 인한 자산·부채의 변동		
매출채권의 감소(증가)		
기타채권의 감소(증가)		
기타유동자산의 감소(증가)		
재고자산의 감소(증가)		
기타비유동자산의 감소(증가)		
매입채무의 증가(감소)		
기타채무의 증가(감소)		
기타유동부채의 증가(감소)		
사외적립자산의공정가치의감소(증가)		
퇴직금지급액		
4. 이자수취(영업)		

5. 이자지급(영업)		
6. 법인세납부(환급)		
Ⅱ. 투자활동현금흐름		
1. 매도가능금융자산의 처분		
2. 유형자산의 처분		
3. 무형자산의 처분		
4. 임차보증금의 감소		
5. 종속기업투자의 처분		
6. 매도가능금융자산의 취득		
7. 임차보증금의 증가		
8. 장기금융예치금의 증가		
9. 유형자산의 취득		
10. 무형자산의 취득		
11. 종속기업투자주식의 취득		
12. 공동기업투자의 취득		
Ⅲ. 재무활동현금흐름		
1. 단기차입금의 증가		
2. 임대보증금의 증가		
3. 장기차입금의 증가		
4. 주식선택권행사		
5. 임대보증금의 감소		
6. 단기차입금의 상환		
7. 유동성장기차입금의 상환		
8. 자기주식의 취득		
9. 배당금지급		
Ⅳ. 현금 및 현금성자산에 대한 환율변동효과		
Ⅴ. 현금 및 현금성자산의 순증가(감소)		
Ⅵ. 기초현금 및 현금성자산		
Ⅶ. 기말현금 및 현금성자산		

2. 순재산의 중요성

개인이나 법인들은 다양한 재산을 가지고 있다. 이러한 다양한 재산들의 가격을 정확히 안다는 것은 어려운 문제이다. 회계상으로는 감가상각을 통하여 0원인 재산도 현실적으로는 그 역할을 하고, 생산력을 지니고 있을 수 있으며, 시장에 내놓으면 중고가로 가격이 형성될 수도 있다. 또한 재산이 대출을 끼고 있을 경우에는 시장가격에서 대출금을 제한 금액이 순수한 나의 재산이 되는 것이다. 우리가 우리의 재산을 평가할 때 착각에 빠질 수 있는 것은 자산의 규모에 속아 현실을 외면하는 경향이 있기 때문이다. 주택을 10채 가지고 있는데 전부 전세보증금을 끼고 있고 오히려 보증금이 매매시의 시장가격보다 높다면 이것은 위험한 재산을 가지고 있는 것이다. 또한 나에게는 사용가치와 만족감이 높은 재산(해발이 높은 임야 등)일지라도 시장가치가 없고 1년 내에 현금화 할 수 없다면 순재산에 포함시키기 어려운 것이다. 이렇게 재산의 개인적인 가치보다는 현금화할 수 있는 시장가격으로 재산을 평가해 그 금액을 늘려가는 현실적인 재무관리를 해야 한다. 이러한 과정을 통하여 항상 스스로의 순재산을 파악하고 있어야 움직일 방향을 잡을 수 있고 성공의 가능성도 높일 수 있는 것이다.

투자의 의사결정

개업 공인중개사의 대부분은 개인사업자다. 중개법인인 경우에도 그 규모가 크지 않고 개인사업자와 같은 방식으로 운영하고 있는 경우가 많다. 그렇기 때문에 오너인 대표나 직원이나 중개수입으로 회사를 키운다는 목표보다는 개인적인 부의 창출에 더 관심이 많고 그 자체가 현실이다. 그렇다면 부동산 중개업 종사자들이 백만장자가 되는 방법은 소비에 대한 절제와 투자자금의 확보 및 과감한 투자를 통한 투자수익 획득이 거의 유일한 방법이다. 이를 표로 정리하여 쉽게 눈에 들어오게 해보자.

〈표 13-14〉 중개업자의 부 축적과정

순서	원칙	내용
1	목돈을 만든다.	• 매월 소득의 5% 이상 저축 • 목표액이 될 때까지 은행을 이용한다.
2	실사용 목적 부동산을 취득한다.	• 환금성이 좋은 위치의 자기집을 소유한다. • 상가를 분양받아 사무실을 운영한다. • 실거주(실사용) 목적의 이러한 부동산은 시간이 지날수록 알짜배기 보물이 될 것이다.
3	자기자본 비율을 높이다.	• 주택이나 상가에 대출금을 끼고 있다면 조금씩이라도 갚아가면서 자기자본 비율을 높인다. • 수익률이 높은 임대부동산이 있다면 분석을 통하여 매입하며, 그 구조를 맞추는 방법을 꾸준히 배우고 연구한다.
4	투자물건을 지속적으로 발굴한다.	• 경매, 공매, 리모델링, 건축 등 투자의 트렌드를 앞서간다. • 도시기본계획, 교통망 계획, 신도시계획 등에 지속적인 관심을 가진다.
5	검소한 생활을 습관화하고 투자에는 과감함이 필요하다.	• 항상 자기가 누릴 수 있는 수준보다 한 단계 낮은 생활을 유지하여 검소함을 습관화한다. • 투자에 대한 분석능력을 높여 시기를 놓치지 않고 분석을 마치며, 과감하게 투자한다.

6	건강관리와 건전한 생활을 습관화한다.	• 재산을 잃는 것은 조금 잃는 것이지만, 건강을 잃으면 모든 것을 잃는 것이다. • 인맥관리도 운동을 통하여 한다.
7	지속적인 학습과 명상으로 큰 그릇을 스스로 만든다.	• 재산은 그 사람의 그릇 크기만큼만 들어온다. 지식과 담대함을 키워야 한다.
8	본업의 영업수익이 가장 중요하다.	• 매월 들어오는 영업수익의 가치는 몇 십억에서 몇 백억에 해당하는 가치가 있다. • 본업인 사업이 첫 번째이고 투자는 두 번째라는 것을 망각하면 안 된다.

위 표의 내용이 우리가 알 수 있는 최선의 답과 현실에 가깝다면 이제 중개사들은 어떠한 방식으로 투자물건(안)을 평가하고 결정하는지 알아야 한다.

투자안을 평가하기 위해서는 선행과정으로 투자안으로부터 발생되는 현금흐름을 추정하여야 한다. 현금흐름의 관리는 재무제표를 살펴보면서 언급되었지만 사업운 영과 투자에 있어서 가장 중요하게 관리하여야 하는 업무이다.

〈표 13-15〉 투자안 평가방법

평가방법	계산방법	채택여부 결정기준
총현재가치법	$PV = \sum_{t=1}^{n} \dfrac{NCF_t}{(1+k)^t}$	• 총현재가치가 매도자의 호가보다 높다면 채택
순현재가치법	$NPV = PVCI - PVCO$ $= \sum_{t=1}^{n} \dfrac{NCF_t}{(1+k)^t} - I_0$	• NPV > 0 이면 채택
내부수익률법	$NPV = \sum_{t=1}^{n} \dfrac{NCF_t}{(1+IRR)^t} - I_0 = 0$	• IRR > 기회비용이면 채택

* PVCI: 현금유입의 현가, PVCO: 현금유출의 현가, NCF: 순현금흐름, I_0: 투자비용, k: 할인율, n: 기간(연단위)

1. 현금흐름과 분석의 기술

1) 의사결정의 툴(Tool)

경영자는 복잡한 경영환경에서 어떤 결정을 하고자 할 때 객관적인 데이터와 정형화된 분석도구를 필요로 한다. 직관적인 결정은 진행과정에서 숨어있는 많은 문제에 직면하게 되고 숲속에서 길을 잃는 것과 같은 상황에 빠질 수 있다. 사회에서 발생하거나 해결해야 할 문제에는 다양한 요소들이 무질서하게 섞여 있기 때문에 그 상태 그대로는 문제의 핵심을 들여다보기 어렵고 다루기도 어렵게 된다. 이러한 문제를 객관적인 데이터에 기반하여 결정하는 방식은 기본적으로 문제의 최소단위까지 분해하는 데에서 시작한다. 분해된 문제의 구성요소들은 동일한 성질이나 개념요소끼리 결합되고 통제가능한 형태로 재구성된다. 이렇게 했을 때 그 문제를 제어할 수 있게 되는 것이다.

부동산중개업에 있어서 투자대상은 수익률이 높은 부동산의 매입, 부동산 개발 투자, 부동산 개량 투자, 부동산 부지작업을 위한 지분 투자 등 프로젝트에 자본과 인력 및 기술이 투입되어 고도의 부가가치를 창출할 수 있는 사업이다. 부동산투자에 있어서 의사결정에 이용할 수 있는 대표적인 방법은 현재가치를 계산하여 매도자의 호가와 비교해 보는 방법, 여러 후보 사업물건 중 순현재가치법에 의하여 비교한 후 순현재가치가 가장 높은 사업으로 선택하는 방법, 내부수익률이 대안투자의 수익률 및 기회비용보다 높은 경우 선택하는 방법 등이 있다.

2. 투자안의 평가

1) 현재가치

현재가치(Present Value, PV)는 미래에 발생하는 이익(현금)의 가치를 현재로 환산한 금액이다. 투자 여부를 결정함에 있어서 현재가치를 평가하는 이유는 투자자가 지불

해야 하는 최대한의 금액 기준이 되기 때문이다. 부동산의 매도자는 부동산에 대한 매도호가가 있다. 만약 매도자의 매도호가가 투자물건의 현재가치보다 높다면 해당 투자는 부적합한 것이 된다. 즉, 손해보는 장사이기 때문에 해서는 안 되는 투자이고 그 기준이 현재가치인 것이다.

현재가치(PV) = $[C/(1+r)1]+[C/(1+r)^2]+\cdots+[C/(1+r)^n]=$
* r : 기대수익률(할인율), n : 기간(연단위)

일반적으로 부동산은 매년의 현금흐름이 월차임 인상에 따라 다를 수 있고, 시세와 다를 경우에는 내리거나 올리는 조정을 할 수도 있기 때문에 매기 다른 경우가 더 많다. 이 때 매수자는 보유기간 동안 예상 임대료와 물가동향 및 주변상권의 변화를 감안해 미래가치를 추정할 수 있다. 이렇게 각 분기의 현금흐름이 다른 경우에는 각기의 미래가치를 현재가치로 계산하여 합산하여야 한다. 이러한 계산방식이 복잡한 과정을 요하기 때문에 재무용 계산기의 순 현재가치법(NPV)를 응용하여 최초투입금을 0원으로 잡아 계산하면 총 현재가치가 도출된다.

예) A는 거주하고 있는 아파트를 팔았고 수익성 꼬마빌딩을 사고자 한다. 마침 강남에 적합해 보이는 물건이 나왔는데 건물을 통째로 쓰면서 매년 후불로 연세를 지불하는 임차인이 있고, 매년 약 5%의 연세를 인상 할 수 있는 조건이었다. 그리고 5년 후에는 소개한 개업 공인중개사가 15억에 충분히 팔 수 있고 책임지고 팔아주겠다고 한다. 현재 가지고 있는 현금은 11억 원인데 알고지내는 건축업자가 1년만 빌려쓰고 이자로 10%를 주겠다는 제안이 있었다. 매도자는 10억을 호가하고 있는데 이 꼬마빌딩의 현재가치는 얼마나 될까? 먼저 T-바를 적어본다.

〈표 13-16〉 T-바

년	금액
1	60,000,000
2	63,000,000
3	66,150,000
4	69,450,000
5	72,850,000 + 1,500,000,000

(1) 수식에 의한 계산과정

여러 차례에 걸쳐 발생하는 현금흐름이 있고 각 유입금액이 다를 경우 각 현금흐름의 현재가치를 구하여 그 합계를 산출하여야 한다.

$$PV = 60,000,000 \frac{1}{(1+0.10)^1} + 63,000,000 \frac{1}{(1+0.10)^2} + 66,150,000 \frac{1}{(1+0.10)^3}$$
$$+ 69,450,000 \frac{1}{(1+0.10)^4} + 1,572,850,000 \frac{1}{(1+0.10)^5}$$

$$= 60,000,000 \times 0.90909 + 63,000,000 \times 0.82645 + 66,150,000 \times 0.75131 + 69,450,000 \times 0.68301$$
$$+ 1,572,850,000 \times 0.62092$$

$$= 54,545,400 + 52,066,350 + 49,699,156.5 + 47,435,044.5 + 976,614,022 = 1,180,359,973$$

(2) 재무용계산기에 의한 계산

재무용 계산기는 재무업무에 특화된 작은 컴퓨터이기 때문에 휴대용으로 유용하며 제조사는 다양하다. HP, CASIO, SHARP, Texas 등을 많이 사용하는 것으로 알려져 있다.

- 재무용계산기는 (부동산)자산관리업무에 유용한 계산기이다. 좌측 그림은 'HP 10bii + 계산기'의 실제 사진이며, 현금흐름의 계산은 다음의 순서에 의한다.
  1. 현금흐름을 펜으로 종이에 작성한다.(T bar, 타임테이블 등)
  2. 레지스터를 지운다.
  3. 연간 횟수(1, 12)를 입력한다.
  4. 초기 투자금을 입력한다.
  5. 다음 현금흐름을 순서대로 입력한다.
     - 내부수익률은 [IRR/YR]을 누른다.
     - 순 현재가치는 연이율[I/YR]을 입력 후 [NPV]를 누른다.

[그림 13-1] HP 10bii + 재무용 계산기

〈표 13-17〉 HP 재무용 계산기를 이용한 현재가치의 계산과정

키입력	화면표시	설명
[SHIFT] [C ALL]	1P_Yr 0.00	직전에 저장된 레지스터를 모두 지운다.
1[SHIFT] [P/YR]	1.00	연간 1회로 횟수를 입력한다. (월 단위는 12를 설정)
0[+/-] [CF_j]	CF0 CF-0	현재의 균형가격을 알기 위한 것이기 때문에 최초 투입가를 0으로 잡는다.
60,000,000[CF_j]	CF1 CF60,000,000	FV1
63,000,000[CF_j]	CF2 CF63,000,000	FV2
66,150,000[CF_j]	CF3 CF66,150,000	FV3
69,450,000[CF_j]	CF4 CF69,450,000	FV4
72,850,000 + 1,500,000,000[CF_j]	CF5 CF1,572,850,000	FV5 + 매각수익(FV)
10[I/YR]	10.00	연이율 지정
[SHIFT] [NPV]	1,180,362,432	• 최초 투입금을 0으로 하였기 때문에 결과값은 PV이다. • 소숫점 이하의 설정 차이로 2,459원 차이가 난다.

위 사례의 경우 매도자의 호가(₩1,000,000,000원)보다는 현재가치(약₩1,180, 365,000원)가 높기 때문에 매입하는 결정이 옳은 결정일 가능성이 높다. 이처럼 단정하기 어려운 이유는 다음과 같다.

(1) 전제조건

현재의 100원은 미래의 100원보다 가치가 있다고 한다. 그렇다면 왜 사람들은 미래의 100원보다 현재의 100원을 선호할까?

첫째, 은행에 그냥 넣어놔도 현재의 현금에는 이자가 붙기 때문이다. 즉, 현재의 100원은 아무것도 하지 않은 상태에서도 미래에는 100원+@(이자) 만큼의 가치가 되기 때문이다.

둘째, 일반적으로 물가가 상승하기 때문에 현재 100원에 살 수 있는 동일한 물건을 미래에는 100원에 살 수 없다. 즉 물가상승분을 반영한 비율만큼 미래의 100원은 가치가 떨어져 있는 것이다.

셋째, 미래는 불확실하다. 소유와 소비의 주체인 내가 미래에도 존재한다고 100% 장담할 수 없다. 그러나 현재는 미래보다 불확실성이 확연히 줄어든다. 즉 사람은 미래보다는 현재를 선호하고 현재의 100원을 더 가치있게 본다는 것이다.

(2) 한계

현재가치(PV) 계산법에는 다음과 같은 한계가 있다.

첫째, 현재가치를 계산하기 위해 사용하는 미래가치는 불확실하다. 미래가치가 어떻게 될 것인지는 아무도 장담할 수 없다. 폭등할 수도 있고 폭락할 수도 있다. 그런 상황에서 미래가치를 추정한다는 것은 어려운 문제이며 불확실성을 전제로 한 추정인 것이다.

둘째, 기대수익률(할인율)은 투자자에 따라 상이하기 때문에 기대수익률을 먼저 최대한 가능한 선에서 정확하게 잡아야 하는 선결 과제가 있게 된다. 기대수익률은 누구나 높게 잡고 싶겠지만 근거가 있어야 한다. 그리고 현실적으로 기대수익률이 아주 높다면 수요경쟁에 의해 가격이 올라갈 것이다. 이러한 기대는 시장의 수요·공급에 의해 자동 조정될 것이고 기대수익률이 높아지면 그만큼 리스크도 높아진다는 것을 명심해야 한다.

2) 순 현재가치와 내부수익률에 의한 투자의사의 결정

(1) 순 현재가치와 내부수익률의 의미

순 현재가치법에서 순 현재가치(net present value: NPV)는 당해 투자에서 예상되는 모든 미래의 현금유입에 대한 할인된 현재가치(PV)에서 투자비용(I_0)을 차감한 것이다. 투자안의 순 현재가치는 그 투자안을 실행했을 때 부의 증가를 나타내주며 순 현재가치가 0보다 크면 그 투자안은 경제성이 있는 것으로 파악한다.

순 현재가치 분석은 현금흐름을 현재의 화폐가치로 평가하여 다른 프로젝트들과 투자 시기와 상관없이 비교할 수 있다. 순 현재가치는 할인율[280]을 이미 알고 있는

---

[280] 순 현재가치법에서는 미래의 현금흐름을 현재의 가치로 환산해야 하기 때문에 투자수익률을 할인율로 표현한다. 이

경우에 유용하며 순 현재가치가 +값을 가진다는 것은 현재가치가 비용을 초과하였다는 의미이다. 이러한 장점을 가진 순 현재가치는 다음과 같은 수식으로 계산한다.

$$NPV = [C/(1+r)]+[C/(1+r)^2]+ \cdots +[C/(1+r)^n] - I_0 = \sum_{t=1}^{n} \frac{C_t}{(1+r)^t} - I_0$$

* $[C/(1+r)]+[C/(1+r)^2]+ \cdots +[C/(1+r)^n]$는 현가(PV), r은 할인율, C는 현금유입, I_0는 투자비용으로 시장가격

내부수익률(internal rate of return: IRR)은 현금유입의 현가와 현금유출의 현가를 같게 해주는 할인율이므로 이 방법은 결국 순현재가치가 0이 되는 할인율을 찾는 것이다. 순 현재가치법에서는 할인율을 추정했지만 내부수익률법에서는 순현재가치가 0이 되게 하는 할인율을 계산해 내는 것이다.

일반적으로 투자안의 내부수익률이 기업의 기회비용(할인율)보다 크면 경제성이 있는 것으로 본다.

내부수익률법의 함수식 계산은 투자안의 내용연수에 따라 매우 복잡해질 수 있기 때문에 보통 재무용 계산기나 Excel을 이용하여 계산한다. 보통 내부수익률보다는 순현재가치에 의하여 결정하는 것이 일반적이다.

(2) HP 10bii + 재무용 계산기를 사용한 IRR과 NPV의 계산

재무용계산기를 이용한 IRR과 NPV의 계산 과정은 사례를 통하여 보기로 한다.

예) A는 현금 10억 원으로 꼬마빌딩을 사고 다음과 같은 매년 후불 연세(12개월분 월세)로 5년동안 임대차계약을 체결했다.

　1년: 6천만 원
　2년: 6천 3백만 원
　3년: 6천 615만 원
　4년: 6천 945만 원
　5년: 7천 285만 원

러한 할인율은 미래의 투자수익율과 같은 의미로 투자수익율은 다른 대안에 투자했을 때 얻을 수 있는 최대한의 수익률을 그 기준으로 잡을 수 있다. 그러나 여기에도 'High Risk, High Return'의 문제가 있기 때문에 위험도를 감안해 최적의 대안을 기준으로 할인율을 정하게 된다.

5년 후 순 매각 금액은 15억 원이 예상된다. 요구수익률은 10%이다. 이 투자의 순현재가치는 얼마인가?

〈표 13-18〉 T-바

년	금액
0	-(1,000,000,000)
1	60,000,000
2	63,000,000
3	66,150,000
4	69,450,000
5	72,850,000 + 1,500,000,000

〈표 13-19〉 HP10BII 재무용 계산기 입력 순서 및 설명

키 입력	화면 표시	설명
[SHIFT] [C ALL]	1P_Yr 0.00	• 직전에 저장된 레지스터를 모두 지운다.
1[SHIFT] [P/YR]	1.00	• 연간 1회로 횟수를 입력한다. (월 단위는 12를 설정)
1,000,000,000[+/-] [CF]	CF0 CF -1,000,000,000	• 최초 유출(매입, 투자)금액. [+/-]를 한 번 누르면 -값이다. [+/-]를 누르지 않으면 +로 진행된다. 최초 유출금액이므로 -로 표시한다. • [CF]는 cash flow의 순번(j)이다.
60,000,000[CF]	CF1 CF60,000,000	• 두 번째 현금흐름[281], 금액
63,000,000[CF]	CF2 CF63,000,000	• 세 번째 현금흐름, 금액
66,150,000[CF]	CF3 CF66,150,000	• 네 번째 현금흐름, 금액
69,450,000[CF]	CF4 CF69,450,000	• 다섯 번째 현금흐름, 금액
72,850,000 + 1,500,000,000[CF]	CF5 CF1,572,850,000	• 마지막 현금흐름 + 매각금액
[SHIFT] [IRR/YR]	**14.09**	• **내부수익률**[IRR/YR]을 구함

---

281) HP10BII는 최초의 현금흐름에 추가적으로 14개의 현금흐름 그룹과 각각의 그룹에 99개의 현금흐름까지 입력이 가능하다.

10[I/YR]	10.00	• 연이율 지정
[SHIFT] [NPV]	**180,362,431**	• 저장된 현금흐름의 **순 현재가치**[NPV]를 계산한다.

* 재무용 계산기의 구조: HP 10BII + 재무용 계산기의 각 키는 3가지의 기능이 있다. 원하는 기능의 키를 사용하기 위해서는 키의 위쪽에 표시된 기능(통계)은 ↗, 아래는 ↘(아래 SHIFT), 중앙은 ↗나 ↘ 없이 그대로 키를 눌러 사용한다. 각 키의 기능은 다음의 주소에서 확인할 수 있다. https://literature. hpcalc.org/official/hp10biiplus-ug-ko.pdf

(3) EXCEL을 이용한 IRR과 NPV의 계산

다음은 엑셀을 이용한 IRR과 NPV의 계산 과정이다.

먼저 IRR을 구하여 입력하고자 하는 B9 셀에 커서를 놓고 [수식 → 재무 → IRR] 순으로 클릭을 한다. 다음의 화면이 뜨게 된다.

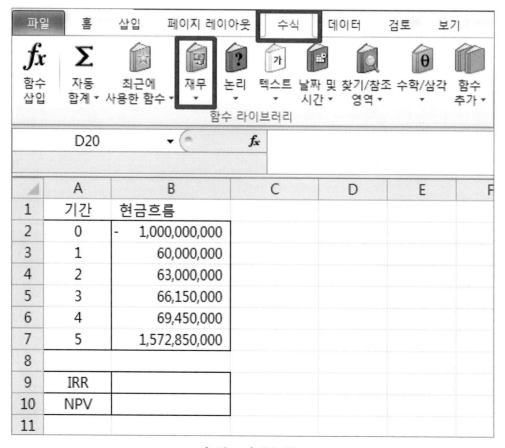

[그림 13-2] 엑셀 재무

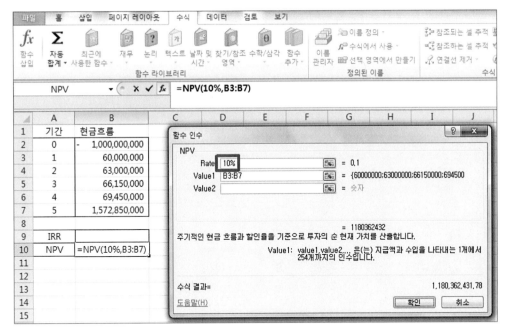

[그림 13-3] 엑셀 IRR의 계산

함수인수 창이 뜨면 Value란에 B2부터 B7까지 긁은 후 확인을 누르면 수식결과가 나오며 커서를 위치시켰던 B9 셀에 IRR값이 나타난다.

엑셀을 이용한 NPV의 계산과정은 다음과 같다.

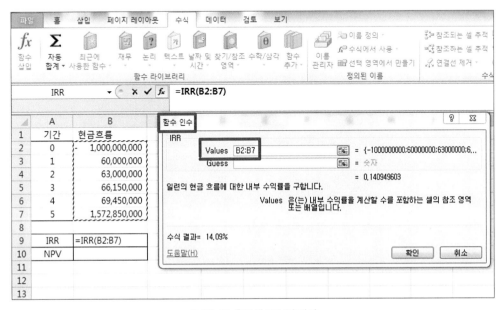

[그림 13-4] 엑셀 NPV의 계산

NPV값의 결과를 입력할 B10 셀에 커서를 위치시킨다. [수식 → 재무 → NPV]순서로 클릭하면 함수인수 창이 뜬다. 할인을 나타내는 Rate창에 10%를 입력한다. 10만 입력하면 안 되고 %까지 입력해야 한다. 다음 Value1란에 NPV 함수식 순서대로 B3에서 B7까지 선택을 하면 자동으로 현재가치가 계산되어 결과 값이 뜬다. 이 상태에서 최초 유출금액을 빼줘야 하지만 테이블에 마이너스(-)로 입력되어 있기 때문에 다음과 같이 입력창에 +B2를 입력해준다. 함수인수창이 뜨고 확인을 누르면 수식 결과가 나타난다.

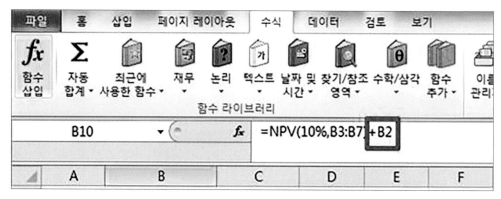

[그림 13-5] 엑셀 NPV의 최초 유출금액의 입력

· 위 사례의 경우NPV(180,362,431) > 0이므로 투자한다.
· 위 사례의 내부수익률은 14.09% > 투자의 기회비용(할인율) 10%보다 크므로 투자한다.

수고 많으셨습니다!
여러분의 성공을 기원합니다!

1. 국내문헌

[단행본]

강정규외 5(2013), 부동산마케팅, 서울:이프레스.

개빈 케네디(2009), 협상이 즐겁다, 서울:W미디어.

글로리아 벡(2007), 승자의 심리전략 27, 서울:더난출판.

김경일 외(2022), 인지심리학은 처음이지? 서울:북멘토.

김동희(2022), 온비드 공매 투자의 비밀, 서울: 채움과 사람들.

김재태 외 3(2017), 부동산 마케팅론-이론과 실무, 서울:부연사.

김재태·문형철(2011), 부동산 금융론, 서울:부연사.

김호정((2004), 협상 하루전에 읽는 책, 서울:팜파스.

데릴 데이비스(2006), 부동산의 절대강자, 파워에이전트, 서울:㈜한언.

더글러스 스톤 외(2004), 대화의 심리학, 경기도:21세북스.

데이비드 코트렐(2003), 먼데이 모닝 리더십 8일간의 기적,서울:한언.

도로시 리즈(2002), 질문의 7가지 힘, 서울:더난출판.

리처드 도킨스(2018), 이기적 유전자, 서울:을유문화사.

레일 라운즈(2007), 사람을 얻는 기술, 서울:토네이도.

로널드 M.사피로·마크 A.안코프스키·제임스 데일(2003), 협상의심리학, 서울:미래의 창

로버트 차알디니(2004), 설득의 심리학, 서울:21세기북스.

로이 J. 레위키 外(2008), 전략적 과학으로 승부하는 협상의 즐거움, 서울:스마트 비즈니스.

로저도슨(2003), 협상의 비법, 서울:시아출판사.

로저피셔외(2022), Yes를 이끌어내는 협상법, 경기도:장락.

류재언(2022), 류재언 변호사의 협상바이블, 서울:한스미디어

마사 발레타(2003), 여자한테 팔아라, 서울:청림출판.

마츠다 아야코(2007), 영업9단 회사를 살리다, 서울:한앤리.

마커스 버킹엄·도널드 클리프턴(2005), 위대한 나의 발견 강점혁명, 서울:청림출판.

말콤 글래드웰(2005), 티핑 포인트, 경기도:21세기북스.

맹명관(2009), 상술의 귀재 온주상인, 서울:청림출판.

머피 오카다(2000), 소비자는 사고 싶어한다, 서울:나라원.

문영기·유선종(2005), 부동산중개이론, 서울:부연사.

박문호(2022), 박문호박사의 빅히스토리 공부, 경기도:김영사.

사카이야 다이치(2002), 조직의 성쇠, 서울:위즈덤하우스.

수잔 베이츠(2007), 사람을 움직이는 리더의 대화법, 서울:더난출판.

스티브 카플란(2005), 코끼리를 쇼핑백에 담는 19가지 방법, 서울:황금나침반.

스티븐 실비거(2005), 10일만에 끝내는 MBA, 서울:비즈니스북스.

스티븐 코비(2009), 성공하는 사람들의 7가지 습관, 경기도:김영사

심길후(2020), 슈퍼리치 영업의 기술, 서울:나비의 활주로.

알 리스·잭 트라우트(2010), 마케팅 불변의 법칙, 서울:비즈니스맵.

양두영(2010), 브릿지부동산경영시스템, 서울:브릿지부동산경영연구소.

앨런 피즈·바바라 피즈(2005), 보디 랭귀지, 서울:베텔스만.

여준상(2004), 한국형 마케팅 불변의 법칙 33, 서울:더난출판.

오준석외 3(2011), 부동산거래 마케팅, 서울:형설출판사.

유홍관(2022), 부자들은 가계부 대신 재무제표를 쓴다. 서울:위즈덤하우스.

이시이히로유키(2009), 긍정적인 거짓말 콜드리딩, 서울:시공사.

이종민(2006), 세상에서 가장 재미있는 경리 이야기, 서울:원앤원북스.

이창석(2011), 부동산학개론, 서울:형설출판사.

이태교·김형선(2006), 부동산중개론, 서울:부연사.

임병혁(2007), 아무도 안 가르쳐주는 부동산 협상, 서울:W미디어.

장문정(2021), 팔지 마라 사게 하라, 서울:쌤앤파커스.

전옥표(2007), 이기는 습관, 서울:쌤앤파커스.

정용식(2017), 부동산마케팅 기획과 실무, 서울:부연사.

조주현(2015), 부동산학원론, 서울:건국대학교출판부.

체스터 L. 캐러스(2007),협상게임, 경기도:21세기북스.

테라마츠 테라히코(2007), 평범한 당신이기에 가능한 영업의 마법프로세스, 서울: 비즈로드.

톰 피터스(2008), 행동하는 열정, 서울:스마트 비즈니스.

퍼디낸드 F·퍼티스(2002), 잘나가는 영업인의 고객관리 포인트, 서울:시유시

한규석(2022), 사회심리학의 이해, 서울:㈜학지사.

허브코헨(2004), 협상의 법칙Ⅱ, 경기도:청년정신.

허브코헨(2012), 협상의 법칙Ⅰ, 경기도:청년정신.

후쿠다 다케시(2002), 협상을 주도하는 사람 협상에 휘말리는 사람, 서울:청림출판.

[논문 및 학술지]

공재옥(2018), "부동산 공동중개파트너의 특성요인 및 장기지향성에 관한실증연구", 서울
　　벤처대학원대학교 박사학위논문.

김상우(2016), "협상력이EPC 플랜트 사업 수익성에 미치는 영향에 관한 연구", 포항공과
　　대학교 엔지니어링 대학원 석사학위 논문.

김용민(2018), "비즈니스 모델이 중소기업의 기업성과에 미치는영향-조직문화와 협상력
　　의 매개효과분석", 건국대학교 대학원 박사학위 논문.

김윤강(2007), "방문판매 판매자의 관계적 지향성이 만족과 몰입을매개로 재거래의도에
　　미치는 영향" 이화여자대학교 석사학위 논문.

김재태(2010), "부동산 개발사업 참여자간 관계구조에 관한 연구", 건국대학교 박사학위
　　논문.

김학환(2014), "부동산의 공동중개에 관한연구: 실태분석과 개선방안을 중심으로", 한국집
　　합건물법학회, 「집합건물법학」, 제14집.

명춘옥(2014), "부동산중개서비스 품질 및 서비스 가치가 재이용의도에미치는 영향에 관
　　한 연구", 서울벤처대학원대학교 박사학위 논문.

박찬권·서영복(2015), "기업간 거래에서 거래의 진정성이공급사슬 통합과 재거래의도에
　　미치는 영향", 한국사회의 공급사슬경영저널.

백향기(2021), "협상 대표자와 비윤리적 협상 전략", 고려대학교대학원석사학위논문.

변종원(2009), "협상 성과에 영향을 주는 협상기술에 관한 연구", 강남대학교대학원 석사
　　학위 논문.

변종원(2012), "기술거래 계약의 결과에 영향을 미치는 협상력에 대한연구", 강남대학교
　　경영대학원 박사학위 논문.

설영미(2013), "공인중개사의 관계마케팅요인이 마케팅성과에 미치는 영향에 관한연구",
　　서울벤처대학원대학교 박사학위논문.

양재송(2011), "정보시스템을 활용한 협업환경에서 구성원의 관계특성이 업무성과에 미치
　　는 영향", 전남대학교 박사학위 논문

이범우(2009), "환자, 의사, 병원 3자간 신뢰, 만족, 그리고 충성도의 관계", 세종대학교 박
　　사학위논문.

이용기·정연국·유동근(2008), "관계몰입의 결정요인: 관계효익, 핵심품질, 그리고 관계만
　　족", 고객만족경영연구, 10(1).

이종건·박헌준(2006b), "한국인의 협상전술에 관한 탐색적 연구", 한국협상학회, 「협상연
　　구」, 10. 1.

장성명(2015), "부동산 중개 서비스요인이 서비스만족도에 미치는 영향에 관한 연구(중개업자와 고객 간의 서비스 성과 차이분석을 중심으로)", 동의대학교 박사학위 논문.

정정일(2004), "관계마케팅요인과 관계품질 그리고 점포 충성도와의 관계:소매전문점을 중심으로", 계명대학교 박사학위 논문.

지성국(2006), "부동산 마케팅의 성공요인에 관한 연구", 동의대학교 석사학위논문.

한진명(2016), "커피전문점의 특성요인이 고객의 재이용의도에 미치는 영향 연구", 서울벤처대학원대학교 박사학위 논문.

2. 외국문헌

Adair, Okumura & Brett, 2001. Negotiation behavior when cultures colide: The united states and Japan. Journal of Applied Psychology, 86, 3:371-385.

Brehm, J.W.(1966). A theory of psychological reactance. New York:Academic press.

Bazerman, M. & Lewicki, R. J.(1990). Research on negotiation in organizaton. Greenwich, CT: JAI Press.

Carr, A.(1968). Is business bluffing ethical. Harvard Business Review, 143, 155.

Fulmer, I. S., Barry, B., & Long, D. A. (2009). Lying and smiling: Informational and emotional deception in negotiation. Journal of Business Ethics, 88(4), 691-709.

Narlikar, A. 2010, Deadlocks in Multinational Negotiations: Causes and Solutions. Cambridge UK: Cambridge University.

Olekalns. M. Smith, P. L., & Walsh, T. 1996. The process of negotiation: Strategies, timing and outcomes. Organizational Behavior and Human Decision Processes. 68: 68-77.

Robinson, S. L. (1996), Trust and breach of the pdychological contract. Administrative Science Quarterly, 41, 574-599.

Thompson, L.(2001). The mind and heart of negotitor (2nd ed). New Jersey: Prentice Hall.

3. 인터넷

구글 https://www.google.com/

네이버 https://www.naver.com

다음 https://www.daum.net